21天突破

2022

初级会计资格
经济法基础

李叶琳 等 编著 BT教育 组编

中国财经出版传媒集团
经济科学出版社

图书在版编目（CIP）数据

经济法基础.2022/李叶琳等编著.—北京：经济科学出版社，2021.11

(21天突破)

ISBN 978-7-5218-3025-5

Ⅰ.①经… Ⅱ.①李… Ⅲ.①经济法-中国-资格考试-自学参考资料 Ⅳ.①D922.290.4

中国版本图书馆CIP数据核字（2021）第226698号

责任编辑：孙丽丽　胡蔚婷
责任校对：郑淑艳
责任印制：范　艳

经济法基础（2022）

李叶琳等　编著　BT教育　组编
经济科学出版社出版、发行　新华书店经销
社址：北京市海淀区阜成路甲28号　邮编：100142
总编部电话：010-88191217　发行部电话：010-88191522
网址：www.esp.com.cn
电子邮箱：esp@esp.com.cn
天猫网店：经济科学出版社旗舰店
网址：http://jjkxcbs.tmall.com
北京鑫海金澳胶印有限公司印装
787×1092　16开　32.5印张　890000字
2021年12月第1版　2021年12月第1次印刷
ISBN 978-7-5218-3025-5　定价：82.00元
（图书出现印装问题，本社负责调换。电话：010-88191510）
（版权所有　侵权必究　打击盗版　举报热线：010-88191661
QQ：2242791300　营销中心电话：010-88191537
电子邮箱：dbts@esp.com.cn）

序 言
Preface

2017 年，BT 教育尝试出版了第一套考试指导类书籍——21 天突破 CPA 系列教材，累计发行 10 万余册，陪伴数万考生走过漫漫备考路。对这样的成绩，我们是欣喜的，但并不满足，我们立志于帮助大家从容地通过财务职业生涯中需要的各类考试，视线转向会计职称考试，如此便有了这套丛书。

此套教材有如下特点：

一、本书特点说明

财会小白的心头好，继续进阶的掌中宝。

如果你懵懵懂懂，纯属财会门外汉，看这里！专门针对零基础学员精心编制导入章节，趣味十足，迅速助你跳进来。

如果你略有基础，踌躇满志望进阶，看这里！对每个名词、每个概念从源头处讲解来历，从应用中夯实基础，进一寸稳一寸，双脚踏实，快速进阶。

情景案例助理解，角色扮演出真知。

会计本就是实践学科，本着"从实践中来，再到实践中去"的原则，本书在每章伊始设置了贴近实践的案例，通过模拟情景顺理成章地导入知识点，帮助同学们在实务中理解会计知识，让初级职称考试回归其本来的意义——掌握一般的财务会计基础理论和专业知识，担负一个方面或某个重要岗位的财务会计工作。

系统框架反复搭建，骨架零碎整齐收纳。

所谓框架法，就是"宏观→微观→宏观"循环往复的过程，最终达到"书本扔一边，框架心中留"的境界。

在进入详细知识点讲解之前，本书先应用完整的知识框架图帮助初学者回答以下几个问题：

（1）本书需要学习哪些内容？

（2）按什么顺序学习更加高效？

（3）各章、各节之间有何种"秘密"联系？

（4）学习路上会遇到哪些重点、难点？

理清上述问题，对整本书的基本构架做到心中有数，下一步就是随着课程进展详细挖掘各细分知识点，用细节填充框架，由简入繁，对考点要"往细里抠、往深里挖"，才能灵活地应对考场变化。

难点攻克嬉笑间，通透大义在微言。

对于重点、难点的讲解，要从学术的高台上跳下来，用通俗的语言描述情景，用趣味的故事折射真理。专业术语的学习和运用是必不可少的，但此环节不应该被放置在一个初学者堪堪入门的地方。

正如 BT 教育一直以来的理念——抬起头来做学问，俯下身去搞教育。这就要求我们的教师在做教研的时候不要一门心思地扎进书本里，抬起头来把眼界放宽，从社会背景体会新政的意义，从实务操作解析条文原理。在授课的时候，不要对着学生"掉书袋"，老师的作用就是"通俗语"和"书面语"的转换器，讲课要承接地气，思维要贴近考生。这个理念从 CPA 的授课与教材编写中承袭，并将在职称考试中进一步发扬，正所谓"入理既精，仍通嬉笑；谈言微中，不禁诙谐"。

知识繁杂浩如烟海？脑洞大开全收进来！

考试从来就不是容易的，理解是一方面，记忆是另外一方面。

如何在理解的基础上精准记忆，这是在本书编写过程中，每个教研人员都在不断拷问自己的问题。

对于记忆难度大的知识点，本书精心编写了生动有趣的记忆锦囊，象形记忆、谐音记忆、口诀记忆……不拘一格找方法，只为让你记住它！

当然，记忆方法只是手段，同学们不可只记简短口诀、不记内容细节。近年考试形式灵活多样，不再满足于考察表层知识，大家要将记忆方法与知识点紧密结合，否则可能出现记忆偏差，在考场上会追悔莫及的哟！

深度剖析规律在手，举一反三天下我有。

人吃饭，要靠大地长养万物；地生长，要靠上天风雨时节；天地生育、日月运行皆有规律，老子曰：吾不知其名，强名曰道。

人类从五千年前走来，一直在摸索规律。到了今天，我们在学习会计这一社会科学时，也不能违背道义。

知识从不是孤立的，其相互之间的联系，或相似、或相辅、或相斥、或相应，都是我们在学习过程中不可忽视的"道"。本书随着对框架的展开讲解，对相似度高或对比性强的相关知识点间的逻辑关系进行透彻分析，通过单个知识的学习，引导考生层层推进，达到举一反三，顺势掌握同类型知识点的效果。以点连线，以线结网，进一步加深对知识体系的理解和记忆。

二、彬哥学习五法

以下是李彬老师在 CPA 授课中总结出来的高效学习五法！相信这套学习方法也适合备考初级会计职称的你！

我自己也一直在参加各种考试，也曾一次性高分通过了 CPA，再结合这些年的教学经验，总结了"CPA 学习五法"，在此毫无保留地介绍给大家，希望大家读罢能够有所收获，哪怕只是一丁点感悟，我也心存慰藉了。

这"五法"也讲究个顺序，第一要有良好而稳定的心态；第二是要按照框架法"从宏观到微观"再"从微观回到宏观"地反复学习；第三是题目至少做"三遍"，这里所说的三遍是**每次连续地做三遍**，短时间内高强度的重复可助你深刻体会一道题的精髓；第四就是要建立好改错本，这是整个学习过程中最具个性化也是成效最显著的环节；第五则是要在冲刺阶段善用真题去夯实基础、查缺补漏以及锻炼临场心态。

接下来，我们就详细讲讲这制胜五法。

第一法　彬哥心态法

心态，我一直认为是考试第一法，也是最重要的方法，北宋游定夫曰："心要在腔子里"，就是说，心要在它该在的地方，无论何时何地。对于我们准备考试也是一样，心要似磐石，定而稳。当你身边出现各种嘈杂声音时，有嗤笑围观的，有摇头反对的，有约饭、约电影、约旅游的，此时就别浪费时间感叹天地人狗皆不仁了，既然闲言碎语免不了，不如想想如何面对吧！

（1）**树立必过的信念！**　即使每年报考的人犹如过江之鲫，而实际被端盘上菜的"烤生"只有40%左右，这40%中也会有很大比例的人并未做好充足准备，鳞未去，腹未剖。因此像你这种花数月时间认认真真把自己洗干净准备上"烤场"的人实属罕见，过关率会非常高的。因此，从准备初级会计的那一刻开始，我们就应该告诉自己，我只要认真复习了，那么过关就是必然的事情！

（2）**学习过程中学会调节自己的心态！**　其实每个人的坚持都是有极限的，每过一段时间都有崩溃的感觉，轻则厌学，重则厌世，好不容易把炸毛的自己安抚好了，过了段日子又炸了。这种"心道好轮回"会反复循环发作，其实解决之法倒也不难，只要明白你不是一个人，这是每个考生都会面临的常态即可，放平心态，炸着炸着也就习惯了。每个人都在无数次地跟放弃做斗争，在这个时候要学会调节自己，出去散散步，爬爬山，彻底轻松几个小时，回来再慢慢进入状态即可，千万不要在这个时候放弃或者舍不得休息，常言道磨刀不误砍柴工，讲的也有这个意思。

（3）**学会取舍！**　有舍才有得，我们在学习知识的时候不需要一次性100%学完吃透！有选择性地放弃一点内容，留着第二遍、第三遍慢慢来补足反而更佳。比如，我们在学习第二章的时候，可能遇到了第四章的概念，你也知道为了这个概念追本溯源地先把第四章看一遍是没必要的，所以此时最有效率的做法是在不影响我们总进度的前提下，把这块内容先放一放，往后继续学习，待后面学到了再回头看或许会有更加饱满的认知。其实大家不必多虑，对于这个问题，我们已经在相应位置为你做好了提示，你只需要把心放在肚子里，安安心心地学下去即可。

（4）**动笔！　动笔！　动笔！**　好记性不如烂笔头，从你拿起书本的那一刻开始，你就要拿起你手中的笔，不断地在书上或讲义上画画写写，可能很多时候你无心的一些勾画也能增强你的记忆，所以看书务必拿出笔。

（5）**学而不思则罔，必须要学会深思。**　在手机面前，我们都是它忠实的奴仆，我们习惯性地每隔几分钟就要温柔小心地对它又抚又摸念念叨叨，导致我们总是在浅层次思考。可是在学习上，要想透彻地想明白一个知识点，对一种类型的题目触类旁通，就必须要形成自己的思维，不让自己沉下去思考怎么可能做到呢？因此，在学习的时候要学会摆脱手机的控制，深思2个小时强于浮躁学习5个小时。

第二法 彬哥框架法

所谓框架法，就是"从宏观到微观"，然后"从微观回到宏观"。

如果是自学，那么框架法的应用如下：

1. 要读书，先读目录

学习整本书前，先翻一遍本书的大概章节，大致了解一下各章的内容，对本书有一定的初步了解；

学习每章之前，将每节的标题列出来，将每节的次级标题也可以列出来，比如存货：

存货概述—原材料—周转材料—委托加工物资—库存商品—存货清查—存货减值

从标题中我们就可以发现本章的大致思路：存货是什么？购入和发出如何计价？再从具体的存货内容逐个学习，最后，期末还要进行存货盘点，如果发生了减值的情形，也要做相应的账务处理。

纵观章节标题，我们可以对本章有个初步了解，当然在捋清章节构架之后，还可以深入到每一节，借助小标题再理清一下每节构架。

2. 心怀框架，进入细节的学习

第三步就是进入到每节的细节学习，在细节的学习过程中可能会有一点点的乱，这时要心怀警惕，一旦有要乱的苗头就赶紧跳出包围圈重新去回顾一下适才自己列的框架，定位一下目前学到了哪里，理顺之后再继续深入学习。

3. 重新整理框架，再回"高地"

经过前面的学习，我们已经学完了本章，这个时候不要急急忙忙地学习下一章，最好重新拿出框架，做细化完善，这时你的框架就正式形成，再将这个框架熟记于心，你会发现这一章的知识你已经彻底掌握。

框架法的意义不仅在于考试本身，对各位的职业发展也有着不容忽视的意义。考试可谓是迅速搭建财务知识体系的一大利器，学习时搭稳构架、丰满血肉，工作中才能灵活提取、学以致用。参加初级考试的同学多为财会的种子选手，正处于构建职业知识体系的最好时期，在此奉劝各位，从初级职称考试开始学习框架构建方法，积累在实践中运用框架提取与填充知识的经验，日后在不断攻克中级乃至注册会计师考试的路上，不断充实自己的知识体系，吸纳各类相关知识为你所用，最终它将成为你在职场中无往不胜的秘密武器。

如果跟直播学习，那么框架法的应用如下：

（1）每科的第一课花1个小时带领大家熟悉整本书的内容，对整本书有大致的了解，对每章有大致的了解。

（2）在每章的学习中，花半个小时将本章的内容稍微详细地讲述一遍，对本章要阐述的基本问题做到心中有数，也是为了消除学生心中的紧张情绪和对未知事物的抵触。

（3）进入到每章节的细节学习。每次直播课学习的内容多达几十页，大家可能学到中间又会模糊，不知身在何处，我会带领大家跳出细节回到框架，定位当前的学习进度。当然在跟上节奏的前提下，希望各位自己也要学会这种跳出定位法。

（4）当所有内容学完再重新回到框架时，对框架的理解也会更加深刻。在此基础上，可以对着框架回忆细节，让框架的血肉更加饱满。

（5）下课后，要在适当的时点，多多回忆框架，这样学习、复习都会更加轻松。

第三法　彬哥三遍法

所谓三遍法的思想精髓就是"贪精不贪多"。回忆一下之前我们做题的习惯，很多时候我们做了一大堆的题目，可再做第二遍时又感觉和没做一样。这是因为你对这众多的题目没有消化分解，故而难免"积食"。我认为做题的目的在于消化吸收，才能做到举一反三，而不仅仅止于完成。

遇见好题目，就像遇见你心爱的情人般，看见之后都应该有兴奋的感觉，都应该有喜极而泣的感觉，都应该有爱不释手的感觉，都应该有马上搞懂抄下来的冲动。题目也不在多，而在精，课本的例题是最好的练习题，默写几遍都不为过。真题是第二好的题目，也需要多思考几遍才能使其发挥应有的价值。

那么三遍法该如何应用呢？

第一遍，看到好的题目，自己独立做一遍，正确弄懂这道题考点在哪里？妙在哪里？错误了要思考几分钟之后看着答案搞懂，然后问问自己思维误区在哪里？

第二遍，在第一遍的基础上，马上重新做一遍，其实对一道较长的题目，马上做依旧会出错，但借此可以再次检验自己的思维误区。

第三遍，在第二遍的基础上立刻马上赶紧再重做一遍，这个时候你会感觉到彻底消化了这道题目，这才是好题的正确打开方式。

经历了上面的三个步骤，你已经初步掌握了好题，但是也要时刻拿出来重温，对于做错的题目和特别好的题目，应该记入你的改错本。

第四法　彬哥改错本法

就像你上高中时班主任耳提面命地让你抄错题一样，我也要一次一次地将改错本拎出来告诉你它的妙用。改错本法是经过实际验证卓有成效的方法，因为每个人的思维都是有定式的，第一遍出错时，我们以为看了答案就足够了，但要真的从潜意识里纠正误区，需要下狠功夫，死皮赖脸地去磨、去看，直到让错误思维烦不胜烦的自己"出走"，才算罢休，这就是改错本法。

1. 改错本只是记录错题吗

改错本不只是记录错题，还应该记录经典的题目。

2. 改错本的格式

如果是短题目：

第一步，抄写题目；

第二步，写上你的错误方法；

第三步，纠正你的错误；

第四步，写上总结，总结是自己为什么错误了，思路有什么问题，这类题目以后怎么办。

如果是长题目：

题目太长的话，则无须抄写，但是要详细写明这道题你学到的知识，你的思路出错的地方。

3. 错题本该怎么用

首先，利用业余时间多翻翻改错本，不断地修正自己的错误和学习经典的题目；

其次，一定要学会"撕掉"改错本，一本改错本看了10多遍之后，你会发现很多题目已经烂熟于心了，而且对你意义也不大了，但是有些题目你却特别喜欢，这个时候你要学会将前面经典的部分抄写到新的地方，前面的改错本要学会"撕掉"。

请记住："慢即是快"，无须去节约改错本这点时间，从这里的收获远远大于你的付出，这也是将外在的知识内化成自己的知识必经的一步。

* 第五法　彬哥真题法 *

"书上例题＋真题"是学习注会甚至是学习所有考试科目的最好的练习题，试想，这么多年的考试，任何一个考点基本都有所涉及，如果我们能够将真题涉及的每个考点都吃透，那么考试还怕什么呢？

因此，除了书上例题之外，真题就是我们最重要的习题资料，务必"内化"成自己的知识。所谓"内化"就是将真题的考点真正地消化成自己的，那么也需要经历上面说过的几点：

（1）心态上务必重视真题，真题的每一道题目都要重视；

（2）在每章节的经典习题里面，会涉及很多真题，要弄明白这些真题的考点；

（3）学习完之后，将汇总的每年的完整的真题重新做3遍以上，以求明白每年的考点都是怎么分布的，整套试卷是什么感觉。

"彬哥注会过关五法"是基本方法的总结，也是在大量的实践中不断总结改进所得出的，其核心思想就是将知识真正地消化，真正的消化并不是靠完全的背诵，而是"动笔＋思考"的有机结合。如果只是纯粹地看书、做题、抄错题本，而不动脑筋思考，那最终的分数必然很低，因为根本没有完全消化。如果只是盯着书本笔都不拿在脑子里"头脑风暴"，分数可能也就60分左右，稍有不慎就和过关失之交臂了，因为在真正的考试中你就会发现自己下笔无神，一边写一边战战兢兢，对错就完全听天由命了。

总之，合理运用好上面的五法，多尝试"动笔＋思考"的模式，相信会给同学们的学习多一份助力。

三、"陪伴"是助你过关的最佳武器

方法论说了许多，我们还是来说一些有温度的东西吧！

学习很难，坚持很苦，可若有人陪伴呢？你会不会也露出笑脸？

我们开始准备考试的时候，恰是一年中最好不过的初春。

微风吹来阳光的暖，莺鸣在空气中转。

万物生长，妙趣横斜。

像树需要新的枝丫，像猫儿需要新的毛，我们也需要新知去解锁更奇妙的生活。

一年之春，我们就从这里启航。

摆在你面前的是一本并不甚立体的教材，可一旦将它装进你的脑洞，就会瞬间化作整个璀璨星河，恒星闪烁，蝶云逆旋。

这是知识的魅影，你陶醉地看着看着，它就一道道地化为了你胸中的丘壑。

序言

幸甚，妙哉。

学习，从来都是了解这个世界最快捷的方式。

可不知从什么时候起，学习变成了一场苦行。

可能是我年少放荡不羁爱自由吧，也可能是书本太坏总逼我跑神儿吧。

今天的你想必也已经明白了学习的必要性，那颗胡闹的少年心已到了书桌前，就自觉地收起来啦！

你安安静静地坐着，凝神感受到求知的欲望从每根神经汹涌而来。

那还怕什么真理无穷，我们已经将它化繁为简送到你面前！

相信知识的力量，相信 BT 教育的力量。

给你一份更简约的资料，再送你一场最长情的陪伴。

现在摆在你面前的还是一本教材吗？

不，它是一块放着肥嘟嘟肉块的砧板。

刀俎已备好，客官，请吃肉。

BT 教育

入门导读
Introduction

亲爱的读者：

当你翻开这本书，读到这段话的时候，首先我要恭喜你。

恭喜你迈出了向会计职场进发的第一步，打破惰性生活的第一步。也许在你看来，一本初级会计职称证书并不值得骄傲，因为它并不能给你带来多大的收益，不像注册会计师证书那样光彩夺目，但它仍然是你的开始。这本证书，会在未来的这段日子里督促你不再肆无忌惮地睡懒觉，不再只是追剧打游戏，而是为提升自己真正地做点什么了。明天的你会感谢今天努力的自己。

其次，祝贺你选对了书。在这本书中，我们对知识加以加工、提炼。总结成一张张的框架、表格，便于你进行对比、记忆。结合讲解，相信一定能让你事半功倍地通过考试。

在开始正式的学习以前，我们需要先了解一些问题。

一、什么是经济法？

经济法，顾名思义，就是商品经济方面的法律法规。广义的经济法可以包括《合同法》《公司法》《票据法》《反垄断法》等一系列法律。但不要担心，本门课的《经济法基础》只需要大家学习掌握经济法中最为基础的内容，难度并不大。

二、本书的主要内容？

本书一共有八章内容，完全对应官方教材。具体内容及考试分值如下表所示。

目录	定位	考试分值
第一章 总论	基础的法律理论，以记忆为主，理解为辅	7
第二章 会计法律制度	会计相关法律法规，这一章是从业资格证取消后移植到初级职称来的内容，学习难度较低，基本讲述的是会计人员和机构在办理会计事务应当遵循的法律规定	6
第三章 支付结算法律制度	本章主要是讲解在经济活动中使用的票据、银行卡等各类结算工具，指导会计人员掌握支付结算过程中遵循的法律规范	15

续表

目录	定位	考试分值
第四章　税法概述及货物和劳务税法律制度	税法相关知识，涉及增值税、消费税、所得税、印花税、土地增值税、关税等主要税种，以及税收征收管理相关法律制度，作为会计必须要了解税法知识，依法纳税	20
第五章　所得税法律制度		20
第六章　财产和行为税法律制度		11
第七章　税收征管法律制度		6
第八章　劳动合同与社会保险法律制度	指导大家在拿下初级职称，成为一名会计雇员后，如何保护自身的合法权益	15

如上表所示，八章逻辑清晰，学习时要做到心中有这样的整体框架。

三、本门课有什么特点？

《经济法基础》这门课，由于属于法律的学习，需要记忆的地方多、术语多，显得枯燥无聊。法律的规定很多时候只有"是什么"，而没有"为什么"，比如临时存款账户应根据有关开户证明文件确定的期限或存款人的需要确定其有效期限，最长不超过2年。这类知识可能不像其他学科那样允许你理解然后记忆，只能直接记忆。

这类知识是本书中的一部分，在"序言"和本"入门导读"中，我们都讲解了一些方法帮助大家进行记忆、掌握。对于另一类需要理解然后记忆的知识，本书及直播课中，同样会带领大家进行深入理解。

四、如何进行本门课的学习？

在说具体的学习方法以前，我想首先请各位读者降低你的期望、你对记忆效率的期望。很多读者期待找到某种学习方法，这种方法可以让你一遍两遍就记住相应的内容。如果只是某一个知识点，尚存可能；然而面对一本书中的大量考试有可能考查的知识点，这是不可能的，不存在这样的学习方法。

我们都不是天才，也不是蠢材。记忆的本质，就是不断地遗忘+科学地重复，只有认清了这一点，才能够更好地记忆。所谓科学的重复，就是要对知识进行加工，总结成图表、框架等内容，或与自己的实际生活经验联结起来，而不是简单地一遍又一遍地重复。

具体到学习方法而言，我们推荐以下三遍法：

预习时，不要求你仔细看每个字每句话，只需浏览，知道在讲什么内容即可。浏览时，请把知识分为三个档次：能看懂的、一知半解的、看不懂的，都做上相应的记号。

学习时，你可以选择听BT教育的课，也可以选择自学。无论哪种方式，这时你要做到把每个知识点吃透，重点应对预习时看不懂的和一知半解的，对于预习时能看懂的，则要验证你的理解是否正确，验证的方式是细看知识点、复习后的做题、与同学讨论。

复习时，请对老师上课讲过的内容，或自己学习中学过的内容、遇到的难题，加以进一步理解、消化、吸收，真正变成自己的东西，然后再开始做题。做题时，遇到不会的题目，请先翻书查找或自己思考，再向老师提问，这是学习能力提升的重要环节。

总结一下：先预习，再学习。先复习，再做题。先思考，再提问。

五、写在最后

通过初级职称考试并不难，难的是因此养成学习习惯、贯彻学习方法，在今后的自我提升之路上走得更加顺畅，愿你通过此书，获得的不仅仅是一本证书。

目录 / CONTENTS

第1天

第一章　总论
- 「考点1」法和法律　3
- 「考点2」法的分类和渊源　3
- 「考点3」法律关系　6
- 「考点4」法律事实　6
- 「考点5」法律主体的分类与资格　7
- 「考点6」法律责任　10

第2天

第二章　会计法律制度
- 「考点1」会计工作管理体制　15
- 「考点2」会计核算　15
- 「考点3」会计档案管理　21
- 「考点4」会计监督　23
- 「考点5」代理记账　25
- 「考点6」会计岗位的设置　27

第3天

- 「考点7」会计人员　30
- 「考点8」会计工作交接　31
- 「考点9」会计法律责任　32

第三章　支付结算法律制度
- 「考点1」支付结算概述　36
- 「考点2」支付结算的要求　36
- 「考点3」银行结算账户的概念和种类　38

第4天

- 「考点4」银行结算账户的开立、变更和撤销　40
- 「考点5」各类银行结算账户开立和使用　41
- 「考点6」银行结算账户的管理　45
- 「考点7」票据种类与当事人　46

第5天

- 「考点8」票据权利与责任　49
- 「考点9」票据行为　53

第6天

- 「考点10」票据追索　66
- 「考点11」汇兑　67
- 「考点12」委托收款　67
- 「考点13」银行卡的分类　68

「考点14」银行卡账户和交易　　　　　　　　69
「考点15」银行卡收单　　　　　　　　　　　71

第7天

「考点16」银行电子支付　　　　　　　　　　74
「考点17」网络支付　　　　　　　　　　　　75
「考点18」预付卡　　　　　　　　　　　　　76
「考点19」结算纪律　　　　　　　　　　　　77
「考点20」违反银行结算账户规定的法律责任　78

第8天

第四章　税法概述及货物和劳务税法律制度

「考点1」税收与税收法律关系　　　　　　　88
「考点2」税法要素　　　　　　　　　　　　89
「考点3」现行税种与征收机关　　　　　　　89
「考点4」增值税纳税人和扣缴义务人　　　　92
「考点5」增值税征税范围　　　　　　　　　93
「考点6」增值税税率和征收率　　　　　　　100

第9天

「考点7」增值税应纳税额的计算　　　　　　106
「考点8」增值税税收优惠　　　　　　　　　116
「考点9」增值税征收管理　　　　　　　　　119
「考点10」增值税专用发票使用规定　　　　　121
「考点11」消费税纳税人　　　　　　　　　　122
「考点12」消费税税目　　　　　　　　　　　123

第10天

「考点13」消费税征税范围　　　　　　　　　127
「考点14」消费税税率　　　　　　　　　　　129
「考点15」消费税应纳税额的计算　　　　　　129
「考点16」消费税征收管理　　　　　　　　　137
「考点17」城市维护建设税与教育费附加　　　139
「考点18」车辆购置税　　　　　　　　　　　141
「考点19」关税　　　　　　　　　　　　　　143

第11天

第五章　所得税法律制度

「考点1」企业所得税纳税人及征税对象　　　153
「考点2」企业所得税税率　　　　　　　　　155
「考点3」企业所得税应纳税所得额的计算　　155
「考点4」资产的税务处理　　　　　　　　　163

目 录

第12天

「考点5」企业所得税应纳税额的计算　　　　167
「考点6」企业所得税税收优惠　　　　167
「考点7」企业所得税征收管理　　　　172
「考点8」个人所得税纳税人和所得来源的确定　　　　173
「考点9」个人所得税应税所得项目　　　　174
「考点10」个人所得税税率　　　　181

第13天

「考点11」个人所得税应纳税所得额的确定　　　　184
「考点12」个人所得税应纳税额的计算　　　　190
「考点13」个人所得税税收优惠　　　　196
「考点14」个人所得税征收管理　　　　198

第六章　财产和行为税法律制度

「考点1」房产税纳税人　　　　210
「考点2」房产税征税范围　　　　210
「考点3」房产税计税依据　　　　211
「考点4」房产税应纳税额的计算　　　　211
「考点5」房产税税收优惠　　　　213
「考点6」房产税征收管理　　　　214

第14天

「考点7」契税纳税人及征税范围　　　　217
「考点8」契税应纳税额的计算　　　　218
「考点9」契税税收优惠　　　　219
「考点10」契税征收管理　　　　221
「考点11」土地增值税纳税人及征税范围　　　　222
「考点12」土地增值税计税依据　　　　223
「考点13」土地增值税税率及应纳税额的计算　　　　225
「考点14」土地增值税税收优惠　　　　227
「考点15」土地增值税征收管理　　　　227

第15天

「考点16」城镇土地使用税的基本规定　　　　230
「考点17」城镇土地使用税税收优惠　　　　231
「考点18」城镇土地使用税征收管理　　　　234
「考点19」耕地占用税　　　　234
「考点20」车船税纳税人及征税范围　　　　236
「考点21」车船税应纳税额的计算　　　　237
「考点22」车船税税收优惠　　　　238

3

「考点23」车船税征收管理　　　　　　　　　　238
「考点24」资源税纳税人及征税范围　　　　　　239
「考点25」资源税税率和应纳税额的计算　　　　241
「考点26」资源税税收优惠　　　　　　　　　　242
「考点27」资源税征收管理　　　　　　　　　　243

第16天

「考点28」环境保护税　　　　　　　　　　　　245
「考点29」烟叶税　　　　　　　　　　　　　　247
「考点30」船舶吨税　　　　　　　　　　　　　247
「考点31」印花税的一般规定　　　　　　　　　248
「考点32」印花税税收优惠　　　　　　　　　　251
「考点33」印花税征收管理　　　　　　　　　　252

第17天

第七章　税收征管法律制度

「考点1」税收征收管理法的适用范围及对象　　255
「考点2」征纳双方的权利和义务　　　　　　　256
「考点3」税务登记管理　　　　　　　　　　　257
「考点4」账簿和凭证管理　　　　　　　　　　258
「考点5」发票管理　　　　　　　　　　　　　259
「考点6」纳税申报管理　　　　　　　　　　　262
「考点7」税款征收的方式　　　　　　　　　　263
「考点8」应纳税额的核定和调整　　　　　　　263
「考点9」应纳税款的缴纳　　　　　　　　　　264
「考点10」税款征收的保障措施　　　　　　　　264
「考点11」税款征收的其他规定　　　　　　　　269

第18天

「考点12」税务检查　　　　　　　　　　　　　272
「考点13」纳税信用管理　　　　　　　　　　　273
「考点14」税收违法行为检举管理　　　　　　　275
「考点15」重大税收违法失信案件信息公布　　　276
「考点16」税务行政复议范围　　　　　　　　　276
「考点17」税务行政复议管辖　　　　　　　　　278
「考点18」税务行政复议申请与受理　　　　　　279
「考点19」税务行政复议审查和决定　　　　　　280
「考点20」税务管理相对人实施税收违法行为的法律责任　281

第19天

第八章　劳动合同与社会保险法律制度

「考点1」劳动关系与劳动合同　　　　　　　　287

目 录

「考点2」劳动合同的订立　　288
「考点3」劳动合同的效力　　291
「考点4」劳动合同的主要内容　　291
「考点5」劳动合同的履行和变更　　300

第20天

「考点6」劳动合同的解除和终止　　303
「考点7」集体合同与劳务派遣　　309
「考点8」劳动争议的解决　　311

第21天

「考点9」基本养老保险　　317
「考点10」基本医疗保险　　318
「考点11」工伤保险　　321
「考点12」失业保险　　325
「考点13」社会保险费征缴与管理　　327
「考点14」违反社会保险法律制度的法律责任　　327

第 1 天

复习旧内容
——

学习新内容
第一章　总论　考点 1~6

你今天可能有的心态
恭喜你，终于决定打开 BT 教育《经济法基础》的教材，开始正式进入经济法基础的学习。新的开始，内心总是充满新奇和斗志，却也有可能因为这些晦涩难懂的法律名词而心生退意。但没关系，这些名词并不会影响经济法基础的学习，记住，它只是吓唬你的"纸老虎"而已。

简单解释今天学习的内容
介绍了什么是法律关系、它的"主体、客体、内容"三要素、法律事实等相关内容。

可能会遇到的难点
（1）有很多专有名词不懂——名词其实就是代号，越往后学习，你越会慢慢理解。

（2）内容全是文字，我看不懂——大胆地放弃你现在看不懂的知识，后续一遍遍的复习，一定会慢慢理解的。此外，对于学不懂的内容，建议听一下 BT 教育的直播课程，可以极大程度上节省复习时间。

（3）内容需要全部记忆吗——对于一些概率很高的知识点，我们已经用彩色标注了，这些需要记忆。但是，经济法≠背诵，我们会在学习的安排上，让大家一遍遍去复习回顾。

建议学习时间
2 小时

今日打卡

任务内容	预计时间	重点任务要求
第一章 考点1~6	60分钟	☐ 法的分类和渊源 ☐ 法律关系、法律事实 ☐ 法律主体的分类与资格
做作业	40分钟	☐ 区分权利能力与行为能力，总结行为能力的分类 ☐ 做教材例题，精练习题
回忆内容	20分钟	☐ 把今天的教材看3遍 ☐ 梳理今天所学内容框架

第一章 总 论

考情分析

本章讲解法律基础的理论知识，共分为3部分。第一部分法律基础主要是基本法律概念，让读者对"法"形成基本认识；第二部分法律主体主要是什么人或者组织可以成为法律关系主体；第三部分法律责任主要是违法后的责任承担，记忆难度较大，在备考时间不充足的情况下，大家可以考前背诵记忆。本章考试分值7分左右。

考点地图

总论框架见图1-1。

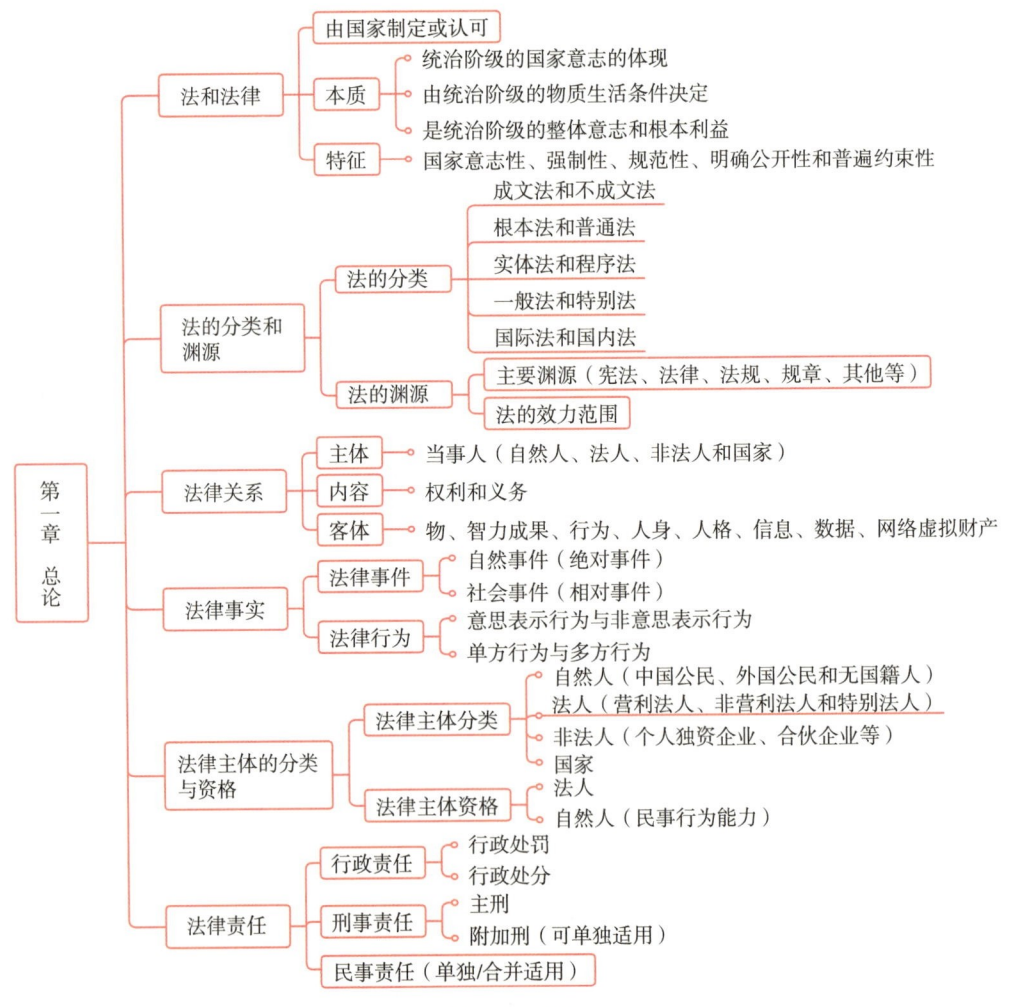

```
第一章 总论
├── 法和法律
│   ├── 由国家制定或认可
│   ├── 本质
│   │   ├── 统治阶级的国家意志的体现
│   │   ├── 由统治阶级的物质生活条件决定
│   │   └── 是统治阶级的整体意志和根本利益
│   └── 特征——国家意志性、强制性、规范性、明确公开性和普遍约束性
├── 法的分类和渊源
│   ├── 法的分类
│   │   ├── 成文法和不成文法
│   │   ├── 根本法和普通法
│   │   ├── 实体法和程序法
│   │   ├── 一般法和特别法
│   │   └── 国际法和国内法
│   └── 法的渊源
│       ├── 主要渊源（宪法、法律、法规、规章、其他等）
│       └── 法的效力范围
├── 法律关系
│   ├── 主体——当事人（自然人、法人、非法人和国家）
│   ├── 内容——权利和义务
│   └── 客体——物、智力成果、行为、人身、人格、信息、数据、网络虚拟财产
├── 法律事实
│   ├── 法律事件
│   │   ├── 自然事件（绝对事件）
│   │   └── 社会事件（相对事件）
│   └── 法律行为
│       ├── 意思表示行为与非意思表示行为
│       └── 单方行为与多方行为
├── 法律主体的分类与资格
│   ├── 法律主体分类
│   │   ├── 自然人（中国公民、外国公民和无国籍人）
│   │   ├── 法人（营利法人、非营利法人和特别法人）
│   │   ├── 非法人（个人独资企业、合伙企业等）
│   │   └── 国家
│   └── 法律主体资格
│       ├── 法人
│       └── 自然人（民事行为能力）
└── 法律责任
    ├── 行政责任
    │   ├── 行政处罚
    │   └── 行政处分
    ├── 刑事责任
    │   ├── 主刑
    │   └── 附加刑（可单独适用）
    └── 民事责任（单独/合并适用）
```

图1-1 总论

法律基础

「考点1」法和法律（★）

法的本质与特征（见表1-1）

表1-1　　　　　　　　　　法的本质与特征

法的本质	①法是统治阶级的国家意志的体现。 ②法是统治阶级意志的体现，由统治阶级的物质生活条件决定，是社会客观需要的反映。 ③法体现的是统治阶级的整体意志和根本利益，不是每个成员个人意志的简单相加。 ④法体现的是统治阶级的国家意志，而不是统治阶级的一般意志
法的特征	①法是经过国家制定或认可才得以形成的规范，**具有国家意志性。** ②法凭借国家强制力的保证而获得普遍遵守的效力，**具有国家强制性。** ③法是确定人们在社会关系中的权利和义务的行为规范，**具有规范性（概括性和利益导向性）。** ④法是明确而普遍适用的规范，**具有明确公开性和普遍约束性（可预测性）**

【例题1-1·单选题】下列关于法的本质与特征的表述中，不正确的是（　　）。（2017年）
A. 法是由国家制定或认可的规范
B. 法是全社会成员共同意志的体现
C. 法是由统治阶级的物质生活条件所决定
D. 法凭借国家强制力的保证获得普遍遵行的效力
【答案】B
【解析】选项B：法不是全社会成员共同意志的体现，而是统治阶级整体意志的体现。

「考点2」法的分类和渊源（★★）

（一）法的分类（见表1-2）

表1-2　　　　　　　　　　法的分类

分类依据	分类项目
根据法的创制方式和表现形式划分	成文法和不成文法
根据法的内容、效力和制定程序划分	根本法和普通法
根据法的内容划分	实体法和程序法

续表

分类依据	分类项目
根据法的空间效力、时间效力或对人的效力划分	一般法和特别法
根据法的主体、调整对象和渊源划分	国际法和国内法

（二）法的渊源

1. 主要渊源（见表1-3）

表1-3　　　　　　　　　　　　　　法的渊源

形式		制定机关	备注	名称规律
宪法		全国人大（最高立法机关）	国家根本大法、最高的法律效力	—
法律	基本法律	全国人大	法律地位和效力仅次于宪法，是制定其他规范性文件的依据	××法
	其他法律	全国人大常委会		
法规	行政法规	国务院	为实施宪法和法律而制定、发布的地位次于宪法和法律，高于地方性法规	××条例
	地方性法规	地方人大及其常委会	—	××地方 ××条例
规章	部门规章	国务院各部门	—	××办法 ××条例实施细则
	政府规章	有立法权的地方政府		××地方 ××办法
其他	自治条例、单行条例	自治区（州、县）人大	—	—
	特别行政区的法	全国人民代表大会	—	—
	国际条约	—	属于国际法	—

【知识卡片】宪法＞法律＞行政法规＞地方性法规＞同级和下级地方政府规章。

2. 法的效力范围

①时间效力

a. 新法取代旧法、由新法明确规定旧法废止。

b. 完成历史任务自然失效。

c. 有权的国家机关发布专门的决议、决定，废除某些法律。

d. 同一国家机关制定的名称不同的法、内容上新旧冲突，以新发为准。

②空间效力和对人效力

③法的效力冲突及解决方式（见表1-4）

a. 根本法优于普通法。

b. 上位法优于下位法。

c. 新法优于旧法。

d. 特别法优于一般法。

表 1-4　　　　　　　　　　　　　法的效力冲突及解决方式

不能确定如何适用情形	裁决主体
法律之间对同一事项规定不一致	由全国人民代表大会常务委员会裁决
行政法规之间对同一事项规定不一致	由国务院裁决
地方性法规与部门规章之间对同一事项的规定不一致	由国务院提出意见： ①国务院认为应当适用地方性法规的，应当决定在该地方适用地方性法规的规定； ②认为应当适用部门规章的，应当提请全国人民代表大会常务委员会裁决
部门规章之间、部门规章与地方政府规章之间对同一事项的规定不一致时	由国务院裁决
根据授权制定的法规与法律不一致	由全国人民代表大会常务委员会裁决

【例题1-2·单选题】下列规范性文件中，属于行政法规的是（　　）。（2017年）

A. 国务院发布的《企业财务会计报告条例》

B. 全国人民代表大会通过的《中华人民共和国民事诉讼法》

C. 中国人民银行发布的《支付结算办法》

D. 全国人民代表大会常务委员会通过的《中华人民共和国会计法》

【答案】A

【解析】选项BD：属于法律；选项C：属于部门规章。因此选项A正确。

【例题1-3·单选题】下列法的形式中，效力层级最低的是（　　）。（2014年）

A. 法律　　　　　　　　　　　B. 行政法规

C. 地方性法规　　　　　　　　D. 宪法

【答案】C

【解析】效力层级：宪法＞法律＞行政法规＞地方性法规＞本级和下级地方政府规章。因此选项C正确。

「考点3」法律关系（★★）

（一）法律关系概念

法律关系是法律规范调整的一种特殊的社会关系，即**权利与义务关系**。

（二）法律关系要素（见表1-5）

表1-5　　　　　　　　　　　　　　　法律关系要素

要素	说明
主体	指参加法律关系，依法享有权利和承担义务的当事人
内容	法律关系的内容指法律关系主体所享有的权利和承担的义务（积极义务与消极义务）
客体	①概念：是指法律关系主体的权利和义务所指向的对象。 ②特征：能为人类所控制并对人类有价值。 ③种类： a. **物**：自然物（土地、矿藏、水流、森林等）、人造物（建筑物、机器、各种产品等）、一般价值表现形式（货币及有价证券）。 【知识卡片】物既可以是有体物（天然气、电力等），也可以是无体物（权利、数据信息等）。 b. **人身、人格**：隐私权等人身权指向的客体或禁止侮辱或诽谤他人等法律义务所指向的客体。 【知识卡片】人的整体不能成为法律关系客体，但分离出人体的部分可以，如器官、血液、头发。 c. **智力成果**，如作品、发明、实用新型、外观设计、商标等。 d. **信息、数据、网络虚拟财产**。 e. **行为**：为达到一定目的所进行的作为（积极行为）或不作为（消极行为）。如生产经营行为、经济管理行为、完成一定工作行为等

「考点4」法律事实（★★）

法律事实是指由法律规范所确定的，能够产生法律后果，即能够直接引起法律关系发生、变更或者消灭的情况。

1. 法律事实分类（见图1-2）

①法律事件：不以当事人的主观意志为转移，能够引起法律关系发生、变更或者消灭的法定情况或者现象。

②法律行为：以法律关系主体意志为转移，即引起法律关系发生、变更和消灭的人们有意识的活动。

```
                 自然事件    自然事项引起的：地震、洪水、台风、森林大火
         法律事件
法律              社会现象    社会现象引起的：社会革命、战争、重大政策改变
事实
         法律行为    法律关系发生、变更和消灭
```

图1-2　法律事实分类

2. 法律行为根据不同标准，有不同分类（见表1-6）

表1-6　　　　　　　　　　　　　　法律分类

标准	分类	说明
行为的表现形式不同	积极行为	以积极、主动作用于客体的形式表现的
	消极行为	以消极、抑制的形式表现的
行为是否通过意思表示	意思表示行为	基于意思表示而作出的
	非表示行为	非经行为者意思表示而是基于某种事实状态即具有法律效果的行为，如拾得遗失物、发现埋藏物等
作出意思表示的主体数量	单方行为	由一方意思表示即可成立，如遗嘱、行政命令等
	多方行为	由两个或两个以上的多方意思表示一致而成立的，如合同行为等

【例题1-4·单选题】甲公司与乙公司签订租赁合同，约定甲公司承租乙公司一台挖掘机，租期1个月，租金1万元。引起该租赁法律关系发生的法律事实是（　　）。（2016年）

A. 租赁的挖掘机　　　　　　　　B. 甲公司和乙公司

C. 1万元租金　　　　　　　　　　D. 签订租赁合同的行为

【答案】D

【解析】选项AC：属于租赁法律关系的标的物和对价也可以称为该租赁合同的客体；选项B：甲乙公司属于租赁法律关系的主体；选项D：租赁合同的签订，在甲公司与乙公司之间建立了租赁法律关系，属于引起法律关系产生的法律行为。

【例题1-5·多选题】根据民事法律制度的规定，下列属于法律行为的有（　　）。（2019年）

A. 税务登记　　B. 收养孤儿　　C. 爆发战争　　D. 签发支票

【答案】ABD

【解析】选项C：爆发战争是当事人无法控制、无法预见的事件，属于法律事件。

法律主体

「考点5」法律主体的分类与资格（★★）

（一）法律主体的分类

法律主体的分类见图1-3、表1-7。

```
                    ┌自然人┐    ＋    ┌组织┐    ＋    ┌国家┐
                       ↓                ↓
中国公民+外国公民（中国境内居住/活动）+无国籍人
         ┌─ 营利法人 ──→ 有限责任公司、股份有限公司、其他企业法人等
         │              ┌ 事业单位
         │  非营利法人 ─┤ 社会团体
         │              └ 基金会、社会服务机构等
    法人 ┤
         │              ┌ 机关法人
         │              │ 农村集体经济组织法人
         │  特别法人 ──┤ 城镇农村的合作经济组织法人
         │              └ 基层群众性自治组织法人
    非法人组织 ──→ 个人独资企业、合伙企业、不具有法人资格的专业服务机构等
```

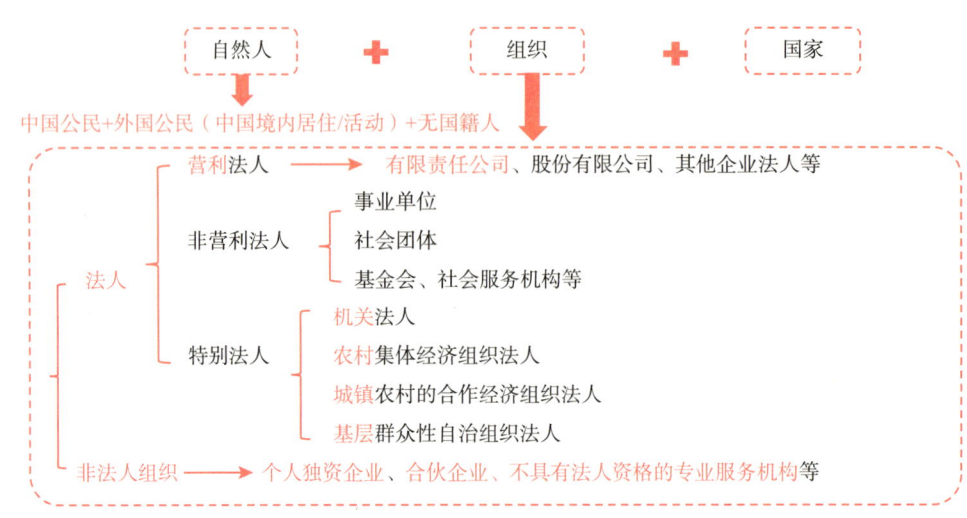

图1-3　法律主体的分类

表1-7　　　　　　　　　　　法律主体分类

主体		事项说明
自然人		涉及遗产继承、接受赠与等胎儿利益保护的，胎儿视为具有民事权利能力；但胎儿娩出时为死体的，其民事权利能力自始不存在
法人	法定代表人	①法定代表人因执行职务造成他人损害的，由**法人承担**民事责任； ②法人承担民事责任后，依照法律或者法人章程的规定，可以向有过错的法定代表人追偿
	法人设立中的责任承担	①设立人为设立法人从事的民事活动，其法律后果由**法人**承受； ②法人未成立的，其法律后果由设立人承受，设立人为二人以上的，享有连带债权，承担连带债务。 【知识卡片】设立人为设立法人以自己的名义从事民事活动产生的民事责任，第三人有权选择请求**法人或者设立人**承担
	合并与分立	①法人合并的，其权利和义务由合并后的法人享有和承担。 ②法人分立的，其权利和义务由分立后的法人享有连带债权，承担连带债务，但是债权人和债务人另有约定的除外
	解散	有下列情形之一的，法人解散： ①法人章程规定的存续期间届满或者法人章程规定的其他解散事由出现； ②法人的权力机构决议解散； ③因法人合并或者分立需要解散； ④法人依法被吊销营业执照、登记证书，被责令关闭或者被撤销； ⑤法律规定的其他情形
	终止	有下列原因之一并依法完成清算、注销登记的，法人终止： ①法人解散； ②法人被宣告破产； ③法律规定的其他原因

续表

主体		事项说明
法人	清算	法人解散的,除**合并或者分立**的情形外,清算义务人应当及时组成清算组进行清算
	分支机构	分支机构以**自己的名义**从事民事活动,产生的民事责任由**法人承担**;也可以先以该分支机构管理的财产承担,不足以承担的,由法人承担
非法人		①非法人组织是不具有法人资格,但是能够依法以**自己的名义**从事民事活动的组织。 ②非法人组织的财产不足以清偿债务的,其出资人或者设立人承担**无限责任**

【例题1-6·单选题】下列各项中,属于营利法人的是( )。(2019年)
A. 社会团体　　　　　　　　B. 政府机关
C. 有限责任公司　　　　　　D. 事业单位
【答案】C
【解析】选项AD:非营利法人包括事业单位、社会团体、基金会、社会服务机构等;选项B:机关法人、农村集体经济组织法人、城镇农村的合作经济组织法人、基层群众性自治组织法人为特别法人。因此选项C正确。

(二)法律主体资格(见图1-4)

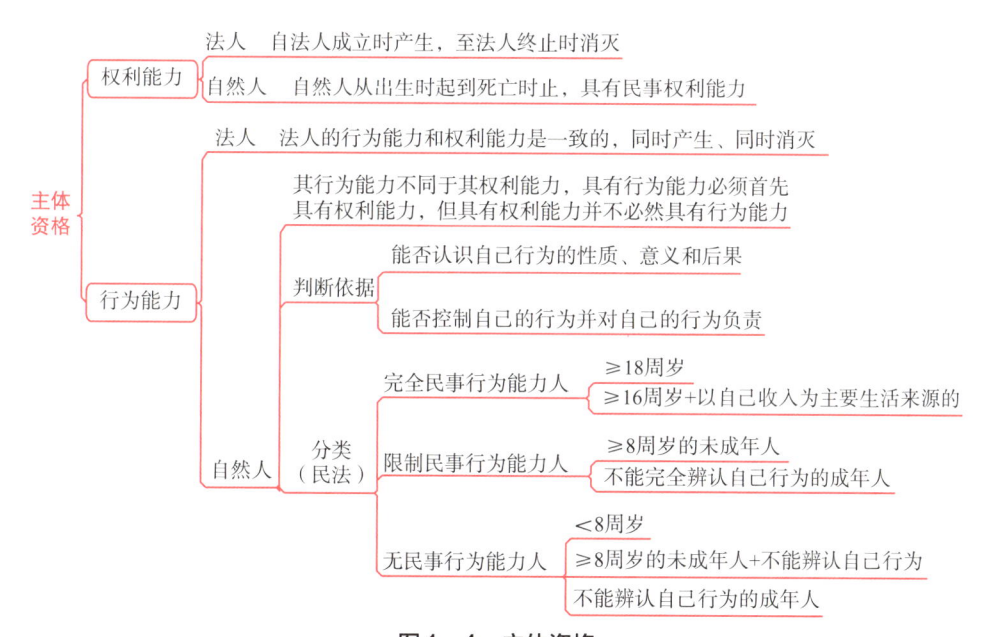

```
                    ┌─ 法人  自法人成立时产生,至法人终止时消灭
        ┌─ 权利能力 ┤
        │           └─ 自然人 自然人从出生时起到死亡时止,具有民事权利能力
        │
        │           ┌─ 法人  法人的行为能力和权利能力是一致的,同时产生、同时消灭
主体资格─┤           │       其行为能力不同于其权利能力,具有行为能力必须首先
        │           │       具有权利能力,但具有权利能力并不必然具有行为能力
        │           │
        │           │       判断依据 ┌─ 能否认识自己行为的性质、意义和后果
        └─ 行为能力 ┤                └─ 能否控制自己的行为并对自己的行为负责
                    │
                    │       ┌─ 完全民事行为能力人 ┌─ ≥18周岁
                    │       │                   └─ ≥16周岁+以自己收入为主要生活来源的
                    └─ 自然人┤
                        分类 │─ 限制民事行为能力人 ┌─ ≥8周岁的未成年人
                        (民法)│                   └─ 不能完全辨认自己行为的成年人
                            │
                            │                    ┌─ <8周岁
                            └─ 无民事行为能力人   │─ ≥8周岁的未成年人+不能辨认自己行为
                                                 └─ 不能辨认自己行为的成年人
```

图1-4　主体资格

【例题1-7·多选题】 下列自然人中，属于限制民事行为能力人的有（　　）。（2019年）

A. 杨某，13周岁，系大学少年班在校大学生
B. 范某，20周岁，有精神障碍，不能辨认自己的行为
C. 孙某，7周岁，不能辨认自己的行为
D. 周某，15周岁，系体操队专业运动员

【答案】AD

【解析】选项AD：8周岁以上（≥8周岁）的未成年人（＜18周岁）或者不能完全辨认自己行为的成年人属于限制民事行为能力人；选项B：不能辨认自己行为的成年人应为无民事行为能力人；选项C：不满8周岁的未成年人，属于无民事行为能力人。因此选项AD正确。

法律责任

「考点6」法律责任（★★）

法律责任框架见图1-5。

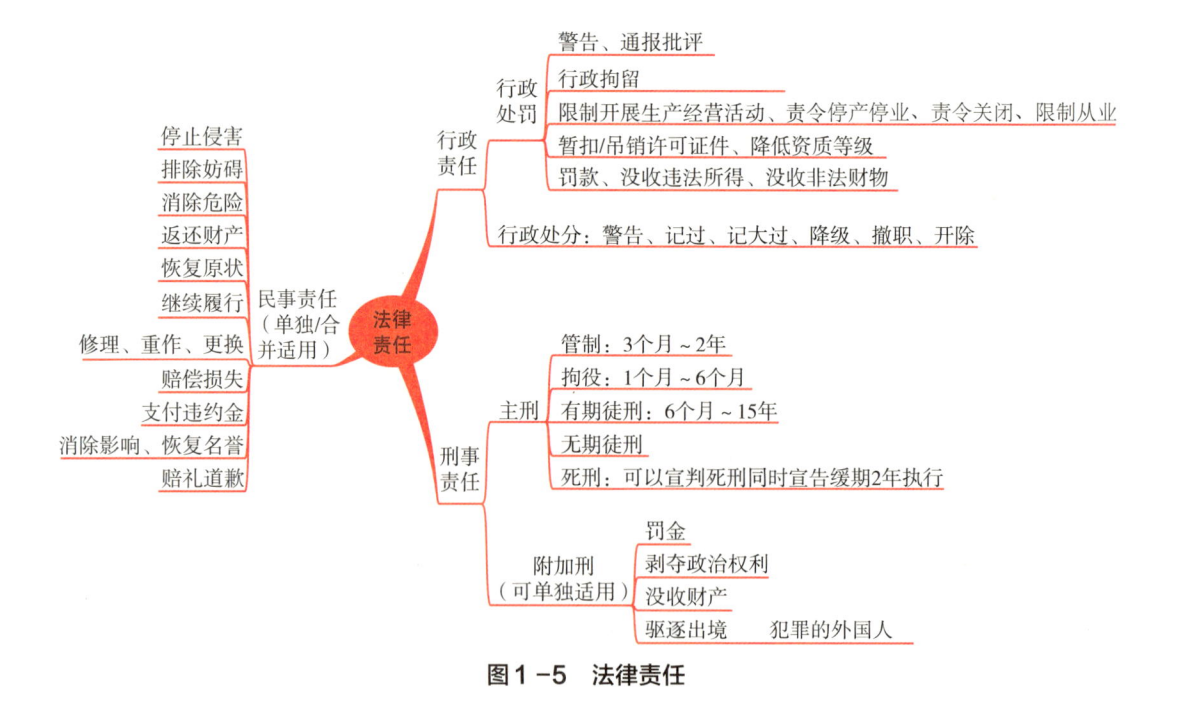

法律责任

民事责任（单独/合并适用）：
- 停止侵害
- 排除妨碍
- 消除危险
- 返还财产
- 恢复原状
- 继续履行
- 修理、重作、更换
- 赔偿损失
- 支付违约金
- 消除影响、恢复名誉
- 赔礼道歉

行政责任：
- 行政处罚
  - 警告、通报批评
  - 行政拘留
  - 限制开展生产经营活动、责令停产停业、责令关闭、限制从业
  - 暂扣/吊销许可证件、降低资质等级
  - 罚款、没收违法所得、没收非法财物
- 行政处分：警告、记过、记大过、降级、撤职、开除

刑事责任：
- 主刑
  - 管制：3个月～2年
  - 拘役：1个月～6个月
  - 有期徒刑：6个月～15年
  - 无期徒刑
  - 死刑：可以宣判死刑同时宣告缓期2年执行
- 附加刑（可单独适用）
  - 罚金
  - 剥夺政治权利
  - 没收财产
  - 驱逐出境　犯罪的外国人

图1-5　法律责任

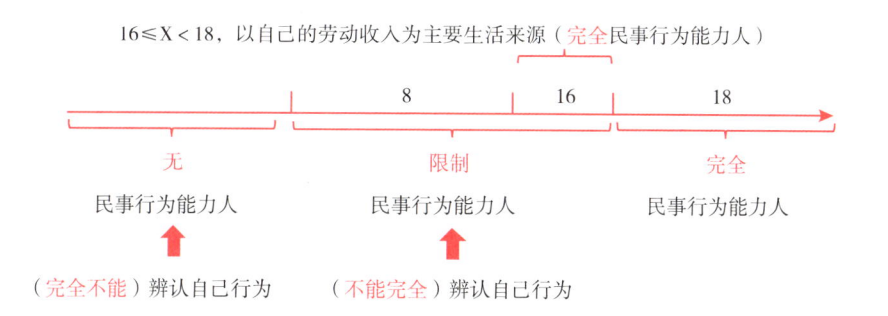

【知识卡片】

①剥夺的具体政治权利是指：选举权和被选举权；言论、出版、集会、结社、游行、示威自由的权利；担任国家机关职务的权利；担任国有公司、企业、事业单位和人民团体领导职务的权利。

②a. 违约金属于民事责任；罚款属于行政责任；罚金属于刑事责任；

b. 返还财产属于民事责任；没收违法所得、没收非法财物属于行政责任；没收财产属于刑事责任；

c. 行政拘留属于行政责任；拘役属于刑事责任。

【例题1-8·单选题】 下列法律责任形式中，属于民事责任的是（　　）。（2016年）

A. 拘役　　　　　　　　　B. 记过
C. 支付违约金　　　　　　D. 暂扣许可证

【答案】C

【解析】选项A：拘役属于"刑事责任——主刑"；选项B：记过属于"行政责任——行政处分"；选项D：暂扣许可证属于"行政责任——行政处罚"。因此选项C正确。

【例题1-9·单选题】 下列法律责任的形式中，属于行政责任的是（　　）。（2015年）

A. 赔偿损失　　　　　　　B. 罚款
C. 返还财产　　　　　　　D. 罚金

【答案】B

【解析】选项AC：赔偿损失、返还财产属于民事责任；选项D：罚金属于刑事责任——附加刑。因此选项B正确。

躲坑作战

民事行为能力区分

16≤X＜18，以自己的劳动收入为主要生活来源（完全民事行为能力人）

	8	16	18
无	限制		完全
民事行为能力人	民事行为能力人		民事行为能力人

（完全不能）辨认自己行为　　（不能完全）辨认自己行为

【知识卡片】
① "以上、以下"均包括本数,"超过、不满"均不包括本数。
② 考试常考年龄临界点!

你已成功
完成第一章的学习!

扫码领取全程课加入带学群

一寸光阴一寸金,毕竟每一天都是余生中最年轻的一天。

第 2 天

复习旧内容
第一章　总论　考点 1~6

学习新内容
第二章　会计法律制度　考点 1~6

你今天可能有的心态
恭喜你，已顺利完成第 1 天的任务，是不是觉得经济法晦涩难懂，已经不记得昨天学了什么内容，别担心，这就是学习的常态，我们在不停地学习，然后再不断地与遗忘对抗。

简单解释今天学习的内容
开始学习会计法律制度，知识难度不大，涉及的都是通俗易懂的内容，比如谁主管全国的会计工作，会计如何核算与监督，会计档案如何管理等。

学习方法
会计法律制度相关的知识，大多考核内容以原文表述为主，因此记忆关键性表述即可。

建议学习时间
2 小时

今日打卡

任务内容	预计时间	重点任务要求
早读	30分钟	☐ 把昨天学的教材读一遍 ☐ 听微课
第二章 考点1~6	45分钟	☐ 会计核算 ☐ 会计档案管理
做作业	30分钟	☐ 会计岗位的设置 ☐ 整理消化昨天的错题 ☐ 做教材例题、精练习题
回忆内容	15分钟	☐ 翻看今日所学内容并梳理框架 ☐ 背诵关键词，根据框架回忆所学

第二章　会计法律制度

考情分析

本章主要学习会计机构、人员、档案、制度、法律责任等方面的内容，是开展会计工作的前提。在考试中，属于高性价比章节，考到不定项选择题就属于送分题，因此要掌握好基础知识，对于高频考点着重把握。本章考试分数6分左右。

考点地图

会计法律制度框架见图2-1。

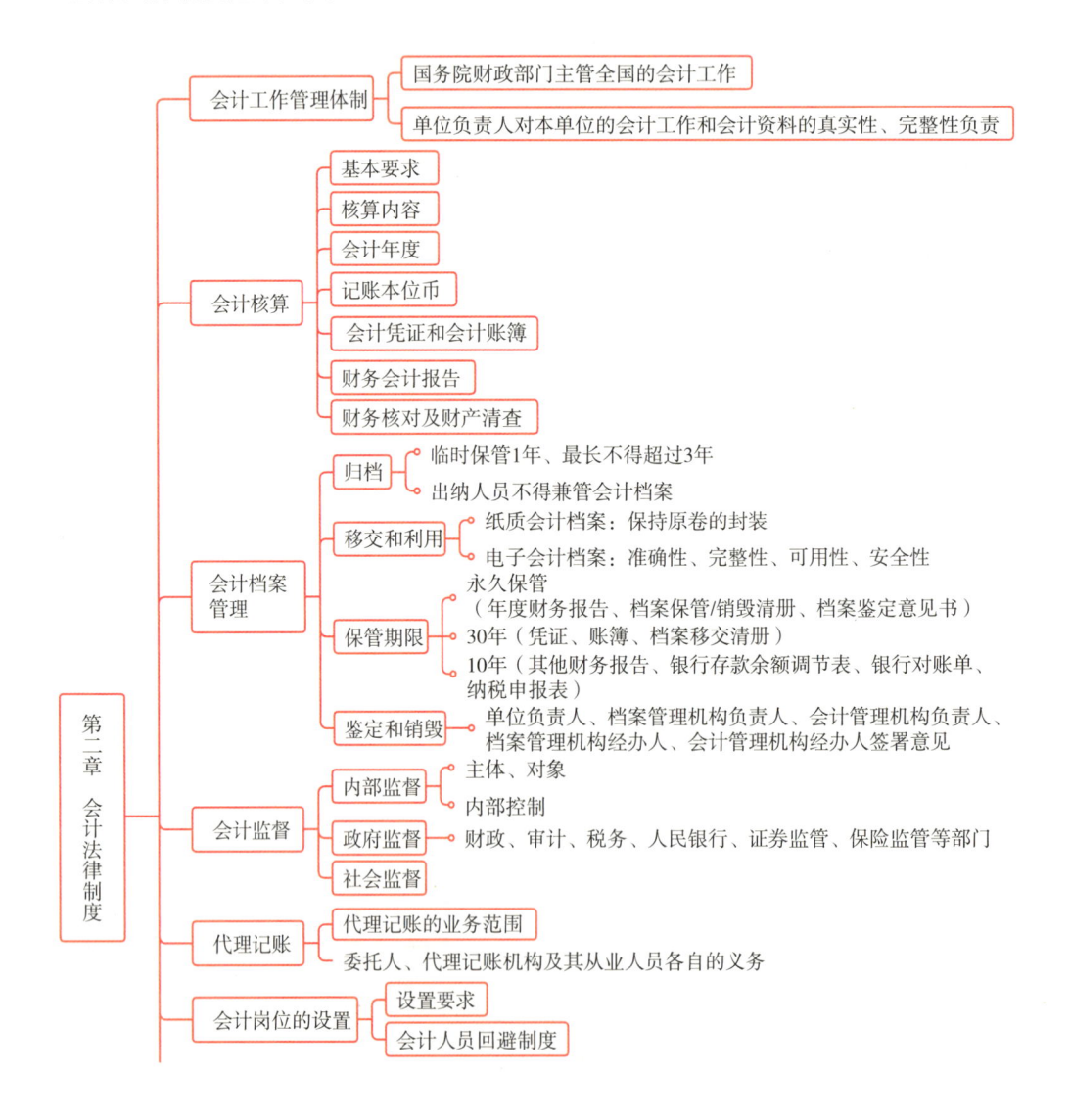

第二章 会计法律制度：

- 会计工作管理体制
  - 国务院财政部门主管全国的会计工作
  - 单位负责人对本单位的会计工作和会计资料的真实性、完整性负责

- 会计核算
  - 基本要求
  - 核算内容
  - 会计年度
  - 记账本位币
  - 会计凭证和会计账簿
  - 财务会计报告
  - 财务核对及财产清查

- 会计档案管理
  - 归档
    - 临时保管1年、最长不得超过3年
    - 出纳人员不得兼管会计档案
  - 移交和利用
    - 纸质会计档案：保持原卷的封装
    - 电子会计档案：准确性、完整性、可用性、安全性
  - 保管期限
    - 永久保管（年度财务报告、档案保管/销毁清册、档案鉴定意见书）
    - 30年（凭证、账簿、档案移交清册）
    - 10年（其他财务报告、银行存款余额调节表、银行对账单、纳税申报表）
  - 鉴定和销毁
    - 单位负责人、档案管理机构负责人、会计管理机构负责人、档案管理机构经办人、会计管理机构经办人签署意见

- 会计监督
  - 内部监督
    - 主体、对象
    - 内部控制
  - 政府监督
    - 财政、审计、税务、人民银行、证券监管、保险监管等部门
  - 社会监督

- 代理记账
  - 代理记账的业务范围
  - 委托人、代理记账机构及其从业人员各自的义务

- 会计岗位的设置
  - 设置要求
  - 会计人员回避制度

第二章　会计法律制度

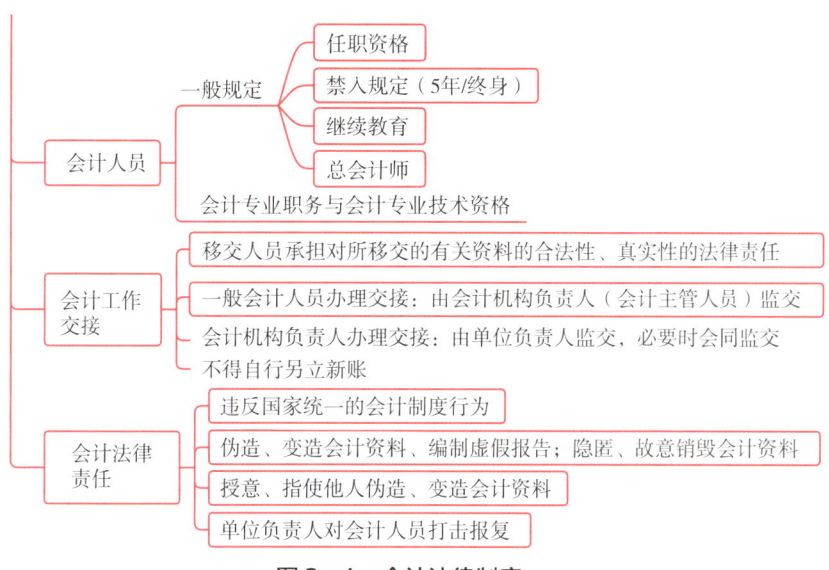

图2-1　会计法律制度

「考点1」会计工作管理体制

会计工作管理体制见表2-1。

表2-1　会计工作管理体制

会计工作的行政管理	国务院**财政部门**主管全国的会计工作
	县级以上地方各级人民政府**财政部门**管理本行政区域内的会计工作
单位内部的会计工作管理	**单位负责人**对本单位的会计工作和会计资料的真实性、完整性负责

「考点2」会计核算（★★）

会计核算是以货币为主要计量单位，是会计工作的基本职能之一。

（一）会计核算基本要求（见表2-2）

表2-2　会计核算基本要求

要求	说明
依法建账	不得违反规定私设会计账簿进行登记、核算
根据实际发生的经济业务进行会计核算	会计核算以实际发生的经济业务为依据，体现了会计核算的真实性和客观性要求

续表

要求	说明	
保证会计资料的真实和完整	①会计资料，指会计凭证、会计账簿、财务会计报告等会计核算专业资料	
	②会计资料的真实性和完整性，是会计资料最基本的质量要求	
	③不得伪造、变造会计资料	伪造是以虚假的经济业务为前提来编制会计凭证和会计账簿，旨在**以假充真**
		变造是用**涂改、挖补**等手段来改变会计凭证和会计账簿的真实内容，以歪曲事实真相
正确采用会计处理方法	各单位采用的会计处理方法，**前后各期应当一致，不得随意变更**	
正确使用会计记录文字	①会计记录的文字应当使用中文，在民族自治地方，会计记录**可以同时**使用当地通用的一种民族文字； ②在中国境内的外商投资企业、外国企业和其他外国组织的会计记录**可以同时**使用一种外国文字	
使用电子计算机进行会计核算	使用电子计算机进行会计核算的，其软件及其生成的会计凭证、会计账簿、财务会计报告和其他会计资料，必须符合国家统一的会计制度的规定	

【例题2-1·判断题】在中国境内的英国企业的会计记录可以同时使用中文和英文。（　　）（2018年）
【答案】正确
【解析】在民族自治地方，会计记录可以同时使用当地通用的一种民族文字。在中华人民共和国境内的外商投资企业、外国企业和其他外国组织的会计记录可以同时使用一种外国文字。

【例题2-2·单选题】根据会计法律制度的规定，下列行为中属于伪造会计资料的是（　　）。（2019年）
A. 用挖补的手段改变会计凭证和会计账簿的真实内容
B. 由于过失导致会计凭证与会计账簿记录不一致
C. 以虚假的经济业务编制会计凭证和会计账簿
D. 用涂改的手段改变会计凭证和会计账簿的真实内容
【答案】C
【解析】选项C：伪造会计资料，是以虚假的经济业务为前提来编制会计凭证和会计账簿，旨在以假充真。

(二)会计核算的内容(见表2-3)

表2-3　　　　　　　　　　　会计核算的内容

会计核算事项	内容示例
款项和有价证券的收付	货币资金的收入、转存、付出、结存等;有价证券的利息和股利、溢价与折价的摊销等
财物的收发、增减和使用	存货、固定资产、投资、无形资产等的购入、自行建造、无偿取得、债务重组取得、融资租入、接受捐赠、出售、转让、抵债、无偿调出、捐赠、减值等
债权债务的发生和结算	债权人变更、债务的偿还及擎息、债务重组及免偿等
资本、基金的增减	实收资本(股本)的取得和企业增资、减资等
收入、支出、费用、成本的计算	计提的固定资产减值准备、捐赠支出等的确认与结转等
财务成果的计算和处理	将收入和相配比的成本、费用、支出转入本年利润,计算利润总额等

(三)会计年度

以公历年度为会计年度,即以每年公历的1月1日起至12月31日止为一个会计年度,每一个会计年度还可以按照公历日期具体划分为半年度、季度、月度。

(四)记账本位币

①会计核算**以人民币为记账本位币**。

②业务收支以人民币以外的货币为主的单位,可以选定其中一种货币作为记账本位币,但是**编报的财务会计报告应当折算为人民币**。

(五)会计凭证和会计账簿

1. 会计凭证(见图2-2)

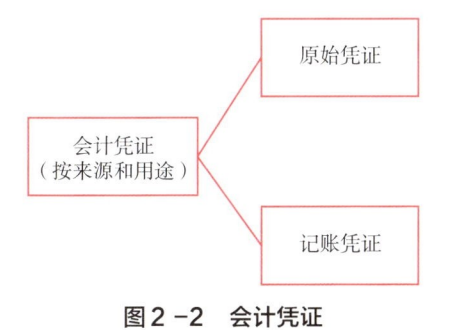

```
                    ┌── 原始凭证
会计凭证 ──────────┤
(按来源和用途)    └── 记账凭证
```

图2-2　会计凭证

①原始凭证(见表2-4)。

表2-4　　　　　　　　　　　　　原始凭证

分类	外来原始凭证（从外单位取得的原始凭证，必须盖有填制单位的公章）
	自制原始凭证（必须有经办单位领导人或者其指定的人员签名或盖章）
凭证审核	①对**不真实、不合法**的原始凭证有权不予接受，并**向单位负责人**报告； ②对记载不准确、不完整的原始凭证予以退回，并要求按照国家统一的会计制度的规定更正、补充
内容错误	①原始**凭证有错误**的，应当由出具单位**重开或者更正**，更正处应加盖出具单位印章； ②原始凭证**金额有错误**的，应当由出具单位**重开**，不得在原始凭证上更正

②记账凭证（传票）（见表2-5）。

表2-5　　　　　　　　　　　　记账凭证（传票）

分类	收款凭证、付款凭证和转账凭证（也可以使用通用记账凭证）
签章	填制凭证人员、稽核人员、记账人员、会计机构负责人（会计主管人员）签名或盖章。 【知识卡片1】收款和付款记账凭证还应当由出纳人员签名或盖章。 【知识卡片2】实行会计电算化的单位，打印出的机制记账凭证要加盖制单人员、审核人员、记账人员及会计机构负责人（会计主管人员）印章或签字
连续编号	一笔经济业务需要填制两张以上记账凭证的，可以采用**分数编号法编号**
填制依据	①应根据**经过审核**的原始凭证及有关资料编制 ②可以根据**每一张原始凭证**填制，或根据**若干张同类原始凭证**汇总填制，也可以根据**原始凭证汇总表**填制。 【知识卡片】不得将不同内容和类别的原始凭证汇总填制在一张记账凭证上
凭证附件	①除**结账和更正错误的记账凭证可以不附原始凭证**外，其他记账凭证必须附有原始凭证； ②如果一张原始凭证涉及几张记账凭证，可以把原始凭证附在一张主要的记账凭证后面，并在其他记账凭证上注明附有该原始凭证的记账凭证的编号或附原始凭证复印件； ③一张原始凭证所列支出需要**几个单位共同负担**的，应当将其他单位负担的部分，开给对方**原始凭证分割单**，进行结算

【例题2-3·单选题】根据会计法律制度的规定，下列关于记账凭证填制基本要求的表述中，不正确的是（　　）。（2021年）
　　A. 一张原始凭证所列支出需要几个单位共同负担的，应当由原始凭证保存单位将原始凭证复印件提供给其他负担单位
　　B. 应当根据审核无误的原始凭证填制记账凭证
　　C. 可以将若干张同类原始凭证汇总后填制记账凭证
　　D. 结账的记账凭证可以不附原始凭证
【答案】A

【解析】选项 A 错误，一张原始凭证所列支出需要几个单位共同负担的，应当将其他单位负担的部分，开给对方原始凭证分割单（不能用复印件）。选项 B，记账凭证应当根据经过审核的原始凭证及有关资料编制，会计机构、会计人员必须按照国家统一的会计制度的规定对原始凭证进行审核，对不真实、不合法的原始凭证有权不予接受。选项 C，填制记账凭证时，应当对记账凭证进行连续编号。一笔经济业务需要填制两张以上记账凭证的，可以采用分数编号法编号。记账凭证可以根据每一张原始凭证填制，或者根据若干张同类原始凭证汇总填制，也可以根据原始凭证汇总表填制；但不得将不同内容和类别的原始凭证汇总填制在一张记账凭证上。选项 D，除结账和更正错误的记账凭证可以不附原始凭证外，其他记账凭证必须附有原始凭证。如果一张原始凭证涉及几张记账凭证，可以把原始凭证附在一张主要的记账凭证后面，并在其他记账凭证上注明附有该原始凭证的记账凭证的编号或者附原始凭证复印件。

由于本题需要选择不正确的，因此选项 A 符合题意。

③会计凭证的保管。

a. 会计凭证不得外借，其他单位如因特殊原因需要使用原始凭证时，经本单位**会计机构负责人、会计主管人员**批准，可以复制。向外单位提供原始凭证复印件，应当在专设的登记簿上登记，并由**提供人员和收取人员**共同签名或盖章。

b. 从**外单位**取得的原始凭证如有遗失，应当取得原单位盖有公章的证明，由经办单位会计机构负责人、会计主管人员和单位领导人批准后，才能代作原始凭证。

c. **确实无法取得证明**的，由当事人写出详细情况，由经办单位会计机构负责人、会计主管人员和单位领导人批准后，代作原始凭证。

2. 会计账簿

会计账簿是编制财务会计报告的重要依据（见表2-6）。

表2-6　　　　　　　　　　　　　　　会计账簿

账簿种类	总账、明细账、日记账和其他辅助账簿
登记要求	账簿中书写的文字和数字上面要留有适当空格，不要写满格；一般应占**格距的1/2** 可以用**红色墨水**记账： ①按照红字冲账的记账凭证，**冲销错误**记录； ②在不设借贷等栏的多栏式账页中，登记**减少数**； ③在三栏式账户的余额栏前，如未印明余额方向，在余额栏内登记**负数余额**
更正方法	账簿记录发生错误，**不准涂改、挖补、刮擦或者用药水消除字迹，不准重新抄写**，采用划线更正法： ①对于错误的数字，应当全部划红线更正，**不得**只更正其中的错误数字； ②对于文字错误，可只划去错误的部分

19

【例题2-4·单选题】根据会计法律制度的规定，下列关于原始凭证的表述中，正确的是（　　）。（2018年）

A. 原始凭证必须来源于单位外部
B. 除日期外，原始凭证记载的内容不得涂改
C. 对不真实的原始凭证，会计人员有权拒绝接受
D. 原始凭证金额有错误的，应当由出具单位更正并加盖印章

【答案】C

【解析】选项A：原始凭证既有来自单位外部的，也有单位自制的；选项B：原始凭证记载的各项内容均不得涂改；选项D：原始凭证金额有错误的，应当由出具单位重开，不得在原始凭证上更正。因此选项C正确。

（六）财务会计报告

1. 企业财务会计报告的构成

财务会计报告的构成见图2-3。

财务会计报告 → 会计报表 → 资产负债表 / 利润表 / 现金流量表 / 相关附表
　　　　　　　→ 会计报表附注
　　　　　　　→ 财务情况说明书

图2-3　财务会计报告

【知识卡片】

①企业财务会计报告按编制时间分为年度、半年度、季度和月度财务会计报告。

②季度、月度财务会计报告通常仅指会计报表，会计报表至少应当包括资产负债表和利润表。

2. 企业财务会计报告的对外提供（见表2-7）

表2-7　　企业财务会计报告的对外提供

签章	企业对外提供的财务会计报告应当由**单位负责人**和**主管会计工作负责人、会计机构负责人（会计主管人员）**签字并盖章；设置总会计师的，还须**总会计师签名并盖章**
依据	及时对外提供财务会计报告，向不同的会计资料使用者提供的财务会计报告，其编制依据应当**一致**
审计	须经注册会计师审计的，注册会计师及其所在的会计师事务所出具的审计报告应当随同财务会计报告一并提供
时间	国有企业、国有控股的或者占主导地位的企业，应当**至少每年一次**向本企业的职工代表大会公布财务会计报告

【例题2-5·单选题】根据会计法律制度的规定，下列各项中，不属于财务会计报告的是（ ）。（2019年）

A. 资产负债表　　B. 审计报告　　C. 利润表　　D. 现金流量表

【答案】B

【解析】选项ACD：企业财务会计报告包括会计报表、会计报表附注和财务情况说明书。会计报表应当包括资产负债表、利润表、现金流量表及相关附表。审计报告不属于财务会计报告。因此选项B正确。

（七）账务核对及财产清查（见表2-8）

表2-8　　账务核对及财产清查

类型	核对内容
账账核对	账簿记录与账簿记录
账证核对	账簿记录与会计凭证
账实核对	账簿记录与实物资产的实有数额

【知识卡片】

①财产清查制度是通过定期或不定期、全面或部分地对各项财产物资进行实地盘点和对库存现金、银行存款、债权债务进行清查核实的一种制度。

②特别是在编制年度财务会计报告之前，必须进行财产清查。

「考点3」会计档案管理（★★）

（一）会计档案的归档

1. 归档范围（见表2-9）

表2-9　　归档范围

归档范围	具体内容
会计凭证	原始凭证、记账凭证
会计账簿	总账、明细账、日记账、固定资产卡片及其他辅助性账簿
财务会计报告	月度、季度、半年度财务会计报告和年度财务会计报告
其他会计资料	银行存款余额调节表、银行对账单、纳税申报表、会计档案移交清册、会计档案保管清册、会计档案销毁清册、会计档案鉴定意见书及其他具有保存价值的会计资料

【知识卡片】各单位的预算、计划、制度等文件材料属于文书档案，不属于会计档案。

2. 保管要求

①当年形成的会计档案，在**会计年度终了**后，可由单位会计管理机构**临时保管 1 年**，再移交单位档案管理机构保管。因工作需要确需推迟移交的，应当经单位档案管理机构同意。

②单位会计管理机构临时保管会计档案**最长不超过 3 年**。

③临时保管期间，会计档案的保管应当符合国家档案管理的规定，且**出纳人员不得兼管会计档案**。

（二）会计档案的移交和利用

1. 会计档案的移交（编制会计档案移交清册）

①纸质会计档案移交时应当保持原卷的封装。

②电子会计档案移交时应当将电子会计档案及其元数据一并移交，且文件格式应当符合国家档案管理的有关规定。特殊格式的电子会计档案应当**与其读取平台一并移交**。

【知识卡片】单位档案管理机构接收电子会计档案时，应当对电子会计档案的准确性、完整性、可用性、安全性进行检测。

2. 会计档案的利用

单位保存的会计档案**一般不得对外借出**。

（三）会计档案的保管期限

会计档案的保管期限分为永久、定期两类；会计档案的保管期限是从**会计年度终了后的第一天**算起（见表 2-10）。

表 2-10　　　　　　　　　　会计档案的保管期限

（最低）保管年限		会计档案
永久保管		年度财务报告、会计档案保管清册、会计档案销毁清册、会计档案鉴定意见书
定期保管	30 年	凭证、账簿、会计档案移交清册
	10 年	其他财务报告（月度、季度、半年度）、银行存款余额调节表、银行对账单、纳税申报表
	特殊	固定资产卡片在固定资产"报废清理后保管 5 年"

第二章　会计法律制度

【例题 2-6·单选题】根据会计法律制度的规定，下列企业会计档案中，应永久保管的是（　　）。（2019 年）
A. 会计档案移交清册
B. 会计档案保管清册
C. 原始凭证
D. 季度财务报告

【答案】B

【解析】选项 AC：会计档案移交清册、原始凭证最低保管 30 年；选项 D：季度财务报告最低保管 10 年。因此选项 B 正确。

（四）会计档案的鉴定和销毁（见表 2-11）

表 2-11　　　　　　　　会计档案的鉴定和销毁

项目	说明
鉴定	①单位应当定期对已到保管期限的会计档案进行**鉴定**，并形成会计档案鉴定意见书。经鉴定，仍需继续保存的会计档案，应当重新划定保管期限； ②对保管期满，**确无保存价值**的会计档案，**可以销毁**； ③由**单位档案管理机构牵头**，组织单位会计、审计、纪检监察等机构或人员共同进行
销毁	①**单位负责人、档案管理机构负责人、会计管理机构负责人、档案管理机构经办人、会计管理机构经办人**在会计档案销毁清册上**签署意见**； ②单位档案管理机构负责组织会计档案销毁工作，并与会计管理机构共同派员监销。监销人在会计档案销毁前应当按照会计档案销毁清册所列内容进行清点核对；在会计档案销毁后，应当在会计档案销毁清册上**签名或盖章**
不得销毁	保管期满但未结清的债权债务的会计凭证和涉及其他未了事项的会计凭证不得销毁，纸质会计档案应当单独抽出立卷，电子会计档案单独转存，保管到未了事项完结时为止

「考点4」会计监督（★★）

会计监督见图 2-4。

单位内部监督　⇒　政府监督　⇒　社会监督

图 2-4　会计监督

（一）单位内部会计监督

内部会计监督内容（见表2-12）

表2-12　　　　　　　　　　　内部会计监督内容

项目	说明
监督主体	各单位的会计机构、会计人员
监督对象	单位的经济活动
内部控制原则	①全面性； ②重要性； ③制衡性； ④适应性； ⑤成本效益。 【知识卡片】小企业建立与实施内部控制，应当遵循下列原则： ①风险导向；②实质重于形式；③适应性；④成本效益
内部控制措施	①**不相容职务分离控制；** 不相容职务主要包括授权批准与业务经办、业务经办与会计记录、会计记录与财产保管、业务经办与稽核检查、授权批准与监督检查等。 ②授权审批控制； ③会计系统控制； ④财产保护控制； ⑤预算控制； ⑥运营分析控制； ⑦绩效考评控制。 【知识卡片】行政事业单位内部控制方法： ①不相容岗位相互分离；②内部授权审批控制；③归口管理；④预算控制；⑤财产保护控制；⑥会计控制；⑦单据控制；⑧信息内部公开

【例题2-7·多选题】根据会计法律制度的规定，下列各项中，属于甲公司内部会计监督主体的有（　　）。（2019年）

A. 甲公司纪检部门　　　　　　B. 甲公司债权人
C. 甲公司会计机构　　　　　　D. 甲公司会计人员

【答案】CD

【解析】选项CD：内部会计监督的主体是各单位的会计机构、会计人员，内部会计监督的对象是单位的经济活动。

（二）会计工作的政府监督（见表2-13）

表2-13　　　　　　　　　　　会计工作的政府监督

监督主体	国务院财政部门、省级以上人民政府财政部门派出机构和县级以上人民政府**财政部门**
	审计、税务、**人民银行**、证券监管、保险监管等部门
监督内容	①是否依法设置会计账簿； ②会计资料是否真实、完整； ③会计核算是否符合《会计法》和国家统一的会计制度的规定； ④从事会计工作的人员是否具备专业能力、遵守职业道德
保密义务	对在监督检查中知悉的国家秘密和商业秘密负有保密义务

（三）会计工作的社会监督

①任何单位和个人对违反《会计法》和国家统一的会计制度规定的行为，有权检举。
②注册会计师审计报告。
a. 审计报告分为标准审计报告和非标准审计报告。
b. 非标准审计报告，是指带强调事项段或者其他事项段的无保留意见的审计报告以及保留意见、否定意见和无法表示意见的审计报告。

「考点5」代理记账（★）

（一）代理记账机构的审批

①除会计师事务所以外的机构从事代理记账业务，应当经**县级以上人民政府财政部门**（简称审批机关）批准，领取由财政部统一规定样式的代理记账许可证书。
②会计师事务所及其分所可以依法从事代理记账业务。
③申请代理记账资格的机构应当同时具备以下条件：
a. 为依法设立的企业；
b. 专职从业人员不少于3名；
c. 主管代理记账业务的负责人具有会计师以上专业技术职务资格或者从事会计工作不少于3年，且为专职从业人员；
d. 有健全的代理记账业务内部规范。
代理记账机构从业人员应当具有会计类专业基础知识和业务技能，能够独立处理基本会计业务，并由代理记账机构自主评价认定。

（二）代理记账的业务范围

①根据**委托人提供的原始凭证和其他资料**，按照国家统一的会计制度的规定进行会计核算，包括审核原始凭证、填制记账凭证、登记会计账簿、编制财务会计报告等；
②对外提供财务会计报告；
③向税务机关提供税务资料；
④委托人委托的其他会计业务。

> 【知识卡片】**不包括代委托人进行日常货币收支和保管。**

（三）委托人、代理记账机构及其从业人员各自的义务（见表2-14）

表2-14　　　　　　　委托人、代理记账机构及其从业人员各自的义务

主体	义务
委托人	①对本单位发生的经济业务事项，应当填制或者取得符合国家统一的会计制度规定的原始凭证； ②**应当配备专人负责日常货币收支和保管；** ③及时向代理记账机构提供真实、完整的原始凭证和其他相关资料； ④对于代理记账机构退回的，要求按照国家统一的会计制度规定进行更正、补充的原始凭证，应当及时予以更正、补充
代理记账机构及其从业人员	①遵守有关法律、法规和国家统一的会计制度的规定，按照委托合同办理代理记账业务； ②对在执行业务中知悉的商业秘密予以保密； ③对委托人要求其作出不当的会计处理，提供不实的会计资料，以及其他不符合法律、法规和国家统一的会计制度行为的，予以拒绝； ④对委托人提出的有关会计处理相关问题予以解释

> 【知识卡片】代理记账机构为委托人编制的财务会计报告，经代理记账机构负责人和委托人负责人签名并盖章后，按照有关法律、法规和国家统一的会计制度的规定对外提供。

（四）对代理记账机构的管理

①代理记账机构应当于每年4月30日之前，向审批机关报送下列材料：
a. 代理记账机构基本情况表；
b. 专职从业人员变动情况。
代理记账机构设立分支机构的，分支机构应当于每年4月30日之前向其所在地的审批机关报送上述材料。
②县级以上人民政府财政部门对代理记账机构及其从事代理记账业务情况实施监督，随机抽取检查对象、随机选派执法检查人员，并将抽查情况及查处结果依法及时向社会公开。

③代理记账机构有下列情形之一的，审批机关应当办理注销手续，收回代理记账许可证书并予以公告：

a. 代理记账机构依法终止的；
b. 代理记账资格被依法撤销或撤回的；
c. 法律、法规规定的应当注销的其他情形。

> 【例题2-8·多选题】代理记账机构可以接受委托办理（　　）。（2018年）
> A. 对外提供财务会计报告　　　　B. 编制财务会计报告
> C. 登记会计账簿　　　　　　　　D. 填制记账凭证
> 【答案】ABCD
> 【解析】代理记账机构可以接受委托办理下列业务：
> （1）根据委托人提供的原始凭证和其他资料，按照国家统一的会计制度的规定进行会计核算，包括审核原始凭证、填制记账凭证、登记会计账簿、编制财务会计报告等（选项BCD）；
> （2）对外提供财务会计报告（选项A）；
> （3）向税务机关提供税务资料；
> （4）委托人委托的其他会计业务。

「考点6」会计岗位的设置（★★）

会计岗位的设置见表2-15。

表2-15　　　　　　　　　　　会计岗位的设置

项目	具体内容
岗位设置	①会计工作岗位，可以一人一岗、一人多岗或一岗多人，但**出纳人员不得兼任稽核、会计档案保管和收入、支出、费用、债权债务账目**的登记工作； ②会计人员的工作岗位应当有计划地进行轮换； ③档案管理部门的人员管理会计档案，不属于会计岗位
回避制度	①**国家机关、国有企业、事业单位**任用会计人员应当实行回避制度； ②单位领导人的直系亲属**不得担任**本单位的会计机构负责人、会计主管人员； ③会计机构负责人、会计主管人员的直系亲属**不得**在本单位会计机构中担任出纳工作

> 【知识卡片】需要回避的直系亲属为：夫妻关系、直系血亲关系、三代以内旁系血亲以及姻亲关系。

【例题2-9·多选题】根据会计法律制度的规定，下列各项中，出纳不得兼任的有（   ）。（2019年）
A. 会计档案保管
B. 稽核
C. 收入费用账目的登记工作
D. 债权债务账目的登记工作

【答案】ABCD

【解析】出纳人员不得兼任稽核、会计档案保管和收入、支出、费用、债权债务账目的登记工作。因此选项ABCD均正确。

第 3 天

复习旧内容
第二章 会计法律制度 考点 1~6

学习新内容
第二章 会计法律制度 考点 7~9 第三章 支付结算法律制度 考点 1~3

你今天可能有的心态
今天已经是学习经济法的第 3 天了，经过前两天的学习，是不是感觉经济法没有想象中的那么难。但是，做题时是不是有点懵，不知道要如何思考？不要灰心，毕竟我们只学了一遍，须知书读百遍，其义自见。那么请再接再厉，重头戏就要来了，打起精神继续吧!

简单解释今天学习的内容
会计人员和会计交接属于着重把握的内容，其他内容学习难度较低。进入第三章的学习，了解在经济法活动中有哪些支付工具，掌握支付结算的基本要求。

学习方法
以关键性表述词句记忆为主，考点学习完后，通过习题加以巩固记忆。

建议学习时间
2 小时

今日打卡

任务内容	预计时间	重点任务要求
早读	30分钟	☐ 大声朗读之前所学内容 ☐ 听微课
第二章 考点7~9 第三章 考点1~3	55分钟	☐ 会计人员 ☐ 会计工作交接 ☐ 支付结算的基本要求
做作业	20分钟	☐ 整理昨天的错题，并消化 ☐ 做教材例题、精练习题 ☐ 总结会计档案管理、工作交接及重要的法律责任
回忆内容	15分钟	☐ 脑子里把今天学的内容回忆一遍 ☐ 默写核心考点的关键词

[考点7] 会计人员（★★）

（一）会计人员一般规定（见表2-16）

表2-16　　　　　　　　　　会计人员一般规定

项目		具体内容
任职资格	一般要求	参加继续教育，具备从事会计工作所需要的专业能力等
	中层领导	担任单位会计机构负责人（会计主管人员）的，应当具备**会计师**以上专业技术职务资格**或者**从事会计工作**3年以上**经历
禁入规定	5年限制	违反国家统一的会计制度的一般违法行为，伪造、变造会计凭证、会计账簿，编制虚假财务会计报告，隐匿或者故意销毁依法应当保存的会计凭证、会计账簿、财务会计报告，尚不构成犯罪的
	终身限制	与会计职务有关的违法行为被依法追究刑事责任的
继续教育	参与主体	具有会计专业技术资格的人员，或不具有会计专业技术资格但从事会计工作的人员
	参加时间	取得会计专业技术资格（从事会计工作）的**次年**开始
	教育内容	包括公需科目和专业科目
	学分制	每年参加继续教育取得的学分**不少于90学分**，其中专业科目一般**不少于总学分的2/3**
		在**全国范围内**当年度有效，**不得结转**以后年度
	登记管理	对会计专业技术人员参加继续教育情况实行登记管理
总会计师	性质	是主管本单位会计工作的行政领导，是单位行政领导成员
	工作内容	领导本单位的财务管理、成本管理、预算管理、会计核算和会计监督等方面的工作，参与本单位重要经济问题的分析和决策
	设置要求	国有的和国有资产占控股地位或主导地位的**大型、中型**企业必须设置
		其他单位可以根据业务需要，自行决定

（二）会计专业职务与会计专业技术资格（见表2-17）

表2-17　　　　　　　　　会计专业职务与会计专业技术资格

事项			具体内容
职称（职务）	初级	助理会计师	①基本掌握会计基础知识和业务技能； ②能正确理解并执行财经政策、会计法律法规和规章制度； ③能独立处理一个方面或某个重要岗位的会计工作； ④具备国家教育部门认可的高中毕业（含高中、中专、职高、技校）以上学历

第二章 会计法律制度

续表

事项			具体内容
职称（职务）	中级	会计师	①系统掌握会计基础知识和业务技能； ②掌握并能正确执行财经政策、会计法律法规和规章制度； ③具有扎实的专业判断和分析能力，能独立负责某领域会计工作； ④具备博士学位；或具备硕士学位，从事会计工作满1年；或具备第二学士学位或研究生班毕业，从事会计工作满2年；或具备大学本科学历或学士学位，从事会计工作满4年；或具备大学专科学历，从事会计工作满5年
	高级	副高级 高级会计师	①系统掌握和应用经济与管理理论、财务会计理论与实务； ②具有较高的政策水平和丰富的会计工作经验，能独立负责某领域或一个单位的财务会计管理工作； ③工作业绩较为突出，有效提高了会计管理水平或经济效益； ④有较强的科研能力，取得一定的会计相关理论研究成果，或主持完成会计相关研究课题、调研报告、管理方法或制度创新等； ⑤具备博士学位，取得会计师职称后，从事与会计师职责相关工作满2年；或具备硕士学位，或第二学士学位或研究生班毕业，或大学本科学历或学士学位，取得会计师职称后，从事与会计师职责相关工作满5年；或具备大学专科学历，取得会计师职称后，从事与会计师职责相关工作满10年
		正高级 正高级会计师	①系统掌握和应用经济与管理理论、财务会计理论与实务，把握工作规律； ②政策水平高，工作经验丰富，能积极参与一个单位的生产经营决策； ③工作业绩突出，主持完成会计相关领域重大项目，解决重大会计相关疑难问题或关键性业务问题，提高单位管理效率或经济效益； ④科研能力强，取得重大会计相关理论研究成果，或其他创造性会计相关研究成果，推动会计行业发展； ⑤一般应具有大学本科及以上学历或学士以上学位，取得高级会计师职称后，从事与高级会计师职责相关工作满5年
会计专业技术资格			是指担任会计专业职务的任职资格，简称"会计资格" ①分为初级资格、中级资格和高级资格三个级别。 ②初级、中级会计资格实行全国统一考试制度。 ③高级会计师资格实行考试与评审相结合制度

「考点8」会计工作交接

会计工作交接列表如表2-18所示。

表2-18　　　　　　　　　　　会计工作交接

项目	具体内容
交接原因	工作调动或者因故离职（临时离职或者因病不能工作且需要接替或代理）
交接形式	亲自办理移交或经单位领导人批准，可由移交人员委托他人代办移交。 【知识卡片】**移交人员**（委托人）承担对所移交的有关资料的合法性、真实性的法律责任
离职限制	单位撤销时，未移交前，不得离职

续表

项目	具体内容
准备工作	①已经受理的经济业务尚未填制会计凭证的，应当填制完毕； ②尚未登记的账目，应当登记完毕，并在最后一笔余额后加盖经办人员印章
监交人员	①**一般会计人员**办理交接手续，由**会计机构负责人（会计主管人员）**监交； ②**会计机构负责人（会计主管人员）**办理交接手续，由**单位负责人**监交，必要时主管单位可以派人会同监交
逐项移交	移交人员在办理移交时，要按移交清册逐项移交；接替人员要逐项核对点收
移交清册	交接完毕后，交接双方和监交人要在移交清册上签名或者盖章； 移交清册一般应当填制一式三份，交接双方各执一份，存档一份
账簿连续	接替人员应当继续使用移交的会计账簿，**不得自行另立新账**，以保持会计记录的连续性

[考点9] 会计法律责任（★★）

违反会计法律制度的法律责任见表2-19。

表2-19   违反会计法律制度的法律责任

违反法律的行为	主管部门	单位处罚	责任人处罚	国家工作人员	会计人员
违反国家统一的会计制度行为	由**县级以上**人民政府财政部门责令限期改正	**3 000元以上5万元以下**的罚款	2 000元以上2万元以下的罚款	行政处分	情节严重的，**五年内**不得从事会计工作
伪造、变造会计凭证、会计账簿，编制虚假财务会计报告	由**县级以上**人民政府财政部门予以通报	5 000元以上10万元以下的罚款	3 000元以上5万元以下的罚款	行政处分	**五年内**不得从事会计工作
隐匿或者故意销毁依法应当保存的会计凭证、会计账簿、财务会计报告				行政处分	

【知识卡片】

①授意、指使、强令会计机构、会计人员及其他人员伪造、变造会计凭证、会计账簿，编制虚假财务会计报告或者隐匿、故意销毁依法应当保存的会计凭证、会计账簿、财务会计报告行为，尚不构成犯罪的，可以处5 000元以上5万元以下的罚款；属于国家工作人员的，还应当由其所在单位或者有关单位依法给予降级、撤职、开除的行政处分。

②单位负责人对依法履行职责、抵制违反《会计法》规定行为的会计人员以降级、撤职、调离工作岗位、解聘或者开除等方式实行打击报复,尚不构成犯罪的,由其所在单位或者有关单位依法给予行政处分。对受打击报复的会计人员,应当恢复其名誉和原有职务、级别。

【例题2-10·单选题】会计人员违反会计法律制度,隐匿或者故意销毁会计凭证、会计账簿的,(   )年内不得从事会计工作。(2018年)
A. 3　　　　　　B. 5　　　　　　C. 10　　　　　　D. 2
【答案】B
【解析】隐匿或者故意销毁依法应当保存的会计凭证、会计账簿、财务会计报告,其中会计人员5年内不得从事会计工作。

【例题2-11·单选题】根据会计法律制度的规定,对于尚不构成犯罪的伪造、变造会计凭证行为,需要承担的行政罚款,下列说法中,正确的是(   )。(2018年)
A. 对单位罚款3 000元以上50 000元以下
B. 对单位罚款5 000元以上50 000元以下
C. 对个人罚款3 000元以上50 000元以下
D. 对个人罚款5 000元以上100 000元以下
【答案】C
【解析】(1)伪造、变造会计凭证、会计账簿,编制虚假财务会计报告,尚不构成犯罪的,由县级以上人民政府财政部门予以通报,可以对单位并处5 000元以上10万元以下的罚款;对其直接负责的主管人员和其他直接责任人员,可以处3 000元以上5万元以下的罚款;
(2)属于国家工作人员的,还应由其所在单位或者有关单位依法给予撤职直至开除的行政处分;其中的会计人员,5年内不得从事会计工作。因此选项C正确。

你已成功
完成第二章的学习!

扫码领取全程课加入带学群

坚持不住的时候,可以说"我好累啊",但永远不要说"我不行";因为我们不能在最该奋斗的年纪选择蹉跎时光。

第三章　支付结算法律制度

考情分析

支付结算法律制度是本书中较难的一章，相关知识点容易混淆。本章学习支付结算的各种工具、方式是企业开展经营活动的必要前提，也是作为出纳所必须掌握的知识。其中，银行结算账户、票据是本章重点，也是难点所在；从历年考情来看，票据考查分值占本章整体考查分值的一半以上。学习时，注意区分并掌握不同银行结算账户、不同票据、不同结算方式之间的异同。本章考试分数 15 分左右，属于不定项选择题主要考查章节之一。

考点地图

支付结算法律制度框架见图 3-1。

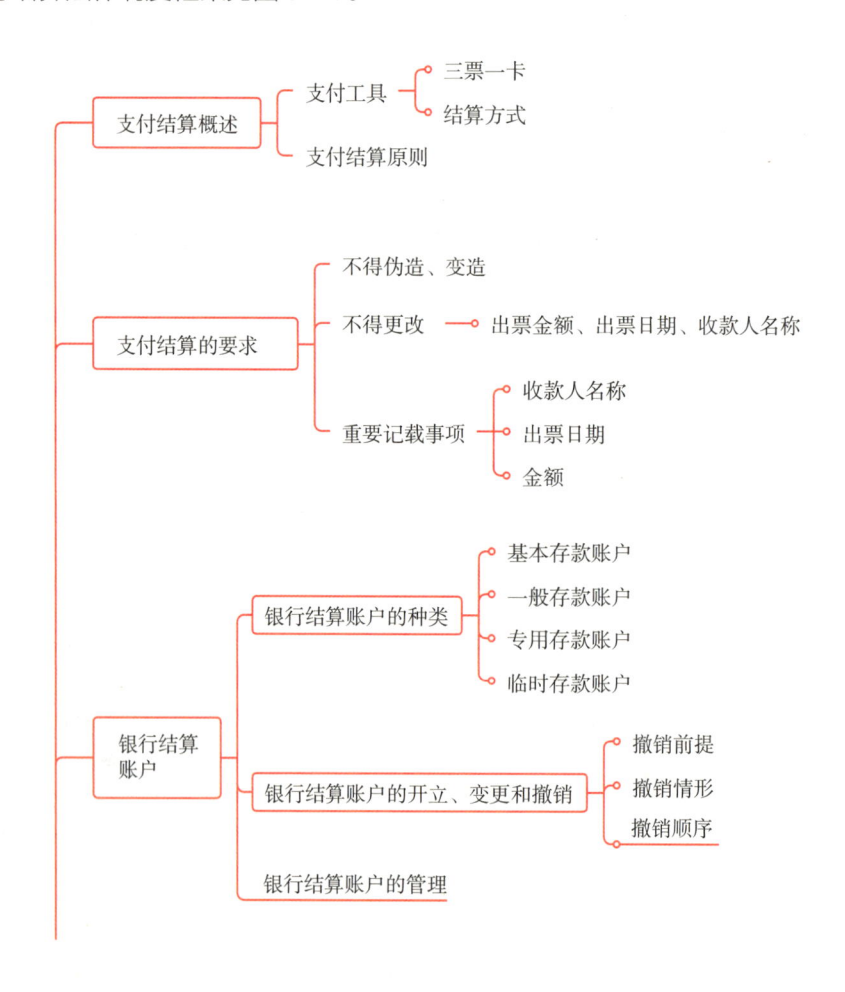

- 支付结算概述
  - 支付工具
    - 三票一卡
    - 结算方式
  - 支付结算原则
- 支付结算的要求
  - 不得伪造、变造
  - 不得更改 —— 出票金额、出票日期、收款人名称
  - 重要记载事项
    - 收款人名称
    - 出票日期
    - 金额
- 银行结算账户
  - 银行结算账户的种类
    - 基本存款账户
    - 一般存款账户
    - 专用存款账户
    - 临时存款账户
  - 银行结算账户的开立、变更和撤销
    - 撤销前提
    - 撤销情形
    - 撤销顺序
  - 银行结算账户的管理

第三章 支付结算法律制度

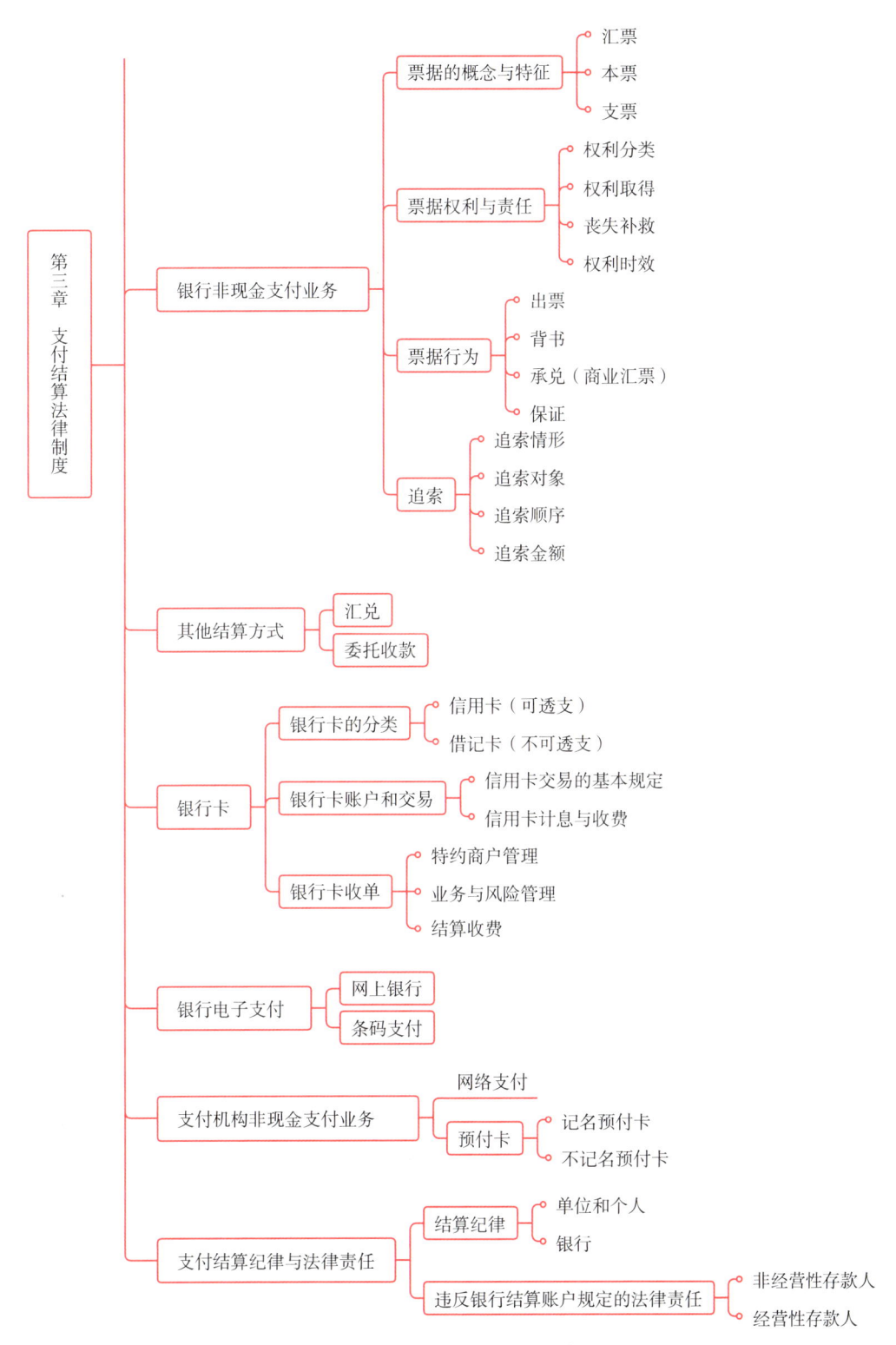

第三章 支付结算法律制度
- 银行非现金支付业务
  - 票据的概念与特征
    - 汇票
    - 本票
    - 支票
  - 票据权利与责任
    - 权利分类
    - 权利取得
    - 丧失补救
    - 权利时效
  - 票据行为
    - 出票
    - 背书
    - 承兑（商业汇票）
    - 保证
  - 追索
    - 追索情形
    - 追索对象
    - 追索顺序
    - 追索金额
- 其他结算方式
  - 汇兑
  - 委托收款
- 银行卡
  - 银行卡的分类
    - 信用卡（可透支）
    - 借记卡（不可透支）
  - 银行卡账户和交易
    - 信用卡交易的基本规定
    - 信用卡计息与收费
  - 银行卡收单
    - 特约商户管理
    - 业务与风险管理
    - 结算收费
- 银行电子支付
  - 网上银行
  - 条码支付
- 支付机构非现金支付业务
  - 网络支付
  - 预付卡
    - 记名预付卡
    - 不记名预付卡
- 支付结算纪律与法律责任
  - 结算纪律
    - 单位和个人
    - 银行
  - 违反银行结算账户规定的法律责任
    - 非经营性存款人
    - 经营性存款人

图 3-1 支付结算法律制度

支付结算概述

「考点1」支付结算概述（★）

（一）支付结算的工具（见图3-2）

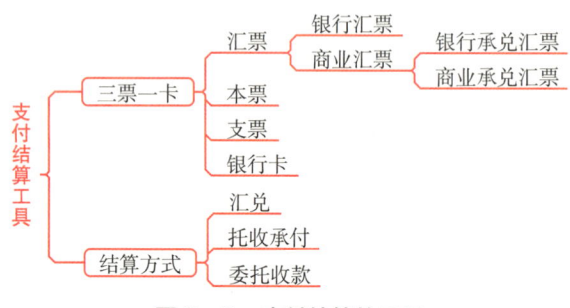

```
                          ┌─ 汇票 ─┬─ 银行汇票
                          │        │          ┌─ 银行承兑汇票
                          │        └─ 商业汇票─┤
           ┌─ 三票一卡 ───┤                    └─ 商业承兑汇票
           │              ├─ 本票
支付结算工具┤              ├─ 支票
           │              └─ 银行卡
           │              ┌─ 汇兑
           └─ 结算方式 ───┼─ 托收承付
                          └─ 委托收款
```

图3-2 支付结算的工具

（二）支付结算的原则

①恪守信用，履约付款。
②谁的钱进谁的账，由谁支配。
③银行不垫款。

（三）支付结算服务组织

中央银行、银行业金融机构、特许清算机构、非金融支付机构（支付机构）。

> 【例题3-1·多选题】根据支付结算法律制度的规定，下列各项中，属于单位、个人在社会经济活动中使用的人民币非现金支付工具的有（　　）。（2015年）
> A. 本票　　　　B. 汇票　　　　C. 股票　　　　D. 支票
> 【答案】ABD
> 【解析】我国目前使用的人民币非现金支付工具主要包括"三票一卡"和结算方式：（1）"三票一卡"包括汇票、本票、支票和银行卡（选项ABD）；（2）结算方式包括汇兑、托收承付和委托收款。因此选项ABD正确。

「考点2」支付结算的要求（★★）

支付结算的基本要求见表3-1。

表 3-1　　　　　　　　　　　　支付结算的基本要求

基本要求		具体内容
不得伪造、变造	伪造	是指**无权限人**假冒他人或虚构他人名义**签章**的行为
	变造	是指无权更改票据内容的人，对票据上**签章以外的记载事项**加以改变的行为
填写规范	收款人名称	单位和银行的名称应当记载**全称**或者**规范化简称**
	出票日期	票据的出票日期应当使用**中文大写**： ①月为"壹""贰"和"壹拾"的，日为"壹"至"玖"和"壹拾""贰拾""叁拾"的，应在其前加"零"； ②日为"拾壹"至"拾玖"的，应在其前加"壹"
	金额	中文大写和阿拉伯数码同时记载，**二者必须一致**（二者不一致的票据无效，结算凭证银行不予受理）
更改限制		①**出票金额**、**出票日期**、**收款人名称**不得更改，更改的票据**无效**；更改的结算凭证，银行不予受理； ②其他记载事项，**原记载人**可以更改，更改时应当由原记载人在更改处**签章证明**

【例题 3-2·单选题】某票据的出票日期为"2013 年 7 月 15 日"，其规范写法是（　　）。（2014 年）

A. 贰零壹叁年零柒月壹拾伍日

B. 贰零壹叁年柒月壹拾伍日

C. 贰零壹叁年零柒月拾伍日

D. 贰零壹叁年柒月拾伍日

【答案】B

【解析】在填写月、日时，月为"壹""贰"和"壹拾"的，日为"壹"至"玖"和"壹拾""贰拾"和"叁拾"的，应当在其前加"零"；日为"拾壹"至"拾玖"的，应当在其前加"壹"。因此选项 B 正确。

【例题 3-3·多选题】根据支付结算法律制度的规定，下列各项中，属于变造票据的行为有（　　）。（2014 年）

A. 涂改出票金额

B. 假冒他人在票据上签章

C. 原记载人更改付款人名称并在更改处签章证明

D. 剪接票据非法改变票据记载事项

【答案】AD

【解析】选项 B：属于票据的伪造；选项 C：属于票据的更改。因此选项 AD 正确。

银行结算账户

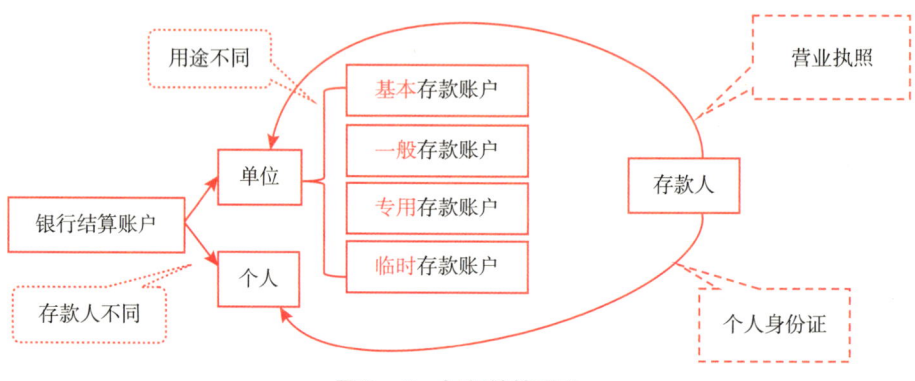

「考点3」银行结算账户的概念和种类

（一）概念

银行结算账户是指银行为存款人开立的办理资金收付结算的**活期**存款账户。

（二）种类

银行结算账户见图3-3。

图3-3 银行结算账户

【知识卡片】个体工商户凭营业执照以字号或经营者姓名开立的银行结算账户纳入单位银行结算账户管理。

第 4 天

复习旧内容
第二章 会计法律制度 考点 7~9 第三章 支付结算法律制度 考点 1~3

学习新内容
第三章 支付结算法律制度 考点 4~7

你今天可能有的心态
是不是感觉有点想放弃？尤其昨天学的内容记忆要求较高？请你千万别放弃，后面马上进入考试高频重要考点了。

简单解释今天学习的内容
能够理清基本存款账户、一般存款账户等不同账户的特点及功能，分辨并记忆汇票、本票和支票的特征。

学习方法
对于相似内容较多的考点，可以通过总结、对比的方法去记忆，以应对考试中的"张冠李戴"。

建议学习时间
2 小时

今日打卡

任务内容	预计时间	重点任务要求
早读	30分钟	☐ 根据昨日梳理的框架背诵昨日所学内容 ☐ 听微课
第三章 考点4~7	50分钟	☐ 各类银行结算账户开立和使用的具体规定 ☐ 票据的概念与特征
做作业	25分钟	☐ 整理之前的错题 ☐ 做教材例题、精练习题 ☐ 总结各银行结算账户种类的区别
回忆内容	15分钟	☐ 翻看今天所学的内容并梳理框架 ☐ 背诵关键词，回忆今天所学内容

「考点4」银行结算账户的开立、变更和撤销（★）

银行结算账户的开立、变更和撤销见表3-2。

表3-2　　　　　　　　　　　银行结算账户的开立、变更和撤销

阶段		具体内容
开立	开立地点	在注册地或住所地开立（符合条件的可以异地）
	填写申请	填写"开立单位银行结算账户申请书"，并加盖单位公章和法定代表人（单位负责人）或其授权代理人的签名或者盖章
	开户核准与备案	①中国人民银行核准的账户： 基本存款账户（企业除外）、临时存款账户（因注册验资和增资验资开立的除外）、预算单位专用存款账户和合格境外机构投资者在境内从事证券投资开立的人民币特殊账户和人民币结算资金账户。 ②备案类结算账户： 符合开立一般存款账户、非预算单位专用存款账户和个人银行结算账户条件的，银行应办理开户手续，并向中国人民银行当地分支行备案。 【知识卡片】企业（在境内设立的企业法人、非法人企业和个体工商户）开立基本存款账户、临时存款账户取消核准制，实行备案制
	管理协议	银行应与存款人签订银行结算账户管理协议，明确双方的权利与义务。 【知识卡片】对存在法定代表人或者单位负责人对单位经营规模及业务背景等情况不清楚、注册地和经营地均在异地等情况的单位，银行应当与其法定代表人或者单位负责人面签银行结算账户管理协议，并留存视频、音频资料等，开户初期原则上不开通非柜面业务，待后续了解后再审慎开通
	开户意愿	企业申请开立基本存款账户的，银行应当向企业法定代表人或单位负责人核实企业开户意愿，并留存相关工作记录
		核实开户意愿，可采取面对面、视频等方式，具体方式由银行根据客户风险程度选择
	单位签章	预留签章为该单位的公章或财务专用章加其法定代表人（单位负责人）或其授权的代理人的签名或者盖章
变更	存款人更改名称，但不改变开户银行及账号	5个工作日内向开户银行提出变更申请
	单位的法定代表人或主要负责人、住址以及其他开户资料	5个工作日内书面通知开户银行
撤销	撤销前提	存款人撤销银行结算账户，必须与开户银行核对银行结算账户存款余额，**交回**各种重要空白票据及结算凭证和开户许可证，银行核对无误后方可办理销户手续
	撤销情形	①被撤并、解散、宣告破产或关闭的（5个工作日内提出撤销）； ②注销、被吊销营业执照的（5个工作日内提出撤销）； ③因迁址需要变更开户银行的（撤销其原基本存款账户后10日内申请重新开立基本存款账户）

续表

阶段		具体内容
撤销	撤销顺序	先撤销一般存款账户、专用存款账户、临时存款账户，将账户资金转入基本存款账户后，**方可办理基本存款账户的撤销**
	撤销限制	尚未清偿其开户银行债务的，不得申请撤销该银行结算账户
	自愿销户	按规定应撤销而未办理销户手续的单位银行结算账户，银行通知该单位银行结算账户的存款人自发出通知之日起30日内办理销户手续，逾期视同自愿销户，未划款项列入久悬未取专户管理

【例题3-4·单选题】根据支付结算法律制度的规定，下列关于银行结算账户管理的表述中，正确的是（　　）。（2018年）

A. 撤销基本存款账户，应交回各种重要空白票据
B. 撤销基本存款账户，可以保留未使用的空白支票
C. 单位的地址发生变更，不需要通知开户银行
D. 撤销单位银行结算账户应先撤销基本存款账户，再撤销其他类别账户

【答案】A

【解析】存款人撤销银行结算账户，必须交回各种重要空白票据，选项A正确，选项B错误。单位的地址发生变更应于5个工作日内书面通知开户银行并提供有关证明，选项C错误。撤销银行结算账户时，应先撤销一般存款账户、专用存款账户、临时存款账户，将账户资金转入基本存款账户后，方可办理基本存款账户的撤销，选项D错误。

「考点5」各类银行结算账户开立和使用（★★）

（一）基本存款账户（见表3-3）

表3-3　　　　　　　　　　　　基本存款账户

项目		具体内容
开立主体	可以申请开立	企业法人；非法人企业；机关、事业单位；团级（含）以上军队、武警部队及分散执勤的支（分）队；社会团体；民办非企业组织；异地常设机构；外国驻华机构；个体工商户；居民委员会、村民委员会、社区委员会；单位设立的独立核算的附属机构，包括食堂、招待所、幼儿园；其他组织（如业主委员会、村民小组等）
	不能申请开立	①个人（自然人）不能开立； ②级别低的不能开立（"团级"以上军队、武警部队及分散执勤的支队、分队可以）； ③非独立核算的附属机构不能开立； ④临时机构不能开立

41

续表

项目	具体内容
开立证明	①营业执照。 ②出具法定代表人或单位负责人有效身份证件。 【知识卡片】法定代表人或单位负责人授权他人办理的，还应出具法定代表人或单位负责人的授权书以及被授权人的有效身份证件
户数限制	基本存款账户是存款人的主办账户，**一个单位只能开立一个基本存款账户**
账户使用	存款人日常经营活动的资金收付及**其工资、奖金和现金的支取**，应通过基本存款账户办理

【例题 3-5·多选题】下列存款人中，可以申请开立基本存款账户的有（　　）。（2018 年）
A. 甲公司　　　　　　　　　　B. 丙会计师事务所
C. 乙大学　　　　　　　　　　D. 丁个体工商户
【答案】ABCD
【解析】下列存款人，可以申请开立基本存款账户：（1）企业法人；（2）非法人企业；（3）机关、事业团体；（4）团级（含）以上军队、武警部队及分散执勤的支（分）队；（5）社会团体；（6）民办非企业组织；（7）异地常设机构；（8）外国驻华机构；（9）个体工商户；（10）居民委员会、村民委员会、社区委员会；（11）单位设立的独立核算的附属机构，包括食堂、招待所、幼儿园；（12）其他组织（如业主委员会、村民小组等）。

【例题 3-6·单选题】根据支付结算法律制度的规定，关于基本存款账户的下列表述中，不正确的是（　　）。（2017 年）
A. 基本存款账户可以办理现金支取业务
B. 一个单位只能开立一个基本存款账户
C. 单位设立的独立核算的附属机构不得开立基本存款账户
D. 基本存款账户是存款人的主办账户
【答案】C
【解析】选项C：单位设立的独立核算的附属机构可以开立基本存款账户，非独立核算的附属机构不得开立基本存款账户。

（二）一般存款账户

1. 开立

存款人因借款或其他结算需要，在**基本存款账户开户银行以外**的银行营业机构开立的银行结算账户。

2. 使用

一般存款账户用于办理存款人借款转存、借款归还和其他结算的资金收付。一般存款账户可以**办理现金缴存，但不得办理现金支取**。

（三）专用存款账户

1. 开立

专用存款账户是存款人按照法律、行政法规和规章，对其**特定用途资金**进行专项管理和使用而开立的银行结算账户。

2. 适用范围和使用要求（见表3-4）

表3-4　　　　　　　　　　　　　适用范围和使用要求

适用范围	使用限制
证券交易结算资金	**不得支取现金**
期货交易保证金	
信托基金	
基本建设资金	需要支取现金的，应在开户时报中国人民银行当地分支行批准
更新改造资金	
政策性房地产开发资金	
粮、棉、油收购资金	支取现金应按照国家现金管理的规定办理
社会保障基金	
住房基金	
党、团、工会经费	
收入汇缴账户	除向其基本存款账户或预算外资金财政专用存款户划缴款项外，只收不付，**不得支取现金**
业务支出账户	除从其基本存款账户拨入款项外，只付不收，其现金支取必须按照国家现金管理的规定办理

（四）预算单位零余额账户（见表3-5）

表3-5　　　　　　　　　　　　　预算单位零余额账户

项目	具体内容
开立申请	预算单位使用财政性资金，应当按照规定的程序和要求，向**财政部门**提出设立零余额账户的申请
户数限制	一个基层预算单位开设**一个**零余额账户
账户使用	①可以办理转账、提取现金等结算业务； ②可以向本单位按账户管理规定保留的相应账户划拨工会经费、住房公积金及提租补贴，以及财政部门批准的特殊款项； ③预算单位零余额账户**不得**违反规定向本单位其他账户和上级主管单位及所属下级单位账户划拨资金
账户管理	①预算单位未开立基本存款账户，或者原基本存款账户在国库集中支付改革后已按照财政部门的要求撤销的，经同级财政部门批准，预算单位零余额账户作为**基本存款账户管理**； ②除上述情况外，预算单位零余额账户作为**专用存款账户管理**

（五）临时存款账户（见表 3-6）

表 3-6　　　　　　　　　　　　临时存款账户

项目	具体内容
开立申请	用于临时机构以及临时活动
适用范围	①设立临时机构； ②异地"临时"经营活动； ③注册验资、增资； ④军队、武警单位承担基本建设或者异地执行作战、演习、抢险救灾、应对突发事件等临时任务
账户使用	用于验资的临时存款账户，在验资期间只收不付；其他临时存款账户支取现金时应按国家现金管理的规定办理
期限限制	临时存款账户的有效期最长**不得超过2年**

【例题 3-7·单选题】根据支付结算法律制度的规定，下列存款人不得开立基本存款账户的是（　　）。（2015 年）
A. 临时机构
B. 非法人企业
C. 异地常设机构
D. 单位设立的独立核算的附属机构
【答案】A
【解析】选项 A：临时存款账户用于办理临时机构以及存款人临时经营活动发生的资金收付。

（六）个人银行结算账户

1. 个人银行结算账户功能及开户方式（见表 3-7）

表 3-7　　　　　　　　个人银行结算账户功能及开户方式

个人银行结算账户	功能	开户方式
Ⅰ类户	为存款人提供存款、购买投资理财产品等金融产品、转账、消费和缴费支付、支取现金等服务。（无限制）	柜面、自助机具
Ⅱ类户	可以办理存款、购买投资理财产品等金融产品、限额消费和缴费、限额向非绑定账户转出资金业务，可以配发实体卡片。（限金额）	柜面、自助机具、电子渠道
Ⅲ类户	为存款人提供限定金额的消费和缴费支付服务。（限功能限金额）	

【知识卡片】
①经银行柜面、自助设备加以银行工作人员现场面对面确认身份的：
a. Ⅱ类户还可以办理存取现金、非绑定账户资金转入业务。
b. Ⅲ类户还可以办理非绑定账户资金转入业务。
②限额的具体标准：
a. Ⅱ类户：日累计限额合计为1万元、年累计限额合计为20万元。
b. Ⅲ类户：Ⅲ类账户任一时点账户余额不得超过2 000元。
③单位代理个人开立银行账户的，应提供单位证明材料、被代理人有效身份证件的复印件或影印件。单位代理开立的个人银行账户，在被代理人持本人有效身份证件到开户银行办理身份确认、密码设（重）置等激活手续前，该银行账户只收不付。

2. 个人银行结算账户的使用

①单位从其银行结算账户支付给个人银行结算账户的款项，**每笔超过5万元（不包含5万元）**的，应向其开户银行提供相应的付款依据。

【知识卡片】付款单位若在付款用途栏或备注栏注明事由，可不再另行出具付款依据，但应对支付款项事由的真实性、合法性负责。

②税收代扣单位付款时应向其开户银行提供"完税证明"。

【例题3-8·判断题】通过手机银行等电子渠道受理开户申请的，银行可为开户申请人开立Ⅰ类账户。（　　）（2019年）
【答案】错误
【解析】通过网上银行和手机银行等电子渠道受理银行账户开户申请的，银行可为开户申请人开立Ⅱ类户或Ⅲ类户。

「考点6」银行结算账户的管理（★）

银行结算账户的管理见表3-8。

表3-8　　　　　　　　　　　　银行结算账户的管理

项目	具体内容
实名制管理	实名开立且**不得出租、出借**银行结算账户，不得利用银行结算账户套取银行信用或进行洗钱活动
资金管理	除另有规定外，银行不得为任何单位或者个人查询账户情况，不得为任何单位或者个人冻结、扣划款项，不得停止单位、个人存款的正常支付
变更事项	存款人申请临时存款账户展期，变更、撤销单位银行结算账户以及补（换）发开户许可证时，可由法定代表人或单位负责人直接办理，也**可授权**他人办理

续表

项目	具体内容
签章管理	单位存款人申请变更预留公章或财务专用章，可由法定代表人或单位负责人直接办理，也可授权他人办理
对账管理	银行结算账户的存款人应与银行按规定核对账务

银行非现金支付业务

票据具体内容见图3-4。

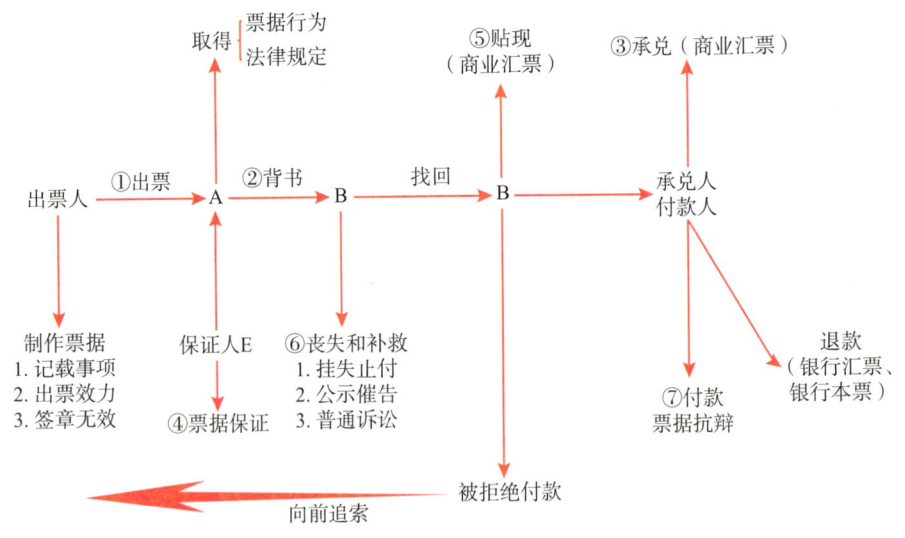

图3-4 票据

「考点7」票据种类与当事人（★★）

（一）票据种类（见图3-5）

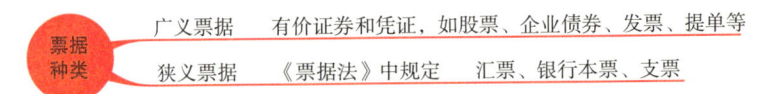

票据种类：
- 广义票据：有价证券和凭证，如股票、企业债券、发票、提单等
- 狭义票据：《票据法》中规定 汇票、银行本票、支票

图3-5 票据种类

（二）票据当事人（见图3-6）

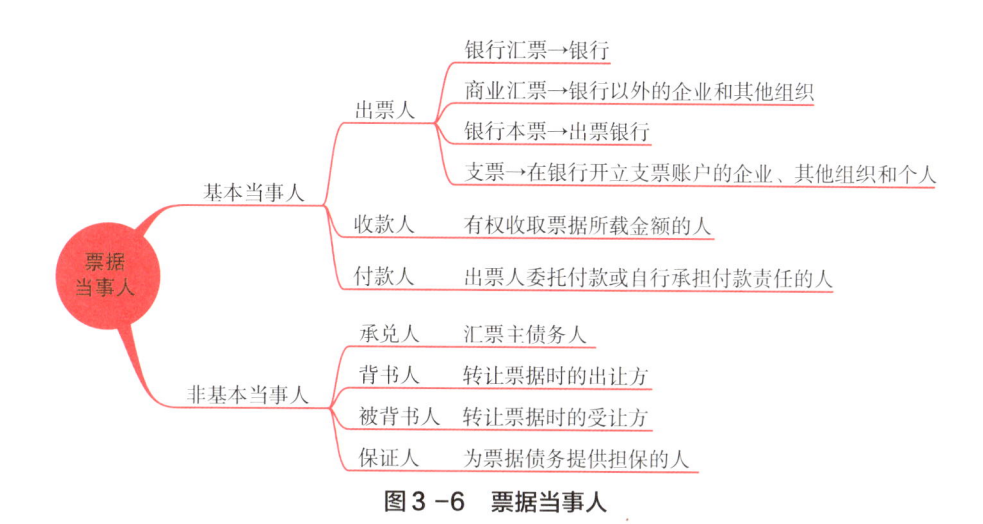

票据当事人
- 基本当事人
  - 出票人
    - 银行汇票→银行
    - 商业汇票→银行以外的企业和其他组织
    - 银行本票→出票银行
    - 支票→在银行开立支票账户的企业、其他组织和个人
  - 收款人　有权收取票据所载金额的人
  - 付款人　出票人委托付款或自行承担付款责任的人
- 非基本当事人
  - 承兑人　汇票主债务人
  - 背书人　转让票据时的出让方
  - 被背书人　转让票据时的受让方
  - 保证人　为票据债务提供担保的人

图3-6　票据当事人

第 5 天

复习旧内容
第三章　支付结算法律制度　考点 4~7

学习新内容
第三章　支付结算法律制度　考点 8~9

简单解释今天学习的内容
"票据"是支付结算工具中最重要的考核内容,属于"不定项选择题"的高频出题点,需要深入理解。这部分会学习票据权利以及票据行为,实操性很强,学习起来会费些功夫。

学习方法
在第一遍学习时,针对每个考点作出基本识记,不要给自己设置心理障碍。对于无法一遍理解的知识点,配合着BT教育的直播课程学习,会事半功倍。在第二遍甚至第三遍学习时,通过"票据行为的图示"串联考点,加以习题巩固,应对考试是没有问题的。

建议学习时间
3 小时

今日打卡

任务内容	预计时间	重点任务要求
早读	30分钟	☐ 阅读前4天所学的重要考点内容 ☐ 听微课
第三章 考点8~9	90分钟	☐ 票据权利与责任 ☐ 票据行为
做作业	40分钟	☐ 整理消化昨天的错题 ☐ 总结票据权利,并着重归纳票据行为内容 ☐ 做教材例题、精练习题
回忆内容	20分钟	☐ 梳理今天所学内容框架 ☐ 根据框架在纸上默写今日所学内容

「考点8」票据权利与责任（★★）

（一）票据权利的概念和分类（见表3-9）

表3-9　　　　　　　　　　　　票据权利的概念和分类

内容	付款请求权	追索权
概念	持票人向汇票的承兑人、本票的出票人、支票的付款人出示票据要求付款的权利	持票人行使付款请求权被拒绝或其他法定原因存在时，向其前手请求偿还票据金额及其他法定费用的权利
顺位	第一顺序	第二顺序
行使人	票据记载的"收款人"或"最后的被背书人"	票据记载的"收款人""最后的被背书人"、代为清偿票据债务的"保证人""背书人"

【例题3-9·单选题】甲公司持有一张商业汇票，到期委托开户银行向承兑人收取票款。甲公司行使的票据权利是（　　）。（2011年）
A. 付款请求权
B. 利益返还请求权
C. 票据追索权
D. 票据返还请求权
【答案】A
【解析】选项A：付款请求权是指持票人向汇票的承兑人、本票的出票人、支票的付款人出示票据要求付款的权利，是第一顺序权利。

（二）票据权利的取得（见表3-10）

表3-10　　　　　　　　　　　　票据权利的取得

项目		具体内容
取得权利	依法接受出票人签发的票据	签发、取得和转让票据，应当遵守诚实信用的原则，具有**真实的**交易关系和债权债务关系
	依法接受背书转让的票据	
	因税收、继承、赠与可以依法无偿取得的票据	不受给付对价的限制，但是所享有的票据权利**不得优于其前手的权利**
不享有权利	①以欺诈、偷盗或者胁迫等手段取得票据的，或者明知有前列情形，出于**恶意取得**票据的； ②持票人**因重大过失取得**不符合《票据法》规定的票据的	

【例题3-10·单选题】张某因采购货物签发一张票据给王某，胡某从王某处窃取该票据，陈某明知胡某系窃取所得但仍受让该票据，并将其赠与不知情的黄某，下列取得票据的当事人中，享有票据权利的是（　　）。（2020年）

A. 王某　　　　B. 胡某　　　　C. 陈某　　　　D. 黄某

【答案】A

【解析】（1）以欺诈、偷盗或者胁迫等手段取得票据的（胡某），或者明知有上述情形，出于恶意取得票据的（陈某），不享有票据权利；（2）黄某无对价取得票据，所享有的票据权利不得优于其前手（陈某）的票据权利，既然陈某不享有票据权利，黄某也不享有票据权利。因此选项A正确。

（三）票据权利的行使与保全

1. 按期提示
2. 依法证明

持票人不能出示拒绝证明、退票理由书或者未按照规定期限提供其他合法证明的，丧失对其前手的追索权。

（四）票据权利丧失补救（见图3-7）

挂失止付 ⇒ 公示催告 ⇒ 普通诉讼

图3-7　票据权利丧失补救

1. 挂失止付（见表3-11）

表3-11　　　　　　　　　　挂失止付

项目	具体内容
概念	失票人将丧失票据的情况通知付款人或代理付款人，由接受通知的付款人或代理付款人审查后暂停支付的一种方式
可以挂失止付的票据	**确定付款人或代理付款人**的票据丧失时可进行挂失止付，具体包括： ①已承兑的商业汇票； ②支票； ③填明"现金"字样和代理付款人的银行汇票； ④填明"现金"字样的银行本票
非必经措施	挂失止付只是一种暂时的预防措施，最终通过申请公示催告或提起普通诉讼来补救票据权利
具体程序	付款人或代理付款人自收到挂失止付通知书之日起**12日内**没有收到人民法院的止付通知书的，自第13日起，不再承担止付责任，持票人提示付款时即向持票人付款

2. 公示催告（见表 3－12）

表 3－12　　　　　　　　　　　　　公示催告

项目	具体内容
概念	在票据丧失后由失票人向人民法院提出申请，请求人民法院以公告方式通知不确定的利害关系人限期申报权利，逾期未申报者，则权利失效，而由法院通过除权判决宣告所丧失的票据无效
申请人	可以背书转让的票据的最后持票人
管辖法院	票据支付地人民法院
受理	人民法院决定受理公示催告申请，应当同时通知付款人及代理付款人停止支付，并自立案之日起 3 日内发出公告，催促利害关系人申报权利
公告	①人民法院决定受理公示催告申请后发布的公告应当在全国性报纸或者其他媒体上刊登，并于同日公布于人民法院公告栏内；人民法院所在地有证券交易所的，还应当同日在该交易所公布。 ②公示催告期间不得少于 60 日，且公示催告期间届满日不得早于票据付款日后 15 日
判决	①利害关系人应当在公示催告期间向人民法院申报； ②人民法院收到利害关系人的申报后，应当裁定终结公示催告程序，并通知申请人和支付人； ③公示催告期间届满，没有人申报权利的，人民法院应当根据申请人的申请，作出除权判决，宣告票据无效； ④自判决公告之日起，申请人有权向支付人请求支付； ⑤利害关系人因正当理由不能在判决前向人民法院申报的，自知道或者应当知道判决公告之日起 1 年内，可以向作出判决的人民法院起诉

【例题 3－11·单选题】根据支付结算法律制度的规定，有权受理失票人公示催告申请的人民法院是（　　）。（2014 年）

A. 票据收款地法院　　　　　　　　B. 票据支付地法院
C. 失票人所在地法院　　　　　　　D. 出票人所在地法院

【答案】B

【解析】选项 B：失票人应当在通知挂失止付后的 3 日内，也可以在票据丧失后，依法向票据支付地人民法院申请公示催告。

【例题 3－12·多选题】根据支付结算法律制度的规定，下列选项所述票据丢失后，可以挂失止付的有（　　）。（2015 年）

A. 未承兑的商业汇票
B. 转账支票
C. 现金支票
D. 填明"现金"字样的银行本票

【答案】BCD

【解析】选项 A："已承兑"的商业汇票方可办理挂失止付。因此选项 BCD 正确。

（五）票据权利时效

1. 票据权利时效的确定（见表 3-13）

表 3-13　　票据权利时效的确定

追索对象	起算点	时效
对出票人或承兑人的权利	对商业汇票的出票人、承兑人的权利，自票据**到期日**起	2 年
	对见票即付的汇票、本票**的出票人的权利**，自出票日起	
	对支票出票人的权利，自出票日起	6 个月
对一般前手（除出票人、承兑人外）的权利	**首次追索权**自被拒绝承兑或者被拒绝付款之日起	6 个月
	再追索权自清偿日或者被提起诉讼之日起	3 个月

2. 票据权利时效的意义

①票据权利在票据权利时效期间内不行使而消灭；

②持票人因超过票据权利时效或者因票据记载事项欠缺而丧失票据权利的，其仍享有民事权利，可以请求出票人或者承兑人返还其与未支付的票据金额相当的利益。

【例题 3-13·单选题】甲公司将一张商业承兑汇票背书转让给乙公司，乙公司于汇票到期日 2017 年 5 月 10 日向付款人请求付款时遭到拒绝，乙公司向甲公司行使追索权的最后日期为（　　）。（2018 年）

A. 2017 年 8 月 10 日　　　　B. 2017 年 11 月 10 日
C. 2017 年 10 月 10 日　　　D. 2017 年 6 月 10 日

【答案】B

【解析】选项 B：乙公司向付款人请求付款时遭到拒绝，持票人对前手的追索权，自被拒绝承兑或者被拒绝付款之日起 6 个月；因此行使追索权的最后日期为 2017 年 11 月 10 日。

【例题 3-14·多选题】根据支付结算法律制度的规定，下列关于票据权利时效的表述中，正确的有（　　）。（2019 年）

A. 持票人对前手的追索权，自被拒绝承兑或者拒绝付款之日起 6 个月
B. 持票人对银行汇票出票人的权利自出票日起 1 年
C. 持票人对商业汇票承兑人的权利自票据到期日起 1 年
D. 持票人对支票出票人的权利自出票日起 6 个月

【答案】AD

【解析】选项 B：持票人对银行汇票出票人的权利自出票日起 2 年；选项 C：持票人对商业汇票承兑人的权利自票据到期日起 2 年。因此选项 AD 正确。

（六）票据责任（见表3-14）

表3-14　　票据责任

项目	具体内容
提示付款	持票人未按照规定期限提示付款的，在作出说明后，承兑人或者付款人仍应当继续对持票人承担付款责任： ①本票持票人未按照规定提示付款的，丧失对出票人以外的前手的追索权； ②支票持票人超过提示付款期限提示付款的，付款人可以不予付款，付款人不予付款的，出票人仍应对持票人承担票据责任
付款人付款	持票人依照规定提示付款的，付款人必须在当日足额付款
拒绝付款	票据债务人可以对不履行约定义务的与自己**有直接债权债务关系的持票人进行抗辩**。但**不得**以自己与出票人或者与持票人的前手之间的抗辩事由，对抗持票人，若持票人**明知**存在抗辩事由而取得票据的除外
票据责任解除	付款人依法足额付款后，全体票据债务人的责任解除

「考点9」票据行为（★★★）

票据行为见图3-8。

出票 ⇨ 背书 ⇨ 保证 ⇨ 承兑

图3-8　票据行为

（一）票据概念和适用范围

1. 票据概念（见表3-15）

表3-15　　票据概念

票据种类	基本概念
银行汇票	出票银行签发的，由其在见票时按照**实际结算金额**无条件支付给收款人或者持票人的票据
商业汇票	出票人签发的，委托付款人在指定日期无条件支付确定的金额给收款人或者持票人的票据。 【知识卡片】按承兑人的不同分为商业承兑汇票和银行承兑汇票（含电子汇票）
银行本票	出票人签发的，承诺自己在见票时无条件支付确定的金额给收款人或者持票人的票据
支票	出票人签发的、委托办理支票存款业务的银行在见票时无条件支付确定的金额给收款人或者持票人的票据

2. 票据适用范围（见表3-16）

表3-16　票据适用范围

票据种类	使用主体	适用范围
银行汇票	单位/个人	都可以
商业汇票	单位	都可以
银行本票	单位/个人	同一票据交换区域
支票	单位/个人	同一票据交换区域 【知识卡片】全国支票影像系统支持全国适用

3. 票据基本当事人（见表3-17）

表3-17　票据基本当事人

票据种类		出票人	收款人	付款人
银行汇票		银行	有权收取票据所载金额的人	银行
商业汇票	银行承兑汇票	银行以外企业或组织		银行（承兑人）
	商业承兑汇票			企业或组织（承兑人）
银行本票		银行		银行
支票		企业、组织和个人		出票人的开户银行

【知识卡片】
①区分银行承兑汇票和银行汇票，银行承兑汇票属于商业汇票的一种。
②汇票和支票的基本当事人有出票人、付款人与收款人；本票基本当事人有出票人与收款人。

【例题3-15·判断题】银行本票由银行出票，向出票银行提示付款。（　　）（2015年）
【答案】正确

（二）出票

1. 出票包括两个行为
①出票人依照《票据法》的规定**作成**票据；
②**交付**票据。

【知识卡片】这两者缺一不可。

2. 票据的记载事项
①必须记载事项（**不记载，出票行为无效**）（见表3-18）。

表3-18　　　　　　　　　　必须记载事项

事项	银行汇票	商业汇票	本票	支票
表明"××票"字样	√	√	√	√
无条件支付的委托／承诺	承诺	委托	承诺	委托
出票金额	√	√	√	√（可补记）
付款人名称	√	√	×	√
收款人名称	√	√	√	×（可补记）
出票人签章	√	√	√	√
出票日期	√	√	√	√

②相对记载事项。
如果未记载，由法律另作相关规定予以明确，不影响票据效力。
③任意记载事项。
不强制当事人必须记载而允许当事人自行选择，不记载不影响票据效力。
④记载不产生效力的事项。
这些事项不具有票据效力，银行不负审查责任。

3. 签发时其他注意事项（见表3-19）

表3-19　　　　　　　　　　签发时其他注意事项

票据		注意事项
银行汇票	使用限制	①现金银行汇票，申请人**和**收款人**必须均为个人**； ②申请人或收款人为单位的，不得签发现金银行汇票
	金额要求	①银行汇票的实际结算金额低于出票金额的，其多余金额由出票银行**退交申请人**； ②未填明实际结算金额和多余金额或实际结算金额超过出票金额的，银行不予受理； ③实际结算金额不得更改，更改实际结算金额的票据无效
商业汇票	出票人确定	①商业承兑汇票可以由**付款人签发**并承兑，也可以由**收款人签发**交由付款人承兑； ②银行承兑汇票应由在承兑银行开立存款账户的存款人签发
	期限形式	①定日付款； ②出票后定期付款； ③见票后定期付款
	期限限制	①纸质商业汇票的付款期限，最长**不得超过6个月**； ②电子承兑汇票的付款期限自出票日起至到期日**不超过1年**
	形式要求	①单张出票金额在100万元以上的商业汇票原则上应全部通过电子商业汇票办理； ②单张出票金额在300万元以上的商业汇票应全部通过电子商业汇票办理

续表

票据		注意事项
本票	使用限制	申请人或收款人为单位的,银行不得为其签发现金银行本票
支票	空头惩罚	①单位或个人签发空头支票,不以骗取财物为目的的,由**中国人民银行**处以**票面金额5%**但**不低于1 000元**的罚款; ②持票人有权要求出票人赔偿**支票金额2%**的赔偿金
	收款人	出票人可以在支票上记载**自己为收款人**
	预留签章	出票人为单位的,为与该单位在银行预留签章一致的财务专用章或者公章加其法定代表人或者其授权的代理人的签名或者盖章

4. 签章不符合规定的处理

①出票人在票据上的签章不符合规定的,**票据无效**;

②承兑人、保证人在票据上的签章不符合规定的,其**签章无效**,但不影响其他符合规定签章的效力;

③背书人在票据上的签章不符合《票据法》等规定的,其**签章无效**,但不影响"其前手符合规定签章"的效力。

【例题3-16·多选题】根据支付结算法律制度的规定,下列各项中,属于银行本票必须记载事项的有(　　)。(2016年)

A. 出票人签章　　　　　　　B. 出票日期
C. 收款人名称　　　　　　　D. 确定的金额

【答案】ABCD

【解析】签发银行本票必须记载下列事项:表明"银行本票"的字样;无条件支付的承诺;确定的金额;收款人名称;出票日期;出票人签章。欠缺记载上列事项之一的,银行本票无效。因此选项ABCD正确。

【例题3-17·单选题】根据规定,下列各项中,可以使用现金银行汇票结算的是(　　)。(2018年)

A. 甲公司支付给乙公司货款20万元
B. 孙某向甲公司支付货款15万元
C. 丙公司向刘某支付劳务费10万元
D. 赵某向张某支付购房款20万元

【答案】D

【解析】选项D:现金银行汇票的申请人和收款人必须均为个人。

【例题3-18·多选题】根据票据法律制度的规定，下列关于支票出票的表述中，正确的有（　　）。（2019年）
　　A. 出票人签发的支票金额不得超过其付款时在付款人处实有的存款金额
　　B. 出票人不得签发与其预留银行签章不符的支票
　　C. 支票上未记载付款行名称的，支票无效
　　D. 出票人不得在支票上记载自己为收款人
【答案】ABC
【解析】选项D：出票人可以在支票上记载自己为收款人。

【例题3-19·单选题】根据票据法律制度的规定，下列票据的记载日期为必须记载的是（　　）。（2021年）
　　A. 背书日期　　　B. 承兑日期　　　C. 保证日期　　　D. 出票日期
【答案】D
【解析】选项ABC错误，背书日期、承兑日期和保证日期均属于相对记载事项，在没有记载时，《票据法》均作出了推定；
选项D正确，出票日期是《票据法》明文规定必须记载的事项。

（三）背书

1. 背书概念和种类
①概念。
背书是在票据背面或者粘单上记载有关事项并签章的行为。
②种类。
背书种类见表3-20。

表3-20　　　　　　　　　　种类

种类		目的
转让背书		转让票据权利
非转让背书	委托收款背书	被背书人有权代背书人行使被委托的票据权利，但被背书人不得再背书转让票据权利
	质押背书	为担保债务而在票据上设定质权，被背书人依法实现其质权时，可以行使票据权利

2. 记载事项
背书记载事项见表3-21。

表 3-21　记载事项

事项	具体内容	注意事项
必须记载事项	背书人签章	在票据背面或者粘单上
	被背书人名称	【授权补记】背书人未记载被背书人名称即将票据交付他人的，持票人在被背书人栏内记载自己的名称与背书人记载具有同等法律效力
相对记载事项	背书日期	背书未记载日期的，视为在票据到期日前背书

【知识卡片】票据凭证不能满足背书人记载事项的需要，可以加附粘单，粘附于票据凭证上；粘单上的第一记载人，应当在票据和粘单的粘接处签章。

3. 背书连续

①以背书转让的票据，背书应当连续；持票人以背书的连续，证明其票据权利；非经背书转让，而以其他合法方式取得票据的，依法举证，证明其票据权利。

②票据上第一背书人为票据收款人，最后持票人为最后背书的被背书人，中间的背书人为前手背书的被背书人（前一个转让背书的被背书人是后一个转让背书的背书人）；即在票据转让中，转让票据的背书人与受让票据的被背书人在票据上的签章依次前后衔接（见图3-9）。

被背书人：甲公司	被背书人：乙公司	被背书人：丙公司
A公司财务专用章　张三印章	甲公司财务专用章　李四印章	乙公司财务专用章　王五印章

图 3-9　背书

4. 特别规定

背书特别规定见表 3-22。

表 3-22　特别规定

项目	具体内容
附条件背书	背书不得附有条件，背书时附有条件的，所附条件不具有票据上的效力（背书依然有效）
部分背书	部分背书是指将票据金额的一部分转让的背书或者将票据金额分别转让给二人以上的背书；部分背书属于无效背书
禁转背书	①出票人在票据上记载"不得转让"的，票据不得背书转让；②背书人在票据上记载"不得转让"字样，其后手再背书转让的，原背书人对后手的被背书人不承担保证责任

项目	具体内容
期后背书	票据被拒绝承兑、被拒绝付款或者超过付款提示期限的,不得背书转让;背书转让的,背书人承担票据责任
其他	①银行汇票的背书转让以不超过出票金额的实际结算金额为准,未填写实际结算金额或实际结算金额超过出票金额的银行汇票不得背书转让; ②用于支取现金的支票仅限于收款人向付款人提示付款

【例题3-20·单选题】根据支付结算法律制度的规定,票据凭证不能满足背书人记载事项的需要,可以加附粘单;粘单上的第一记载人,应当在票据和粘单的粘接处签章。该第一记载人是(　　)。(2015年)
　　A. 粘单上的第一手背书的被背书人　　B. 票据上最后一手背书的背书人
　　C. 票据持票人　　　　　　　　　　　D. 粘单上第一手背书的背书人
【答案】D
【解析】粘单上的第一记载人为粘单上第一手背书的背书人。因此选项D正确。

【例题3-21·单选题】根据支付结算法律制度的规定,下列关于票据背书的表述中,正确的是(　　)。(2014年)
　　A. 以背书转让的票据,背书应当连续
　　B. 背书时附有条件的,背书无效
　　C. 委托收款背书的被背书人可再以背书转让票据权利
　　D. 票据上第一背书人为出票人
【答案】A
【解析】选项B:背书时附有条件的,所附条件不具有票据上的效力,背书有效;选项C:委托收款背书是背书人委托被背书人行使票据权利的背书,被背书人不得再以背书转让票据权利;选项D:票据上的第一背书人为票据收款人。因此选项A正确。

【例题3-22·单选题】根据规定,关于票据背书效力的下列表述中,不正确的是(　　)。(2017年)
　　A. 背书人在票据上记载"不得转让"字样,其后手再背书转让的,原背书人对后手的被背书人不承担保证责任
　　B. 背书附有条件,所附条件不具有票据上的效力
　　C. 背书人背书转让票据后,即承担保证其后手所持票据承兑和付款的责任
　　D. 背书未记载日期的,属于无效背书
【答案】D
【解析】选项D:未记载背书日期的,视为到期日前背书。

【例题3-23·单选题】 根据票据法律制度的规定，下列关于票据背书的说法中，正确的是（   ）。（2021年）

A. 背书人可以将票据金额分别转让给两个被背书人
B. 汇票的背书未记载日期的，视为背书无效
C. 背书人可以将票据金额部分背书转让给被背书人
D. 背书人记载"不得转让"字样的，再背书转让的，原背书人对后手的被背书人不承担保证责任，其背书行为有效

【答案】D
【解析】选项AC错误，部分背书是指将票据金额的一部分转让的背书或者将票据金额分别转让给两人以上的背书，部分背书属于无效背书；选项B错误，背书未记载日期的，视为在汇票到期日前背书；选项D正确，背书人在票据上记载"不得转让"字样，其后手再背书转让的，原背书人对后手的被背书人不承担保证责任。

（四）承兑（仅适用商业汇票）（见表3-23）

表3-23　　　　　　　　　　　　　承兑

项目		具体内容
概念		是指汇票付款人承诺在汇票到期日支付汇票金额并签章的行为
提示承兑	期限要求	①见票即付的票据：无须提示承兑； ②定日付款或出票后定期付款的汇票：**到期日前提示承兑；** ③见票后定期付款的汇票：**自出票之日起1个月内提示承兑**
	提示承兑顺序	商业汇票可以在出票时向付款人提示承兑后使用，也可以在出票后先使用再向付款人提示承兑
	逾期提示承兑	丧失对前手的追索权，但不丧失对出票人的票据权利
受理承兑	收到提示承兑的汇票	付款人应当自收到提示承兑的汇票之日起3日内承兑或者拒绝承兑
	银行承兑汇票的手续费	银行承兑汇票的承兑银行，应按票面金额的一定比例向出票人收取手续费，银行承兑汇票手续费为**市场调节价**
记载承兑事项	当在汇票正面记载"承兑"字样和承兑日期并签章	①汇票上未记载承兑日期的，应当以收到提示承兑的汇票之日起3日内的最后一日为承兑日期； ②见票后定期付款的汇票，应当在承兑时记载付款日期
附条件承兑		付款人承兑汇票，不能附有条件；**承兑附有条件的，视为拒绝承兑**
承兑的效力		付款人承兑汇票后，应当承担到期付款的责任

【例题3-24·单选题】根据支付结算法律制度的规定，持票人取得的下列票据中，须向付款人提示承兑的是（　　）。（2015年）

A. 戊公司向Q银行申请签发的一张银行汇票
B. 丙公司取得的由P银行签发的一张银行本票
C. 丁公司收到的一张见票后定期付款的商业汇票
D. 乙公司收到的由甲公司签发的一张支票

【答案】C

【解析】选项C：只有远期票据需要提示承兑；选项ABD：银行汇票、银行本票、支票均属于见票即付的"即期票据"，无须提示承兑。

【例题3-25·多选题】2017年12月12日，甲公司持有一张出票人为乙公司，金额为100万元，到期日为2017年12月12日，承兑人为P银行的银行承兑汇票。甲公司于12月12日去P银行提示付款，发现乙公司账户只有存款20万元。P银行拟采取的下列做法中，正确的有（　　）。（2018年）

A. 于2017年12月12日起对乙公司欠款80万元开始计收利息
B. 于2017年12月12日起向甲公司付款20万元
C. 于2017年12月12日拒绝付款并出具拒绝付款证明
D. 于2017年12月12日向甲公司付款100万元

【答案】AD

【解析】选项BC错误，银行承兑汇票的出票人应于汇票到期前将票款足额交存其开户银行，银行承兑汇票的出票人于汇票到期日未能足额交存票款时，承兑银行付款后，对出票人尚未支付的汇票金额按照每天万分之五计收利息。因此选项AD正确。

（五）保证（见表3-24）

表3-24　　　　　　　　　　　　　　保证

项目	具体内容		
概念	票据债务人以外的人，为担保特定债务人履行票据债务而在票据上记载有关事项并签章		
保证人	国家机关、以公益为目的的事业单位、社会团体、企业法人的职能部门作为票据保证人的，票据保证无效，但经批准的除外		
记载事项	必须记载事项	表明"保证"字样、保证人签章	
	相对记载事项	①未记载"被保证人名称"	已承兑的票据，**承兑人**为被保证人
			未承兑的票据，**出票人**为被保证人
		②未记载"保证日期"	**出票日期为保证日期**

续表

项目	具体内容
附条件保证	保证不得附条件，附条件的，**不影响**对票据的保证责任
保证责任	①被保证的票据，保证人应当与被保证人对持票人承担连带责任； 票据到期后得不到付款的，持票人有权向保证人请求付款，保证人应当足额付款。 ②保证人为2人以上的，保证人之间承担**连带责任**
保证效力	保证人清偿汇票债务后，可以行使持票人对被保证人及其前手的追索权

【知识卡片】
①背书不得附有条件，背书时附有条件的，所附条件不具有票据上的效力（背书依然是有效的）。
②付款人承兑汇票，不能附有条件；承兑附有条件的，视为拒绝承兑。
③保证不得附条件，附条件的，不影响对票据的保证责任（即所附条件无效，保证有效）。

【例题3-26·多选题】根据支付结算法律制度的规定，关于票据保证的下列表述中，正确的有（ ）。（2011年）
A. 票据上未记载保证日期的，被保证人的背书日期为保证日期
B. 保证人未在票据或粘单上记载被保证人名称的已承兑票据，承兑人为被保证人
C. 保证人为两人以上的，保证人之间承担连带责任
D. 保证人清偿票据债务后，可以对被保证人及其前手行使追索权
【答案】BCD
【解析】选项A：票据上未记载保证日期的，以出票日期为保证日期。因此选项BCD正确。

（六）商业汇票的信息披露

①承兑人应当于承兑完成日次1个工作日内披露每张票据的承兑相关信息，包括出票日期、承兑日期、票据号码、出票人名称、承兑人名称、承兑人社会信用代码、票面金额、票据到期日等。
②承兑人应当于每月前10日内披露承兑信用信息，包括累计承兑发生额、承兑余额、累计逾期发生额、逾期余额等。
③承兑人对披露信息的真实性、准确性、及时性和完整性负责。
④企业签收商业承兑汇票前，可以通过中国人民银行认可的票据信息披露平台查询票据承兑信息，加强风险识别与防范。

（七）贴现（商业汇票）（见表3-25）

表3-25　　　　　　　　　　　　　贴现（商业汇票）

项目	具体内容
概念	票据持票人在票据未到期前为获得资金融通向银行贴付一定利息而发生的**票据转让行为**
贴现条件	①票据未到期； ②票据未记载"不得转让"事项； ③持票人是在银行开立存款账户的企业法人以及其他组织； ④持票人与出票人或者直接前手之间具有真实的商品交易关系
贴现利息	实付贴现金额按票面金额扣除**贴现日至汇票到期前1日（算头不算尾）**的利息计算；承兑人在异地的纸质商业汇票，贴现的期限以及贴现利息的计算应**另加3天**的划款日期。 ①贴现利息 = 票面金额×贴现率×贴现期÷360 ②贴现金额 = 票面金额 - 贴现利息
贴现收款	贴现到期，贴现银行应向付款人收取票款；不获付款的，贴现银行应向其前手追索票款；贴现银行追索票款时可从申请人的存款账户**直接收取票款**
票据信息登记与电子化	纸质票据**贴现前**，金融机构办理承兑、质押、保证等业务，应在**上海票据交易所**进行信息登记。纸质票据票面信息与登记信息**不一致的**，以**纸质票据**票面信息为准

【例题3-27·单选题】甲公司向乙企业购买一批原材料，开出一张票面金额为30万元的银行承兑汇票。出票日期为2月10日，到期日为5月10日。4月6日，乙企业持此汇票及有关发票和原材料发运单据复印件向银行办理了贴现。已知同期银行年贴现率为3.6%，一年按360天计算，贴现银行与承兑银行在同一城市。根据票据法律制度的有关规定，银行实付乙企业贴现金额为（　　）元。（2018年）
A. 301 680　　　B. 298 980　　　C. 298 950　　　D. 298 320
【答案】B
【解析】（1）实付贴现金额按票面金额扣除贴现日至汇票到期前1日的利息计算；（2）本题中贴现银行与承兑银行在同一城市，贴现日是4月6日，汇票到期前1日是5月9日，一共是34天；（3）乙企业从银行取出的金额 = 300 000 - 300 000 × 3.6%÷360 × 34 = 298 980（元）。因此选项B正确。

（八）付款

1. 提示付款的期限（见表3-26）

表3-26　　　　　　　　　　　　　提示付款的期限

票据类型	起算点	时间
银行汇票	出票日起	1个月
商业汇票	**到期日起**	10日

续表

票据类型	起算点	时间
银行本票	出票日起	2个月
支票	出票日起	10日

2. 付款（见表3-27）

表3-27　　　　　　　　　　　　付款

种类	具体内容	
银行承兑汇票	①出票人**应于汇票到期日前将票款足额交存**其开户银行	
	②计收利息	出票人于汇票到期日未能足额交存票款时，承兑银行除凭票**向持票人无条件付款**外，对出票人尚未支付的汇票金额按照**每天0.5‰计收利息**
商业承兑汇票	①承兑人账户余额足够支付票款	承兑人开户行应当代承兑人作出同意付款应答，并于提示付款日向持票人付款
	②承兑人账户余额不足以支付票款	视同承兑人拒绝付款
支票	当日足额付款	出票人在付款人处的存款**足以支付**支票金额时，付款人应当在见票当日足额付款
	付款形式	①现金支票，印有"现金"字样，只能用于支取现金； ②转账支票，印有"转账"字样，只能用于转账； ③普通支票，未印有"现金"或"转账"字样，可以用于支取现金或转账。 【知识卡片】在普通支票左上角划两条平行线，为划线支票，只能用于转账，不得支取现金
银行本票	出票银行对于在本行开立存款账户的申请人，只能将款项转入原申请人账户；对于现金银行本票和未在本行开立存款账户的申请人，才能退付现金	
银行汇票	银行汇票和解讫通知	持票人向银行提示付款时，须同时提交银行汇票和解讫通知，缺少任何一联，银行不予受理（可以持银行汇票和解讫通知向出票银行请求付款）
	退款	出票银行对于转账银行汇票的退款，只能转入原申请人账户；对于符合规定填明"现金"字样银行汇票的退款，才能退付现金

3. 拒绝付款

①如果存在背书不连续等合理事由（票据上存在影响持票人票据权利的形式瑕疵），票据债务人可以拒绝履行义务（付款人拒绝付款、被追索人拒绝支付票款）；

②票据债务人可以对不履行约定义务的与自己**有直接债权债务关系**的持票人进行抗辩；但**不得以自己与出票人或者与持票人的前手之间的抗辩事由，对抗持票人**，持票人**明知**存在抗辩事由而取得票据的除外。

第 6 天

○ 复习旧内容
第三章　支付结算法律制度　考点 8~9

○ 学习新内容
第三章　支付结算法律制度　考点 10~15

○ 你今天可能有的心态
你可能觉得票据的知识很琐碎，有些规定比较抽象，但没关系，在票据知识全部学完以后再回首，就会发现考核点非常明晰。

○ 简单解释今天学习的内容
今天会学习票据第二顺序权利——追索权，还有汇兑、委托收款、银行卡业务的相关内容。

○ 学习方法
票据追索属于高频考点，需要结合票据种类、票据行为等相关知识学习，通过票据图示理清逻辑，更加容易掌握；汇兑、委托收款这些考试难度较低，只需要简单记忆即可，而银行卡相关内容有些琐碎，甚至有些学生理解不了银行卡业务展开流程，但却有可能在不定项选择题中考查相关内容，因此只需掌握关键性表述，能够应试即可，无须过于深挖。

○ 建议学习时间
2 小时

今日打卡

任务内容	预计时间	重点任务要求
早读	30分钟	□ 根据每日梳理的框架背诵前5日所学的重点内容 □ 听微课
第三章 考点10~15	50分钟	□ 票据追索
做作业	30分钟	□ 总结具体情形下应追索对象及时效 □ 做教材例题、精练习题 □ 整理消化前一天的错题
回忆内容	10分钟	□ 梳理今天所学内容框架 □ 背诵关键词，回忆今天所学内容

「考点10」票据追索（★★★）

（一）追索的情形（见表3-28）

表3-28　追索的情形

情形	具体内容
到期后追索	票据**到期被拒绝付款**的，持票人对背书人、出票人以及票据的其他债务人行使的追索
到期前追索	①汇票被拒绝承兑的； ②**承兑人或者付款人**死亡、逃匿的； ③**承兑人或者付款人**被依法宣告破产的； ④**承兑人或者付款人**因违法被责令终止业务活动的

（二）追索的相关要求（见表3-29）

表3-29　追索的相关要求

项目	具体内容	
追索对象	**出票人、背书人、承兑人和保证人**	
追索顺序	①票据债务人对持票人承担连带责任；持票人行使追索权，可以**不按照**票据债务人的先后顺序，对其中任何一人、数人或者全体行使追索权； ②持票人对票据债务人中的一人或者数人已经进行追索的，对其他票据债务人**仍可以**行使追索权	
追索金额	首次追索权	①被拒绝付款的**票据金额**； ②票据金额自到期日或者提示付款日起至清偿日止，按照中国人民银行规定的利率计算的**利息**； ③取得有关拒绝证明和发出通知书的**费用**
	再追索权	①已清偿的全部金额； ②前项金额自清偿日起至再追索清偿日止，按照中国人民银行规定的利率计算的利息； ③发出通知书的费用

（三）追索权的行使程序

①取得有关证明。

如"持票人行使追索权时，应当提供被拒绝承兑或者拒绝付款的有关证明"。

②追索通知。

a. 持票人应当自收到被拒绝承兑或者被拒绝付款的有关证明之日起3日内，将被拒绝事由书面通知其前手；其前手应当自收到通知之日起3日内书面通知其再前手。

b. 持票人未按照规定期限（3日）发出追索通知的，持票人**仍可以行使追索权**。

c. 因延期通知给其前手或者出票人造成损失的，由其承担该损失的赔偿责任，但所赔偿的金额以**汇票金额为限**。

（四）追索的效力

被追索人依照规定清偿债务后，其责任解除，与持票人享有同一权利。

> **【例题 3-28·多选题】** 2016 年 7 月 8 日，甲公司为支付 50 万元货款向乙公司签发并承兑一张定日付款的商业汇票，汇票到期日为 2017 年 1 月 8 日。乙公司将该商业汇票背书转让给丙公司，并记载"不得转让"字样。丙公司再次将该汇票转让给丁公司，丁公司将汇票背书转让给戊公司。戊公司在提示付款期内向甲公司提示付款遭到拒绝，下列关于戊公司行使追索权的表述中，正确的有（　　）。（2018 年）
> A. 戊公司有权向甲公司行使追索权
> B. 戊公司有权向丁公司行使追索权
> C. 戊公司有权向丙公司行使追索权
> D. 戊公司有权向乙公司行使追索权
> 【答案】ABC
> 【解析】选项 D：背书人在票据上记载"不得转让"字样，其后手再背书转让的，**原背书人对后手的被背书人不承担保证责任。**

💡 其他结算方式

「考点 11」汇兑（★★）

汇兑列表见表 3-30。

表 3-30　　　　　　　　　　　　　　汇兑

项目	具体规定
使用主体	单位和个人
汇兑程序	**汇款回单** 只能作为汇出银行受理汇款的依据，不能作为该笔汇款已转入收款人账户的证明
	收账通知 是银行将款项确已收入收款人账户的凭据
汇兑撤销	汇款人对汇出银行**尚未汇出**的款项可以申请撤销

「考点 12」委托收款（★★）

委托收款见表 3-31。

表 3-31　　　　　　　　　　　　　　委托收款

项目	具体规定
使用主体	单位和个人（款在同城、异地均可以使用）
办理依据	已承兑的商业汇票、债券、存单等付款人债务证明办理款项的结算
委托程序 付款人	①单位为付款人： 付款人未在接到通知日的次日起 3 日内通知银行付款的，视同付款人同意付款。付款人存款账户不足支付的，应通过被委托银行**向收款人发出未付款项通知书**。 【知识卡片】以银行以外的单位为付款人的，委托收款凭证必须记载付款人开户银行名称。 ②银行为付款人： 银行应当在当日将款项主动支付给收款人
委托程序 收款人	①以银行以外的单位或在银行开立存款账户的个人为收款人的，委托收款凭证必须记载收款人开户银行名称； ②未在银行开立存款账户的个人为收款人的，委托收款凭证必须记载被委托银行名称

【例题 3-29·多选题】根据支付结算法律制度的规定，关于委托收款结算方式的下列表述中，正确的有（　　）。（2017 年）
　　A. 银行在为单位办理划款时，付款人存款账户不足支付的，应通知付款人交足存款
　　B. 单位凭已承兑的商业汇票办理款项结算，可以使用委托收款结算方式
　　C. 以银行以外的单位为付款人的，委托收款凭证必须记载付款人开户银行名称
　　D. 委托收款仅限于异地使用
【答案】BC
【解析】选项 A：银行在办理划款时，付款人存款账户不足支付的，应通过被委托银行向收款人发出未付款项通知书；选项 D：委托收款在同城、异地均可使用。

💡 银行卡

「考点 13」银行卡的分类（★）

银行卡的分类见表 3-32。

表 3-32　　　　　　　　　　　　　　银行卡的分类

分类标准	类别		具体规定
是否具有透支功能	信用卡	贷记卡	**可透支** 先消费、后还款
		准贷记卡	先存备用金，备用金不足支付时可透支

第三章　支付结算法律制度

续表

分类标准	类别		具体规定	
是否具有透支功能	借记卡	转账卡（含储蓄卡）	实时扣账；具有转账结算、存取现金功能	在ATM机上每卡每日累计提款**不得超过2万元人民币**
		专用卡	**不可透支** 专门用途；具有转账结算、存取现金功能	
		储值卡	将资金转入卡内储存；**面值或币值不超过1 000元**	
币种不同	人民币卡和外币卡		—	
发行对象不同	单位卡和个人卡		—	
信息载体不同	磁条卡和芯片（IC）卡		—	

【例题3-30·单选题】根据支付结算法律制度的规定，下列银行卡分类中，以是否具有透支功能划分的是（　　）。（2016年）

A. 人民币卡和外币卡　　　　　　　　B. 单位卡和个人卡
C. 信用卡和借记卡　　　　　　　　　D. 磁条卡和芯片卡

【答案】C

【解析】选项C：银行卡按照是否透支分为信用卡和借记卡，信用卡按是否向发卡银行交存备用金分为贷记卡、准贷记卡两类。

「考点14」银行卡账户和交易（★★）

（一）信用卡交易的基本规定（见表3-33）

表3-33　　　　　　　　　　信用卡交易的具体规定

项目		具体规定	
信用卡预借现金业务	**现金提取**	ATM自助机	每卡每日累计不得超过人民币**1万元**
		柜面	协议约定
	现金转账	各渠道	
	现金充值	各渠道	
贷记卡非现金交易	免息还款期		发卡机构自主确定
	最低还款额		

【知识卡片】发卡银行追偿透支款项和诈骗款项的**途径：**
①扣减持卡人保证金、依法处理抵押物和质物；
②向保证人追索透支款项；
③通过司法机关的诉讼程序进行追偿。

（二）信用卡计息与收费（见表3-34）

表3-34　　　　　　　　　　　　信用卡计息与收费

规定	具体规定
透支利率	①透支利率由发卡机构与持卡人自主协商确定； ②透支的计结息方式，信用卡溢缴款是否计付利息及其利率标准，由发卡机构自主确定
发卡机构的提示义务	①信用卡协议中以显著方式提示信用卡利率标准和计结息方式、免息还款期和最低还款额待遇的条件和标准，信用卡利率标准应注明日利率和年利率； ②调整信用卡利率标准的，应**至少提前45个自然日**按照约定方式通知持卡人；持卡人有权**在新利率标准生效之前**选择销户，并按照已签订的协议偿还相关款项
违约金和服务费用	①取消信用卡滞纳金，对于持卡人违约逾期未还款的行为，发卡机构应与持卡人通过**协议约定**是否收取违约金，以及相关收取方式和标准； ②发卡机构向持卡人提供超过授信额度用卡服务的，**不得收取超限费**； ③发卡机构对向持卡人收取的违约金和年费、取现手续费、货币兑换费等服务费用**不得计收利息**

【例题3-31·多选题】根据支付结算法律制度的规定，下列各项中，属于发卡银行追偿透支款项和诈骗款项的途径有（　　）。（2015年）
A. 向保证人追索透支款项
B. 依法处理抵押物和质物
C. 通过司法机关的诉讼程序进行追偿
D. 冻结持卡人银行账户
【答案】ABC
【解析】发卡银行通过下列途径追偿透支款项和诈骗款项：（1）扣减持卡人保证金、依法处理抵押物和质物；（2）向保证人追索透支款项；（3）通过司法机关的诉讼程序进行追偿。因此选项ABC正确。

「考点15」银行卡收单（★）

（一）银行卡收单业务（见表3-35）

表3-35　　　　　　　　　　　银行卡收单业务

项目		具体规定
特约商户管理	①实名制	收单机构应当对特约商户实行**实名制**管理
	②银行卡受理协议	签订银行卡受理协议，明确双方的权利、义务和违约责任
	③账户使用	特约商户为**个体工商户和自然人**的，可使用其同名个人银行结算账户作为收单银行结算账户
	④本地化经营和管理	**不得**跨省（自治区、直辖市）域开展收单业务
业务与风险管理	①风险评级制度	对于风险等级较高的特约商户，收单机构应当对其**开通的受理卡种和交易类型进行限制**，并采取**强化交易监测、设置交易限额、延迟结算、增加检查频率、建立特约商户风险准备金**等措施
	②发生疑似**银行卡套现、洗钱、泄露持卡人账户信息**等风险事件的，应当对特约商户采取的措施	①延迟资金结算； ②暂停银行卡交易； ③收回受理终端（关闭网络支付接口）

（二）结算收费（见表3-36）

表3-36　　　　　　　　　　　结算收费

收费项目	收费方式	管理方式	费率及封顶标准
收单服务费	收单机构向商户收取	实行市场调节价	由收单机构与商户协商确定具体费率
发卡行服务费	发卡机构向收单机构收取	实行政府指导价、上限管理	**借记卡：**不高于交易金额的0.35%（单笔交易收费金额不超过13元） **贷记卡：**不高于交易金额的0.45%（不实行单笔收费封顶控制）

【知识卡片】

①银行卡清算机构收取的网络服务费不区分商户类别，实行政府指导价、上限管理，分别向收单、发卡机构计收。费率水平降低为不超过交易金额的0.065%，由发卡、收单机构各承担50%（即分别向发卡、收单机构计收的费率均不超过交易金额的0.0325%）。

②对非营利性的医疗机构、教育机构、社会福利机构、养老机构、慈善机构刷卡交易，实行发卡行服务费、网络服务费全额减免。

【例题3-32·多选题】根据支付结算法律制度的规定，关于银行卡收单业务的下列表述中，正确的有（   ）。（2017年）

A. 特约商户为个体工商户或自然人的，可以使用其同名个人结算账户作为收单银行结算账户

B. 特约商户使用单位银行结算账户作为收单银行结算账户的，收单机构应当审核其合法拥有该账户的证明文件

C. 收单机构的特约商户收取服务费由收单机构与特约商户协商确定具体费率

D. 收单机构应当对实体特约商户收单业务进行本地化经营和管理，不得跨省域开展收单业务

【答案】ABCD

【解析】选项A正确，特约商户为个体工商户或自然人的，可使用其同名个人银行结算账户作为收单银行结算账户；选项B正确，特约商户使用单位银行结算账户作为收单银行结算账户的，收单机构还应当审核其合法拥有该账户的证明文件；选项C正确，收单机构向商户收取的收单服务费由收单机构与商户协商确定具体费率；选项D正确，收单机构应当对实体特约商户收单业务进行本地化经营和管理，通过在特约商户及其分支机构所在省（自治区、直辖市）域内的收单机构或其分支机构提供收单服务，不得跨省（自治区、直辖市）域开展收单业务。

第 7 天

复习旧内容
第三章　支付结算法律制度　考点 10~15

学习新内容
第三章　支付结算法律制度　考点 16~20

你今天可能有的心态
支付结算法律制度的学习内容真多,却也咬牙坚持到最后了,再坚持一下,胜利在望!

简单解释今天学习的内容
银行电子支付,网络支付属于今年新增内容,难度不大,而信用证和预付卡重点把握高频考核点,尤其是关键性表述语句。结算纪律与法律责任属于纯记忆内容,可考前集中记忆,日常练题巩固即可。

学习方法
难度低的考点,记忆关键字并通过习题巩固。

建议学习时间
2 小时

今日打卡

任务内容	预计时间	重点任务要求
早读	20分钟	☐ 阅读昨日所学,熟背票据追索 ☐ 听微课
第三章 考点16~20	40分钟	☐ 总结对比记名与不记名预付卡
做作业	40分钟	☐ 巩固预付卡的相关内容 ☐ 总结票据法上的各种期限规定 ☐ 做教材例题、精练习题 ☐ 整理消化昨日错题
回忆内容	20分钟	☐ 今天的教材看3遍 ☐ 背着书回忆一遍

银行电子支付

[考点16] 银行电子支付（★）

（一）网上银行

1. 分类
①按主要服务对象分为企业网上银行和个人网上银行。
②按经营组织分为分支型网上银行和纯网上银行。

2. 功能
①企业网上银行：账户信息查询、支付指令、**B2B 网上支付**、批量支付。
②个人网上银行：账户信息查询、人民币转账业务、银证转账业务、外汇买卖业务、账户管理业务、**B2C 网上支付**。

（二）条码支付（见表3-37）

表3-37　　　　　　　　　　　　　　条码支付

事项	具体内容	
概念	条码支付业务包括付款扫码和收款扫码	
	业务许可	支付机构向**客户**提供基于条码技术的付款服务的，应取得网络支付业务许可
		支付机构为**实体特约商户和网络特约商户**提供条码支付收单服务的，应分别取得银行卡收单业务许可和网络支付业务许可
交易验证	银行、支付机构开展条码支付业务，可以组合选用下列三种要素，对客户条码支付交易进行验证： ① 仅客户本人知悉的要素，如静态密码等； ② 仅客户本人持有并特有的，不可复制或者不可重复利用的要素，如经过安全认证的数字证书、电子签名，以及通过安全渠道生成和传输的一次性密码等； ③ 客户本人生物特征要素，如指纹等	
交易限额	①风险防范能力达到A级，即采用包括数字证书或电子签名在内的两类（含）以上有效要素对交易进行验证的，可与客户通过协议自主约定单日累计限额； ②风险防范能力达到B级，即采用不包括数字证书、电子签名在内的两类（含）以上有效要素对交易进行验证的，同一客户单个银行账户或所有支付账户单日累计交易金额应不超过5 000元； ③风险防范能力达到C级，即采用不足两类要素对交易进行验证的，同一客户单个银行账户或所有支付账户单日累计交易金额应不超过1 000元； ④风险防范能力达到D级，即使用静态条码的，同一客户单个银行账户或所有支付账户单日累计交易金额应不超过500元	
商户管理	以同一个身份证件在同一家收单机构办理的全部小微商户基于信用卡的条码支付收款金额日累计不超过1 000元、月累计不超过1万元	
风险管理	银行、支付机构发现特约商户发生疑似套现、洗钱、恐怖融资、欺诈、留存或泄露账户信息等风险事件的，应对特约商户采取延迟资金结算、暂停交易、冻结账户等措施，并承担因未采取措施导致的风险损失责任；发现涉嫌违法犯罪活动的，应及时向公安机关报案	

支付机构非现金支付业务

支付机构非现金支付业务（见图3-10）

图3-10 支付机构非现金支付业务

「考点17」网络支付（★★）

网络支付见表3-38。

表3-38　　　　　　　　　　网络支付

事项		具体内容
网络支付机构种类	金融型	不负有担保功能
	互联网	依托于自有的电子商务网站并提供担保功能的第三方支付模式，以在线支付为主
支付账户	开户要求	① 实名制管理； ② 支付机构为单位开立支付账户，应当参照相关规定，要求单位提供相关证明文件，并自主或者委托合作机构以面对面方式核实客户身份，或者以非面对面方式通过至少三个合法安全的外部渠道对单位基本信息进行多重交叉验证
	使用要求	支付账户不得透支，不得出借、出租、出售，不得利用支付账户从事或者协助他人从事非法活动
	种类	①以非面对面方式通过**至少1个**合法安全的外部渠道进行身份基本信息验证，且为首次在本机构开立支付账户的个人客户，支付机构可以为其开立Ⅰ类支付账户，账户余额仅可用于消费和转账，余额付款交易自账户开立起累计**不超过1 000元**（包括支付账户向客户本人同名银行账户转账）； ②自主或委托合作机构以面对面方式核实身份的个人客户，或以非面对面方式通过**至少3个**合法安全的外部渠道进行身份基本信息多重交叉验证的个人客户，支付机构可以为其开立Ⅱ类支付账户，账户余额仅可用于消费和转账，其所有支付账户的余额付款交易年累计不超过10万元（不包括支付账户向客户本人同名银行账户转账）； ③对于支付机构自主或委托合作机构以面对面方式核实身份的个人客户，或以非面对面方式通过**至少5个**合法安全的外部渠道进行身份基本信息多重交叉验证的个人客户，支付机构可以为其开立Ⅲ类支付账户，账户余额可以用于消费、转账以及购买投资理财等金融类产品，其所有支付账户的余额付款交易年累计不超过20万元（不包括支付账户向客户本人同名银行账户转账）

续表

事项	具体内容
交易限额	按照下列要求对个人客户使用支付账户余额付款的交易进行限额管理： ①支付机构采用包括数字证书或电子签名在内的两类（含）以上有效要素进行验证的交易，单日累计限额由支付机构与客户通过协议自主约定； ②支付机构采用不包括数字证书、电子签名在内的两类（含）以上有效要素进行验证的交易，单个客户所有支付账户单日累计金额应不超过5 000元（不包括支付账户向客户本人同名银行账户转账）； ③支付机构采用不足两类有效要素进行验证的交易，单个客户所有支付账户单日累计金额应不超过1 000元（不包括支付账户向客户本人同名银行账户转账），且支付机构应当承诺无条件全额承担此类交易的风险损失赔付责任
交易验证	除单笔金额不超过200元的小额支付业务，公共事业缴费、税费缴纳、信用卡还款等收款人固定并且定期发生的支付业务，支付机构不得代替银行进行交易验证。

「考点18」预付卡（★★）

预付卡见表3-39。

表3-39　　　　　　　　　　　预付卡

项目	记名预付卡	不记名预付卡
性质	以人民币计价，不具有透支功能	
单张限额	不得超过5 000元	不得超过1 000元
挂失	可挂失	不挂失
赎回	可赎回： ①购卡后3个月可办理赎回； ②单位购买的预付卡，只能由单位办理赎回	不赎回
有效期	不得设置有效期	有效期不得低于3年； 【知识卡片】超过有效期尚有资金余额的预付卡，可通过延期、激活、换卡等方式继续使用
办理	实名并向发卡机构提供有效身份证件	一次性购买金额超过1万元以上的，实名并向发卡机构提供有效身份证件
	①单位一次购买超过5 000元以上的，个人一次性购买超过5万元以上的，应当通过转账等非现金结算方式购买，不得使用现金； ②不得使用信用卡购买预付卡	
充值	①预付卡只能通过现金或银行转账方式进行充值，不得使用信用卡充值； ②一次性充值金额5 000元以上的，不得使用现金； ③预付卡现金充值应当通过发卡机构网点进行，但单张预付卡同日累计现金充值在200元以下的，可通过自助充值终端、销售合作机构代理等方式充值	
使用	预付卡在发卡机构拓展、签约的特约商户中使用，不得用于或变相用于提取现金，不得用于购买、交换非本发卡机构发行的预付卡、单一行业卡及其他商业预付卡或向其充值，卡内资金不得向银行账户或向非本发卡机构开立的网络支付账户转移	
发卡机构	发卡机构对客户备付金需100%集中交存中国人民银行	

【例题3-33·多选题】王某一次性购买6万元的预付卡，下列支付方式中，王某不得使用的有（　　）。（2016年）

　　A. 转账支票　　　　B. 现金　　　　　C. 信用卡　　　　D. 借记卡

【答案】BC

【解析】选项B：个人一次性购买预付卡5万元以上的，应当通过银行转账等非现金结算方式购买，不得使用现金；选项C：购卡人不得使用信用卡购买预付卡。

【例题3-34·多选题】根据支付结算法律制度的规定，下列关于预付卡使用的表述中，正确的有（　　）。（2014年）

　　A. 记名预付卡可挂失，可赎回

　　B. 有资金余额但超过有效期的预付卡可通过延期、激活、换卡等方式继续使用

　　C. 记名预付卡不得设置有效期

　　D. 不记名预付卡有效期可设置为2年

【答案】ABC

【解析】选项D：不记名预付卡有效期不得低于3年。

「考点19」结算纪律（★）

（一）单位和个人办理支付结算业务应遵守的结算纪律

①不准签发没有资金保证的票据或远期支票，套取银行信用；

②不准签发、取得和转让没有真实交易和债权债务的票据，套取银行和他人资金；

③不准无理拒绝付款，任意占用他人资金；

④不准违反规定开立和使用账户。

（二）银行办理支付结算应遵守的纪律

①不准以任何理由压票、任意退票、截留挪用客户和他行资金；

②不准无理拒绝支付应由银行支付的票据款项；

③不准无理拒付、不扣少扣滞纳金；

④不准违章签发、承兑、贴现票据，套取银行资金；

⑤不准签发空头银行汇票、银行本票和办理空头汇款；

⑥不准在支付结算制度之外规定附加条件，影响汇路畅通；

⑦不准违反规定为单位和个人开立账户；

⑧不准拒绝受理、代理他行正常结算业务。

【例题3-35·多选题】根据支付结算法律制度的规定，下列各项中，属于银行办理支付结算必须遵守的结算纪律有（　　）。（2015年）

A. 不准违反规定为单位和个人开立账户
B. 不准签发空头银行汇票、银行本票和办理空头汇款
C. 不准签发没有资金保证的票据，套取银行信用
D. 不准无理拒付，不扣少扣滞纳金

【答案】ABD

【解析】选项ABD：结算纪律包括银行应当遵守的结算纪律和单位、个人办理支付结算业务应当遵守的结算纪律两种；选项C：属于"单位、个人"都应当遵守的结算纪律。

「考点20」违反银行结算账户规定的法律责任（★★）

违反银行结算账户规定的法律责任见表3-40。

表3-40　　　　　　　　违反银行结算账户规定的法律责任

类型	具体行为	法律责任（非经营性存款人）	法律责任（经营性存款人）
存款人开立、撤销过程中的违法行为	①违反规定开立银行结算账户；②伪造、变造证明文件欺骗银行开立银行结算账户；③违反规定不及时撤销银行结算账户；④伪造、变造、私自印制开户许可证	给予警告并处以1 000元的罚款	给予警告并处以1万元以上3万元以下的罚款
		构成犯罪：移交司法机关依法追究刑事责任	
存款人使用过程中的违反规定	①违反规定将单位款项转入个人银行结算账户；②违反规定支取现金；③利用开立银行结算账户逃废银行债务；④出租、出借银行结算账户；⑤从基本存款账户之外的银行结算账户转账存入、将销货收入存入或者现金存入单位信用卡账户	给予警告并处以1 000元罚款	给予警告并处以5 000元以上3万元以下的罚款
	⑥法定代表人或者主要负责人、存款人地址以及其他开户资料的变更事项未在规定期限内通知银行	给予警告并处以1 000元的罚款	

【例题3-36·单选题】根据支付结算法律制度的规定，下列关于经营性存款人违反账户结算规定的行为中，适用给予警告并处以5 000元以上3万元以下罚款的是（　　）。（2014年）

A. 出租、出借银行结算账户

B. 违反规定不及时撤销银行结算账户
C. 伪造、变造开户许可证
D. 伪造、变造证明文件欺骗银行开立结算账户

【答案】A

【解析】选项 BD：伪造、变造证明文件欺骗银行开立银行结算账户、违反规定不及时撤销银行结算账户和伪造、变造、私自印制开户许可证，对经营性存款人处以 1 万元以上 3 万元以下的罚款。因此选项 A 正确。

躲坑作战1

各类银行结算账户规定（见表3-41）。

表3-41　　　　　　　　　各类银行结算账户规定

账户名称	定位	数量	使用限制	注意事项
基本存款账户	日常转账结算/现金收付	1	日常资金收付，工资、奖金、现金的支取	先开立、后撤销
一般存款账户	借款/其他需要	若干	可存现金、不能取	基本存款账户开户行以外的银行
专用存款账户	特定用途资金	若干	（见"专用存款账户适用范围及使用要求"表）	现金收付规定比较复杂，区别记忆
预算单位零余额账户	使用财政性资金	1	可提取现金，不能违反规定向本单位其他账户和上级主管单位及其所属下级单位账户划拨资金	按基本存款账户或专用存款账户管理
临时存款账户	临时需要	若干	支取按规定	最长期限2年

躲坑作战2

票据权利（见图3-11）。

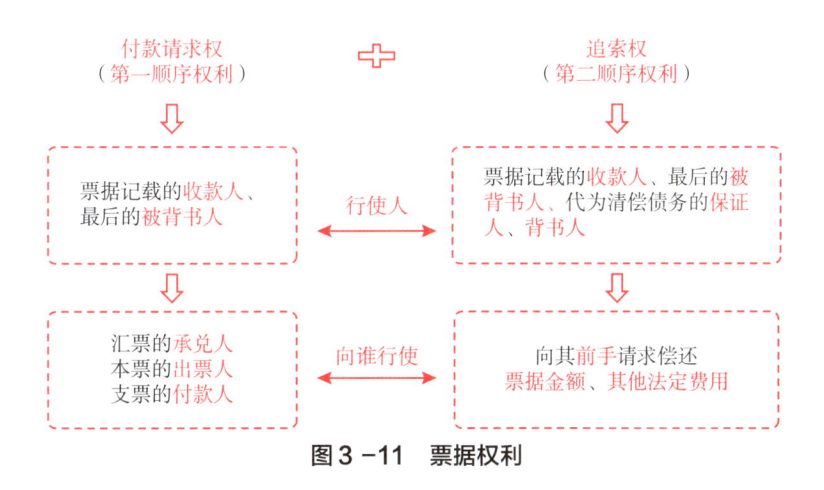

图3-11　票据权利

【知识卡片】
①持票人可不按债务人的先后顺序，对任何**一人、数人、全体**行使追索权。
②被追索人清偿债务后，与持票人享有同一权利。

躲坑作战3

具体的追索对象（见表3-42）。

表3-42　　　　　　　　　　　具体的追索对象

具体情形		追索对象
①票据无问题，程序无问题，但承兑人无理拒付		全体前手
②承兑附条件、拒绝承兑	最后的持票人提示承兑	除付款人外前手
	提示承兑后又背书转让	前手背书人
③背书附条件、保证附条件		全体前手
④背书人记载"不得转让"字样		除该背书人和该背书人的保证人外前手
⑤未按规定期限提示承兑		出票人
⑥未按规定期限提示付款	支票、本票、银行汇票	出票人
	商业汇票	承兑人、出票人

躲坑作战4

票据法上的期限规定（见表3-43）。

表3-43　　　　　　　　　　　票据法上的期限规定

票据种类		提示承兑期限	提示付款期限	票据权利时效
汇票	银行汇票	见票即付	—	出票日起1个月	出票日起2年
	商业汇票	定日付款	到期日前提示承兑	到期日起10日	到期日起2年
		出票后定期付款			
		见票后定期付款	出票日起1个月		
本票		—	出票日起2个月	出票日起2年
支票		—	出票日起10日	出票日起6个月

你已成功
完成第三章的学习！

扫码领取全程课加入带学群

只要持续地努力，不懈地奋斗，你想要的灿烂前程终归都属于你。

第 8 天

复习旧内容
第三章　支付结算法律制度　考点 16~20

学习新内容
第四章　税法概述及货物和劳务税法律制度　考点 1~6

你今天可能有的心态
终于要开始新的篇章，不容易啊；重新拾起斗志，开始新的征程。

简单解释今天学习的内容
　　正式进入税法部分的学习，众多税种，每个税种都要学习纳税人、计税依据、应纳税额的计算、税收优惠、税收征管等内容，看起来一团乱麻，但都是围绕着税法的学习逻辑展开。

学习方法
　　增值税的概念，纳税人，征税范围和税率、征收率都属于基础内容，不要指望着第一遍学习就烂熟于心，应该多加记忆，可以在早晨和晚上进行集中背诵；毕竟打好基础才能为后期学习应纳税额的计算做好铺垫。

建议学习时间
　　3 小时

今日打卡

任务内容	预计时间	重点任务要求
早读	30分钟	☐ 背诵巩固前七天所学内容 ☐ 听微课
第四章 考点1~6	100分钟	☐ 现行税种与征收机关 ☐ 增值税征税范围 ☐ 增值税税率和征收率
做作业	35分钟	☐ 做教材例题、精练习题 ☐ 熟读增值税的征税范围 ☐ 总结征税范围对应的增值税税率
回忆内容	15分钟	☐ 区分增值税易混淆的征税范围 ☐ 书写增值税税率框架图

第四章　税法概述及货物和劳务税法律制度

考情分析

从第四章开始，本书进入税法相关知识部分。

在本章中，我们主要学习五部分内容，第一部分讲解税法基础知识，其余部分分别讲解增值税、消费税、城建及教育费附加与车辆购置税。对于每个税种，请同学们结合纳税义务人，征税对象，税率，应纳税额，税收优惠，征收管理这六个方面去学习，先在脑海里对这六个方面形成框架，再进行总结整理。本章考试分数20分左右，增值税和消费税在历年考试中属于高频重要考点，对于计算题型和记忆题型要做到"双管齐下"（见图4-1）。

考点地图

税法概述及货物和劳务税法律制度框架见图4-1。

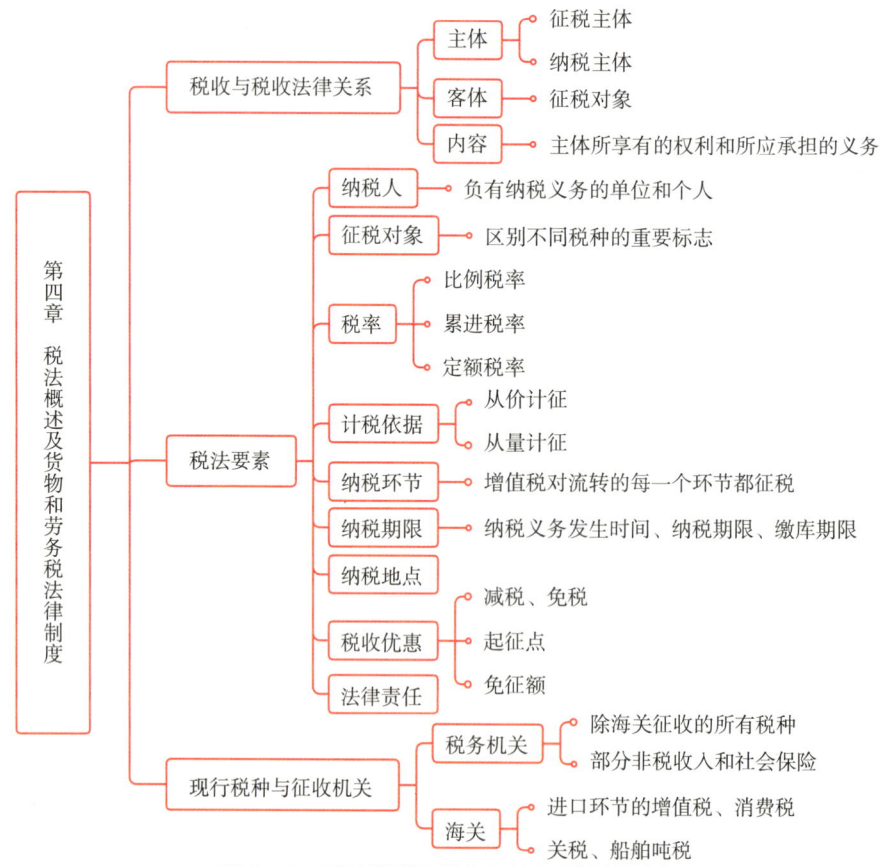

图4-1　税法概述及货物和劳务税法律制度

增值税框架见图4-2。

- 纳税人
  - 分类
    - 一般纳税人
    - 小规模纳税人
  - 扣缴义务人
    - 未设有经营机构：代理人→购买方

- 征税范围及税率
  - 一般范围
    - 销售和进口货物（13%、9%）
    - 销售劳务（13%）
  - 销售服务
    - 交通运输服务（9%）
    - 邮政服务（9%）
    - 电信服务（9%、6%）
    - 建筑服务（9%）
    - 金融服务（6%）
    - 现代服务（6%、9%、13%）
    - 生活服务（6%）
  - 销售无形资产（6%、9%）
  - 销售不动产（9%）
  - 非经营活动
    - 非营业活动
    - 完全在境外发生或使用
  - 其他
    - 视同销售货物
    - 视同销售服务、无形资产、不动产
    - 混合销售
    - 兼营
  - 不征收
    - 国家指令无偿提供的铁路、航空运输服务；
    - 存款利息；
    - 保险赔付；
    - 代收的住宅专项维修资金；
    - 资产重组过程中，不动产、土地使用权、货物转让

- 零税率和征收率
  - 零税率
    - 国际运输服务
    - 航天运输服务
    - 向境外单位提供的完全在境外消费的服务
  - 征收率
    - 一般规定 3%
    - 销售自己使用过的物品或销售旧货
    - 一般纳税人销售自产货物，可选择简易办法计算（36个月不得变更）
    - 一般纳税人销售货物，暂按3%计算
    - 一般纳税人发生下列应税行为可以选择适用简易计税方法计税
    - 一般纳税人提供建筑服务属于老项目
    - 征收率为5%

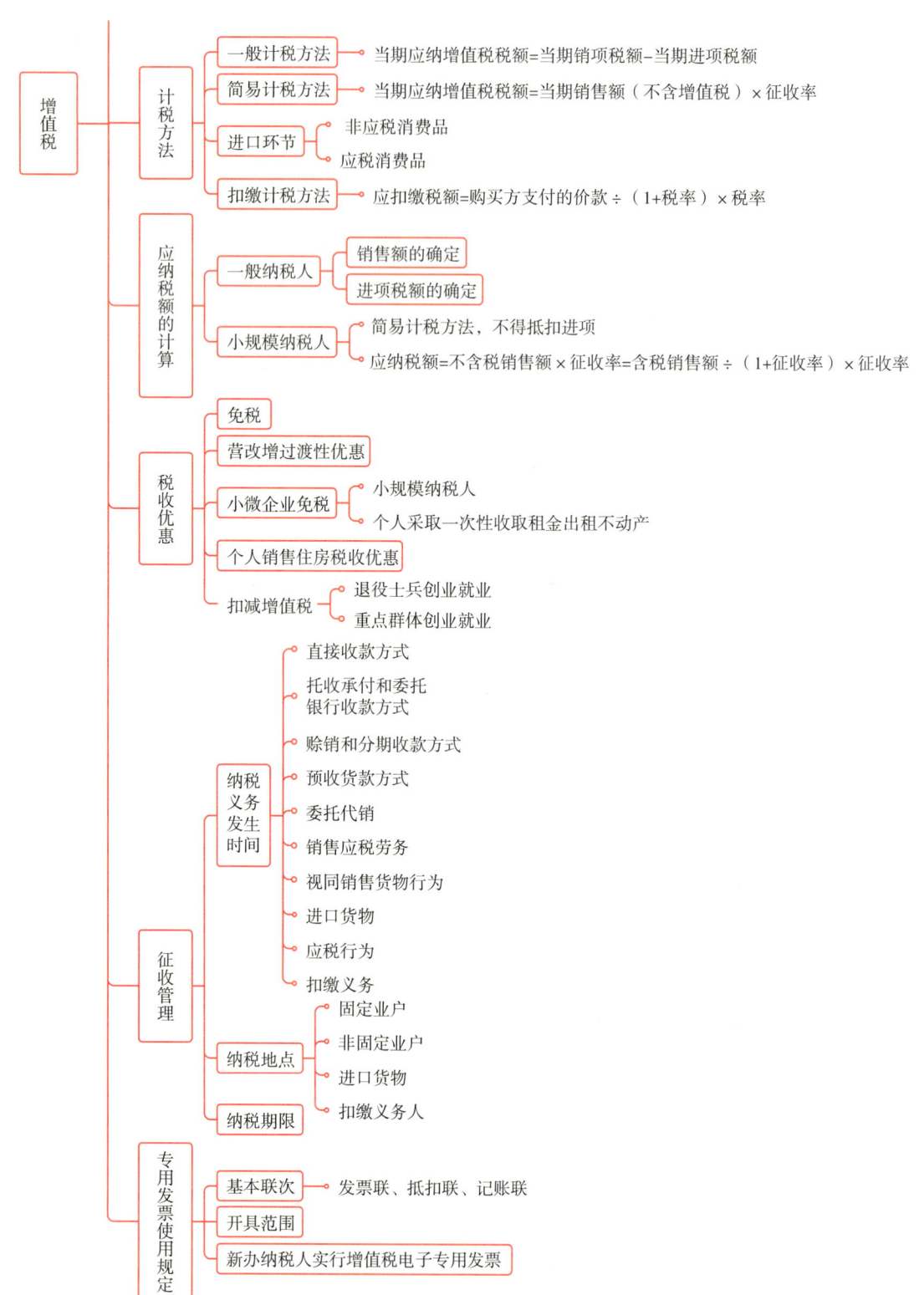

```
增值税
├─ 计税方法
│   ├─ 一般计税方法 —— 当期应纳增值税税额=当期销项税额-当期进项税额
│   ├─ 简易计税方法 —— 当期应纳增值税税额=当期销售额（不含增值税）×征收率
│   ├─ 进口环节
│   │   ├─ 非应税消费品
│   │   └─ 应税消费品
│   └─ 扣缴计税方法 —— 应扣缴税额=购买方支付的价款÷（1+税率）×税率
├─ 应纳税额的计算
│   ├─ 一般纳税人
│   │   ├─ 销售额的确定
│   │   └─ 进项税额的确定
│   └─ 小规模纳税人
│       ├─ 简易计税方法，不得抵扣进项
│       └─ 应纳税额=不含税销售额×征收率=含税销售额÷（1+征收率）×征收率
├─ 税收优惠
│   ├─ 免税
│   ├─ 营改增过渡性优惠
│   ├─ 小微企业免税
│   │   ├─ 小规模纳税人
│   │   └─ 个人采取一次性收取租金出租不动产
│   ├─ 个人销售住房税收优惠
│   └─ 扣减增值税
│       ├─ 退役士兵创业就业
│       └─ 重点群体创业就业
├─ 征收管理
│   ├─ 纳税义务发生时间
│   │   ├─ 直接收款方式
│   │   ├─ 托收承付和委托银行收款方式
│   │   ├─ 赊销和分期收款方式
│   │   ├─ 预收货款方式
│   │   ├─ 委托代销
│   │   ├─ 销售应税劳务
│   │   ├─ 视同销售货物行为
│   │   ├─ 进口货物
│   │   ├─ 应税行为
│   │   └─ 扣缴义务
│   ├─ 纳税地点
│   │   ├─ 固定业户
│   │   ├─ 非固定业户
│   │   ├─ 进口货物
│   │   └─ 扣缴义务人
│   └─ 纳税期限
└─ 专用发票使用规定
    ├─ 基本联次 —— 发票联、抵扣联、记账联
    ├─ 开具范围
    └─ 新办纳税人实行增值税电子专用发票
```

图4-2　增值税

第四章　税法概述及货物和劳务税法律制度

消费税框架见图4-3。

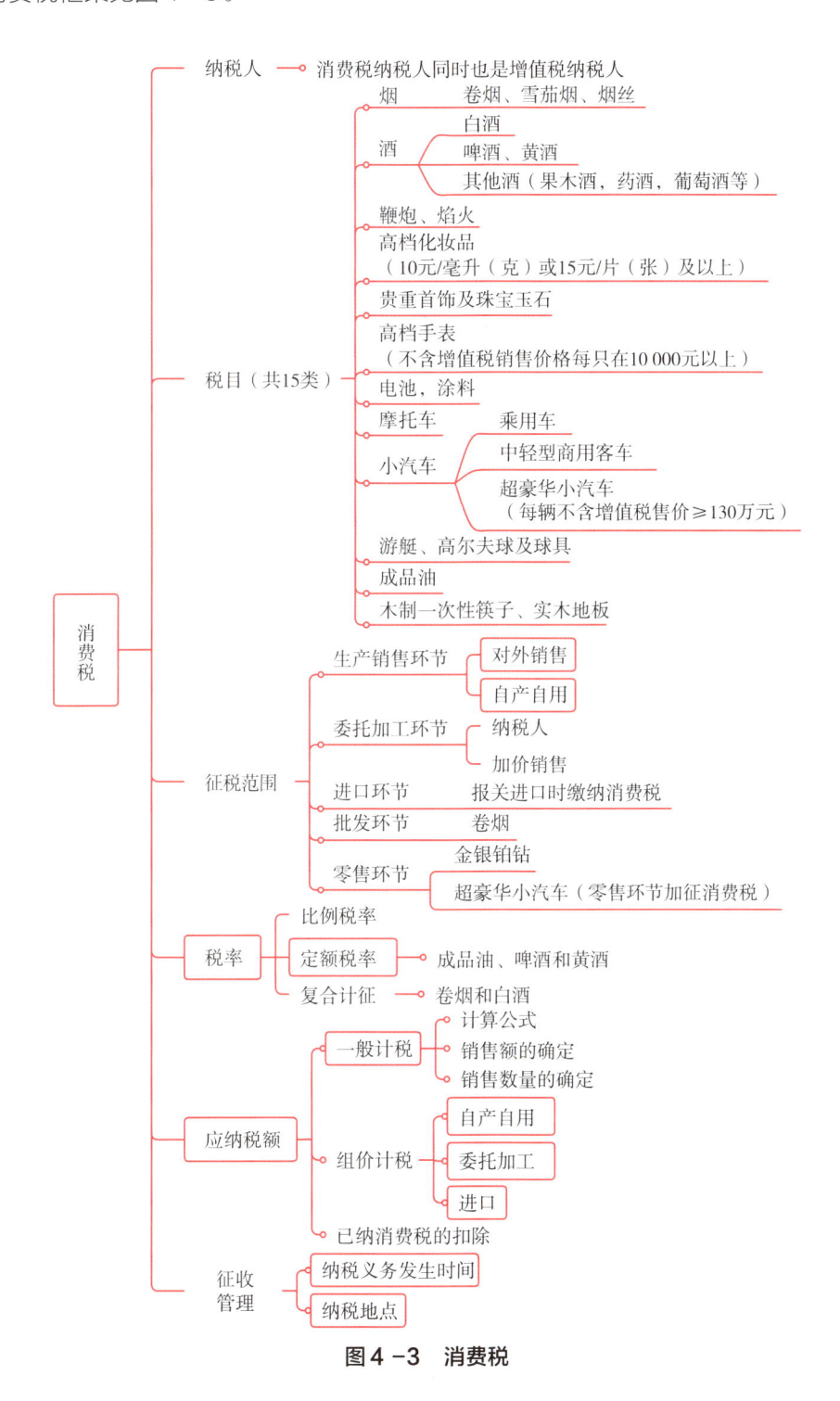

```
                   ┌─ 纳税人 ──── 消费税纳税人同时也是增值税纳税人
                   │
                   │              ┌─ 烟 ──── 卷烟、雪茄烟、烟丝
                   │              │
                   │              │         ┌─ 白酒
                   │              ├─ 酒 ────┤─ 啤酒、黄酒
                   │              │         └─ 其他酒（果木酒，药酒，葡萄酒等）
                   │              │
                   │              ├─ 鞭炮、焰火
                   │              ├─ 高档化妆品
                   │              │  （10元/毫升（克）或15元/片（张）及以上）
                   │              ├─ 贵重首饰及珠宝玉石
                   │              ├─ 高档手表
                   ├─ 税目（共15类）│  （不含增值税销售价格每只在10 000元以上）
                   │              ├─ 电池，涂料
                   │              ├─ 摩托车
                   │              │         ┌─ 乘用车
                   │              ├─ 小汽车 ─┤─ 中轻型商用客车
                   │              │         └─ 超豪华小汽车
                   │              │           （每辆不含增值税售价≥130万元）
                   │              ├─ 游艇、高尔夫球及球具
                   │              ├─ 成品油
                   │              └─ 木制一次性筷子、实木地板
                   │
  消                │              ┌─ 生产销售环节 ──┬─ 对外销售
  费 ───────────────┤              │                └─ 自产自用
  税                │              │
                   │              ├─ 委托加工环节 ──┬─ 纳税人
                   ├─ 征税范围 ────┤                └─ 加价销售
                   │              ├─ 进口环节 ──── 报关进口时缴纳消费税
                   │              ├─ 批发环节 ──── 卷烟
                   │              │              ┌─ 金银铂钻
                   │              └─ 零售环节 ───┤
                   │                             └─ 超豪华小汽车（零售环节加征消费税）
                   │
                   │         ┌─ 比例税率
                   ├─ 税率 ──┼─ 定额税率 ──── 成品油、啤酒和黄酒
                   │         └─ 复合计征 ──── 卷烟和白酒
                   │
                   │                           ┌─ 计算公式
                   │              ┌─ 一般计税 ─┼─ 销售额的确定
                   │              │           └─ 销售数量的确定
                   ├─ 应纳税额 ────┤           ┌─ 自产自用
                   │              ├─ 组价计税 ─┼─ 委托加工
                   │              │           └─ 进口
                   │              └─ 已纳消费税的扣除
                   │
                   └─ 征收管理 ──┬─ 纳税义务发生时间
                                 └─ 纳税地点
```

图4-3　消费税

城市维护建设税与教育费附加框架见图4-4。

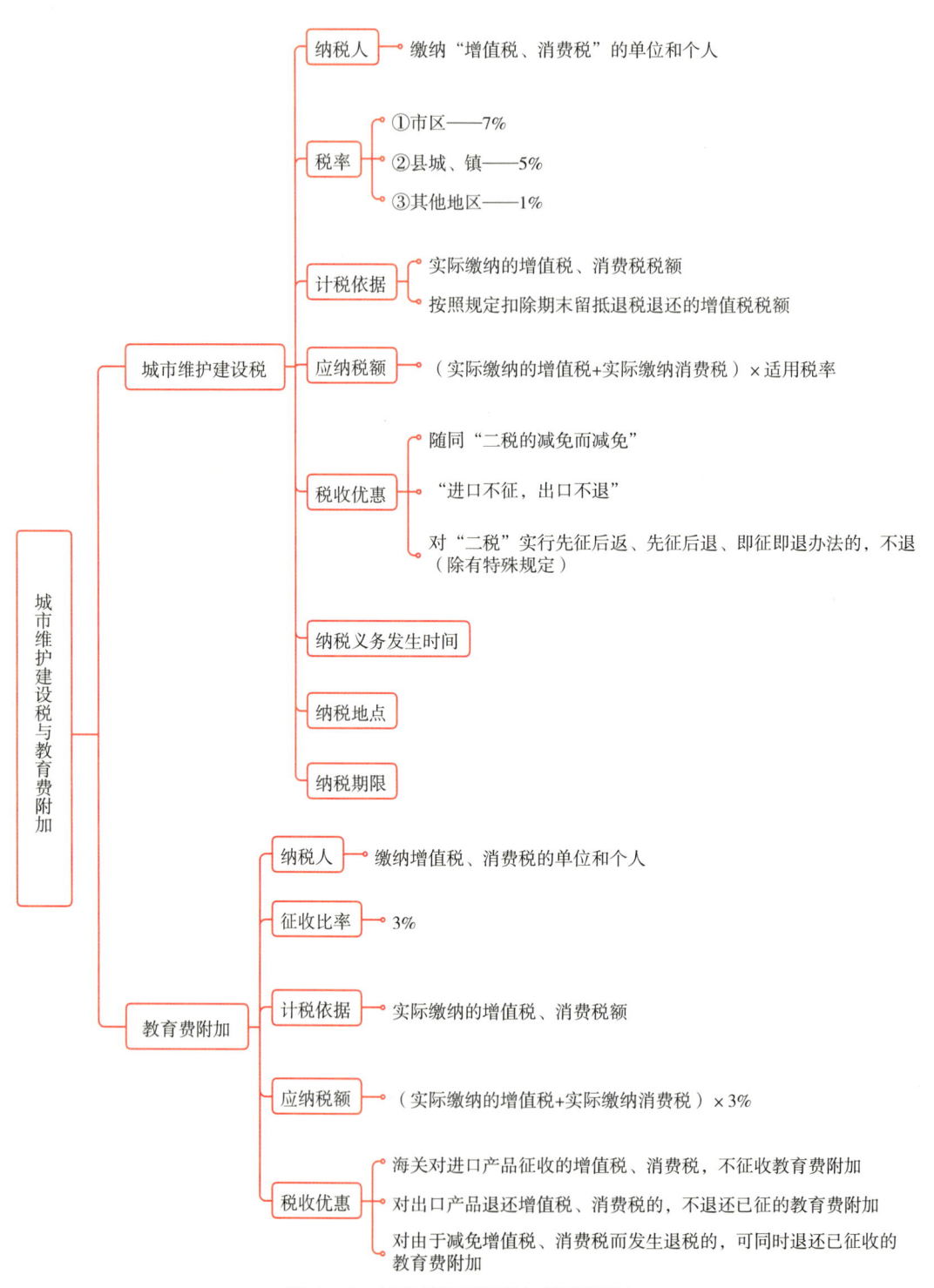

城市维护建设税与教育费附加

城市维护建设税

- **纳税人**：缴纳"增值税、消费税"的单位和个人
- **税率**：
  - ①市区——7%
  - ②县城、镇——5%
  - ③其他地区——1%
- **计税依据**：
  - 实际缴纳的增值税、消费税税额
  - 按照规定扣除期末留抵退税退还的增值税税额
- **应纳税额**：（实际缴纳的增值税+实际缴纳消费税）×适用税率
- **税收优惠**：
  - 随同"二税的减免而减免"
  - "进口不征，出口不退"
  - 对"二税"实行先征后返、先征后退、即征即退办法的，不退（除有特殊规定）
- **纳税义务发生时间**
- **纳税地点**
- **纳税期限**

教育费附加

- **纳税人**：缴纳增值税、消费税的单位和个人
- **征收比率**：3%
- **计税依据**：实际缴纳的增值税、消费税额
- **应纳税额**：（实际缴纳的增值税+实际缴纳消费税）×3%
- **税收优惠**：
  - 海关对进口产品征收的增值税、消费税，不征收教育费附加
  - 对出口产品退还增值税、消费税的，不退还已征的教育费附加
  - 对由于减免增值税、消费税而发生退税的，可同时退还已征收的教育费附加

图4-4 城市维护建设税与教育费附加

车辆购置税框架见图4-5。

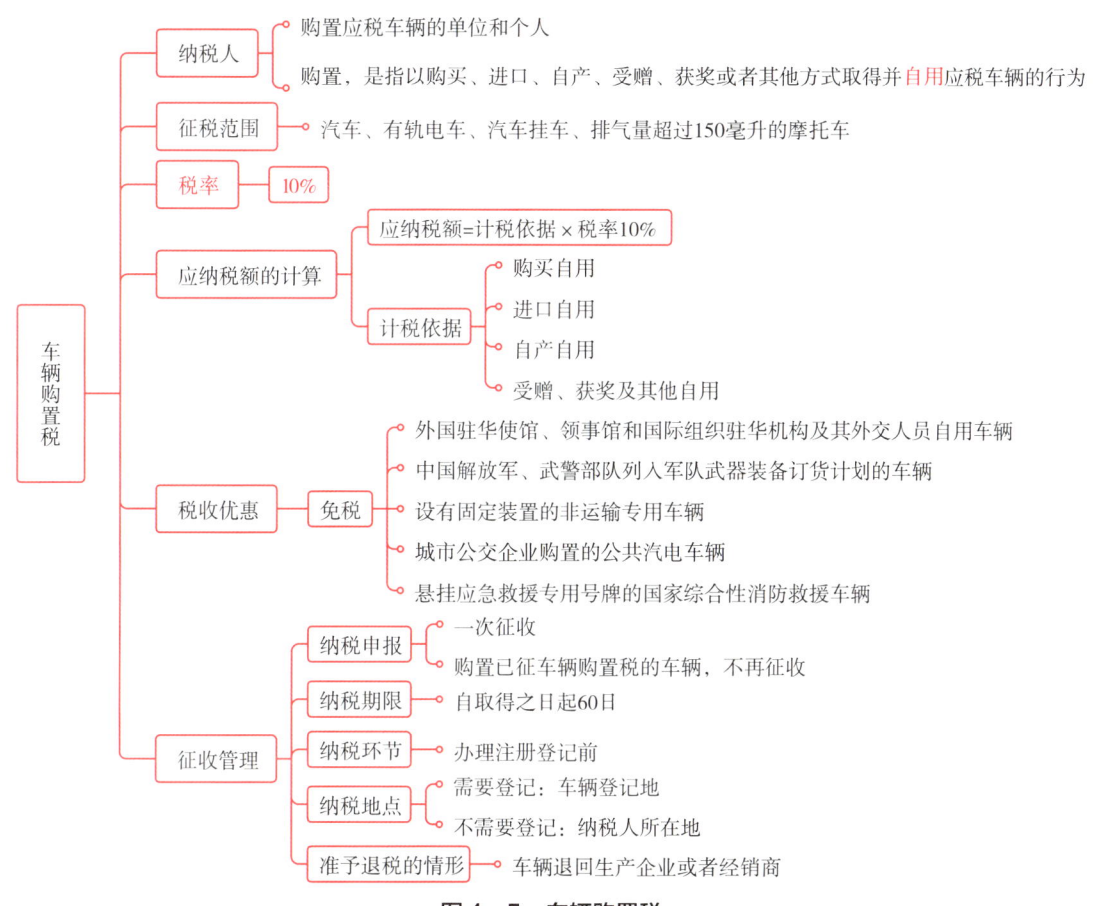

车辆购置税

- **纳税人**
  - 购置应税车辆的单位和个人
  - 购置，是指以购买、进口、自产、受赠、获奖或者其他方式取得并自用应税车辆的行为
- **征税范围**：汽车、有轨电车、汽车挂车、排气量超过150毫升的摩托车
- **税率**：10%
- **应纳税额的计算**
  - 应纳税额=计税依据×税率10%
  - 计税依据
    - 购买自用
    - 进口自用
    - 自产自用
    - 受赠、获奖及其他自用
- **税收优惠**——免税
  - 外国驻华使馆、领事馆和国际组织驻华机构及其外交人员自用车辆
  - 中国解放军、武警部队列入军队武器装备订货计划的车辆
  - 设有固定装置的非运输专用车辆
  - 城市公交企业购置的公共汽电车辆
  - 悬挂应急救援专用号牌的国家综合性消防救援车辆
- **征收管理**
  - 纳税申报
    - 一次征收
    - 购置已征车辆购置税的车辆，不再征收
  - 纳税期限：自取得之日起60日
  - 纳税环节：办理注册登记前
  - 纳税地点
    - 需要登记：车辆登记地
    - 不需要登记：纳税人所在地
  - 准予退税的情形：车辆退回生产企业或者经销商

图4-5 车辆购置税

关税框架见图4-6。

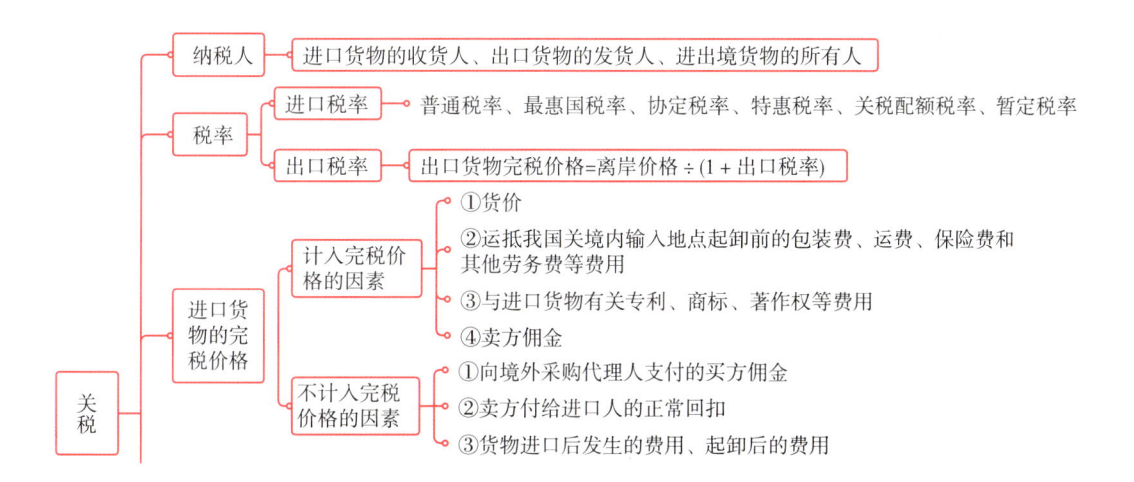

关税

- **纳税人**：进口货物的收货人、出口货物的发货人、进出境货物的所有人
- **税率**
  - 进口税率：普通税率、最惠国税率、协定税率、特惠税率、关税配额税率、暂定税率
  - 出口税率：出口货物完税价格=离岸价格÷(1+出口税率)
- **进口货物的完税价格**
  - 计入完税价格的因素
    - ①货价
    - ②运抵我国关境内输入地点起卸前的包装费、运费、保险费和其他劳务费等费用
    - ③与进口货物有关专利、商标、著作权等费用
    - ④卖方佣金
  - 不计入完税价格的因素
    - ①向境外采购代理人支付的买方佣金
    - ②卖方付给进口人的正常回扣
    - ③货物进口后发生的费用、起卸后的费用

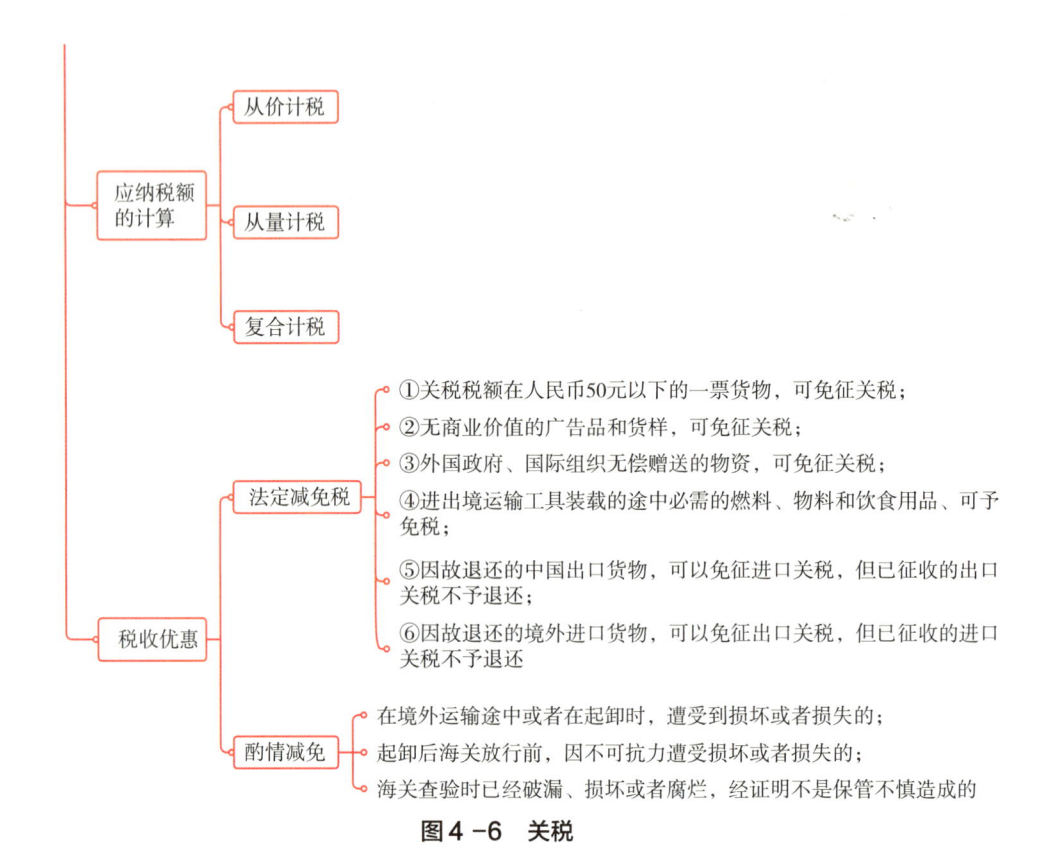

```
                    ┌─ 从价计税
       ┌─应纳税额──┼─ 从量计税
       │   的计算   │
       │            └─ 复合计税
       │
       │            ┌─①关税税额在人民币50元以下的一票货物，可免征关税；
       │            │ ②无商业价值的广告品和货样，可免征关税；
       │            │ ③外国政府、国际组织无偿赠送的物资，可免征关税；
       │  法定减免税│ ④进出境运输工具装载的途中必需的燃料、物料和饮食用品、可予
税收优惠┤            │   免税；
       │            │ ⑤因故退还的中国出口货物，可以免征进口关税，但已征收的出口
       │            │   关税不予退还；
       │            └ ⑥因故退还的境外进口货物，可以免征出口关税，但已征收的进口
       │              关税不予退还
       │
       │            ┌ 在境外运输途中或者在起卸时，遭受到损坏或者损失的；
       └ 酌情减免──┼ 起卸后海关放行前，因不可抗力遭受损坏或者损失的；
                    └ 海关查验时已经破漏、损坏或者腐烂，经证明不是保管不慎造成的
```

图4-6 关税

税收法律制度概述

「考点1」 税收与税收法律关系（★）

（一）税收与税法

税收与其他财政收入形式相比，具有**强制性、无偿性和固定性**的特征。

（二）税收法律关系（见表4-1）

表4-1　　　　　　　　　　　　税收法律关系

构成	具体内容
主体	①征税主体：包括国家各级税务机关和海关； ②纳税主体：包括纳税人和扣缴义务人（表现形式有法人、自然人和其他组织）

续表

构成	具体内容
客体	征税对象，如企业所得税法律关系的客体就是生产经营所得和其他所得
内容	主体所享受的权利和所应承担的义务（税法的核心）

「考点2」税法要素（★）

主要包括纳税人、征税对象、税率、计税依据、纳税环节、纳税期限（纳税义务发生时间、纳税期限、缴库期限）、纳税地点、税收优惠、法律责任等（见表4-2）。

表4-2　　　　　　　　　　税法要素

主要考点	具体内容		
征税对象	**不同的征税对象又是区别不同税种的重要标志** 【知识卡片】税目是征税对象的具体化。		
税率	①比例税率	对同一征税对象，不论其数额大小，均按同一个比例征税的税率	
	②累进税率	根据征税对象数额的逐渐增大，按不同等级逐步提高的税率	全额累进税率（**已不采用这种税率**）
			超额累进税率（如个人所得税综合所得）
			超率累进税率（如土地增值税）
	③定额税率	又称固定税额，是指按征税对象的一定单位直接规定固定的税额（如：车船税、城镇土地使用税、耕地占用税等）	
计税依据	根据什么来计算纳税人应缴纳的税额	从价计征	以计税金额为计税依据
		从量计征	以征税对象的重量、体积、数量等为计税依据
税收优惠	起征点	征税对象的数额没有达到规定起征点的不征税；达到或超过起征点的，就其**全部数额**征税（增值税采用）	
	免征额	对纳税对象中的一部分给予减免，只就减除后的**剩余部分**计征税款（个人所得税采用）	

「考点3」现行税种与征收机关（★★）

①**海关**负责征收管理的包括关税、船舶吨税、进口环节的增值税与消费税。
②**税务机关**征收的包括其他税种。非税收入和社会保险也由税务机关负责。

【例题4-1·多选题】下列税种中,由海关负责征收和管理的有（　　）。（2019年）
A. 关税
B. 委托代征的进口环节增值税
C. 船舶吨税
D. 资源税

【答案】ABC

【解析】海关主要负责下列税收的征收和管理:（1）关税;（2）船舶吨税;（3）委托代征的进口环节增值税、消费税。因此选项ABC正确。

增值税法律制度

理论基础

增值税法律制度的理论基础见表4-3。

表4-3　　　　　　　　　　增值税法律制度

项目		具体内容
什么是增值税?	概念	是对销售商品或者劳务过程中实现的增值额征收的一种税
谁交增值税?	纳税人	在境内销售货物或者加工、修理修配劳务,销售服务、无形资产、不动产以及进口货物的单位和个人（一般纳税人和小规模纳税人）
对什么征收增值税?	征税范围	①销售货物; ②销售劳务; ③销售服务; ④销售无形资产; ⑤销售不动产; ⑥进口货物
交多少税?	税率和征收率	13%、9%、6%和零税率 5%、3%
	应纳税额的计算	①一般计税方法应纳税额的计算; ②简易计税方法应纳税额的计算; ③进口货物应纳税额的计算; ④扣缴计税方法
	税收优惠	—
如何征收?	征收管理	—
	增值税专用发票	—

第四章 税法概述及货物和劳务税法律制度

> **案例导入**

如图 4-7 所示，假设核算主体乙公司为增值税一般纳税人，税率为 13%，采用一般计税方法计算应纳税额，并且已按要求取得扣税凭证。

```
    113万元              339万元
甲 ─────────→  乙  ─────────→  丙
货：100万元          货：300万元
增值税：13万元        增值税：39万元

         缴税：26万元（39-13）
```

图 4-7 应纳税额计算

①购进。

乙公司生产一批货物，先需要从甲公司购买原材料，原材料的购买价格为 100 万元。

②销售。

乙公司将货物生产完毕后销售给丙公司，售价为 300 万元。

③实现的增值额部分纳税。

增值额部分为 200 万元（300－100），税率为 13%，

即：乙公司的增值税应纳税额＝增值额×增值税税率＝200×13%＝26（万元）。

思考：税务机关每次征税都需要去查看乙公司原材料的买价和产成品的卖价，这种方法便捷易行吗？

增值额直接计算应纳税额过程复杂烦琐，而实行购进扣税法的情况下，一般计税方法既计算简便，又能体现避免重复征收增值税的特征。一般计税方法应纳税额的计算公式如下：

$$增值税应纳税额＝当期销项税额－当期进项税额$$
$$＝销售额×适用税率－当期进项税额$$

①进项税额（纳税人购进货物、劳务、服务、无形资产或者不动产，支付或者负担的增值税额）。

乙公司从甲公司购买原材料，合计支付了 113 万元，其中价格为 100 万元，税款为 13 万元；而 13 万元称为"进项税额"。

②销项税额（纳税人向购买方收取的增值税税款）。

乙公司将最终产成品销售给丙公司，合计收取了 339 万元，其中售价为 300 万元，税款为 39 万元；而 39 万元称为"销项税额"。

③应纳税额。

采用一般计税方法增值税应纳税额＝销售额×适用税率－当期进项税额＝300×13%－13＝26（万元）。

「考点4」增值税纳税人和扣缴义务人（★）

增值税纳税人见表4-4。

表4-4　　　　　　　　　增值税纳税人和扣缴义务人

项目	具体内容
纳税人	销售货物或加工、修理修配劳务、销售服务、无形资产、不动产及进口货物的单位和个人
特殊规定	①单位以发包人、出租人、被挂靠人（统称"发包人"）名义对外经营并由发包人承担相关法律责任的，以该**发包人为纳税人**；否则以承包人为纳税人； ②资管产品运营过程中发生的增值税应税行为，以**资管产品管理人**为增值税纳税人
种类	①一般纳税人； ②小规模纳税人
扣缴义务人	①境外的单位或个人在境内销售劳务，在境内未设有经营机构的，以其境内代理人为扣缴义务人； ②在境内没有代理人的，以购买方为扣缴义务人

【知识卡片】根据纳税人的经营规模以及会计核算健全程度的不同，增值税的纳税人可以分为一般纳税人和小规模纳税人。

小规模纳税人和一般纳税人的比较见表4-5。

表4-5　　　　　　　　　小规模纳税人和一般纳税人的比较

项目	小规模纳税人	一般纳税人（登记制）
划分标准	年应征增值税销售额500万元及以下。 【知识卡片】小规模纳税人会计核算健全，能够提供准确税务资料的，可以向税务机关申请登记为一般纳税人	年应税销售额超过500万元。 【知识卡片】下列纳税人不办理一般纳税人登记： ①按照政策规定，选择按照小规模纳税人纳税的； ②年应税销售额超过规定标准的其他个人
征收率/税率	3%和5%	13%、9%、6%和零税率
主要计税	简易计税	一般计税方法
应纳税额	不得抵扣进项税额 应纳税额＝销售额×征收率	一般计税方法准予抵扣进项税额 应纳税额＝当期销项税额－当期进项税额

【例题4-2·单选题】下列关于小规模纳税人征税规定的表述中，不正确的是（　　）。（2017年）
A．实行简易征税办法
B．一律不使用增值税专用发票

C. 不允许抵扣增值税进项税额
D. 可以申请税务机关代开增值税专用发票

【答案】B

【解析】选项 B：小规模纳税人实行简易征税办法，一般不使用增值税专用发票，但基于增值税征收管理中一般纳税人与小规模纳税人之间客观存在的经济往来的实情，小规模纳税人可以到税务机关代开增值税专用发票，也可以自愿使用增值税发票管理系统自行开具。

「考点5」增值税征税范围（★★★）

增值税征税范围见图4-8。

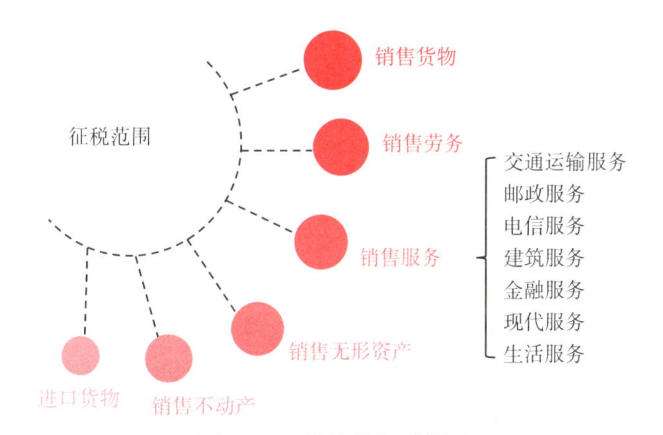

图4-8 增值税征税范围

（一）销售货物、销售劳务以及进口货物（见表4-6）

表4-6　　　　　　　　　　销售货物、销售劳务以及进口货物

征税范围	具体内容
销售货物	货物是指**有形动产**，包括电力、热力、气体在内
销售劳务	①加工：是指受托加工**货物**，即**委托方提供原料及主要材料**，受托方按照委托方的要求，制造货物并收取加工费； ②修理修配：是指受托对损伤和丧失功能的**货物**进行修复。 【知识卡片】单位或者个体工商户**聘用的员工**为本单位或者雇主提供加工、修理修配劳务不包括在内
进口货物	**只要是报关进口的应税货物**，均属于增值税的征税范围；除享受免税政策外，均在进口环节缴纳增值税

（二）销售服务（见表4-7）

表4-7　　　　　　　　　　　　　　　销售服务

服务	具体内容
交通运输服务	①陆路运输服务（如出租车公司向使用本公司自有出租车的出租车司机收取的**管理费用**）； ②水路运输服务（水路运输的**程租、期租**业务，属于水路运输服务；区分"干租、光租"）； ③航空运输服务（航空运输的**湿租**业务，航天运输服务按照航空运输服务缴纳增值税）； ④管道运输服务。 【知识卡片】**无运输工具承运业务**，按照"交通运输服务"缴纳增值税
邮政服务	①邮政普遍服务（邮件寄递，邮票发行、报刊发行和邮政汇兑）； ②邮政特殊服务（义务兵平常信函、机要通信、盲人读物和革命烈士遗物的寄递）； ③其他邮政服务（邮册等邮品销售、邮政代理）
电信服务	①**基础电信**服务（语音通话服务，出租或出售带宽、波长等网络元素）； ②**增值电信**服务（短信和彩信服务、电子数据和信息的传输及应用服务、互联网接入服务）； 【知识卡片】卫星电视信号落地转接服务，按照"**增值电信服务**"缴纳增值税
建筑服务	①工程服务； ②安装服务（也包括固定电话、有线电视、宽带、水、电、燃气、暖气等经营者向用户收取的安装费、初装费、开户费、扩容费以及类似收费）； ③修缮服务（针对建筑物、构筑物）； ④装饰服务（针对建筑物、构筑物）； ⑤其他建筑服务。 如钻井（打井）、拆除建筑物或者构筑物、平整土地、园林绿化、疏浚（不包括航道疏浚）、建筑物平移、搭脚手架、爆破、矿山穿孔、表面附着物（包括岩层、土层、沙层等）剥离和清理等工程作业

金融服务		
	贷款服务	①各种占用、拆借资金取得的收入，包括金融商品持有期间（含到期）利息（**保本收益**、报酬、资金占用费、补偿金等）收入、信用卡透支利息收入、买入返售金融商品利息收入、融资融券收取的利息收入，以及**融资性售后回租**、押汇、罚息、票据贴现、转贷等业务取得的利息及利息性质的收入； ②以货币资金投资收取的固定利润或者保底利润
	直接收费金融服务	提供货币兑换、账户管理、电子银行、信用卡、信用证、财务担保、资产管理、信托管理、基金管理、金融交易场所（平台）管理、资金结算、资金清算、金融支付等服务
	保险服务	人身保险服务和财产保险服务
	金融商品转让	转让外汇、有价证券、非货物期货等所有权的业务活动

续表

服务		具体内容
现代服务	研发和技术服务	研发服务、合同能源管理服务、**工程勘察勘探服务**、专业技术服务
	信息技术服务	软件服务、电路设计及测试服务、信息系统服务、业务流程管理服务和信息系统增值服务
	文化创意服务	**设计服务**、知识产权服务、**广告服务**和会议展览服务
	物流辅助服务	**航空服务**、港口码头服务、货运客运场站服务、打捞救助服务、**装卸搬运服务、仓储服务和收派服务**
	租赁服务	融资租赁服务和经营租赁服务： ①将建筑物、构筑物等不动产或者飞机、车辆等有形动产的**广告位出租**给其他单位或者个人用于发布广告，按照"经营租赁服务"缴纳增值税； ②车辆停放服务、道路通行服务（包括过路费、过桥费、过闸费等）等按照**"不动产经营租赁服务"**缴纳增值税。 【知识卡片】融资性售后回租按照"金融服务"征收增值税
	鉴证咨询服务	认证服务、鉴证服务和咨询服务。 【知识卡片】翻译服务和市场调查服务按照"咨询服务"缴纳增值税
	广播影视服务	广播影视节目（作品）的制作服务、发行服务和播映（含放映）服务
	商务辅助服务	企业管理服务、**经纪代理服务**、人力资源服务、安全保护服务。 【知识卡片】"物业管理"属于"企业管理服务"
	其他现代服务	—
生活服务	①文化体育服务； ②教育医疗服务； ③旅游娱乐服务； ④餐饮住宿服务； ⑤居民日常服务（包括市容市政管理、家政、婚庆、养老、殡葬、照料和护理、救助救济、美容美发、按摩、桑拿、氧吧、足疗、沐浴、洗染、摄影扩印等服务）； ⑥其他生活服务	

【例题4-3·多选题】下列各项中，应按照"交通运输服务"计缴增值税的有（　　）。（2019年）
A. 程租　　　　　　　　　　　B. 期租
C. 湿租　　　　　　　　　　　D. 道路通行服务
【答案】ABC
【解析】选项D：车辆停放服务、道路通行服务（包括过路费、过桥费、过闸费等）按照不动产经营租赁服务缴纳增值税。因此选项ABC正确。

【例题4-4·单选题】根据增值税法律制度的规定,下列各项业务中,属于"金融服务-贷款服务"的是（　　）。(2018年)
A. 资金结算
B. 账户管理
C. 金融支付
D. 融资性售后回租
【答案】D
【解析】选项ABC：属于"金融服务—直接收费金融服务"。

【例题4-5·单选题】根据增值税法律制度的规定,下列事项中,应按"租赁服务"项目征收增值税的是（　　）。(2021年)
A. 车辆停放服务
B. 融资性售后回租
C. 航空运输的湿租业务
D. 水路运输的程租业务
【答案】A
【解析】选项A：按"租赁服务"缴纳增值税；选项B：按"金融服务—贷款服务"缴纳增值税；选项CD：按"交通运输业服务"缴纳增值税。

（三）销售无形资产

销售无形资产,是指转让无形资产所有权或者使用权的业务活动,包括技术、商标、著作权、商誉、自然资源使用权和其他权益性无形资产。

①技术。
包括专利技术和非专利技术。
②自然资源使用权。
包括**土地使用权**、海域使用权、探矿权、采矿权、取水权和其他自然资源使用权。
③其他权益性无形资产。
包括基础设施资产经营权、公共事业特许权、配额、经营权（包括特许经营权、连锁经营权、其他经营权）、经销权、分销权、代理权、会员权、席位权、网络游戏虚拟道具、域名、名称权、肖像权、冠名权、转会费等。

【例题4-6·单选题】根据增值税法律制度的规定,下列选项中不属于销售无形资产的是（　　）。(2017年)
A. 转让专利权
B. 转让房屋所有权
C. 转让网络虚拟道具
D. 转让采矿权
【答案】B
【解析】选项ACD：无形资产包括技术、商标、著作权、商誉、自然资源使用权和其他权益性无形资产；选项B：转让房屋所有权属于销售不动产。

（四）销售不动产

销售不动产，是指有偿转让不动产所有权的业务活动。

①不动产是指建筑物、构筑物，不包括土地使用权。

②转让土地使用权。

a. 单独转让土地使用权按"销售无形资产"缴纳增值税；

b. 转让建筑物有限产权或者永久使用权的，转让在建的建筑物或者构筑物所有权的，以及在转让建筑物或者构筑物时"一并转让"其所占土地的使用权的，按照"销售不动产"缴纳增值税。

> 【例题4-7·单选题】根据增值税法律制度的规定，下列行为中，应按照"销售不动产"缴纳增值税的是（　　）。（2017年）
> A. 将建筑物广告位出租给其他单位用于发布广告
> B. 销售底商
> C. 转让高速公路经营权
> D. 转让国有土地使用权
> 【答案】B
> 【解析】选项A：按照"经营租赁服务"缴纳增值税；选项CD：按照"销售无形资产"缴纳增值税。

（五）非经营活动与境内销售（见表4-8）

表4-8　　　　　　　　　　　非经营活动与境内销售

项目	具体内容
非经营活动	①行政单位收取的同时满足以下条件的政府性基金或者行政事业性收费： a. 由国务院或者财政部批准设立的政府性基金，由国务院或省级人民政府及其财政、价格主管部门**批准设立**的行政事业性收费； b. 收取时开具省级以上（含省级）财政部门监（印）制的财政票据； c. 所收款项**全额上缴财政**
	②单位或者个体工商户聘用的员工为本单位或者雇主提供取得工资的服务； ③单位或者个体工商户为聘用的员工提供服务； ④财政部和国家税务总局规定的其他情形
在境内销售	①服务（租赁不动产除外）或无形资产（自然资源使用权除外）的销售方或者购买方在境内； ②所销售或者租赁的不动产在境内； ③所销售自然资源使用权的自然资源在境内
不属于在境内销售	①境**外**单位或者个人向境**内**单位或者个人销售**完全在境外**发生的服务； ②境外单位或者个人向境内单位或者个人销售完全在境外使用的无形资产； ③境外单位或者个人向境内单位或者个人出租完全在境外使用的有形动产

【例题4-8·单选题】根据增值税法律制度的规定，下列各项中，属于在境内销售服务、无形资产或者不动产的是（　　）。（2019年）

A. 境外丙公司将其境外的办公大楼出售给中国境内企业
B. 境外乙公司将其境外房屋出租给中国留学生
C. 境外甲公司为中国游客提供从境外M地到境外N地的运输服务
D. 境外丁公司将其在中国境内使用的经销权转让给中国境内企业

【答案】D

【解析】选项AB：所销售或者租赁"不动产在境内"才属于在境内；选项C：境外单位或者个人向境内单位或者个人销售完全在境外发生的服务，不属于在境内销售服务。

（六）视同销售（见表4-9）

表4-9　视同销售

项目		具体内容
视同销售货物	代销	①将货物交付其他单位或者个人代销； ②销售代销货物
	货物移送	设有两个以上机构并实行统一核算的纳税人，将货物从一个机构移送其他机构用于销售，但相关机构设在**同一县（市）的除外**
	自产、委托加工的货物	用于**集体福利或个人消费、非增值税应税项目**
	自产、委托加工或**购进货物**	①作为**投资**，提供给其他单位或个体工商户； ②**分配**给股东或者投资者； ③无偿**赠送**给其他单位或个人
视同销售服务、无形资产或者不动产		①单位或者个体工商户向其他单位或者个人无偿**提供服务**，但用于公益事业或者以社会公众为对象的**除外**； ②**单位或者个人向其他单位或者个人无偿转让无形资产或者不动产，但用于公益事业或者以社会公众为对象的除外**

【例题4-9·多选题】根据增值税法律制度的规定，企业发生的下列行为中，属于视同销售货物行为的有（　　）。（2018年）

A. 将服装交付他人代销
B. 将自产服装用于职工福利
C. 将购进服装无偿赠送给某小学
D. 销售代销服装

【答案】ABCD

【例题 4-10·多选题】根据增值税法律制度的规定，单位或者个体工商户的下列行为中，应视同销售货物征收增值税的有（　　）。（2021 年）

A. 将自产的货物分配给股东
B. 将委托加工的货物用于个人消费
C. 将购进的货物用于集体福利
D. 销售代销货物

【答案】ABD

【解析】选项 C：将外购货物用于集体福利，其购进货物的进项税额不允许抵扣，不属于增值税视同销售货物的情形。

（七）混合销售与兼营（见表 4-10）

表 4-10　　　　　　　　　　混合销售与兼营

项目	具体内容
混合销售 （从主业交税）	**同一项**销售行为如果既涉及货物又涉及服务，为混合销售。 ①从事货物生产、批发或者零售的单位和个体工商户，按照销售货物缴纳； ②其他单位和个体工商户，按照销售服务缴纳
兼营	包括销售货物、劳务以及销售服务、无形资产和不动产的行为；分别核算适用不同税率或征收率的销售额，未分别核算从高适用税率/征收率。 【知识卡片】自 2017 年 5 月起，纳税人销售活动板房、机器设备、钢结构件等自产货物的同时提供建筑、安装服务，不属于混合销售，应分别核算货物和建筑服务的销售额，分别适用不同的税率或者征收率

【知识卡片】混合销售与兼营的区别在于，混合销售是：
①同一项销售行为；
②针对同一客户；
③两类销售间存在因果关系。

【例题 4-11·多选题】根据增值税法律制度的规定，下列各项中，属于增值税混合销售行为的有（　　）。

A. 歌舞厅向杨某提供娱乐服务的同时销售食品
B. 建材商店向钱某销售地板的同时提供安装服务
C. 餐饮公司向李某提供餐饮服务的同时销售烟酒
D. 百货商店向何某销售商品的同时提供送货服务

【答案】ABCD

【解析】选项 ABCD：均属于增值税混合销售行为。

（八）不征收增值税项目

①根据国家指令**无偿提供**的铁路运输服务、航空运输服务，用于公益事业的服务；
②**存款利息**；
③被保险人获得的**保险赔付**；
④房地产主管部门或者**其**指定机构、公积金管理中心、开发企业以及物业管理单位代收的**住宅专项维修资金**；
⑤在资产重组过程中，通过合并、分立、出售、置换等方式，将全部或者部分实物资产以及与其相关联的债权、负债和劳动力一并转让给其他单位和个人，其中涉及的不动产、土地使用权转让行为；
⑥纳税人在资产重组过程中，通过合并、分立、出售、置换等方式，将全部或者部分实物资产以及与其相关联的债权、负债和劳动力一并转让给其他单位和个人，不属于增值税的征税范围，其中涉及的货物转让，不征收增值税。

> 【例题4-12·多选题】根据增值税法律制度的规定，下列各项中，不征收增值税的有（　　）。（2019年）
> A. 物业管理单位收取的物业费
> B. 被保险人获得的医疗保险赔付
> C. 物业管理单位代收的住宅专项维修资金
> D. 存款利息
> 【答案】BCD
> 【解析】选项A：按"现代服务——商务辅助服务（企业管理服务）"缴纳增值税。因此选项BCD正确。

「考点6」增值税税率和征收率（★★）

（一）税率（见表4-11）

表4-11　　　　　　　　　　　增值税税率

税率	项目
13%	①销售或者进口货物； ②销售劳务； ③提供**有形动产租赁**服务

续表

税率	项目
9%	①销售或者进口下列货物（**民生、文化、农业三大领域**）： a. 农产品（各种植物、动物的**"初级"产品，淀粉不属于**）、**食用盐、食用植物油**； b. 自来水、暖气、冷气、热水、煤气、石油液化气、天然气、沼气、居民用煤炭制品、二甲醚； c. 图书、报纸、杂志、音像制品、电子出版物； d. 饲料、化肥、农药、农机、农膜。
	②提供**交**通运输、**基**础电信、**邮**政、**建筑**、**不动产租赁**服务。 ③销售**不动产**。 ④转让**土地使用权**。
6%	①销售增值电信服务、金融服务、现代服务（租赁服务除外）、生活服务； ②销售无形资产（转让土地使用权除外）
零税率	①国际运输服务、航天运输服务； ②纳税人出口货物； ③向境外单位提供的完全在境外消费的下列服务： 研发服务、合同能源管理服务、设计服务、广播影视节目（作品）的制作和发行服务、软件服务、电路设计及测试服务、信息系统服务、业务流程管理服务、离岸服务外包业务、转让技术。 【知识卡片】**零税率不同于免税**，并区分"境内的单位和个人销售的免征增值税的服务和无形资产"

【例题4-13·单选题】根据增值税法律制度的规定，一般纳税人销售的下列货物中，适用9%增值税税率的是（　　）。（2016年）

A. 洗衣液　　B. 文具盒　　C. 杂粮　　D. 蔬菜罐头

【答案】C

【解析】选项ABD：适用13%的基本税率；选项C："初级"农产品是适用9%税率的农产品，而蔬菜罐头属于深加工产品。

【例题4-14·单选题】根据增值税法律制度规定，下列各项增值税服务中，增值税税率为13%的是（　　）。（2016年）

A. 邮政业服务　　　　　　　B. 交通运输业服务
C. 有形动产租赁服务　　　　D. 增值电信服务

【答案】C

【解析】选项AB：纳税人销售交通运输、邮政、基础电信、建筑、不动产租赁服务，销售不动产，转让土地使用权，销售或者进口部分货物，税率为9%；选项C正确：有形动产租赁增值税税率为13%；选项D：增值电信服务增值税税率为6%。

（二）征收率（3%、5%）

小规模纳税人以及一般纳税人选择简易办法计税的，征收率为3%，另有规定除外。

①销售旧货或自己使用过的物品。

销售旧货或自己使用过的物品（见表4-12）。

表4-12　　　　　　　　　　　销售旧货或自己使用过的物品

项目	自己使用过的固定资产	自己使用过的其他物品	旧货
一般纳税人	3%征收率减按2%（不得抵扣且未抵扣进项税额的固定资产）	适用税率	3%征收率减按2%
小规模纳税人	3%征收率减按2%	3%征收率	

【知识卡片】

①3%征收率减按2%征收，应缴纳的**增值税** = 含税售价÷（1+3%）×2%。

②小规模纳税人（除其他个人外，下同）销售自己使用过的固定资产，减按2%征收率征收增值税，可以放弃减免，依照3%征收率缴纳增值税，并可以开具增值税专用发票。

③自2020年5月1日至2023年12月31日，从事二手车经销业务的纳税人销售其收购的二手车，由原按照简易办法依3%征收率减按2%征收增值税，改为减按0.5%征收增值税，并按下列公式计算销售额：

销售额 = 含税销售额÷（1+0.5%）。

②一般纳税人销售自产的下列货物，**可选择**按照简易办法依照3%征收率计算缴纳增值税，选择简易办法计算缴纳增值税后，**36个月**内不得变更，具体适用范围为：

a. **县级及县级以下**小型**水力发电**单位生产的电力。

b. 建筑用和生产建筑材料所用的砂、土、石料。

c. 以自己采掘的砂、土、石料或其他矿物连续生产的砖、瓦、石灰（不含粘土实心砖、瓦）。

d. 用微生物、微生物代谢产物、动物毒素、人或动物的血液或组织制成的生物制品。

e. **自来水**。

f. **商品混凝土**（仅限于以水泥为原料生产的水泥混凝土）。

③一般纳税人销售货物属于下列情形之一的，**暂按**简易办法依照3%征收率计算缴纳增值税：

a. 寄售商店代销寄售物品（包括居民个人寄售的物品在内）。

b. 典当业销售死当物品。

④一般纳税人发生下列应税行为**可以选择**适用简易计税方法计税，不允许抵扣进项税额。

a. **公共交通运输服务**，包括轮客渡、公交客运、地铁、城市轻轨、出租车、长途客运、班车。

b. 动漫产品的设计、制作服务，以及在境内转让动漫版权。

c. **电影放映服务、仓储服务、装卸搬运服务、收派服务和文化体育服务**。

d. 以纳入营改增试点之日前取得的有形动产为标的物提供的经营租赁服务。

e. 在纳入营改增试点之日前签订的尚未执行完毕的有形动产租赁合同。

⑤自2021年4月1日至2021年12月31日，增值税小规模纳税人适用3%征收率的应税销售收入，减按1%征收率征收增值税；适用3%预征率的预缴增值税项目，减按1%预征率预缴增值税。

⑥建筑服务和劳务派遣服务。

a. 建筑企业一般纳税人提供建筑服务属于老项目（2016年4月30日前开工）的，可以选择简易办法依照3%的征收率征收增值税。

b. 一般纳税人提供劳务派遣服务，可以按照有关规定，以取得的全部价款和价外费用为销售额，按照一般计税方法计算缴纳增值税；也可以选择差额纳税，以取得的全部价款和价外费用，扣除代用工单位支付给劳务派遣员工的工资、福利和为其办理社会保险及住房公积金后的余额为销售额，按照简易计税方法依5%的征收率计算缴纳增值税。

⑦不动产征收率的特殊规定（见表4-13）。

表4-13　　　　　　　　　　不动产征收率的特殊规定

项目		一般纳税人	小规模纳税人
转让其取得的不动产	2016年4月30日前取得	选择简易计税方法计税的，按照5%的征收率	5%的征收率
	2016年5月1日后取得	9%的税率	
出租其取得的不动产	2016年4月30日前取得	选择简易计税方法计税的，按照5%的征收率	
	2016年5月1日后取得	9%的税率	
房地产开发企业销售自行开发的房地产老项目		选择简易计税方法计税的，按照5%的征收率	

【知识卡片】

①向个人出租住房。

a. 自2021年10月1日起，住房租赁企业中的增值税一般纳税人向个人出租住房取得的全部出租收入，可以选择适用简易计税方法，按照5%的征收率减按1.5%计算缴纳增值税，或适用一般计税方法计算缴纳增值税。

b. 住房租赁企业中的增值税小规模纳税人向个人出租住房，按照5%的征收率减按1.5%计算缴纳增值税。

②个人购买住房免征增值税规定。

地区	2年以上（含2年）		不足2年
北京市、上海市、广州市和深圳市	非普通住房	以销售收入减去购买住房价款后的差额按照5%的征收率缴纳增值税	5%的征收率全额缴纳增值税
	普通住房	免征增值税	
其他城市	免征增值税		

深圳市自 2020 年 7 月 15 日起、上海市自 2021 年 1 月 22 日起、广州市 9 个区自 2021 年 4 月 21 日起，将个人住房转让增值税征免年限由 2 年调整到 5 年。

【例题 4-15·多选题】根据增值税法律制度的规定，下列各项中，符合条件的一般纳税人，可以选择简易计税方式的有（　　）。（2019 年）
A. 装卸搬运服务
B. 公共交通运输服务
C. 文化体育服务
D. 电影放映服务

【答案】ABCD

【解析】一般纳税人发生下列应税行为，可以选择适用简易计税方法计税：公共交通运输服务、电影放映服务、仓储服务、装卸搬运服务、收派服务和文化体育服务。因此选项 ABCD 均正确。

第 9 天

复习旧内容
第四章　税法概述及货物和劳务税法律制度　考点 1～6

学习新内容
第四章　税法概述及货物和劳务税法律制度　考点 7～12

你今天可能有的心态
　　增值税的背诵点可真不少，计算学习起来难度也不低啊，不愧是税收里的"顶梁柱"；消费税税目需要记忆的也不少，"好记性不如烂笔头"这句话说得真对。

简单解释今天学习的内容
　　增值税应纳税额的计算是核心考点，而且是结合之前学习的"纳税人，征税范围和税率"等基础知识考查；在学习增值税应纳税额的计算时，一般计税方法主要是从销项税额和进项税额两部分入手，进口环节的应纳税额学习难度稍大，在考试中可能会结合消费税、关税、城建税附加等考查。因此学完所有税种后，需要将关联性税种放在一起梳理总结。

学习方法
　　先背诵记忆，再做题巩固，最后总结不同题型的做题思路。

建议学习时间
　　3 小时

今日打卡

任务内容	预计时间	重点任务要求
早读	30分钟	☐ 复习增值税的征税范围和税率内容 ☐ 听微课
第四章 考点7~12	100分钟	☐ 增值税应纳税额的计算 ☐ 增值税税收优惠 ☐ 增值税纳税义务发生时间 ☐ 消费税税目
做作业	30分钟	☐ 整理消化昨日的错题 ☐ 梳理增值税应纳税额的计算公式 ☐ 做教材例题、精练习题
回忆内容	20分钟	☐ 翻看增值税税收优惠3遍 ☐ 背诵消费税税目的具体内容

[考点7] 增值税应纳税额的计算（★★★）

（一）一般计税方法应纳税额的计算

当期应纳税额＝当期销项税额－当期准予抵扣的进项税额
　　　　　＝不含增值税销售额×适用税率－当期准予抵扣的进项税额
　　　　　＝含增值税销售额÷（1＋适用税率）×适用税率－当期准予抵扣的进项税额

1. 销售额的确定（见图4－9）

销售额 ⇨ 视同销售的销售额 ⇨ 特殊销售方式的销售额 ⇨ "营改增"行业销售额

图4－9　销售额的确定

①销售额的基本概念。

销售额是指纳税人向购买方收取的**全部价款和价外费用**，但不包括收取的增值税销项税额。

价外费用包括价外向购买方收取的手续费、补贴、基金、集资费、返还利润、奖励费、违约金、滞纳金、延期付款利息、赔偿金、代收款项、代垫款项、包装费、包装物租金、储备费、优质费、运输装卸费以及其他各种性质的价外收费。

【知识卡片】
①下列项目不包括在销售额内：
a. 代收代缴的消费税。
b. 政府性基金、行政事业性收费。
c. 销售货物的同时"代办"保险等向购买方收取的保险费，以及向购买方收取的"代"购买方缴纳的车辆购置税、车辆牌照费。
d. 以委托方名义开具发票代委托方收取的款项。
②包装物押金：
a. 纳税人为销售货物而出租、出借包装物收取的押金，单独记账核算的，且时间在1年以内，又未过期的，不并入销售额征税。
b. "逾期"是指按合同约定实际逾期或以1年为期限，对收取1年以上的押金，无论是否退还均并入销售额征税。
c. 对销售除啤酒、黄酒外的其他酒类产品而"收取"的包装物押金，无论是否返还以及会计上如何核算，均应并入当期销售额征收增值税。

d. 包装物押金属于**含增值税**收入，作销售处理时，应当先换算为不含税价格，再并入销售额征税。

项目		收取时征税	逾期时征税
一般货物		×	√
酒	啤酒、黄酒	×	√
	其他酒（啤酒、黄酒**以外**）	√	—

【例题4-16·单选题】甲企业为增值税一般纳税人，2019年5月销售空调取得含增值税价款626.4万元，另收取包装物押金5.8万元，约定3个月内返还，当月确认逾期不予退还的包装物押金为11.6万元。已知增值税税率为13%。计算甲企业当月上述业务增值税销项税额的下列算式中，正确的是（　　）。（2019年）
A. （626.4+11.6）÷（1+13%）×13%
B. （626.4+5.8+11.6）÷（1+13%）×13%
C. （626.4+5.8+11.6）×13%
D. （626.4+11.6）×13%
【答案】A
【解析】对销售空调逾期未收回包装物不再退还的押金，应按所包装货物的适用税率计算增值税税款，甲企业当月上述业务增值税销项税额=（626.4+11.6）÷（1+13%）×13%。因此选项A正确。

②含税销售额的换算。

增值税的计税销售额应当是不含增值税的销售额；如果题目给出的金额含增值税，应当换算成不含增值税的销售额。

不含增值税销售额=含增值税销售额÷（1+适用税率÷征收率）

【知识卡片】销售额是否含增值税的判断：
①题目表述（含税收入、不含税收入）；
②通过看发票来判断（考试中一般增值税普通发票的销售额均含税）；
③分析环节（零售、餐饮等最终消费领域的销售额均含税）；
④分析业务（价外收入视为含税）。

【例题4-17·单选题】甲公司为增值税一般纳税人，2017年5月取得咨询服务不含税收入318万元，另收取奖励费5.3万元。已知咨询服务增值税税率为6%。计算甲公司各项业务增值税销项税额的下列算式中，正确的是（　　）。（2018年）
A. （318+5.3）÷（1+6%）×6%=18.3（万元）

B. 318×6%=19.08（万元）
C. [318+5.3÷（1+6%）]×6%=19.38（万元）
D. 318÷（1+6%）×6%=18（万元）

【答案】C

【解析】（1）奖励费用视为含税收入，需价税分离后并入销售额；（2）咨询服务收入为不含税收入，无须价税分离；（3）销项税额=[318+5.3÷（1+6%）]×6%=19.38（万元）。因此选项C正确。

③视同销售的销售额确定（核定销售额）。

纳税人销售价格明显偏低且无正当理由的，价格偏高且不具有合理商业目的或者无销售额的，按下列顺序确定销售额：

a. 按纳税人最近时期销售同类货物、服务、无形资产、不动产的**平均销售价格**确定；

b. 按其他纳税人最近时期销售同类货物、服务、无形资产、不动产的**平均销售价格**确定（题目中一般体现为市场价）；

c. 按**组成计税价格**确定（见表4-14）。

表4-14　　　　　　　　　　　组成计税价格

项目	组成计税价格公式
非应税消费品	组成计税价格=成本×（1+成本利润率）
应税消费品	组成计税价格=成本×（1+成本利润率）÷（1-消费税税率） 或： 组成计税价格=成本×（1+成本利润率）+消费税税额

【例题4-18·单选题】甲服装厂为增值税一般纳税人，2019年10月将自产的100件新型羽绒服作为福利发给本厂职工，该新型羽绒服生产成本为1130元/件，无同类销售价格。已知增值税税率为13%，成本利润率为10%。计算甲服装厂当月该笔业务增值税销项税额的下列算式中，正确的是（　　）。（2018年）
A. 100×1130×13%=14690（元）
B. 100×1130×（1+10%）×13%=16159（元）
C. 100×1130÷（1+13%）×13%=13000（元）
D. 100×1130×（1+10%）÷（1+13%）×13%=14300（元）

【答案】B

【解析】羽绒服属于非应税消费品，销项税额=组成计税价格×增值税税率=成本×（1+成本利润率）×13%；因此选项B正确。

④特殊销售方式的销售额确定（见表4-15）。

表 4-15　　　　　　　　　　特殊销售方式的销售额确定

销售方式	销售额确定
折扣销售	①如果销售额和折扣额在同一张发票上分别注明的，可按折扣后的销售额征收增值税； ②将折扣额另开发票或将折扣额在同一张发票的备注栏分别注明的，不论财务上如何处理，征收增值税时折扣额均不得冲减销售额
以旧换新	①一般货物：按新货物的同期销售价格确定销售额，不得扣减旧货物的收购价格； ②金银首饰：按销售方实际收取的不含增值税的全部价款征收增值税
以物易物	①双方均应作购销处理，以各自发出的货物核算销售额并计算销项税额，以各自收到的货物按规定核算购货额并计算进项税额； ②在以物易物活动中，应分别开具合法的票据，如收到的货物不能取得相应的增值税专用发票或其他合法票据的，不能抵扣进项税额

【例题4-19·单选题】甲公司为增值税一般纳税人，2015年10月采取折扣方式销售货物一批，该批货物不含税销售额90 000元，折扣额9 000元，销售额和折扣额在同一张发票的金额栏分别注明。已知增值税税率为13%。甲公司当月该笔业务增值税销项税额的下列计算列式中，正确的是（　　）。（2016年）
　　A.（90 000 - 9 000）×（1 + 13%）×13%
　　B. 90 000 × 13%
　　C. 90 000 ×（1 + 13%）× 13%
　　D.（90 000 - 9 000）× 13%
【答案】D
【解析】销售额和折扣额在同一张发票的金额栏分别注明的，可按折扣后的销售额征收增值税。甲公司当月该笔业务增值税销项税额 =（90 000 - 9 000）× 13%。因此选项D正确。

【例题4-20·单选题】甲公司为一般纳税人，2019年6月销售新型冰箱50台，每台含税价格5 800元；采取以旧换新方式销售同型号冰箱20台，收回的旧冰箱每台作价232元，实际每台收取款项5 568元。计算甲公司当月增值税销项税额的下列算式中，正确的是（　　）。（2018年）
　　A.[50 × 5 800 + 20 ×（5 568 - 232）] × 13%
　　B.（50 × 5 800 + 20 × 5 568）÷（1 + 13%）× 13%
　　C.（50 + 20）× 5 800 ÷（1 + 13%）× 13%
　　D.（50 × 5 800 + 20 × 5 568）× 13%
【答案】C
【解析】纳税人采取以旧换新方式销售一般货物的，应按新货物的同期销售价格确定销售额，不得扣减旧货物的收购价格。因此选项C正确。

⑤"营改增"行业销售额的规定（见表4-16）。

表4-16　　　　　　　　　　　营改增行业销售额的规定

项目		销售额
贷款服务	全额计税	取得的**全部利息及利息性质的收入**为销售额
直接收费金融服务		收取的手续费、佣金、酬金、管理费等各类费用为销售额
金融商品转让	差额计税	①按照卖出价扣除买入价后的余额为销售额。 转让金融商品出现的正负差，按盈亏相抵后的余额为销售额。若相抵后出现负差，可结转下一纳税期与下期转让金融商品销售额相抵，但年末时仍出现负差的，不得转入下一个会计年度。 ②金融商品的买入价，可以选择按照加权平均法或者移动加权平均法进行核算，选择后36个月内不得变更。 ③纳税人无偿转让股票时，转出方以该股票的买入价为卖出价，按照"金融商品转让"计算缴纳增值税；在转入方将上述股票再转让时，以原转出方的卖出价为买入价，按照"金融商品转让"计算缴纳增值税。 ④金融商品转让，**不得开具增值税专用发票**
经纪代理服务		①以取得的全部价款和价外费用，扣除向委托方收取并代为支付的政府性基金或者行政事业性收费后的余额为销售额。 ②向委托方收取的政府性基金或者行政事业性收费，**不得开具增值税专用发票**
航空运输		不包括代收的民航发展基金（机场建设费）和代售其他航空运输企业客票而代收转付的价款
客运场站服务		一般纳税人提供客运场站服务，以其取得的全部价款和价外费用，**扣除支付给承运方运费后的余额**为销售额
旅游服务		①可以选择以取得的全部价款和价外费用，扣除向旅游服务购买方收取并支付给其他单位或者个人的住宿费、餐饮费、交通费、签证费、门票费和支付给其他接团旅游企业的旅游费用后的**余额**为销售额。 ②选择上述办法计算销售额的纳税人，向旅游服务购买方收取并支付的上述费用，不得开具增值税专用发票，可以开具普通发票
建筑服务		建筑服务适用简易计税方法的，以取得全部价款和价外费用扣除支付的分包款后的余额为销售额
房地产项目		房地产开发企业中的一般纳税人销售其开发的房地产项目（选择简易计税方法的除外），以取得的全部价款和价外费用，扣除受让土地时向政府部门支付的土地价款后的余额为销售额。 【知识卡片】房地产老项目，指合同开工日期在2016年4月30日前的房地产项目

【例题4-21·单选题】对下列增值税应税行为计算销项税额时，按照全额确定销售额的是（　　）。
　　A. 贷款服务　　　　　　　　　　　B. 金融商品转让
　　C. 一般纳税人提供客运场站服务　　D. 经纪代理服务

【答案】A

【解析】选项 A：贷款服务是以提供贷款服务取得的全部利息及利息性质的收入为销售额。

2. 进项税额的确定

①准予从销项税额中抵扣的进项税额。

a. 从销售方取得的增值税**专用**发票（含税控机动车销售统一发票）上注明的增值税税额。

b. 从海关取得的海关进口增值税专用缴款书上注明的增值税税额。

c. 从境外单位或者个人购进劳务、服务无形资产或者不动产，自税务机关或者扣缴义务人处取得的代扣代缴的完税凭证上注明的增值税税额。

d. 购进农产品的进项税额（见表 4-17）。

表 4-17　　　　　　　　　　购进农产品的进项税额

扣税凭证	进项税额确定	
取得一般纳税人开具的增值税专用发票或者海关进口增值税专用缴款书	以注明的增值税额为进项税额	购进用于生产或委托加工13%税率货物的农产品，以农产品收购发票或者销售发票上注明的农产品买价和10%的扣除率计算抵扣进项税额
从按照简易计税方法依照3%征收率的小规模纳税人处取得的增值税专用发票	以增值税专用发票上注明的金额和9%的扣除率计算进项税额	
取得农产品销售发票或收购发票的	以农产品收购发票或者销售发票上注明的农产品买价和9%的扣除率计算抵扣进项税额	

【举例】东方公司从大海公司处购入一批苹果。

单位：万元

大海公司性质	取得凭证	金额	准予抵扣税额	
			包装后直接出售	加工成苹果罐头出售
一般纳税人	增值税专用发票	价款20 税款1.8	凭票抵扣1.8	20×10%=2
境外机构	进口增值税专用缴款书			
小规模纳税人	增值税专用发票	价款20 税款0.6	计算抵扣20×9%=1.8	20×10%=2
农业生产者	农产品收购（销售）发票	买价20		

e. 购进国内旅客运输服务的抵扣政策（见表 4-18）。

表 4-18　　　　　　　　购进国内旅客运输服务的抵扣政策

取得的抵扣凭证	抵扣政策
增值税电子普通发票	发票上注明的税额（凭票抵扣）
注明旅客身份信息的航空运输电子客票行程单	（票价＋燃油附加费）÷（1＋9%）×9%
注明旅客身份信息的铁路车票	票面金额÷（1＋9%）×9%
注明旅客身份信息的公路、水路等其他客票	票面金额÷（1＋3%）×3%

②不得抵扣的进项税额（见表 4-19）。

表 4-19　　　　　　　　　　不得抵扣的进项税额

项目	具体内容
用于不产生销项税额的购进项目	用于**简**易计税方法计税项目、**免**征增值税项目、集体**福**利或者个**人**消费的购进货物、加工修理修配劳务、服务、无形资产和不动产。 【知识卡片】其中涉及的固定资产、无形资产、不动产，如果是既用于上述不允许抵扣项目又用于抵扣项目的，该进项税额准予**全部抵扣**。自 2018 年 1 月 1 日起，租入固定资产、不动产，如果是既用于上述不允许抵扣项目又用于抵扣项目的，该进项税额准予**全部抵扣**
非正常损失不得抵扣进项税额	①非正常损失的购进货物，以及相关的加工修理修配劳务和交通运输服务，不得抵扣进项税额； ②非正常损失的在产品、产成品所耗用的购进货物（不包括固定资产）、加工修理修配劳务和交通运输服务，不得抵扣进项税额； ③非正常损失的不动产，以及该不动产所耗用的购进货物、设计服务和建筑服务，不得抵扣进项税额； ④非正常损失的不动产在建工程（包括新建、改建、扩建、修缮、装饰不动产）所耗用的购进货物、设计服务和建筑服务，不得抵扣进项税额。 【知识卡片】非正常损失，是指**因管理不善造成**货物被盗、丢失、霉烂变质的损失，以及因违反法律法规造成货物或不动产被依法没收、毁损、拆除的情形
其他不得抵扣项目	①购进的**贷**款服务、**餐**饮服务、居**民**日常服务和娱**乐**服务，不得抵扣进项税额； ②纳税人接受贷款服务向贷款方支付的与该笔贷款直接相关的投融资顾问费、手续费、咨询费等费用，其进项税额不得从销项税额中抵扣
不得抵扣也不得使用增值税专用发票	①一般纳税人会计核算不健全，或者不能够提供准确税务资料； ②应当办理一般纳税人资格登记而未办理的； ③一般纳税人按照简易办法征收增值税的，不得抵扣进项税额

【例题 4-22·多选题】根据增值税法律制度的规定，一般纳税人购进货物的下列进项税额中，不得从销项税额中抵扣的有（　　）。（2016 年）
　　A. 因管理不善造成被盗的购进货物的进项税额

B. 被执法部门依法没收的购进货物的进项税额
C. 被执法部门强令自行销毁的购进货物的进项税额
D. 因地震造成毁损的购进货物的进项税额

【答案】ABC

【解析】因管理不善造成货物被盗、丢失、霉烂变质的损失，以及因违反法律法规造成货物或不动产被依法没收、毁损、拆除的情形不得抵扣进项税额。因此选项ABC 正确。

③一般计税的纳税人兼营简易、免征增值税项目。

不得抵扣的进项税额＝当期无法划分的全部进项税额×（当期简易计税方法计税项目销售额＋免征增值税项目销售额）÷当期全部销售额

④已抵扣进项税额的固定资产或无形资产，发生税法规定的不得从销项税额中抵扣情形的，按照下列公式计算不得抵扣的进项税额：

不得抵扣的进项税额＝固定资产或无形资产**净值**×适用税率

固定资产、无形资产或者不动产**净值**，是指纳税人根据财务会计制度计提折旧或摊销后的余额。

⑤转增进项税额。

按照税法规定不得抵扣且未抵扣进项税额的固定资产、无形资产发生用途改变，用于允许抵扣进项税额的应税项目，可**在用途改变的次月**按照下列公式，计算可以抵扣的进项税额：

可以抵扣的进项税额＝固定资产、无形资产净值÷（1＋适用税率）×适用税率

【知识卡片】改变用途的不动产：
①净值率＝（不动产净值÷不动产原值）×100%
②可抵扣进项税额＝增值税扣税凭证注明或计算的进项税额×不动产净值率

【教材例题（非标准考试形式）】某小五金制造企业为增值税一般纳税人，2020年10月发生经济业务如下：

（1）购进一批原材料，取得增值税专用发票注明的金额为50万元，增值税为6.5万元。支付运费，取得增值税普通发票注明的金额为2万元，增值税税额为0.18万元；

（2）接受其他企业投资转入材料一批，取得增值税专用发票注明的金额为100万元，增值税税额为13万元；

（3）购进低值易耗品，取得增值税专用发票注明的金额6万元，增值税税额为0.78万元；

（4）销售产品一批，取得不含税销售额 200 万元，另外收取包装物租金 1.13 万元；

（5）采取以旧换新方式销售产品，新产品含税售价为 7.91 万元，旧产品作价 2 万元；

（6）因仓库管理不善，上月购进的一批工具被盗，该批工具的买价为 8 万元（购进工具的进项税额已抵扣）。

已知：该企业取得增值税专用发票均符合抵扣规定；购进和销售产品适用的增值税税率为 13%。

要求：
计算该企业当月应纳增值税税额。

【答案解析】

（1）进项税额 =6.5 +13 +0.78 =20.28（万元）

一般纳税人购进符合规定的项目取得的增值税专用发票等扣税凭证，进项税额准予抵扣；取得增值税普通发票不得抵扣进项税额。

（2）销项税额 =200 ×13% +1.13 ÷（1 +13%）×13% +7.91 ÷（1 +13%）× 13% =27.04（万元）

（3）进项税额转出 =8 ×13% =1.04（万元）

（4）应纳增值税税额 =27.04 -20.28 +1.04 =7.8（万元）

（二）简易计税方法应纳税额的计算

①小规模纳税人发生应税销售行为采用简易计税方法计税，应按照销售额和征收率计算应纳增值税税额，不得抵扣进项税额。

应纳税额 =不含税销售额 × **征收率**

=含税销售额 ÷（1 +征收率）× 征收率

②纳税人适用简易计税方法计税的，因销售折让、中止或者退回而退还给购买方的销售额，应当从当期销售额中扣减。扣减当期销售额后仍有余额造成多缴的税款，可以从以后的应纳税额中扣减。

【例题 4 -23 · 单选题】 甲商店为增值税小规模纳税人，2015 年 8 月销售商品取得含税销售额 61 800 元，购入商品取得普通发票注明金额 10 000 元。已知增值税税率为 13%，征收率为 3%，当月应缴纳增值税税额的下列计算列式中，正确的是（　　）。（2016 年）

A. 61 800 ÷（1 +3%）×3% -10 000 ×3% =1 500（元）

B. 61 800 ×3% =1 854（元）

C. 61 800 ×3% -10 000 ×3% =1 554（元）

D. 61 800 ÷（1 +3%）×3% =1 800（元）

【答案】D

【解析】小规模纳税人销售货物，应按照3%的征收率计算应纳税额，不得抵扣进项税额，计税依据含增值税的，应价税分离计算应纳税额。因此选项D正确。

（三）进口货物应纳税额的计算

纳税人进口货物，无论是一般纳税人还是小规模纳税人，均应按照组成计税价格和规定的**税率**计算应纳税额，不允许抵扣发生在境外的任何税金。

1. 进口非应税消费品

应纳税额 = 组成计税价格 × 税率
= （关税完税价格 + 关税）× 税率

2. 进口应税消费品

应纳税额 = 组成计税价格 × 税率
= （关税完税价格 + 关税 + **消费税**）× 税率

【知识卡片】我们会在后面完整学习关税相关内容，在学习增值税时，只需要简单了解关税的基础计算公式。

【例题4-24·单选题】甲公司为增值税一般纳税人，2019年5月进口货物一批，海关审定的关税完税价格为113万元。已知增值税税率为13%，关税税率为10%。计算甲公司当月该笔业务应缴纳增值税税额的下列算式中，正确的是（　　）。（2019年）

A. 113 ÷ （1 + 13%）× 13%
B. 113 × （1 + 10%）÷ （1 + 13%）× 13%
C. 113 × 13%
D. 113 × （1 + 10%）× 13%

【答案】D

【解析】甲公司当月该笔业务应缴纳增值税税额 = 关税完税价格 × （1 + 关税税率）× 增值税税率 = 113 × （1 + 10%）× 13%。因此选项D正确。

（四）应扣缴税额的计算

境外单位或者个人在境内发生应税行为，在境内未设有经营机构的，扣缴义务人按照下列公式计算扣缴税额：

应扣缴税额 = 购买方支付的价款 ÷ （1 + 税率）× 税率

「考点8」增值税税收优惠（★★）

> **【学习点睛】** 对各税种的税收优惠不用刻意通篇背诵，只需掌握重点且常考的知识点即可，其他考频较低的内容，考前用习题巩固记忆即可。

（一）增值税免税项目

①农业**生产者**销售的自产**农产品**；
②避孕药品和用具；
③古旧图书；
④直接用于科学研究、科学试验和教学的进口仪器、设备；
⑤**外国政府、国际组织**无偿援助的进口物资和设备；
⑥由**残疾人的组织**直接进口供残疾人专用的物品；
⑦**其他个人**销售的自己使用过的物品。

（二）"营改增"税收优惠

1. 免征增值税项目

①托儿所、幼儿园提供的保育和教育服务。
②养老机构提供的养老服务。
③残疾人福利机构提供的育养服务。
④婚姻介绍服务。
⑤殡葬服务。
⑥残疾人员**本人**为社会提供的服务。
⑦医疗机构提供的医疗服务。
⑧从事**学历教育**的学校（不包括职业培训机构）提供的教育服务。
⑨**学生勤工俭学**提供的服务。
⑩农业机耕、排灌、病虫害防治、植物保护、**农牧保险以及相关技术培训业务**，家禽、牲畜、水生动物的配种和疾病防治。
⑪纪念馆、博物馆、文化馆、文物保护单位管理机构、美术馆、展览馆、书画院、图书馆在自己的场所提供文化体育服务取得的**第一道门票**收入。
⑫寺院、宫观、清真寺和教堂举办文化、宗教活动的门票收入。
⑬行政单位之外的其他单位收取的符合规定的政府性基金和行政事业性收费。
⑭**个人转让著作权。**
⑮**个人销售自建自用住房。**
⑯台湾航运公司、航空公司从事**海峡两岸海上直航、空中直航业务**在大陆取得的运输收入。
⑰纳税人提供的直接或者间接国际货物运输代理服务。

⑱符合规定条件的贷款、债券利息收入。
⑲被撤销金融机构以货物、不动产、无形资产、有价证券、票据等财产清偿债务。
⑳保险公司开办的**1 年期以上人身保险产品**取得的保费收入。
㉑符合规定条件的金融商品转让收入。
㉒**金融同业往来利息收入。**
㉓符合条件的担保机构从事中小企业信用担保或者再担保业务取得的收入（不含信用评级、咨询、培训等收入）3 年内免征增值税。
㉔国家商品储备管理单位及其直属企业承担商品储备任务，从中央或者地方财政取得的利息补贴收入和价差补贴收入。
㉕**纳税人提供技术转让、技术开发和与之相关的技术咨询、技术服务。**
㉖符合条件的合同能源管理服务。
㉗政府举办的从事学历教育的高等、中等和初等学校（不含下属单位），举办进修班、培训班取得的全部归该学校所有的收入。
㉘政府举办的职业学校设立的主要为在校学生提供实习场所并由学校出资自办、由学校负责经营管理、经营收入归学校所有的企业，从事《销售服务、无形资产或者不动产注释》中"现代服务"（不含融资租赁服务、广告服务和其他现代服务）、"生活服务"（不含文化体育服务、其他生活服务和桑拿、氧吧）业务活动取得的收入。
㉙家政服务企业由**员工制家政服务员**提供家政服务取得的收入。
㉚**福利彩票、体育彩票**的发行收入。
㉛军队空余房产租赁收入。
㉜为了配合国家住房制度改革，企业、行政事业单位按房改成本价、标准价出售住房取得的收入。
㉝将土地使用权转让给农业生产者用于**农业生产**。
㉞涉及家庭**财产分割**的个人无偿转让不动产、土地使用权。
㉟土地所有者出让土地使用权和土地使用者将土地使用权归还给土地所有者。
㊱县级以上地方人民政府或自然资源行政主管部门出让、转让或收回自然资源使用权（不含土地使用权）。
㊲随军家属就业。
㊳军队转业干部就业。
㊴**提供社区养老、托育、家政等服务取得的收入。**

> 【例题 4-25·多选题】根据增值税法律制度的规定，下列各项中，免征增值税的有（　　）。（2019 年）
> A. 婚姻介绍所提供的婚姻介绍服务
> B. 医疗机构提供医疗服务
> C. 电信公司提供语音通话服务
> D. 科研机构进口直接用于科学研究的仪器

117

【答案】ABD
【解析】选项 C：提供语音通话服务按照"基础电信服务"缴纳增值税。因此选项 ABD 正确。

【例题 4-26·单选题】根据增值税法律制度的规定，下列各项中，属于免税项目的是（　　）。（2018 年）
A. 养老机构提供的养老服务　　B. 装修公司提供的装饰服务
C. 企业转让著作权　　　　　　D. 福利彩票的代销手续费收入
【答案】A
【解析】选项 B：不属于免税项目；选项 C：个人转让著作权免征增值税，企业转让著作权不免征增值税；选项 D：福利彩票、体育彩票的发行收入免征增值税。

2. 扣减增值税
①退役士兵创业就业。
a. 个体经营。
自主就业退役士兵从事个体经营的，自办理个体工商户登记当月起，在 3 年（36 个月）内按每户每年 12 000 元为限额依次扣减其当年实际应缴纳的增值税、城市维护建设税、教育费附加、地方教育附加和个人所得税。
b. 企业招用。
企业招用自主就业退役士兵，与其签订 1 年以上期限劳动合同并依法缴纳社会保险费的，自签订劳动合同并缴纳社会保险当月起，在 3 年内按实际招用人数予以定额依次扣减增值税、城市维护建设税、教育费附加、地方教育附加和企业所得税优惠。定额标准为每人每年 6 000 元，最高可上浮 50%，各省、自治区、直辖市人民政府可根据本地区实际情况在此幅度内确定具体定额标准。
纳税年度终了，如果企业实际减免的增值税、城市维护建设税、教育费附加和地方教育附加小于核算减免税总额，企业在企业所得税汇算清缴时以差额部分扣减企业所得税。当年扣减不完的，不再结转以后年度扣减。
②重点群体创业就业。
a. 个体经营。
建档立卡贫困人口、持《就业创业证》或《就业失业登记证》的人员，从事个体经营的，自办理个体工商户登记当月起，在 3 年（36 个月）内按每户每年 12 000 元为限额依次扣减其当年实际应缴纳的增值税、城市维护建设税、教育费附加、地方教育附加和个人所得税。限额标准最高可上浮 20%。
b. 就业。
企业招用建档立卡贫困人口，以及在人力资源社会保障部门公共就业服务机构登记失业半年以上且持《就业创业证》或《就业失业登记证》的人员，与其签订 1 年以上期限劳动合同并依法缴纳社会保险费的，自签订劳动合同并缴纳社会保险当月起，在 3 年内按实际招用人数予以定额依次扣减增值税、城市维护建设税、教育费附加、地方教育附加和企业所得税优惠。定额标准为每人每年 6 000 元,最高可上浮 30%。

③金融企业发放贷款利息税收优惠。

金融企业发放贷款后,自结息日起 90 日内发生的应收未收利息按现行规定缴纳增值税,自结息日起 90 日后发生的应收未收利息暂不缴纳增值税,待实际收到利息时按规定缴纳增值税。

(三)小规模纳税人免税规定

1. 小规模纳税人

自 2021 年 4 月 1 日~2022 年 12 月 31 日,增值税小规模纳税人,月销售额不超过 15 万元的,免征增值税。其中,以 1 个季度为纳税期限的增值税小规模纳税人,季度销售额不超过 45 万元的,免征增值税。

小规模纳税人发生增值税应税销售行为,合计月销售额超过 15 万元,但扣除本期发生的销售不动产的销售额后未超过 15 万元的,其销售货物、劳务、服务、无形资产取得的销售额免征增值税。

> 【知识卡片】
> ①每月全部销售额≤15 万元(按季 45 万元),免税;
> ②每月全部销售额>15 万元,同时(全部销售额 - 销售不动产销售额)≤15 万元,只就销售不动产部分缴纳增值税。

2. 其他个人出租不动产

其他个人采取一次性收取租金形式出租不动产,取得的租金收入,可在租金对应的租赁期内平均分摊,分摊后的月租金收入不超过 15 万元的,免征增值税。

「考点9」增值税征收管理(★★)

(一)纳税义务发生时间(见表 4 -20)

表 4 -20　　　　　　　　　　　　纳税义务发生时间

行为		纳税义务发生时间
货物销售	直接收款方式	不论货物是否发出,均为收到销售款或取得索取销售款凭据的当天
	托收承付和委托银行收款方式	发出货物并办妥托收手续的当天
	赊销和分期收款方式	书面合同约定的收款日期当天,无书面合同的或者书面合同没有约定收款日期的,为货物发出的当天

续表

行为		纳税义务发生时间
货物销售	预收货款方式	货物发出的当天,但生产销售生产工期超过12个月的大型机械设备、船舶、飞机等货物,为收到预收款或书面合同约定的收款日期的当天
	委托其他纳税人代销货物	收到代销单位的代销清单或者收到全部或者部分货款的当天;未收到代销清单及货款的,为发出代销货物满180天的当天
	销售应税劳务	为提供劳务同时收讫销售款或者取得索取销售款的凭据的当天
	视同销售货物行为	货物移送的当天
进口货物		报关进口的当天
应税行为	提供租赁服务采取预收款方式	为收到预收款的当天
	从事金融商品转让的	为金融商品所有权转移的当天
	视同销售	转让完成的当天或者不动产权属变更的当天
扣缴义务		纳税人增值税纳税义务发生的当天

【例题4-27·单选题】根据增值税法律制度的规定,下列关于增值税纳税义务发生时间的表述中,正确的是( )。(2019年)
　　A. 委托他人代销货物的,为货物发出的当天
　　B. 从事金融商品转让的,为金融商品所有权转移的当天
　　C. 采用预收货款方式销售货物,货物生产工期不超过12个月的,为收到预收款的当天
　　D. 采取直接收款方式销售货物的,为货物发出的当天
【答案】B
【解析】选项A:委托其他纳税人代销货物,为收到代销单位的代销清单或者收到全部或部分货款的当天。未收到代销清单及货款的,为发出代销货物满180天的当天;选项C:采取预收货款方式销售货物,为货物发出的当天;选项D:采取直接收款方式销售货物,不论货物是否发出,均为收到销售款或者取得索取销售款凭据的当天。因此选项B正确。

【例题4-28·单选题】根据增值税法律制度的规定,下列关于增值税纳税义务发生时间的表述中,不正确的是( )。(2018年)
　　A. 进口货物,为报关进口的当天
　　B. 提供租赁服务采取预收款方式的,为收到预收款的当天

C. 采取托收承付和委托银行收款方式销售货物，为收到银行款项的当天
D. 从事金融商品转让的，为金融商品所有权转移的当天

【答案】C

【解析】选项C：纳税人采取托收承付和委托银行收款方式销售货物，为"发出货物并办妥托收手续"的当天。

（二）纳税地点（见表4-21）

表4-21　　　　　　　　　　　　　纳税地点

情形	纳税地点
固定业户	**机构所在地**税务机关申报纳税
非固定业户	向销售地或者劳务发生地的税务机关申报纳税
进口货物	向报关地海关申报纳税
其他个人	提供建筑服务，销售或者租赁不动产，转让自然资源使用权，应向建筑服务发生地、不动产所在地、自然资源所在地税务机关申报纳税
扣缴义务人	向其机构所在地或者居住地的税务机关申报缴纳其扣缴的税款

（三）纳税期限

纳税期限

①增值税的纳税期限分别为1日、3日、5日、10日、15日、1个月或者1个季度。

以1个季度为纳税期限的规定适用于小规模纳税人、银行、财务公司、信托投资公司、信用社，以及财政部和国家税务总局规定的其他纳税人。

②纳税人以1个月或者1个季度为1个纳税期的，自期满之日起 **15日内** 申报纳税。

③纳税人进口货物，应当自海关填发进口增值税专用缴款书之日起15日内缴纳。

「考点10」增值税专用发票使用规定（★）

（一）专用发票的基本联次及用途

①发票联，作为**购买方**核算采购成本和增值税进项税额的记账凭证；
②抵扣联，作为**购买方**报送主管税务机关认证和留存备查的扣税凭证；
③记账联，作为**销售方**核算销售收入和增值税销项税额的记账凭证。

（二）不得开具增值税专用发票的情形

①商业企业一般纳税人**零售**烟、酒、食品、服装、鞋帽（不包括劳保专用部分）、化

妆品等消费品的；

②应税销售行为的**购买方为消费者个人**的；

③发生应税销售行为适用**免税**规定的。

（三）新办纳税人实行增值税电子专用发票

①税务机关按照电子专票和纸质专票的合计数，为纳税人核定增值税专用发票领用数量。电子专票和纸质专票的增值税专用发票（增值税税控系统）最高开票限额应当相同。

②纳税人开具增值税专用发票时，既可以开具电子专票，也可以开具纸质专票。受票方索取纸质专票的，开票方应当开具纸质专票。

【例题4-29·判断题】增值税一般纳税人向消费者个人销售货物，不得开具增值税专用发票。（　　）（2015年）

【答案】正确

【例题4-30·判断题】商业企业一般纳税人零售的烟、酒、食品、服装、鞋帽（不含劳保用品）、化妆品等消费品可以开具增值税专用发票。（　　）（2014年）

【答案】错误

【解析】商业企业一般纳税人零售消费品的不可以开具增值税专用发票。

消费税法律制度

「考点11」消费税纳税人（★）

在我国境内生产、委托加工、销售和进口《消费税暂行条例》规定的应税消费品（15大类）的单位和个人（见图4-10）。

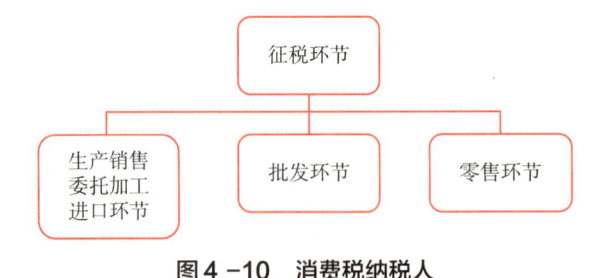

```
                    征税环节
                       │
        ┌──────────────┼──────────────┐
    生产销售          批发环节        零售环节
    委托加工
    进口环节
```

图4-10　消费税纳税人

【知识卡片】由于消费税是在对所有货物普遍征收增值税的基础上选择少量消费品征收的，因此消费税纳税人同时也是增值税纳税人。

「考点12」消费税税目（★★）

消费税税目见表4-22。

表4-22　　　　　　　　　　　消费税税目

税目（15类）	具体内容
烟	①卷烟　　甲类卷烟，每条≥70元 　　　　　乙类卷烟，每条＜70元 ②雪茄烟 ③烟丝（烟叶不征收）
酒	①白酒 ②啤酒、黄酒 ③其他酒（葡萄酒、果木酒、药酒、汽酒等） 【知识卡片】调味料酒和酒精不征收
高档化妆品	①包括高档美容、修饰类化妆品、高档护肤类化妆品和成套化妆品； ②界定标准： （完税）价格（不含增值税）在10元/毫升（克）或15元/片（张）及以上。 【知识卡片】舞台、戏剧、影视演员化妆用的上妆油、卸妆油、油彩，不征收
贵重首饰及珠宝玉石	①金银首饰、铂金首饰、钻石及钻石饰品（含人造金银、合成金银首饰）等； ②其他贵重首饰和珠宝玉石（如珍珠、碧玺、琥珀、珊瑚等）； ③宝石坯
鞭炮、焰火	包括小礼花类、烟雾类、爆竹类、组合烟花类、礼花弹类等。 【知识卡片】体育上用的发令纸、鞭炮药引线，不征收消费税
成品油	①包括汽油、柴油、石脑油、溶剂油、航空煤油、润滑油、燃料油； ②催化料、焦化料属于燃料油的征收范围
摩托车	气缸容量250毫升及以上的摩托车。 【知识卡片】对最大设计车速不超过50千米/小时，发动机气缸总工作容量不超过50毫升的三轮摩托车不征收消费税

续表

税目（15类）	具体内容	
小汽车	①乘用车	
	②中轻型商用客车	购进乘用车和中轻型商用客车整车改装生产的汽车，征收消费税
	③超豪华小汽车	每辆售价≥130万元（不含增值税）的乘用车和中轻型商用客车
	【知识卡片】 ①大型商用客车、大货车、大卡车不征收消费税； ②电动汽车、沙滩车、雪地车、卡丁车、高尔夫车不征收消费税； ③购进货车或厢式货车改装生产的商务车、卫星通信车等专用汽车不征收消费税	
高尔夫球及球具	高尔夫球，高尔夫球杆及高尔夫球包（袋），高尔夫球杆的杆头、杆身和握把	
高档手表	销售价格（不含增值税）每只在10 000元（含）以上的各类手表征收消费税	
游艇	—	
木制一次性筷子	卫生筷子	
实木地板	未涂饰地板（白坯板、素板）和漆饰地板	
电池	原电池、蓄电池、燃料电池、太阳能电池和其他电池。 【知识卡片】无汞原电池、金属氢化物镍蓄电池、锂原电池、锂离子蓄电池、太阳能电池、燃料电池和全钒液流电池免征消费税	
涂料	【知识卡片】对施工状态下挥发性有机物含量低于420克／升（含）的涂料免征消费税	

【例题4-31·单选题】根据消费税法律制度的规定，下列车辆属于应税小汽车征税范围的是（　　）。（2020年）

A. 电动汽车

B. 高尔夫车

C. 用中轻型商用客车底盘改装的中轻型商用客车

D. 雪地车

【答案】C

【解析】选项ABD错误，沙滩车、雪地车、卡丁车、高尔夫车、电动汽车不征收消费税。因此选项C正确。

【例题4-32·多选题】根据消费税法律制度的规定，下列各项中，属于消费税征税范围的有（　　）。（2019年）

A. 黄酒　　　B. 调味料酒　　　C. 白酒　　　D. 啤酒

【答案】ACD

【解析】消费税征税税目包括烟；酒（不包括调味料酒和酒精，选项 B 错误）；高档化妆品；贵重首饰及珠宝玉石；鞭炮、焰火；成品油；摩托车；小汽车（包括乘用车、中轻型商用客车和超级豪华小轿车）；高尔夫球及球具；高档手表；游艇；木制一次性筷子；实木地板；电池；涂料。因此选项 ACD 正确。

第 10 天

复习旧内容
第四章　税法概述及货物和劳务税法律制度　考点 7～12

学习新内容
第四章　税法概述及货物和劳务税法律制度　考点 13～19

你今天可能有的心态
以为消费税的计算会比增值税简单一些，结果发现自己想多了，被组成计税价格的计算搞得头大。没关系，直播课会给大家总结出来做题套路；套路在手，分数你有！

简单解释今天学习的内容
在学习完消费税税目以后，征税范围是了解特殊税目的征税环节，要掌握它们的计税方式以及消费税应纳税额的计算。关税可以结合增值税、消费税和城建及教育费附加等税种综合考查，因此需要将关联性的考点结合起来总结记忆。

学习方法
对于征税范围和税目一样，纯粹属于记忆的内容，而应纳税额的学习切记"眼高手低"，一定保证每道计算题能够独立做三遍，做的过程中分析题目涉及的考点。

建议学习时间
3 小时

今日打卡

任务内容	预计时间	重点任务要求
早读	30分钟	☐ 背诵增值税计算公式、消费税税目，回忆税收优惠关键词 ☐ 听微课
第四章 考点13~19	90分钟	☐ 消费税征税范围 ☐ 消费税应纳税额的计算 ☐ 消费税征收管理 ☐ 关税、车辆购置税
做作业	40分钟	☐ 做教材例题、精练习题 ☐ 整理消化昨日错题 ☐ 梳理消费税应纳税额的计算公式
回忆内容	20分钟	☐ 翻阅今日所学内容 ☐ 回顾纳税义务发生时间的关键词

「考点 13」消费税征税范围（★★★）

（一）生产环节的具体规定（见表 4-23）

表 4-23　　　　　　　　　　生产环节的具体规定

情形	是否缴纳税款	
生产	销售时缴纳	
自产自用	用于连续生产**应税消费品**	不缴纳
	用于连续生产**非应税消费品**	**移送使用**时征收消费税
	用于在建工程、管理部门、非生产机构、提供劳务、馈赠、赞助、集资、广告、样品、职工福利、奖励等方面	

（二）委托加工环节的具体规定

1. 委托加工的辨别（见表 4-24）

表 4-24　　　　　　　　　　委托加工的辨别

情形	具体含义
委托加工	指由委托方提供原材料和主要材料，受托方只收取加工费和代垫部分辅助材料加工的应税消费品
销售自制应税消费品	①受托方提供原材料生产的； ②受托方先将原材料卖给委托方，然后再接受加工的； ③由受托方以委托方名义购进原材料再生产的

2. 委托加工的纳税人

①委托加工的应税消费品，除受托方为个人外，由**受托方**在向委托方交货时代收代缴消费税；

②委托**个人加工**的应税消费品，由**委托方**收回后缴纳消费税。

3. 委托加工收回的应税消费品对外出售

①委托方将收回的应税消费品，以不高于受托方的计税价格出售的，为直接出售，**不再缴纳消费税**；

②委托方以高于受托方计税价格出售的，不属于直接出售，需按规定申报缴纳消费税，在计税时**准予扣除**受托方已代收代缴的消费税。

（三）进口环节的具体规定

单位和个人进口应税消费品，于报关进口时缴纳消费税，进口环节缴纳的消费税由海

关代征。

（四）零售应税消费品

1. 商业零售金银首饰

在零售环节征收消费税的金银首饰（简称"金银铂钻"）包括：
①金基、银基合金首饰以及金、银和金基、银基合金的镶嵌首饰；
②钻石及钻石饰品；
③铂金首饰。

2. 零售超豪华小汽车

自2016年12月1日起，对超豪华小汽车，在生产（进口）环节按现行税率征收消费税基础上，在零售环节**加征**10%的消费税，将超豪华小汽车销售给消费者的单位和个人为超豪华小汽车零售环节纳税人。

（五）批发销售卷烟的具体规定

①卷烟在批发环节加征一道消费税，消费税税率统一为11%加0.005元／支；
②卷烟消费税改为在生产和批发两个环节征收后，批发企业在计算应纳税额时**不得扣除**已含的生产环节的消费税税款。

【知识卡片】烟草批发企业之间销售的，不缴纳消费税。

【例题4-33·单选题】根据消费税法律制度的规定，下列各项中，应征收消费税的是（　　）。（2021年）
A. 汽车经销商零售超豪华小汽车　　B. 珠宝公司进口钻石项链
C. 地板经销商零售实木地板　　D. 汽车厂销售自产电动汽车
【答案】A
【解析】选项A：超豪华小汽车在零售环节加征一道消费税；选项B："金银铂钻"在零售环节征收消费税，进口环节不征收消费税；选项C：实木地板在生产销售、委托加工、进口环节征收消费税，零售环节不征收消费税；选项D：电动汽车不属于消费税征税范围，不征收消费税。

【例题4-34·多选题】根据消费税法律制度的规定，下列各项中，属于消费税纳税人的有（　　）。（2019年）
A. 委托加工白酒的超市　　B. 进口白酒的贸易商
C. 销售白酒的商场　　D. 生产白酒的厂商
【答案】ABD
【解析】选项C：只有超豪华小汽车和金银铂钻在零售环节缴纳消费税。因此选项ABD正确。

第四章 税法概述及货物和劳务税法律制度

「考点14」消费税税率

消费税税率见图4-11。

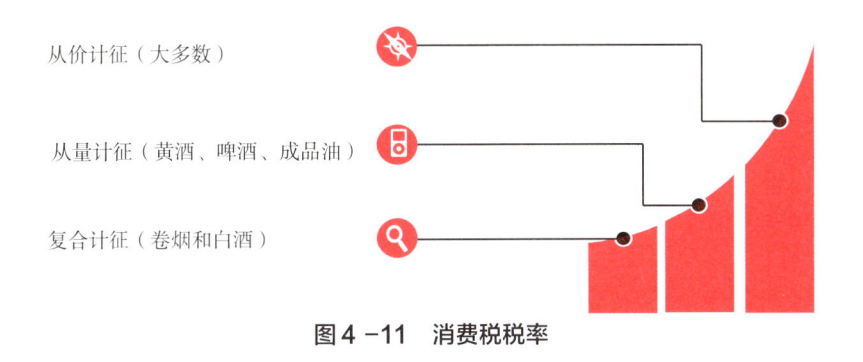

从价计征（大多数）
从量计征（黄酒、啤酒、成品油）
复合计征（卷烟和白酒）

图4-11 消费税税率

> 【例题4-35·多选题】根据消费税法律制度的规定，下列应税消费品中，实行从量定额计征消费税的有（　　）。（2017年）
> A. 涂料　　　　B. 柴油　　　　C. 电池　　　　D. 黄酒
> 【答案】BD
> 【解析】选项BD：黄酒、啤酒、成品油（包括汽油、柴油、航空煤油、石脑油、溶剂油、润滑油以及燃料油）从量计征缴纳消费税；选项AC：从价计征缴纳消费税。

「考点15」消费税应纳税额的计算（★★★）

（一）销售额和销售数量的确定

1. 一般情形（见表4-25）

表4-25　　　　　　　　　　　　一般情形

方式	销售额/销售数量的确定
从价计征	销售额=向购买方收取的全部价款+价外费用（不包括应向购买方收取的增值税税款） 【知识卡片】价外费用和价税分离的规定**与增值税一致**。下列项目不包括在销售额内： ①同时符合以下条件的代垫运输费用：承运部门的运输费用发票开具给购买方的；纳税人将该项发票转交给购买方的。 ②同时符合以下条件代为收取的政府性基金或者行政事业性收费：由国务院或者财政部批准设立的政府性基金，由国务院或者省级人民政府及其财政、价格主管部门批准设立的行政事业性收费；收取时开具省级以上财政部门印制的财政票据；所收款项全额上缴财政

129

续表

方式	销售额/销售数量的确定
从量计征 （黄酒、啤酒、成品油）	①销售应税消费品的，为应税消费品的**销售数量**。 ②自产自用应税消费品的，为应税消费品的**移送使用数量**。 ③委托加工应税消费品的，为纳税人**收回**的应税消费品数量。 ④进口应税消费品的，为海关**核定**的应税消费品进口征税数量
复合计征 （卷烟和白酒）	①销售额为纳税人生产销售卷烟、白酒向购买方收取的全部价款和价外费用。 ②销售数量为纳税人生产销售、进口、委托加工、自产自用卷烟、白酒的销售数量、海关核定数量、委托方收回数量和移送使用数量

2. 特殊情形

①门市部移送。

纳税人通过自设非独立核算门市部销售的自产应税消费品，应当按照**门市部对外**销售额或者销售数量征收消费税。

②"换抵投"。

纳税人用于**换取生产资料和消费资料、投资入股和抵偿债务**等方面的应税消费品，应当以纳税人同类应税消费品的最高销售价格作为计税依据计算消费税。

③"品牌使用费"。

白酒生产企业向商业销售单位收取的"品牌使用费"是随着应税白酒的销售而向购货方收取的，不论企业采取何种方式或以何种名义收取价款，均应并入白酒的销售额中缴纳消费税。

④包装物押金（区分包装物租金和增值税的包装物押金的规定）。

a. 一般货物。

对因逾期未收回的包装物不再退还的或者已收取的时间超过12个月的押金，应并入应税消费品的销售额，缴纳消费税。

b. 啤酒、黄酒以外的其他酒。

对酒类生产企业销售酒类产品而收取的包装物押金，无论押金是否返还及会计上如何核算，均应并入酒类产品销售额，征收消费税。

特殊情形见表4-26。

表4-26　　　　　　　　　　　　　　特殊情形

项目		收取时征税	逾期时征税
一般货物		×	√
酒	啤酒、黄酒	—	—
	其他酒（啤酒、黄酒**以外**）	√	—

⑤金银首饰的特殊规定（见表4-27）。

表4-27　金银首饰的特殊规定

情形	核算规定	
以旧换新（含翻新改制）销售	按实际收取的不含增值税的全部价款确定计税依据征收消费税	
既销售金银首饰，又销售非金银首饰的生产、经营单位	划分清楚	分别核算销售额
	划分不清楚或不能分别核算的	①在生产环节销售的，一律从高适用税率征收消费税；②在零售环节销售的，一律按金银首饰征收消费税
金银首饰与其他产品组成**成套消费品**销售	按销售额**全额**征收消费税，从高适用税率	
金银首饰连同包装物销售的	无论包装物是否单独计价，也无论会计上如何核算，均应并入金银首饰的销售额计征消费税	
带料加工的金银首饰	①按受托方销售同类金银首饰的销售价格确定计税依据征收消费税；②没有同类金银首饰销售价格的，按照组成计税价格计算纳税	

【例题4-36·多选题】根据消费税法律制度的规定，企业生产销售白酒取得的下列款项中，应并入销售额计征消费税的有（　　）。
A. 优质费
B. 延期付款利息
C. 品牌使用费
D. 包装物押金
【答案】ABCD
【解析】选项ABC：价外费用是指价外向购买方收取的手续费、补贴、基金、集资费、返还利润、奖励费、违约金、滞纳金、延期付款利息、赔偿金、代收款项、代垫款项、包装费、包装物租金、储备费、优质费、运输装卸费以及其他各种性质的价外收费；选项D：白酒包装物押金在收取时并入销售额计算消费税。因此选项ABCD均正确。

【例题4-37·单选题】根据消费税法律制度的规定，下列应税消费品中，应当以纳税人同类应税消费品的最高销售价格作为计税依据计缴消费税的是（　　）。（2019年）
A. 用于职工福利的自产高档化妆品
B. 用于广告宣传的自产白酒
C. 用于运输车队的自产柴油
D. 用于抵偿债务的自产小汽车
【答案】D
【解析】选项D：纳税人用于换取生产资料和消费资料、投资入股和抵偿债务等方面（"换投抵"）的应税消费品，应当以纳税人同类应税消费品的最高销售价格作为计税依据计算消费税。

（二）应纳税额的计算

1. 生产销售环节（有确定的销售额和销售数量）

生产销售环节列表见表4-28。

表4-28 生产销售环节

方式	计算公式
从价定率计征	应纳税额＝销售额×比例税率
从量定额计征（啤酒、黄酒、成品油）	应纳税额＝销售数量×定额税率
复合方法计征（卷烟、白酒）	应纳税额＝销售额×比例税率＋销售数量×定额税率

【知识卡片】白酒单位换算：
1 吨 ＝1 000 千克 ＝1 000×1 000 克 ＝2 000×500 克

【例题4-38·单选题】甲地板厂为增值税一般纳税人，2019年11月销售自产实木地板取得含增值税销售额111.15万元。已知实木地板增值税税率为13%，消费税税率为5%，甲地板厂当月该业务应缴纳消费税税额的下列算式中，正确的是（ ）。（2016年）
A. 111.15÷（1＋13%）×5%
B. 111.15÷（1－5%）×5%
C. 111.15×5%
D. 111.15÷（1＋13%）÷（1－5%）×5%

【答案】A
【解析】（1）实行从价定率征收的应税消费品，其计税依据为不含增值税的销售额；（2）在本题中，111.15万元为含增值税的销售额，应当换算成不含增值税的销售额，应纳消费税＝111.15÷（1＋13%）×5%。因此选项A正确。

【例题4-39·单选题】甲酒厂为增值税一般纳税人，2019年5月销售果木酒，取得不含增值税销售额10万元，同时收取包装物租金0.585万元、优质费2.34万元。已知果木酒消费税税率为10%，增值税税率为13%，甲酒厂当月销售果木酒应缴纳消费税税额的下列算式中，正确的是（ ）。（2013年）
A. （10＋0.585＋2.34）×10%＝1.29（万元）
B. （10＋0.585）×10%＝1.06（万元）
C. ［10＋（0.585＋2.34）÷（1＋13%）］×10%＝1.26（万元）
D. ［10＋0.585÷（1＋13%）］×10%＝1.05（万元）

【答案】 C

【解析】 选项 C：包装物租金、优质费属于价外费用，在计入销售额的时候需要换算为不含税的价款。则甲酒厂当月销售果木酒应缴纳消费税税额 =［10 +（0.585 +2.34）÷（1 +13%）］×10% =1.26（万元）。

【例题 4-40·单选题】 甲公司为增值税一般纳税人，2019 年 10 月将 1 辆生产成本 5 万元的自产小汽车用于抵偿债务，同型号小汽车含增值税平均售价 11.3 万元/辆，含增值税最高售价 13.56 万元/辆。已知增值税税率为 13%，消费税税率为 5%。计算甲公司当月该笔业务应缴纳消费税税额的下列算式中，正确的是（　　）。（2018 年）

A. 5 ×5% =0.25（万元）
B. 11.3 ÷（1 +13%）×5% =0.5（万元）
C. 5 ×（1 +5%）×5% =0.26（万元）
D. 13.56 ÷（1 +13%）×5% =0.6（万元）

【答案】 D

【解析】 选项 D：（1）纳税人用于换取生产资料和消费资料、投资入股和抵偿债务等方面的应税消费品，应当以纳税人同类应税消费品的最高销售价格作为计税依据计算消费税；（2）消费税销售额应为不含税销售额，题目中售价为含税销售额，需作价税分离。

【例题 4-41·单选题】 甲酒厂为增值税一般纳税人，2019 年 5 月销售白酒 50 吨，取得含增值税销售额 3 390 000 元，已知增值税税率为 13%，白酒消费税比例税率为 20%，定额税率为 0.5 元/500 克。计算甲酒厂当月应当缴纳消费税税额的下列算式中，正确的是（　　）。（2018 年）

A. 3 390 000 ×20% =678 000（元）
B. 3 390 000 ÷（1 +13%）×20% =600 000（元）
C. 3 390 000 ÷（1 +13%）×20% +50 ×2 000 ×0.5 =650 000（元）
D. 3 390 000 ×20% +50 ×2 000 ×0.5 =728 000（元）

【答案】 C

【解析】 选项 C：白酒实行从价定率和从量定额复合方法计征消费税，含税销售额需要价税分离，因此甲酒厂当月应缴纳消费税税额 =3 390 000 ÷（1 +13%）×20% +50 ×2 000 ×0.5。

2. 自产自用应纳消费税的计算（同类消费品的销售价格→组成计税价格）

①纳税人自产自用的应税消费品，用于连续生产应税消费品的，不纳税；

②凡用于其他方面的，于移送使用时，按照纳税人生产的**同类消费品的销售价格（平均**价格）计算纳税；没有同类消费品销售价格的，按照**组成计税价格**计算纳税。

自产自用应纳消费税的计算见表 4-29。

表 4-29　　　　　　　　　　　自产自用应纳消费税的计算

方式	计算公式	
从价定率	组成计税价格 = 成本×(1+成本利润率)÷(1-消费税比例税率)	应纳消费税 = 组成计税价格×消费税比例税率
复合计税	组成计税价格 = [成本×(1+成本利润率)+自产自用数量×消费税定额税率]÷(1-消费税比例税率)	应纳消费税 = 组成计税价格×消费税比例税率+自产自用数量×消费税定额税率

【例题 4-42·单选题】下列关于应税消费品销售额的表述中，不正确的是（　　）。
　　A. 应税消费品销售额包括向购买方收取的增值税税款
　　B. 纳税人自产自用应税消费品，按照纳税人生产的同类消费品的销售价格确定销售额
　　C. 随同从价计征应税消费品出售的包装物，无论是否单独计价，均应并入销售额
　　D. 对因逾期未收回的包装物不再退还的或者已收取的时间超过 12 个月的押金，应并入应税消费品的销售额
【答案】A
【解析】选项 A：应税消费品销售额是指纳税人销售应税消费品向购买方收取的全部价款和价外费用，不包括应向购买方收取的增值税税款。

【例题 4-43·单选题】2017 年 5 月甲化妆品厂将一批自产高档化妆品用于馈赠客户，该批高档化妆品生产成本为 17 000 元，无同类高档化妆品销售价格，已知消费税税率为 15%；成本利润率为 5%。计算甲化妆品厂当月该笔业务应缴纳消费税税额的下列算式中，正确的是（　　）。（2018 年）
　　A. 17 000×(1+5%)×15% = 2 677.5（元）
　　B. 17 000×(1+5%)÷(1-15%)×15% = 3 150（元）
　　C. 17 000÷(1-15%)×15% = 3 000（元）
　　D. 17 000×15% = 2 550（元）
【答案】B
【解析】（1）高档化妆品从价定率计征消费税，题目中指出该批高档化妆品无同类高档化妆品销售价格，即应组成计税价格计算消费税；（2）应纳消费税 = 组成计税价格×消费税比例税率 = 成本×(1+成本利润率)÷(1-消费税比例税率)×消费税比例税率。因此选项 B 正确。

3. 委托加工应纳税额的计算（受托方的同类消费品的销售价格→组成计税价格）
①委托加工的应税消费品，按照**受托方**的同类消费品的销售价格计算纳税；
②没有同类消费品销售价格的，按照组成计税价格计算纳税（见表 4-30）。

第四章 税法概述及货物和劳务税法律制度

表4-30　委托加工应纳税额的计算

方式	计算公式	
从价定率	组成计税价格 =（材料成本 + 加工费）÷（1 - 消费税比例税率）	应纳消费税 = 组成计税价格×消费税比例税率
复合计税	组成计税价格 =（材料成本 + 加工费 + **委托加工数量×消费税定额税率**）÷（1 - 消费税比例税率）	应纳消费税 = 组成计税价格×消费税比例税率 + 委托加工数量×消费税定额税率

【例题4-44·单选题】甲卷烟厂为增值税一般纳税人，受托加工一批烟丝，委托方提供的烟叶成本49 140元，甲卷烟厂收取含增值税加工费2 373元。已知增值税税率为13%，消费税税率为30%，无同类烟丝销售价格，计算甲卷烟厂该笔业务应代收代缴消费税税额的下列算式中，正确的是（　　）。（2017年）

A.［49 140 + 2 373÷（1 + 13%）］÷（1 - 30%）×30% = 21 960（元）
B.（49 140 + 2 373）÷（1 - 30%）×30% = 22 077（元）
C. 49 140÷（1 - 30%）×30% = 21 060（元）
D.（49 140 + 2 373）÷（1 + 13%）÷（1 - 30%）×30% = 19 537.17（元）

【答案】A
【解析】（1）烟丝从价定率计征消费税，题目中指出无同类烟丝销售价格，即应组成计税价格计算消费税；（2）消费税计税依据为不含税销售额，含增值税加工费需作价税分离；（3）应纳消费税 = 组成计税价格×消费税比例税率 =（材料成本 + 加工费）÷（1 - 消费税比例税率）×消费税比例税率。因此选项A正确。

4. 进口环节应纳税额的计算（组成计税价格）（见表4-31）

表4-31　进口环节应纳税额的计算

方式	计算公式	
从价定率	组成计税价格 =（关税完税价格 + 关税）÷（1 - 消费税比例税率）	应纳消费税 = 组成计税价格×消费税比例税率
复合计税	组成计税价格 =（关税完税价格 + 关税 + **进口数量×消费税定额税率**）÷（1 - 消费税比例税率）	应纳消费税 = 组成计税价格×消费税比例税率 + 进口数量×消费税定额税率

【例题4-45·单选题】某汽酒进口公司，2018年10月进口一批汽酒，已知该批汽酒的关税完税价格10 800元；消费税税率10%，关税税率14%。该批汽酒进口环节应缴纳消费税税额的下列计算中，正确的是（　　）。（2019年）

A. 10 800×10% = 1 080（元）
B. 10 800×（1 + 14%）×10% = 1 231.2（元）

C. 10 800 ×14%×10% =151.2（元）

D. 10 800 ×（1 +14%）÷（1 -10%）×10% =1 368（元）

【答案】D

【解析】（1）糠麸白酒、其他原料白酒、土甜酒、复制酒、果木酒、汽酒、药酒、葡萄酒属于"其他酒"，从价定率计征消费税；（2）应纳消费税 =组成计税价格×消费税比例税率 =（关税完税价格 +关税）÷（1 -消费税比例税率）×消费税比例税率。因此选项 D 正确。

（三）已纳消费税的扣除

①为避免重复征税，外购应税消费品和委托加工收回的应税消费品**继续生产**应税消费品销售的，可以将外购应税消费品和委托加工收回应税消费品已缴纳的消费税给予抵扣。例如，已税烟丝生产的卷烟；已税杆头、杆身和握把为原料生产的高尔夫球杆等。

a. **不允许抵扣的税目包括酒、摩托车、小汽车、高档手表、游艇、电池、涂料。**

b. 纳税人用外购或者委托加工收回的已税珠宝玉石为原料生产的改在零售环节征收消费税的**金银首饰**（镶嵌首饰），在计税时**一律不得扣除**外购或者委托加工收回的珠宝玉石已纳的消费税税款。

②计算公式。

当期准予扣除外购或委托加工收回的应税消费品的已纳消费税税款，应按**当期生产领用数量**计算。

当期准予扣除的应税消费品已纳税款 =当期生产领用数量×单价×应税消费品的适用税率

【例题 4 -46·单选题】根据消费税法律制度的规定，下列各项中，委托加工收回的应税消费品的已纳税款可以扣除的是（　　）。（2013 年）

A. 以委托加工收回的已税小汽车为原料生产的小汽车

B. 以委托加工收回的已税高档化妆品为原料生产的高档化妆品

C. 以委托加工收回的已税珠宝、玉石为原料生产的金银首饰

D. 以委托加工收回的已税白酒为原料生产的白酒

【答案】B

【解析】选项 AD：小汽车和白酒不涉及抵扣的问题；选项 C：纳税人用委托加工收回的已税珠宝、玉石为原料生产的改在零售环节征收消费税的"金银首饰"，在计税时一律不得扣除委托加工收回的珠宝、玉石原料的已纳消费税税款。因此选项 B 正确。

【例题 4-47·单选题】 甲企业为增值税一般纳税人，2017 年 12 月初库存烟丝不含增值税买价 5 万元，本月外购烟丝不含增值税买价 40 万元，月末库存烟丝不含增值税买价 10 万元，领用的烟丝当月全部用于连续生产卷烟。已知烟丝消费税税率为30%，计算甲企业本月准予扣除的外购烟丝已缴纳消费税税额的下列算式中，正确的是（　　）。（2018 年）

A．（5 +40）×30% =13.50（万元）
B．（5 +40 -10）×30% =10.5（万元）
C．40 ×30% =12（万元）
D．（40 -10）×30% =9（万元）

【答案】B
【解析】（1）当期准予扣除的外购应税消费品买价 =期初库存的外购应税消费品的买价（5 万元）+当期购进的应税消费品的买价（40 万元）-期末库存的外购应税消费品的买价（10 万元）；（2）当期准予扣除的外购应税消费品已纳税款 =当期准予扣除的外购应税消费品买价×外购应税消费品适用税率 =35 万元×30% =10.5（万元）。因此选项 B 正确。

「考点 16」消费税征收管理（★★）

（一）消费税的纳税义务发生时间（见表 4 -32）。

表 4 -32　　　　　　　　　　消费税的纳税义务发生时间

方式		纳税义务发生时间
销售	赊销和分期收款结算	为**书面合同约定的收款日期的当天**；书面合同没有约定收款日期或者无书面合同的，为**发出**应税消费品的当天
	预收货款结算	**发出**应税消费品的当天
	托收承付、委托银行收款结算	发出应税消费品并办妥托收手续的当天
	其他结算	收讫销售款或者取得索取销售款凭据的当天
自产自用		移送使用的当天
委托加工		纳税人提货的当天
进口		报关进口的当天

【例题 4-48·多选题】根据消费税法律制度的规定,下列关于消费税纳税义务发生时间的表述中,正确的有（   ）。(2013年、2015年)

A. 纳税人自产自用应税消费品的,为移送使用的当天
B. 纳税人委托加工应税消费品的,为交付加工费的当天
C. 纳税人进口应税消费品的,为报关进口的当天
D. 纳税人销售应税消费品采取预收款方式的,为发出应税消费品的当天

【答案】 ACD
【解析】 选项B:纳税人委托加工应税消费品的,为纳税人提货的当天。

（二）消费税的纳税地点（见表4-33）

表4-33　　　　　　　　　　　消费税的纳税地点

纳税行为	纳税地点	
销售的应税消费品	机构所在地或者居住地的主管税务机关	
自产自用的应税消费品		
委托加工	受托方为个人	由委托方向其机构所在地主管税务机关申报
	受托方除个人外	由受托方向机构所在地或者居住地的主管税务机关解缴
进口	由进口人或者其代理人向报关地海关申报	
到外县（市）销售	于应税消费品销售后,向机构所在地或者居住地主管税务机关申报	
委托外县（市）代销自产应税消费品		
总机构与分支机构不在同一县（市）	①原则上应当分别向各自机构所在地的主管税务机关申报纳税。②纳税人的总机构与分支机构不在同一县（市）,但在同一省（自治区、直辖市）范围内,经省（自治区、直辖市）财政厅（局）、税务机关审批同意,可以由总机构汇总向总机构所在地的主管税务机关申报缴纳消费税	

【例题 4-49·单选题】根据消费税法律制度的规定,下列关于消费税纳税地点的表述中,正确的是（   ）。(2016年)

A. 纳税人销售的应税消费品,除另有规定外,应当向纳税人机构所在地或居住地的主管税务机关申报纳税
B. 纳税人总机构与分支机构不在同一省的,由总机构汇总向总机构所在地的主管税务机关申报纳税
C. 进口的应税消费品,由进口人或者其代理人向机构所在地的主管税务机关申报纳税
D. 委托加工的应税消费品,受托方为个人的,由受托方向居住地的主管税务机关申报纳税

【答案】A
【解析】选项B：纳税人总机构与分支机构不在同一省的，不适用由总机构汇总缴纳的特殊规定，应由总机构和分支机构分别向各自机构所在地的主管税务机关申报纳税；选项C：进口的应税消费品，由进口人或者其代理人向"报关地海关"申报纳税；选项D：委托加工的应税消费品，受托方为个人的，由"委托方"向机构所在地的主管税务机关申报纳税。因此选项A正确。

城市维护建设税和教育费附加法律制度

「考点17」城市维护建设税与教育费附加（★）

以实际缴纳的增值税、消费税税额为计税依据所征收的税。

（一）城市维护建设税（见图4-12）

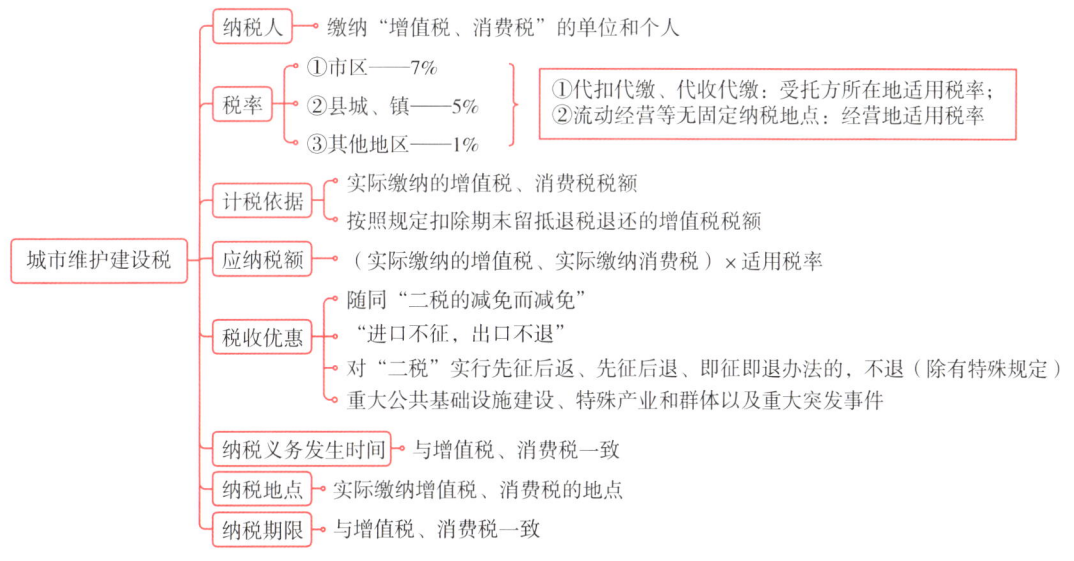

城市维护建设税
- 纳税人 —— 缴纳"增值税、消费税"的单位和个人
- 税率
  - ①市区——7%
  - ②县城、镇——5%
  - ③其他地区——1%
  - ①代扣代缴、代收代缴：受托方所在地适用税率；
  - ②流动经营等无固定纳税地点：经营地适用税率
- 计税依据
  - 实际缴纳的增值税、消费税税额
  - 按照规定扣除期末留抵退税退还的增值税税额
- 应纳税额 ——（实际缴纳的增值税、实际缴纳消费税）× 适用税率
- 税收优惠
  - 随同"二税的减免而减免"
  - "进口不征，出口不退"
  - 对"二税"实行先征后返、先征后退、即征即退办法的，不退（除有特殊规定）
  - 重大公共基础设施建设、特殊产业和群体以及重大突发事件
- 纳税义务发生时间 —— 与增值税、消费税一致
- 纳税地点 —— 实际缴纳增值税、消费税的地点
- 纳税期限 —— 与增值税、消费税一致

图4-12 城市维护建设税

【例题4-50·单选题】2018年10月甲公司向税务机关实际缴纳增值税70 000元、消费税50 000元；向海关缴纳进口环节增值税40 000元、消费税30 000元。已知城市维护建设税适用税率为7%，计算甲公司当月应缴纳城市维护建设税税额的下列算式中，正确的是（   ）。（2017年）
A.（70 000 + 50 000 + 40 000 + 30 000）× 7% = 13 300（元）

B. （70 000 +40 000）×7% =7 700（元）
C. （50 000 +30 000）×7% =5 600（元）
D. （70 000 +50 000）×7% =8 400（元）

【答案】D

【解析】选项 ABC 错误，对进口货物或者境外单位和个人向境内销售劳务、服务、无形资产缴纳的增值税、消费税税额，不征收城市维护建设税。

【例题4-51·单选题】根据城市维护建设税法律制度的规定，下列关于城市维护建设税税收优惠的表述中，不正确的是（　　）。（2016年）

A. 对出口产品退还增值税的，可同时退还已缴纳的城市维护建设税
B. 海关对进口产品代征的增值税，不征收城市维护建设税
C. 对增值税实行先征后退办法的，除另有规定外，不予退还增值税附征的城市维护建设税
D. 对增值税实行即征即退办法的，除另有规定外，不予退还增值税附征的城市维护建设税

【答案】A

【解析】选项 A：对出口产品退还增值税的，不退还已缴纳的城市维护建设税。

（二）教育费附加（见图4-13）

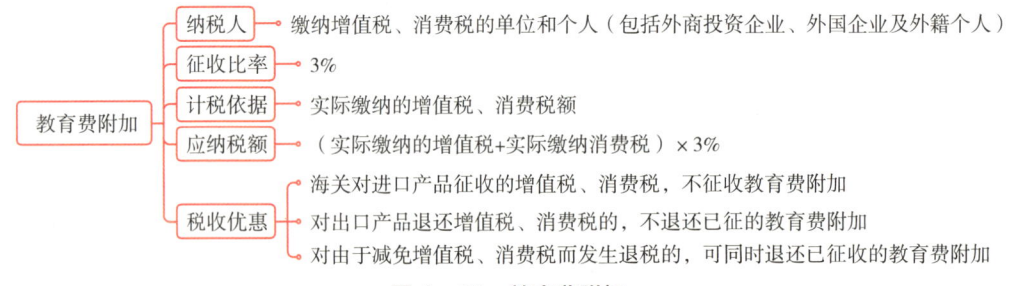

教育费附加
- 纳税人 → 缴纳增值税、消费税的单位和个人（包括外商投资企业、外国企业及外籍个人）
- 征收比率 → 3%
- 计税依据 → 实际缴纳的增值税、消费税额
- 应纳税额 → （实际缴纳的增值税+实际缴纳消费税）×3%
- 税收优惠
  - 海关对进口产品征收的增值税、消费税，不征收教育费附加
  - 对出口产品退还增值税、消费税的，不退还已征的教育费附加
  - 对由于减免增值税、消费税而发生退税的，可同时退还已征收的教育费附加

图4-13　教育费附加

【例题4-52·单选题】2018年12月甲企业向税务机关应缴纳增值税30万元，实际缴纳20万元，向税务机关应缴纳消费税28万元，实际缴纳12万元。已知教育费附加征收比率为3%。计算甲企业当月应缴纳教育费附加的下列算式中，正确的是（　　）。（2019年）

A. （30 +28）×3% =1.74（万元）
B. （20 +12）×3% =0.96（万元）
C. 30 ×3% =0.9（万元）
D. 28 ×3% =0.84（万元）

【答案】B
【解析】（1）教育费附加以纳税人实际缴纳的增值税、消费税税额之和为计征依据；（2）甲企业当月应缴纳教育费附加=（20+12）×3%=0.96（万元）。

车辆购置税法律制度

「考点18」车辆购置税（★）

车辆购置税，是对在中国境内**购置**应税车辆的单位和个人征收的一种税。

（一）纳税人和征收范围

1. 在我国境内**购置应税车辆**的单位和个人，为车辆购置税的纳税人

【知识卡片】"购置"包括购买、进口、自产、受赠、获奖或者以其他方式取得并**自用**应税车辆的行为。

2. 应税车辆

汽车、有轨电车、汽车挂车、排气量超过150毫升的摩托车。

（二）应纳税额的计算（见表4-34）

表4-34　　　　　　　　　　应纳税额的计算

项目		具体内容
税率		采用10%的比例税率
计税依据	购买自用	纳税人购买自用应税车辆的计税价格，为纳税人实际支付给销售者的全部价款，不包括增值税税款。 【知识卡片】自2020年6月1日起，纳税人购置应税车辆，以电子发票信息中的不含增值税价作为计税价格。
	进口自用	**计税价格=关税完税价格+关税+消费税**
	自产自用	①纳税人自产自用应税车辆的计税价格，按照纳税人生产的同类应税车辆的销售价格确定，不包括增值税税款； ②没有同类应税车辆销售价格的，按照组成计税价格确定，计算公式为： **组成计税价格=成本×（1+成本利润率）** 【知识卡片】属于应征消费税的应税车辆，其组成计税价格中包括消费税税额
	受赠、获奖或者以其他方式取得并自用	按照**购置应税车辆时**相关凭证载明的价格确定，**不包括增值税税款**
	核定计税价格	纳税人申报的应税车辆计税价格明显偏低，又无正当理由的，由税务机关依照有关规定核定其应纳税额
应纳税额		应纳税额=计税依据×税率

（三）税收优惠

免税车辆：
①外国驻华使馆、领事馆和国际组织驻华机构及其有关人员自用的车辆；
②中国人民解放军和中国人民武装警察部队列入装备订货计划的车辆；
③设有固定装置的非运输专用车辆；
④城市公交企业购置的**公共汽电车辆**；
⑤悬挂应急救援专用号牌的国家综合性消防救援车辆。

（四）车辆购置税的征收管理

1. 纳税申报
①车辆购置税实行**一次性征收**。
②购置已征车辆购置税的车辆，不再征收车辆购置税。
2. 纳税期限：自纳税义务发生之日起"60日"内
3. 纳税地点
①纳税人购置应税车辆，应当向车辆登记地的主管税务机关申报缴纳车辆购置税；
②购置不需要办理车辆登记的应税车辆的，应当向纳税人所在地的主管税务机关申报缴纳车辆购置税。

> 【知识卡片】纳税人将已征车辆购置税的车辆退回车辆生产企业或者销售企业的，可以向主管税务机关申请退还车辆购置税。退税额以已缴税款为基准，自缴纳税款之日至申请退税之日，每满1年扣减10%。

> 【例题4-53·单选题】某汽车企业2017年5月进口自用小汽车一辆，海关审定的关税完税价格为60万元，缴纳关税15万元，消费税25万元，已知车辆购置税税率为10%。计算车辆购置税税额的下列算式中，正确的是（　　）。（2018年）
> A.（60+15）×10%=7.5（万元）
> B.（60+25）×10%=8.5（万元）
> C.（60+15+25）×10%=10（万元）
> D. 60×10%=6（万元）
> 【答案】C
> 【解析】选项C：纳税人进口自用的应税车辆的计税价格=关税完税价格+关税+消费税。

> 【例题4-54·单选题】根据车辆购置税法律制度的规定，下列车辆中，不属于车辆购置税免税项目的是（　　）。（2019年）
> A. 外国驻华使馆的自用小汽车
> B. 设有固定装置的非运输专用作业车辆

C. 城市公交企业购置的公共汽电车
D. 个人购买的经营用小汽车

【答案】D

【解析】选项 ABC：免征车辆购置税。

关税法律制度

[考点19] 关税（★）

关税是对进出国境或关境的货物、物品征收的一种税。

（一）关税的纳税人

1. 进出口货物的收、发货人
①外贸进出口公司；
②工贸或农贸结合的进出口公司；
③其他经批准经营进出口商品的企业。
2. 进出境物品的所有人
①入境旅客随身携带的行李、物品的**持有人**；
②各种运输工具上服务人员入境时携带自用物品的**持有人**；
③馈赠物品以及其他方式入境个人物品的**所有人**；
④个人邮递物品的**收件人**。

（二）关税税率（见表4-35）

表4-35　　　　　　　　　　　　关税税率

税率形式		具体规定
进口税率	普通税率	①对原产于未与我国共同适用最惠国条款的世界贸易组织成员；②未与我国订有相互给予最惠国待遇、关税优惠条款贸易协定和特殊关税优惠条款贸易协定的国家或者地区的进口货物；③原产地不明的货物。
	最惠国税率	①对原产于与我国共同适用最惠国条款的世界贸易组织成员的进口货物；②原产于与我国签订含有相互给予最惠国待遇的双边贸易协定的国家或地区的进口货物；③原产于我国的进口货物。
	协定税率	对原产于与我国签订含有关税优惠条款的区域性贸易协定的国家或地区的进口货物
	特惠税率	对原产于与我国签订含有特殊关税优惠条款的贸易协定的国家或地区的进口货物
	关税配额税率	对于在配额内进口的货物可以适用较低的关税配额税率，对于配额之外的则适用较高税率。
	暂定税率	在最惠国税率的基础上，对于需要个别安排的进口货物可以实行暂定税率
出口税率		出口货物完税价格＝离岸价格÷（1＋出口税率）

【知识卡片】滑准税是指关税的税率随着进口商品价格的变动而反方向变动的一种税率形式，即价格越高，税率越低。

【例题4-55·判断题】对从境外采购进口的原产于中国境内的货物，不征收进口关税。（   ）   （2016年）
【答案】错误
【解析】对从境外采购进口的原产于中国境内的货物，按照最惠国税率征税。

【例题4-56·单选题】根据关税法律制度的规定，原产于与我国签订含有特殊关税优惠条款的是（   ）。（2019年）
A. 协定税率　　　B. 最惠国税率　　　C. 特惠税率　　　D. 普通税率
【答案】C
【解析】选项A：对原产于与我国签订含有关税优惠条款的区域性贸易协定的国家或地区的进口货物，按协定税率征税；选项B：对原产于与我国共同适用最惠国条款的世界贸易组织成员进口货物，原产于与我国签订含有相互给予最惠国待遇的双边贸易协定的国家或者地区的进口货物，以及原产于我国的进口货物，按照最惠国税率征税；选项D：普通税率包括原产于未与我国共同适用或订立最惠国税率，特惠税率或协定税率的国家或地区和原产地不明的情形。

（三）进口货物的完税价格

一般贸易项下进口的货物以海关审定的成交价格为基础的**到岸价格**作为完税价格（见表4-36）。

表4-36　　　　　　　　　　　进口货物的完税价格

计入成交价格	不计入成交价格
①货价； ②货物**运抵我国关境内输入地点起卸前**的包装费、运费、保险费和其他劳务费等费用； ③为了在境内生产、制造、使用或出版、发行的目的而向境外支付的与该进口货物有关的专利、商标、著作权，以及专有技术、计算机软件和资料等费用； ④另支付给**卖方的佣金；** ⑤卖方违反合同规定延期交货的罚款，卖方在货价中冲减时，**罚款不能从成交价格中扣除**	①向境外采购代理人支付的**买方佣金；** ②卖方付给进口人的正常回扣； ③货物进口后发生的有关费用＋起卸后的费用； ④进口环节海关代征的国内税（增值税、消费税）

【知识卡片】特殊贸易项下进口货物的完税价格，主要有：运往境外修理的机械器具、运输工具或者其他货物，出境时已向海关报明并在海关规定期限内复运进境的，以经海关审定的修理费和料件费作为完税价格。

(四) 关税的应纳税额计算（见表4-37）

表4-37　　　　　　　　　　关税的应纳税额计算

计算方法	计算公式
从价税	应纳税额＝应税进（出）口货物数量×单位完税价格×适用税率
从量税	应纳税额＝应税进口货物数量×关税单位税额 【适用】啤酒、原油等
复合税	应纳税额＝应税进口货物数量×关税单位税额＋应税进口货物数量×单位完税价格×适用税率 【适用】放像机、广播用录像机、摄影机

【例题4-57·单选题】2018年9月甲公司进口一批货物，海关审定的成交价格为1 100万元，货物运抵我国境内输入地点起卸前的运费96万元，保险费4万元。已知关税税率为10%。计算甲公司该笔业务应缴纳的关税税额的下列算式中，正确的是（　　）。（2019年）
A. （1 100 +96 +4）×10% =120（万元）
B. （1 100 +4）×10% =110.4（万元）
C. 1 100 ×10% =110（万元）
D. （1 100 +96）×10% = 119.6（万元）
【答案】A
【解析】选项A：进口环节，关税完税价格包括货价以及货物运抵我国关境内输入地点起卸前的包装费、运费、保险费和其他劳务费等费用。

【例题4-58·单选题】2019年5月，甲企业进口一辆小汽车自用，支付买价17万元，货物运抵我国关境内输入地点起卸前的运费和保险费共计3万元，货物运抵我国关境内输入地点起卸后的运费和保险费共计2万元，另支付买方佣金1万元。已知关税税率为20%，消费税税率为25%，城建税税率为7%，教育费附加征收率为3%。假设无其他纳税事项，则下列关于甲企业相关税金的计算，正确的是（　　）。（2015年）
A. 应纳进口关税4.2万元
B. 应纳进口环节消费税8万元
C. 应纳进口环节增值税4.08万元
D. 应纳城建税和教育费附加1.34万元
【答案】B
【解析】货物运抵我国关境内输入地点起卸"后"的运费和保险费不计入关税完税价格；向境外采购代理人支付的买方佣金不计入关税完税价格。在本题中：
（1）甲企业应缴纳的关税＝（17 +3）×20% =4（万元）；

145

（2）甲企业应纳进口环节消费税=（17+3+4）÷（1-25%）×25%=8（万元）；

（3）甲企业应纳进口环节增值税=（17+3+4+8）×13%=4.16（万元）；

（4）城建税和教育费附加"进口不征、出口不退"。

（五）关税的税收优惠

1. 法定减免税

①一票货物关税税额、进口环节增值税或者消费税税额在人民币 **50 元以下**的；

②**无商业价值的**广告品及货样；

③**国际组织、外国政府**无偿赠送的物资；

④进出境运输工具装载的**途中必需**的燃料、物料和饮食用品；

⑤因故退还的中国出口货物，可以免征进口关税，但已征收的出口关税不予退还；

⑥因故退还的境外进口货物，可以免征出口关税，但已征收的进口关税不予退还。

2. 政策性减免税（酌情减免关税）

①在境外运输途中或者在起卸时，遭受到损坏或者损失的；

②起卸后海关放行前，因不可抗力遭受损坏或者损失的；

③海关查验时已经破漏、损坏或者腐烂，经证明**不是**保管不慎造成的。

3. 临时性减免税

为境外厂商加工、装配成品和为制造外销产品而进口的原材料、辅料、零件、部件、配套件和包装物料，海关按照实际加工出口的成品数量免征进口关税；或者对进口料、件先征进口关税，再按照实际加工出口的成品数量予以退税。

【例题4-59·单选题】根据关税法律制度的规定，下列各项中，海关可以酌情减免关税的是（　　）。（2014年）

A. 进出境运输工具装载的途中必需的燃料、物料和饮食用品

B. 无商业价值的广告品及货样

C. 国际组织无偿赠送的物资

D. 在境外运输途中受到损坏的进口货物

【答案】D

【解析】选项ABC：均属于法定减免税的情形，经海关审查无误可以免税。

（六）关税征收管理

1. 纳税期限与滞纳金

①关税是在货物实际进出境时，即在纳税人按进出口货物通关规定向海关申报后、海关放行前一次性缴纳；

②进出口货物的收发货人或其代理人应当在海关填发税款缴款书之日起15日内，向指定银行缴纳税款。逾期不缴的，除依法追缴外，由海关自到期次日起至缴清税款之日

止，按日征收欠缴税额万分之五的滞纳金。

2. 关税的退税与追缴

①对由于海关误征、多缴纳税款的；海关核准免验的进口货物在完税后，发现有短卸情况，经海关审查认可的；已征出口关税的货物，因故未装运出口申报退关，经海关查验属实的，纳税人可以从缴纳税款之日起的 1 年内，书面声明理由，连同纳税收据向海关申请退税，逾期不予受理。海关应当自受理退税申请之日起 30 日内作出书面答复，并通知退税申请人。

②进出口货物完税后，如发现少征或漏征税款，海关有权在 1 年内予以补征；如因收发货人或其代理人违反规定而造成少征或漏征税款的，海关在 3 年内可以追缴。

躲坑作战1

一般计税方法的学习框架（见图 4-14）。

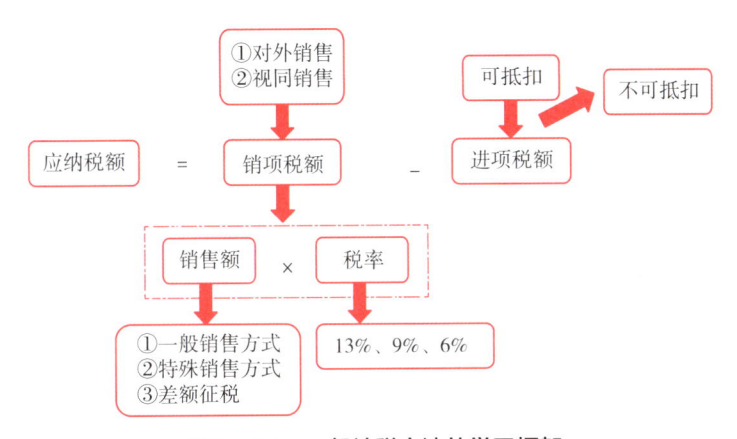

图 4-14 一般计税方法的学习框架

躲坑作战2

增值税计税方法（见表 4-38）。

表 4-38 增值税计税方法

计税方法	计算公式
一般计税方法应纳税额	当期应纳税额＝当期销项税额－当期准予抵扣的进项税额 ＝不含增值税销售额×适用税率－当期准予抵扣的进项税额 ＝含增值税销售额÷（1＋适用税率）×适用税率－当期准予抵扣的进项税额
简易计税方法应纳税额	应纳税额＝不含税销售额×征收率 ＝含税销售额÷（1＋征收率）×征收率
进口货物应纳税额	①进口非应税消费品：应纳税额＝组成计税价格×税率 ＝（关税完税价格＋关税税额）×税率
	②进口应税消费品：应纳税额＝组成计税价格×税率 ＝（关税完税价格＋关税税额＋**消费税税额**）×税率
扣缴计税方法	应扣缴税额＝购买方支付的价款÷（1＋税率）×税率

躲坑作战3

消费税征税范围（见图4-15）。

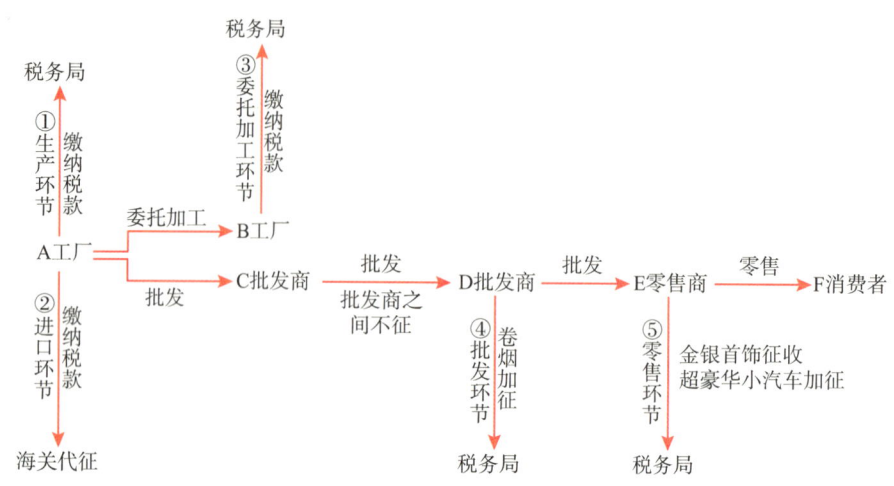

图4-15 消费税征税范围

躲坑作战4

消费税组成计税价格计算公式（见图4-16）。

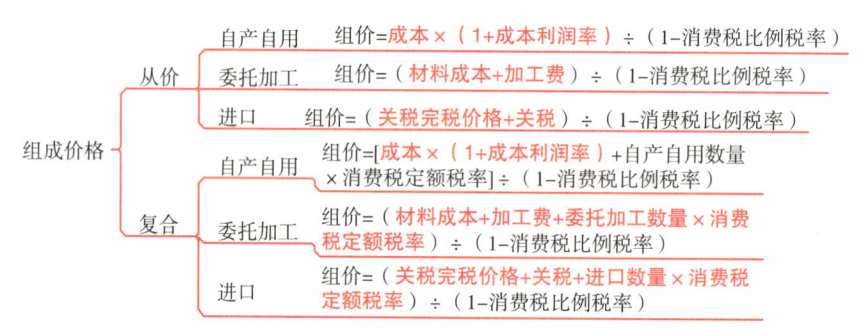

组成价格：

从价：
- 自产自用：组价 = 成本 ×（1+成本利润率）÷（1-消费税比例税率）
- 委托加工：组价 =（材料成本+加工费）÷（1-消费税比例税率）
- 进口：组价 =（关税完税价格+关税）÷（1-消费税比例税率）

复合：
- 自产自用：组价 = [成本 ×（1+成本利润率）+自产自用数量 × 消费税定额税率] ÷（1-消费税比例税率）
- 委托加工：组价 =（材料成本+加工费+委托加工数量 × 消费税定额税率）÷（1-消费税比例税率）
- 进口：组价 =（关税完税价格+关税+进口数量 × 消费税定额税率）÷（1-消费税比例税率）

图4-16 消费税组成计税价格计算公式

你已成功完成第四章的学习！

扫码领取全程课加入带学群

挑战无处不在，但摇摆的心态，拖延的习惯，向困难妥协，这些才是你真正的敌人。

第 11 天

复习旧内容
第四章 税法概述及货物和劳务税法律制度 考点 13~19

学习新内容
第五章 所得税法律制度 考点 1~4

你今天可能有的心态
什么时候是个头啊？刚学完硬核的两个税种，结果接下来的企业所得税和个人所得税也属于考试重点，真是酸爽。但反过来一看，全书八章，已经学过一半了。咬牙继续坚持吧！

简单解释今天学习的内容
企业所得税的核心是确定应纳税所得额，它是企业每一纳税年度的收入总额，减去不征税收入、免税收入、各项扣除以及允许弥补的以前年度亏损后的余额。计算应纳税所得额时，会从会计利润的角度分析调整金额，间接法虽有难度，但学完以后记忆调增调减情形即可。企业所得税的高频必考点要准确背诵，出题套路相对有迹可循。

学习方法
背就一个字，却要说好几次……不过无须通篇背诵，对于高频考点也只是记忆关键字。

建议学习时间
3 小时

今日打卡

任务内容	预计时间	重点任务要求
早读	30分钟	☐ 背诵增值税与消费税相关内容 ☐ 听微课
第五章 考点1~4	100分钟	☐ 企业所得税纳税人及征税对象 ☐ 企业所得税应纳税所得额的计算 ☐ 资产的税务处理
做作业	30分钟	☐ 整理并消化增值税与消费税的错题 ☐ 做教材例题、精练习题
回忆内容	20分钟	☐ 梳理今日所学内容 ☐ 默写企业所得税税前扣除项目及标准

第五章　所得税法律制度

考情分析

本章开始讲解所得税，包括企业所得税和个人所得税两节内容。企业所得税可以和个人所得税中的"经营所得"进行对比记忆，特别是它们在生产经营费用的扣除方面存在许多相似之处，注意区分不同点。企业所得税的学习脉络比较清晰，按照正常学习税法的思路即可，而个人所得税税目众多，难度较大，需要先理解各个税目的含义，再去掌握应纳税所得额的核算，最后结合税目和应纳税所得额去理清应纳税额的计算公式。本章考试分数20分左右，属于不定项选择题重点考核章节之一。

考点地图

企业所得税框架见图5-1。

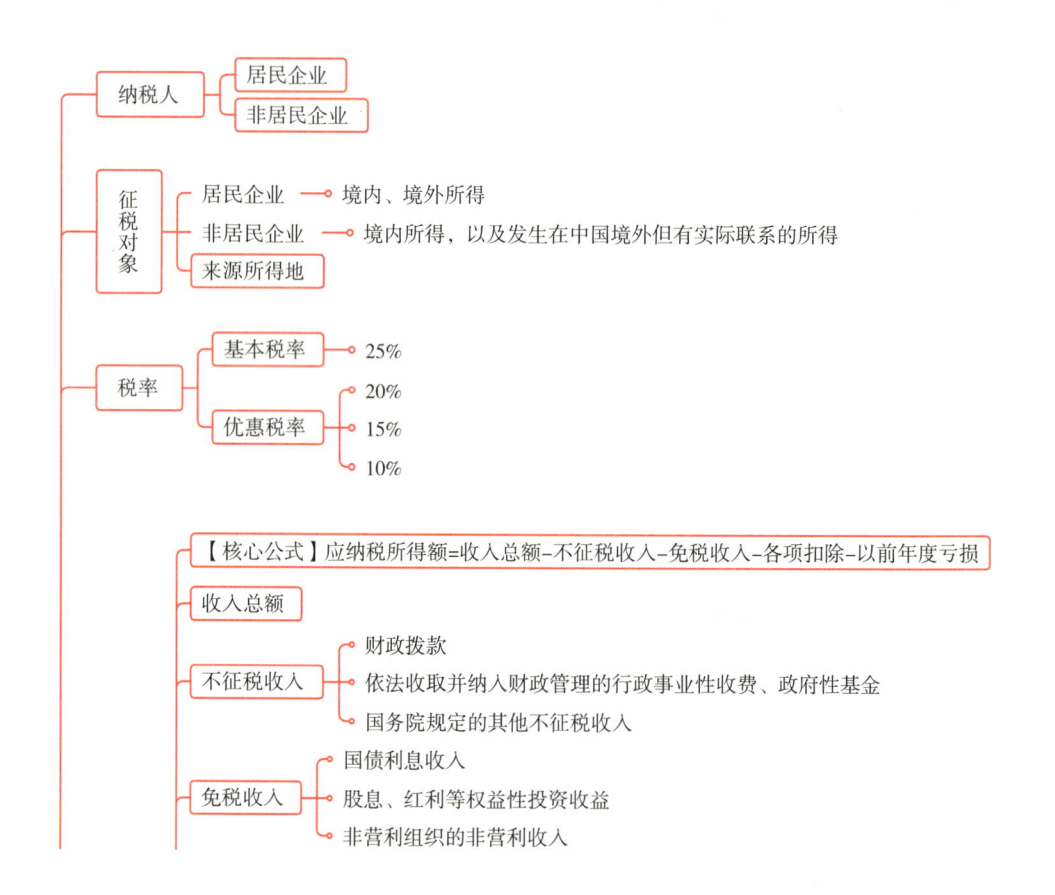

- 纳税人
  - 居民企业
  - 非居民企业

- 征税对象
  - 居民企业 → 境内、境外所得
  - 非居民企业 → 境内所得，以及发生在中国境外但有实际联系的所得
  - 来源所得地

- 税率
  - 基本税率 —— 25%
  - 优惠税率
    - 20%
    - 15%
    - 10%

- 【核心公式】应纳税所得额=收入总额-不征税收入-免税收入-各项扣除-以前年度亏损

- 收入总额

- 不征税收入
  - 财政拨款
  - 依法收取并纳入财政管理的行政事业性收费、政府性基金
  - 国务院规定的其他不征税收入

- 免税收入
  - 国债利息收入
  - 股息、红利等权益性投资收益
  - 非营利组织的非营利收入

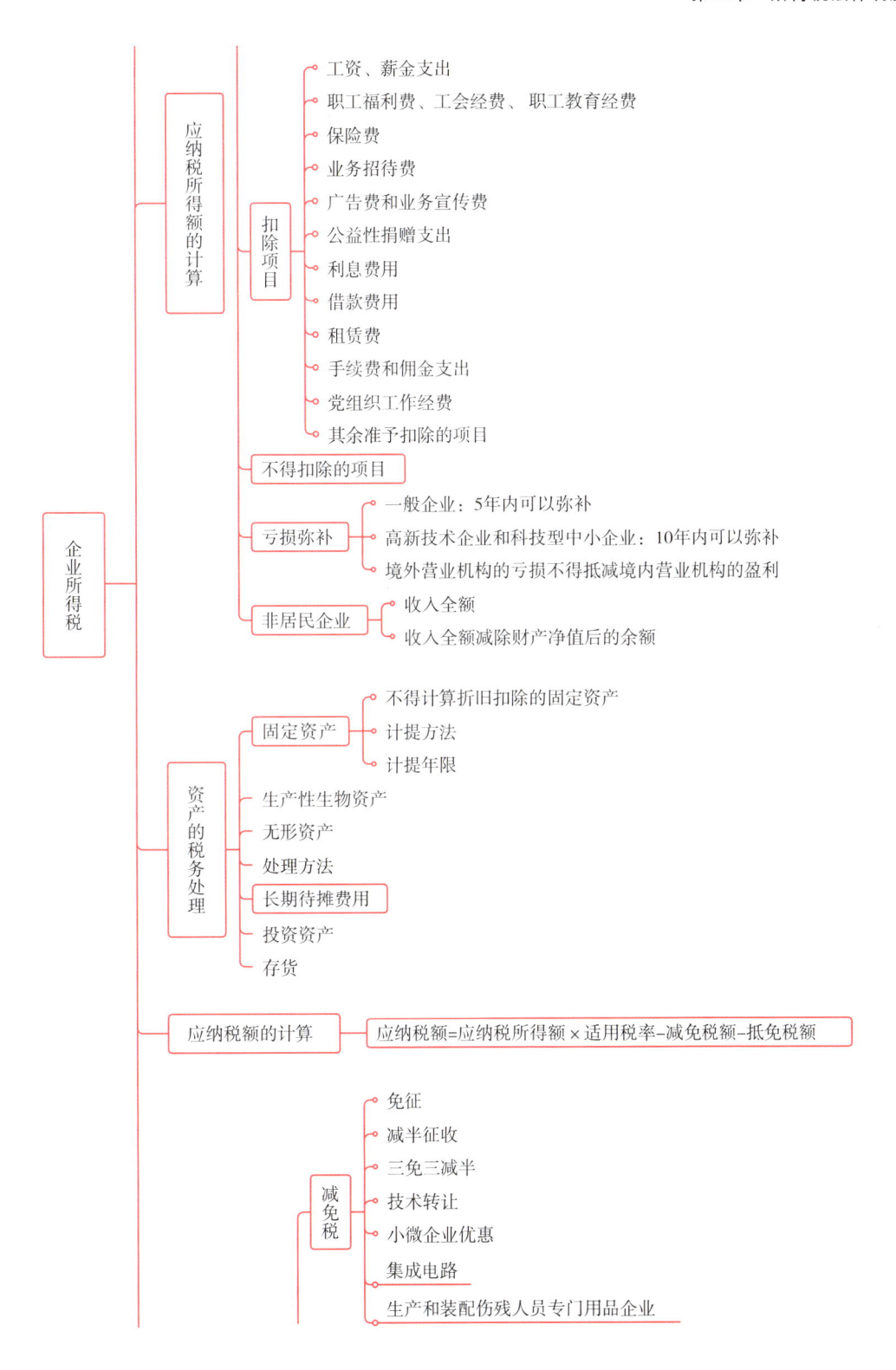

第五章 所得税法律制度

- 企业所得税
  - 应纳税所得额的计算
    - 扣除项目
      - 工资、薪金支出
      - 职工福利费、工会经费、职工教育经费
      - 保险费
      - 业务招待费
      - 广告费和业务宣传费
      - 公益性捐赠支出
      - 利息费用
      - 借款费用
      - 租赁费
      - 手续费和佣金支出
      - 党组织工作经费
      - 其余准予扣除的项目
    - 不得扣除的项目
    - 亏损弥补
      - 一般企业：5年内可以弥补
      - 高新技术企业和科技型中小企业：10年内可以弥补
      - 境外营业机构的亏损不得抵减境内营业机构的盈利
    - 非居民企业
      - 收入全额
      - 收入全额减除财产净值后的余额
  - 资产的税务处理
    - 固定资产
      - 不得计算折旧扣除的固定资产
      - 计提方法
      - 计提年限
    - 生产性生物资产
    - 无形资产
    - 处理方法
    - 长期待摊费用
    - 投资资产
    - 存货
  - 应纳税额的计算
    - 应纳税额=应纳税所得额×适用税率-减免税额-抵免税额
  - 减免税
    - 免征
    - 减半征收
    - 三免三减半
    - 技术转让
    - 小微企业优惠
    - 集成电路
    - 生产和装配伤残人员专门用品企业

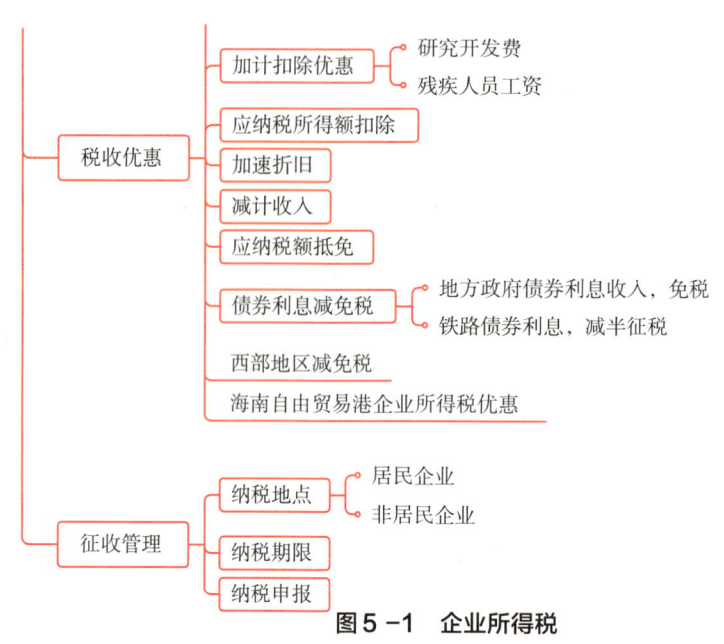

```
                         ┌─ 加计扣除优惠 ─┬─ 研究开发费
                         │               └─ 残疾人员工资
                         ├─ 应纳税所得额扣除
                         ├─ 加速折旧
            ┌─ 税收优惠 ─┤─ 减计收入
            │            ├─ 应纳税额抵免
            │            ├─ 债券利息减免税 ─┬─ 地方政府债券利息收入，免税
            │            │                 └─ 铁路债券利息，减半征税
            │            ├─ 西部地区减免税
            │            └─ 海南自由贸易港企业所得税优惠
            │
            │            ┌─ 纳税地点 ─┬─ 居民企业
            └─ 征收管理 ─┤            └─ 非居民企业
                         ├─ 纳税期限
                         └─ 纳税申报
```

图5-1 企业所得税

个人所得税框架见图5-2：

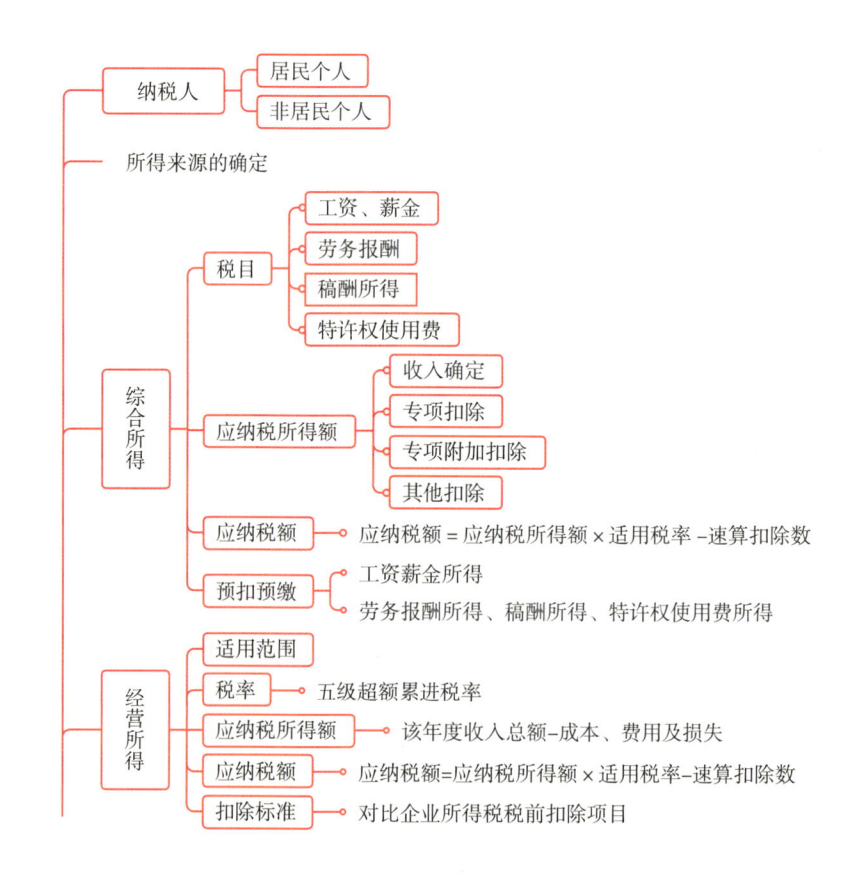

```
  ┌─ 纳税人 ─┬─ 居民个人
  │          └─ 非居民个人
  │
  ├─ 所得来源的确定
  │
  │            ┌─ 税目 ─┬─ 工资、薪金
  │            │        ├─ 劳务报酬
  │            │        ├─ 稿酬所得
  │            │        └─ 特许权使用费
  │            │
  │            │                  ┌─ 收入确定
  ├─ 综合所得 ─┤─ 应纳税所得额 ──┤─ 专项扣除
  │            │                  ├─ 专项附加扣除
  │            │                  └─ 其他扣除
  │            │
  │            ├─ 应纳税额 ── 应纳税额=应纳税所得额×适用税率-速算扣除数
  │            │
  │            └─ 预扣预缴 ─┬─ 工资薪金所得
  │                         └─ 劳务报酬所得、稿酬所得、特许权使用费所得
  │
  │            ┌─ 适用范围
  │            ├─ 税率 ── 五级超额累进税率
  └─ 经营所得 ─┤─ 应纳税所得额 ── 该年度收入总额-成本、费用及损失
               ├─ 应纳税额 ── 应纳税额=应纳税所得额×适用税率-速算扣除数
               └─ 扣除标准 ── 对比企业所得税税前扣除项目
```

第五章 所得税法律制度

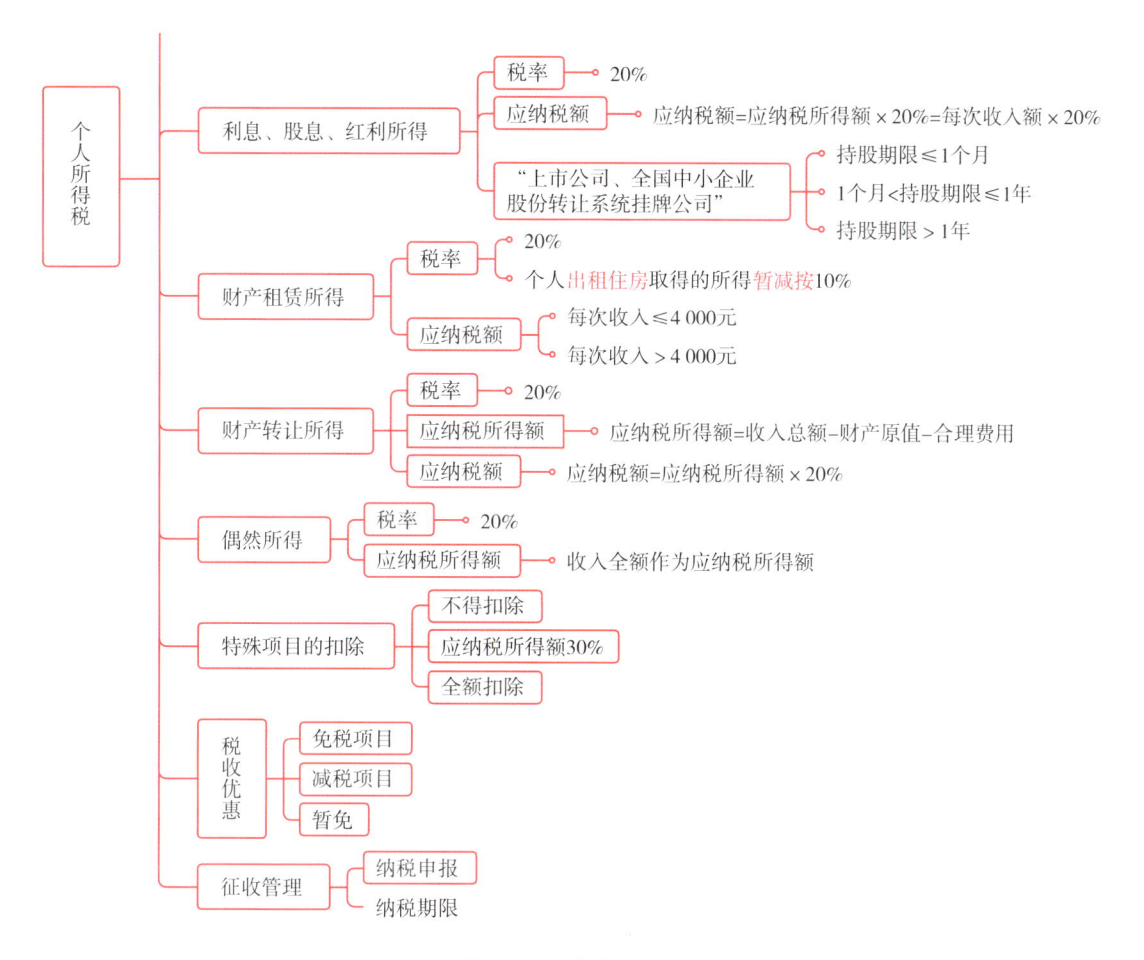

```
个人所得税
├─ 利息、股息、红利所得
│   ├─ 税率 — 20%
│   ├─ 应纳税额 — 应纳税额=应纳税所得额×20%=每次收入额×20%
│   └─ "上市公司、全国中小企业股份转让系统挂牌公司"
│       ├─ 持股期限≤1个月
│       ├─ 1个月<持股期限≤1年
│       └─ 持股期限>1年
├─ 财产租赁所得
│   ├─ 税率 — 20%，个人出租住房取得的所得暂减按10%
│   └─ 应纳税额
│       ├─ 每次收入≤4 000元
│       └─ 每次收入>4 000元
├─ 财产转让所得
│   ├─ 税率 — 20%
│   ├─ 应纳税所得额 — 应纳税所得额=收入总额-财产原值-合理费用
│   └─ 应纳税额 — 应纳税额=应纳税所得额×20%
├─ 偶然所得
│   ├─ 税率 — 20%
│   └─ 应纳税所得额 — 收入全额作为应纳税所得额
├─ 特殊项目的扣除
│   ├─ 不得扣除
│   ├─ 应纳税所得额30%
│   └─ 全额扣除
├─ 税收优惠
│   ├─ 免税项目
│   ├─ 减税项目
│   └─ 暂免
└─ 征收管理
    ├─ 纳税申报
    └─ 纳税期限
```

图5-2 个人所得税

💡 企业所得税法律制度

企业所得税是对在中国境内的企业和其他取得收入的组织的生产经营所得和其他所得征收的一种所得税。

「考点1」企业所得税纳税人及征税对象（★★）

（一）企业所得税纳税人

①企业所得税纳税人包括各类企业、事业单位、社会团体、民办非企业单位和从事经营活动的其他组织。

> 【知识卡片】个人独资企业、合伙企业不是企业所得税的纳税人。

②分类。
企业所得税纳税人分类如表5-1所示。

表 5-1　　　　　　　　　　　　企业所得税纳税人分类

类型	划分标准		纳税义务
居民企业	依法在**中国境内**成立的企业（**注册地标准**）		就来源于中国境内、境外的全部所得纳税
	依照外国（地区）法律成立但**实际管理机构**在中国境内的企业（**实际管理机构所在地标准**）		
非居民企业	依照外国（地区）法律成立且实际管理机构不在中国境内的企业	在中国境内设立机构、场所	①来源于中国境内的所得纳税；②发生在中国境外但与其所设机构、场所有实际联系的所得纳税
		在中国境内未设立机构、场所，但有来源于中国境内所得	就来源于中国境内的所得纳税

（二）所得来源地的确定（见表 5-2）

表 5-2　　　　　　　　　　　　所得来源地的确定

所得类型		来源地的确定
销售货物所得		交易活动发生地
提供劳务所得		劳务发生地
转让财产所得	**不动产转让所得**	**不动产所在地**
	动产转让所得	转让动产的企业或者机构、场所所在地
	权益性投资资产转让所得	**被投资企业所在地**
股息、红利等权益性投资所得		**分配所得的企业所在地**
利息、租金、特许权使用费所得		①**负担、支付**所得的企业或者机构、场所所在地；②负担、支付所得的个人的住所地

【例题 5-1·单选题】根据企业所得税法律制度的规定，以下属于非居民企业的是（　　）。（2015 年）

A. 根据我国法律成立，实际管理机构在中国的丙公司
B. 根据外国法律成立，实际管理机构在我国的甲公司
C. 根据外国法律成立且实际管理机构在国外，在我国设立机构场所的
D. 根据我国法律成立，在国外设立机构场所的

【答案】C

【解析】选项 C：非居民企业是指依照外国（地区）法律成立且实际管理机构不在中国境内，但在中国境内设立机构、场所的，或者在中国境内未设立机构、场所，但有来源于中国境内所得的企业。

> **【例题 5-2·多选题】** 根据企业所得税法律制度的规定，下列关于确定所得来源地的表述，正确的有（　　）。（2016 年）
> A. 提供劳务所得，按照劳务发生地确定
> B. 销售货物所得，按照交易活动发生地确定
> C. 不动产转让所得，按照转让不动产的企业所在地确定
> D. 股息所得，按照分配股息的企业所在地确定
> 【答案】ABD
> 【解析】选项 C：不动产转让所得，按照不动产所在地确定所得来源地。

「考点 2」企业所得税税率（★）

企业所得税税率见表 5-3。

表 5-3　　　　　　　　　　　　　　　　企业所得税税率

比例税率	适用情形
25%	居民企业
	非居民企业（在中国境内设立机构、场所且取得的所得与其所设机构、场所有实际联系的非居民企业，其来源于中国境内、境外的所得）
20%	小型微利企业
15%	高新技术企业和经认定的技术先进型服务企业（服务贸易类）
10%	在中国境内未设立机构、场所，或虽设立机构、场所但取得的所得与其所设机构、场所没有实际联系的，就其来源于中国境内的所得，适用税率为 20%，实际减按 10% 税率征收

「考点 3」企业所得税应纳税所得额的计算（★★★）

应纳税所得额 = 收入总额 - 不征税收入 - 免税收入 - 各项扣除 - 以前年度亏损

（一）收入总额

包括销售货物收入，提供劳务收入，转让财产收入，股息、红利等权益性投资收益，利息收入，租金收入，特许权使用费收入，接受捐赠收入以及其他收入。

1. 收入形式（见表 5-4）

表 5-4　　　　　　　　　　　　　　　　收入形式

收入形式	具体内容
货币形式	现金、存款、应收账款、应收票据、准备持有至到期的债券投资以及债务的豁免等
非货币形式	固定资产、生物资产、无形资产、股权投资、存货、不准备持有至到期的债券投资、劳务以及有关权益等。 【知识卡片】非货币形式收入应当按照公允价值确定收入额

155

2. 各类收入的确认时间（见表5-5）

表5-5　　　　　　　　　　　各类收入的确认时间

销售方式		收入的确认时间
销售货物收入	采用托收承付方式	在办妥托收手续时确认
	采取预收款方式	发出商品时确认
	销售商品需要安装和检验的	①在购买方接收商品以及安装和检验完毕时确认；②如果安装程序比较简单，可在发出商品时确认
	采用支付手续费方式委托代销	在收到代销清单时确认
	售后回购	销售的商品按售价确认收入，回购的商品作为购进商品处理
	以旧换新	按照销售商品收入确认条件确认收入，回收的商品作为购进商品处理
	商业折扣	按照扣除商业折扣后的金额确定销售商品收入金额
	现金折扣	按扣除现金折扣前的金额确定销售商品收入金额，折扣在实际发生时作为财务费用扣除
	销售折让	企业已经确认销售收入的售出商品发生销售折让的，应当在发生当期冲减当期销售商品收入
提供劳务收入		采用完工进度（百分比）法确认提供劳务收入
转让财产收入		按照从财产受让方已收或应收的合同或协议价款确认
股息、红利等权益性投资收益		按照被投资方作出利润分配决定的日期确认
接受捐赠收入		按照实际收到捐赠资产的日期确认
利息收入		按照合同约定的债务人应付利息的日期确认
租金收入		按照合同约定的承租人应付租金的日期确认。【知识卡片】租赁期限跨年度，且租金提前一次性支付的，在租赁期内，分期均匀计入相关年度收入
特许权使用费收入		按照合同约定的特许权使用人应付特许权使用费的日期确认
采用分期收款方式的		按照合同约定的收款日期确认
采取产品分成方式取得收入的		按照企业分得产品的日期确认
企业受托加工大型设备或提供其他劳务等，持续时间超过12个月的		按照完工进度或者完成的工作量确认

3. "买一赠一"

企业以"买一赠一"等方式组合销售本企业商品的，不属于捐赠，应将总的销售金额按各项商品的公允价值的比例来分摊确认各项的销售收入。

4. 视同销售

企业发生的非货币性资产交换，以及将货物、财产、劳务用于捐赠、偿债、赞助、集资、广告、样品、职工福利或者利润分配等用途的，应当视同销售货物、转让财产或者提供劳务。

【例题5-3·单选题】根据企业所得税法律制度的规定,下列关于确定销售收入实现时间的表述中,正确的是(   )。(2016年)

A. 销售商品采用托收承付方式的,在收到货款时确认收入

B. 销售商品需要安装和检验的,在销售合同签订时确认收入

C. 销售商品采用支付手续费方式委托代销的,在发出代销商品时确认收入

D. 销售商品采用预收款方式的,在发出商品时确认收入

【答案】 D

【解析】 选项A:销售商品采用托收承付方式的,在办妥托收手续时确认收入;选项B:销售商品需要安装和检验的,在购买方接受商品以及安装和检验完毕时确认收入,如果安装程序**比较简单**,可在**发出商品时**确认;选项C:销售商品采用支付手续费方式委托代销的,在收到代销清单时确认收入。因此选项D正确。

【例题5-4·多选题】根据企业所得税法律制度的规定,下列各项中,在计算企业所得税应纳税所得额时,应计入收入总额的有(   )。(2018年)

A. 企业资产溢余收入　　　　B. 逾期未退包装物押金收入

C. 确实无法偿付的应付款项　　D. 汇兑收益

【答案】 ABCD

【解析】 企业收入总额是指以货币形式和非货币形式从各种来源取得的收入,包括"销售货物收入,提供劳务收入,转让财产收入,股息、红利等权益性投资收益,利息收入,租金收入,特许权使用费收入,接受捐赠收入以及其他收入"。

【例题5-5·单选题】甲电子公司2019年9月销售一批产品,含增值税价格为45.2万元。由于购买数量多,甲电子公司给予九折优惠,购买发票上已分别注明。已知增值税税率为13%。甲电子公司在计算企业所得税应纳税所得额时,应确认的产品销售收入是(   )万元。(2017年)

A. 36　　　　B. 40　　　　C. 40.68　　　　D. 45.20

【答案】 A

【解析】(1)企业为促进商品销售而在商品价格上给予的价格扣除属于商业折扣,商品销售涉及商业折扣的,应当按照扣除商业折扣后的金额确定销售商品收入金额;(2)应确认的产品销售收入=45.2÷(1+13%)×90%=36(万元)。因此选项A正确。

(二)不征税收入

①财政拨款;

②依法收取并纳入财政管理的行政事业性收费、政府性基金;

③企业取得的由国务院财政、税务主管部门规定专项用途并经国务院批准的财政性资金。

【知识卡片】企业的不征税收入用于支出所形成的费用或者财产，不得扣除或者计算对应的折旧、摊销扣除。

（三）免税收入

①国债利息收入。

②符合条件的股息、红利等权益性投资收益：

a. 居民企业直接投资于其他居民企业取得的投资收益。

b. 在中国境内设立机构、场所的非居民企业从居民企业取得与该机构、场所有实际联系的股息、红利等权益性投资收益。

【知识卡片】**不包括连续**持有居民企业公开发行并上市流通的股票"**不足12个月**"取得的收益。

③符合条件的非营利组织的收入。

【例题 5-6·单选题】根据企业所得税法律制度的规定，下列各项中，属于免税收入的是（　　）。（2016 年）

A. 依法收取并纳入财政管理的政府性基金

B. 国债利息收入

C. 财产转让收入

D. 特许权使用费收入

【答案】B

【解析】选项 A：属于不征税收入；选项 CD：属于应税收入。因此选项 B 正确。

【例题 5-7·单选题】根据企业所得税法律制度的规定，下列各项中，属于不征税收入的是（　　）。（2018 年）

A. 财政拨款　　　　　　　　　B. 国债利息收入

C. 接受捐赠收入　　　　　　　D. 转让股权收入

【答案】A

【解析】选项 B：属于免税收入；选项 CD：属于应税收入。因此选项 A 正确。

（四）税前扣除项目及扣除标准（见表 5-6）

表 5-6　　　　　　　　　税前扣除项目及扣除标准

扣除项目	基本内容
成本	销售成本、销货成本、业务支出以及其他耗费
费用	销售费用、管理费用和财务费用

第五章 所得税法律制度

续表

扣除项目	基本内容
税金	除**企业所得税**和允许抵扣的**增值税**以外的企业缴纳的各项税金及其附加
损失	企业发生的损失，减除责任人赔偿和保险赔款后的余额，依照国务院财政、税务主管部门的规定扣除
其他支出	除上述项目之外，企业在生产经营活动中发生的、与生产经营活动有关的、合理的支出

【知识卡片】企业已经作为损失处理的资产，在以后纳税年度又全部收回或者部分收回时，应当计入当期收入。

1. 扣除项目及其标准（见表5-7）

表5-7　　　　　　　　　　扣除项目及其标准

扣除项目	扣除标准
工资、薪金支出	**据实扣除**（包括工资、奖金、津贴、补贴、年终加薪、加班工资等支出）
职工福利费	不超过工资、薪金总额的**14%部分**
工会经费	不超过工资、薪金总额的**2%部分**
职工教育经费	不超过工资、薪金总额的**8%部分**，超过部分，**准予在以后年度结转扣除**
保险费	①基本社会保险和住房公积金可扣除； ②补充养老保险费、补充医疗保险费，分别在不超过职工工资总额5%标准内的部分，在计算应纳税所得额时准予扣除； ③企业**特殊工种**职工的人身安全保险费准予扣除； ④企业职工**因公出差**乘坐交通工具发生的人身意外保险费支出准予扣除； ⑤企业财产保险，准予扣除； ⑥雇主责任险、公众责任险，准予扣除。 【知识卡片】为投资者和职工购买的商业保险不得扣除
借款费用	合理的不需要资本化的借款费用，可扣除
利息费用	据实扣除：非金融企业向金融企业借款的利息支出 限额扣除：非金融企业向非金融企业借款的利息支出，不超过**按照金融企业同期同类贷款利率计算的数额**的部分，准予扣除
公益性捐赠支出	不得超过"年度利润总额（会计利润）"的**12%**；超过12%的部分，准予结转以后**三年内**扣除。 【知识卡片1】通过公益性社会组织和县级以上（含县级）人民政府及其组成部门和直属机构进行捐赠属于准予扣除考虑范围，直接捐赠支出不得税前扣除 【知识卡片2】自2019年1月1日至2025年12月31日，企业通过公益性社会组织或者县级（含县级）以上人民政府及其组成部门和直属机构，用于**目标脱贫地区的扶贫**捐赠支出，准予在计算企业所得税应纳税所得额时**据实扣除**
业务招待费	实际发生额的**60%**，但最高不超过当年销售（营业）收入的**5‰**。 【知识卡片】企业筹办期间，发生与筹办有关的招待费，按实际发生额的60%扣除

159

续表

扣除项目	扣除标准
广告费和业务宣传费	不超过当年销售（营业）收入15%的部分，准予扣除；超过部分，准予在以后纳税年度结转扣除； 【知识卡片1】企业在筹建期间，发生的广告费和业务宣传费，可按实际发生额计入企业筹办费。 【知识卡片2】化妆品制造或销售、医药制造和饮料制造（不含酒类）企业发生的广告费和业务宣传费支出，不超过当年销售收入的**30%**准予扣除；超过部分，准予以后年度结转扣除。 【知识卡片3】烟草企业的烟草广告费和业务宣传费支出，一律不得在计算应纳税所得额时扣除 【知识卡片4】对签订广告费和业务宣传费分摊协议的关联企业，其中一方发生的不超过当年销售(营业)收入税前扣除限额比例内的广告费和业务宣传费支出可以在本企业扣除，也可以将其中的部分或全部按照分摊协议归集至另一方扣除。另一方在计算本企业广告费和业务宣传费支出企业所得税税前扣除限额时，可将按照上述办法归集至本企业的广告费和业务宣传费不计算在内
环境保护专项资金	提取用于环境保护、生态恢复等方面的专项资金，可以扣除
租赁费	经营租赁在租赁期内均匀扣除，融资租赁以折旧方式扣除
劳动保护支出	合理支出，准予扣除
手续费和佣金支出	①自2019年1月1日起，保险企业发生与其经营活动有关的手续费或佣金支出，不超过当年全部保费收入扣除退保金后余额的18%（含）的部分，准予扣除；超过部分，准予结转以后年度扣除。 ②其他企业，按收入金额的5%扣除。 ③从事代理服务、主营业务收入为手续费、佣金的企业（如证券、期货、保险代理等企业），其为取得该类收入而实际发生的营业成本（包括手续费及佣金支出），准予在企业所得税税前据实扣除。 【知识卡片】企业以现金等非转账方式支付的手续费及佣金，不得扣除（委托个人代理除外）
准予扣除的其他项目	如会员费、合理的会议费、差旅费、违约金、诉讼费用等

【知识卡片】职工福利费包括：
①企业内设福利部门（食堂、浴室、医务所、托儿所等）的设备、设施、人员工资社保等。
②供暖费补贴、职工防暑降温费、职工困难补贴、救济费、职工食堂经费补贴、职工交通补贴等。
③丧葬补助费、抚恤费、安家费、探亲假路费等其他福利等。

【例题5-8·单选题】2014年5月，非金融企业甲公司向非关联关系的非金融企业乙公司借款100万元，用于生产经营，期限为半年，双方约定年利率为10%，已知金融企业同期同类贷款年利率为7.8%，甲公司在计算当年企业所得税应纳税所得额时，准予扣除利息费用的下列计算中，正确的是（   ）。（2015年）

A. 100×7.8%=7.8（万元）　　B. 100×10%=10（万元）
C. 100×7.8%×50%=3.9（万元）　D. 100×10%×50%=5（万元）

【答案】C
【解析】（1）非金融企业向非金融企业借款的利息支出，不超过金融企业同期同类贷款利率部分准予扣除；（2）利息=借款本金×利率×借款期限=100×7.8%×50%=3.9（万元）。因此选项C正确。

【例题5-9·单选题】2018年甲企业实现利润总额600万元，发生公益性捐赠支出62万元。上年度未在税前扣除完的符合条件的公益性捐赠支出12万元。已知公益性捐赠支出在年度利润总额12%以内的部分，准予扣除。计算甲企业2018年度企业所得税应纳税所得额时，准予扣除的公益性捐赠支出是（　　）万元。（2019年）
A. 72　　　　B. 84　　　　C. 60　　　　D. 74

【答案】A
【解析】（1）公益性捐赠支出在年度利润总额12%以内的部分=600×12%=72（万元）；（2）待扣除公益性捐赠支出=74万元（62+12）＞扣除标准=72万元，即准予扣除公益性捐赠支出72万元。因此选项A正确。

【例题5-10·单选题】2017年甲公司取得销售（营业）收入2 000万元，发生与生产经营活动有关的业务招待费支出12万元，已知业务招待费支出按照发生额的60%扣除，但最高不得超过当年销售（营业）收入的5‰，甲公司在计算2017年度企业所得税应纳税所得额时，准予扣除的业务招待费金额是（　　）万元。（2018年）
A. 12　　　　B. 7.2　　　　C. 10　　　　D. 4.8

【答案】B
【解析】（1）企业发生的与生产经营活动有关的业务招待费支出，按照发生额的60%扣除，但最高不得超过当年销售（营业）收入的5‰；（2）2 000×5‰=10（万元），实际发生额的60%=12×60%=7.2（万元）＜10万元，即准予扣除限额为7.2万元。因此选项B正确。

【例题5-11·单选题】2013年度，甲企业实现销售收入3 000万元，当年发生广告费400万元，上年度结转未扣除广告费60万元。甲企业在计算2013年度企业所得税应纳税所得额时，准予扣除的广告费金额为（　　）万元。（2014年）
A. 340　　　　B. 510　　　　C. 450　　　　D. 460

【答案】C
【解析】选项C：准予扣除的广告费限额=3 000×15%=450（万元）；待扣除广告费460万元（400+60）＞450（万元）；因此准予扣除450万元。

2. 不得扣除项目
①向投资者支付的股息、红利等权益性投资收益款项；

②企业所得税税款；
③税收滞纳金；
④罚金、罚款和被没收财物的损失；
⑤超过规定标准的捐赠支出；
⑥赞助支出（非广告性质的赞助支出）；
⑦未经核定的准备金支出；
⑧企业之间支付的管理费、企业内营业机构之间支付的租金和特许权使用费，以及非银行企业内营业机构之间支付的利息；
⑨与取得收入无关的其他支出。

> 【例题 5-12·多选题】根据企业所得税法律制度的规定，下列各项中，在计算企业所得税应纳税所得额时，不得扣除的有（　　）。（2019 年）
> A. 诉讼费用　　B. 罚金　　C. 税收滞纳金　　D. 罚款
> 【答案】BCD
> 【解析】（1）选项 A：法院判决由企业承担的诉讼费属于民事性质的款项，可以据实在企业所得税税前扣除；（2）选项 BCD：税收滞纳金、罚金和罚款不得在企业所得税税前扣除。

（五）以前年度亏损的弥补

企业某一纳税年度发生的**亏损**，可以用下一年度的所得弥补，下一年度的所得不足以弥补的，可以逐年延续弥补，但最长**不得超过 5 年**。

> 【知识卡片】自 2018 年 1 月 1 日起，当年具备高新技术企业或科技型中小企业资格的企业，其具备资格年度之前 5 个年度发生的尚未弥补完的亏损，准予结转以后年度弥补，最长结转年限由 5 年延长至 **10 年**。企业境外亏损不得抵减境内机构的盈利。

（六）非居民企业的应纳税所得额

在中国境内未设立机构、场所的，或者虽设立机构、场所但取得的所得与其所设机构、场所没有实际联系的非居民企业，其取得的来源于中国境内的所得，按照下列方法计算其应纳税所得额（见表 5-8）。

表 5-8　　　　　　　　　　非居民企业的应纳税所得额

所得项目	应纳税所得额的确定
股息、红利等权益性投资收益和利息、租金、特许权使用费所得	收入**全额**为应纳税所得额
转让财产所得	收入全额减除财产净值后的**余额**为应纳税所得额

「考点4」资产的税务处理（★★）

（一）固定资产（见表5-9）

表5-9　　　　　　　　　　　　　固定资产

项目	具体内容
不得计算折旧扣除的固定资产	①房屋、建筑物**以外**未投入使用的固定资产； ②以经营租赁方式**租入**的固定资产； ③以融资租赁方式**租出**的固定资产； ④已足额提取折旧仍继续使用的固定资产； ⑤与经营活动无关的固定资产； ⑥单独估价作为固定资产入账的土地； ⑦其他不得计算折旧扣除的固定资产
计税基础	①外购的固定资产，以购买价款和支付的相关税费以及直接归属于使该资产达到预定用途发生的其他支出为计税基础； ②自行建造的固定资产，以竣工结算前发生的支出为计税基础； ③融资租入的固定资产，以租赁合同约定的付款总额和承租人在签订租赁合同过程中发生的相关费用为计税基础；租赁合同未约定付款总额的，以该资产的公允价值和承租人在签订租赁合同过程中发生的相关费用为计税基础； ④**盘盈**的固定资产，以同类固定资产的**重置完全价值**为计税基础； ⑤通过**捐赠、投资、非货币性资产交换、债务重组**等方式取得的固定资产，以该资产的**公允价值和支付的相关税费**为计税基础； ⑥改建的固定资产，除法定的支出外，以改建过程中发生的改建支出增加计税基础
计提折旧	①按照**直接法**计算的折旧，准予扣除。 ②当月投入使用当月不计提折旧，当月停止使用当月计提折旧。 ③企业应当根据固定资产的性质和使用情况，合理确定固定资产的预计净残值，固定资产的预计净残值**一经确定，不得变更**
最低折旧年限	①房屋、建筑物：20年； ②飞机、火车、轮船、机器、机械和其他生产设备：10年； ③与生产经营活动有关的器具、工具、家具等：5年； ④飞机、火车、轮船**以外的运输工具**：4年； ⑤电子设备：3年

【例题5-13·单选题】根据企业所得税法律制度的规定，下列固定资产中，在计算企业所得税应纳税所得额时，准予计算折旧扣除的是（　　）。（2019年）
　　A. 未投入使用的机器设备
　　B. 以经营租赁方式租入的机器设备
　　C. 已足额提取折旧仍继续使用的机器设备
　　D. 以融资租赁方式租入的机器设备

【答案】D

【解析】不得计提折旧扣除的固定资产有：（1）房屋、建筑物以外未投入使用的固定资产（选项A）；（2）以经营租赁方式租入的固定资产（选项B）；（3）以融资租赁方式租出的固定资产；（4）已足额提取折旧仍继续使用的固定资产（选项C）；（5）与经营活动无关的固定资产；（6）单独估价作为固定资产入账的土地；（7）其他不得计提折旧扣除的固定资产。因此选项D正确。

（二）生产性生物资产

生产性生物资产包括**经济林、薪炭林、产畜和役畜**等。

1. 计税基础

①外购的生产性生物资产，以购买价款和支付的相关税费为计税基础；

②通过捐赠、投资、非货币性资产交换、债务重组等方式取得的生产性生物资产，以该资产的公允价值和支付的相关税费为计税基础。

2. 折旧方法

①生产性生物资产按照直线法计算的折旧，准予扣除。

②企业应当自生产性生物资产投入使用月份的次月起计算折旧；停止使用的生产性生物资产，应当自停止使用月份的次月起停止计算折旧。

③生产性生物资产的预计净残值一经确定，不得变更。

3. 生产性生物资产计算折旧的最低年限如下

①林木类生产性生物资产，为 **10 年**；

②畜类生产性生物资产，为 **3 年**。

（三）无形资产

无形资产包括专利权、商标权、著作权、土地使用权、非专利技术、商誉等。

1. 下列无形资产**不得计算摊销费用扣除**

①自行开发的支出已在计算应纳税所得额时扣除的无形资产；

②**自创商誉**；

③与经营活动无关的无形资产；

④其他不得计算摊销费用扣除的无形资产。

2. 计税基础

①外购的无形资产，以购买价款和支付的相关税费以及直接归属于使该资产达到预定用途发生的其他支出为计税基础；

②自行开发的无形资产，以开发过程中该资产符合资本化条件后至达到预定用途前发生的支出为计税基础；

③通过捐赠、投资、非货币性资产交换、债务重组等方式取得的无形资产，以该资产的公允价值和支付的相关税费为计税基础。

3. 摊销方法和年限

①无形资产按照直线法计算的摊销费用，准予扣除。

②无形资产的摊销年限**不得低于 10 年**。

③**外购商誉**的支出，在**企业整体转让或者清算时**，准予扣除。

（四）长期待摊费用

①已足额提取折旧的固定资产的改建支出，按照固定资产预计**尚可使用**年限分期摊销。

②租入固定资产的改建支出，按照合同约定的**剩余**租赁期限分期摊销。

③固定资产的大修理支出，按照固定资产尚可使用年限分期摊销。

固定资产的大修理支出，是指同时符合下列条件的支出：

a. 修理支出达到取得固定资产时的计税基础 **50%以上**；

b. 修理后固定资产的使用年限延长 **2 年以上**。

④其他应当作为长期待摊费用的支出，自支出发生月份的次月起，分期摊销，摊销年限**不得低于 3 年**。

（五）投资资产

①投资资产是指企业对外进行权益性投资和债权性投资形成的资产。

②企业对外投资期间，投资资产的成本在计算应纳税所得额时**不得扣除**。

【知识卡片】企业在**转让或者处置**投资资产时，投资资产的成本，准予扣除。

③投资资产按照以下方式确定成本：

a. 通过支付现金方式取得的投资资产，以购买价款为成本；

b. 通过支付现金以外的方式取得的投资资产，以该资产的公允价值和支付的相关税费为成本。

第 12 天

- **复习旧内容**
  第五章 所得税法律制度 考点 1~4
- **学习新内容**
  第五章 所得税法律制度 考点 5~10
- **你今天可能有的心态**
  学习知识点的时候，觉得真烦琐，做了真题就会发现，只要核心点掌握了，考试题目真不难。
- **简单解释今天学习的内容**
  企业所得税应纳税额是在应纳税所得额的基础上，结合税收优惠去计算，本身难度并不大，但要准确计算应纳税所得额和掌握税收优惠。 个人所得税难点在于税目众多，需要捋清楚每个税目的概念、应纳税所得额的确定以及税率，因此这部分的学习是第一遍很难，后面就难度降低。
- **学习方法**
  企业所得税的税收优惠涉及计算的，需准确记忆数字，可以加以习题辅助记忆。 个人所得税学习过程中，始终要记住每个税目的概念，按照税目去学习，不要在一开始就想着区分它们计算的区别。
- **建议学习时间**
  3 小时

今日打卡

任务内容	预计时间	重点任务要求
早读	30分钟	☐ 大声朗读昨日所学内容 ☐ 听微课
第五章 考点5~10	90分钟	☐ 企业所得税税收优惠 ☐ 个人所得税应税所得项目
做作业	40分钟	☐ 整理昨日的错题并消化 ☐ 做教材例题、精练习题 ☐ 总结企业所得税应纳税额计算涉及的税前项目、税收优惠等
回忆内容	20分钟	☐ 翻看今日所学内容 ☐ 回忆个人所得税应税所得项目的含义

「考点5」企业所得税应纳税额的计算（★★★）

（一）直接法

应纳税额 = 应纳税所得额 × 适用税率 − 减免税额 − 抵免税额
　　　　 =（收入总额 − 不征税收入 − 免税收入 − 各项扣除 − 以前年度亏损）
　　　　　× 适用税率 − 减免税额 − 抵免税额

（二）间接法（见表5-10）

应纳税额 = 应纳税所得额 × 适用税率 − 减免税额 − 抵免税额
　　　　 =（会计利润 ± 纳税调整项目金额）× 适用税率 − 减免税额 − 抵免税额

表5-10　　　　　　　　　　　　　　间接法

项目	会计准则	税法	纳税调整
收入（+）	√	×	调减
	×	√	调增
费用、损失（−）	√	×	调增
	×	√	调减

「考点6」企业所得税税收优惠（★★）

（一）所得减免

①**免征**（农林牧渔业）：
a. 蔬菜、谷物、薯类、油料、豆类、棉花、麻类、糖料、水果、坚果的种植；
b. 农作物新品种的选育；
c. **中药材的种植**；
d. 林木的培育和种植；
e. 牲畜、家禽的饲养；
f. 林产品的采集；
g. 灌溉、农产品初加工、兽医、农技推广、农机作业和维修等**农、林、牧、渔**服务业项目；
h. **远洋捕捞**。

②**减半**征收：
a. 花卉、茶以及其他饮料作物和香料作物的种植；
b. **海水养殖、内陆养殖**。

③**三免三减半政策**（自项目取得第一笔生产经营收入所属纳税年度起，第1年至第3年免征企业所得税，第4年至第6年减半征收企业所得税）：

a. 企业从事国家重点扶持的**公共基础设施项目**（规定的港口码头、机场、铁路、公路、城市公共交通、电力、水利等项目）的投资经营所得（**企业承包经营、承包建设和内部自建自用的**，不得享受上述企业所得税税收优惠）。

b. 企业从事符合条件的**环境保护、节能节水**项目的所得。

④技术转让所得：

一个纳税年度内，居民企业转让技术所有权所得不超过500万元的部分，**免征**企业所得税；超过500万元的部分，**减半**征收企业所得税。

技术转让所得＝技术转让收入－技术转让成本－相关税费

（二）减低税率与定期减免税

1. 小型微利企业（减按20%的税率）

①自2021年1月1日至2022年12月31日，对小型微利企业年应纳税所得额不超过100万元的部分，**减按12.5%**计入应纳税所得额；

②对年应纳税所得额超过100万元但不超过300万元的部分，减按50%计入应纳税所得额。

2. 集成电路

①国家鼓励的集成电路线宽小于28纳米(含)，且经营期在15年以上的集成电路生产企业或项目，第1年至第10年**免征**企业所得税；国家鼓励的集成电路线宽小于65纳米(含)，且经营期在15年以上的集成电路生产企业或项目，第1年至第5年**免征**企业所得税，第6年至第10年按照25%的法定税率**减半征收**企业所得税；国家鼓励的集成电路线宽小于130纳米(含)，且经营期在10年以上的集成电路生产企业或项目，第1年至第2年免征企业所得税，第3年至第5年按照25%的法定税率**减半征收**企业所得税。

②国家鼓励的集成电路设计、装备、材料、封装、测试企业和软件企业，自获利年度起，第1年至第2年免征企业所得税，第3年至第5年按照25%的法定税率减半征收企业所得税。

3. 生产和装配伤残人员专门用品企业

自2021年1月1日至2023年12月31日，对生产和装配伤残人员专门用品，且在民政部发布的《中国伤残人员专门用品目录》范围之内的居民企业，免征企业所得税。

（三）加计扣除

1. 研究开发费用

①企业为开发**新技术、新产品、新工艺**发生的研究开发费用在计算企业所得税应纳税所得额时：

a. 未形成无形资产计入当期损益的，在按照规定据实扣除的基础上，在2018年1月1日~2023年12月31日期间，再按照研究开发费用的**75%**，在税前加计扣除；

b. 形成无形资产的，按照该无形资产成本的**175%**在税前摊销。

【知识卡片】制造业企业开展研发活动中实际发生的研发费用，未形成无形资产计入当期损益的，在按规定据实扣除的基础上，自 2021 年 1 月 1 日起，再按照实际发生额的 100%在税前加计扣除；形成无形资产的，自 2021 年 1 月 1 日起，按照无形资产成本的 200%在税前摊销。

②**不适用**研究开发费用加计扣除政策的行业：烟草制造业；住宿和餐饮业；批发和零售业；房地产业；租赁和商务服务业；娱乐业。

2. 安置残疾人员所支付的工资

企业安置残疾人员的，在按照支付给残疾职工工资据实扣除的基础上，按照支付给残疾职工工资的 **100%** 加计扣除。

（四）应纳税所得额抵扣

创业投资企业采取股权投资方式投资于未上市的中小高新技术企业、初创科技型企业 2 年以上的，可以按照其**投资额的 70%**在股权持有满 2 年的当年抵扣该创业投资企业的应纳税所得额；当年不足抵扣的，可以在以后纳税年度**结转抵扣**。

（五）加速折旧

①企业的下列固定资产可以按照规定加速折旧：

a. 由于技术进步，产品更新换代较快的固定资产；

b. 常年处于强震动、高腐蚀状态的固定资产。

②加速折旧的方法：

a. 缩短折旧年限方法：要求最低折旧年限不得低于法定折旧年限的 60%；

b. 加速折旧方法：可以采取双倍余额递减法或者年数总和法。

③**企业在 2018 年 1 月 1 日至 2023 年 12 月 31 日**期间新购进（包括自行建造）的设备、器具，单位价值不超过 500 万元的，允许一次性计入当期成本费用在计算应纳税所得额时扣除，不再分年度计算折旧。

（六）减计收入

①企业综合利用资源，生产符合国家产业政策规定的产品所取得的收入，减按 90%计入收入总额。

②社区提供养老、托育、家政等服务的机构，提供社区养老、托育、家政服务取得的收入，**减按 90%计入收入总额**。

（七）应纳税额抵免

企业购置并实际使用符合规定的环境保护、节能节水、安全生产等专用设备的，该专用设备的投资额的 10%可以从企业当年的**应纳税额中抵免**；当年不足抵免的，可以在以后 5 个纳税年度结转抵免。

（八）西部地区减免税

自2021年1月1日至2030年12月31日，对设在西部地区的鼓励类产业企业减按15%的税率征收企业所得税。本条所称鼓励类产业企业是指以《西部地区鼓励类产业目录》中规定的产业项目为主营业务，且其主营业务收入占企业收入总额60%以上的企业。

（九）海南自由贸易港企业所得税优惠

①对注册在海南自由贸易港并实质性运营的鼓励类产业企业，减按15%的税率征收企业所得税；

②对在海南自由贸易港设立的旅游业、现代服务业、高新技术产业企业新增境外直接投资取得的所得，免征企业所得税；

③对在海南自由贸易港设立的企业，新购置（含自建、自行开发）固定资产或无形资产，单位价值不超过500万元（含）的，允许一次性计入当期成本费用在计算应纳税所得额时扣除，不再分年度计算折旧和摊销；新购置（含自建、自行开发）固定资产或无形资产，单位价值超过500万元的，可以缩短折旧、摊销年限或采取加速折旧、摊销的方法。

（十）债券利息减免税

①企业取得2012年及以后年度发行的地方政府债券利息收入免税。

②自2018年11月7日起至2021年11月6日止，对境外机构投资境内债券市场取得的债券利息收入暂免征收企业所得税。

③对企业投资者持有2019～2023年发行的铁路债券取得的利息收入，减半征收企业所得税。

【例题5-14·多选题】根据企业所得税法律制度的规定，下列行业中，不适用研究开发费用税前加计扣除政策的有（　　）。（2019年）

A. 住宿和餐饮业　　　　　　　　B. 烟草制造业
C. 租赁和商务服务业　　　　　　D. 批发和零售业

【答案】ABCD

【解析】下列行业不适用研究开发费用税前加计扣除政策：（1）烟草制造业；（2）住宿和餐饮业；（3）批发和零售业；（4）房地产业；（5）租赁和商务服务业；（6）娱乐业；（7）财政部和国家税务总局规定的其他行业。

【例题5-15·多选题】根据企业所得税法律制度的规定，下列支出中，可以在计算企业所得税应纳税所得额时加计扣除的有（　　）。（2018年）

A. 安置残疾人员所支付的工资　　B. 广告费和业务宣传费
C. 研究开发费用　　　　　　　　D. 购置环保专用设备所支付的价款

【答案】AC

【解析】企业所得税"加计扣除"包括研究开发费用（选项 C）和安置残疾人员所支付的工资（选项 A）。

【例题5-16·单选题】甲公司为居民企业，2020年取得符合条件的技术转让所得600万元，在计算甲公司2020年度企业所得税应纳税所得额时，技术转让所得应纳税调减的金额是（　　）万元。（2019年）

A. 550
B. 100
C. 350
D. 300

【答案】A

【解析】一个纳税年度内，居民企业转让技术所有权所得不超过500万元的部分，**免**征企业所得税；超过500万元的部分，减半征收企业所得税。应纳税调减的金额＝500＋（600－500）×50％＝550（万元）。

【例题5-17·单选题】甲企业为创业投资企业，2014年2月采取股权投资方式向乙公司（未上市的中小高新技术企业）投资300万元，至2016年12月31日仍持有该股权。甲企业2016年在未享受股权投资应纳税所得额抵扣的税收优惠政策前的企业所得税应纳税所得额为2 000万元。已知企业所得税税率为25％，甲企业可享受股权投资应纳税所得额抵扣的税收优惠政策。计算甲企业2016年度应缴纳企业所得税税额的下列算式中，正确的是（　　）。（2017年）

A.（2 000－300）×25％＝425（万元）
B.（2 000－300×70％）×25％＝447.5（万元）
C. 2 000×70％×25％＝350（万元）
D.（2 000×70％－300）×25％＝275（万元）

【答案】B

【解析】（1）创业投资企业采取股权投资方式投资于未上市的中小高新技术企业2年以上的，可以按照其投资额的70％在股权持有满2年的当年抵扣该创业投资企业的应纳税所得额；当年不足抵扣的，可以在以后纳税年度结转抵扣。（2）甲企业2016年度应缴纳企业所得税税额＝（2 000－300×70％）×25％＝447.5（万元）。

【例题5-18·单选题】根据企业所得税法律制度的规定，下列项目中，享受"税额抵免"优惠政策的是（　　）。

A. 企业非广告性质的赞助支出
B. 企业向残疾职工支付的工资
C. 企业购置并实际使用国家相关目录规定的环境保护专用设备投资额10％的部分

D. 创业投资企业采取股权投资方式投资于未上市的中小高新技术企业 2 年以上的投资额 70% 的部分

【答案】C

【解析】选项 A：不得在税前扣除；选项 B：享受"加计扣除"的优惠政策；选项 C：享受"税额抵免"的优惠政策；选项 D：享受"抵扣应纳税所得额"的优惠政策。

「考点 7」企业所得税征收管理（★★）

（一）纳税地点

1. 居民企业的纳税地点

除税收法律、行政法规另有规定外，居民企业以**企业登记注册地**为纳税地点；但登记注册地在境外的，以实际管理机构所在地为纳税地点。

2. 非居民企业的纳税地点

①非居民企业在中国境内设立机构、场所的，以**机构、场所所在地**为纳税地点；

②非居民企业在中国境内未设立机构、场所的，或者虽设立机构、场所但取得的所得与其所设机构、场所没有实际联系，以**扣缴义务人所在地**为纳税地点。

（二）纳税期限

①企业所得税**按年计征**，分月或者分季预缴，年终汇算清缴，多退少补。

②纳税年度。

a. 纳税年度自公历 1 月 1 日起至 12 月 31 日止。

b. 企业在一个纳税年度中间开业，或者终止经营活动，使该纳税年度的实际经营期不足 12 个月的，应当以其**实际经营期**为 1 个纳税年度。

c. 企业依法清算时，应当以**清算期间作为 1 个纳税年度**。

（三）纳税申报

①企业应当自月份或者季度终了之日起 **15 日**内，向税务机关报送预缴企业所得税纳税申报表，预缴税款。

②企业应当自年度终了之日起 **5 个月**内，向税务机关报送年度企业所得税纳税申报表，并汇算清缴，结清应缴应退税款。

③企业在年度中间终止经营活动的，应当自实际经营终止之日起 60 日内，向税务机关办理当期企业所得税汇算清缴。

【知识卡片】企业在纳税年度内无论**盈利或者亏损**，都应当依照规定申报纳税。

【例题5-19·多选题】根据企业所得税法律制度的规定，下列关于企业所得税纳税期限的表述中，正确的有（　　）。（2016年）

A. 企业在一个纳税年度中间开业，使该纳税年度的实际经营期不足12个月的，应当以其实际经营期为1个纳税年度

B. 企业依法清算时，应当以清算期间作为1个纳税年度

C. 企业所得税按年计征，分月或者分季预缴，年终汇算清缴，多退少补

D. 企业在年度中间终止经营活动的，应当自实际经营终止之日起60日内，向税务机关办理当期企业所得税汇算清缴

【答案】ABCD

个人所得税法律制度

「考点8」个人所得税纳税人和所得来源的确定（★）

个人所得税是对个人（自然人）取得的各项应税所得征收的一种税。

（一）居民纳税人和非居民纳税人（见表5-11）

表5-11　　　　　　　　　　居民纳税人和非居民纳税人

种类	判定标准	纳税义务
居民纳税义务人	在中国境内有住所	来源于**境内和境外**的所得
	无住所而在一个纳税年度内（**1月1日~12月31日**）在中国境内累计居住满183天的个人	
非居民纳税义务人	不符合居民纳税义务人判定标准的纳税义务人	来源于**境内**的所得

【知识卡片】在中国境内无住所的个人，在一个纳税年度内在中国境内居住累计不超过90天的，其来源于中国境内的所得，由境外雇主支付并且不由该雇主在中国境内的机构、场所负担的部分，免予缴纳个人所得税。

（二）所得来源的确定

①除另有规定外，下列所得，不论支付地点是否在中国境内，均为来源于中国境内的所得：

a. 因任职、受雇、履约等而在中国境内提供劳务取得的所得；

b. 将财产出租给承租人在中国境内使用而取得的所得；

c. 许可各种特许权在中国境内使用而取得的所得；

d. 转让中国境内的不动产等财产或者在中国境内转让其他财产取得的所得；

e. 从中国境内企事业单位和其他经济组织或者居民个人取得的利息、股息、红利所得。

②来源于中国境外所得。

下列所得，为来源于中国境外的所得：

a. 因任职、受雇、履约等在中国境外提供劳务取得的所得；

b. 中国境外企业以及其他组织支付且负担的稿酬所得；

c. 许可各种特许权在中国境外使用而取得的所得；

d. 在中国境外从事生产经营活动而取得的与生产、经营活动相关的所得；

e. 从中国境外企业、其他组织以及非居民个人取得的利息、股息、红利所得；

f. 将财产出租给承租人在中国境外使用而取得的所得；

g. 转让中国境外的不动产、转让对中国境外企业以及其他组织投资形成的股票、股权以及其他权益性资产（以下称权益性资产）或者在中国境外转让其他财产取得的所得。但转让对中国境外企业以及其他组织投资形成的权益性资产，该权益性资产被转让前3年（连续36个公历月份）内的任一时间，被投资企业或其他组织的资产公允价值50%以上直接或间接来自位于中国境内的不动产的，取得的所得为来源于中国境内的所得；

h. 中国境外企业、其他组织以及非居民个人支付且负担的偶然所得；

i. 财政部、税务总局另有规定的，按照相关规定执行。

【例题5-20·单选题】根据个人所得税法律制度的规定，下列不属于来源于中国境内的所得的是（　　）。（2014年）

A. 中国境内的出租人将财产出租给承租人在境外使用而取得的所得

B. 从中国境内的公司、企业以及其他经济组织或者个人取得的利息、股息、红利所得

C. 许可各种特许权在中国境内使用而取得的所得

D. 因任职、受雇、履约等而在中国境内提供劳务取得的所得

【答案】A

【解析】选项A：将财产出租给承租人"在中国境内使用"而取得的所得，才属于来源于中国境内的所得。

【例题5-21·判断题】中国居民张某，在境外工作，只就来源于中国境外的所得征收个人所得税。（　　）（2015年）

【答案】错误

【解析】居民个人从中国境内和境外取得的所得，依照法律规定缴纳个人所得税。

「考点9」个人所得税应税所得项目（★★）

征税范围见表5-12。

表 5-12　征税范围

"综合所得"（居民个人适用）	（一）工资、薪金所得
	（二）劳务报酬所得
	（三）稿酬所得
	（四）特许权使用费所得
分类征收	（五）经营所得
	（六）财产租赁所得
	（七）利息、股息、红利所得
	（八）财产转让所得
	（九）偶然所得

（一）工资、薪金所得

1. 一般规定

①工资、薪金所得是指个人因任职或者受雇而取得的工资、薪金、奖金、年终加薪、劳动分红、津贴、补贴以及与任职或者受雇有关的其他所得。

②不属于"工资、薪金所得"（不予征税）。

a. 独生子女补贴；

b. 执行公务员工资制度未纳入基本工资总额的补贴、津贴差额和家属成员的副食品补贴；

c. 托儿补助费；

d. 差旅费津贴、误餐补助。单位以误餐补助名义发给职工的补助、津贴不包括在内。

2. 特殊规定

①解除劳动关系取得的一次性补偿收入。

个人因与用人单位解除劳动关系而取得的一次性补偿收入（包括经济补偿金、生活补助费和其他补助费用），其收入在当地上年职工平均工资3倍数额以内的部分，免征个人所得税。

【知识卡片】超过3倍的部分，不并入当年综合所得，单独适用综合所得税率表计算纳税。

②退休人员再任职取得的收入。

退休人员再任职取得的收入，在减除按税法规定的费用扣除标准后，按"工资、薪金所得"应税项目缴纳个人所得税。

③离退休人员从原任职单位取得的各类补贴、奖金、实物。

离退休人员除按规定领取离退休工资或养老金外，另从原任职单位取得的各类补贴、奖金、实物，应在减除费用扣除标准后，应按"工资、薪金所得"应税项目的规定缴纳个

人所得税。

④内部退养的一次性收入。

平摊到各月，与当月领取的工资合并计算工资、薪金所得。

⑤提前退休的一次性补贴。

按照办理退休手续至法定退休年龄之间的实际年度数平均分摊，单独适用综合所得税率表。

⑥企业年金、职业年金。

领取企业年金、职业年金，**不并入**综合所得，全额单独计算应纳税款。

⑦保险金。

a. 基本养老保险费、基本医疗保险费、失业保险费、住房公积金超过规定的比例，超过部分并入"工资、薪金所得"。

b. 企业为员工支付各项免税之外的保险金，应在企业向保险公司缴付时并入员工当期的工资收入，按"工资、薪金所得"项目计征个人所得税，税款由企业负责代扣代缴。

⑧兼职律师从律师事务所取得工资、薪金性质的所得。

兼职律师从事务所取得工资、薪金，以**收入全额**（取得分成收入的为扣除办理案件支出费用后的余额）计算缴纳，不得扣除税法规定的费用扣除标准。

⑨依法批准设立的非营利性研究开发机构和高等学校根据《中华人民共和国促进科技成果转化法》规定，从职务科技成果转化收入中给予科技人员的现金奖励，可减按50%计入科技人员当月"工资、薪金所得"，依法缴纳个人所得税。

⑩单位低价向职工售房的征税规定。

单位按低于购置或建造成本价格出售住房给职工，职工因此而少支出的差价部分，符合相关规定的，不并入当年综合所得，以差价收入除以12个月得到的数额，按照月度税率表确定适用税率和速算扣除数，单独计算纳税。计算公式为：

应纳税额＝职工实际支付的购房价款低于该房屋的购置或建造成本价格的差额
×适用税率－速算扣除数

> 【例题5-22·单选题】根据个人所得税法律制度的规定，下列所得中，属于免税项目的是（　　）。（2018年）
> A. 提前退休取得的一次性补贴
> B. 退休人员从原任职单位取得的补贴
> C. 内部退养取得的一次性收入
> D. 按国家统一规定发放的退休工资
> 【答案】D
> 【解析】选项D：退休工资免征个人所得税。

（二）劳务报酬所得

①劳务报酬所得，是指个人从事劳务取得的所得，包括从事设计、装潢、安装、制图、化验、测试、医疗、法律、会计、咨询等劳务的所得。

【知识卡片】 "劳务报酬所得"是指个人独立从事某种技艺,独立提供某种劳务而取得的报酬,一般不存在雇佣关系。

②个人兼职取得的收入,应按照"劳务报酬所得"税目缴纳个人所得税。

③保险营销员、证券经纪人取得的佣金收入,属于"劳务报酬所得",以不含增值税收入减除20%费用后的余额为收入额,再减去展业成本及附加税费后,并入综合所得征税。其中展业成本按照收入额的25%计算。

(三)稿酬所得

①稿酬所得,是指个人因其作品以图书、报刊形式**出版、发表**而取得的所得。

②作者去世后,财产继承人取得的遗作稿酬,应按"稿酬所得"征收个人所得税。

【例题5-23·多选题】 根据个人所得税法律制度的规定,下列各项中,属于劳务报酬所得的有( )。(2019年)
A. 个人因其作品以图书形式出版而取得的所得
B. 个人因任职受雇从上市公司取得的股票增值权所得
C. 证券经纪人从证券公司取得的佣金收入
D. 学生假期兼职取得的收入
【答案】 CD
【解析】(1)选项A:属于稿酬所得;(2)选项B:属于工资、薪金所得。

(四)特许权使用费所得

特许权使用费所得,是指个人**提供专利权、商标权、著作权、非专利技术以及其他特许权的使用权**取得的所得。

特许权使用费所得(见表5-13)。

表5-13   特许权使用费所得

情形	征税项目
作者将**自己的文字作品手稿原件或复印件**公开拍卖(竞价)取得的所得	"特许权使用费所得"
个人取得专利赔偿所得	
剧本作者从电影、电视剧的制作单位取得的**剧本使用费**(不论剧本使用方是否为其任职单位)	

(五)经营所得

①个人通过在中国境内注册登记的个体工商户、个人独资企业、合伙企业从事生产、经营活动取得的所得;

②个人依法取得执照,从事办学、医疗、咨询以及其他有偿服务活动取得的所得;

③个人承包、承租、转包、转租取得的所得;

177

④个人从事其他生产、经营活动取得的所得。

【知识卡片】个体工商户、个人独资企业和合伙企业或个人从事种植业、养殖业、饲养业、捕捞业取得的所得，暂不征收个人所得税。

（六）利息、股息、红利所得

①利息、股息、红利所得，是指个人**拥有**债权、股权而取得的利息、股息、红利所得。

②个人从公开发行和转让市场取得的**上市**公司、**全国中小企业股份转让系统挂牌**公司股票而取得的股息红利（见表5-14）。

表5-14　　　　　　　　　利息、股息、红利所得

持股期限（T）	计税范围
T≤1个月	**全额**计入应纳税所得额
1个月＜T≤1年	暂**减按50%**计入应纳税所得额
T＞1年	**暂免**征收

【知识卡片】
①对国债和国家发行的金融债券利息免征个人所得税。
②对储蓄存款利息所得暂免征收个人所得税。

③企业对个人进行实物性质的分配的征税情形（见表5-15）。

表5-15　　　　　　企业对个人进行实物性质的分配的征税情形

分配成员	征税项目
投资者个人、投资者家庭成员	"经营所得"项目
企业其他人员	"综合所得"项目
除个人独资企业、合伙企业以外其他企业的个人投资者或其家庭成员	"利息、股息、红利所得"项目

（七）财产租赁所得

①财产租赁所得，是指个人出租建筑物、土地使用权、机器设备、车船以及其他财产取得的所得。

②**转租收入**。

个人取得的房屋**转租收入**，属于"财产租赁所得"项目。取得转租收入的个人向房屋出租方支付的租金，凭房屋租赁合同和合法支付凭据允许在计算个人所得税时，从该项转租收入中扣除。

③视同个人财产租赁所得。

房地产开发商与购买者签订协议,以优惠价格出售给购买者,购买者在一定期限内将该房产无偿提供给开发企业对外出租使用。对购买者**少支出的购房价款**,按照"财产租赁所得"项目征收个人所得税。

(八)财产转让所得

财产转让所得,是指个人转让有价证券、**股权**、合伙企业中的财产份额、不动产、机器设备、车船以及其他财产取得的所得。

财产转让所得见表5-16。

表5-16　　　　　　　　　　　　　　财产转让所得

情形	征税项目
个人因各种原因终止投资、联营、经营合作等行为,取得股权转让收入、违约金、补偿金、赔偿金及以其他名目收回的款项	"财产转让所得"
个人以**非货币性资产**投资,属于个人转让非货币性资产和投资同时发生。对个人转让非货币性资产的所得	
个人通过网络收购玩家的**虚拟货币**,加价后向他人出售取得的收入	
个人转让新三板挂牌公司原始股取得的所得	
个人转让限售股取得的所得 【知识卡片】应纳税所得额=限售股转让收入-(限售股原值+合理税费)	
个人转让自用达5年以上,并且是唯一的家庭生活用房取得的所得	免税
个人转让全国中小企业股份系统(新三板)挂牌公司非原始股取得的所得	
个人在上海、深圳证券交易所转让从上市公司公开发行和转让市场取得的股票的所得	

(九)偶然所得

偶然所得,是指**个人得奖、中奖、中彩**以及其他偶然性质的所得(见表5-17)。

表5-17　　　　　　　　　　　　　　偶然所得

情形	征税项目
有奖竞赛活动得到的奖金	"偶然所得"
有奖储蓄、购买彩票等有奖活动取得的奖金	
企业对累积消费达到一定额度的顾客,**给予额外抽奖机会**,个人的获奖所得	
个人为单位或他人提供担保获得收入	

续表

情形	征税项目
房屋产权受赠人因无偿受赠房屋取得的受赠收入	"偶然所得"
个人购买福利彩票、体育彩票，一次中奖收入超过1万元的（全额计税）	
个人取得单张有奖发票奖金所得超过800元（全额计税）	
向本单位以外的个人赠送礼品，个人取得的礼品收入（具有价格折扣或折让性质的消费券、代金券、抵用券、优惠券等礼品除外）	
省级人民政府、国务院部委和中国人民解放军军以上单位，以及外国组织、国际组织颁发的科学、教育、技术、文化、卫生、体育、环境保护等方面的奖金	免税
个人举报、协查各种违法、犯罪行为而获得的奖金	
个人购买福利彩票、体育彩票，一次中奖收入在1万元以下（含1万元）的	
个人取得单张有奖发票奖金所得不超过800元（含800元）的	

【知识卡片】

①以下情形的房屋产权无偿赠与的，对当事双方不征收个人所得税：

a. 房屋产权所有人将房屋产权无偿赠与配偶、父母、子女、祖父母、外祖父母、孙子女、外孙子女、兄弟姐妹；

b. 房屋产权所有人将房屋产权无偿赠与对其承担直接抚养或者赡养义务的抚养人或者赡养人；

c. 房屋产权所有人死亡，依法取得房屋产权的法定继承人、遗嘱继承人或者受遗赠人。

②企业在销售商品（产品）和提供服务过程中向个人赠送礼品，属于下列情形之一的，不征收个人所得税：

a. 企业通过价格折扣、折让方式向个人销售商品（产品）和提供服务；

b. 企业在向个人销售商品（产品）和提供服务的同时给予赠品，如通信企业对个人购买手机赠话费、入网费，或者购话费赠手机等；

c. 企业对累积消费达到一定额度的个人按消费积分反馈礼品。

【例题5-24·单选题】 根据个人所得税法律制度的规定，在中国境内有住所的居民取得的下列所得中，属于综合所得的是（　　）。（2019年）

A. 经营所得　　　　　　　　　B. 劳务报酬所得
C. 利息、股息、红利所得　　　D. 财产租赁所得

【答案】 B

【解析】 综合所得包括工资、薪金所得，劳务报酬所得，稿酬所得和特许权使用费所得。

第五章　所得税法律制度

「考点10」个人所得税税率（★）

（一）综合所得（不用背诵，考试会给出税率）

居民个人每一纳税年度内取得的综合所得包括"工资、薪金所得，劳务报酬所得，稿酬所得，特许权使用费所得"。综合所得适用3%～45%的超额累进税率（见表5-18～表5-20）。

表5-18　　　　个人所得税税率表一（综合所得适用）

级数	全"年"应纳税所得额 含税级距	税率（%）	速算扣除数
1	不超过36 000元的	3	0
2	超过36 000元～144 000元的部分	10	2 520
3	超过144 000元～300 000元的部分	20	16 920
4	超过300 000元～420 000元的部分	25	31 920
5	超过420 000元～660 000元的部分	30	52 920
6	超过660 000元～960 000元的部分	35	85 920
7	超过960 000元的部分	45	181 920

表5-19　　　个人所得税预扣率表二（居民个人工资、薪金所得预扣预缴适用）

级数	累计预扣预缴应纳税所得额	预扣率（%）	速算扣除数
1	不超过36 000元的部分	3	0
2	超过36 000元～144 000元的部分	10	2 520
3	超过144 000元～300 000元的部分	20	16 920
4	超过300 000元～420 000元的部分	25	31 920
5	超过420 000元～660 000元的部分	30	52 920
6	超过660 000元～960 000元的部分	35	85 920
7	超过960 000元的部分	45	18 1920

表5-20　　　个人所得税税率表三（非居民个人工资、薪金所得，
　　　　劳务报酬所得，稿酬所得，特许权使用费所得适用）

级数	全"月"（或次）应纳税所得额	税率（%）	速算扣除数
1	不超过3 000元的部分	3	0
2	超过3 000元～12 000元的部分	10	210

续表

级数	全"月"（或次）应纳税所得额	税率（%）	速算扣除数
3	超过12 000元~25 000元的部分	20	1 410
4	超过25 000元~35 000元的部分	25	2 660
5	超过35 000元~55 000元的部分	30	4 410
6	超过55 000元~80 000元的部分	35	7 160
7	超过80 000元的部分	45	15 160

（二）经营所得（不用背诵，考试会给出税率）

经营所得适用5%~35%的5级**超额累进税率**（见表5-21）。

表5-21　　　　　　　　个人所得税税率表（经营所得适用）

级数	全年应纳税所得额	税率（%）	速算扣除数
1	不超过30 000元的部分	5	0
2	超过30 000元~90 000元的部分	10	1 500
3	超过90 000元~300 000元的部分	20	10 500
4	超过300 000元~500 000元的部分	30	40 500
5	超过500 000元的部分	35	65 500

（三）利息、股息、红利所得，财产租赁所得，财产转让所得和偶然所得（需要记住税率）

适用比例税率，税率为20%。

【知识卡片】个人出租住房取得的所得暂减按10%的税率征收个人所得税。

第 13 天

- **复习旧内容**
  第五章　所得税法律制度　考点 5~10

- **学习新内容**
  第五章　所得税法律制度　考点 11~14
  第六章　财产和行为税法律制度　考点 1~6

- **你今天可能有的心态**
  个人所得税在做题目的时候难度并不是很大，学习知识点的时候确实有点乱，因此更加需要总结梳理，逻辑顺序理出来了，整个个人所得税就是按照税目分的几大模块。

- **简单解释今天学习的内容**
  个人所得税每个税目都有专属的应纳税额计算公式，按照这个思路去总结；房产税是以房产为征税对象，按照房产的计税价值或房产租金收入向产权所有人征收的一种税。

- **学习方法**
  个人所得税每个税目独立总结；房产税学习难度较低，把握住易错考点，计算相对"套路化"。

- **建议学习时间**
  3 小时

今日打卡

任务内容	预计时间	重点任务要求
早读	30分钟	☐ 背诵企业所得税相关重点内容 ☐ 朗读昨日所学个人所得税内容 ☐ 听微课
第五章 考点11~14 第六章 考点1~6	100分钟	☐ 个人所得税应纳税所得额的确定 ☐ 个人所得税应纳税额的计算 ☐ 个人所得税税收优惠 ☐ 房产税应纳税额的计算
做作业	30分钟	☐ 做教材例题、精练习题 ☐ 整理个人所得税不同项目应纳税额计算内容
回忆内容	20分钟	☐ 梳理今天所学内容框架 ☐ 回忆今天所学应纳税额计算内容

[考点11] 个人所得税应纳税所得额的确定（★★★）

（一）居民个人的综合所得

以每一纳税年度的收入额减除费用6万元以及专项扣除、专项附加扣除和依法确定的其他扣除后的余额，为应纳税所得额（见表5-22）。

表5-22　应纳税所得额的具体内容

项目		具体内容
计算公式		应纳税所得额＝每一纳税年度收入额－60 000－（专项扣除＋专项附加扣除＋其他扣除）
收入额	涉及税目	①工资、薪金所得； ②劳务报酬所得； ③稿酬所得； ④特许权使用费所得
	收入确定	①劳务报酬所得、稿酬所得、特许权使用费所得以收入**减除20%的费用**后的余额； ②稿酬所得的收入额**减按70%**计算
扣除费用	减除费用	60 000元（5 000元/月）
	专项扣除	基本养老保险、基本医疗保险、失业保险等社会保险和住房公积金
	专项附加扣除	子女教育、继续教育、大病医疗、住房贷款利息、住房租金和赡养老人。 【知识卡片】人生的四座大山——教育、医疗、养老、住房
	其他扣除	购买符合规定的商业健康保险产品的支出在当年（月）计算应纳税所得额时予以税前扣除，扣除限额为2 400元/年（200元/月）

专项附加扣除（见表5-23）。

表5-23　专项附加扣除

扣除项目	标准
子女教育	①纳税人**年满3岁**的子女接受学前教育和学历教育的相关支出，按照**每个子女每月1 000元（每年12 000元）**的标准定额扣除。 ②父母可以选择由其中一方按100%扣除，也可以选择由双方分别按50%扣除
继续教育	①纳税人在中国境内接受学历（学位）继续教育的支出，在学历（学位）教育期间按照**每月400元（每年4 800元）**定额扣除。同一学历（学位）继续教育的扣除期限**不超过48个月（4年）**。 ②纳税人接受技能人员职业资格继续教育、专业技术人员职业资格继续教育支出，在取得相关证书的当年，按照**3 600元**定额扣除。 ③个人接受本科及以下学历（学位）继续教育，符合税法规定扣除条件的，可以选择由其父母扣除，也可以选择由本人扣除

续表

扣除项目	标准
大病医疗	①在一个纳税年度内，纳税人发生的**与基本医保相关**的医药费用支出，扣除医保报销后个人负担累计**超过 15 000 元**的部分，由纳税人在办理年度汇算清缴时，在 **80 000 元限额**内据实扣除。 ②纳税人发生的医药费用支出可以选择由本人或者其配偶扣除；未成年子女发生的医药费用支出可以选择由其父母一方扣除。纳税人及其配偶、未成年子女发生的医药费用支出，应按前述规定分别计算扣除额
住房贷款利息	①纳税人本人或配偶，单独或共同使用商业银行或住房公积金个人住房贷款，为本人或其配偶购买中国境内住房，发生的**首套住房贷款利息**（购买住房享受首套住房贷款利率的住房贷款）支出，在实际发生贷款利息的年度，按照**每月 1 000 元（每年 12 000 元）**的标准定额扣除，扣除期限**最长不超过 240 个月（20 年）**。纳税人**只能享受一套**首套住房贷款利息扣除。 ②经夫妻双方约定，可以选择由其中一方扣除，具体扣除方式在确定后，一个纳税年度内不得变更。 ③夫妻双方婚前分别购买住房发生的首套住房贷款利息，婚后可以选择其中一套购买的住房，由购买方按 100%扣除，也可以由夫妻双方对各自购买的住房分别按 50%扣除
住房租金	纳税人在主要工作城市没有自有住房而发生的住房租金支出，可以按照以下标准定额扣除： ①直辖市、省会（首府）城市、计划单列市以及国务院确定的其他城市，扣除标准为**每月 1 500 元（每年 18 000 元）**。 除上述所列城市外，市辖区户籍人口超过 100 万人的城市，扣除标准为**每月 1 100 元（每年 13 200 元）**。 市辖区户籍人口不超过 100 万人的城市，扣除标准为**每月 800 元（每年 9 600 元）**。 ②夫妻双方主要工作城市相同的，只能由一方扣除住房租金支出。 ③住房租金支出由签订租赁住房合同的承租人扣除。 ④纳税人及其配偶在一个纳税年度内不得同时分别享受住房贷款利息专项附加扣除和住房租金专项附加扣除
赡养老人	纳税人赡养一位及以上被赡养人的赡养支出，统一按以下标准定额扣除： ①纳税人为**独生子女**的，按照**每月 2 000 元（每年 24 000 元）**的标准定额扣除；纳税人为**非独生子女**的，由其与兄弟姐妹分摊**每月 2 000 元（每年 24 000 元）**的扣除额度，**每人分摊**的额度最高**不得超过每月 1 000 元（每年 12 000 元）**。可以由赡养人均摊或者约定分摊，也可以由被赡养人指定分摊。 ②所称被赡养人是指年满 60 岁的父母，以及子女均已去世的年满 60 岁的祖父母、外祖父母

【示例】刘某是我国公民，独生子且未婚，在甲公司工作，2020 年取得工资收入 80 000 元；另在某大学授课取得收入 40 000 元，出版著作一部，取得稿酬 60 000 元，转让商标使用权，取得特许权使用费收入 20 000 元。

已知：刘某个人缴纳"三险一金"20 000 元，税法规定的赡养老人扣除金额为 24 000 元。

要求：

计算刘某本年应缴纳个人所得税的应纳税所得额。

【解析】
（1）综合所得包括工资、薪金，劳务报酬，稿酬和特许权使用费所得；
（2）劳务报酬所得、稿酬所得、特许权使用费所得以收入减除20%的费用后的余额为收入额；稿酬所得的收入额减按70%计算；
（3）应纳税所得额 =80 000 +40 000 ×（1 -20%）+60 000 ×（1 -20%）× 70% +20 000×（1 -20%）-60 000 -20 000 -24 000 =57 600（元）。

（二）非居民个人应纳税所得额的确定

非居民个人的工资、薪金所得，以每月收入额减除费用 5 000 元后的余额为应纳税所得额；劳务报酬所得、稿酬所得、特许权使用费所得，以每次收入额为应纳税所得额。

（三）经营所得

①经营所得，以每一纳税年度的收入总额减除成本、费用以及损失后的余额，为应纳税所得额。

取得经营所得的个人，没有综合所得的，计算其每一纳税年度的应纳税所得额时，应当减除费用 6 万元、专项扣除、专项附加扣除以及依法确定的其他扣除。专项附加扣除在办理汇算清缴时扣除。

②不得扣除项目。
a. 个人所得税税款；
b. 税收滞纳金；
c. 罚金、罚款和被没收财物的损失；
d. 不符合扣除规定的捐赠支出；
e. 赞助支出；
f. 用于个人和家庭的支出；
g. 与取得生产经营收入无关的其他支出；
h. 个体工商户代其从业人员或他人负担的税款；
i. 国家税务总局规定不准扣除的支出（计提的各种准备金不得扣除）。

③扣除项目及标准。
a. 工资、社保。
工资、社保见表 5 -24。

表 5 -24　　　　　　　　　　　工资、社保

项目	业主	员工
工资	工资、薪金支出**不得税前扣除**	合理的工资、薪金支出，**准予扣除**
基本保险	基本养老保险费、基本医疗保险费、失业保险费、工伤保险费和住房公积金，准予扣除	

续表

项目	业主	员工
补充养老保险费、补充医疗保险费	以当地（地级市）上年度社会平均工资的**3倍**为计算基数，**分别**在不超过该计算基数**5%**标准内的部分据实扣除；超过部分，不得扣除	**分别**在不超过从业人员工资总额**5%**标准内的部分据实扣除；超过部分，不得扣除
商业保险	除个体工商户依照国家有关规定为**特殊工种从业人员支付的人身安全保险费**外，个体工商户业主本人或者为从业人员支付的商业保险费，不得扣除	

b. 其他扣除项目。

其他扣除项目见表5-25。

表5-25　　　　　　　　　　　　其他扣除项目

项目	标准
生产经营费用	核算清楚的生产经营费用据实扣除
	难以分清的，其**40%**视为与生产经营有关，准予扣除
纳税年度发生的亏损	用以后年度的生产经营所得弥补，但结转年限**最长不得超过5年**
借款费用	合理的不需要资本化的借款费用，准予扣除
利息支出	在生产经营活动中发生的下列利息支出，准予扣除： ①向金融企业借款的利息支出； ②向非金融企业和个人借款的利息支出，**不超过**按照金融企业同期同类贷款利率计算的数额的部分
工会经费、职工福利费、职工教育经费	①分别在**工资、薪金总额**的**2%、14%、2.5%**的标准内据实扣除； ②**业主本人**向当地工会组织缴纳的，以当地（地级市）上年度社会平均工资的3倍为计算基数，在规定比例内据实扣除。 【知识卡片】职工教育经费超过部分，准予在以后纳税年度结转扣除
业务招待费	①个体工商户发生的与生产经营活动有关的业务招待费，按照实际发生额的60%扣除，但最高不得超过当年销售（营业）收入的5‰。 ②业主自申请营业执照之日起至开始生产经营之日所发生的业务招待费，按照实际发生额的60%计入个体工商户的开办费
广告费、业务宣传费	与其生产经营活动直接相关的广告费和业务宣传费不超过当年销售（营业）收入15%的部分，可以据实扣除；超过部分，准予在以后纳税年度结转扣除
摊位费、行政性收费、协会会费	据实扣除
财产保险	准予扣除
劳动保护支出	准予扣除
公益捐赠支出	①通过公益性社会团体或者县级以上人民政府及其部门，用于规定的公益事业的捐赠，捐赠额**不超过其应纳税所得额30%**的部分可以据实扣除（全额扣除的公益性捐赠除外）。 ②个体工商户直接对受益人的捐赠不得扣除

续表

项目	标准
研发费用	①研究开发新产品、新技术、新工艺所发生的开发费用准予在当期直接扣除； ②研究开发新产品、新技术而购置**单台价值在 10 万元以下**的测试仪器和试验性装置的购置费准予**直接扣除**。 【知识卡片】单台价值在 10 万元以上（含 10 万元）的测试仪器和试验性装置，按固定资产管理，不得在当期直接扣除

④个人独资企业和合伙企业经营所得应纳税所得额。

a. 应纳税所得额。

第一，个人独资企业的投资者以全部生产经营所得为应纳税所得额；

第二，合伙企业的合伙人按照下列原则确定应纳税所得额：

合伙企业的合伙人以合伙企业的生产经营所得和其他所得，按照合伙协议约定的分配比例确定应纳税所得额；合伙协议未约定或者约定不明确的，以全部生产经营所得和其他所得，按照合伙人协商决定的分配比例确定应纳税所得额；协商不成的，以全部生产经营所得和其他所得，按照合伙人实缴出资比例确定应纳税所得额；无法确定出资比例的，以全部生产经营所得和其他所得，按照合伙人数量平均计算每个合伙人的应纳税所得额。

b. 查账征收的个人独资企业和合伙企业的扣除项目比照个体工商户个人所得税计税的规定确定。

c. 核定征收。

第一，依照国家有关规定应当设置但未设置账簿的；

第二，虽设置账簿，但账目混乱或者成本资料、收入凭证、费用凭证残缺不全，难以查账的；

第三，纳税人发生纳税义务，未按照规定的期限办理纳税申报，经税务机关责令限期申报，逾期仍不申报的。

【例题 5 - 25 · 单选题】根据个人所得税法律制度的规定，个体工商户的下列支出中，在计算经营所得应纳税所得额时，不得扣除的是（　　）。（2019 年）
A. 代其从业人员负担的税款
B. 支付给金融企业的短期流动资金借款利息支出
C. 依照国家有关规定为特殊工种从业人员支付的人身安全保险金
D. 实际支付给从业人员合理的工资、薪金支出
【答案】A
【解析】选项 A：个体工商户代其从业人员或他人负担的税款不得扣除。

（四）其他所得应纳税所得额

①财产租赁所得，每次收入不超过 4 000 元的，减除费用 800 元；4 000 元以上的，减除 20% 的费用，其余额为应纳税所得额。

②财产转让所得，以转让财产的收入额减除财产原值和合理费用后的余额，为应纳税所得额。

③利息、股息、红利所得和偶然所得，以每次收入额为应纳税所得额。

（五）公益性捐赠的扣除

捐赠的扣除

①限额扣除。

个人将其所得对教育、扶贫、济困等公益慈善事业进行捐赠，捐赠额未超过纳税人申报的**应纳税所得额30%**的部分，可以从其应纳税所得额中扣除；国务院规定对公益慈善事业捐赠实行全额税前扣除的，从其规定。

②全额扣除：

a. 红十字事业；

b. 教育事业（含农村义务教育）；

c. 公益性青少年活动场所；

d. 福利性、非营利性老年服务机构的捐赠；

e. 通过宋庆龄基金会等6家单位、中国医药卫生事业发展基金会等8家单位、中华健康快车基金会等5家单位用于公益救济性的捐赠，符合相关条件的，准予在缴纳个人所得税税前全额扣除。

> 【例题5-26·多选题】根据个人所得税法律制度的规定，个人发生的下列捐赠支出中，准予税前全额扣除的有（　　）。（2014年）
>
> A. 通过非营利社会团体向公益性青少年活动场所的捐赠
> B. 通过非营利社会团体向农村义务教育的捐赠
> C. 通过国家机关向贫困地区的捐赠
> D. 直接向贫困地区的捐赠
>
> 【答案】AB
>
> 【解析】选项C：捐赠额未超过纳税人申报的应纳税所得额30%的部分，可以从其应纳税所得额中扣除；选项D：个人直接向受赠人的捐赠不得从其应纳税所得额中扣除。

（六）每次收入的确定

①财产租赁所得，以一个月内取得的收入为一次；

②利息、股息、红利所得，以支付利息、股息、红利时取得的收入为一次；

③偶然所得，以每次取得该项收入为一次；

④非居民个人取得的劳务报酬所得、稿酬所得、特许权使用费所得，属于一次性收入的，以取得该项收入为一次；属于同一项目连续性收入的，以一个月内取得的收入为一次。

「考点 12」 个人所得税应纳税额的计算（★★★）

（一）综合所得

应纳税额＝应纳税所得额×适用税率－速算扣除数
　　　　＝（每一纳税年度的收入额－费用 60 000 元－专项扣除－专项附加扣除
　　　　　－依法确定的其他扣除）×适用税率－速算扣除数

> 【教材例题（非考试标准题型）】甲公司职员李某 2019 年全年取得工资、薪金收入 180 000 元。当地定的社会保险和住房公积金个人缴存比例为：基本养老保险 8%，基本医疗保险 2%，失业保险 0.5%，住房公积金 12%。李某缴纳社会保险费核定的缴费工资基数为 10 000 元。李某正在偿还首套住房贷款及利息；李某为独生女，其独生子正就读大学 3 年级；李某父母均已年过 60 岁。李某夫妻约定由李某扣除贷款利息和子女教育费。
> 要求：
> 计算李某 2019 年应缴纳的个人所得税税额。
> 【解析】
> （1）全年减除费用 60 000 元
> （2）专项扣除＝10 000×（8%＋2%＋0.5%＋12%）×12＝27 000（元）
> （3）专项附加扣除：
> ①李某子女教育支出实行定额扣除，每年扣除 12 000 元；
> ②李某首套住房贷款利息支出实行定额扣除，每年扣除 12 000 元；
> ③李某赡养老人支出实行定额扣除，每年扣除 24 000 元。
> 专项附加扣除合计＝12 000＋12 000＋24 000＝48 000（元）
> （4）扣除项合计＝60 000＋27 000＋48 000＝135 000（元）
> （5）应纳税所得额＝180 000－135 000＝45 000（元）
> （6）应纳个人所得税税额＝45 000×10%－2 520＝1 980（元）

（二）综合所得预扣预缴的计算

1. 工资、薪金所得预扣预缴
①含义。
扣缴义务人向居民个人支付时，应当按照累计预扣法计算预扣税款，并按月办理扣缴申报。
②计算公式。
a. 累计预扣预缴应纳税所得额。

累计预扣预缴应纳税所得额＝累计收入－累计免税收入－累计减除费用
　　　　　　　　　　　　－累计专项扣除－累计专项附加扣除
　　　　　　　　　　　　－累计依法确定的其他扣除

b. 本期应预扣预缴税额。

本期应预扣预缴税额 =（①×预扣率−速算扣除数）−累计减免税额
−累计已预扣预缴税额

其中：累计减除费用，按照 5 000 元/月乘以纳税人当年截至本月在本单位的任职受雇月份数计算。

【知识卡片】

①自 2020 年 7 月 1 日起，对一个纳税年度内首次取得工资、薪金所得的居民个人，扣缴义务人在预扣预缴个人所得税时，可按照 5 000 元/月乘以纳税人当年截至本月月份数计算累计减除费用。

②对上一完整纳税年度内每月均在同一单位预扣预缴工资、薪金所得个人所得税且全年工资、薪金收入不超过 6 万元的居民个人，扣缴义务人在预扣预缴本年度工资、薪金所得个人所得税时，累计减除费用自 1 月份起直接按照全年 6 万元计算扣除。即，在纳税人累计收入不超过 6 万元的月份，暂不预扣预缴个人所得税；在其累计收入超过 6 万元的当月及年内后续月份，再预扣预缴个人所得税。

【教材例题（非考试标准题型）】中国某公司职员王某 2019 年 1~3 月每月取得工资、薪金收入 10 000 元。当地规定的社会保险和住房公积金个人缴存比例为：基本养老保险 8%，基本医疗保险 2%，失业保险 0.5%，住房公积金 12%。王某缴纳社会保险费核定的缴费工资基础为 8 000 元。

已知：王某 1~2 月累计已预扣预缴个人所得税税额为 192 元。

要求：

计算王某 3 月应预扣预缴的个人所得税税额。

个人所得税预扣率表（居民个人工资、薪金所得预扣预缴适用）

级数	累计预扣预缴应纳税所得额	预扣率（%）	速算扣除数
1	不超过 36 000 元的部分	3	0
2	超过 36 000 元~144 000 元的部分	10	2 520
3	超过 144 000 元~300 000 元的部分	20	16 920
4	超过 300 000 元~420 000 元的部分	25	31 920
5	超过 420 000 元~660 000 元的部分	30	52 920
6	超过 660 000 元~960 000 元的部分	35	85 920
7	超过 960 000 元的部分	45	181 920

【解析】
（1）累计收入 =10 000 ×3 =30 000（元）
（2）累计减除费用 =5 000 ×3 =15 000（元）
（3）累计专项扣除 =8 000 ×（8% +2% +0.5% +12%）×3 =5 400（元）
（4）累计预扣预缴应纳税所得额 =30 000 -15 000 -5 400 =9 600（元）
（5）应预扣预缴个人所得税税额 =9 600 ×3% -192 =96（元）

2. 劳务报酬、稿酬、特许权使用费所得预扣预缴

①应纳税所得额。

a. 减除费用。

劳务报酬所得、稿酬所得、特许权使用费所得每次收入不超过 4 000 元的，减除费用按 800 元计算；每次收入 4 000 元以上的，减除费用按 20% 计算。

b. 收入额。

劳务报酬所得、稿酬所得、特许权使用费所得以收入减除费用后的余额为收入额。其中，稿酬所得的收入额减按 70% 计算。

c. 应纳税所得额。

劳务报酬所得、稿酬所得、特许权使用费所得，以每次收入额为预扣预缴应纳税所得额。

②预扣预缴税额。

a. 预扣率。

稿酬所得、特许权使用费所得适用 20% 的比例预扣率；劳务报酬所得适用 20% ~ 40% 的超额累进预扣率（见表 5 -26）。

表 5 -26　　个人所得税预扣率表（居民个人劳务报酬所得预扣预缴适用）

级数	累计预扣预缴应纳税所得额	预扣率（%）	速算扣除数
1	不超过 20 000 元的部分	20	0
2	超过 20 000 ~ 50 000 元的部分	30	2 000
3	超过 50 000 元的部分	40	7 000

b. 应预扣预缴税额。

稿酬所得、特许权使用费所得应预扣预缴税额 =预扣预缴应纳税所得额×20%
劳务报酬所得应预扣预缴税额 =预扣预缴应纳税所得额×预扣率 -速算扣除数

【知识卡片】正在接受全日制学历教育的学生因实习取得劳务报酬所得的，扣缴义务人预扣预缴个人所得税时，可按照累计预扣法计算并预扣预缴税款。

【教材例题（非考试标准题型）】 2019 年 8 月王某为某公司提供设计服务，取得劳务报酬所得 5 000 元。

要求：

计算王某当月该笔劳务报酬所得应预扣预缴的个人所得税税额。

【解析】

（1）劳务报酬所得每次收入不超过 4 000 元的，减除费用按 800 元计算；每次收入 4 000 元以上的，减除费用按 20% 计算。

（2）预扣预缴应纳税所得额不超过 20 000 元的，预扣率为 20%。

（3）应预扣预缴的个人所得税税额 = 5 000 × （1 - 20%）× 20% = 800（元）。

【教材例题（非考试标准题型）】 2019 年 10 月张某所写的一部小说出版，取得稿酬所得 30 000 元。

要求：

计算张某该笔稿酬所得应预扣预缴的个人所得税税额。

【解析】

（1）稿酬所得每次收入不超过 4 000 元的，减除费用按 800 元计算；每次收入 4 000 元以上的，减除费用按 20% 计算。

（2）稿酬所得的收入额减按 70% 计算，预扣率为 20%。

（3）应预扣预缴的个人所得税税额 = 30 000 × （1 - 20%）× 70% × 20% = 3 360（元）。

（三）经营所得

应纳税额 = 应纳税所得额 × 适用税率 - 速算扣除数
= （全年收入总额 - 成本、费用、税金、损失、其他支出及以前年度亏损）
× 适用税率 - 速算扣除数

【知识卡片】 自 2021 年 1 月 1 日至 2022 年 12 月 31 日，对个体工商户经营所得年应纳税所得额不超过 100 万元的部分，在现行优惠政策基础上，再减半征收个人所得税。

减免税额 = （个体工商户经营所得应纳税所得额不超过 100 万元部分的应纳税额 - 其他政策减免税额 × 个体工商户经营所得应纳税所得额不超过 100 万元部分 ÷ 经营所得应纳税所得额）× （1 - 50%）。

（四）利息、股息、红利所得

应纳税额 = 应纳税所得额 × 适用税率
= 每次收入额 × 适用税率

（五）财产租赁所得

1. 每次（月）收入不足 4 000 元的

应纳税额＝［每次（月）收入额－财产租赁过程中缴纳的税费－由纳税人负担的租赁财产实际开支的修缮费用（800 元为限）－800 元］×20%（10%）

2. 每次（月）收入在 4 000 元以上的

应纳税额＝［每次（月）收入额－财产租赁过程中缴纳的税费－由纳税人负担的租赁财产实际开支的修缮费用（800 元为限）］×（1－20%）×20%（10%）

> 【知识卡片】
> ①出租房屋时缴纳的相关税费不包括增值税。
> ②由纳税人负担的租赁财产实际开支的修缮费用 800 元为限。

> 【例题 5－27·单选题】2017 年 9 月王某出租自有住房取得租金收入 6 000 元，房屋租赁过程中缴纳的税费 240 元，支付该房屋的修缮费 1 000 元，已知个人出租住房个人所得税税率暂减按 10%，每次收入 4 000 元以上的，减除 20%的费用。计算王某当月出租住房应缴纳个人所得税税额的下列算式中，正确的是（　　）。（2018 年）
> A.（6 000－240－800）×10%＝496（元）
> B.（6 000－240－1 000）×10%＝476（元）
> C.（6 000－240－1 000）×（1－20%）×10%＝380.8（元）
> D.（6 000－240－800）×（1－20%）×10%＝396.8（元）
> 【答案】D
> 【解析】（1）个人出租住房个人所得税税率暂减按 10%，每次收入 4 000 元以上的，减除 20%的费用；（2）王某当月出租住房应缴纳个人所得税税额＝（6 000－240－800）×（1－20%）×10%＝396.8（元）。因此选项 D 正确。

（六）财产转让所得

应纳税额＝应纳税所得额×适用税率
　　　　＝（收入总额－财产原值－合理费用）×20%

> 【知识卡片】受赠人转让受赠房屋。
> 应纳税所得额＝转让受赠房屋的收入－原捐赠人取得该房屋的实际购置成本－赠与和转让过程中受赠人支付的相关税费

【例题5-28·单选题】 2018年11月,林某将一套三年前购入的普通住房出售,取得收入160万元,原值120万元,售房中发生合理费用0.5万元。已知财产转让所得个人所得税税率为20%,计算林某出售该住房应缴纳个人所得税税额的下列算式中正确的是( )。(2019年)

A.(160-120-0.5)×20%=7.9(万元)
B.160×(1-20%)×20%=25.6(万元)
C.(160-120)×20%=8(万元)
D.(160-0.5)×20%=31.9(万元)

【答案】A
【解析】财产转让所得以一次转让财产收入额减去财产原值和合理费用后的余额为应纳税所得额,适用20%的税率计算缴纳个人所得税。

(七)偶然所得

应纳税额=应纳税所得额×适用税率
=每次收入额×20%

【例题5-29·单选题】 2018年10月,李某购买福利彩票,取得一次中奖收入3万元,购买彩票支出400元,已知偶然所得个人所得税税率为20%,计算李某中奖收入应缴纳个人所得税税额的下列算式中,正确的是( )。(2019年)

A.30 000×(1-20%)×20%=4 800(元)
B.(30 000-400)×20%=5 920(元)
C.30 000×20%=6 000(元)
D.(30 000-400)×(1-20%)×20%=4 736(元)

【答案】C
【解析】选项C:利息、股息、红利所得和偶然所得,以每次收入额为应纳税所得额,不扣除任何支出。

【例题5-30·单选题】 2014年5月,李某花费500元购买体育彩票,一次中奖30 000元,将其中1 000元直接捐赠给甲小学,已知偶然所得个人所得税税率为20%,李某彩票中奖收入应缴纳个人所得税税额的下列计算中,正确的是( )。(2015年)

A.(30 000-500)×20%=5 900(元)
B.30 000×20%=6 000(元)
C.(30 000-1 000)×20%=5 800(元)
D.(30 000-1 000-500)×20%=5 700(元)

【答案】 B

【解析】（1）直接捐赠支出不得税前扣除；（2）偶然所得以每次收入额为应纳税所得额。

「考点13」个人所得税税收优惠（★★）

（一）免税项目

①<u>省级</u>人民政府、国务院部委和中国人民解放军<u>军以上</u>单位，以及外国组织、国际组织颁发的科学、教育、技术、文化、卫生、体育、环境保护等方面的奖金；

②国债和国家发行的金融债券利息；

③按照国务院规定发给的政府特殊津贴、院士津贴，以及国务院规定免纳个人所得税的其他补贴、津贴；

④福利费、抚恤金、救济金；

⑤<u>保险赔款</u>；

⑥军人的转业费、复员费、退役金；

⑦按照国家统一规定发给干部、职工的安家费、退职费、退休工资、离休工资、离休生活补助费；

⑧依照有关法律规定应予免税的各国驻华使馆、领事馆的外交代表、领事官员和其他人员的所得。

（二）减税项目

①残疾、孤老人员和烈属的所得。

②因自然灾害造成重大损失的。

（三）暂免征税项目

①外籍个人。

a. 以<u>非现金形式</u>或<u>实报实销形式</u>取得的住房补贴、伙食补贴、搬迁费、洗衣费。

b. 按合理标准取得的境内、境外出差补贴。

c. 取得的语言训练费、子女教育费等，经当地税务机关审核批准为合理的部分。

d. 从外商投资企业取得的股息、红利所得。

②符合下列条件之一的外籍专家取得的工资、薪金所得，可免征个人所得税：

a. 根据世界银行专项借款协议，由世界银行派往我国工作的外国专家；

b. 联合国组织直接派往我国工作的专家；

c. 为联合国援助项目来华工作的专家；

d. 援助国派往我国专为该国援助项目工作的专家；

e. 根据两国政府签订的文化交流项目来华工作两年以内的文教专家，其工资、薪金所得由该国负担的；

f. 根据我国大专院校国际交流项目来华工作两年以内的文教专家，其工资、薪金所得由该国负担的；

g. 通过民间科研协定来华工作的专家，其工资、薪金所得由该国政府机构负担的。

【知识卡片】自 2022 年 1 月 1 日起，符合居民个人条件的外籍个人不再享受住房补贴、语言训练费、子女教育费津补贴免税优惠政策，应按规定享受专项附加扣除。

③个人办理代扣代缴手续，按规定取得的扣缴手续费。

④达到离休、退休年龄，但却因工作需要，适当延长离休、退休年龄的高级专家，其在延长离休、退休期间的工资、薪金所得，视同离休、退休工资免征个人所得税。

⑤企业职工从破产企业取得的**一次性安置费收入**，免予征收个人所得税。

⑥个人领取原提存的住房公积金、基本医疗保险金、基本养老保险金以及失业保险金，可免征个人所得税。

⑦对工伤职工及其近亲属按照规定取得的工伤保险待遇，免征个人所得税。

⑧企业和事业单位根据国家有关政策规定的办法和标准，为在本单位任职或者受雇的全体职工交付的企业年金或职业年金单位缴费部分，在计入个人账户时，个人暂不缴纳个人所得税。

个人根据国家有关政策规定缴付的年金个人缴费部分，在不超过本人缴费工资计税基数的 4% 标准内的部分，暂从个人当期的应纳税所得额中扣除。

⑨自 2008 年 10 月 9 日（含）起，对**储蓄存款利息**所得暂免征收个人所得税。

【例题 5-31·单选题】根据个人所得税法律制度的规定，下列各项中，不免征个人所得税的是（　　）。（2018 年）

A. 个人转让著作权所得
B. 国家规定的福利费
C. 保险赔款
D. 退休工资

【答案】A

【解析】选项 A：个人转让著作权，免征增值税，但不免征个人所得税。

【例题 5-32·单选题】根据个人所得税法律制度的规定，下列情形中，应缴纳个人所得税的是（　　）。（2017 年）

A. 王某将房屋无偿赠与其子
B. 杨某将房屋无偿赠与其外孙女
C. 赵某转让无偿受赠的商铺
D. 张某转让自用达 5 年以上且是唯一家庭生活用房

【答案】C

【解析】选项AB：房屋产权所有人将房屋产权无偿赠与配偶、父母、子女、祖父母、外祖父母、孙子女、外孙子女、兄弟姐妹的，不征收个人所得税；选项D：个人转让自用达5年以上，并且是唯一的家庭生活用房取得的所得，暂免征收个人所得税。

【例题5-33·多选题】根据个人所得税法律制度的规定，下列所得中，属于免税项目的有（ ）。（2016年）
　　A. 保险赔款　　　　　　　　　B. 军人的转业费
　　C. 国债利息　　　　　　　　　D. 退休人员再任职取得的收入
【答案】ABC
【解析】选项D：退休人员再任职取得的收入，按照"工资、薪金所得"缴纳个人所得税。

【例题5-34·多选题】根据个人所得税法律制度的规定，下列各项中，暂免征收个人所得税的有（ ）。（2015年）
　　A. 外籍个人以现金形式取得的住房补贴
　　B. 外籍个人从外商投资企业取得的股息、红利所得
　　C. 个人转让自用3年，并且是唯一的家庭生活用房取得的所得
　　D. 个人购买福利彩票，一次中奖收入1 000元的
【答案】BD
【解析】选项A：外籍个人以"非现金"形式取得的住房补贴，暂免征收个人所得税；选项B：外籍个人从外商投资企业取得的股息、红利所得，免征个人所得税；选项C：个人转让自用达"5年以上"，并且是唯一的家庭生活用房取得的所得，暂免征收个人所得税；选项D，对个人购买福利彩票、赈灾彩票、体育彩票，一次中奖收入在1万元以下的（含1万元）暂免征收个人所得税；超过1万元的，全额征收个人所得税。

「考点14」个人所得税征收管理（★★）

（一）纳税申报

1. 个人所得税以所得人为纳税人，以支付所得的单位或者个人为扣缴义务人税务机关应根据扣缴义务人所扣缴的税款，付给**2%的手续费**。

2. 有下列情形之一的，纳税人应当依法办理纳税申报
①取得综合所得需要办理汇算清缴，具体情形包括：
　　a. 在**两处或者两处以上**取得综合所得，且综合所得年收入额减去专项扣除的余额**超过六万元**。
　　b. 取得劳务报酬所得、稿酬所得、特许权使用费所得中一项或者多项所得，且综合

所得年收入额减去专项扣除的余额**超过六万元**。

c. 纳税年度内预缴税额低于应纳税额的。

d. 纳税人申请退税。应提供其在中国境内开设的银行账户，并在**汇算清缴地**就地办理税款退库。

②取得应税所得没有扣缴义务人；

③取得应税所得，扣缴义务人未扣缴税款；

④取得境外所得；

⑤因移居境外注销中国户籍；

⑥非居民个人在中国境内从两处以上取得工资、薪金所得；

⑦国务院规定的其他情形。

（二）纳税期限

1. 综合所得

居民个人取得综合所得，按年计算个人所得税；有扣缴义务人的，由扣缴义务人按月或者按次预扣预缴税款；需要办理汇算清缴的，应当在取得所得的**次年 3 月 1 日至 6 月 30 日**内办理汇算清缴。

2. 经营所得

纳税人取得经营所得，按年计算个人所得税，由纳税人在月度或者季度终了后 15 日内向税务机关报送纳税申报表，并预缴税款；在取得所得的**次年 3 月 31 日前**办理汇算清缴。

躲坑作战1

区分易混淆的收入。

①销售货物收入：企业销售商品、产品、原材料、包装物、低值易耗品以及其他存货取得的收入。

②转让财产收入：企业转让固定资产、生物资产、无形资产、股权、债权等财产取得的收入。

③特许权使用费收入：企业提供专利权、非专利技术、商标权、著作权以及其他特许权的使用权而取得的收入。

④其他收入：企业资产溢余收入、逾期未退包装物押金收入、确实无法偿付的应付款项、已作坏账损失处理后又收回的应收款项、债务重组收入、补贴收入、违约金收入、汇兑收益等。

躲坑作战2

企业所得税税前扣除项目及扣除标准。

①销售（营业）收入 = 主营业务收入 + 其他业务收入 + 视同销售收入；**不包括营业外收入和投资收益**。

②超过当年扣除标准，以后年度准予扣除的有：

a. **职工教育经费；**

b. **广告费和业务宣传费；**

c. 公益性捐赠支出（3 年内）；
d. 保险企业手续费或佣金支出。

躲坑作战3

出租车的相关纳税情形（见表5-27）。

表5-27　出租车的相关纳税情形

形式	征税税目
单车承包或承租方式运营	工资、薪金所得
①个人所有（但挂靠，缴纳管理费）； ②出租车所有权转移给驾驶员； ③从事个体出租车运营	经营所得

躲坑作战4

预扣预缴所得额（见表5-28）。

表5-28　预扣预缴所得额

各项所得	计征方式	适用预缴率	预扣预缴所得额
劳务报酬所得	按次	20%、30%、40%	①每次收入不超过4 000元：扣除800元； ②每次收入4 000元以上：扣除收入的20%。 【知识卡片】稿酬所得还应减按70%
特许权使用费所得	按次	20%	
稿酬所得	按次	20%	

躲坑作战5

个人所得税应纳税额的计算（见表5-29）。

表5-29　个人所得税应纳税额的计算

应税项目	税率	应纳税所得额	应纳税额的计算
综合所得	七级超额累进税率	以每一纳税年度收入额减除费用6万元以及专项扣除、专项附加扣除和依法确定的其他扣除后的余额	应纳税额 = 应纳税所得额×适用税率 - 速算扣除数
		劳务报酬所得、稿酬所得、特许权使用费所得按收入减除20%后的余额为收入额，稿酬所得减按70%计算	
经营所得	五级超额累进税率	全年收入总额 - 成本、费用、税金、损失、其他支出以及以前年度亏损	应纳税额 = 应纳税所得额×适用税率 - 速算扣除数
利息、股息、红利所得	20%	每次收入额	应纳税额 = 每次收入额×20%

续表

应税项目	税率	应纳税所得额	应纳税额的计算
财产租赁所得	20%	每次收入不超过4 000元的	应纳税额＝应纳税所得额× 20%（10%）
		应纳税所得额＝每次（月）收入额－准予扣除项目－修缮费用（800元为限）－800	
		每次收入超过4 000元的	
		应纳税所得额＝[每次（月）收入额－准予扣除项目－修缮费用（800元为限）]×（1－20%）	
财产转让所得	20%	应纳税所得额＝收入总额－财产原值－合理费用	应纳税额＝应纳税所得额×20%
偶然所得	20%	每次收入额	应纳税额＝每次收入额×20%

你已成功
完成第五章的学习！

扫码领取全程课加入带学群

你要多学点东西，你要多看会儿书，你要多跑些步，时间慢慢流，你想有一个更好的未来，那么从现在开始，你要，好好努力。

第六章　财产和行为税法律制度

考情分析

本章讲解小税种，知识点比较分散。本书中有大量的框架、表格等归纳总结和对比，但请各位读者学完后要动手做归纳总结、对比易混淆的相似税种。学习本章，仍然从纳税义务人、征税对象、税率、应纳税额、税收优惠、征收管理六个方面来掌握具体税种，但每个小税种的考试侧重点不同，着重把握常考点，无须面面俱到。本章考试分数11分左右，属于不定项选择题的"不确定性因素"，需要同学们打好基础。

考点地图

房产税框架见图6-1。

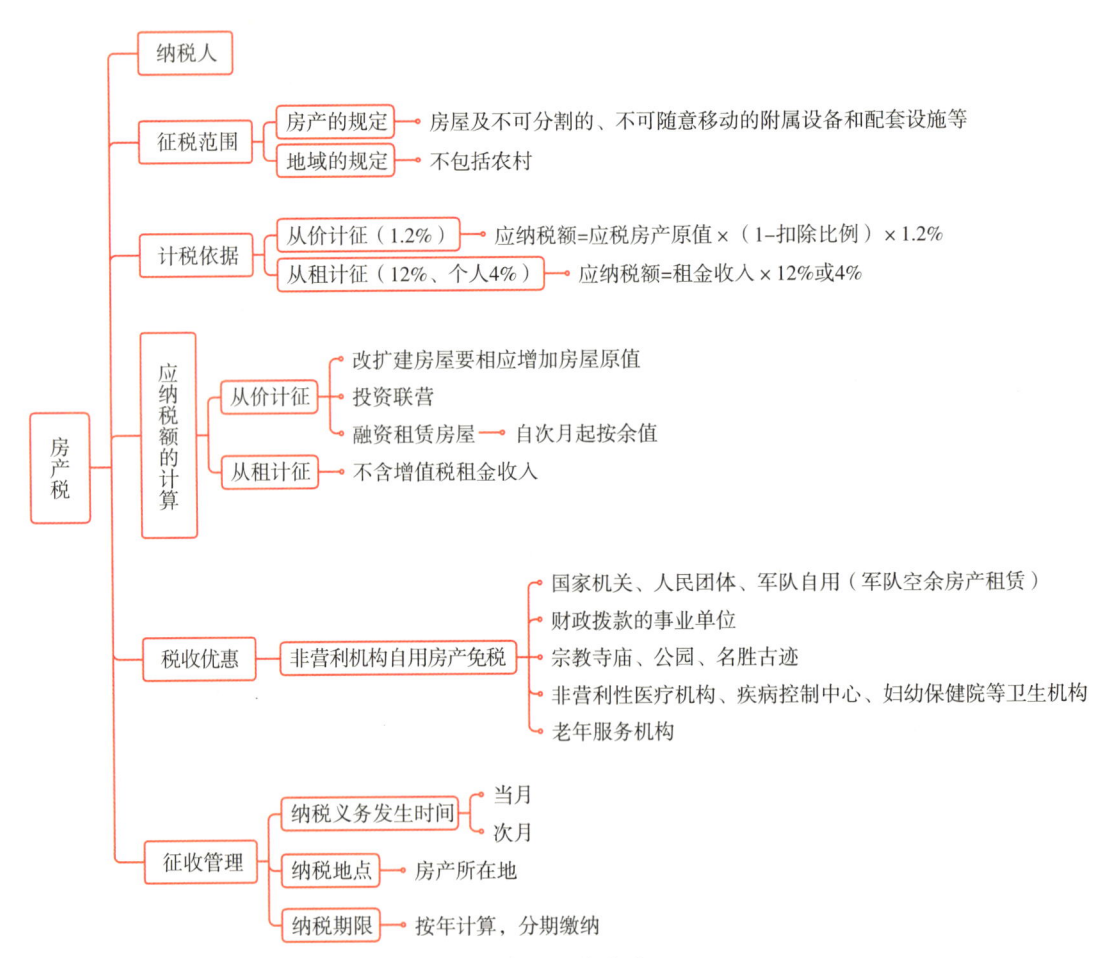

房产税：
- 纳税人
- 征税范围
  - 房产的规定——房屋及不可分割的、不可随意移动的附属设备和配套设施等
  - 地域的规定——不包括农村
- 计税依据
  - 从价计征（1.2%）——应纳税额=应税房产原值×（1-扣除比例）×1.2%
  - 从租计征（12%、个人4%）——应纳税额=租金收入×12%或4%
- 应纳税额的计算
  - 从价计征
    - 改扩建房屋要相应增加房屋原值
    - 投资联营
    - 融资租赁房屋——自次月起按余值
  - 从租计征——不含增值税租金收入
- 税收优惠——非营利机构自用房产免税
  - 国家机关、人民团体、军队自用（军队空余房产租赁）
  - 财政拨款的事业单位
  - 宗教寺庙、公园、名胜古迹
  - 非营利性医疗机构、疾病控制中心、妇幼保健院等卫生机构
  - 老年服务机构
- 征收管理
  - 纳税义务发生时间——当月/次月
  - 纳税地点——房产所在地
  - 纳税期限——按年计算，分期缴纳

图6-1　房产税

第六章 财产和行为税法律制度

契税框架见图6-2：

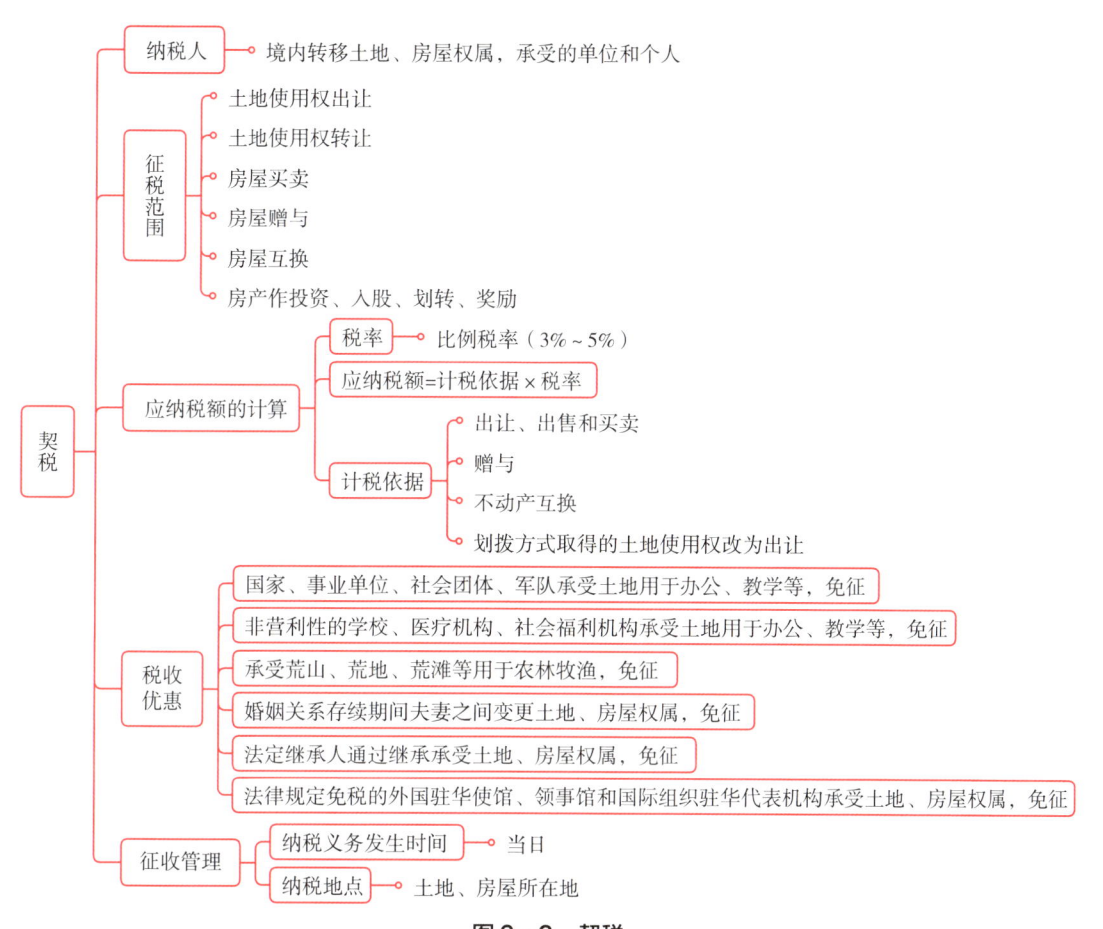

```
契税
├── 纳税人 → 境内转移土地、房屋权属，承受的单位和个人
├── 征税范围
│   ├── 土地使用权出让
│   ├── 土地使用权转让
│   ├── 房屋买卖
│   ├── 房屋赠与
│   ├── 房屋互换
│   └── 房产作投资、入股、划转、奖励
├── 应纳税额的计算
│   ├── 税率 → 比例税率（3%~5%）
│   ├── 应纳税额=计税依据×税率
│   └── 计税依据
│       ├── 出让、出售和买卖
│       ├── 赠与
│       ├── 不动产互换
│       └── 划拨方式取得的土地使用权改为出让
├── 税收优惠
│   ├── 国家、事业单位、社会团体、军队承受土地用于办公、教学等，免征
│   ├── 非营利性的学校、医疗机构、社会福利机构承受土地用于办公、教学等，免征
│   ├── 承受荒山、荒地、荒滩等用于农林牧渔，免征
│   ├── 婚姻关系存续期间夫妻之间变更土地、房屋权属，免征
│   ├── 法定继承人通过继承承受土地、房屋权属，免征
│   └── 法律规定免税的外国驻华使馆、领事馆和国际组织驻华代表机构承受土地、房屋权属，免征
└── 征收管理
    ├── 纳税义务发生时间 → 当日
    └── 纳税地点 → 土地、房屋所在地
```

图6-2 契税

土地增值税框架见图6-3：

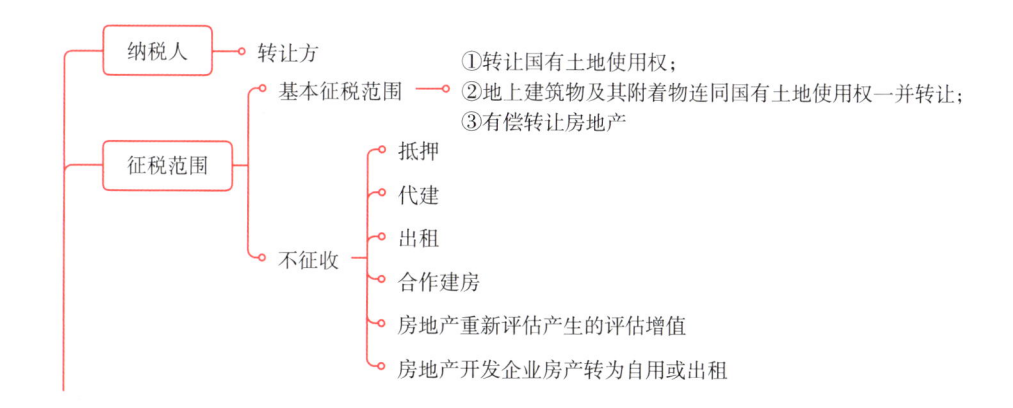

```
土地增值税
├── 纳税人 → 转让方
└── 征税范围
    ├── 基本征税范围
    │   ①转让国有土地使用权；
    │   ②地上建筑物及其附着物连同国有土地使用权一并转让；
    │   ③有偿转让房地产
    └── 不征收
        ├── 抵押
        ├── 代建
        ├── 出租
        ├── 合作建房
        ├── 房地产重新评估产生的评估增值
        └── 房地产开发企业房产转为自用或出租
```

203

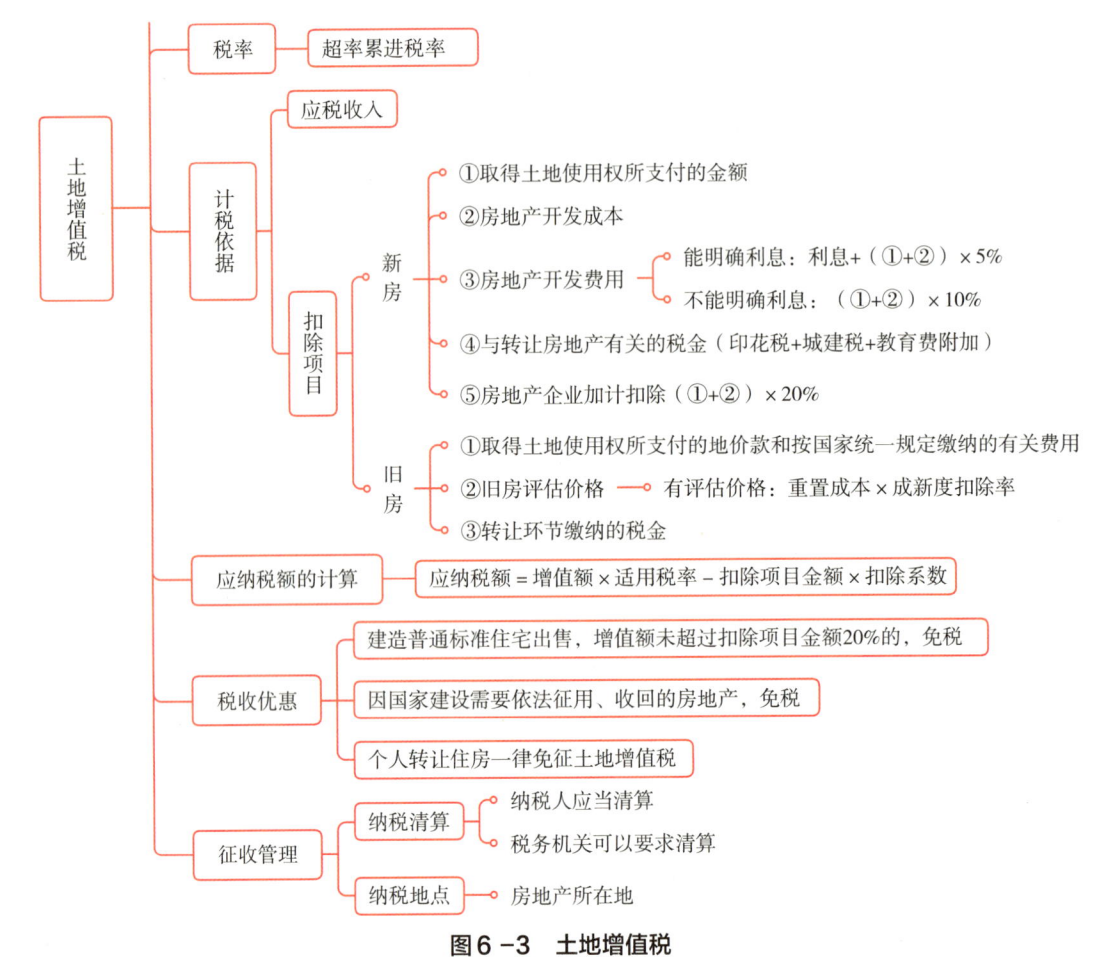

```
土地增值税
├── 税率 ── 超率累进税率
├── 计税依据
│    ├── 应税收入
│    └── 扣除项目
│         ├── 新房
│         │    ├── ①取得土地使用权所支付的金额
│         │    ├── ②房地产开发成本
│         │    ├── ③房地产开发费用
│         │    │    ├── 能明确利息：利息+（①+②）×5%
│         │    │    └── 不能明确利息：（①+②）×10%
│         │    ├── ④与转让房地产有关的税金（印花税+城建税+教育费附加）
│         │    └── ⑤房地产企业加计扣除（①+②）×20%
│         └── 旧房
│              ├── ①取得土地使用权所支付的地价款和按国家统一规定缴纳的有关费用
│              ├── ②旧房评估价格 ── 有评估价格：重置成本×成新度扣除率
│              └── ③转让环节缴纳的税金
├── 应纳税额的计算 ── 应纳税额=增值额×适用税率－扣除项目金额×扣除系数
├── 税收优惠
│    ├── 建造普通标准住宅出售，增值额未超过扣除项目金额20%的，免税
│    ├── 因国家建设需要依法征用、收回的房地产，免税
│    └── 个人转让住房一律免征土地增值税
└── 征收管理
     ├── 纳税清算
     │    ├── 纳税人应当清算
     │    └── 税务机关可以要求清算
     └── 纳税地点 ── 房地产所在地
```

图6－3　土地增值税

城镇土地使用税框架见图6－4：

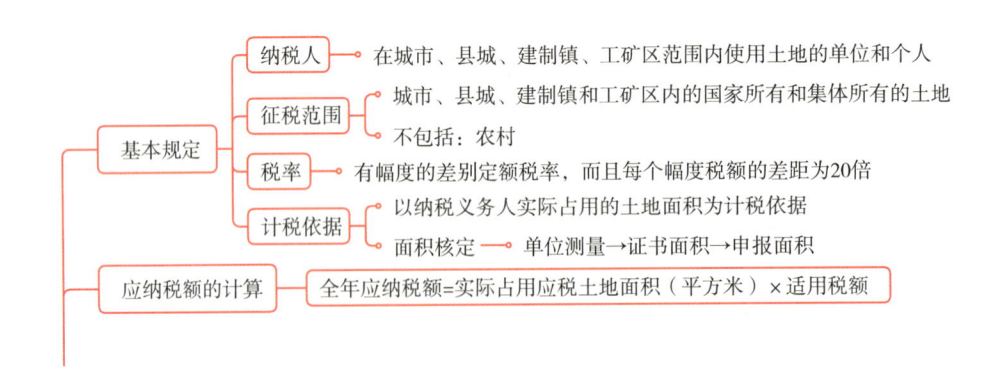

```
基本规定
├── 纳税人 ── 在城市、县城、建制镇、工矿区范围内使用土地的单位和个人
├── 征税范围
│    ├── 城市、县城、建制镇和工矿区内的国家所有和集体所有的土地
│    └── 不包括：农村
├── 税率 ── 有幅度的差别定额税率，而且每个幅度税额的差距为20倍
└── 计税依据
     ├── 以纳税义务人实际占用的土地面积为计税依据
     └── 面积核定 ── 单位测量→证书面积→申报面积
应纳税额的计算 ── 全年应纳税额=实际占用应税土地面积（平方米）×适用税额
```

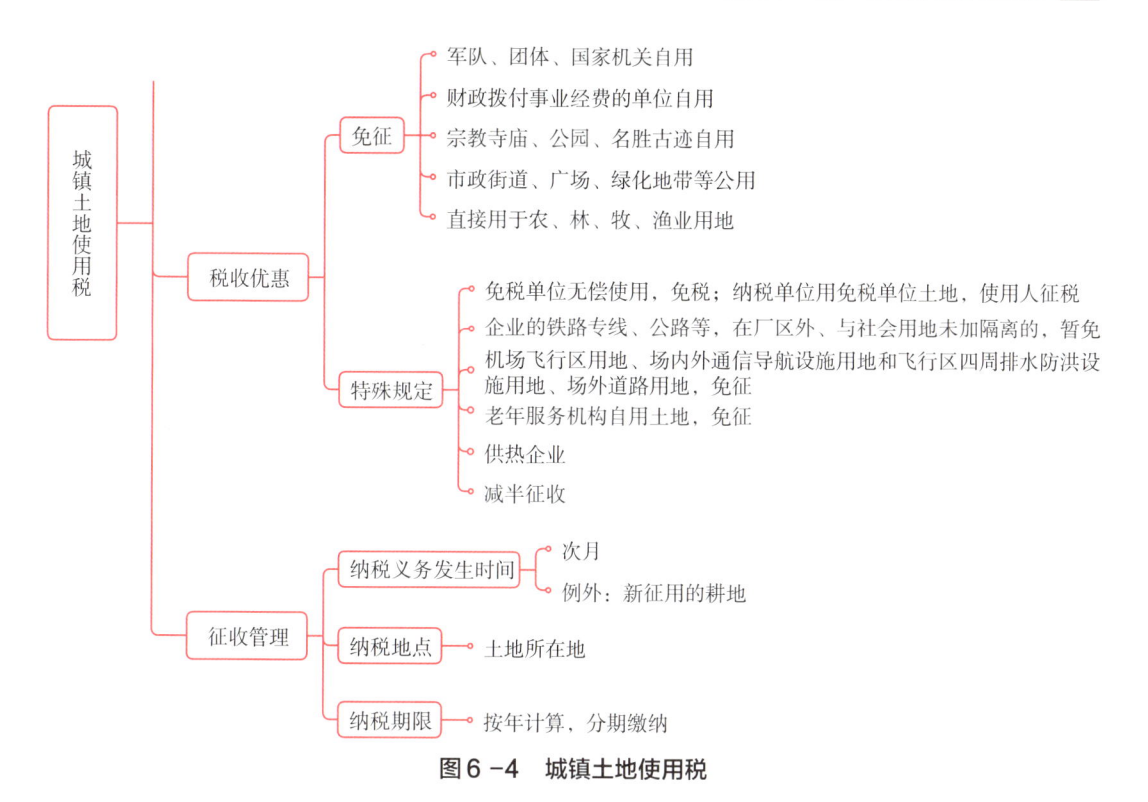

第六章 财产和行为税法律制度

城镇土地使用税

- 税收优惠
  - 免征
    - 军队、团体、国家机关自用
    - 财政拨付事业经费的单位自用
    - 宗教寺庙、公园、名胜古迹自用
    - 市政街道、广场、绿化地带等公用
    - 直接用于农、林、牧、渔业用地
  - 特殊规定
    - 免税单位无偿使用，免税；纳税单位用免税单位土地，使用人征税
    - 企业的铁路专线、公路等，在厂区外、与社会用地未加隔离的，暂免
    - 机场飞行区用地、场内外通信导航设施用地和飞行区四周排水防洪设施用地、场外道路用地，免征
    - 老年服务机构自用土地，免征
    - 供热企业
    - 减半征收
- 征收管理
  - 纳税义务发生时间
    - 次月
    - 例外：新征用的耕地
  - 纳税地点：土地所在地
  - 纳税期限：按年计算，分期缴纳

图6-4 城镇土地使用税

耕地占用税框架见图6-5：

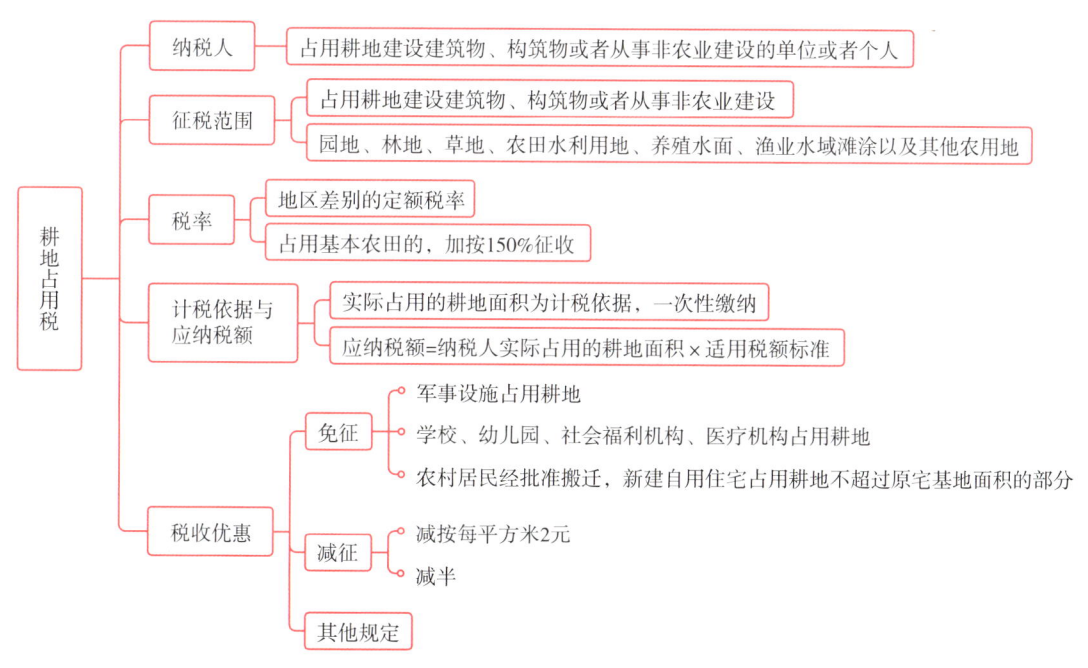

耕地占用税

- 纳税人：占用耕地建设建筑物、构筑物或者从事非农业建设的单位或者个人
- 征税范围
  - 占用耕地建设建筑物、构筑物或者从事非农业建设
  - 园地、林地、草地、农田水利用地、养殖水面、渔业水域滩涂以及其他农用地
- 税率
  - 地区差别的定额税率
  - 占用基本农田的，加按150%征收
- 计税依据与应纳税额
  - 实际占用的耕地面积为计税依据，一次性缴纳
  - 应纳税额=纳税人实际占用的耕地面积×适用税额标准
- 税收优惠
  - 免征
    - 军事设施占用耕地
    - 学校、幼儿园、社会福利机构、医疗机构占用耕地
    - 农村居民经批准搬迁，新建自用住宅占用耕地不超过原宅基地面积的部分
  - 减征
    - 减按每平方米2元
    - 减半
  - 其他规定

图6-5 耕地占用税

车船税框架见图6-6：

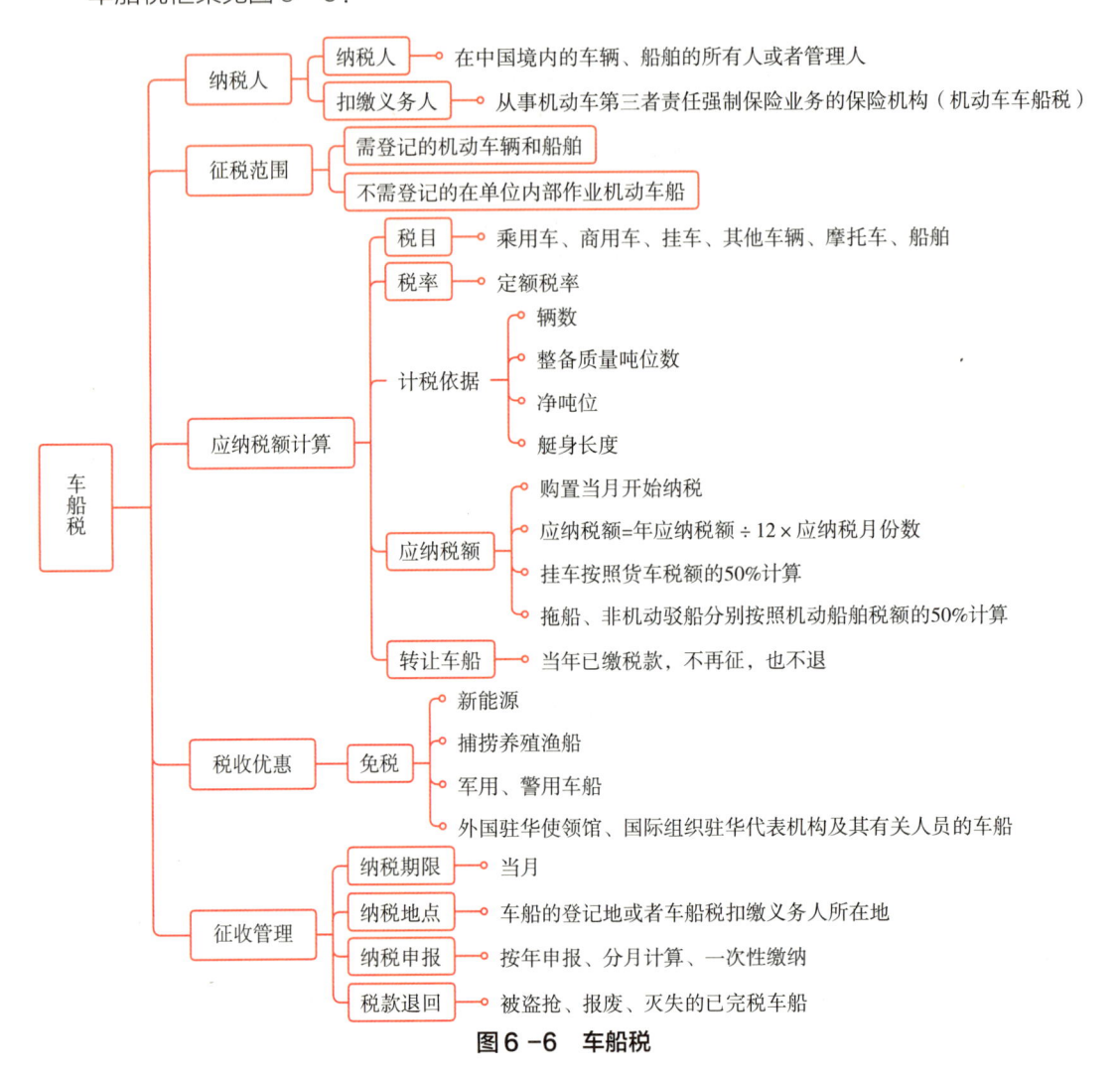

```
车船税
├── 纳税人
│   ├── 纳税人 → 在中国境内的车辆、船舶的所有人或者管理人
│   └── 扣缴义务人 → 从事机动车第三者责任强制保险业务的保险机构（机动车车船税）
├── 征税范围
│   ├── 需登记的机动车辆和船舶
│   └── 不需登记的在单位内部作业机动车船
├── 应纳税额计算
│   ├── 税目 → 乘用车、商用车、挂车、其他车辆、摩托车、船舶
│   ├── 税率 → 定额税率
│   ├── 计税依据
│   │   ├── 辆数
│   │   ├── 整备质量吨位数
│   │   ├── 净吨位
│   │   └── 艇身长度
│   ├── 应纳税额
│   │   ├── 购置当月开始纳税
│   │   ├── 应纳税额=年应纳税额÷12×应纳税月份数
│   │   ├── 挂车按照货车税额的50%计算
│   │   └── 拖船、非机动驳船分别按照机动船舶税额的50%计算
│   └── 转让车船 → 当年已缴税款，不再征，也不退
├── 税收优惠
│   └── 免税
│       ├── 新能源
│       ├── 捕捞养殖渔船
│       ├── 军用、警用车船
│       └── 外国驻华使领馆、国际组织驻华代表机构及其有关人员的车船
└── 征收管理
    ├── 纳税期限 → 当月
    ├── 纳税地点 → 车船的登记地或者车船税扣缴义务人所在地
    ├── 纳税申报 → 按年申报、分月计算、一次性缴纳
    └── 税款退回 → 被盗抢、报废、灭失的已完税车船
```

图6-6　车船税

资源税框架见图6-7：

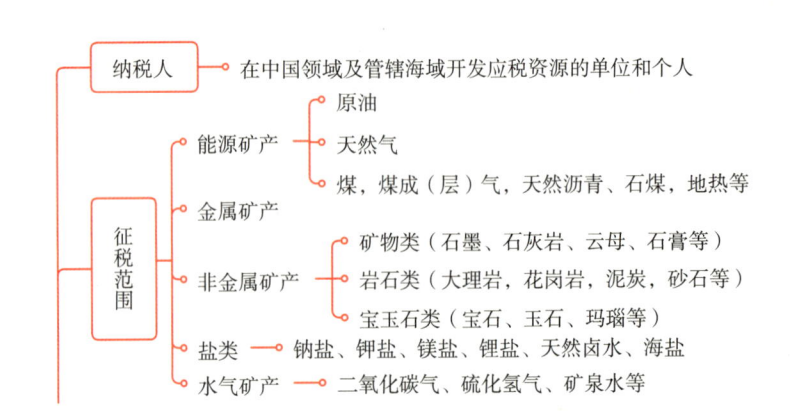

```
├── 纳税人 → 在中国领域及管辖海域开发应税资源的单位和个人
└── 征税范围
    ├── 能源矿产
    │   ├── 原油
    │   ├── 天然气
    │   └── 煤、煤成（层）气、天然沥青、石煤、地热等
    ├── 金属矿产
    ├── 非金属矿产
    │   ├── 矿物类（石墨、石灰岩、云母、石膏等）
    │   ├── 岩石类（大理岩、花岗岩、泥炭、砂石等）
    │   └── 宝玉石类（宝石、玉石、玛瑙等）
    ├── 盐类 → 钠盐、钾盐、镁盐、锂盐、天然卤水、海盐
    └── 水气矿产 → 二氧化碳气、硫化氢气、矿泉水等
```

第六章 财产和行为税法律制度

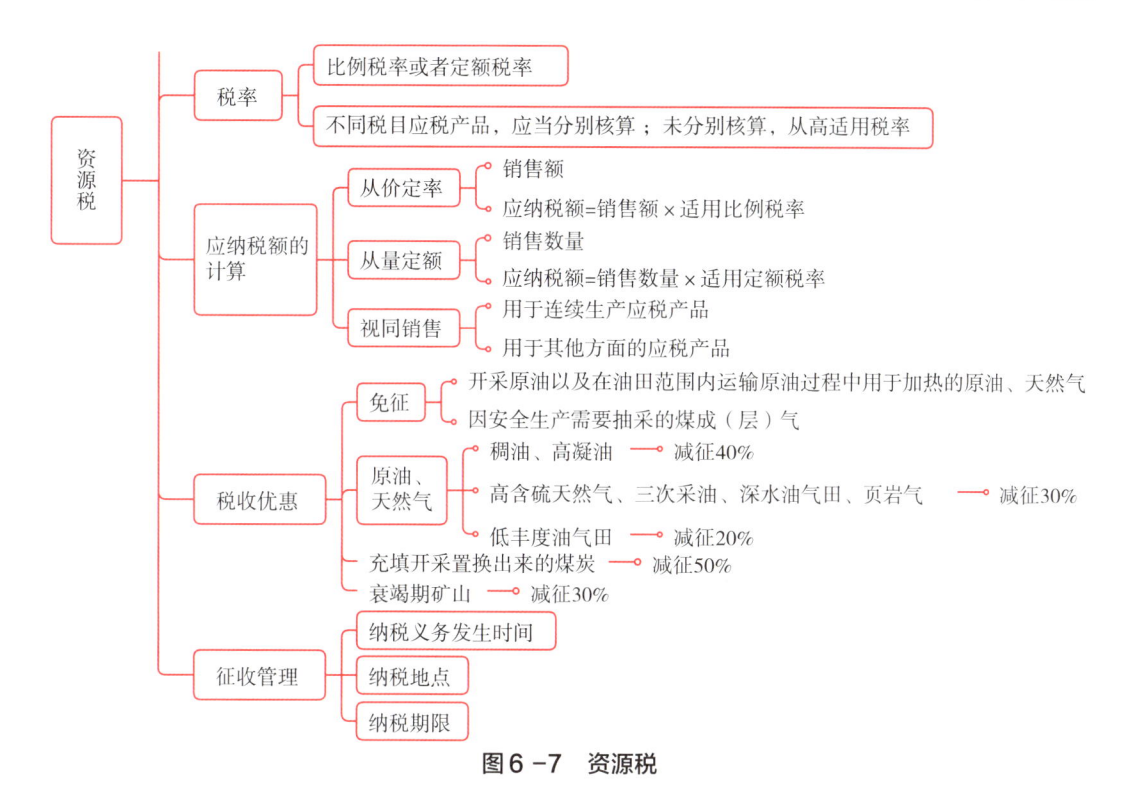

图6-7 资源税

- 资源税
  - 税率
    - 比例税率或者定额税率
    - 不同税目应税产品，应当分别核算；未分别核算，从高适用税率
  - 应纳税额的计算
    - 从价定率
      - 销售额
      - 应纳税额=销售额×适用比例税率
    - 从量定额
      - 销售数量
      - 应纳税额=销售数量×适用定额税率
    - 视同销售
      - 用于连续生产应税产品
      - 用于其他方面的应税产品
  - 税收优惠
    - 免征
      - 开采原油以及在油田范围内运输原油过程中用于加热的原油、天然气
      - 因安全生产需要抽采的煤成（层）气
    - 原油、天然气
      - 稠油、高凝油——减征40%
      - 高含硫天然气、三次采油、深水油气田、页岩气——减征30%
      - 低丰度油气田——减征20%
    - 充填开采置换出来的煤炭——减征50%
    - 衰竭期矿山——减征30%
  - 征收管理
    - 纳税义务发生时间
    - 纳税地点
    - 纳税期限

环境保护税框架见图6-8：

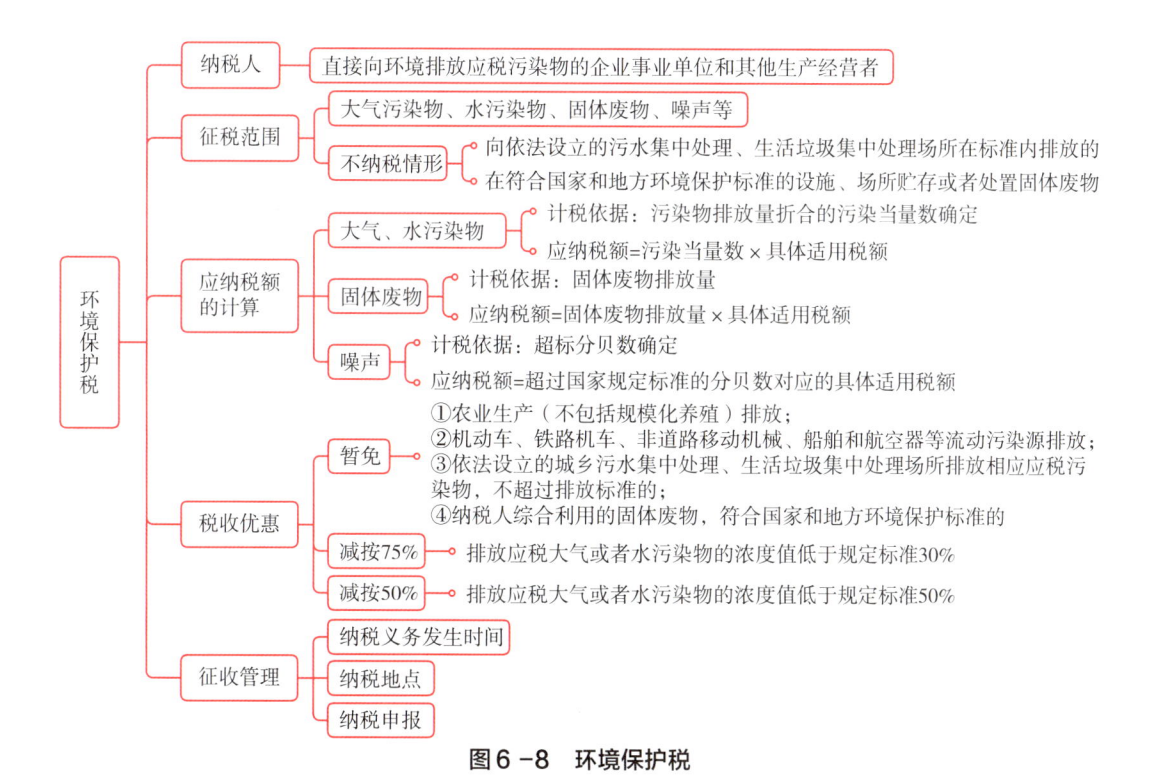

图6-8 环境保护税

- 环境保护税
  - 纳税人
    - 直接向环境排放应税污染物的企业事业单位和其他生产经营者
  - 征税范围
    - 大气污染物、水污染物、固体废物、噪声等
    - 不纳税情形
      - 向依法设立的污水集中处理、生活垃圾集中处理场所标准内排放的
      - 在符合国家和地方环境保护标准的设施、场所贮存或者处置固体废物
  - 应纳税额的计算
    - 大气、水污染物
      - 计税依据：污染物排放量折合的污染当量数确定
      - 应纳税额=污染当量数×具体适用税额
    - 固体废物
      - 计税依据：固体废物排放量
      - 应纳税额=固体废物排放量×具体适用税额
    - 噪声
      - 计税依据：超标分贝数确定
      - 应纳税额=超过国家规定标准的分贝数对应的具体适用税额
  - 税收优惠
    - 暂免
      - ①农业生产（不包括规模化养殖）排放；
      - ②机动车、铁路机车、非道路移动机械、船舶和航空器等流动污染源排放；
      - ③依法设立的城乡污水集中处理、生活垃圾集中处理场所排放相应应税污染物，不超过排放标准的；
      - ④纳税人综合利用的固体废物，符合国家和地方环境保护标准的
    - 减按75%——排放应税大气或者水污染物的浓度值低于规定标准30%
    - 减按50%——排放应税大气或者水污染物的浓度值低于规定标准50%
  - 征收管理
    - 纳税义务发生时间
    - 纳税地点
    - 纳税申报

烟叶税框架见图6-9：

烟叶税

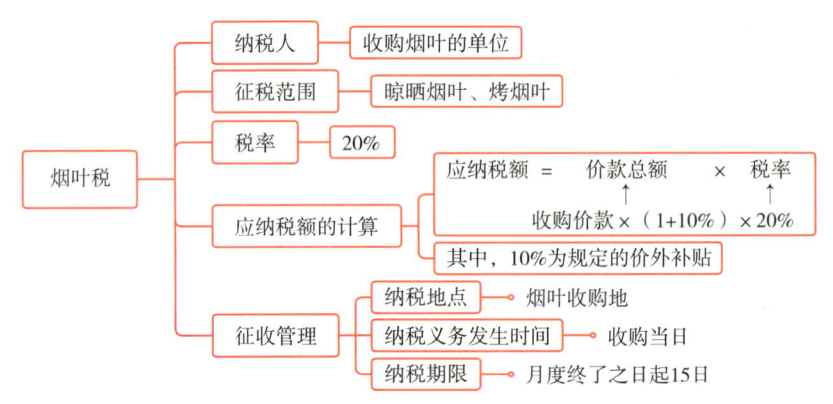

- 纳税人 —— 收购烟叶的单位
- 征税范围 —— 晾晒烟叶、烤烟叶
- 税率 —— 20%
- 应纳税额的计算：

  应纳税额 ＝ 价款总额 × 税率

  收购价款 × （1+10%） × 20%

  其中，10%为规定的价外补贴
- 征收管理
  - 纳税地点 —— 烟叶收购地
  - 纳税义务发生时间 —— 收购当日
  - 纳税期限 —— 月度终了之日起15日

图6-9　烟叶税

船舶吨税框架见图6-10：

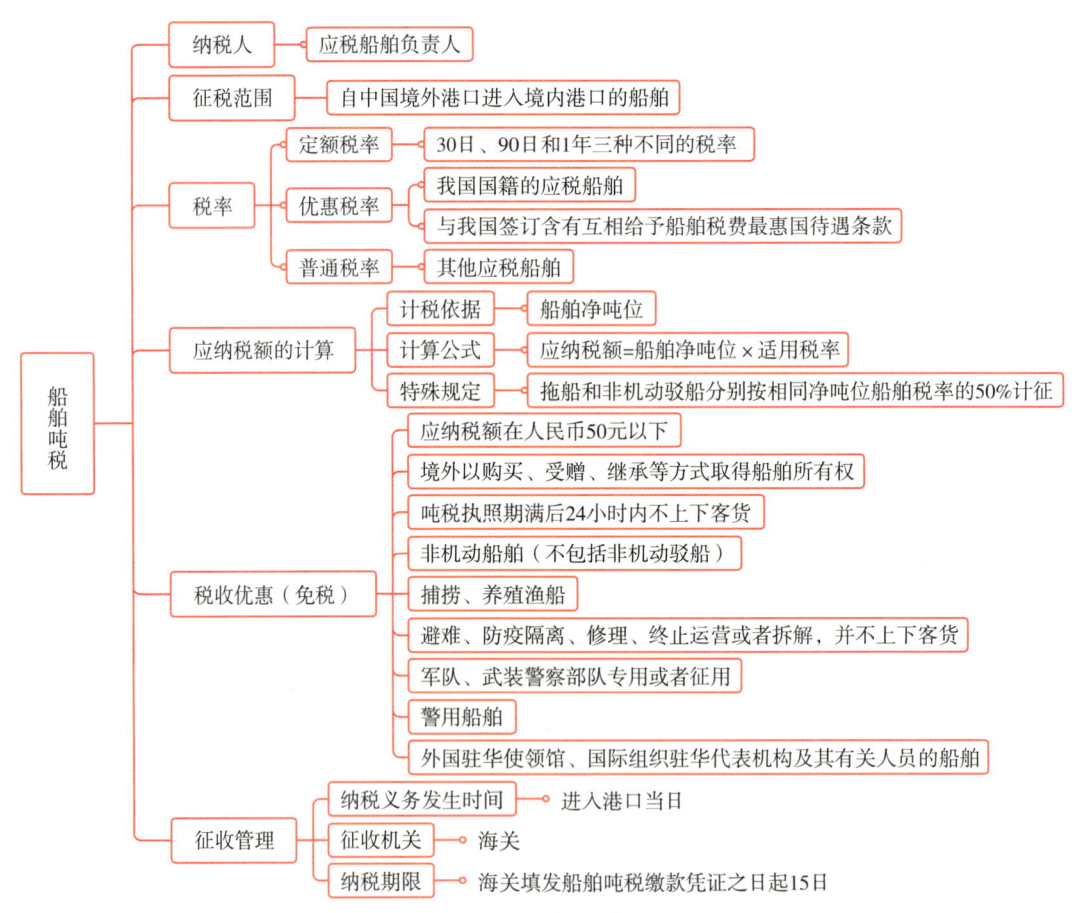

船舶吨税

- 纳税人 —— 应税船舶负责人
- 征税范围 —— 自中国境外港口进入境内港口的船舶
- 税率
  - 定额税率 —— 30日、90日和1年三种不同的税率
  - 优惠税率 —— 我国国籍的应税船舶
  - 优惠税率 —— 与我国签订含有互相给予船舶税费最惠国待遇条款
  - 普通税率 —— 其他应税船舶
- 应纳税额的计算
  - 计税依据 —— 船舶净吨位
  - 计算公式 —— 应纳税额＝船舶净吨位×适用税率
  - 特殊规定 —— 拖船和非机动驳船分别按相同净吨位船舶税率的50%计征
- 税收优惠（免税）
  - 应纳税额在人民币50元以下
  - 境外以购买、受赠、继承等方式取得船舶所有权
  - 吨税执照期满后24小时内不上下客货
  - 非机动船舶（不包括非机动驳船）
  - 捕捞、养殖渔船
  - 避难、防疫隔离、修理、终止运营或者拆解，并不上下客货
  - 军队、武装警察部队专用或者征用
  - 警用船舶
  - 外国驻华使领馆、国际组织驻华代表机构及其有关人员的船舶
- 征收管理
  - 纳税义务发生时间 —— 进入港口当日
  - 征收机关 —— 海关
  - 纳税期限 —— 海关填发船舶吨税缴款凭证之日起15日

图6-10　船舶吨税

印花税框架见图 6-11：

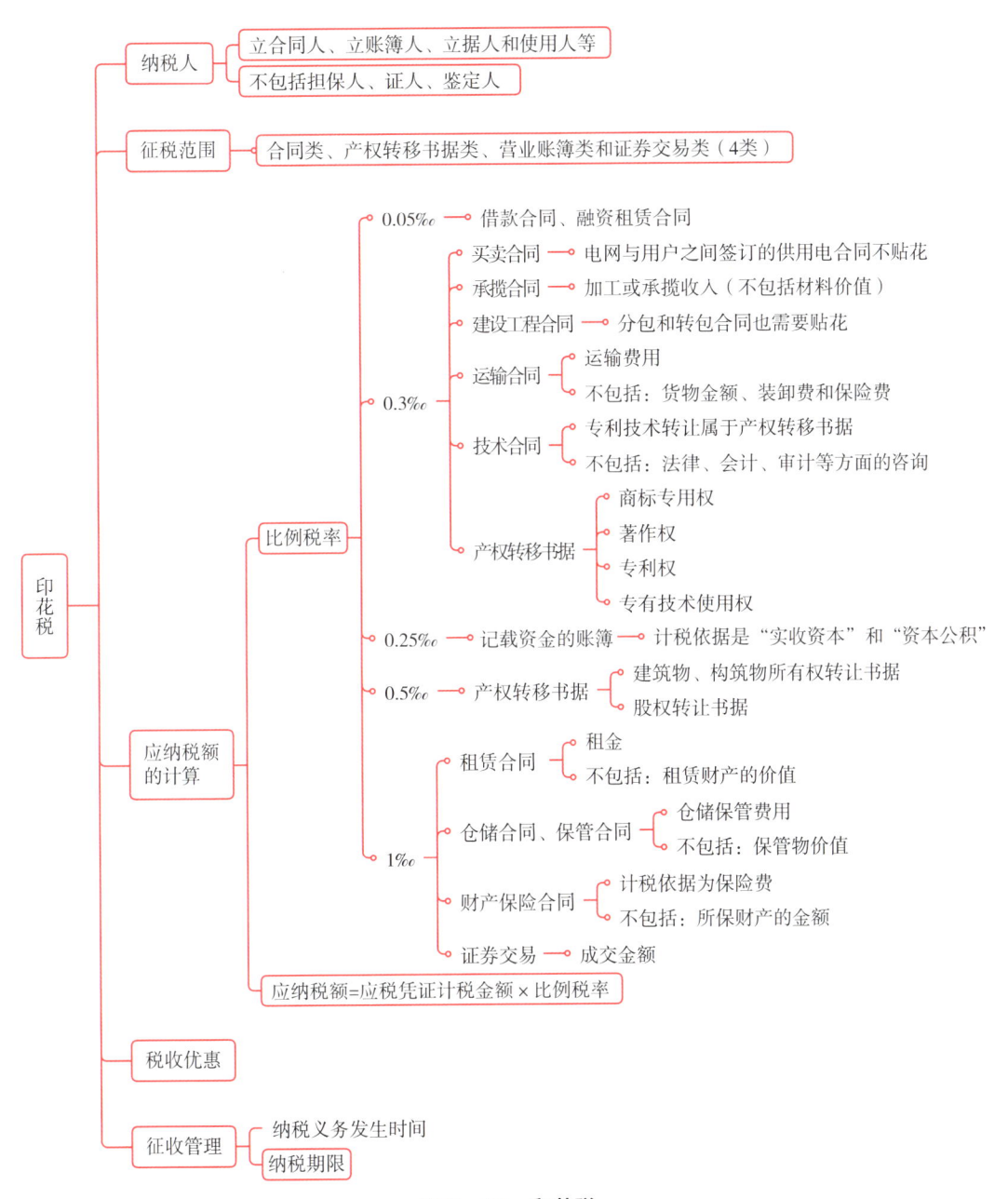

```
印花税
├─ 纳税人 ─┬─ 立合同人、立账簿人、立据人和使用人等
│         └─ 不包括担保人、证人、鉴定人
├─ 征税范围 ── 合同类、产权转移书据类、营业账簿类和证券交易类（4类）
├─ 应纳税额的计算 ─ 比例税率
│   ├─ 0.05‰ ── 借款合同、融资租赁合同
│   ├─ 0.3‰
│   │   ├─ 买卖合同 ── 电网与用户之间签订的供用电合同不贴花
│   │   ├─ 承揽合同 ── 加工或承揽收入（不包括材料价值）
│   │   ├─ 建设工程合同 ── 分包和转包合同也需要贴花
│   │   ├─ 运输合同 ─┬─ 运输费用
│   │   │           └─ 不包括：货物金额、装卸费和保险费
│   │   ├─ 技术合同 ─┬─ 专利技术转让属于产权转移书据
│   │   │           └─ 不包括：法律、会计、审计等方面的咨询
│   │   └─ 产权转移书据 ─┬─ 商标专用权
│   │                   ├─ 著作权
│   │                   ├─ 专利权
│   │                   └─ 专有技术使用权
│   ├─ 0.25‰ ── 记载资金的账簿 ── 计税依据是"实收资本"和"资本公积"
│   ├─ 0.5‰ ── 产权转移书据 ─┬─ 建筑物、构筑物所有权转让书据
│   │                        └─ 股权转让书据
│   ├─ 1‰
│   │   ├─ 租赁合同 ─┬─ 租金
│   │   │           └─ 不包括：租赁财产的价值
│   │   ├─ 仓储合同、保管合同 ─┬─ 仓储保管费用
│   │   │                     └─ 不包括：保管物价值
│   │   ├─ 财产保险合同 ─┬─ 计税依据为保险费
│   │   │               └─ 不包括：所保财产的金额
│   │   └─ 证券交易 ── 成交金额
│   └─ 应纳税额=应税凭证计税金额×比例税率
├─ 税收优惠
└─ 征收管理 ─┬─ 纳税义务发生时间
            └─ 纳税期限
```

图 6-11 印花税

💡 房产税法律制度

房产税，是以房产为征税对象，按照房产的计税价值或房产租金收入向产权所有人征收的一种税。

「考点1」房产税纳税人（★）

房产税的纳税人，是指在我国城市、县城、建制镇和工矿区内**拥有**房屋产权的单位和个人。具体包括：

①产权属于国家所有的，其**经营管理的单位**为纳税人；产权属于集体和个人的，集体单位和个人为纳税人。

②产权**出典**的，**承典人**为纳税人。

③产权所有人、承典人均不在房产所在地的，房产代管人或者使用人为纳税人。

④产权未确定以及租典纠纷未解决的，房产代管人或者使用人为纳税人。

⑤纳税单位和个人无租使用房产管理部门、免税单位及纳税单位的房产，由使用人代为缴纳房产税。

> 【例题6-1·单选题】关于房产税纳税人的下列表述中，不符合法律制度规定的是（　）。（2012年）
> A. 房屋出租的，承租人为纳税人
> B. 房屋产权所有人不在房产所在地的，房产代管人为纳税人
> C. 房屋产权属于国家的，其经营管理单位为纳税人
> D. 房屋产权未确定的，房产代管人为纳税人
> 【答案】A
> 【解析】选项A：房屋出租的，出租人为房产税纳税人。

「考点2」房产税征税范围（★★）

①房产税的征税范围为城市、县城、建制镇和工矿区**（不包括农村）**的房屋。

②独立于房屋之外的建筑物，如围墙、烟囱、水塔、菜窖、室外游泳池等不属于房产税的征税范围。

③房地产开发企业建造的商品房，在**出售前**，不征收房产税，但对出售前房地产开发企业**已使用**或**出租、出借**的商品房应按规定征收房产税。

> 【例题6-2·单选题】根据房产税法律制度的规定，下列各项中，不属于房产税征税范围的是（　）。（2016年）
> A. 建制镇工业企业的厂房　　B. 农村的村民住宅
> C. 市区商场的地下车库　　　D. 县城商业企业的办公楼
> 【答案】B
> 【解析】选项B：房产税的征税范围是指在我国城市、县城、建制镇和工矿区（不包括农村）内的房屋。

「考点3」房产税计税依据（★★）

房产税的计税依据见表6-1。

表6-1 房产税的计税依据

计税方法	计税依据	具体规定
从价计征	房产余值	①依照房产原值减除10%~30%后的余值计算缴纳（扣除比例考试会给出）。 【知识卡片】房产原值是"账簿"中的房屋**原价**（不是折旧后的价值）
		②房屋附属设备和配套设施的计税规定。 原值包含与房屋不可分割的各种附属设备或一般不单独计算价值的配套设施。 【示例】如暖气、卫生、通风、照明、煤气等设备；各种管线；电梯、升降机、过道、晒台；给排水、采暖、消防、中央空调、电气及智能化楼宇设备等
		③对房屋和附属设施进行改扩建的，要相应增加房屋的原值
		④以房屋进行**投资联营**的"真假投资"。 a. 参与投资利润分红、共担风险，**按照余值纳税**。 b. 收取固定收入、不承担经营风险，**按照租金纳税**。 【知识卡片】**融资租赁**房屋，从次月起由**承租方**按照房产余值缴税
		⑤居民住宅内业主共有的经营性房产，实际经营（包括自营和出租）的代管人或使用人缴税
从租计征	租金收入	不含增值税的租金收入 【知识卡片】免征增值税的，确定计税依据时，租金收入不扣减增值税额

【例题6-3·多选题】根据房产税法律制度的规定，下列与房屋不可分割的附属设备中，应计入房产原值计缴房产税的有（　　）。（2015年）
A. 中央空调
B. 电梯
C. 暖气设备
D. 给水排水管道
【答案】ABCD

「考点4」房产税应纳税额的计算（★★）

房产税应纳税额的计算见表6-2。

表6-2 一般规定

计税方法	税率		计税公式
从价计征	1.2%		应纳税额＝应税房产原值×（1－扣除比例）×1.2%
从租计征	12%		应纳税额＝租金收入×12%或4%
	4%	个人出租住房	

211

【例题 6-4·单选题】 2018 年甲公司的房产原值为 1 000 万元,已提折旧 400 万元。已知从价计征房产税税率为 1.2%,当地规定的房产税扣除比例为 30%。甲公司当年应缴纳房产税税额的下列算式中,正确的是(　　)。(2019 年)
A. (1 000 - 400) × (1 - 30%) × 1.2% = 5.04(万元)
B. (1 000 - 400) × 1.2% = 7.2(万元)
C. 1 000 × (1 - 30%) × 1.2% = 8.4(万元)
D. 1 000 × 1.2% = 12(万元)

【答案】 C

【解析】 房产余值是房产的原值减除规定比例后的剩余价值,与折旧额无关;从价计征的房产税应纳税额 = 应税房产原值 × (1 - 扣除比例) × 1.2%。因此选项 C 正确。

【例题 6-5·单选题】 甲企业拥有一处原值 560 000 元的房产,已知房产税税率为 1.2%,当地规定的房产税减除比例为 30%。甲企业该年应缴纳房产税税额的下列算式中,正确的是(　　)。(2015 年)
A. 560 000 × 1.2% = 6 720(元)
B. 560 000 ÷ (1 - 30%) × 1.2% = 9 600(元)
C. 560 000 × (1 - 30%) × 1.2% = 4 704(元)
D. 560 000 × 30% × 1.2% = 2 016(元)

【答案】 C

【解析】 从价计征房产税的房产,依照房产原值减除规定的减除比例后的余值计算缴纳房产税,适用年税率为 1.2%;因此,甲企业该年应缴纳房产税税额 = 560 000 × (1 - 30%) × 1.2% = 4 704(元)。

【例题 6-6·单选题】 2018 年 9 月张某出租自有住房,收取当月租金 2 500 元,当月需偿还个人住房贷款 1 000 元。已知个人出租住房房产税税率为 4%。计算张某当月应缴纳房产税税额的下列算式中,正确的是(　　)。(2019 年)
A. (2 500 - 1 000) × 4% = 60(元)
B. 2 500 × 4% = 100(元)
C. (2 500 - 1 000) × (1 - 4%) × 4% = 57.6(元)
D. 2 500 × (1 - 4%) × 4% = 96(元)

【答案】 B

【解析】 (1) 房屋出租的,以取得的不含增值税租金收入为计税依据,不得扣除住房贷款支出;(2) 当月收取租金 2 500 元未超过 30 000 元,可以享受小微企业免征增值税的优惠政策,故其不含增值税;(3) 张某当月应缴纳房产税税额 = 2 500 × 4% = 100(元)。因此选项 B 正确。

[考点5] 房产税税收优惠（★★）

①非营利性机构自用房产。

a. 国家机关、人民团体、军队**自用**的房产免征房产税；**军队**空余房产**租赁收入**暂免征收房产税。

b. 由国家财政部门拨付事业经费（全额或差额）的单位（学校、医疗卫生单位、托儿所、幼儿园、敬老院以及文化、体育、艺术类单位）所有的、本身业务范围内使用的房产免征房产税。

c. 宗教寺庙、公园、名胜古迹**自用的房产**免征房产税。

d. 对非营利性医疗机构、疾病控制机构和妇幼保健机构等卫生机构自用的房产，免征房产税。

e. 老年服务机构自用的房产免征房产税。

f. 高校学生公寓免征房产税。

②个人所有**非营业用**的房产免征房产税。

【知识卡片】对个人拥有的营业用房或者出租的房产，不属于免税房产，应照章征税。

③毁损不堪居住的房屋和危险房屋，经有关部门鉴定，在停止使用后，可免征房产税。

④纳税人因房屋大修导致连续停用**半年以上**的，在**房屋大修期间免征房产税。**

⑤在基建工地为基建工地服务的各种工棚、材料棚、休息棚和办公室、食堂、茶炉房、汽车房等临时性房屋：

a. 施工期间：一律免征房产税。

b. 工程结束后：施工企业将这种临时性房屋交还或估价转让给基建单位的，应从基建单位接收的次月起，照章纳税。

⑥对房管部门经租的居民住房，在房租调整改革前收取租金偏低的，可暂缓征收房产税。

⑦对公共租赁住房免征房产税。

⑧对廉租住房经营管理单位按照政府规定价格、向规定保障对象出租廉租住房的租金收入，免征房产税。

⑨国家机关、军队、人民团体、财政补助事业单位、居民委员会、村民委员会、符合条件的非企业单位用于体育活动房产（用于体育活动的天数不得低于全年自然天数的70%，城镇土地使用税同），免征房产税。

企业拥有并运营管理的大型体育场馆，其用于体育活动的房产，减半征收房产税。

⑩自2019年1月1日至2021年12月31日，对农产品批发市场、农贸市场（包括自有和承租）专门用于经营农产品的房产、土地，暂免征收房产税。对同时经营其他产品的，按其他产品与农产品交易场地面积的比例确定征免房产税。

上述免税范围不包括其行政办公区、生活区，以及商业餐饮娱乐等非直接为农产品交易提供服务的房产、土地。

⑪自2019年1月1日至2021年12月31日，对国家级、省级科技企业孵化器、大学科技园和国家备案众创空间自用以及无偿或通过出租等方式提供给在孵对象使用的房产、土地，免征房产税。

⑫自2019年1月1日至2023年供暖期结束，对向居民供热收取采暖费的供热企业，为居民供热所使用的厂房免征房产税；对供热企业其他厂房，应当按照规定征收房产税。对专业供热企业，按其向居民供热取得的采暖费收入占全部采暖费收入的比例，计算免征的房产税。

⑬自2021年10月1日起，对企事业单位、社会团体以及其他组织向个人、专业化规模化住房租赁企业出租住房的，减按4%的税率征收房产税。专业化规模化住房租赁企业的标准为：企业在开业报告或者备案城市内持有或者经营租赁住房1 000套（间）及以上或者建筑面积3万平方米及以上。

【例题6-7·单选题】根据房产税法律制度的规定，下列各项中，应缴纳房产税的是（　　）。（2019年）
A. 国家机关自用的房产
B. 个人拥有的市区经营性用房
C. 名胜古迹自用的办公用房
D. 老年服务机构自用的房产
【答案】B
【解析】选项ACD：免征房产税；选项B：照章缴纳房产税。

「考点6」房产税征收管理（★）

（一）纳税义务发生时间（见表6-3）

表6-3　　　　　　　　　　　纳税义务发生时间

情形	纳税义务发生时间
将原有房产用于生产经营	从**生产经营之月**起
自行新建房屋用于生产经营	从**建成**之次月起
委托施工企业建设的房屋	从**办理验收手续**之次月起
购置新建商品房	自**房屋交付使用**之次月起
购置存量房	自办理房屋权属转移、变更登记手续，房地产权属登记机关**签发房屋权属证书**之次月起

续表

情形	纳税义务发生时间
出租、出借房产	自**交付**、**出租**、**出借房产**之次月起
房地产开发企业自用、出租、出借本企业建造的商品房	自房屋**使用**或**交付**之次月起
纳税人因房产的实物或权利状态发生变化而依法终止房产税纳税义务的	截止到房产的实物或权利状态发生变化的**当月末**

（二）纳税地点

①**房产所在地**缴纳；

②房产不在同一地方的纳税人，应按房产的坐落地点**分别**向房产所在地的税务机关申报纳税。

（三）纳税期限

按年计算、分期缴纳。

第 14 天

○ 复习旧内容
第五章　所得税法律制度　考点 11～14
第六章　财产和行为税法律制度　考点 1～6

○ 学习新内容
第六章　财产和行为税法律制度　考点 7～15

○ 你今天可能有的心态
感觉难度下降了，每个独立税种的学习内容也少了很多。

○ 简单解释今天学习的内容
　　契税是指国家在土地、房屋权属转移时，按照当事人双方签订的合同（契约）以及所确定价格的一定比例，向权属承受人征收的一种税；而土地增值税是对转让国有土地使用权、地上建筑物及其附着物并取得收入的单位和个人，就其转让房地产所取得的增值额征收的一种税。

○ 学习方法
　　土地增值税的计算看起来很难，但有套路，确定应税收入，计算扣除项目金额，根据增值率查找"适用税率"和"速算扣除系数"。准确记忆每个考点，考试题目就是"纸老虎"，一戳就破。

○ 建议学习时间
2.5 小时

今日打卡

任务内容	预计时间	重点任务要求
早读	30分钟	□ 熟读个人所得税与房产税的相关内容 □ 听微课
第六章 考点7~15	60分钟	□ 契税应纳税额的计算 □ 土地增值税征税范围、应纳税额的计算
做作业	40分钟	□ 做教材例题与精练习题 □ 整理消化个税与房产税的错题 □ 总结土地增值税应纳税额计算的内容
回忆内容	20分钟	□ 翻看今天学的教材 □ 默写土地增值税应纳税额的计算步骤

契税法律制度

契税，指国家在土地、房屋权属转移时，按照当事人双方签订的合同（契约），以及所确定价格的一定比例，向权属**承受人**征收的一种税。

「考点7」契税纳税人及征税范围（★）

（一）纳税人

契税的纳税人，是指在我国**境内承受（受让、购买、受赠、互换等）**土地、房屋权属转移的单位和个人。

（二）征税范围（见表6-4）

表6-4　　　　　　　　　　　征税范围

范围	具体内容
一般范围	①土地使用权**出让**； ②土地使用权**转让**，**不包括土地承包经营权和土地经营权的转移**； ③房屋**买卖**； ④房屋**赠与**； ⑤房屋**互换**
视同发生应税行为	①以土地、房屋权属作价**投资（入股）划转**； ②以土地、房屋权属**偿还债务**； ③以**获奖**方式承受土地、房屋权属； ④通过完成土地使用权转让方约定的投资额度或投资特定项目，以此获得低价转让或无偿赠与的土地使用权
其他	①公司**增资扩股**中，对以土地、房屋权属作价入股或作为出资投入企业的，征收契税； ②企业**破产清算**期间，对**非债权人**承受破产企业土地、房屋权属的，征收契税 ③下列情形发生土地、房屋权属转移的，承受方应当依法缴纳契税： a. 因共有不动产份额变化的； b. 因共有人增加或者减少的； c. 因人民法院、仲裁委员会的生效法律文书或者监察机关出具的监察文书等因素，发生土地、房屋权属转移的

【知识卡片】土地、房屋典当、分拆（分割）、抵押以及出租等行为，不属于契税的征税范围。

【例题6-8·单选题】根据契税法律制度的规定，下列各项中，属于契税纳税人的是（　　）。（2019年）
A. 受让土地使用权的单位　　　　B. 出租房屋的个人
C. 转让土地使用权的单位　　　　D. 承租房屋的个人

【答案】A
【解析】（1）"出租"，不属于契税征税范围，排除选项 BD；（2）契税纳税人为承受方（选项 A），转让方（选项 C）不缴纳契税。

「考点 8」契税应纳税额的计算（★★）

（一）税率及应纳税额

①契税采用比例税率，实行 **3%～5%的幅度税率**。
②应纳税额 = 计税依据 × 税率。

（二）计税依据（契税计税依据不包括增值税）（见表 6-5）

表 6-5　　　　　　　　　　　　　计税依据

计税依据	说明
成交价格（不含增值税）	土地使用权出让、出售、房屋买卖 ①转让：为承受方应交付的总价款。 ②出让：包括土地出让金、土地补偿费、安置补助费、地上附着物和青苗补偿费、征收补偿费、城市基础设施配套费、实物配建房屋等应交付的货币以及实物、其他经济利益对应的价款。 ③房屋附属设施(包括停车位、机动车库、非机动车库、顶层阁楼、储藏室及其他房屋附属设施)与房屋为同一不动产单元的，计税依据为承受方应交付的总价款，并适用与房屋相同的税率。 ④房屋附属设施与房屋为不同不动产单元的，计税依据为转移合同确定的成交价格，并按当地确定的适用税率计税。 ⑤承受已装修房屋的，应将包括装修费在内的费用计入承受方应交付的总价款
核定价格	土地使用权赠与、房屋赠与以及其他没有价格的转移土地、房屋权属行为，为税务机关参照土地使用权出售、房屋买卖的市场价格依法核定的价格
互换价格差额	①土地使用权互换、房屋互换，互换价格相等的，互换双方计税依据为零； ②互换价格不相等的，以其差额为计税依据，由支付差额的一方缴纳契税
土地出让价款与成交价格	①以划拨方式取得的土地使用权，经批准改为出让方式重新取得该土地使用权的，应由该土地使用权人以补缴的土地出让价款为计税依据缴纳契税。 ②先以划拨方式取得土地使用权，后经批准转让房地产，划拨土地性质改为出让的，承受方应分别以补缴的土地出让价款和房地产权属转移合同确定的成交价格为计税依据缴纳契税。 ③先以划拨方式取得土地使用权，后经批准转让房地产，划拨土地性质未发生改变的，承受方应以房地产权属转移合同确定的成交价格为计税依据缴纳契税

【例题 6-9·单选题】2018 年 6 月李某和王某将各自拥有的一套房屋互换，经房地产评估机构评估，李某的房屋价值 80 万元，王某的房屋价值 100 万元，李某向王某支付差价 20 万元。已知契税税率为 3%。计算李某互换房屋应缴纳契税税额的下列算式中，正确的是（　　）。（2019 年）
A. 20×3%=0.6（万元）
B. 80×3%=2.4（万元）
C. （80+100）×3%=5.4（万元）
D. 100×3%=3（万元）

【答案】A
【解析】（1）房屋互换价格不相等的，以互换房屋的价格差额为计税依据，并由多交付货币、实物、无形资产或者其他经济利益的一方缴纳契税；（2）李某应缴纳契税税额＝20×3%＝0.6（万元）。

【教材例题（非考试标准题型）】2021年，王某获得单位奖励房屋一套。王某得到该房屋后又将其与李某拥有的一套房屋进行互换。经房地产评估机构评估王某获奖房屋价值30万元，李某房屋价值35万元。两人协商后，王某实际向李某支付房屋互换价格差额款5万元。税务机关核定奖励王某的房屋价值28万元。
已知：当地规定的契税税率为4%。
要求：
计算王某应缴纳的契税税额。
【解析】
（1）以获奖方式取得房屋权属的应视同房屋赠与征收契税，计税依据为税务机关参照市场价格核定的价格，即28万元。王某获奖承受房屋权属应缴纳的契税税额＝280 000×4%＝11 200（元）。
（2）房屋互换且互换价格不相等的，应由多支付货币的一方缴纳契税，计税依据为所交换的房屋价格的差额，即5万元。王某互换房屋行为应缴纳的契税税额＝50 000×4%＝2 000（元）。
（3）因此，王某实际应缴纳的契税税额＝11 200＋2 000＝13 200（元）。

「考点9」契税税收优惠（★）

（一）全国法定免税情形

①国家机关、事业单位、社会团体、军事单位承受土地、房屋权属用于办公、教学、医疗、科研、军事设施。

②非营利性的学校、医疗机构、社会福利机构承受土地、房屋权属用于办公、教学、医疗、科研、养老、救助。

a. 学校的具体范围为经县级以上人民政府或者其教育行政部门批准成立的大学、中学、小学、幼儿园，实施学历教育的职业教育学校、特殊教育学校、专门学校，以及经省级人民政府或者其人力资源社会保障行政部门批准成立的技工院校。

b. 医疗机构的具体范围为经县级以上人民政府卫生健康行政部门批准或者备案设立的医疗机构。

c. 社会福利机构的具体范围为依法登记的养老服务机构、残疾人服务机构、儿童福利机构、救助管理机构、未成年人救助保护机构。

③承受荒山、荒地、荒滩土地使用权用于农、林、牧、渔业生产。

④婚姻关系存续期间夫妻之间变更土地、房屋权属。
⑤法定继承人通过继承承受土地、房屋权属。
⑥依照法律规定应当予以免税的外国驻华使馆、领事馆和国际组织驻华代表机构承受土地、房屋权属。

（二）地方酌定减免税情形

①因土地、房屋被县级以上人民政府征收、征用，重新承受土地、房屋权属；
②因不可抗力因素灭失住房，重新承受住房权属。

（三）临时减免税情形

自2021年1月1日至2023年12月31日，企业、事业单位改制重组执行以下契税政策：

①企业改制。
原企业投资主体存续并在改制（变更）后的公司中所持股权（股份）比例超过75%，且改制（变更）后公司承继原企业权利、义务的，对改制（变更）后公司承受原企业土地、房屋权属，免征契税。

②事业单位改制。
事业单位按照国家有关规定改制为企业，原投资主体存续并在改制后企业中出资（股权、股份）比例超过50%的，对改制后企业承受原事业单位土地、房屋权属，免征契税。

③公司合并。
合并为一个公司，且原投资主体存续的，对合并后公司承受原合并各方土地、房屋权属，免征契税。

④公司分立。
分立为两个或两个以上与原公司投资主体相同的公司，对分立后公司承受原公司土地、房屋权属，免征契税。

⑤企业破产。
a. 对债权人（包括破产企业职工）承受破产企业抵偿债务的土地、房屋权属，免征契税；
b. 对非债权人承受破产企业土地、房屋权属：
第一，与原企业全部职工签订服务年限不少于3年的劳动用工合同的，对其承受所购企业土地、房屋权属，免征契税；
第二，与原企业超过30%的职工签订服务年限不少于3年的劳动用工合同的，减半征收契税。

⑥资产划转。
母公司以土地、房屋权属向其全资子公司增资，视同划转，免征契税。

⑦债权转股权。
对债权转股权后新设立的公司承受原企业的土地、房屋权属，免征契税。

⑧划拨用地出让或作价出资。
以出让方式或国家作价出资（入股）方式承受原改制重组企业、事业单位划拨用地

的，不属于上述规定的免税范围，对承受方应按规定征收契税。

⑨公司股权（股份）转让。

在股权（股份）转让中，单位、个人承受公司股权（股份），公司土地、房屋权属不发生转移，不征收契税。

> 【例题6-10·多选题】根据契税法律制度的规定，下列各项中，免征契税的有（　　）。（2015年）
> A. 军事单位承受土地用于军事设施
> B. 国家机关承受房屋用于办公
> C. 纳税人承受荒山土地使用权用于农业生产
> D. 城镇居民购买商品房用于居住
> 【答案】ABC
> 【解析】选项D：城镇居民购买商品房用于居住不属于免征契税的范围。

「考点10」契税征收管理（★）

（一）纳税义务发生时间

纳税人**签订土地、房屋权属转移合同**的**当天**，或者纳税人取得其他具有土地、房屋权属转移合同性质凭证的当天。

①因人民法院、仲裁委员会的生效法律文书或者监察机关出具的监察文书等发生土地、房屋权属转移的，纳税义务发生时间为法律文书等生效当日。

②因改变土地、房屋用途等情形应当缴纳已经减征、免征契税的，纳税义务发生时间为改变有关土地、房屋用途等情形的当日。

③因改变土地性质、容积率等土地使用条件须补缴土地出让价款，应当缴纳契税的，纳税义务发生时间为改变土地使用条件当日。

发生上述情形，按规定不再需要办理土地、房屋权属登记的，纳税人应自纳税义务发生之日起90日内申报缴纳契税。

（二）纳税地点

土地、房屋所在地。

💡 土地增值税

土地增值税是对转让国有土地使用权、地上建筑物及其附着物并取得收入的单位和个人，就其转让房地产所取得的增值额征收的一种税。

💡 土地增值税法律制度

土地增值税是对转让国有土地使用权、地上建筑物及其附着物并取得收入的单位和个

人，就其转让房地产所取得的增值额征收的一种税。

[考点11] 土地增值税纳税人及征税范围（★★）

（一）纳税人

土地增值税的纳税人为**转让**国有土地使用权、地上建筑物及其附着物并取得收入的单位和个人。

（二）征税范围的一般规定

①对转让国有土地使用权的行为征税，对出让国有土地的行为不征税。
②对转让土地使用权征税，也对转让地上建筑物和其他附着物的产权征税。
③房地产继承、赠与不征税（赠与指将房屋产权、土地使用权赠与直系亲属或承担直接赡养义务人和公益性赠与的行为）。

（三）征税范围的特殊业务（见表6-6）

表6-6　征税范围的特殊业务

特殊业务		是否征税
房地产的交换	**个人之间**互换**自有居住用**房地产的	免征
	其他	征税
合作建房	建成后**按比例分房自用**的	**暂免**征收
	建成后**转让**的	征收
房地产开发企业	房地产开发企业将开发的部分房地产**转为**企业**自用或用于出租**等商业用途时，产权未发生转移	不征收
不属于征税范围	①房地产的出租； ②房地产的抵押； ③房地产**代建**； ④房地产进行重新评估而产生的评估增值	不属于土地增值税的征税范围

【知识卡片】

①抵押期满以房地产抵债，发生房地产权属转移的，应列入土地增值税的征税范围。
②土地使用者转让、抵押或置换土地，只要土地使用者享有占有、使用、收益或处分该土地的权利，且有合同等证据表明其实质转让、抵押或置换了土地并取得了相应的经济利益，土地使用者及其对方当事人就应当依照税法规定缴纳增值税、土地增值税和契税等。

【例题6-11·单选题】根据土地增值税法律制度的规定，下列各项中，属于土地增值税纳税人的是（ ）。（2019年）

A. 出售房屋的企业　　　　　　　　B. 购买房屋的个人
C. 出租房屋的个人　　　　　　　　D. 购买房屋的企业

【答案】A

【解析】选项A：土地增值税的纳税人为转让国有土地使用权、地上建筑物及其附着物（简称转让房地产）并取得收入的单位和个人。

「考点12」土地增值税计税依据（★★）

（一）应税收入确认

土地增值税纳税人转让房地产取得的应税收入，应包括转让房地产的全部价款及有关的经济收益。

（二）扣除项目及其金额（见表6-7）

表6-7　　　　　　　　　　　　　　扣除项目及其金额

事项	具体项目	
转让新建房屋	房地产企业（5项）	①取得土地使用权所支付的金额； ②房地产开发成本； ③房地产开发费用； ④与转让房地产有关的税金； ⑤财政部规定的其他扣除项目（仅针对房地产企业）
	非房地产企业（4项）	
存量房的买卖	扣除项目（3项）	①房屋及建筑物的评估价格； 评估价格＝重置成本价×成新度折扣率 ②取得土地使用权所支付的地价款和按国家统一规定缴纳的有关费用； ③转让环节缴纳的税金

1. 新房扣除项目

①取得土地使用权所支付的金额。

包括地价款和取得土地使用权时按国家规定缴纳的有关费用和税金（契税、登记、过户手续费）。

②房地产开发成本。

包括土地征用及拆迁补偿费（如土地征用费、耕地占用税等）、前期工程费、建筑安装工程费、基础设施费、公共配套设施费、开发间接费用等。

③房地产开发费用。

开发费用是指与房地产开发项目有关的销售费用、管理费用和财务费用（见表6-8）。

表6-8　房地产开发费用

情形	扣除规定
能分摊且能证明	允许扣除的房地产开发费用＝允许扣除的利息＋（取得土地使用权所支付的金额＋房地产开发成本）×规定比率（5%以内）
不能分摊或不能证明	允许扣除的房地产开发费用＝（取得土地使用权所支付的金额＋房地产开发成本）×规定比率（10%以内）

④与转让房地产有关的税金。

a. 与转让房地产有关的税金，是指在转让房地产时缴纳的城市维护建设税、印花税；

b. 因转让房地产缴纳的教育费附加，也可视同税金予以扣除；

c. 土地增值税扣除项目涉及的增值税进项税额，不允许在销项税额中计算抵扣的，可以计入扣除项目。

⑤房地产开发企业加计扣除：（取得土地使用权所支付的金额＋房地产开发成本）×**20%**。

【例题6-12·多选题】根据土地增值税法律制度的规定，下列各项中，在计算土地增值税计税依据时，应列入房地产开发成本的有（　　）。（2019年）

A. 前期工程费　　　　　　　　B. 公共配套设施费
C. 土地出让金　　　　　　　　D. 耕地占用税

【答案】ABD

【解析】（1）选项ABD：房地产开发成本，包括土地征用及拆迁补偿费、前期工程费、建筑安装工程费、基础设施费、公共配套设施费和开发间接费用等。其中土地征用及拆迁补偿费包含耕地占用税。（2）选项C：土地出让金属于取得土地使用权所支付的金额，不属于房地产开发成本。

2. 旧房及建筑物转让的扣除项目（见表6-9）

表6-9　旧房及建筑物转让的扣除项目

方法	说明
按评估价格扣除	①旧房及建筑物的评估价格（重置成本价×成新度折扣率）； ②取得土地使用权所支付的地价款和按国家统一规定缴纳的有关费用（有凭据）； ③转让环节缴纳的税金
按购房发票金额计算扣除	纳税人转让旧房及建筑物，凡不能取得评估价格，但能提供购房发票的，经当地税务部门确认，可以扣除：按发票所载金额并从购买年度起至转让年度止，每年加计5%计算

【例题6-13·单选题】2018年5月甲公司转让一幢办公楼,该办公楼于2009年购入,购买价为1 250万元。当月由政府批准设立的房地产评估机构评定并经当地税务机关确认,该办公楼的重置成本价为2 000万元,成新度折扣率为七成。在计算甲公司该业务土地增值税计税依据时,准予扣除的评估价格是( )。(2019年)

A. 2 000×70%=1 400(万元)
B. (2 000-1 250)×70%=525(万元)
C. 2 000×(1-70%)=600(万元)
D. 1 250×70%=875(万元)

【答案】A
【解析】选项A:旧房及建筑物的评估价格=重置成本价×成新度折扣率=2 000×70%=1 400(万元)。

「考点13」土地增值税税率及应纳税额的计算(★★)

(一)土地增值税税率

土地增值税采用四级超率累进税率(见表6-10)。

表6-10　　　　　　　　土地增值税四级超率累进税率表

级数	增值额与扣除项目金额的比率	税率(%)	速算扣除系数(%)
1	不超过50%的部分	30	0
2	超过50%~100%的部分	40	5
3	超过100%~200%的部分	50	15
4	超过200%的部分	60	35

(二)土地增值税应纳税额的计算(见图6-12)

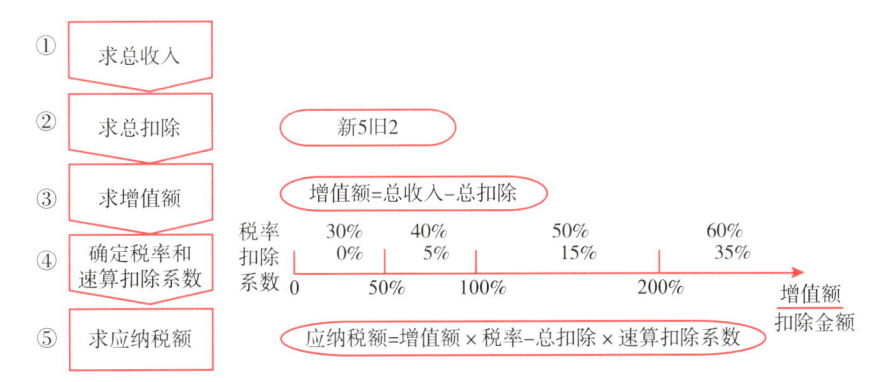

① 求总收入
② 求总扣除　　新5旧2
③ 求增值额　　增值额=总收入-总扣除
④ 确定税率和速算扣除系数

	30%	40%	50%	60%
税率	0%	5%	15%	35%
扣除系数				
	0　　50%　　100%　　　　200%　　　增值额/扣除金额

⑤ 求应纳税额　　应纳税额=增值额×税率-总扣除×速算扣除系数

图6-12　土地增值税应纳税额的计算

【教材例题（非考试标准题型）】 2020年某国有商业企业利用库房空地进行住宅商品房开发，按照国家有关规定补交土地出让金2 840万元，缴纳相关税费160万元；住宅开发成本2 800万元，其中含装修费用500万元；房地产开发费用中的利息支出为300万元（不能提供金融机构证明）；当年住宅全部销售完毕，取得不含增值税销售收入共计9 000万元；缴纳城市维护建设税和教育费附加45万元；缴纳印花税4.5万元。

已知：该公司所在省人民政府规定的房地产开发费用的计算扣除比例为10%。

要求：

计算该企业销售住宅应缴纳的土地增值税税额。

【解析】

（1）住宅销售收入为9 000万元。

（2）确定转让房地产的扣除项目金额包括：

①取得土地使用权所支付的金额 = 2 840 + 160 = 3 000（万元）。

②住宅开发成本为2 800万元。

③房地产开发费用 = （3 000 + 2 800）× 10% = 580（万元）。

④非房地产开发企业缴纳的印花税允许作为税金扣除，与转让房地产有关的税金 = 45 + 4.5 = 49.5（万元）。

⑤转让房地产的扣除项目金额 = 3 000 + 2 800 + 580 + 49.5 = 6 429.5（万元）。

（3）转让房地产的增值额 = 9 000 − 6 429.5 = 2 570.5（万元）。

（4）增值额与扣除项目金额的比率：2 570.5 ÷ 6 429.5 × 100% ≈ 39.98%。

（5）增值额与扣除项目金额的比率未超过50%，适用税率为30%（查"土地增值税四级超率累进税率表"）。

（6）应纳土地增值税税额 = 2 570.5 × 30% = 771.15（万元）。

【例题6-14·单选题】 甲房地产公司2016年11月销售自行开发的商业房地产项目，取得不含增值税收入20 000万元，准予从房地产转让收入额减除的扣除项目金额12 000万元。已知土地增值税税率为40%，速算扣除系数为5%。根据土地增值税法律制度的规定，甲房地产公司应缴纳土地增值税税额的下列计算中，正确的是（　　）。（2016年）

A.（20 000 − 12 000）× 40% − 20 000 × 5% = 2 200（万元）

B.（20 000 − 12 000）× 40% − 12 000 × 5% = 2 600（万元）

C. 20 000 × 40% − 12 000 × 5% = 7 400（万元）

D. 20 000 × 40% − （20 000 − 12 000）× 5% = 7 600（万元）

【答案】 B

【解析】 选项B：土地增值税应纳税额 = 增值额（20 000 − 12 000）× 适用税率（40%） − 扣除项目金额（12 000）× 速算扣除系数（5%）。

「考点 14」土地增值税税收优惠（★）

①纳税人建造普通标准住宅出售，增值额未超过扣除项目金额 **20%** 的，予以免税；超过 20% 的，应按**全部增值额**缴纳土地增值税。

对于纳税人既建造普通标准住宅又进行其他房地产开发的，应**分别核算**增值额。不分别核算增值额或不能准确核算增值额的，其建造的普通标准住宅**不能适用**这一免税规定。

②因**国家建设需要**依法征用、收回的房地产，免征土地增值税。

因城市实施规划、国家建设的需要而搬迁，由纳税人自行转让原房地产的，免征土地增值税。

③企事业单位、社会团体以及其他组织转让旧房作为公共租赁住房房源且增值额未超过扣除项目金额 **20%** 的，免征土地增值税。

④自 2008 年 11 月 1 日起，对**个人**转让住房暂免征收土地增值税。

⑤企业改制重组。

a. 对改制前的企业将国有土地使用权、地上建筑物及其附着物转移、变更到改制后的企业，暂不征土地增值税；

b. 两个或两个以上企业合并为一个企业，且原企业投资主体存续的，对原企业将房地产转移、变更到合并后的企业，暂不征土地增值税；

c. 企业分设为两个或两个以上与原企业投资主体相同的企业，对原企业将房地产转移、变更到分立后的企业，暂不征土地增值税；

d. 单位、个人在改制重组时以房地产作价入股进行投资，对其将房地产转移、变更到被投资的企业，暂不征土地增值税。

> **【知识卡片】** 上述改制重组有关土地增值税政策不适用于房地产转移任意一方为房地产开发企业的情形。

「考点 15」土地增值税征收管理（★）

（一）纳税清算（见表 6-11）

表 6-11　　　　　　　　　　　　　　纳税清算

清算要求	具体情形
纳税人应当清算	①房地产开发项目全部竣工、完成销售的； ②整体转让未竣工决算房地产开发项目的； ③直接转让土地使用权的
主管税务机关可要求纳税人清算	①已竣工验收的房地产开发项目，已转让的房地产建筑面积占整个项目可售建筑面积的比例在 85% 以上，或该比例虽未超过 85%，但剩余的可售建筑面积已经出租或自用的； ②取得销售（预售）许可证满 **3 年**仍未销售完毕的； ③纳税人申请注销税务登记但未办理土地增值税清算手续的

【例题6-15·单选题】 下列情形中,不属于纳税人应当进行土地增值税清算的是( )。(2014年)

A. 直接转让土地使用权的
B. 房地产开发项目全部竣工并完成销售的
C. 整体转让未竣工决算房地产开发项目的
D. 取得房地产销售(预售)许可证满3年尚未销售完毕的

【答案】D

【解析】选项D:取得销售(预售)许可证满 **3年** 仍未销售完毕的属于主管税务机关可要求纳税人清算的情形。

(二)纳税地点

土地增值税纳税人发生应税行为应向房地产所在地主管税务机关缴纳税款。

第 15 天

- **复习旧内容**
  第六章　财产和行为税法律制度　考点 7～15

- **学习新内容**
  第六章　财产和行为税法律制度　考点 16～27

- **你今天可能有的心态**
  经历了土地增值税的小波折，其他税种的学习就显得容易多了。

- **简单解释今天学习的内容**
  城镇土地使用税是国家在城市、县城、建制镇和工矿区范围内，对使用土地的单位和个人，以其实际占用的土地面积为计税依据，按照规定的税额计算征收的一种税；车船税是依照法律规定对在中国境内的车辆、船舶，按照规定税目和税额计算征收的一种税；资源税是对开发应税资源的单位和个人征收的一种税，涉及的征税范围较广。

- **学习方法**
  城镇土地使用税学习的难点在于税收优惠的记忆，因此可以通过多次阅读，逐步记住关键字即可；车船税的难度较低，对于知识点学完后，简单总结考点即可；资源税属于"纸老虎"，加强阅读记忆。

- **建议学习时间**
  2.5 小时

今日打卡

任务内容	预计时间	重点任务要求
早读	30分钟	☐ 把昨天学的内容读一遍 ☐ 听微课
第六章 考点16~27	60分钟	☐ 城镇土地使用税的税收优惠 ☐ 耕地占用税 ☐ 车船税应纳税额计算 ☐ 资源税
做作业	40分钟	☐ 做教材例题、精练习题 ☐ 整理消化契税和土地增值税的错题 ☐ 总结车船税不同税目的计税依据
回忆内容	20分钟	☐ 梳理今天所学税种的框架 ☐ 根据框架默写关键词

城镇土地使用税法律制度

城镇土地使用税，是国家在城市、县城、建制镇和工矿区范围内，对使用土地的单位和个人，以其实际占用的土地面积为计税依据，按照规定的税额计算征收的一种税。

「考点16」城镇土地使用税的基本规定（★）

（一）纳税人

城镇土地使用税的纳税人，是指在城市、县城、建制镇和工矿区范围内使用土地的**单位和个人**。

①城镇土地使用税由**拥有**土地使用权的单位或者个人缴纳；
②拥有土地使用权的纳税人不在土地所在地的，由**代管人**或者**实际使用人**缴纳；
③土地使用权未确定或者权属纠纷未解决的，由**实际使用人**纳税；
④土地使用权共有的，共有各方均为纳税人，由**共有各方**按实际使用土地的面积占总面积的比例**分别缴纳**。

（二）征税范围

凡在**城市、县城、建制镇和工矿区范围内的土地**，不论是属于国家所有的土地，还是集体所有的土地，都属于城镇土地使用税的征税范围。
①城市的征税范围包括市区和郊区。
②建立在城市、县城、建制镇和工矿区以外的工矿企业则不需缴纳城镇土地使用税。
③公园、名胜古迹内的索道公司经营用地，应按规定缴纳城镇土地使用税。

（三）税率

城镇土地使用税实行**有幅度的差别定额税率**，而且每个幅度税额的差距为**20倍**。

（四）计税依据

纳税人实际占用的土地面积：
①凡由省级人民政府确定的单位组织测定土地面积的，以**测定的土地面积**为准；
②尚未组织测定，但纳税人持有政府部门核发的土地使用证书的，以**证书确定的土地面积**为准；
③尚未核发土地使用证书的，应当由纳税人**据实申报**土地面积，并据以纳税，待核发土地使用证书后再作调整。

（五）应纳税额的计算

年应纳税额＝**实际占用**应税土地面积（平方米）×适用税额

【例题6-16·多选题】根据城镇土地使用税法律制度的规定，下列各项中，属于城镇土地使用税征税对象的有（ ）。（2015年）
  A. 镇政府所在地所辖行政村的集体土地
  B. 县政府所在地的国有土地
  C. 位于市区由私营企业占用的国有土地
  D. 位于工矿区内的国有土地
【答案】BCD
【解析】选项A："建制镇"，是经省级人民政府批准设立的建制镇，建制镇的征税范围为镇人民政府所在地的地区，但不包括镇政府所在地所辖行政村。

【例题6-17·多选题】下列关于城镇土地使用税的计税依据的表述中，正确的有（ ）。（2014年）
  A. 尚未组织测定，但纳税人持有政府部门核发的土地使用证书的，以证书确定的土地面积为准
  B. 尚未核发土地使用证书的，应由纳税人据实申报土地面积，并据以纳税，待核发土地使用证书后再作调整
  C. 凡由省级人民政府确定的单位组织测定土地面积的，以测定的土地面积为准
  D. 城镇土地使用税以实际占用的应税土地面积为计税依据
【答案】ABCD
【解析】城镇土地使用税的计税依据是纳税人实际占用的土地面积；土地面积以平方米为计量标准，确定顺序依次为：测定面积＞证书所载面积＞自行据实申报面积。

「考点17」城镇土地使用税税收优惠（★）

（一）免征城镇土地使用税

①国家机关、人民团体、军队自用的土地。
②由国家财政部门拨付事业经费的单位自用的土地。
③宗教寺庙、公园、名胜古迹自用的土地。
④市政街道、广场、绿化地带等公共用地。
⑤直接用于农、林、牧、渔业的生产用地。
⑥经批准开山填海整治的土地和改造的废弃土地，从使用的月份起免缴土地使用税5～10年。
⑦由财政部另行规定免税的能源、交通、水利设施用地和其他用地。

（二）税收优惠的特殊规定（见表6-12）

表6-12　　　　　　　　　　　税收优惠的特殊规定

项目	情形	是否缴纳
免税单位与纳税单位之间无偿使用的土地	免税单位无偿使用纳税单位的土地	免征
	纳税单位无偿使用免税单位的土地	照章缴纳
房地产开发公司开发建造商品房的用地	除经批准开发建设经济适用房的用地外，对各类房地产开发用地一律不得减免城镇土地使用税	
企业的铁路专用线、公路等用地	在企业厂区（包括生产、办公及生活区）以内的	应照章征收
	在厂区以外、与社会公用地段未加隔离的	暂免征收
企业范围内的荒山、林地、湖泊等占地	全额征收	
盐场、盐矿用地	盐场、盐矿的生产厂房、办公、生活区用地	照章征收
	盐场的盐滩、盐矿的矿井用地	暂免征收
水利设施用地	水利设施及其管护用地（如水库库区、大坝、堤防、灌渠、泵站等）	免征
交通部门港口用地	港口的码头用地	免征
	港口的露天堆货场用地	征收
体育场馆	国家机关、人民团体、体育基金会等政府机构、团体以及基金会拥有并用于体育活动的土地（同房产税）	免征
	企业拥有并运营管理的大型体育场馆，其用于体育活动的土地	减半征收
农产品批发市场、农贸市场	对农产品批发市场、农贸市场（包括自有和承租）专门用于经营农产品的土地	免征
科技创新	国家级、省级科技企业孵化器用地（同房产税）	免征
民航机场用地	①对机场飞行区（包括跑道、滑行道、停机坪、安全带、夜航灯光区）用地、场内外通信导航设施用地和飞行区四周排水防洪设施用地；②在机场道路中，对场外道路用地	免征
老年服务机构自用的土地	老年社会福利院、敬老院（养老院）、老年服务中心、老年公寓（含老年护理院、康复中心、托老所）等自用土地	免征
供暖	对向居民供热收取采暖费的供热企业，为居民供热所使用的土地	免征
物流	对物流企业自有（包括自用和出租）或承租的大宗商品仓储设施用地	减按所属土地等级适用税额标准的50%计征

【例题6-18·单选题】根据城镇土地使用税法律制度的规定,下列城市用地中,不属于城镇土地使用税免税项目的是（　　）。（2019年）

A. 市政街道公共用地
B. 国家机关自用的土地
C. 企业生活区用地
D. 公园自用的土地

【答案】C
【解析】选项C：企业生活区用地照章征税。

【例题6-19·单选题】2014年甲盐场占地面积为300 000平方米,其中办公用地35 000平方米,生活区用地15 000平方米,盐滩用地250 000平方米。已知当地规定的城镇土地使用税每平方米年税额为0.8元。甲盐场当年应缴纳城镇土地使用税税额的下列计算中,正确的是（　　）。（2015年）

A.（35 000＋250 000）×0.8＝228 000（元）
B. 300 000×0.8＝240 000（元）
C.（35 000＋15 000）×0.8＝40 000（元）
D.（15 000＋250 000）×0.8＝212 000（元）

【答案】C
【解析】（1）盐场、盐矿用地城镇土地使用税的缴纳：①对盐场、盐矿的生产厂房、办公、生活区用地,应照章征收城镇土地使用税；②盐场的盐滩、盐矿的矿井用地,暂免征收城镇土地使用税。（2）甲盐场当年应缴纳城镇土地使用税税额为（35 000＋15 000）×0.8＝40 000（元）。因此选项C正确。

【例题6-20·单选题】2014年甲服装公司（位于某县城）实际占地面积30 000平方米,其中办公楼占地面积500平方米,厂房仓库占地面积22 000平方米,厂区内铁路专用线、公路等用地7 500平方米,已知当地规定的城镇土地使用税每平方米年税额为5元。甲服装公司当年应缴纳城镇土地使用税税额的下列计算中,正确的是（　　）。（2015年）

A. 30 000×5＝150 000（元）
B.（30 000－7 500）×5＝112 500（元）
C.（30 000－500）×5＝147 500（元）
D.（30 000－22 000）×5＝40 000（元）

【答案】A
【解析】对企业的铁路专用线、公路等用地除另有规定外,在企业厂区（包括生产、办公及生活区）以内的,应照章征收城镇土地使用税；在本题中,甲公司当年的城镇土地使用税应纳税额＝30 000×5＝150 000（元）。

[考点18] 城镇土地使用税征收管理（★）

（一）纳税义务发生时间（见表6-13）

表6-13　　　　　　　　纳税义务发生时间

情形	纳税义务发生时间
纳税人购置新建商品房	自房屋交付使用之次月起
纳税人购置存量房	自办理房屋权属转移、变更登记手续，房地产权属登记机关签发房屋权属证书之次月起
纳税人出租、出借房产	自交付出租、出借房产之次月起
以出让或转让方式有偿取得土地使用权的	应由受让方从合同约定交付土地时间的次月起缴纳城镇土地使用税；合同未约定交付土地时间的，由受让方从合同签订的次月起缴纳城镇土地使用税
纳税人新征用的耕地	自批准征用之日起满1年时
纳税人新征用的非耕地	自批准征用次月起

（二）纳税地点

①城镇土地使用税在**土地所在地**缴纳。

②纳税人使用的土地不属于同一省、自治区、直辖市管辖的，由纳税人分别向土地所在地税务机关缴纳城镇土地使用税。

（三）纳税期限：按年计算，分期缴纳

耕地占用税法律制度

[考点19] 耕地占用税（★）

（一）纳税人

在我国境内占用耕地建设建筑物、构筑物或者从事非农业建设的单位或者个人。

（二）征税范围

耕地是指种植农作物的土地，包括园地、林地、草地、农田水利用地、养殖水面、渔业水域滩涂以及其他农用地。

> 【知识卡片】建设直接为农业生产服务的生产设施占用上述农用地的，不缴纳耕地占用税。

（三）税率及应纳税额的计算

1. 税率

①有地区差别的幅度定额税率。

②占用基本农田的，加按150%征收。

2. 计税依据与应纳税额

①**实际占用的耕地**面积为计税依据，一次性缴纳。

②应纳税额＝实际占用耕地面积（平方米）×适用税率

（四）税收优惠（见表6-14）

表6-14　税收优惠

情形	征收
①军事设施占用耕地； ②学校、幼儿园、社会福利机构、医疗机构占用耕地	免征
①铁路线路； ②公路线路； ③飞机场跑道、停机坪； ④港口； ⑤航道； ⑥水利工程	减按每平方米2元征收
农村居民在规定用地标准以内占用耕地建设自用住宅	**减半征收**
农村居民经批准搬迁，新建自用住宅占用耕地不超过原宅基地面积的部分	**免征**

【知识卡片】

①学校内经营性场所和教职工住房占用耕地的，应当按照当地适用税率征收耕地占用税。

②医疗机构内职工住房占用耕地的，应当按照当地适用税率征收耕地占用税。

③按规定免征或者减征耕地占用税后，纳税人改变原占地用途，不再属于免征或者减征耕地占用税情形的，应当自改变用途之日起30日内补缴耕地占用税。

④纳税人在批准临时占用耕地的期满之日起1年内依法复垦，恢复种植条件的，全额退还已经缴纳的耕地占用税。

【例题6-21·单选题】2016年7月甲公司开发住宅社区经批准共占用耕地150 000平方米，其中800平方米兴建幼儿园，5 000平方米修建学校，已知耕地占用税适用税率为30元/平方米，甲公司应缴纳耕地占用税税额的下列算式中，正确的是（　　）。（2017年）

A. 150 000×30＝4 500 000（元）
B. （150 000－800－5 000）×30＝4 326 000（元）
C. （150 000－5 000）×30＝4 350 000（元）
D. （150 000－800）×30＝4 476 000（元）

【答案】B

【解析】选项B：修建幼儿园以及学校占用耕地，免征耕地占用税。故甲公司应缴纳耕地占用税税额＝实际占用耕地面积（平方米）×适用税率＝（150 000－800－5 000）×30＝4 326 000（元）。

【例题6－22·多选题】根据耕地占用税法律制度的规定，下列各项中，免征耕地占用税的有（　　）。（2016年）
A. 工厂生产车间占用的耕地
B. 军用公路专用线占用的耕地
C. 学校教学楼占用的耕地
D. 医院职工住宅楼占用的耕地

【答案】BC

【解析】选项AD：没有免征耕地占用税的优惠。

车船税法律制度

车船税，是指对中国境内的车辆、船舶依法征收的一种税。

[考点20] 车船税纳税人及征税范围（★★）

（一）纳税人

①在中华人民共和国境内属于税法规定的**车辆、船舶**（简称"车船"）的所有人或者管理人，为车船税的纳税人。

②从事机动车第三者责任强制保险业务的保险机构为机动车车船税的**扣缴义务人**。

（二）征税范围

车船税的征税范围是指在中华人民共和国境内属于车船税法所规定的应税车辆和船舶。具体包括：

①依法应当在车船登记管理部门登记的机动车辆和船舶；

②依法不需要在车船登记管理部门登记的在单位内部场所行驶或者作业的机动车辆和船舶。

「考点21」车船税应纳税额的计算（★★）

（一）税率

车船税采用定额税额（题目一般会告知）。

（二）税目、计税依据及应纳税额的基本规定（见表6-15）

车船税的税目分为六大类，包括乘用车、商用车、挂车、其他车辆、摩托车和船舶。

表6-15　　　　　　　　　计税依据及应纳税额的基本规定

税目	计税依据	应纳税额
乘用车、商用客车、摩托车	辆数	应纳税额＝辆数×适用年基准税额
商用货车、挂车、专用作业车、轮式专用机械车	整备质量吨位数	应纳税额＝整备质量吨位数×适用年基准税额 【知识卡片】挂车按照货车的50%计算
机动船舶	净吨位	应纳税额＝净吨位数×适用年基准税额
拖船、非机动驳船	净吨位	应纳税额＝净吨位数×机动船舶适用年基准税额×50% 【知识卡片】按照机动船舶的50%计算
游艇	艇身长度	应纳税额＝艇身长度×适用年基准税额

【知识卡片】购置新车船。
购置当年的应纳税额自纳税义务发生的当月起按月计算。计算公式为：
应纳税额＝年应纳税额÷12×应纳税月份数

【例题6-23·单选题】甲公司2016年拥有机动船舶10艘，每艘净吨位为150吨；非机动驳船5艘，每艘净吨位为80吨，已知机动船舶适用年基准税额为每吨3元，计算甲公司当年应缴纳车船税税额的下列算式中，正确的是（　　）。（2017年）

A.（10×150＋5×80）×3＝5 700（元）
B. 10×150×3×50%＋5×80×3＝3 450（元）
C.（10×150＋5×80）×3×50%＝2 850（元）
D. 10×150×3＋5×80×3×50%＝5 100（元）

【答案】D
【解析】（1）拖船、非机动驳船分别按照机动船舶税额的50%计算；（2）应纳税额＝10×150×3＋5×80×3×50%＝5 100（元）。因此选项D正确。

【例题6-24·单选题】根据车船税法律制度的规定，下列车船中，应缴纳车船税以"净吨位数"为计税依据的是（   ）。（2019年）

A. 商用货车　　　　　　　　　B. 专用作业车
C. 摩托车　　　　　　　　　　D. 非机动驳船

【答案】 D

【解析】 选项D：非机动驳船以净吨位数为计税依据。

「考点22」车船税税收优惠（★）

免税车船（包括但不限于）
①捕捞、养殖渔船。
②军队、武装警察部队专用的车船。
③警用车船。
④悬挂应急救援专用号牌的国家综合性消防救援车辆和国家综合性消防救援船舶。
⑤应当予以免税的外国驻华使领馆、国际组织驻华代表机构及其有关人员的车船。
⑥对使用**新能源车船（纯电动商用车、插电式混合动力汽车、燃料电池商用车）**，免征车船税。

【知识卡片】 纯电动**乘用车**和燃料电池**乘用车**不属于车船税的征税范围，对其**不征收**车船税。

⑦临时入境的外国车船和香港特别行政区、澳门特别行政区、台湾地区的车船，不征收车船税。

【例题6-25·单选题】根据车船税法律制度的规定，下列车辆中，免征车船税的是（   ）。（2016年）

A. 建筑公司专用作业车　　　　B. 人民法院警务用车
C. 商场管理部门用车　　　　　D. 物流公司货车

【答案】 B

【解析】 选项B：公安机关、国家安全机关、监狱、劳动教养管理机关和人民法院、人民检察院领取警用牌照的车辆和执行警务的专用船舶，免征车船税。

「考点23」车船税征收管理（★）

车船税的征收管理见表6-16。

表6-16 车船税的征收管理

项目	具体内容
纳税义务发生时间	取得车船所有权或者管理权的当月
纳税地点	①扣缴义务人代收代缴车船税的，纳税地点为扣缴义务人所在地。 ②纳税人自行申报缴纳车船税的，纳税地点为车船登记地的主管税务机关所在地。 ③依法不需要办理登记的车船，其车船税的纳税地点为车船的所有人或者管理人所在地
纳税申报	车船税按年申报，分月计算，一次性缴纳
	已缴纳车船税的车船在同一纳税年度内办理转让过户的，不另纳税，也不退税
税款退回	在一个纳税年度内，已完税的车船被盗抢、报废、灭失的，纳税人可以凭有关管理机关出具的证明和完税凭证，向纳税所在地的主管税务机关申请退还自被盗抢、报废、灭失月份起至该纳税年度终了期间的税款。 【知识卡片】已办理退税的被盗抢车船失而复得的，纳税人应当从公安机关出具相关证明的当月起计算缴纳车船税

【例题6-26·单选题】某企业2014年初拥有小轿车2辆；当年4月，1辆小轿车被盗，已按照规定办理退税。通过公安机关的侦查，9月份被盗车辆失而复得，并取得公安机关的相关证明。已知当地小轿车车船税年税额为500元/辆，该企业2014年实际应缴纳的车船税为（　　）元。（2015年）

A. 500　　　　　B. 791.67　　　　　C. 833.33　　　　　D. 1 000

【答案】B

【解析】该企业就被盗后复得的小轿车应当缴纳7个月（1~3月，9~12月）的车船税，该企业2014年实际应缴纳车船税=500×1+500×1×（3+4）÷12=791.67（元）。

资源税法律制度

资源税是对在我国领域或管辖的其他海域开发应税资源的单位和个人征收的一种税。

「考点24」资源税纳税人及征税范围（★）

（一）纳税人

纳税人，是指在我国领域或管辖的其他海域开发应税资源的单位和个人。

（二）征税范围（见表6-17）

表6-17 征税范围

项目		征税	不征	免征
能源矿产	原油	天然原油	"人造"石油"进口"石油	①开采原油以及在油田范围内运输原油过程中用于加热的原油、天然气。②煤炭开采企业因安全生产需要抽采的煤成（层）气
	天然气	天然气、页岩气、天然气水合物、煤成（层）气	—	
	煤	油页岩、油砂、天然沥青、石煤、地热。【知识卡片】原煤+"未税"原煤加工的洗选煤	—	
金属矿产	黑色金属	铁、钒等	—	—
	有色金属	铜、铅、金等	—	—
非金属矿产		矿物类、岩石类、宝玉石类等	—	—
盐类		钠盐、钾盐、镁盐、锂盐、天然卤水、海盐	—	—
水气矿产		二氧化碳气、硫化氢气、氮气、氦气、矿泉水	—	—

【例题6-27·多选题】根据资源税法律制度的规定，下列各项中属于资源税征税范围的有（　　）。（2019年）
A. 石灰石　　　B. 硫酸钾　　　C. 粘土　　　D. 砂石
【答案】ABCD

【例题6-28·多选题】根据资源税法律制度的规定，下列单位和个人的生产经营行为中，应缴纳资源税的有（　　）。
A. 冶炼企业进口铁矿石　　　B. 个体经营者开采煤矿
C. 国有企业开采石油　　　　D. 中外合作企业开采天然气
【答案】BCD
【解析】选项A：进口资源产品不征收资源税。

【例题6-29·多选题】根据资源税法律制度的规定，下列各项中，属于资源税征税范围的有（　　）。
A. 花岗石　　　　　　　　　B. 人造石油
C. 海盐　　　　　　　　　　D. 煤成（层）气
【答案】ACD
【解析】选项B：人造石油不属于资源税征税范围。

「考点 25」资源税税率和应纳税额的计算（★）

（一）税率

资源税采用比例税率或者定额税率两种形式。

①对地热、石灰岩、其他粘土、砂石、矿泉水和天然卤水应税资源采用比例税率或定额税率；

②其他应税资源均采用比例税率。

（二）应纳税额的计算

1. 概述

资源税以纳税人开发应税资源产品的销售额或销售量为计税依据（见表 6–18）。

表 6–18　　　　　　　　　　应纳税额的计算

从价计征	应纳税额 = 应税产品的销售额 × 适用的比例税率
从量计征	应纳税额 = 应税产品的销售数量 × 适用的定额税率

2. 销售额的一般规定

①销售额是指纳税人销售应税产品向购买方收取的全部价款，但不包括收取的增值税税款。

a. 计入销售额中的相关运杂费用，凡取得增值税发票或者其他合法有效凭据的，准予从销售额中扣除。

b. 相关运杂费用是指应税产品从坑口或者洗选（加工）地到车站、码头或者购买方指定地点的运输费用、建设基金以及随运销产生的装卸、仓储、港杂费用。

②纳税人申报的应税产品销售额明显偏低且无正当理由的，或者有自用应税产品行为而无销售额的，主管税务机关可以按下列方法和顺序确定其应税产品销售额：

a. 按纳税人最近时期同类产品的平均销售价格确定；

b. 按其他纳税人最近时期同类产品的平均销售价格确定；

c. 按后续加工非应税产品销售价格，减去后续加工环节的成本利润后确定；

d. 按应税产品组成计税价格确定。

　　　　组成计税价格 = 成本 ×（1 + 成本利润率）÷（1 – 资源税税率）

e. 按其他合理方法确定。

3. 销售额的特殊规定

①纳税人外购应税产品与自采应税产品混合销售或者混合加工为应税产品销售的，在计算应税产品销售额或者销售数量时，准予扣减外购应税产品的购进金额或者购进数量；当期不足扣减的，可结转下期扣减。

【知识卡片】
①纳税人应当准确核算外购应税产品的购进金额或者购进数量，未准确核算的，一并计算缴纳资源税。
②纳税人核算并扣减当期外购应税产品购进金额、购进数量，应当依据外购应税产品的增值税发票、海关进口增值税专用缴款书或者其他合法有效凭据。

②纳税人以**外购**原矿与**自采**原矿混合为原矿销售，或者以**外购**选矿产品与**自产**选矿产品混合为选矿产品销售的，在计算应税产品销售额或者销售数量时，直接扣减外购原矿或者外购选矿产品的购进金额或者购进数量。

纳税人以外购原矿与自采原矿混合洗选加工为选矿产品销售的，在计算应税产品销售额或者销售数量时，按照下列方法进行扣减：

准予扣减的外购应税产品购进金额（数量）=外购原矿购进金额（数量）×（本地区原矿适用税率÷本地区选矿产品适用税率）

4. 销售数量

应税产品的销售数量，包括纳税人开采或生产应税产品的实际销售数量和自用于应当缴纳资源税情形的应税产品数量。

【教材例题（非考试标准题型）】 某铜矿2020年10月销售铜矿石原矿收取价款合计600万元，其中从坑口到车站的运输费用20万元，随运销产生的装卸、仓储费用10万元，均取得增值税发票。
已知：该矿山铜矿石原矿适用的资源税税率为6%。
要求：
计算该铜矿10月份应纳资源税税额。
【解析】 因为铜矿征税对象为原矿或选矿，本题计税依据应为原矿销售额，减除运输费用和装卸、仓储费用。
（1）该铜矿当月应税产品销售额=600-（20+10）=570（万元）。
（2）该铜矿10月份应纳资源税税额=570×6%=34.2（万元）。

「考点26」资源税税收优惠（★）

资源税税收优惠见表6-19。

表6-19　　　　　　　　　资源税税收优惠

内容	优惠幅度
从低丰度油气田开采的原油、天然气	减征20%
高含硫天然气、三次采油和从深水油气田开采的原油、天然气、页岩气	减征30%
衰竭期矿山	减征30%

第六章 财产和行为税法律制度

续表

内容	优惠幅度
稠油、高凝油	减征40%
充填开采置换出来的煤炭	减征50%

【知识卡片】 自2019年1月1日至2021年12月31日，对增值税小规模纳税人可以在50%的税额幅度内减征资源税。

「考点27」资源税征收管理（★）

资源税征收管理见表6-20。

表6-20　　　　　　　　　　　资源税征收管理

内容	具体规定
纳税义务发生时间	当日
纳税地点	矿产品的开采地或海盐的生产地
纳税期限	按月或者按季； 不能按固定期限计算缴纳的，可以按次申报缴纳（15日之内）

243

第 16 天

○ 复习旧内容
第六章 财产和行为税法律制度 考点 16~27

学习新内容
第六章 财产和行为税法律制度 考点 28~33

○ 你今天可能有的心态
越学越轻松，感觉胜利在望。

○ 简单解释今天学习的内容
环境保护税是出于环境的目的，对直接向环境排放应税污染物的企业事业单位和其他生产经营者进行征收。印花税是对经济活动和经济交往中书立、领受、使用的应税经济凭证征收的一种税。

学习方法
今天学习的小税种计算量不大，记忆点较多，只需要多加巩固即可。

○ 建议学习时间
2 小时

今日打卡

任务内容	预计时间	重点任务要求
早读	30分钟	☐ 朗读昨天所学内容 ☐ 听微课
第六章 考点28~33	45分钟	☐ 印花税 ☐ 环境保护税
做作业	30分钟	☐ 做教材例题、精练习题 ☐ 整理昨日的错题
回忆内容	15分钟	☐ 翻看今日所学内容并梳理框架 ☐ 根据框架把今天学的内容回忆一遍

环境保护税法律制度

[考点28] 环境保护税（★）

（一）纳税人

直接向环境排放应税污染物的企业事业单位和其他生产经营者，按照规定征收环境保护税。

（二）征税范围

1. 一般征税范围

大气污染物、水污染物、固体废物和噪声。

2. 特殊规定

有下列情形之一的，**不属于直接**向环境排放污染物，不缴纳相应污染物的环境保护税：

①企业事业单位和其他生产经营者向依法设立的污水集中处理、生活垃圾**集中处理场所**排放应税污染物的；

②企业事业单位和其他生产经营者在**符合国家和地方环境保护标准的**设施、场所贮存或者处置固体废物的。

（三）应纳税额的计算（见表6-21）

表6-21　　　　　　　　　　　应纳税额的计算

污染物种类	计税依据	应纳税额计算
应税大气污染物	**污染当量数**	应纳税额＝污染当量数×具体适用税额
应税水污染物		应纳税额＝污染当量数×具体适用税额
应税固体废物	固体废物的**排放量**	应纳税额＝固体废物排放量×具体适用税额
应税噪声	**分贝数**	应纳税额＝超过国家规定标准的分贝数对应的具体适用税额

【知识卡片】工业噪声声源一个月内超标不足15天的，减半计算应纳税额。

（四）税收优惠

①暂免征收环境保护税

a. 农业生产（不包括规模化养殖）排放应税污染物的；

b. 机动车、铁路机车、非道路移动机械、船舶和航空器等流动污染源排放应税污染物的；

c. 依法设立的城乡污水集中处理、生活垃圾集中处理场所排放相应应税污染物，不超过国家和地方规定的排放标准的；

d. 纳税人综合利用的固体废物，符合国家和地方环境保护标准的。

②纳税人排放应税大气污染物或者水污染物的浓度值低于国家和地方规定的污染物排放标准30%的，减按75%征收环境保护税。

③纳税人排放应税大气污染物或者水污染物的浓度值低于国家和地方规定的污染物排放标准50%的，减按50%征收环境保护税。

（五）征收管理

①纳税义务发生时间为纳税人排放应税污染物的当日。

②纳税人应当向应税污染物排放地的税务机关申报缴纳环境保护税。

③环境保护税按月计算，按季申报缴纳；不能按固定期限计算缴纳的，可以按次申报缴纳（15日内）。

【例题6-30·单选题】根据环境保护税法律制度的规定，下列各项中，不属于环境保护税征税范围的是（　　）。（2019年）

A. 噪声　　　　　　　　B. 固体废物
C. 光污染　　　　　　　D. 水污染物

【答案】C

【解析】选项ABD：环境保护税的征税范围包括大气污染物、水污染物、固体废物和噪声等应税污染物。

【例题6-31·单选题】2018年12月甲钢铁厂产生炉渣200吨，其中60吨贮存在符合国家和地方环境保护标准的设施中，100吨综合利用且符合国家和地方环境保护标准，其余的直接倒弃于周边空地。已知炉渣环境保护税税率为25元/吨。根据环境保护税法律制度的规定，甲钢铁厂当月所产生炉渣应缴纳环境保护税税额的下列算式中，正确的是（　　）。（2019年）

A. 200×25＝5 000（元）
B. （200－60－100）×25＝1 000（元）
C. （200－100）×25＝2 500（元）
D. （200－60）×25＝3 500（元）

【答案】B
【解析】（1）企业事业单位和其他生产经营者在符合国家和地方环境保护标准的设施、场所贮存或者处置固体废物的（60 吨），不属于直接向环境排放污染物，不缴纳相应污染物的环境保护税；（2）纳税人综合利用的固体废物，符合国家和地方环境保护标准的（100 吨），暂予免征环境保护税。因此选项 B 正确。

烟叶税与船舶吨税法律制度

「考点29」烟叶税（★）

烟叶税见表6-22。

表6-22　　　　　　　　　　　　　　　烟叶税

项目	具体内容
纳税人	在中华人民共和国境内收购烟叶的单位
征税范围	晾晒烟叶、烤烟叶
税率	20%
应纳税额	应纳税额＝价款总额×税率 ＝收购价款×（1＋价外补贴10%）×税率
征收管理	收购烟叶的当日、在烟叶收购环节征收
	按月计征，月度终了之日起15日内申报纳税

「考点30」船舶吨税（★）

船舶吨税见表6-23。

表6-23　　　　　　　　　　　　　　　船舶吨税

项目	具体内容
纳税人	应税船舶负责人
征税范围	境外港口进入中国境内港口的船舶
税率	①定额税率，分为30日、90日和1年三种不同的税率 ②优惠税率和普通税率。 a. 我国国籍的应税船舶，船籍国（地区）与我国签订含有互相给予船舶税费最惠国待遇条款的条约或者协定的应税船舶，适用优惠税率； b. 其他应税船舶，适用普通税率

247

续表

项目	具体内容
计税依据	①吨税以船舶净吨位为计税依据。 ②拖船和非机动驳船分别按相同净吨位船舶税率的50%计征
应纳税额	应纳税额＝应税船舶净吨位×适用税率
税收优惠 （免征船舶吨税）	①应纳税额在人民币50元以下的船舶； ②自境外以购买、受赠、继承等方式取得船舶所有权的初次进口到港的空载船舶； ③吨税执照期满后24小时内不上下客货的船舶； ④非机动船舶（不包括非机动驳船）； ⑤捕捞、养殖渔船； ⑥避难、防疫隔离、修理、终止运营或者拆解，并不上下客货的船舶； ⑦军队、武装警察部队专用或者征用的船舶； ⑧警用船舶； ⑨依照法律规定应当予以免税的外国驻华使领馆、国际组织驻华代表机构及其有关人员的船舶
征收管理	①纳税义务发生时间：应税船舶进入境内港口的当日 ②纳税期限：自海关填发吨税缴款凭证之日起15日内 ③海关发现多征税款的，应当在24小时内通知应税船舶办理退还手续，并加算银行同期活期存款利息

💡 印花税法律制度

「考点31」印花税的一般规定（★★）

印花税是对经济活动和经济交往中书立、领受、使用的应税经济凭证征收的一种税。因纳税人主要是通过在应税凭证上粘贴印花税票来完成纳税义务，故名印花税。

（一）纳税人

为立合同人、立账簿人、立据人和使用人等。

> 【知识卡片】
> ①**不包括**合同的担保人、证人、鉴定人。
> ②同一应税凭证由两方以上当事人书立的，按照各自涉及的金额分别计算应纳税额。

（二）征税范围

即合同类、产权转移书据类、营业账簿类和证券交易类。

第六章 财产和行为税法律制度

1. 合同（见表6-24）

表6-24 合同

范围	税率	计税依据
租赁合同	1‰	租金（不包括租赁财产的价值）。 【知识卡片】财产租赁合同不包括企业与主管部门签订的租赁承包合同
仓储合同	1‰	仓储费（不包括所保管财产的价值）
保管合同	1‰	保管费
财产保险合同	1‰	保险费（不包括保险物价值）
承揽合同	0.3‰	报酬（不包括材料价值）
建设工程合同	0.3‰	支付价款
运输合同	0.3‰	运输费用（不包括装卸费）
买卖合同	0.3‰	支付价款。 【知识卡片】发电厂与电网之间、电网与电网之间签订的购售电合同，按购销合同征收印花税。电网与用户之间签订的供用电合同不征印花税
技术合同	0.3‰	支付价款、报酬或者使用费。 【知识卡片1】专利申请转让、非专利技术转让所书立的合同按技术合同贴花，但专利权转让、专利实施许可所书立的合同，按"产权转移书据"贴花。 【知识卡片2】一般的法律、会计、审计等方面的咨询，不属于技术咨询，其所立合同不贴印花
借款合同	0.05‰	借款金额（不包括利息）。 【知识卡片】同业拆借合同免税
融资租赁合同	0.05‰	租金

【知识卡片】
①同时书立合同和开立单据的，只就合同贴花。
②考试一般会给出税率。

【例题6-32·单选题】下列各项中，应当征收印花税的是（　　）。（2015年）
A. 甲公司与乙公司签订的货物运输合同
B. 会计咨询合同
C. 企业与主管部门签订的租赁承包合同
D. 电网与用户之间签订的供用电合同
【答案】A
【解析】选项B：一般的法律、会计、审计等方面的咨询不属于技术咨询，其所立合同不贴印花；选项C：印花税征税范围中的租赁合同，不包括企业与主管部门签订的租赁承包合同；选项D：电网与用户之间签订的供用电合同不征收印花税；对发电厂与电网之间、电网与电网之间签订的购售电合同，应按买卖合同征收印花税。因此选项A正确。

2. 产权转移书据

我国印花税税目中的产权转移书据包括土地使用权出让书据，土地使用权、房屋等建筑物和构筑物所有权转让书据（不包括土地承包经营权和土地经营权转移），股权转让书据（不包括应缴纳证券交易印花税的）以及商标专用权、著作权、专利权、专有技术使用权转让书据。

> 【例题6-33·判断题】纳税人签订的商品房销售合同应按照"产权转移书据"税目计缴印花税。（　　）（2016年）
> 【答案】正确

3. 营业账簿（见表6-25）

表6-25　　　　　　　　　　　营业账簿

范围	征税情况
记载资金的账簿	"实收资本（股本）"和"资本公积"合计金额的0.25‰
其他营业账簿	不征收印花税

4. 证券交易

证券交易印花税对证券交易的出让方征收，不对受让方征收。

（三）印花税应纳税额计算

1. 应税合同

$$应纳税额 = 价款或者报酬 \times 适用税率$$

2. 应税产权转移书据

$$应纳税额 = 价款 \times 适用税率$$

3. 应税营业账簿

$$应纳税额 = 实收资本（股本）、资本公积合计金额 \times 适用税率$$

4. 证券交易

$$应纳税额 = 成交金额或者依法确定的计税依据 \times 适用税率$$

> 【知识卡片】
> ①同一应税凭证载有两个以上税目事项并分别列明金额的，按照各自适用的税目税率分别计算应纳税额；未分别列明金额的，从高适用税率。
> ②已缴纳印花税的营业账簿，以后年度记载的实收资本（股本）、资本公积合计金额比已缴纳印花税的实收资本（股本）、资本公积合计金额增加的，按照增加部分计算应纳税额。

【例题6-34·单选题】2018年6月,甲公司与乙公司签订一份承揽合同,合同载明由甲公司提供原材料200万元,支付乙公司加工费30万元;又与丙公司签订了一份财产保险合同,保险金额1 000万元,支付保险费1万元。已知承揽合同印花税税率为0.3‰,财产保险合同印花税税率为1‰,则甲公司签订的上述两份合同应缴纳印花税税额的下列算式中,正确的是(　　)。(2014年)

A. 200×0.3‰+1 000×1‰
B. 200×0.3‰+1×1‰
C. 30×0.3‰+1×1‰
D. 30×0.3‰+1 000×1‰

【答案】C

【解析】(1)承揽合同按加工或承揽收入(指加工费,不包括原材料价格)0.3‰贴花;(2)财产保险合同,按保险费收入(而非保险金额)1‰贴花。因此选项C正确。

「考点32」印花税税收优惠(★)

①应税凭证的**副本或者抄本,**免征印花税。

②财产所有权人将财产**赠与**政府、社会福利单位、学校所立的产权转移书据,免征印花税。

③应纳税额**不足1角**的,免征印花税。

④农民、农民专业合作社、农村集体经济组织、村民委员会**购买农业生产资料或者销售自产农产品订立的买卖合同和农业保险合同,**免征印花税。

⑤**无息或者贴息**借款合同、国际金融组织向我国提供优惠贷款订立的借款合同、金融机构与小型微利企业订立的借款合同,**免征**印花税。

⑥个人与电子商务经营者订立的电子订单。

⑦非营利性医疗卫生机构采购药品或者卫生材料书立的买卖合同。

⑧对商店、门市部的零星加工修理业务开具的修理单,不贴印花。

⑨对企业车间、门市部、仓库设置的不属于会计核算范围的账簿不贴印花。

⑩纳税人已履行并贴花的合同,发现实际结算金额与合同所载金额不一致的,一般不再补贴印花。

⑪租赁承包经营合同,不属于租赁合同,不征收印花税。

⑫书、报、刊发行单位之间,发行单位与订阅单位或个人之间书立的凭证,免税。

⑬同业拆借合同、借款展期合同、日拆性贷款合同,免税。

⑭电话和联网购货免税。

⑮委托代理合同免税。

⑯出版合同免税。

【例题 6 - 35 · 单选题】 根据印花税法律制度的规定，下列各项中，应缴纳印花税的是（　　）。（2015 年）

A. 报刊发行单位和订阅单位之间书立的凭证
B. 建设工程合同
C. 门市部零星修理业务开具的修理单
D. 农业保险合同

【答案】B

【解析】选项 A：书、报、刊发行单位之间，发行单位与订阅单位或个人之间书立的凭证，免征印花税；选项 C：对商店、门市部的零星加工修理业务开具的修理单，不贴印花；选项 D：农民、农民专业合作社、农村集体经济组织、村民委员会购买农业生产资料或者销售自产农产品订立的买卖合同和农业保险合同免征印花税。

「考点 33」印花税征收管理（★）

印花税征收管理见表 6 - 26。

表 6 - 26　　印花税征收管理

项目	具体内容
纳税义务发生时间	当日
纳税期限	① 按年、按季计征：年度、季度终了之日起 15 日内。 ② 按次计征：纳税义务发生之日起 15 日内。 【知识卡片】证券交易印花税按周解缴（每周终了之日起 5 日内申报）

你已成功完成第六章的学习！

扫码领取全程课加入带学群

没有谁生来就是优秀的人，你可以不优秀，但是不可以失去动力，不求上进，荒废一生。

第 17 天

复习旧内容
第六章 财产和行为税法律制度 考点 28~33

学习新内容
第七章 税收征管法律制度 考点 1~11

你今天可能有的心态
税收的学习终于要告一段落了,却发现第七章真是要遨游在记忆的海洋中了。

简单解释今天学习的内容
税收征管法属于税收程序法,以规定税收实体法中所确定的权利义务的履行程序为主要内容的法律规范。本章学习难度较低,记忆难度较大,并且今年变化大,要通过阅读讲义加深记忆。

学习方法
遗忘在学习之后立即开始,并且遗忘的进程并不是均匀的。最初遗忘速度很快,以后逐渐缓慢。不强求一遍过目不忘,但求重复阅读巩固记忆。

建议学习时间
2 小时

今日打卡

任务内容	预计时间	重点任务要求
早读	20分钟	☐ 把昨晚看的教材读一遍 ☐ 听微课
第七章 考点1~11	50分钟	☐ 税务登记管理 ☐ 账簿、凭证、发票管理 ☐ 税款征收方式 ☐ 税款征收的保障措施
做作业	30分钟	☐ 做教材例题、精练习题 ☐ 总结印花税的征税范围、税收优惠及计税依据
回忆内容	20分钟	☐ 翻看教材进行记忆 ☐ 根据框架回忆所学内容的关键词

第七章 税收征管法律制度

考情分析

本章讲解税收征管方面的法律法规，属于程序性规定。主要涉及税务管理、账簿、发票等资料的管理、税款征收与税务检查、税务行政复议等内容。学习本章时，对于关键性词句理解记忆即可，考前通过习题巩固记忆。本章考试分数6分左右。

考点地图

税收征管法律制度框架见图7-1。

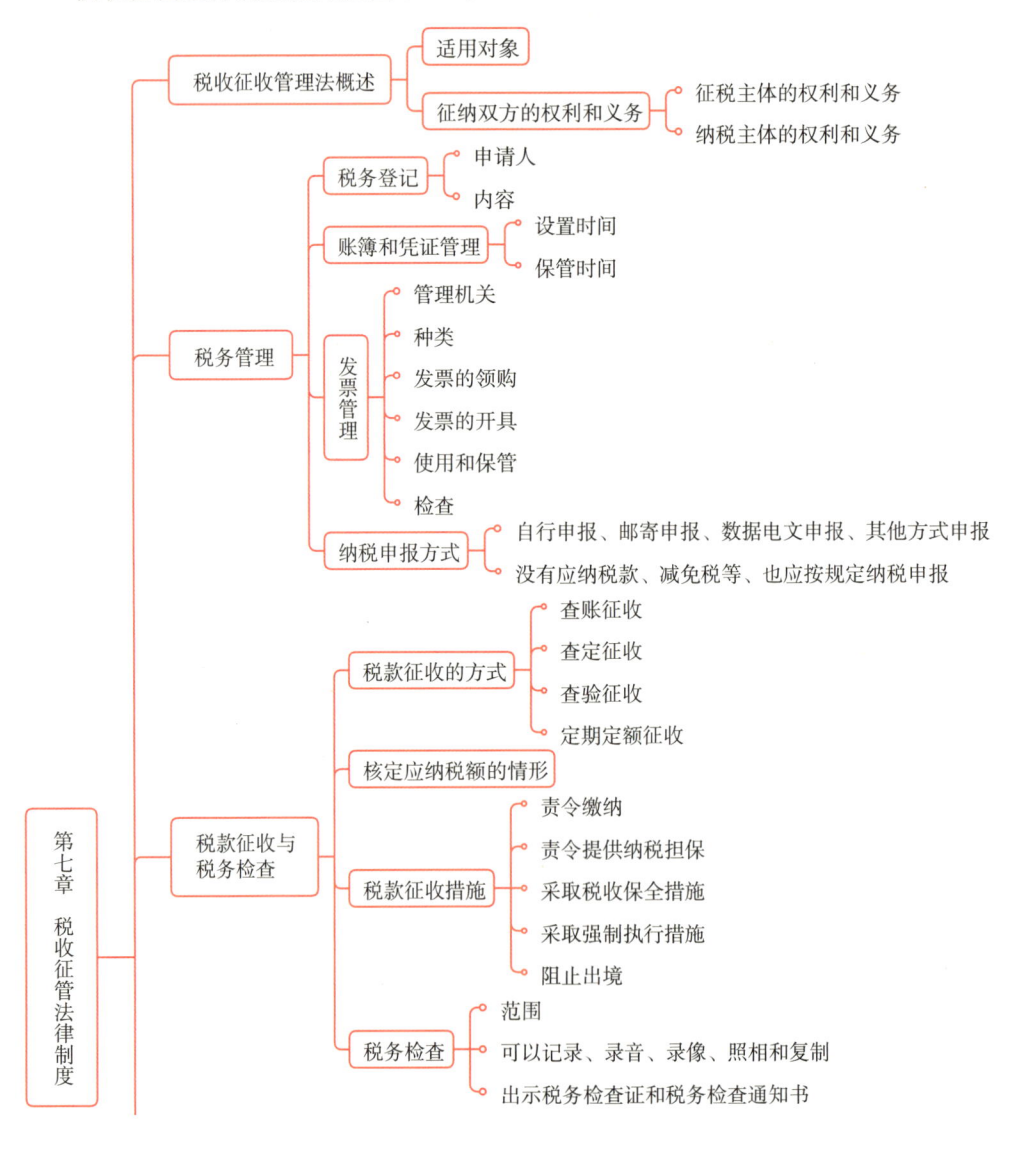

```
第七章 税收征管法律制度
├─ 税收征收管理法概述
│   ├─ 适用对象
│   └─ 征纳双方的权利和义务
│       ├─ 征税主体的权利和义务
│       └─ 纳税主体的权利和义务
├─ 税务管理
│   ├─ 税务登记
│   │   ├─ 申请人
│   │   └─ 内容
│   ├─ 账簿和凭证管理
│   │   ├─ 设置时间
│   │   └─ 保管时间
│   ├─ 发票管理
│   │   ├─ 管理机关
│   │   ├─ 种类
│   │   ├─ 发票的领购
│   │   ├─ 发票的开具
│   │   ├─ 使用和保管
│   │   └─ 检查
│   └─ 纳税申报方式
│       ├─ 自行申报、邮寄申报、数据电文申报、其他方式申报
│       └─ 没有应纳税款、减免税等，也应按规定纳税申报
└─ 税款征收与税务检查
    ├─ 税款征收的方式
    │   ├─ 查账征收
    │   ├─ 查定征收
    │   ├─ 查验征收
    │   └─ 定期定额征收
    ├─ 核定应纳税额的情形
    ├─ 税款征收措施
    │   ├─ 责令缴纳
    │   ├─ 责令提供纳税担保
    │   ├─ 采取税收保全措施
    │   ├─ 采取强制执行措施
    │   └─ 阻止出境
    └─ 税务检查
        ├─ 范围
        ├─ 可以记录、录音、录像、照相和复制
        └─ 出示税务检查证和税务检查通知书
```

第七章 税收征管法律制度

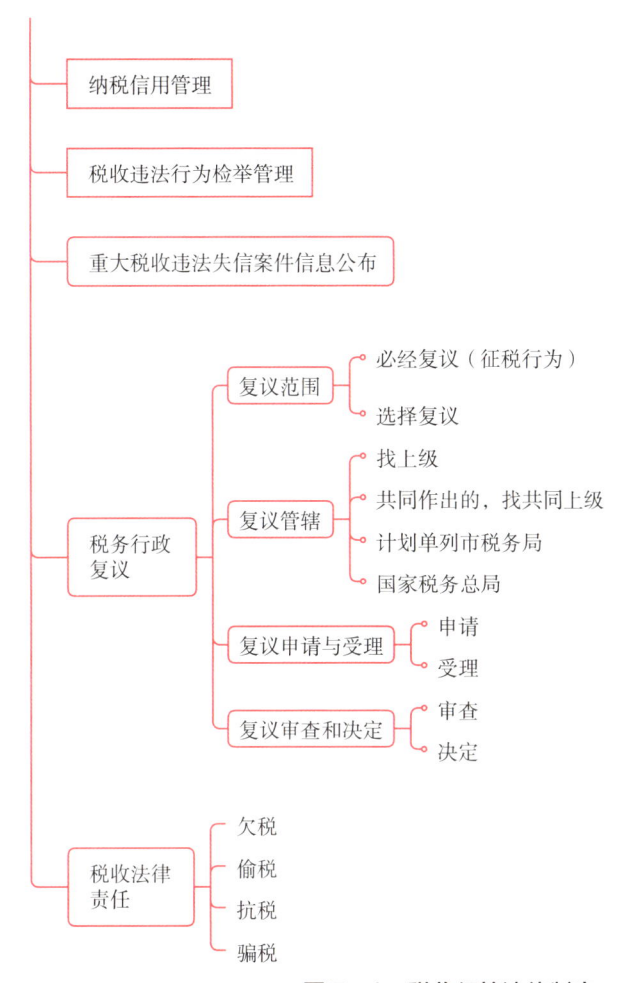

图 7-1 税收征管法律制度

```
税收征管法律制度
├── 纳税信用管理
├── 税收违法行为检举管理
├── 重大税收违法失信案件信息公布
├── 税务行政复议
│   ├── 复议范围
│   │   ├── 必经复议（征税行为）
│   │   └── 选择复议
│   ├── 复议管辖
│   │   ├── 找上级
│   │   ├── 共同作出的，找共同上级
│   │   ├── 计划单列市税务局
│   │   └── 国家税务总局
│   ├── 复议申请与受理
│   │   ├── 申请
│   │   └── 受理
│   └── 复议审查和决定
│       ├── 审查
│       └── 决定
└── 税收法律责任
    ├── 欠税
    ├── 偷税
    ├── 抗税
    └── 骗税
```

💡 税收征收管理法概述

「考点1」税收征收管理法的适用范围及对象（★）

税收征收管理法的适用范围及对象见表 7-1。

表 7-1　　　　　税收征收管理法的适用范围及对象

事项	具体内容
适用范围	凡依法由税务机关征收的各种税收的征收管理，均适用《征管法》
征管主体	①国务院税务主管部门主管全国税收征收管理工作； ②各地税务局应当按照国务院规定的税收征收管理范围分别进行征收管理

255

续表

事项	具体内容
征管相对人	纳税人和扣缴义务人
相关单位和部门	地方各级人民政府应当依法加强对本行政区域内税收征收管理工作的领导或者协调，支持税务机关依法执行职务

「考点2」征纳双方的权利和义务（★）

（一）征税主体的权利和义务

1. 征税主体的职权

征税主体作为国家税收征收管理的职能部门，享有税务行政管理权，如税务检查权、税务行政处罚权、税款征收权等。

2. 征税主体的职责

征税机关和税务人员在行使职权时，也要履行相应的职责，如普及纳税知识、无偿为纳税人提供纳税咨询服务、宣传税收法律、行政法规等。

（二）纳税主体的权利和义务

1. 纳税主体的权利

如要求保密权、知情权、对未出示税务检查证和税务检查通知书的拒绝检查权、依法要求听证的权利等。

2. 纳税主体的职责

如按期、如实办理纳税申报的义务，依法设置账簿、保管账簿和有关资料以及依法开具、使用、取得和保管发票的义务等。

【例题7-1·多选题】下列各项中，属于税务机关职权的有（　　）。
A. 税务管理权　　　　　　　　B. 税款征收权
C. 税务检查权　　　　　　　　D. 税收法律规范的知情权
【答案】ABC
【解析】税务管理权、税款征收权和税务检查权是税务机关的职权，而税收法律、法规和规章的知情权是纳税主体的权利。

💡 税务管理

税务管理主要包括税务登记管理、账簿和凭证管理、发票管理、纳税申报管理等。

「考点3」税务登记管理（★★）

（一）税务登记申请人

1. 从事生产、经营的纳税人

企业、企业**在外地设立的**分支机构和从事生产、经营的场所，个体工商户和从事生产、经营的事业单位，都应当办理税务登记。

2. 非从事生产经营但依法负有纳税义务的纳税人

除国家机关、个人和无固定生产经营场所的流动性农村小商贩外，其他非从事生产经营但依法负有纳税义务的单位和个人，应当办理税务登记。

3. 扣缴义务人

负有扣缴税款义务的扣缴义务人（国家机关除外），应当办理扣缴税款登记。

（二）税务登记内容（见表7-2）

表7-2　　　　　　　　　　　税务登记内容

税务登记类别		具体规定
设立（开业）税务登记	地点	①从事生产、经营的纳税人，向生产、经营所在地税务机关申报办理税务登记； ②非从事生产经营的其他纳税人，向纳税义务发生地税务机关申报办理税务登记。 【知识卡片】税务机关对纳税人税务登记地点发生争议的，由其共同的上级税务机关指定管辖
	时限	30日内
	程序	申请税务登记→填写税务登记表→税务登记证件的核发和管理 ①纳税人办理开立银行账户和领购发票事项时，必须提供税务登记证件； ②税务机关对税务登记证件实行定期验证和换证制度
变更税务登记	时限	30日内申请变更
停业、复业登记	登记	实行定期定额征收方式的个体工商户需要停业的，应当在停业前向税务机关申报办理停业登记
	期限	纳税人的停业期限不得超过1年
外出经营报验登记	发证	税务机关按照一地一证的原则，发放《外管证》；《外管证》的有效期限一般为30日，最长不得超过180天
	缴销	纳税人应当在《外管证》有效期届满后10日内，持《外管证》回原税务登记地税务机关办理《外管证》缴销手续

257

续表

税务登记类别		具体规定
注销登记	原因、时限	①纳税人发生解散、破产、撤销以及其他情形，依法终止纳税义务（15日内申报）； ②纳税人被市场监管部门吊销营业执照或者被其他机关予以撤销登记的（15日内申报）； ③纳税人因住所、经营地点变动，涉及改变税务登记机关的（30日内向迁达地税务机关申报办理税务登记）； ④境外企业在中国境内承包建筑、安装、装配、勘探工程和提供劳务的，项目完工、离开中国的（完工、离开前15日内申报）
	程序	纳税人办理注销税务登记前，应当向税务机关提交相关证明文件和资料，结清应纳税款、多退（免）税款、滞纳金和罚款，缴销发票、税务登记证件和其他税务证件，经税务机关核准后，办理注销税务登记手续
临时税务登记		应办而未办营业执照，但发生纳税义务
非正常户处理	认定	纳税人负有纳税申报义务，但连续3个月所有税种均未进行纳税申报的，税收征管系统自动将其认定为非正常户，并停止其发票领购簿和发票的使用
	解除	已认定为非正常户的纳税人，就其逾期未申报行为接受处罚、缴纳罚款，并补办纳税申报的，税收征管系统自动解除非正常状态，无须纳税人专门申请解除
扣缴税款登记	时限	30日内

「考点4」账簿和凭证管理（★）

（一）账簿的设置

①从事生产、经营的纳税人应当自领取营业执照或者发生纳税义务之日起15日内按照国家有关规定设置账簿。

②扣缴义务人应当自税收法律、行政法规规定的扣缴义务发生之日起10日内，按照所代扣、代收的税种，分别设置代扣代缴、代收代缴税款账簿。

（二）账簿、凭证等涉税资料的保存

账簿、记账凭证、报表、完税凭证、发票、出口凭证以及其他有关涉税资料应当保存10年，但另有规定的除外。

（三）对纳税人财务会计制度及其处理办法的管理

1. 备案制度

①从事生产、经营的纳税人应当自领取税务登记证件之日起15日内，将其财务、会计制度或者财务、会计处理办法报送主管税务机关备案。

②纳税人使用计算机记账的，应当在使用前将会计电算化系统的会计核算软件、使用说明书及有关资料报送主管税务机关备案。

2. 税法规定优先

财务、会计制度或者财务、会计处理办法与国务院或者国务院财政、税务主管部门有关税收的规定抵触的，应依照国务院或者国务院财政、税务主管部门有关税收的规定计算应纳税款、代扣代缴和代收代缴税款。

3. 使用计算机记账

纳税人建立的会计电算化系统应当符合国家有关规定，并能正确、完整核算其收入或者所得。

【例题7-2·单选题】根据税收征收管理法律制度的规定，从事生产、经营的纳税人应当自领取营业执照或者发生纳税义务之日起一定期限内，按照国家有关规定设置账簿，该期限是（　　）日。（2016年）
A. 10　　　　B. 15　　　　C. 7　　　　D. 30
【答案】B
【解析】从事生产、经营的纳税人应当自领取营业执照或者发生纳税义务之日起15日内，按照国家有关规定设置账簿。

「考点5」发票管理（★★）

（一）发票管理机关

①税务机关是发票的主管机关，负责发票印制、领购、开具、取得、保管、缴销的管理和监督。

②式样与印制。

a. 在全国范围内统一式样的发票，由国家税务总局确定。在省、自治区、直辖市范围内统一式样的发票，由省、自治区、直辖市税务机关确定。

b. 增值税专用发票由国家税务总局确定的企业印制；其他发票，按照国家税务总局的规定，由省、自治区、直辖市税务机关确定的企业印制。

（二）发票的种类、联次和内容

发票的种类、联次和内容以及使用范围由国家税务总局规定。

1. 发票种类

①增值税专用发票。

包括增值税专用发票（折叠票）、增值税电子专用发票和机动车销售统一发票；

②增值税普通发票。

包括增值税普通发票（折叠票）、增值税电子普通发票和增值税普通发票（卷票）；

③其他发票。

包括农产品收购发票、农产品销售发票、门票、过路（过桥）费发票、定额发票、客运发票和二手车销售统一发票等。

2. 发票的联次和内容
①联次。
a. 存根联：由收款方或开票方留存备查；
b. 发票联：由付款方或受票方作为付款原始凭证；
c. 记账联：由收款方或开票方作为记账原始凭证。
省以上税务机关可根据发票管理情况以及纳税人经营业务需要，增减除发票联以外的其他联次，并确定其用途。
②基本内容。
发票的名称、发票代码和号码、联次及用途、客户名称、开户银行及账号、商品名称或经营项目、计量单位、数量、单价、大小写金额、开票人、开票日期、开票单位（个人）名称（章）等。

（三）发票的领购

1. 代开发票
①需要临时使用发票的单位和个人，可以向经营地税务机关申请代开发票；
②税务机关应当先征收税款，再开具发票；
③禁止非法代开发票。
2. 外地经营领购发票
税务机关可以要求其提供保证人或根据所领购发票的票面限额以及数量交纳不超过1万元的保证金，并限期缴销发票。

（四）发票的开具和使用

1. 开票主体
①一般情况下，收款方应当向付款方开具发票；
②由付款方向收款方开具发票的特殊情形：
a. 收购单位和扣缴义务人**支付个人款项时**；
b. 国家税务总局认为其他需要由付款方向收款方开具发票的。
2. 禁止性规定
①取得发票时，不得要求变更品名和金额；
②不符合规定的发票，不得作为财务报销凭证，任何单位和个人有权拒收。
③禁止虚开发票，虚开发票的行为包括：
a. 为他人、为自己开具与实际经营业务情况不符的发票；
b. 让他人为自己开具与实际经营业务情况不符的发票；
c. 介绍他人开具与实际经营业务情况不符的发票。
3. 发票的使用和保管
①任何单位和个人应当按照发票管理规定使用发票，不得有下列行为：
a. 转借、转让、介绍他人转让发票、发票监制章和发票防伪专用品；
b. 知道或者应当知道是私自印制、伪造、变造、非法取得或者废止的发票而受让、开具、存放、携带、邮寄、运输；

  c. 拆本使用发票；

  d. 扩大发票使用范围；

  e. 以其他凭证代替发票使用；

②已开具的发票存根联和发票登记簿，应当**保存 5 年**；保存期满，报经税务机关**查验**后销毁。

【例题 7-3·单选题】 根据税收征收管理法律制度的规定，纳税人已开具的发票存根联和发票登记簿的保存期限是（　　）年。（2015 年）

  A. 3　　　　　　　　B. 5　　　　　　　　C. 10　　　　　　　　D. 15

  【答案】B

  【解析】已经开具的发票存根联和发票登记簿，应当保存 5 年。

【例题 7-4·多选题】 根据税收征收管理法律制度的规定，下列行为中，属于未按照规定使用发票的有（　　）。（2015 年）

  A. 扩大发票使用范围　　　　　　B. 拆本使用发票

  C. 以其他凭证代替发票使用　　　D. 转借发票

  【答案】ABCD

（五）发票的检查

①税务人员进行检查时，应当出示税务检查证。

②税务机关需要将已开具的发票调出查验时，应当向被查验的单位和个人开具发票换票证。

> 【知识卡片】发票换票证与所调出查验的发票有同等的效力，被调出查验发票的单位和个人不得拒绝接受。

③税务机关需要将空白发票调出查验时，应当开具收据；经查无问题的，应当及时返还。

（六）网络发票

①开具发票的单位和个人在线开具的网络发票，经系统自动保存数据后即完成开票信息的确认、查验。

②单位和个人取得网络发票时，应及时查询验证网络发票信息的真实性、完整性，对不符合规定的发票，不得作为财务报销凭证，任何单位和个人有权拒收。

③开具发票的单位和个人需要开具红字发票的，必须收回原网络发票全部联次或取得受票方出具的有效证明，通过网络发票管理系统开具金额为负数的红字网络发票。

④开具发票的单位和个人作废开具的网络发票，应收回原网络发票全部联次，注明"作废"，并在网络发票管理系统中进行发票作废处理。

⑤开具发票的单位和个人必须如实在线开具网络发票，不得利用网络发票进行转借、转让、虚开发票及其他违法活动。
⑥开具发票的单位和个人在网络出现故障，无法在线开具发票时可离线开具发票。
⑦开具发票后，不得改动开票信息，并于48小时内上传开票信息。

「考点6」纳税申报管理（★）

（一）纳税申报的方式

①自行申报。
②邮寄申报。邮寄申报以**寄出的邮戳日期**为实际申报日期。
③数据电文申报。其申报日期以税务机关计算机网络系统**收到**该数据电文的时间为准。
④其他方式申报。实行定期定额缴纳税款的纳税人，可以实行简易申报、简并征期等方式。

（二）其他规定

①纳税人在纳税期内没有应纳税款的，也**应当**按照规定办理纳税申报。
②纳税人享受减税、免税待遇的，在减税、免税期间**应当**按照规定办理纳税申报。
③延期办理纳税申报。
a. 纳税人、扣缴义务人按照规定的期限办理纳税申报或者报送代扣代缴、代收代缴税款报告表确有困难，需要延期的，应当**在规定的期限内**向税务机关提出书面延期申请，经税务机关核准，在核准的期限内办理。
b. 因不可抗力需要延期，可以延期办理；但是，应当**在不可抗力情形消除后**立即向税务机关报告。
c. 经核准延期办理纳税申报、报送事项的，应当在纳税期内按照上期实际缴纳的税额或者税务机关核定的税额预缴税款，并在核准的延期内办理税款结算。

> 【例题7-5·判断题】甲企业按照国家规定享受3年内免缴企业所得税的优惠待遇，甲企业在这3年内不需办理企业所得税的纳税申报。（　　）（2016年）
> 【答案】错误
> 【解析】纳税人享受减税、免税待遇的，在减税、免税期间应当按照规定办理纳税申报。

第七章 税收征管法律制度

💡 税款征收

「考点7」税款征收的方式

税款征收的方式见表7-3。

表7-3　　　　　　　　　　　　税款征收的方式

征收方式	适用范围
查账征收	适用于财务会计制度健全，能够如实核算和提供生产经营情况，并能正确计算应纳税款和如实履行纳税义务的纳税人
查定征收	适用于生产经营规模较小、产品零星、税源分散、会计账册不健全，但**能控制原材料或进销货**的小型厂矿和作坊
查验征收	适用于纳税人财务制度不健全、**生产经营不固定**、零星分散、流动性大的税源
定期定额征收	适用于经主管税务机关认定和县以上税务机关（含县级）批准的生产、经营规模小，达不到规定设置账簿标准，**难以查账征收**，不能准确计算计税依据的个体工商户（包括个人独资企业）
扣缴征收	扣缴征收包括代扣代缴和代收代缴两种征收方式
委托征收	①以税务机关的名义依法征收税款，纳税人不得拒绝； ②适用于零星分散和异地缴纳的税收

「考点8」应纳税额的核定和调整

（一）核定应纳税额的情形

①依照法律、行政法规的规定可以**不设置账簿**的；
②依照法律、行政法规的规定应当设置但**未设置账簿**的；
③**擅自销毁账簿**或者拒不提供纳税资料的；
④虽设置账簿，但账目混乱或者成本资料、收入凭证、费用凭证残缺不全，**难以查账**的；
⑤发生纳税义务，未按照规定的期限办理纳税申报，经税务机关责令限期申报，逾期仍不申报的；
⑥纳税人申报的计税依据明显偏低，又无正当理由的。

（二）应纳税额的调整

1. 应纳税额调整的情形
①购销业务未按照独立企业之间的业务往来作价；

②融通资金所支付或者收取的利息超过或者低于没有关联关系的企业之间所能同意的数额，或者利率超过或者低于同类业务的正常利率；

③提供劳务，未按照独立企业之间业务往来收取或者支付劳务费用；

④转让财产、提供财产使用权等业务往来，未按照独立企业之间业务往来作价或者收取、支付费用；

⑤未按照独立企业之间业务往来作价的其他情形。

2. 应纳税额调整的期限

纳税人与其关联企业未按照独立企业之间的业务往来支付价款、费用的，税务机关自该业务往来发生的纳税年度起 3 年内进行调整；有特殊情况的，可以自该业务往来发生的纳税年度起 10 年内进行调整。

「考点 9」应纳税款的缴纳（★）

（一）应纳税款的当期缴纳

按规定确定的期限，缴纳或者解缴税款。

（二）应纳税款的延期缴纳

①纳税人因有特殊困难，不能按期缴纳税款的，经省、自治区、直辖市税务局批准，可以延期缴纳税款，但是最长不得超过 3 个月。

②税务机关应当自收到申请延期缴纳税款报告之日起 20 日内作出批准或者不予批准的决定；不予批准的，从缴纳税款期限届满之日起加收滞纳金。

「考点 10」税款征收的保障措施（★★）

（一）责令缴纳

1. 情形

①对纳税人、扣缴义务人、纳税担保人应缴纳的欠税，税务机关可责令其限期缴纳。

a. 逾期仍未缴纳的，税务机关可以采取税收强制执行措施。

b. 责令缴纳或者解缴税款的最长期限不得超过 15 日。

②对未按照规定办理税务登记的从事生产、经营的纳税人，以及临时从事经营的纳税人，税务机关核定其应纳税额，责令其缴纳应纳税款。

纳税人不缴纳的，税务机关可以扣押其价值相当于应纳税款的商品、货物；扣押后仍不缴纳应纳税款的，经县以上税务局（分局）局长批准，依法拍卖或者变卖所扣押的商品、货物。

③税务机关有根据认为从事生产、经营的纳税人有逃避纳税义务行为，可在规定的纳税期之前责令其限期缴纳应纳税款。

逾期仍未缴纳的，税务机关有权采取其他税款征收措施。

④纳税担保人未按照规定的期限缴纳所担保的税款，税务机关可责令其限期缴纳应纳税款。

逾期仍未缴纳的，税务机关有权采取其他税款征收措施。

2. 处罚

①滞纳金的加收标准：从滞纳税款之日起，按日加收滞纳税款**万分之五**的滞纳金。

②加收滞纳金的起止时间：自**税款法定缴纳期限届满次日起**至纳税人、扣缴义务人实际缴纳或者解缴税款之日止。

$$滞纳金 = 应纳税款 \times 滞纳天数 \times 0.5‰$$

> **【例题7-6·单选题】** 某餐饮公司2019年8月应缴纳增值税60 000元，城市维护建设税4 200元。该公司在规定期限内未进行纳税申报，税务机关责令其缴纳并加收滞纳金，该公司在9月30日办理了申报缴纳手续。税务机关核定该公司增值税和城市维护建设税均以1个月为一个纳税期；从滞纳税款之日起，按日加收滞纳税款0.5‰的滞纳金。该公司应缴纳的滞纳金金额的下列算式中，正确的是（   ）。（2010年）
>
> A. 60 000×0.5‰×15 = 450（元）
> B. （60 000 + 4 200）×0.5‰×15 = 481.5（元）
> C. 60 000×0.5‰×30 = 900（元）
> D. （60 000 + 4 200）×0.5‰×30 = 963（元）
>
> **【答案】** B
>
> **【解析】**（1）增值税纳税人以1个月或者1个季度为一个纳税期的，自期满之日起15日内申报纳税；（2）滞纳天数为自纳税期限届满之次日（9月16日）至实际缴纳税款之日（9月30日）共计15天；（3）应纳税款 = 60 000 + 4 200 = 64 200（元）；（4）滞纳金 = 应纳税款×滞纳天数×0.5‰。因此选项B正确。

（二）责令提供纳税担保

①适用纳税担保的情形。

a. 税务机关有根据认为从事生产、经营的纳税人有逃避纳税义务的行为，在规定的纳税期之前经责令其限期缴纳应纳税款，在限期内发现纳税人有明显的转移、隐匿其应纳税的商品、货物，以及其他财产或者应纳税收入的迹象，责成纳税人提供纳税担保的；

b. 欠缴税款、滞纳金的纳税人或者其法定代表人需要出境的；

c. 纳税人同税务机关在纳税上发生争议而未缴清税款，需要申请行政复议的；

d. 税收法律、行政法规规定可以提供纳税担保的其他情形。

②纳税担保的范围：税款、滞纳金和实现税款、滞纳金的费用。

③纳税担保的方式。

a. 纳税保证。

第一，生效。

纳税担保书须经纳税人、纳税保证人签字盖章并经税务机关签字盖章同意方为有效。纳税担保从税务机关在纳税担保书上签字盖章之日起生效。

第二，保证期间。

税务机关自纳税人应缴纳税款的期限届满之日起60日内有权要求纳税保证人承担保证责任，缴纳税款、滞纳金。

第三，履行保证责任的期限。

纳税保证人应当自收到税务机关的纳税通知书之日15日内履行保证责任，缴纳税款及滞纳金。

> 【知识卡片】纳税保证人未按照规定的履行保证责任的期限缴纳税款及滞纳金的，由税务机关发出责令限期缴纳通知书，责令纳税保证人限期缴纳；逾期仍未缴纳的，经县以上税务局（分局）局长批准对纳税保证人采取强制执行措施。

b. 纳税抵押。

纳税担保书和纳税担保财产清单须经纳税人签字盖章并经税务机关确认。纳税抵押财产应当办理抵押物登记。纳税抵押自抵押物登记之日起生效。

c. 纳税质押。

第一，纳税质押分为动产质押和权利质押。

第二，纳税质押自纳税担保书和纳税担保财产清单经税务机关确认和质物移交之日起生效。

> 【例题7-7·单选题】根据税收征收管理法律制度的规定，下列各项中，不属于纳税担保范围的是（　　）。（2016年）
> A. 罚款
> B. 滞纳金
> C. 税款
> D. 实现税款、滞纳金的费用
> 【答案】A
> 【解析】选项BCD：纳税担保的范围包括税款、滞纳金和实现税款、滞纳金的费用。

（三）税收保全措施和强制执行措施

税收保全措施和强制执行措施见表7-4。

表7-4　　　　　　　　　税收保全措施和强制执行措施

措施	前提条件	具体措施	特殊事项
税收保全	①税务机关有根据认为从事生产、经营的纳税人有逃避纳税义务行为；②纳税人逃避纳税义务的行为发生在规定的纳税期之前，以及在责令限期缴纳应纳税款的限期内；③税务机关责成纳税人提供纳税担保后，纳税人不能提供纳税担保；④经县以上税务局（分局）局长批准	①书面通知纳税人的开户银行或者其他金融机构冻结纳税人的相当于应纳税款的存款；②扣押、查封纳税人的价值相当于应纳税款的商品、货物或者其他财产	①个人及其所扶养家属维持生活必需的住房和用品，不在税收保全措施和强制执行措施的范围之内。②税务机关对单价5 000元以下的其他生活用品，不采取税收保全措施和强制执行措施
强制执行	从事生产、经营的纳税人、扣缴义务人未按照规定的期限缴纳或解缴税款，纳税担保人未按照规定的期限缴纳所担保的税款，由税务机关责令限期缴纳，逾期仍未缴纳的	①强制扣款：书面通知纳税人的开户银行或者其他金融机构从其存款中扣缴税款；②拍卖变卖：即扣押、查封、依法拍卖或者变卖其价值相当于应纳税款的商品、货物或者其他财产，以拍卖或者变卖所得抵缴税款	

【知识卡片】

①个人及其所扶养家属维持生活必需的住房和用品不包括机动车辆、金银饰品、古玩字画、豪华住宅或者一处以外的住房。

②税务机关采取强制执行措施时，对纳税人、扣缴义务人、纳税担保人未缴纳的滞纳金同时强制执行。对纳税人已缴纳税款，但拒不缴纳滞纳金的，税务机关可以单独对纳税人应缴未缴的滞纳金采取强制措施。

③税务机关采取税收保全措施的期限一般不得超过6个月；重大案件需要延长的，应当报国家税务总局批准。

④拍卖或者变卖所得抵缴税款、滞纳金、罚款以及拍卖、变卖等费用后，剩余部分应当在3日内退还被执行人。

【例题7-8·单选题】 根据税收征收管理法律制度的规定，下列各项中，不适用税收保全的财产是（　　）。（2016年）

A. 纳税人的古董　　　　　　　　　B. 纳税人的别墅
C. 纳税人的豪华小汽车　　　　　　D. 纳税人的家庭唯一普通住房

【答案】 D

【解析】（1）选项D：个人及其所扶养家属维持生活必需的住房和用品，不在税收保全措施和强制执行措施的范围之内；（2）选项ABC：个人及其所扶养家属维持生活必需的住房和用品不包括机动车辆、金银饰品、古玩字画、豪华住宅或者一处以外的住房。因此选项D正确。

（四）欠税清缴

1. 离境清缴

欠缴税款的纳税人或者他的法定代表人需要出境的，应当在出境前向税务机关结清应纳税款、滞纳金或者提供担保。

2. 税收代位权和撤销权

①欠缴税款的纳税人因怠于行使到期债权，或者放弃到期债权，或者无偿转让财产，或者以明显不合理的低价转让财产而受让人知道该情形，对国家税收造成损害的，税务机关可以依法行使代位权、撤销权。

②税务机关依法行使代位权、撤销权的，不免除欠缴税款的纳税人尚未履行的纳税义务和应承担的法律责任

3. 欠税报告

①纳税人有欠税情形而以其财产设定抵押、质押的，应当向抵押权人、质权人说明其欠税情况。抵押权人、质权人可以请求税务机关提供有关的欠税情况。

②纳税人有解散、撤销、破产情形的，在清算前应当向其主管税务机关报告；未结清税款的，由其主管税务机关参加清算。

③纳税人有合并、分立情形的，应当向税务机关报告，并依法缴清税款。

a. 纳税人合并时未缴清税款的，应当由合并后的纳税人继续履行未履行的纳税义务；

b. 纳税人分立时未缴清税款的，分立后的纳税人对未履行的纳税义务应当承担连带责任。

④欠缴税款5万元以上的纳税人在处分其不动产或者大额资产之前，应当向税务机关报告。

4. 欠税公告

县级以上各级税务机关应当将纳税人的欠税情况，在办税场所或者广播、电视、报纸、期刊、网络等新闻媒体上定期公告。对纳税人欠缴税款的情况实行定期公告的办法，由国家税务总局制定。

（五）税收优先权

①税务机关征收税款，税收优先于无担保债权，法律另有规定的除外。

②纳税人欠缴的税款发生在纳税人以其财产设定抵押、质押或者纳税人的财产被留置之前的，税收应当先于抵押权、质权、留置权执行。

③纳税人欠缴税款，同时又被行政机关决定处以罚款、没收违法所得的，税收优先于罚款、没收违法所得。

（六）阻止出境

欠缴税款的纳税人或者其法定代表人在出境前未按规定结清应纳税款、滞纳金或者提供纳税担保的，税务机关可以**通知出境管理机关阻止其出境。**

【例题7-9·单选题】税务机关在查阅甲公司公开披露的信息时发现,其法定代表人张某有一笔股权转让收入未申报缴纳个人所得税,要求张某补缴税款80万元,滞纳金3.8万元,张某未结清应纳税款、滞纳金的情况下,拟出国考察且未提供纳税担保,税务机关知晓后对张某可以采取的税款征收措施是(　　)。(2017年)

　　A. 查封住房
　　B. 查封股票交易账户
　　C. 通知出境管理机关阻止出境
　　D. 冻结银行存款

【答案】 C

【解析】 选项C:**欠缴税款的纳税人或者其法定代表人**在出境前未按规定结清应纳税款、滞纳金或者提供纳税担保的,税务机关可以**通知出境管理机关阻止其出境**。

【例题7-10·单选题】根据税收征收管理法律制度的规定,税务机关采取的下列措施中,属于税收保全措施的是(　　)。(2016年)

　　A. 书面通知纳税人开户行冻结纳税人的金额相当于应纳税款的存款
　　B. 依法拍卖纳税人价值相当于应纳税款的商品,以拍卖所得抵缴税款
　　C. 书面通知纳税人开户行从纳税人的存款中扣缴税款
　　D. 通知出境管理机关阻止欠缴税款的纳税人出境

【答案】 A

【解析】 选项BC:强制扣款和拍卖变卖属于强制执行措施;选项D:属于阻止出境。因此选项A正确。

【例题7-11·单选题】纳税人因实施违法行为被行政机关处以罚款、没收违法所得,后又欠缴税款。下列关于税务机关对该纳税人征收税款表述中,正确的是(　　)。

　　A. 税收优先于罚款、没收违法所得
　　B. 罚款优先于税收、没收违法所得
　　C. 没收违法所得优先于罚款、税收
　　D. 罚款、没收违法所得优先于税收

【答案】 A

【解析】 纳税人欠缴税款,同时又被行政机关决定处以罚款、没收违法所得的,税收优先于罚款、没收违法所得。

「考点11」税款征收的其他规定（★）

税款征收的其他规定见表7-5。

表7-5　　　　　　　　　　　税款征收的其他规定

事项	具体规定
税收减免	享受减税、免税优惠的纳税人，减税、免税期满，应当自期满次日起恢复纳税
税款的退还	①纳税人超过应纳税额缴纳的税款，税务机关发现后，应当自发现之日起10日内办理退还手续。 ②纳税人自结算缴纳税款之日起3年内发现多缴税款的，可以向税务机关要求退还多缴的税款并加算银行同期存款利息，税务机关应当自接到纳税人退还申请之日起30日内查实并办理退还手续。 ③当纳税人既有应退税款又有欠缴税款的，税务机关可以将应退税款和利息先抵扣欠缴税款；抵扣后有余额的，退还纳税人
税款的补缴和追征	①因税务机关的责任，致使纳税人、扣缴义务人未缴或者少缴税款的，税务机关在3年内可以要求纳税人、扣缴义务人补缴税款，但是不得加收滞纳金； ②因纳税人、扣缴义务人计算错误等失误，未缴或者少缴税款的，税务机关在3年内可以追征税款、滞纳金；有特殊情况的（累计数额在10万元以上的），追征期可以延长到5年； ③对偷税（逃税）、抗税、骗税的，税务机关追征其未缴或者少缴的税款、滞纳金或者所骗取的税款，不受前述规定期限的限制
无欠税证明的开具	不存在欠税情形，是指纳税人在税收征管信息系统中，不存在应申报未申报记录且无下列应缴未缴的税款： ①办理纳税申报后，纳税人未在税款缴纳期限内缴纳的税款； ②经批准延期缴纳的税款期限已满，纳税人未在税款缴纳期限内缴纳的税款； ③税务机关检查已查定纳税人的应补税额，纳税人未缴纳的税款； ④税务机关根据《征管法》核定纳税人的应纳税额，纳税人未在税款缴纳期限内缴纳的税款； ⑤纳税人的其他未在税款缴纳期限内缴纳的税款

第 18 天

○ **复习旧内容**

第七章 税收征管法律制度 考点 1~11

○ **学习新内容**

第七章 税收征管法律制度 考点 12~20

○ **你今天可能有的心态**

税收征收管理考试分值较低,内容也属于通俗易懂,学起来省时省力。

○ **简单解释今天学习的内容**

本章新增的内容是今年备考需要格外注意的,如纳税信用管理和税收违法行为检举管理等内容,因为未考过,没有历年真题可以借鉴,就需要读者仔细阅读,记忆关键性表述。

○ **学习方法**

第一遍学习简单记忆关键性考点即可,无须过度浪费时间,在考前通过习题加以巩固。

○ **建议学习时间**

2 小时

今日打卡

任务内容	预计时间	重点任务要求
早读	30分钟	☐ 朗读昨日所学内容 ☐ 听微课
第七章 考点12~20	40分钟	☐ 税务检查 ☐ 纳税信用管理 ☐ 税务行政复议
做作业	30分钟	☐ 做教材例题、精练习题 ☐ 阅读三遍考点关键词
回忆内容	20分钟	☐ 梳理今日所学内容的框架 ☐ 翻看今日所学的教材

税务检查

「考点 12」税务检查（★）

（一）税务机关的职权和职责

税务检查的范围
①查账。
②场地检查。到纳税人的**生产、经营场所和货物存放地**（不包括生活场所）检查纳税人应纳税的商品、货物或者其他财产，检查扣缴义务人与代扣代缴、代收代缴税款有关的经营情况。
③责成提供资料。
④询问。
⑤托运、邮寄物品检查。到车站、码头、机场、邮政企业及其分支机构检查纳税人托运、邮寄应纳税商品、货物或者其他财产的**有关**单据、凭证和有关资料（不包括自带物品）。
⑥存款账户查询
  a. 经**县以上**税务局（分局）局长批准，指定专人负责，凭全国统一格式的检查存款账户许可证明，查询**从事生产、经营的**纳税人、扣缴义务人在银行或者其他金融机构的存款账户；
  b. 税务机关在调查税收违法案件时，经**设区的市、自治州以上**税务局（分局）局长批准，可以查询案件涉嫌人员的储蓄存款。

（二）税务检查的措施与手段

①税务机关调查税务违法案件时，对与案件有关的情况和资料，可以记录、录音、录像、照相和复制。
②税务机关依法进行税务检查时，有权向有关单位和个人调查纳税人、扣缴义务人和其他当事人与纳税或者代扣代缴、代收代缴税款有关的情况。

（三）税务检查应遵守的义务

税务机关派出的人员进行税务检查时，应当出示**税务检查证**和**税务检查通知书**，并有责任为被检查人保守秘密；未出示税务检查证和税务检查通知书的，被检查人**有权拒绝检查**。

【例题7-12·多选题】根据税收征收管理法律制度的规定，下列各项中，属于税务机关派出人员在税务检查中应履行的职责有（　　）。（2016年）

A. 出示税务检查通知书
B. 出示税务机关组织机构代码证
C. 为被检查人保守秘密
D. 出示税务检查证

【答案】ACD

【解析】选项ACD：税务机关派出的人员进行税务检查时，应当出示税务检查证和税务检查通知书，并有责任为被检查人保守秘密。

「考点13」纳税信用管理（★★）

纳税信用管理见表7-6。

表7-6　　　　　　　　　　　　　　　纳税信用管理

事项	具体内容
主体	①国家税务总局主管全国纳税信用管理工作。 ②下列企业参与纳税信用评价： a. 已办理税务登记，从事生产、经营并适用查账征收的独立核算企业纳税人（纳税人）； b. 从首次在税务机关办理涉税事宜之日起时间不满一个评价年度的企业（新设立企业）；评价年度是指公历年度，即1月1日~12月31日。 c. 评价年度内无生产经营业务收入的企业； d. 适用企业所得税核定征收办法的企业。 【知识卡片】非独立核算分支机构可自愿参与纳税信用评价
信息采集	范围：纳税信用信息包括纳税人信用历史信息、税务内部信息、外部信息。 ①纳税人信用历史信息。 包括基本信息和评价年度之前的纳税信用记录，以及相关部门评定的优良信用记录和不良信用记录。 ②税务内部信息。 包括经常性指标信息和非经常性指标信息。经常性指标信息是指涉税申报信息、税（费）款缴纳信息、发票与税控器具信息、登记与账簿信息等纳税人在评价年度内经常产生的指标信息；非经常性指标信息是指税务检查信息等纳税人在评价年度内不经常产生的指标信息。 ③外部信息。 包括外部参考信息和外部评价信息。外部参考信息包括评价年度相关部门评定的优良信用记录和不良信用记录；外部评价信息是指从相关部门取得的影响纳税人纳税信用评价的指标信息
	实施：由国家税务总局和省税务机关组织实施，按月采集。 ①纳税人信用历史信息。 基本信息由税务机关从税务管理系统中采集，税务管理系统中暂缺的信息由税务机关通过纳税人申报采集；评价年度之前的纳税信用记录，以及相关部门评定的优良信用记录和不良信用记录，从税收管理记录、国家统一信用信息平台等渠道中采集。 ②税务内部信息。 从税务管理系统中采集，采集的信息记录截止时间为评价年度12月31日（含本日）。 ③外部信息。 主要通过税务管理系统、国家统一信用信息平台、相关部门官方网站、新闻媒体或者媒介等渠道采集。 【知识卡片】通过新闻媒体或者媒介采集的信息应核实后使用

续表

事项		具体内容
纳税信用评价	评价的方式	纳税信用评价采取年度评价指标得分和直接判级方式（评价指标包括税务内部信息和外部评价信息） ①年度评价指标得分采取扣分方式。近三个评价年度内存在非经常性指标信息的，从100分起评；近三个评价年度内没有非经常性指标信息的，从90分起评。 ②直接判级适用于有严重失信行为的纳税人
	评价周期	纳税信用评价周期为一个纳税年度，有下列情形之一的纳税人，不参加本期的评价： ①纳入纳税信用管理时间不满一个评价年度的； ②因涉嫌税收违法被立案查处尚未结案的； ③被审计、财政部门依法查出税收违法行为，税务机关正在依法处理，尚未办结的； ④已申请税务行政复议、提起行政诉讼尚未结案的； ⑤其他不应参加本期评价的情形
	信用级别	纳税信用级别设A、B、M、C、D五级。 A级纳税信用为年度评价指标得分90分以上的；有下列情形之一的纳税人，本评价年度不能评为A级： ①实际生产经营期不满3年的； ②上一评价年度纳税信用评价结果为D级的； ③非正常原因一个评价年度内增值税连续3个月或者累计6个月零申报、负申报的； ④不能按照国家统一的会计制度规定设置账簿，并根据合法、有效凭证核算，向税务机关提供准确税务资料的 B级纳税信用为年度评价指标得分70分以上不满90分的 M级纳税信用为评价年度未被直接判为D级的新设立企业和评价年度内无生产经营业务收入且年度评价指标得分70分以上的企业 C级纳税信用为年度评价指标得分40分以上不满70分的 D级纳税信用为年度评价指标得分不满40分或者直接判级确定的。有下列情形之一的纳税人，本评价年度直接判为D级： ①存在偷税（逃税）、逃避追缴欠税、骗取出口退税、虚开增值税专用发票等行为，经判决构成涉税犯罪的。 ②存在前项所列行为，未构成犯罪，但偷税（逃税）金额10万元以上且占各税种应纳税总额10%以上，或者存在逃避追缴欠税、骗取出口退税、虚开增值税专用发票等税收违法行为，已缴纳税款、滞纳金、罚款的。 ③在规定期限内未按税务机关处理结论缴纳或者足额缴纳税款、滞纳金和罚款的。 ④以暴力、威胁方法拒不缴纳税款或者拒绝、阻挠税务机关依法实施税务稽查执法行为的。 ⑤存在违反增值税发票管理规定或者违反其他发票管理规定的行为，导致其他单位或者个人未缴、少缴或者骗取税款的。 ⑥提供虚假申报材料享受税收优惠政策的。 ⑦骗取国家出口退税款，被停止出口退（免）税资格未到期的。 ⑧有非正常户记录或者由非正常户直接责任人员注册登记或者负责经营的。 ⑨由D级纳税人的直接责任人员注册登记或者负责经营的。 ⑩存在税务机关依法认定的其他严重失信情形的

第七章　税收征管法律制度

续表

事项		具体内容
纳税信用评价	信用级别	纳税人有下列情形的，不影响其纳税信用评价： ①由于税务机关原因或者不可抗力，造成纳税人未能及时履行纳税义务的。 ②非主观故意的计算公式运用错误以及明显的笔误造成未缴或者少缴税款的。 ③国家税务总局认定的其他不影响纳税信用评价的情形
	评价结果	①纳税信用评价结果的确定和发布遵循谁评价、谁确定、谁发布的原则。税务机关每年4月确定上一年度纳税信用评价结果，并为纳税人提供自我查询服务。 【知识卡片】纳税人对纳税信用评价结果有异议的，可以书面向作出评价的税务机关申请复评。 ②对纳税信用评价为A级的纳税人，一般纳税人可单次领取3个月的增值税发票用量，需要调整增值税发票用量时即时办理
纳税信用修复	次数	非正常户失信行为纳税信用修复一个纳税年度内只能申请一次
	审核	主管税务机关自受理纳税信用修复申请之日起15个工作日内完成审核，并向纳税人反馈信用修复结果

[考点14] 税收违法行为检举管理（★）

（一）税收违法行为检举管理原则

①检举管理工作坚持依法依规、分级分类、属地管理、严格保密的原则。
②税务机关同时通过12366纳税服务热线接收税收违法行为检举。

（二）检举事项的提出与受理

1. 检举的提出
检举人可以实名检举，也可以匿名检举。

2. 检举的受理
举报中心对接收的检举事项，应当及时审查，有下列情形之一的，不予受理：
①无法确定被检举对象，或者不能提供税收违法行为线索的；
②检举事项已经或者依法应当通过诉讼、仲裁、行政复议以及其他法定途径解决的。
③对已经查结的同一检举事项再次检举，没有提供新的有效线索的；
除前述规定外，举报中心自接收检举事项之日起即为受理；举报中心可以应实名检举人要求，视情况采取口头或者书面方式解释不予受理原因。

（三）检举事项的处理

处理的时限
①举报中心应当在检举事项受理之日起15个工作日内完成分级分类处理，特殊情况除外；
②查处部门应当在收到举报中心转来的检举材料之日起3个月内办理完毕；案情复杂无法在期限内办理完毕的，可以延期。

「考点15」重大税收违法失信案件信息公布（★）

重大税收违法失信案件信息公布见表7-7。

表7-7　　　　　　　　　　重大税收违法失信案件信息公布

项目	具体内容
公布信息的案件范围	①纳税人伪造、变造、隐匿、擅自销毁账簿、记账凭证，或者在账簿上多列支出或者不列、少列收入，或者经税务机关通知申报而拒不申报或者进行虚假的纳税申报，不缴或者少缴应纳税款100万元以上，且任一年度不缴或者少缴应纳税款占当年各税种应纳税总额10%以上的； ②纳税人欠缴应纳税款，采取转移或者隐匿财产的手段，妨碍税务机关追缴欠缴税款，欠缴税款金额10万元以上的； ③骗取国家出口退税款的； ④以暴力、威胁方法拒不缴纳税款的； ⑤虚开增值税专用发票或者虚开用于骗取出口退税、抵扣税款的其他发票的； ⑥虚开普通发票100份或者金额40万元以上的； ⑦私自印制、伪造、变造发票，非法制造发票防伪专用品，伪造发票监制章的； ⑧具有偷税、逃避追缴欠税、骗取出口退税、抗税、虚开发票等行为，经税务机关检查确认走逃（失联）的
案件信息公布程序	未作出《税务处理决定书》《税务行政处罚决定书》的走逃（失联）案件，经税务机关查证处理，进行公告30日后，依法向社会公布
案件信息公布管理	①案件信息一经录入相关税务信息管理系统，作为当事人的税收信用记录永久保存。 ②重大税收违法失信案件信息自公布之日起满3年的，停止公布并从公告栏中撤出

税务行政复议

「考点16」税务行政复议范围（★）

税务行政复议范围见表7-8。

表7-8　　　　　　　　　　税务行政复议范围

类型		税务机关作出的行政行为
必经复议	征税行为	①确认纳税主体、征税对象、征税范围、减税、免税、退税、抵扣税款、适用税率、计税依据、纳税环节、纳税期限、纳税地点和税款征收方式等具体行政行为； ②征收税款、加收滞纳金； ③扣缴义务人、受税务机关委托的单位和个人作出的代扣代缴、代收代缴、代征行为等

第七章 税收征管法律制度

续表

类型	税务机关作出的行政行为	
选择复议	行政许可、行政审批行为	
	发票管理行为	发售、收缴、代开发票等
	税收保全措施、强制执行措施	
	行政处罚行为	①罚款； ②没收财物和违法所得； ③停止出口退税权
	税务机关不依法履行下列职责的行为	①开具、出具完税凭证； ②行政赔偿； ③行政奖励； ④其他不依法履行职责的行为
	资格认定行为	
	不依法确认纳税担保行为	
	政府公开信息工作中的具体行政行为	
	纳税信用等级评定行为	
	税务机关作出的通知出入境管理机关阻止出境行为	
	税务机关作出的其他具体行政行为	

【知识卡片】可以一并申请行政复议的规范性文件

申请人认为税务机关的行政行为所依据的下列规定不合法，对行政行为申请行政复议时，可以一并向复议机关提出对该规定（不包括规章）的审查申请：
①国家税务总局和国务院其他部门的规定；
②其他各级税务机关的规定；
③地方各级人民政府的规定；
④地方人民政府工作部门的规定。

申请人对行政行为提出行政复议申请时不知道该行政行为所依据的规定的，可以在行政复议机关作出行政复议决定以前提出对该规定的审查申请。

【例题7-13·多选题】根据税收征收管理法律制度的规定，税务机关作出的下列行政行为中，纳税人不服时可以选择申请税务行政复议或者直接提起行政诉讼的有（　　）。（2018年）
　　A. 加收滞纳金　　　　　　　　　　B. 罚款
　　C. 没收财物和违法所得　　　　　　D. 征收税款
【答案】BC
【解析】选项AD：属于"征税行为"，必须首先申请行政复议。

【例题7-14·单选题】 根据税收征收管理法律制度的规定，税务机关作出的下列行为中，纳税人不服时应当先申请行政复议，不服行政复议决定再提起行政诉讼的是（　　）。（2016年）

A. 行政审批
B. 确认纳税地点
C. 纳税信用等级评定
D. 税收强制执行措施

【答案】 B

【解析】 选项B：属于征税行为，适用复议前置。

【例题7-15·单选题】 根据税收征收管理法律制度的规定，税务机关作出的下列行政行为中，不属于税务行政复议受案范围的是（　　）。（2015年）

A. 调整税收优惠政策
B. 不予颁发税务登记证
C. 不予出具完税凭证
D. 确认纳税环节

【答案】 A

【解析】 选项A：对抽象行政行为不能直接申请行政复议；选项BCD：均为具体行政行为，属于行政复议受案范围。

「考点17」税务行政复议管辖（★★）

税务行政复议管辖见表7-9。

表7-9　　　　　　税务行政复议管辖

	被申请人	复议机关
一般规定	①各级税务局	其上一级税务局
	②计划单列市税务局	国家税务总局
	③税务所（分局）、各级税务局的稽查局	所属税务局
	④国家税务总局	向国家税务总局申请行政复议；对行政复议决定不服的，申请人可以向人民法院提起行政诉讼，也可以向国务院申请裁决，国务院的裁决为终局裁决
其他规定	⑤对两个以上税务机关共同作出的	共同上一级税务机关
	⑥对税务机关与其他行政机关共同作出的	共同上一级行政机关
	⑦对被撤销的税务机关在撤销以前所作出的	继续行使其职权的税务机关的上一级税务机关
	⑧对税务机关作出逾期不缴纳罚款加处罚款的决定不服的	向作出行政处罚决定的税务机关申请行政复议。【知识卡片】对已处罚款和加处罚款都不服的，一并向作出行政处罚决定的税务机关的上一级税务机关申请行政复议

【例题7-16·单选题】根据税收征收管理法律制度的规定，下列关于税务行政复议管辖的表述中，不正确的是（　　）。（2019年）

A. 对国家税务总局的具体行政行为不服的，向国家税务总局申请行政复议

B. 对市辖区税务局的具体行政行为不服的，向市税务局申请行政复议

C. 对税务局的稽查局的具体行政行为不服的，向其所属税务局申请行政复议

D. 对计划单列市税务局的具体行政行为不服的，向其所在省的省税务局申请行政复议

【答案】D

【解析】选项D：对计划单列市税务局的具体行政行为不服的，向国家税务总局申请行政复议。

「考点18」税务行政复议申请与受理（★）

（一）税务行政复议申请

税务行政复议申请见表7-10。

表7-10　　　　　　　　　　税务行政复议申请

项目	具体内容
申请期限	申请人可以在**知道税务机关作出具体行政行为**之日起**60日**内提出行政复议申请。 【知识卡片】因不可抗力或者被申请人设置障碍等原因耽误法定申请期限的，申请期限的计算应当扣除被耽误时间，自障碍消除之日起继续计算
申请形式	书面或口头申请
申请限制	①申请行政复议，先行缴纳或者解缴税款及滞纳金，或者提供相应的担保，才可以在实际缴清税款和滞纳金后或者所提供的担保得到作出行政行为的税务机关确认之日起60日内提出行政复议申请。 ②对税务机关作出逾期不缴纳罚款加处罚款的决定不服的，应当**先缴纳罚款和加处罚款，再申请行政复议**

（二）税务行政复议受理

税务行政复议受理见表7-11。

表7-11　　　　　　　　　　税务行政复议受理

项目	具体内容
受理时限	行政复议机关收到行政复议申请后，应当在**5日内**进行审查，决定是否受理
受理情形	①对符合规定的行政复议申请，自行政复议机构**收到之日起即为受理**； ②对收到行政复议申请以后未按照规定期限审查并作出不予受理决定的，视为受理

续表

项目	具体内容
不服决议	对行政复议决定不服再向人民法院提起行政诉讼的具体行政行为，复议机关决定不予受理或者受理以后超过行政复议期限不作答复的，申请人可以自收到不予受理决定书之日起或者行政复议期满之日起 15 日内，依法向人民法院提起行政诉讼
受理限制	①申请人向复议机关申请行政复议，复议机关已经受理的，在法定行政复议期限内申请人不得向人民法院提起行政诉讼； ②申请人向人民法院提起行政诉讼，人民法院已经依法受理的，不得申请行政复议
停止执行情形	行政复议期间具体行政行为不停止执行，但有下列情形之一的，可以停止执行： ①被申请人认为需要停止执行的； ②复议机关认为需要停止执行的； ③申请人申请停止执行，复议机关认为其要求合理，决定停止执行的； ④法律规定停止执行的

【例题 7-17·判断题】纳税人对税务机关作出逾期不缴纳罚款加处罚款的决定不服的，应当先缴纳罚款和加处罚款，再申请行政复议。（　　）（2015 年）
【答案】正确

「考点19」税务行政复议审查和决定（★）

（一）税务行政复议审查

税务行政复议审查见表 7-12。

表 7-12　　　　　　　　　　税务行政复议审查

项目	具体内容
审查办法	行政复议原则上采取**书面审查**的办法
参加人员	行政复议机构审理行政复议案件，应当由 2 名以上行政复议工作人员参加。 【知识卡片】初次从事行政复议的人员，应当通过国家统一法律职业资格考试取得法律职业资格
听证审理	①对重大、复杂的案件，申请人提出要求或者行政复议机构认为必要时，可采取听证审理； ②听证应当公开举行，但涉及国家秘密、商业秘密或个人隐私的除外； ③听证人员不少于 2 人。 【知识卡片】听证应当制作笔录，第三人不参加听证的，不影响听证的举行
申请撤回	①申请人在行政复议决定作出以前撤回行政复议申请的，经行政复议机构同意，可以撤回； ②申请人撤回行政复议申请的，不得再以同一事实和理由提出行政复议申请，但申请人能够证明撤回行政复议申请违背其真实意思表示的除外
依法处理	①行政复议机关在对被申请人作出的具体行政行为进行审查时，认为其依据不合法，本机关有权处理的，应当在 30 日内依法处理； ②无权处理的，应当在 7 日内按照法定程序转送有权处理的国家机关依法处理。 【知识卡片】处理期间，中止对具体行政行为的审查

(二) 税务行政复议决定

税务行政复议决定见表 7-13。

表 7-13　　　　　　　　　　　税务行政复议决定

项目	具体内容
决定	①具体行政行为认定事实清楚，证据确凿，适用依据正确，程序合法，内容适当的，决定维持。 ②被申请人不履行法定职责的，决定其在一定期限内履行。 ③具体行政行为有下列情形之一的，决定撤销、变更或者确认该具体行政行为违法： a. 主要事实不清，证据不足的； b. 适用依据错误的； c. 违反法定程序的； d. 超越或者滥用职权的； e. 具体行政行为明显不当的
期限	复议机关应当自受理申请之日起 60 日内作出行政复议决定。情况复杂，经批准可适当延长，并告知申请人和被申请人，但延长期限最多不超过 30 日
效力	行政复议决定书一经送达，即发生法律效力

【例题 7-18·单选题】根据税收征收管理法律制度的规定，下列关于税务行政复议决定的表述中，不正确的是（　　）。(2016 年)

A. 复议机关应当自受理申请之日起 180 日内作出行政复议决定

B. 具体行政行为认定事实清楚，证据确凿，适用依据正确，程序合法，内容适当的，行政复议机构作出维持的复议决定

C. 具体行政行为适用依据错误的，行政复议机构作出撤销、变更该具体行政行为或者确认该具体行政行为违法的复议决定

D. 被申请人不履行法定职责的，行政复议机构作出要求被申请人在一定期限内履行的复议决定

【答案】A

【解析】选项 A：行政复议机关应当自受理申请之日起 60 日内作出行政复议决定；但是法律规定的行政复议期限少于 60 日的除外。

💡 税收法律责任

「考点 20」税务管理相对人实施税收违法行为的法律责任（★）

税务管理相对人实施税收违法行为的法律责任（见表 7-14）。

表7-14　　　　　税务管理相对人实施税收违法行为的法律责任

违法行为	处罚
违反税务管理	①纳税人有下列行为之一的，由税务机关责令限期改正，可以处以2 000元以下的罚款；情节严重的，处以2 000元以上1万元以下的罚款： a. 未按规定设置、保管账簿或者保管记账凭证和有关资料的； b. 未按规定将财务、会计制度或财务会计处理方法和会计核算软件报送税务机关备案的； c. 未按规定将其全部银行账号向税务机关报告的； d. 未按规定安装、使用税控装置，或者损毁或者擅自改动税控装置的。 ②非法印制、转借、倒卖、变造或者伪造完税凭证的，由税务机关责令改正，处以2 000元以上1万元以下的罚款；情节严重的，处以1万元以上5万元以下的罚款。 ③扣缴义务人未按规定设置、保管代扣代缴、代收代缴税款账簿或者保管代扣代缴、代收代缴税款记账凭证及有关资料的，由税务机关责令改正，可处以2 000元以下的罚款；情节严重的，处以2 000元以上5 000元以下的罚款。 【区分】扣缴义务人应扣未扣、应收而不收税款的，由税务机关向纳税人追缴税款，对扣缴义务人处应扣未扣、应收未收税款50%以上3倍以下的罚款。 ④纳税人、扣缴义务人未按规定的期限办理纳税申报和报送纳税资料的，或者扣缴义务人未按规定的期限向税务机关报送代扣代缴、代收代缴税款报告表和有关资料的，由税务机关责令限期改正，可处以2 000元以下的罚款；情节严重的，可处以2 000元以上1万元以下的罚款
欠税	由税务机关追缴欠缴的税款、滞纳金，并处欠缴税款50%以上5倍以下的罚款
偷税（逃税）	纳税人采取伪造、变造、隐匿、擅自销毁账簿、记账凭证，或者在账簿上多列支出或者不列、少列收入，或者经税务机关通知申报而拒不申报或者进行虚假的纳税申报的手段，不缴或者少缴应纳税款的，由税务机关追缴其不缴或者少缴的税款、滞纳金，并处不缴或者少缴的税款50%以上5倍以下的罚款
抗税	以暴力、威胁方法拒绝缴纳税款的行为，税务机关追缴其拒缴的税款、滞纳金，并处拒缴税款1倍以上5倍以下的罚款
骗税	以假报出口或者其他欺骗手段，骗取国家出口退税款的行为；由税务机关追缴其骗取的退税款，并处骗取税款1倍以上5倍以下的罚款
不配合税务检查	处1万元以下的罚款；情节严重的，处1万元以上5万元以下的罚款

【知识卡片】首违不罚制度

税务行政处罚"首违不罚"事项清单

对于首次发生下列清单中所列事项且危害后果轻微，在税务机关发现前主动改正或者在税务机关责令限期改正的期限内改正的，不予行政处罚。

序号	事项
1	纳税人未按照税收征收管理法及实施细则等有关规定将其全部银行账号向税务机关报送
2	纳税人未按照税收征收管理法及实施细则等有关规定设置、保管账簿或者保管记账凭证和有关资料
3	纳税人未按照税收征收管理法及实施细则等有关规定的期限办理纳税申报和报送纳税资料

第七章 税收征管法律制度

续表

序号	事项
4	纳税人使用税控装置开具发票，未按照税收征收管理法及实施细则、发票管理办法等有关规定的期限向主管税务机关报送开具发票的数据且没有违法所得
5	纳税人未按照税收征收管理法及实施细则、发票管理办法等有关规定取得发票，以其他凭证代替发票使用且没有违法所得
6	纳税人未按照税收征收管理法及实施细则、发票管理办法等有关规定缴销发票且没有违法所得
7	扣缴义务人未按照税收征收管理法及实施细则等有关规定设置、保管代扣代缴、代收代缴税款账簿或者保管代扣代缴、代收代缴税款记账凭证及有关资料
8	扣缴义务人未按照税收征收管理法及实施细则等有关规定的期限报送代扣代缴、代收代缴税款等有关资料
9	扣缴义务人未按照《税收票证管理办法》的规定开具税收票证
10	境内机构或个人向非居民发包工程作业或劳务项目，未按照《非居民承包工程作业和提供劳务税收管理暂行办法》的规定向主管税务机关报告有关事项

【例题7-19·单选题】根据税收征收管理法律制度的规定，纳税人有骗税行为，由税务机关追缴其骗取的退税款，并处骗取税款一定倍数的罚款，该倍数为（　　）。（2016年）

A. 5倍以上10倍以下
B. 1倍以上5倍以下
C. 10倍
D. 10倍以上15倍以下

【答案】B

【解析】选项B：纳税人有骗税行为，由税务机关追缴其骗取的退税款，并处骗取税款1倍以上5倍以下的罚款；构成犯罪的，依法追究刑事责任。

你已成功
完成第七章的学习！

扫码领取全程课加入带学群

努力把日子都填满，别让孤单把你包围，请善待珍惜自己，给自己一个坚强的理由，生活中没有什么过不去的坎。

第 19 天

复习旧内容
第七章　税收征管法律制度　考点 12~20

学习新内容
第八章　劳动合同与社会保险法律制度　考点 1~5

你今天可能有的心态
刚刚轻松了一下，又遇到考试的高频考点劳动合同，打起精神，还剩最后一章《劳动合同与社会保险法律制度》就结束了。

简单解释今天学习的内容
劳动合同和社会保险的知识大有用处，在应试的同时，也可以增强读者的法律认知，在今后职场中以备不时之需。

学习方法
劳动合同属于考试高频重要考点，涉及不定项选择题，需要多下点功夫记忆。

建议学习时间
2 小时

今日打卡

任务内容	预计时间	重点任务要求
早读	20分钟	☐ 把昨晚看的教材读一遍 ☐ 听微课
第八章 考点1~5	50分钟	☐ 劳动合同的订立 ☐ 劳动合同的主要内容
做作业	20分钟	☐ 整理消化昨日的错题 ☐ 做教材例题、精练习题
回忆内容	30分钟	☐ 把今天所学的内容多看几遍 ☐ 梳理今天所学内容框架 ☐ 根据框架回忆关键词

第八章　劳动合同与社会保险法律制度

考情分析

本章涉及劳动合同与社会保险相关规定，与各位读者的切身权益息息相关。因此在学习本章时，各位读者可能会比前七章更感兴趣，但要注意将知识点掌握精确。劳动合同部分主要涉及劳动合同的订立、效力、内容、履行、变更、解除、终止、争议解决等，是一个合同从产生到解除、终止的方方面面；社会保险部分主要涉及我们常说的基本社会保险，注意掌握细化的具体规定。本章考试分数 15 分左右，是不定项选择题常考章节之一。

考点地图

劳动合同框架见图 8-1。

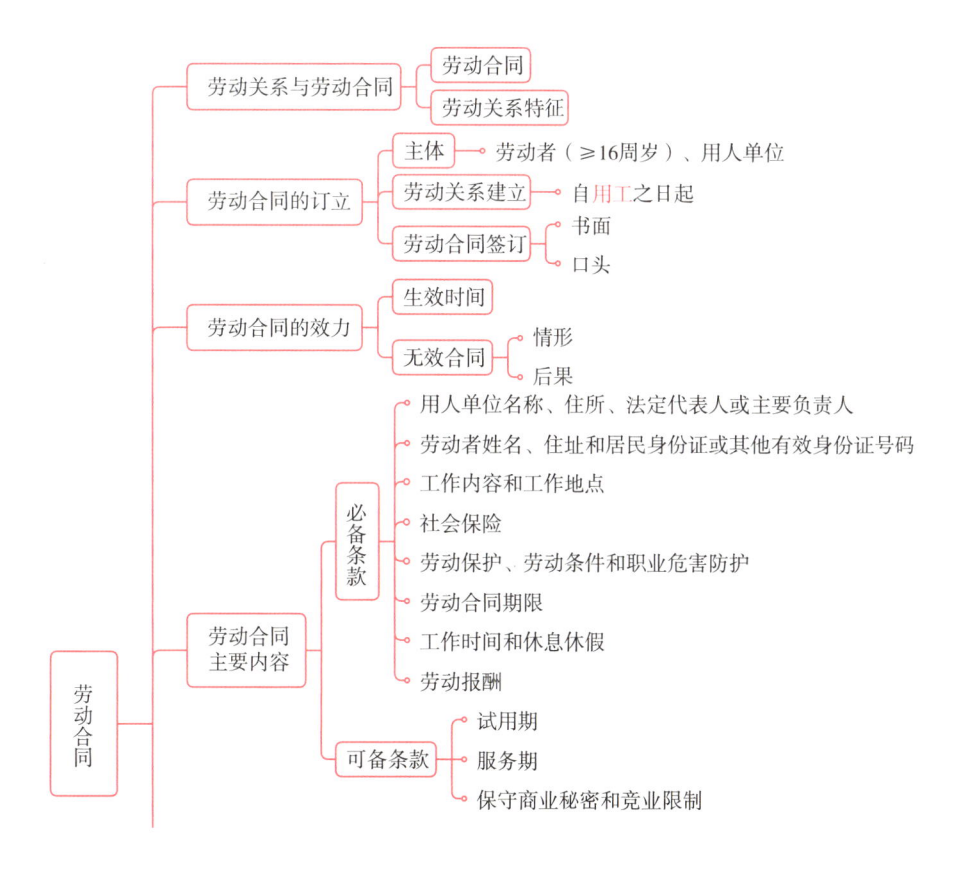

```
                    ┌─ 劳动关系与劳动合同 ─┬─ 劳动合同
                    │                      └─ 劳动关系特征
                    │
                    │                      ┌─ 主体 ── 劳动者（≥16周岁）、用人单位
                    ├─ 劳动合同的订立 ─────┼─ 劳动关系建立 ── 自用工之日起
                    │                      └─ 劳动合同签订 ┬─ 书面
                    │                                      └─ 口头
                    │
                    │                      ┌─ 生效时间
                    ├─ 劳动合同的效力 ─────┤
                    │                      └─ 无效合同 ┬─ 情形
 劳动合同 ──────────┤                                  └─ 后果
                    │
                    │                      ┌─ 必备条款 ┬─ 用人单位名称、住所、法定代表人或主要负责人
                    │                      │           ├─ 劳动者姓名、住址和居民身份证或其他有效身份证号码
                    │                      │           ├─ 工作内容和工作地点
                    │                      │           ├─ 社会保险
                    ├─ 劳动合同主要内容 ───┤           ├─ 劳动保护、劳动条件和职业危害防护
                    │                      │           ├─ 劳动合同期限
                    │                      │           ├─ 工作时间和休息休假
                    │                      │           └─ 劳动报酬
                    │                      │
                    │                      └─ 可备条款 ┬─ 试用期
                    │                                  ├─ 服务期
                    │                                  └─ 保守商业秘密和竞业限制
```

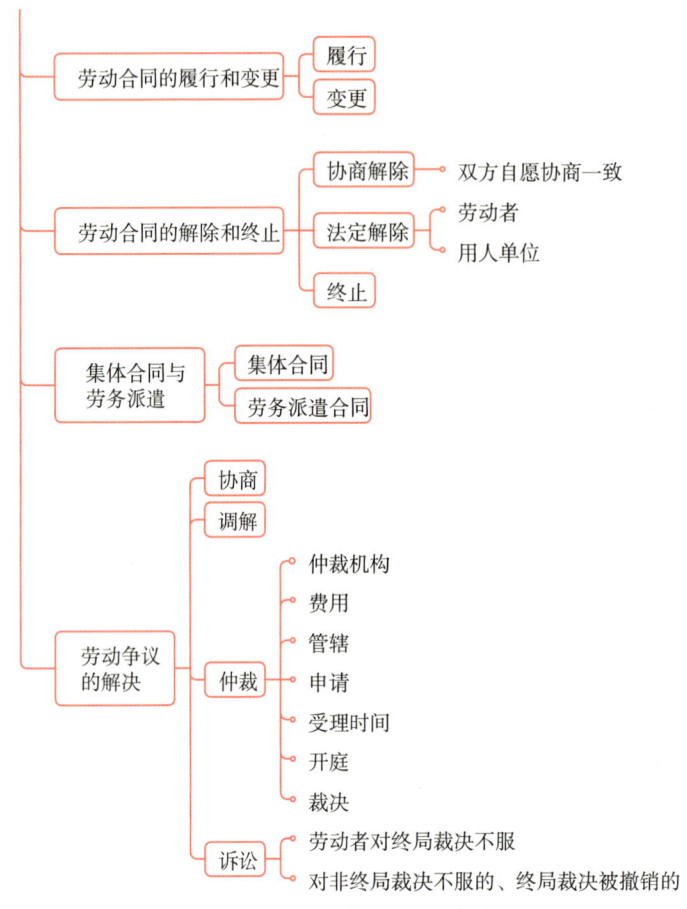

图 8-1 劳动合同

- 劳动合同的履行和变更
  - 履行
  - 变更
- 劳动合同的解除和终止
  - 协商解除 → 双方自愿协商一致
  - 法定解除
    - 劳动者
    - 用人单位
  - 终止
- 集体合同与劳务派遣
  - 集体合同
  - 劳务派遣合同
- 劳动争议的解决
  - 协商
  - 调解
  - 仲裁
    - 仲裁机构
    - 费用
    - 管辖
    - 申请
    - 受理时间
    - 开庭
    - 裁决
  - 诉讼
    - 劳动者对终局裁决不服
    - 对非终局裁决不服的、终局裁决被撤销的

社会保险框架见图 8-2：

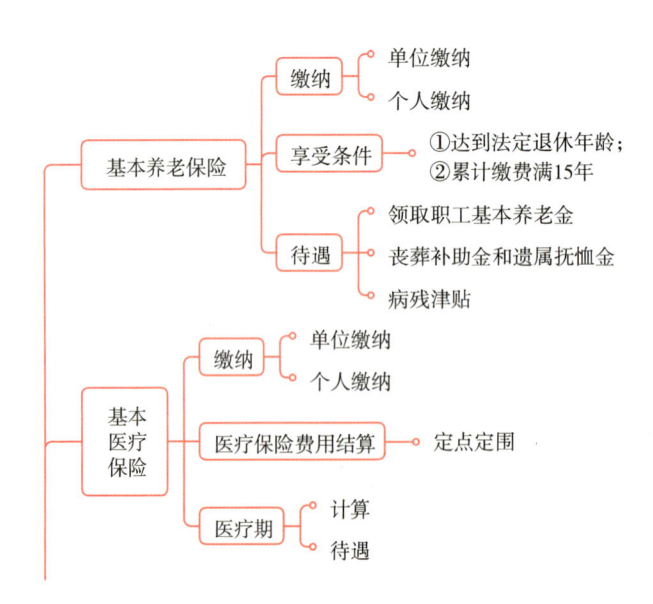

图 8-2

- 基本养老保险
  - 缴纳
    - 单位缴纳
    - 个人缴纳
  - 享受条件
    - ①达到法定退休年龄；
    - ②累计缴费满15年
  - 待遇
    - 领取职工基本养老金
    - 丧葬补助金和遗属抚恤金
    - 病残津贴
- 基本医疗保险
  - 缴纳
    - 单位缴纳
    - 个人缴纳
  - 医疗保险费用结算 → 定点定围
  - 医疗期
    - 计算
    - 待遇

```
                         ┌─ 缴纳 ──── 单位缴纳
                         │
                         │              ┌─ 应当认定
                         ├─ 工伤认定 ───┼─ 视同工伤
                         │              └─ 不认定工伤
                         │
                         │              ┌─ 劳动功能障碍
             ┌─ 工伤 ────┼─ 劳动能力鉴定┤
             │   保险    │              └─ 生活自理障碍
             │           │
             │           │              ┌─ 工伤医疗待遇
             │           │              ├─ 辅助器具装配费，例如假肢、矫形器、假眼、配置轮椅等
             │           ├─ 保险待遇 ───┤
             │           │              ├─ 伤残待遇
             │           │              └─ 工亡待遇
             │           │
             │           │                     ┌─ 工伤保险基金支付
             │           ├─ 工伤保险费用支付 ──┤
 社会 ───────┤           │                     └─ 单位支付
 保险        │           │
             │           └─ 停止享受工伤保险待遇
             │
             │           ┌─ 缴纳 ────┬─ 单位缴纳
             │           │           └─ 个人缴纳
             │           │
             │           │              ┌─ 条件
             ├─ 失业 ────┤              ├─ 领取期限
             │   保险    ├─ 保险待遇 ───┤
             │           │              ├─ 失业保险金的标准
             │           │              └─ 其他待遇
             │           │
             │           └─ 停止领取
             │
             └─ 社会保险费征缴与管理
```

图8-2 社会保险

💡 劳动合同法律制度

「考点1」劳动关系与劳动合同（★）

（一）劳动合同

劳动者和用人单位之间依法确立劳动关系，明确双方权利义务的协议。

（二）劳动关系的特征

①劳动关系的主体具有特定性。
②劳动关系的内容具有较强的法定性。

③劳动者在签订和履行劳动合同时的地位是不同的。

「考点2」劳动合同的订立（★★）

（一）劳动合同订立的主体（见表8-1）

表8-1　　　　　　　　　　　　　劳动合同订立的主体

主体资格		义务
劳动者	①禁止用人单位招用未满16周岁的未成年人；文艺、体育、特种工艺单位招用未满16周岁的未成年人，必须依照国家有关规定，履行审批手续，并保障其接受义务教育的权利。 ②妇女享有与男子平等的就业权利	用人单位有权了解劳动者与劳动合同直接相关的基本情况，劳动者应当如实说明
用人单位	用人单位设立的分支机构，依法取得营业执照或者登记证书的，可以作为用人单位与劳动者订立劳动合同；未依法取得营业执照或者登记证书的，受用人单位委托可以与劳动者订立劳动合同	①如实告知义务。 ②不得扣押证件、收取财物。 ③用人单位以担保或者其他名义向劳动者收取财物的，由劳动行政部门责令限期退还劳动者本人，并以每人500元以上2 000元以下的标准对用人单位处以罚款；给劳动者造成损害的，应当承担赔偿责任

【例题8-1·单选题】用人单位招用劳动者的下列情形中，符合法律规定的是（　　）。（2016年）

A. 丙超市与刚满15周岁的初中毕业生赵某签订劳动合同
B. 乙公司以只招男性为由拒绝录用应聘者李女士从事会计工作
C. 甲公司设立的分公司已领取营业执照，该分公司与张某订立劳动合同
D. 丁公司要求王某提供2 000元保证金后才与其订立劳动合同

【答案】C
【解析】选项A：赵某未满16周岁，丙超市不属于文艺、体育、特种工艺单位，不得招用未满16周岁的未成年人；选项B："会计"不属于国家规定的不适合妇女的岗位，不得拒绝录用女性；选项C：该分公司已依法取得营业执照，可以作为用人单位与劳动者订立劳动合同；选项D：用人单位招用劳动者，不得扣押劳动者的居民身份证和其他证件，不得要求劳动者提供担保或者以其他名义向劳动者收取财物。因此选项C正确。

【例题8-2·多选题】根据劳动合同法律制度的规定，下列各项中，属于用人单位订立劳动合同时应当承担的义务的有（　　）。（2015年）

A. 告知劳动者工作内容、工作条件、工作地点、职业危害、安全生产状况、劳动报酬等情况
B. 不得扣押劳动者相关证件
C. 不得向劳动者索取财物
D. 不得要求劳动者提供担保

【答案】ABCD

（二）劳动关系建立的时间

用人单位自**用工之日起**即与劳动者建立劳动关系。

【例题 8-3·单选题】2018 年 3 月 1 日，甲公司与吴某签订劳动合同，约定合同期限 1 年，试用期 1 个月，每月 15 日发放工资。吴某 3 月 12 日上岗工作，甲公司与吴某劳动关系的建立时间是（　　）。（2018 年）
A. 2018 年 3 月 12 日　　　　B. 2018 年 4 月 12 日
C. 2018 年 3 月 15 日　　　　D. 2018 年 3 月 1 日

【答案】A
【解析】劳动关系自用工之日起建立。

（三）劳动合同订立的形式（见表 8-2）

表 8-2　　　　　　　　　　　劳动合同订立的形式

订立形式	情形		对用人单位的处理
书面形式	①自用工之日起 1 个月内	用人单位书面通知，劳动者不与用人单位订立书面劳动合同	①应当书面通知劳动者终止劳动关系；②无需向劳动者支付经济补偿金；③应当依法向劳动者支付其实际工作时间的劳动报酬
	②用工之日起超过 1 个月不满 1 年	用人单位与劳动者补订了书面劳动合同	①应当依法向劳动者每月支付 2 倍的工资（1 倍正常工资 +1 倍工资补偿）；②起算时间为用工之日起满 1 个月的次日，截止时间为补订书面劳动合同的前 1 日
		劳动者不与用人单位订立书面劳动合同	①应当书面通知劳动者终止劳动关系；②应向劳动者支付经济补偿金
	③用工之日起满 1 年	用人单位仍未与劳动者订立书面劳动合同	①视为自用工之日起满 1 年的当日已经与劳动者订立无固定期限劳动合同，应当即与劳动者补订书面劳动合同；②应当依法向劳动者每月支付 2 倍的工资；支付时限为自用工之日起满 1 个月的次日至满 1 年的前 1 日（共计 11 个月）
口头形式	非全日制用工（每日工作时间不超过 4 小时，每周不超过 24 小时）		

【知识卡片】 非全日制用工的限制：

①从事非全日制用工的劳动者可以与一个或者一个以上用人单位订立劳动合同；但后订立的劳动合同不得影响先订立的劳动合同的履行；

②不得约定试用期；

③任何一方都可以随时终止用工，不用支付经济补偿；

④报酬结算周期最长不得超过15日。

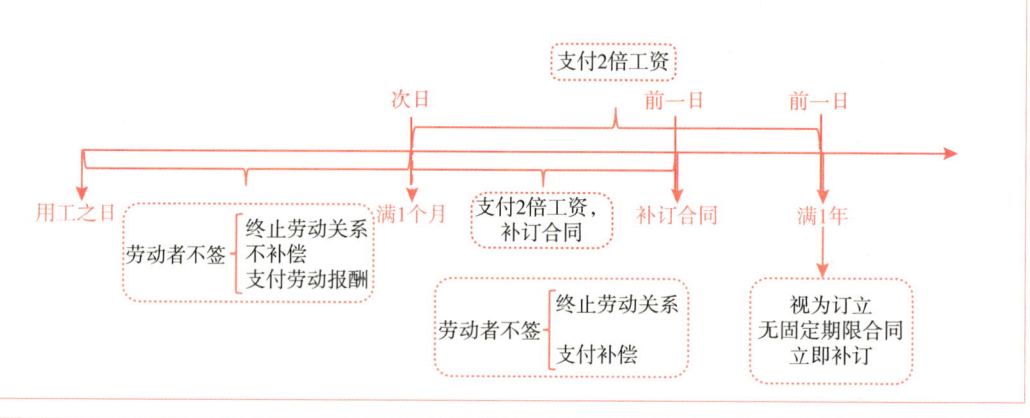

```
                          支付2倍工资
                  次日              前一日   前一日
   ─────┬──────────┬──────────────┬────────┬──────────→
      用工之日     满1个月      支付2倍工资，  补订合同    满1年
                                 补订合同
          劳动者不签              劳动者不签              视为订立
          ┌终止劳动关系           ┌终止劳动关系           无固定期限合同
          │不补偿                 └支付补偿              立即补订
          └支付劳动报酬
```

【例题8-4·单选题】 2018年7月1日，甲公司书面通知张某被录用，7月6日张某到甲公司上班，11月15日甲公司与张某签订书面劳动合同，因未及时签订书面劳动合同，甲公司应向张某支付一定期间的2倍工资，该期间为（　　）。（2019年）

A. 自2018年8月1日至2018年11月14日

B. 自2018年7月1日至2018年11月15日

C. 自2018年7月6日至2018年11月15日

D. 自2018年8月6日至2018年11月14日

【答案】 D

【解析】 选项D：用人单位自用工之日起超过1个月不满1年未与劳动者订立书面劳动合同的，应当自用工之日起满1个月的次日至补订书面劳动合同的前1日（2018年8月6日至2018年11月14日），向劳动者每月支付2倍的工资。

【例题8-5·单选题】 根据劳动合同法律制度的规定，以下关于非全日制用工说法不正确的是（　　）。（2015年）

A. 不得约定试用期

B. 劳动报酬的支付周期为30日

C. 可以不签订书面劳动合同

D. 劳动关系终止，用工单位不用支付经济补偿

【答案】B

【解析】选项B：用人单位可以按小时、日或周为单位结算工资，但非全日制用工劳动报酬结算支付周期最长不得超过15日。

「考点3」劳动合同的效力（★）

（一）生效时间

劳动合同由用人单位与劳动者协商一致，并经用人单位与劳动者在劳动合同文本上签字或者盖章生效。

【知识卡片】劳动合同是否生效，不影响劳动关系的建立。

（二）无效劳动合同及后果（见表8-3）

表8-3　　无效劳动合同及后果

劳动合同无效或者部分无效	无效劳动合同的法律后果
①以欺诈、胁迫的手段或者乘人之危，使对方在违背真实意思的情况下订立或者变更劳动合同的； ②用人单位免除自己的法定责任、排除劳动者权利的； ③违反法律、行政法规强制性规定的	①无效劳动合同，从订立时起就没有法律约束力；劳动合同部分无效，不影响其他部分效力的，其他部分仍然有效。 ②劳动合同被确认无效，劳动者已付出劳动的，用人单位应当向劳动者支付劳动报酬。 ③劳动合同被确认无效，给对方造成损害的，有过错的一方应当承担赔偿责任

【例题8-6·多选题】根据劳动合同法律制度的规定，下列关于无效劳动合同法律后果的表述中，正确的有（　　）。（2019年）

A. 劳动合同部分无效，不影响其他部分效力的，其他部分仍然有效

B. 劳动合同被确认无效，给对方造成损害的，有过错的一方应当承担赔偿责任

C. 劳动合同被确认无效，劳动者已付出劳动的，用人单位应当向劳动者支付劳动报酬

D. 无效劳动合同，从合同订立时起就没有法律约束力

【答案】ABCD

「考点4」劳动合同的主要内容（★★★）

劳动合同的主要内容见图8-3。

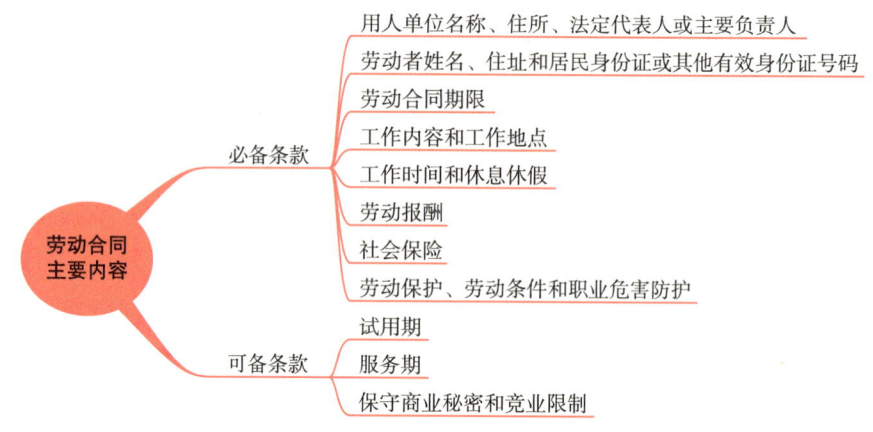

```
                        ┌─ 用人单位名称、住所、法定代表人或主要负责人
                        ├─ 劳动者姓名、住址和居民身份证或其他有效身份证号码
                        ├─ 劳动合同期限
              ┌ 必备条款 ┼─ 工作内容和工作地点
              │         ├─ 工作时间和休息休假
 劳动合同      │         ├─ 劳动报酬
 主要内容 ─────┤         ├─ 社会保险
              │         └─ 劳动保护、劳动条件和职业危害防护
              │         ┌─ 试用期
              └ 可备条款 ┼─ 服务期
                        └─ 保守商业秘密和竞业限制
```

图 8-3　劳动合同的主要内容

（一）必备条款

1. 劳动合同期限（见表 8-4）

表 8-4　　　　　　　　　　　劳动合同期限

期限	具体内容
固定期限劳动合同	明确约定合同终止时间的劳动合同；合同期限届满，劳动关系即告终止
以完成一定工作任务为期限	①以完成单项工作任务为期限； ②以项目承包方式完成承包任务； ③因季节原因用工； ④其他双方约定的
无固定期限劳动合同	用人单位与劳动者约定无确定终止时间的劳动合同。 【知识卡片】出现了法定情形或者双方协商一致解除的，无固定期限劳动合同同样也能解除 **应当订立**：劳动者在该用人单位连续工作满10年的； 【知识卡片1】劳动者非因本人原因从原用人单位被安排到新用人单位工作的，劳动者在原用人单位的工作年限合并计算为新用人单位的工作年限。原用人单位已经向劳动者支付经济补偿的，新用人单位在依法解除、终止劳动合同计算支付经济补偿的工作年限时，不再计算劳动者在原用人单位的工作年限。 【知识卡片2】用人单位符合下列情形之一的，应当认定属于"劳动者非因本人原因从原用人单位被安排到新用人单位工作"： ①劳动者仍在原工作场所、工作岗位工作，劳动合同主体由原用人单位变更为新用人单位； ②用人单位以组织委派或任命形式对劳动者进行工作调动； ③因用人单位合并、分立等原因导致劳动者工作调动； ④用人单位及其关联企业与劳动者轮流订立劳动合同； ⑤其他合理情形

第八章 劳动合同与社会保险法律制度

续表

期限		具体内容
无固定期限劳动合同	应当订立	用人单位初次实行劳动合同制度或者国有企业改制重新订立劳动合同时，劳动者在该用人单位连续工作满10年且距法定退休年龄不足10年的。
		劳动者和用人单位已经连续订立2次固定期限劳动合同，且劳动者没有下述情形（简称"劳动者法定情形"），续订劳动合同的： ①严重违反用人单位的规章制度的； ②严重失职，营私舞弊，给用人单位造成重大损害的； ③劳动者同时与其他用人单位建立劳动关系（"兼职"），对完成本单位的工作任务造成严重影响，或者经用人单位提出，拒不改正的； ④劳动者以欺诈、胁迫的手段或者乘人之危，使用人单位在违背真实意思的情况下订立或者变更劳动合同，致使劳动合同无效的； ⑤被依法追究刑事责任的（"犯罪"）； ⑥劳动者患病或者非因工负伤，在规定的医疗期满后不能从事原工作，也不能从事由用人单位另行安排的工作的； ⑦劳动者不能胜任工作，经过培训或者调整工作岗位，仍不能胜任工作的

【例题8-7·多选题】2008年以来，甲公司与下列职工均已连续订立2次固定期限劳动合同，再次续订劳动合同时，除职工提出订立固定期限劳动合同外，甲公司应与之订立无固定期限劳动合同的有（　　）。（2016年）
A. 不能胜任工作，经过培训能够胜任的李某
B. 因交通违章承担行政责任的范某
C. 患病休假，痊愈后能继续从事原工作的王某
D. 同时与乙公司建立劳动关系，经甲公司提出立即改正的张某
【答案】ABCD

2. 工作时间和休息休假
①工作时间（见表8-5）。

表8-5　　　　　　　　　　　　　工作时间

工时制度	基本规定（H）	加班（H）
标准工时制	D=8，W=40	【知识卡片】用人单位与工会和劳动者"协商"后可延长工作时间。 ①一般：D≤1。 ②特殊：D≤3，M≤36
不定时工作制	D≤8，W≤40；至少休息1天/W	
综合计算工时制	以周、月、季、年为周期总和计算，但平均工时应与法定标准工作时间基本相同	

【解释】H小时；D天；W周；M月

②年休假（见表8-6）。

表 8-6　　　　　　　　　　　　　　　年休假

内容	基本规定
待遇	劳动者无须履行劳动义务且一般有工资保障的法定休息时间
能休假	机关、团体、企业、事业单位、民办非企业单位、有雇工的个体工商户等单位的职工连续工作（而非在目前工作单位工作）1 年以上的，享受带薪年休假
不能休假	①职工依法享受寒暑假，其休假天数多于年休假天数的； ②职工请事假累计 20 天以上且单位按照规定不扣工资的； ③累计工作满 1 年不满 10 年的职工，请病假累计 2 个月以上的； ④累计工作满 10 年不满 20 年的职工，请病假累计 3 个月以上的； ⑤累计工作满 20 年以上的职工，请病假累计 4 个月以上的
休假时间	①职工累计工作已满 1 年不满 10 年的，年休假 5 天； ②已满 10 年不满 20 年的，年休假 10 天； ③已满 20 年的，年休假 15 天。 【知识卡片 1】国家法定休假日、休息日不计入年休假的假期。 【知识卡片 2】职工新进用人单位且符合享受带薪年休假条件的，当年度年休假天数按照在本单位剩余日历天数折算确定，折算后不足一整天的部分不享受年休假。 剩余年休假天数 =（当年度在本单位剩余日历天数/365 天）×职工本人全年应当享受的年休假天数

【例题 8-8·单选题】公司职工罗某已享受带薪年休假 3 天，同年 10 月罗某又向公司提出补休当年剩余年休假的申请。已知罗某首次就业即到甲公司工作，工作已满 12 年，且不存在不能享受当年年休假的情形。罗某可享受剩余年休假的天数为（　　）天。（2018 年）

A. 2　　　　　　　B. 5　　　　　　　C. 7　　　　　　　D. 12

【答案】C

【解析】（1）职工累计工作已满 10 年不满 20 年的，年休假 10 天；（2）罗某已享受带薪年休假 3 天，因此可享受剩余年休假的天数为 7 天。选项 C 正确。

3. 劳动报酬

①工资支付的一般规定（见表 8-7）。

表 8-7　　　　　　　　　　　　　工资支付的一般规定

内容	具体规定
支付手段	应当以法定货币支付，不得以实物及有价证券替代货币支付
支付期限	①必须在约定的日期支付，如遇节假日或休息日，则应提前在最近的工作日支付； ②工资至少每月支付一次，实行周、日、小时工资制的可按周、日、小时支付工资； ③对完成一次性临时劳动或某项具体工作的劳动者，用人单位应按有关协议或合同规定在其完成劳动任务后即支付工资

②加班工资（见表 8-8）。

第八章 劳动合同与社会保险法律制度

表 8-8 加班工资

加班时期	劳动者加班工资	调休补偿	法律责任
工作日加班	≥本人小时工资标准的 150%	×	安排加班不支付加班费的，由劳动行政部门责令限期支付加班费；逾期不支付的，责令用人单位按应付金额 50% 以上 100% 以下的标准向劳动者加付赔偿金
休息日加班	≥本人日或小时工资标准的 200%	可以补休	
法定节假日（国庆、春节等）加班	≥本人日或小时工资标准的 300%	×	

【知识卡片】在部分公民放假的节日期间（如妇女节、青年节），对参加社会活动或单位组织庆祝活动和照常工作的职工，单位应支付工资报酬，但不支付加班工资。如果该节日恰逢星期六、星期日，单位安排职工加班工作，则应当依法支付"休息日"的加班工资。

③最低工资制度。

a. 用人单位支付劳动者的工资不得低于当地最低工资标准。

b. 劳动合同履行地与用人单位注册地不一致的，有关劳动者的最低工资标准，按照劳动合同履行地的有关规定执行；用人单位注册地的有关标准高于劳动合同履行地的有关标准，且用人单位与劳动者约定按照用人单位注册地的有关规定执行的，从其约定。

c. 经济损失的赔偿。

可从劳动者本人的工资中扣除，但每月扣除的部分不得超过劳动者当月工资的 20%；若扣除后的剩余工资部分低于当地月最低工资标准，则按当地月最低工资标准支付。

【知识卡片】当月实得工资应当按照当月应得工资的 80%（标准 1）和当地月最低工资标准（标准 2）的孰高值发放。

【例题 8-9·单选题】2016 年 5 月甲公司安排李某于 5 月 1 日（国际劳动节）、5 月 7 日（周六）分别加班 1 天，事后未安排补休，已知甲公司实行标准工时制，李某的日工资为 200 元。计算甲公司应支付李某 5 月最低加班工资的下列算式中，正确的是（　　）。（2017 年）

A. 200×300%+200×200%=1 000（元）
B. 200×200%+200×150%=700（元）
C. 200×100%+200×200%=500（元）
D. 200×300%+200×300%=1 200（元）

【答案】A

【解析】（1）用人单位依法安排劳动者在法定休假节日工作的，按照不低于劳动合同规定的劳动者本人日或小时工资标准的300%支付劳动者工资；（2）用人单位依法安排劳动者在休息日工作，而又不能安排补休的，按照不低于劳动合同规定的劳动者本人日或小时工资标准的200%支付劳动者工资；（3）最低加班工资 = 200 ×300% +200 ×200% =1 000（元）。因此选项 A 正确。

【例题8-10·单选题】甲公司职工吴某因违章操作给公司造成8 000元的经济损失，甲公司按照双方劳动合同的约定要求吴某赔偿，并每月从其工资中扣除。已知吴某月工资2 600元，当地月最低工资标准为2 200元，甲公司每月可以从吴某工资中扣除的法定最高限额为（　　）元。（2019年）

A. 520　　　　　　　　　　　B. 440
C. 400　　　　　　　　　　　D. 2 600

【答案】C

【解析】（1）当月实得工资应当按照**当月应得工资的80%**（标准1）和**当地月最低工资标准**（标准2）的孰高值发放；（2）2 600 ×8% =2 080元 <2 200元，因此可以从吴某工资中扣除的法定最高限额 =2 600 -2 200 =400（元）。因此选项 C 正确。

【例题8-11·多选题】根据劳动合同法律制度的规定，下列关于劳动报酬支付的表述中，正确的有（　　）。（2018年）

A. 用人单位应当向劳动者支付婚丧假期间的工资
B. 用人单位不得以实物及有价证券代替货币支付工资
C. 用人单位与劳动者约定的支付工资日期遇节假日的，应顺延至最近的工作日支付
D. 对在"五四"青年节（工作日）照常工作的青年职工，用人单位应支付工资报酬但不支付加班工资

【答案】ABD

【解析】选项 C：工资必须在用人单位与劳动者约定的日期支付，如遇节假日或休息日，则应提前在最近的工作日支付。

（二）可备条款

1. 试用期

①试用期属于劳动合同**约定条款**，双方可以约定，也可以不约定试用期。
②试用期的期限。
试用期的期限见表8-9。

第八章 劳动合同与社会保险法律制度

表8-9　　　　　　　　　　　　试用期的期限

情形	试用期期限
①劳动合同期限＜3个月。 ②以完成一定工作任务为期限的劳动合同。 ③非全日制用工	不得约定
3个月≤劳动合同期限＜1年	≤1个月
1年≤劳动合同期限＜3年	≤2个月
①3年≤劳动合同期限。 ②无固定期限劳动合同	≤6个月

试用期	不得约定	≤1个月	≤2个月	≤6个月
合同期限	0　　　3个月	1年	3年	

【知识卡片】试用期**包含在劳动合同期限内**；劳动合同仅约定试用期的，试用期不成立，该期限为劳动合同期限。

③约定试用期的次数。

同一用人单位与**同**一劳动者只能约定**一次**试用期。

④试用期工资。

劳动者在试用期的工资不得低于本单位相同岗位最低档工资的80%或者劳动合同约定工资（试用期满后工资）的**80%**，并不得低于用人单位所在地的最低工资标准。

【例题8-12·单选题】甲公司与张某签订劳动合同，未约定劳动合同期限，仅约定试用期8个月，下列关于该试用期的表述中，正确的是（　　）。（2019年）

A. 试用期约定合同有效

B. 试用期超过6个月部分视为劳动合同期限

C. 试用期不成立，8个月为劳动合同期限

D. 试用期不成立，应视为试用期1个月，剩余期限为劳动合同期限

【答案】C

【解析】选项C：劳动合同仅约定试用期的，试用期不成立，该期限为劳动合同期限。

【例题8-13·多选题】甲公司与其职工对试用期期限的下列约定中，符合法律规定的有（　　）。（2018年）

A. 夏某的劳动合同期限4年，双方约定的试用期为4个月

B. 周某的劳动合同期限1年，双方约定的试用期为1个月
C. 刘某的劳动合同期限2年，双方约定的试用期为3个月
D. 林某的劳动合同期限5个月，双方约定的试用期为5日

【答案】ABD
【解析】选项C：劳动合同期限1年以上不满3年的，试用期不得超过2个月。

2. 服务期

①适用人群。

用人单位为劳动者**提供专项培训费用**，对其进行专业技术培训的，可以与该劳动者订立协议，约定服务期。

②服务期期限。

如果劳动合同期满，但约定的服务期尚未到期的，劳动合同应当续延至服务期满，双方另有约定的，从其约定。

③服务期期间的待遇。

用人单位与劳动者约定服务期的，**不影响**按正常的工资调整机制提高劳动者在服务期期间的劳动报酬。

④服务期违约金的支付。

服务期违约金的支付见表8-10。

表8-10　　　　　　　　　　服务期违约金的支付

情形		劳动者是否支付违约金
用人单位提出解除劳动合同	劳动者存在下列法定过错情形： ①劳动者严重违反用人单位的规章制度的； ②劳动者严重失职，营私舞弊，给用人单位造成重大损害的； ③劳动者同时与其他用人单位建立劳动关系，对完成本单位的工作任务造成严重影响，或者经用人单位提出，拒不改正的； ④劳动者以欺诈、胁迫的手段或者乘人之危，使用人单位在违背真实意思的情况下订立或者变更劳动合同的； ⑤劳动者被依法追究刑事责任的	√
劳动者提出解除劳动合同	用人单位存在下列法定过错情形： ①用人单位未按照劳动合同约定提供劳动保护或者劳动条件的； ②用人单位未及时足额支付劳动报酬的； ③用人单位未依法为劳动者缴纳社会保险费的； ④用人单位的规章制度违反法律、法规的规定，损害劳动者权益的； ⑤用人单位以欺诈、胁迫的手段或者乘人之危，使劳动者在违背真实意思的情况下订立或者变更劳动合同的； ⑥用人单位在劳动合同中免除自己的法定责任、排除劳动者权利的； ⑦用人单位违反法律、行政法规强制性规定的； ⑧法律、行政法规规定劳动者可以解除劳动合同的其他情形	×

⑤违反服务期约定的违约责任。

a. 劳动者违反服务期约定的，应当按照约定向用人单位支付违约金。

b. 违约金的数额不得超过用人单位提供的培训费用，用人单位要求劳动者支付的违约金不得超过服务期尚未履行部分所应分摊的培训费用。

【例题8-14·单选题】吴某受甲公司委派去德国参加技术培训，公司为此支付培训费用10万元。培训前双方签订协议，约定吴某自培训结束后5年内不得辞职，否则应支付违约金10万元。吴某培训完毕后在甲公司连续工作满2年时辞职。甲公司依法要求吴某支付的违约金数额最高为（　　）万元。（2016年）
A. 0　　　　　B. 10　　　　　C. 6　　　　　D. 4
【答案】C
【解析】选项C：约定的违约金（10万元）未超过公司支付的培训费用（10万元）；约定的服务期共计5年，已履行2年。因此，甲公司依法要求吴某支付的违约金最高额=10×（5-2）÷5=6（万元）。

3. 保守商业秘密和竞业限制（见表8-11）

表8-11　　　　　　　　　　　保守商业秘密和竞业限制

内容	具体规定
适用范围	①竞业限制的人员限于用人单位的高级管理人员、高级技术人员和其他负有保密义务的人员。 ②从事同类业务的竞业限制期限，不得超过2年
竞业限制补偿金	①订立时未约定补偿金，实际履行了竞业限制约定。 可要求按合同解除或终止前12个月平均工资的30%或当地最低工资标准中较高者按月支付经济补偿。 ②约定了竞业限制和经济补偿：劳动合同解除或者终止后，因用人单位的原因导致3个月未支付经济补偿，劳动者可以请求解除竞业限制约定。 ③在竞业限制期限内： a. 用人单位可以请求解除竞业限制协议； b. 解除时，劳动者可以请求用人单位额外支付劳动者3个月补偿
竞业限制违约金	劳动者违反竞业限制约定，向用人单位支付违约金后，用人单位要求劳动者按照约定继续履行竞业限制义务的，人民法院应予支持

【知识卡片】区分"补偿金"和"违约金"：
①补偿金是劳动者"遵守"竞业限制义务时，用人单位给予劳动者的经济补偿；
②违约金是劳动者"违反"竞业限制义务时，由劳动者向用人单位支付。

【例题8-15·多选题】下列各项中，人民法院适用竞业限制条款处理劳动争议案件时应予支持的有（　　）。（2016年）
A. 在竞业限制期限内，用人单位解除竞业限制协议时，劳动者要求用人单位额外支付3个月竞业限制经济补偿的

B. 劳动者违反竞业限制约定，向用人单位支付违约金后，用人单位要求劳动者按照约定继续履行竞业限制义务的

C. 劳动合同解除后，履行了竞业限制义务的劳动者按照协议约定要求用人单位支付竞业限制经济补偿的

D. 劳动合同解除后，因用人单位的原因导致 3 个月未支付竞业限制经济补偿，劳动者要求解除竞业限制约定的

【答案】ABCD

「考点5」劳动合同的履行和变更（★）

（一）劳动合同的履行

①用人单位变更名称、法定代表人、主要负责人或者投资人等事项，不影响劳动合同的履行。

②用人单位发生合并分立等情况，原劳动合同继续有效，劳动合同由承继其权利和义务的用人单位继续履行。

（二）用人单位的规章制度

①单位在制定、修改或者决定有关"劳动报酬、工作时间、休息休假、劳动安全卫生、保险福利、职工培训、劳动纪律以及劳动定额管理"等直接涉及劳动者切身利益的规章制度和重大事项时，应当经职工代表大会或全体职工讨论。

②用人单位的规章制度未经公示或者未对劳动者告知，该规章制度对劳动者不生效。

（三）劳动合同的变更

变更劳动合同应当采用书面形式，未采用书面形式，但"已经实际履行了口头变更的劳动合同超过 1 个月"，且变更后的劳动合同内容不违反法律、行政法规、国家政策以及公序良俗，当事人以未采用书面形式为由主张劳动合同变更无效的，人民法院不予支持。

【例题8－16·多选题】根据劳动合同法律制度的规定，下列关于劳动合同履行的表述中，正确的有（　　）。（2016年）

A. 用人单位拖欠劳动报酬的，劳动者可以依法向人民法院申请支付令

B. 用人单位发生合并或者分立等情况，原劳动合同不再继续履行

C. 劳动者拒绝用人单位管理人员违章指挥、强令冒险作业的，不视为违反劳动合同

D. 用人单位变更名称的，不影响劳动合同的履行

【答案】ACD

【解析】选项B：用人单位发生合并或者分立等情况，原劳动合同继续有效，劳动合同由承继其权利和义务的用人单位继续履行。

【例题8-17·单选题】2014年10月,张某到甲公司工作。2015年11月,甲公司与张某口头商定将其月工资由原来的4 500元提高至5 400元。双方实际履行3个月后,甲公司法定代表人变更。新任法定代表人认为该劳动合同内容变更未采用书面形式,变更无效,决定仍按原每月4 500元的标准向张某支付工资;张某表示异议,并最终提起诉讼。关于双方口头变更劳动合同效力的下列表述中,正确的是(　　)。(2016年)

　　A. 双方口头变更劳动合同且实际履行已超过1个月,该劳动合同变更有效
　　B. 劳动合同变更在实际履行3个月期间有效,此后无效
　　C. 因双方未采取书面形式,该劳动合同变更无效
　　D. 双方口头变更劳动合同但实际履行未超过6个月,该劳动合同变更无效

【答案】A

【解析】变更劳动合同未采用书面形式,但已经实际履行了口头变更的劳动合同超过1个月,且变更后的劳动合同内容不违反法律、行政法规、国家政策以及公序良俗,当事人以未采用书面形式为由主张劳动合同变更无效的,人民法院不予支持。

第 20 天

复习旧内容
第八章　劳动合同与社会保险法律制度　考点 1~5

学习新内容
第八章　劳动合同与社会保险法律制度　考点 6~8

你今天可能有的心态
劳动合同内容具有趣味性，学起来像"看热闹"一样，难度较低，只是记忆的地方较多。

简单解释今天学习的内容
劳动合同解除是指在劳动合同订立后，劳动合同期限届满之前，因双方协商提前结束劳动关系，或因出现法定情形，一方单方通知对方结束劳动关系的法律行为；劳动争议解决有协商、调解、仲裁和诉讼。

学习方法
今日学习的内容高频考点较多，结合直播课程，高效找准考点的关键性表述词句，再加以习题巩固，基础就很扎实了。

建议学习时间
3 小时

今日打卡

任务内容	预计时间	重点任务要求
早读	30分钟	☐ 熟读昨日所学内容 ☐ 听微课
第八章 考点6~8	80分钟	☐ 劳动合同的解除和终止 ☐ 集体合同与劳务派遣 ☐ 劳动争议的解决
做作业	40分钟	☐ 做教材例题、精练习题 ☐ 总结劳动合同解除情形及经济补偿
回忆内容	30分钟	☐ 梳理今天所学内容框架并回顾关键字 ☐ 多翻几遍书巩固记忆

「考点6」劳动合同的解除和终止（★★★）

（一）劳动合同的解除

1. 概念

劳动合同的解除是指劳动合同订立后，劳动合同期限届满之前，因双方协商提前结束劳动关系，或因出现法定的情形，一方单方通知对方结束劳动关系的法律行为。

2. 劳动合同解除的分类（见图8-4）

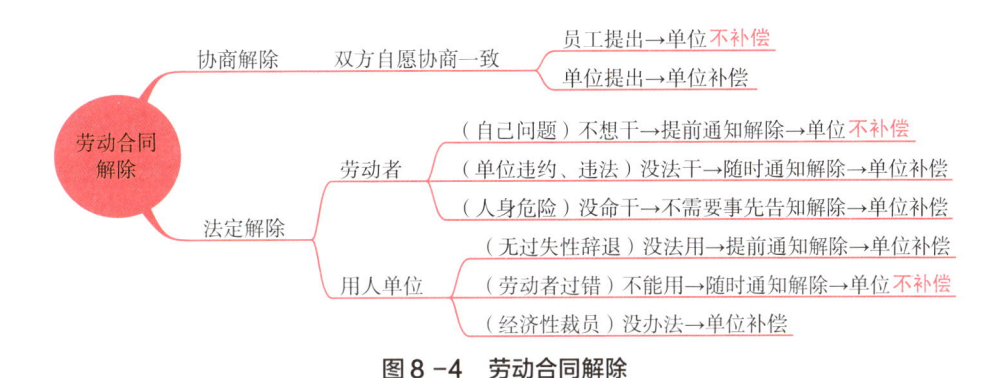

```
                    ┌─ 协商解除 ── 双方自愿协商一致 ┬─ 员工提出→单位不补偿
                    │                              └─ 单位提出→单位补偿
劳动合同解除 ───────┤
                    │              ┌─ 劳动者 ──┬─（自己问题）不想干→提前通知解除→单位不补偿
                    │              │           ├─（单位违约、违法）没法干→随时通知解除→单位补偿
                    └─ 法定解除 ───┤           └─（人身危险）没命干→不需要事先告知解除→单位补偿
                                   │
                                   └─ 用人单位 ┬─（无过失性辞退）没法用→提前通知解除→单位补偿
                                               ├─（劳动者过错）不能用→随时通知解除→单位不补偿
                                               └─（经济性裁员）没办法→单位补偿
```

图8-4 劳动合同解除

3. 法定解除（单方解除）

①劳动者单方解除见表8-12。

表8-12　　　　　　　　　　劳动者单方解除

类型	适用情形	是否支付经济补偿金
提前通知解除（自己不想干）	①劳动者**提前30日**以**书面**形式通知用人单位； ②劳动者在试用期内**提前3日**通知用人单位。 【知识卡片】如果劳动者没有履行通知程序，属于违法解除，因此对用人单位造成损失的，劳动者应对用人单位的损失承担赔偿责任	×
随时通知解除（条件没法干）	①用人单位未按照劳动合同约定提供劳动保护或者劳动条件的； ②用人单位未及时足额支付劳动报酬的； ③用人单位未依法为劳动者缴纳社会保险费的； ④用人单位的规章制度违反法律、法规的规定，损害劳动者权益的； ⑤用人单位以欺诈、胁迫的手段或者乘人之危，使劳动者在违背真实意思的情况下订立或者变更劳动合同致使劳动合同无效的； ⑥用人单位在劳动合同中免除自己的法定责任、排除劳动者权利的； ⑦用人单位违反法律、行政法规强制性规定的； ⑧法律、行政法规规定劳动者可以解除劳动合同的其他情形	√

续表

类型	适用情形	是否支付经济补偿金
不需事先告知解除	①用人单位以暴力、威胁或者非法限制人身自由的手段强迫劳动者劳动的； ②用人单位违章指挥、强令冒险作业危及劳动者人身安全的	√

②用人单位单方解除（见表8-13）。

表8-13　　　　　　　　　用人单位单方解除

类型	适用情形		是否支付经济补偿金
劳动者过错解除 （随时通知）	①劳动者在试用期间被证明不符合录用条件的； ②劳动者严重违反用人单位的规章制度的； ③劳动者严重失职，营私舞弊，给用人单位造成重大损害的； ④劳动者同时与其他用人单位建立劳动关系，对完成本单位的工作任务造成严重影响，或者经用人单位提出，拒不改正的； ⑤劳动者以欺诈、胁迫的手段或者乘人之危，使用人单位在违背真实意思的情况下订立或者变更劳动合同致使劳动合同无效的； ⑥劳动者被依法追究刑事责任的		×
无过失性辞退 （有问题，没法用）	用人单位**提前30日**以**书面**形式通知劳动者本人或者额外支付劳动者**1个月工资**后，可以解除劳动合同： ①劳动者患病或者非因工负伤，在规定的医疗期满后不能从事原工作，也不能从事由用人单位另行安排的工作的； ②劳动者不能胜任工作，经过培训或者调整工作岗位，仍不能胜任工作的； ③劳动合同订立时所依据的客观情况发生重大变化，致使劳动合同无法履行，经用人单位与劳动者协商，未能就变更劳动合同内容达成协议的		√
经济性裁员 （很困难，没办法）	适用情形	①依照《企业破产法》规定进行重整的； ②生产经营发生严重困难的； ③企业转产、重大技术革新或者经营方式调整，经变更劳动合同后，仍需裁减人员的； ④其他因劳动合同订立时所依据的客观经济情况发生重大变化，致使劳动合同无法履行的	√
	特别程序	需要裁减人员**20人以上**或者裁减不足20人但占企业职工总数**10%以上** / 用人单位提前30日向工会或者全体职工说明情况，听取工会或者职工的意见后，裁减人员方案经向劳动行政部门报告，可以裁减人员	
	优先留用	①与本单位订立较长期限的固定期限劳动合同的； ②与本单位订立无固定期限劳动合同的； ③家庭无其他就业人员，有需要扶养的老人或者未成年人的	
	优先招用	用人单位裁减人员后，在**6个月**内重新招用人员的，应当通知被裁减的人员，并在同等条件下优先招用被裁减的人员	

【例题8-18·多选题】甲公司与王某订立了3年期劳动合同。工作1年后,关于王某解除劳动合同的下列表述中,不正确的有( )。(2018年)

A. 劳动合同未到期,王某不得解除劳动合同

B. 王某可提前3日通知甲公司解除劳动合同

C. 王某应提前30日以书面形式通知甲公司解除劳动合同

D. 甲公司应向其支付1个月工资的经济补偿

【答案】 ABD

【解析】 选项ABD:劳动者未在试用期,提前30日以书面形式通知用人单位解除劳动合同,不能获得经济补偿。

【例题8-19·多选题】根据劳动合同法律制度的规定,劳动者不需要通知用人单位即可解除劳动合同的情况有( )。(2014年)

A. 用人单位未及时足额支付劳动报酬的

B. 用人单位以暴力、威胁或者非法限制人身自由的手段强迫劳动者劳动的

C. 用人单位违章指挥、强令冒险作业危及劳动者人身安全的

D. 用人单位未依法为劳动者缴纳社会保险费的

【答案】 BC

【解析】 选项AD:劳动者可以"随时通知"解除劳动合同;选项BC:劳动者"不需要事先告知"即可解除劳动合同。

【例题8-20·多选题】根据劳动合同法律制度的规定,劳动者出现的下列情形中,用人单位可随时通知劳动者解除劳动合同的有( )。(2019年)

A. 被依法追究刑事责任的

B. 在试用期间被证明不符合录用条件的

C. 同时与其他用人单位建立劳动关系,经用人单位提出,拒不改正的

D. 严重违反用人单位规章制度的

【答案】 ABCD

【解析】 选项ABCD:均符合题目要求。

【例题8-21·多选题】张某在甲公司做销售员,签订有1年期劳动合同。公司对销售员每月定有销售指标,规定3个月完不成指标属于不能胜任工作。张某已连续3个月没有完成指标。下列分析判断中,正确的有( )。

A. 甲公司可以不能胜任为理由通知张某解除劳动合同,不需向其支付经济补偿

B. 若甲公司和张某协商解除劳动合同,张某表示同意,则双方可以解除劳动合同,但甲公司应支付张某经济补偿

C. 甲公司应对张某进行培训或者调整工作岗位,若张某仍不能胜任工作,则甲公司可以提前30日书面通知张某解除劳动合同,并向张某支付经济补偿

305

D. 甲公司应对张某进行培训或者调整工作岗位，若张某仍不能胜任工作，则甲公司在额外支付张某1个月工资的情况下可以通知张某解除劳动合同，并向张某支付经济补偿

【答案】BCD

【解析】按照无过失性辞退的情形，选项A错误。

（二）劳动合同的终止

1. 劳动合同终止的概念

劳动合同终止是指用人单位与劳动者之间的劳动关系因某种法律事实的出现而自动归于消灭，或导致劳动关系的继续履行成为不可能而不得不消灭的情形。

2. 劳动合同终止的情形（见表8-14）

表8-14　　　　　　　　　劳动合同终止的情形

情形		是否支付经济补偿金
劳动合同期满	用人单位维持或提高原条件续订而劳动者拒绝	×
	用人单位决定不续订或降低条件续订（不留用）	√
劳动者开始依法享受基本养老保险待遇的		×
劳动者达到法定退休年龄的		×
劳动者死亡，或者被人民法院宣告死亡或者宣告失踪的		×
用人单位被依法宣告破产的（不营业）		√
用人单位被吊销营业执照、责令关闭、撤销或者用人单位决定提前解散的（不营业）		√

（三）对劳动合同解除和终止的限制性规定

劳动者有下列情形之一的，用人单位既不得解除劳动合同，也不得终止劳动合同，劳动合同应当续延至相应的情形消失时终止：

①从事接触职业病危害作业的劳动者未进行离岗前的职业健康检查，或者疑似职业病病人在诊断或者医学观察期间的；

②在本单位患职业病或者因工负伤并被确认丧失或者部分丧失劳动能力的；

③患病或者非因工负伤，在规定的医疗期内的；

④女职工在孕期、产期、哺乳期的；

⑤在本单位连续工作满15年，且距法定退休年龄不足5年的。

【例题8-22·单选题】根据劳动合同法律制度的规定，下列各项中，不属于劳动合同终止情形的是（　　）。（2014年）

A. 劳动者达到法定退休年龄的

B. 用人单位被吊销营业执照的
C. 劳动者开始依法享受基本养老保险待遇的
D. 劳动者不能胜任工作的

【答案】D

【解析】选项D：劳动者不能胜任工作，经过培训或者调整工作岗位，仍不能胜任工作的，用人单位可以在提前通知劳动者或者额外支付劳动者1个月工资后，单方解除劳动合同。

（四）经济补偿

1. 概念

经济补偿金，是按照劳动合同法的规定，在**劳动者无过错**（单位可能有过错，也可能无过错）的情况下，用人单位与劳动者解除或终止劳动合同时，应给予劳动者的经济上的补助。

2. 经济补偿金、违约金、赔偿金对比（见表8-15）

表8-15　　　　　　　　经济补偿金、违约金、赔偿金对比

项目	经济补偿金	违约金	赔偿金
产生原因	法定	约定	—
适用情形	劳动关系解除和终止，而劳动者无过错	劳动者违反服务期和竞业限制的约定	由于自己过错给对方造成损害
支付方	用人单位	劳动者	过错方，可能是用人单位，也可能是劳动者

3. 用人单位应当向劳动者支付经济补偿的情形

①劳动者符合随时通知解除和无须事先通知即可解除劳动合同规定情形而解除劳动合同的；

②由用人单位提出解除劳动合同并与劳动者协商一致而解除劳动合同的；

③用人单位符合提前30日以书面形式通知劳动者本人或者额外支付劳动者1个月工资后，可以解除劳动合同的规定情形而解除劳动合同的；

④用人单位符合可裁减人员规定而解除劳动合同的；

⑤除用人单位维持或者提高劳动合同约定条件续订劳动合同，劳动者不同意续订的情形外，劳动合同期满终止固定期限劳动合同的；

⑥用人单位被依法宣告破产或者被吊销营业执照、责令关闭、撤销或者用人单位决定提前解散而终止劳动合同的；

⑦以完成一定工作任务为期限的劳动合同因任务完成而终止的；

⑧法律、行政法规规定的其他情形。

4. 经济补偿的支付（见表 8-16）

表 8-16　　　　　　　　　　　　经济补偿的支付

内容	具体规定
公式	经济补偿＝劳动合同解除或终止前劳动者在本单位的工作年限×每工作1年应得的经济补偿金
年限	①每满1年支付1个月工资的标准向劳动者支付； ②6个月以上不满1年的，按1年计算； ③不满6个月的，向劳动者支付半个月工资标准的经济补偿（按半年计算）
月工资	①月工资是指劳动者在劳动合同解除或者终止前12个月的平均工资；按照劳动者应得工资计算，包括计时工资或者计件工资以及奖金、津贴和补贴等货币性收入； ②平均工资低于当地最低工资标准的，按照当地最低工资标准计算： 经济补偿金＝工作年限 ×月最低工资标准 ③平均工资高于本地区上年度平均工资3倍的，按照当地平均工资3倍计算； 经济补偿金＝工作年限（最高不超过12年）×当地上年度职工月平均工资的3倍

【例题 8-23·多选题】根据劳动合同法律制度的规定，因下列情形解除劳动合同的，用人单位应向劳动者支付经济补偿的有（　　）。（2017年）
　A. 劳动者不能胜任工作，经过培训或者调整工作岗位，仍不能胜任工作的
　B. 用人单位未按照劳动合同约定提供劳动保护或者劳动条件的
　C. 劳动者同时与其他用人单位建立劳动关系，经用人单位提出，拒不改正的
　D. 用人单位未及时足额支付劳动报酬的
【答案】ABD
【解析】选项C：用人单位可以随时通知解除劳动合同，无须支付经济补偿金。

【例题 8-24·多选题】根据劳动合同法律制度的规定，下列情形中，用人单位应当向劳动者支付经济补偿的有（　　）。（2018年）
　A. 固定期限劳动合同期满，用人单位维持或者提高劳动合同约定条件续订劳动合同，劳动者不同意续订的
　B. 用人单位被依法宣告破产而终止劳动合同的
　C. 以完成一定工作任务为期限的劳动合同因任务完成而终止的
　D. 由用人单位提出并与劳动者协商一致而解除劳动合同的
【答案】BCD
【解析】选项A：固定期限劳动合同期满，用人单位维持或者提高劳动合同约定条件续订劳动合同，劳动者不同意续订的，无须支付经济补偿。

【例题8-25·单选题】王某在甲公司工作2年8个月,甲公司提出并与王某协商解除了劳动合同。已知王某在合同解除前12个月的平均工资为13 000元,当地上年度职工月平均工资为4 000元,当地月最低工资标准为2 000元。劳动合同解除时,甲公司依法应向王某支付的经济补偿数额为( )元。(2019年)

A. 36 000　　　B. 6 000　　　C. 12 000　　　D. 390 000

【答案】A

【解析】(1)劳动者月工资高于用人单位所在地上年度职工月平均工资3倍的,向其支付经济补偿的标准按职工月平均工资3倍的数额支付,向其支付经济补偿的年限最高不超过12年;(2)经济补偿数额=4 000×3×3=36 000(元)。因此选项A正确。

(五)劳动合同解除和终止的法律后果

①劳动合同解除和终止后,用人单位和劳动者双方不再履行劳动合同,劳动关系消灭。

②劳动合同解除或终止的,用人单位应当在解除或者终止劳动合同时出具解除或者终止劳动合同的证明,并在**15日内**为劳动者办理档案和社会保险关系转移手续。

③用人单位对已经解除或者终止的劳动合同文本,至少保存**2年**备查。

④违法解除或终止劳动合同的法律责任。

a. 用人单位违反规定解除或者终止劳动合同,劳动者要求继续履行劳动合同的,用人单位**应当**继续履行;劳动者不要求继续履行劳动合同或者劳动合同已经不能继续履行的,用人单位应当依照《劳动合同法》规定的**经济补偿金标准的2倍**向劳动者支付赔偿金,支付了赔偿金的,不再支付经济补偿金。

b. 劳动者违法解除劳动合同,给用人单位造成损失的,应当承担赔偿责任。

「考点7」集体合同与劳务派遣(★★)

(一)集体合同

1. 订立

①经双方协商一致的集体合同草案或者专项集体合同草案应当提交职工代表大会或者全体职工讨论。

②职工代表大会或者全体职工讨论集体合同草案,应当有2/3以上职工代表或者职工出席,且须经全体职工代表半数以上或者全体职工半数以上同意,方获通过。

2. 生效

①集体合同订立后,应当报送劳动行政部门。

②劳动行政部门自收到集体合同文本之日起15日内未提出异议的,集体合同即行生效。

（二）劳务派遣

1. 劳务派遣的概念和特征

劳务派遣是指由劳务派遣单位与劳动者订立劳动合同，与用工单位订立劳务派遣协议，将被派遣劳动者派往用工单位给付劳务（见图8-5）。

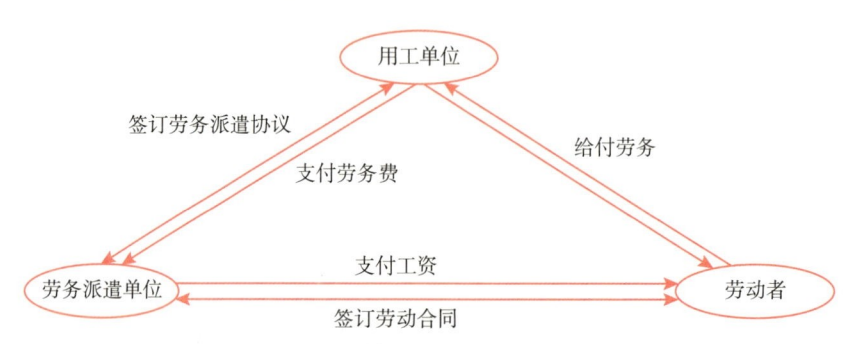

图8-5 劳务派遣的概念和特征

2. 劳务派遣的适用

①劳动合同用工是我国企业的基本用工形式，劳务派遣用工是补充形式，只能在临时性（存续时间**不超过6个月**）、辅助性或者替代性的工作岗位上实施。

②用工单位使用的被派遣劳动者数量不得超过其用工总量（订立劳动合同的人数+派遣用工的人数）的**10%**。

3. 劳务派遣单位、用人单位与劳动者的权利和义务（见表8-17）

表8-17　劳务派遣单位、用人单位与劳动者的权利和义务

劳务派遣单位	①用人单位不得设立劳务派遣单位向本单位或者所属单位派遣劳动者。 ②劳务派遣单位不得以非全日制用工形式招用被派遣劳动者。 ③劳务派遣单位应当与被派遣劳动者订立**2年以上固定期限**劳动合同。 ④**劳务派遣单位**应当按月向劳动者支付报酬；被派遣劳动者在无工作期间，劳务派遣单位应当按照所在地人民政府规定的**最低工资标准**，向其按月支付报酬。 ⑤劳务派遣单位应当将劳务派遣协议的内容告知被派遣劳动者，不得克扣用工单位按劳务派遣协议支付给被派遣劳动者的劳动报酬。 ⑥劳务派遣单位不得向被派遣劳动者收取费用
用工单位	①用工单位不得向被派遣劳动者收取费用。 ②用工单位使用的被派遣劳动者数量不得超过其用工总量的10%，该用工总量是指用工单位订立劳动合同人数与使用的被派遣劳动者人数之和。 ［派遣员工÷（正式员工+派遣员工）］≤10%。 ③用工单位不得将被派遣劳动者再派遣到其他用人单位
劳动者	①被派遣劳动者享有与用工单位的劳动者**同工同酬**的权利。 ②被派遣劳动者有权在劳务派遣单位或者用工单位**依法参加或者组织工会**

第八章 劳动合同与社会保险法律制度

【例题8-26·单选题】乙劳务派遣公司应甲公司要求，将张某派遣到甲公司工作。根据劳动合同法律制度的规定，下列关于该劳务派遣用工的表述中，正确的是（ ）。（2015年）

A. 乙公司应向张某按月支付劳动报酬
B. 甲公司将张某再派遣到其他用人单位
C. 乙公司可向张某收取劳务中介费
D. 甲公司与张某之间存在劳动合同关系

【答案】A

【解析】选项A：劳务派遣单位（乙公司）应当履行用人单位对劳动者的义务（按月支付劳动报酬）；选项B：用工单位不得将被派遣劳动者再派遣到其他用人单位；选项C：劳务派遣单位（乙公司）和用工单位（甲公司）均不得向被派遣劳动者（张某）收取费用；选项D：劳务派遣单位（乙公司）应当与被派遣劳动者（张某）订立劳动合同，用工单位（甲公司）与张某之间并不存在劳动合同关系。

【例题8-27·多选题】根据劳动合同法律制度的规定，关于劳务派遣的下列表述中，正确的有（ ）。（2013年）

A. 劳动合同关系存在于劳务派遣单位与被派遣劳动者之间
B. 劳务派遣单位是用人单位，接受以劳务派遣形式用工的单位是用工单位
C. 被派遣劳动者的劳动报酬可低于用工单位同类岗位劳动者的劳动报酬
D. 被派遣劳动者不能参加用工单位的工会

【答案】AB

【解析】被派遣劳动者享有与用工单位的劳动者同工同酬的权利，故选项C错误；被派遣劳动者有权在劳务派遣单位或者用工单位依法参加或者组织工会，故选项D错误。

「考点8」劳动争议的解决（★★）

（一）劳动争议的解决方法

①下列纠纷不属于劳动争议：

a. 劳动者请求社会保险经办机构发放社会保险金的纠纷；

b. 劳动者与用人单位因住房制度改革产生的公有住房转让纠纷；

c. 劳动者对劳动能力鉴定委员会的伤残等级鉴定结论或者对职业病诊断鉴定委员会的职业病诊断鉴定结论的异议纠纷；

d. 家庭或者个人与家政服务人员之间的纠纷；

e. 个体工匠与帮工、学徒之间的纠纷；

f. 农村承包经营户与受雇人之间的纠纷。

②解决方法（见图8-6）。

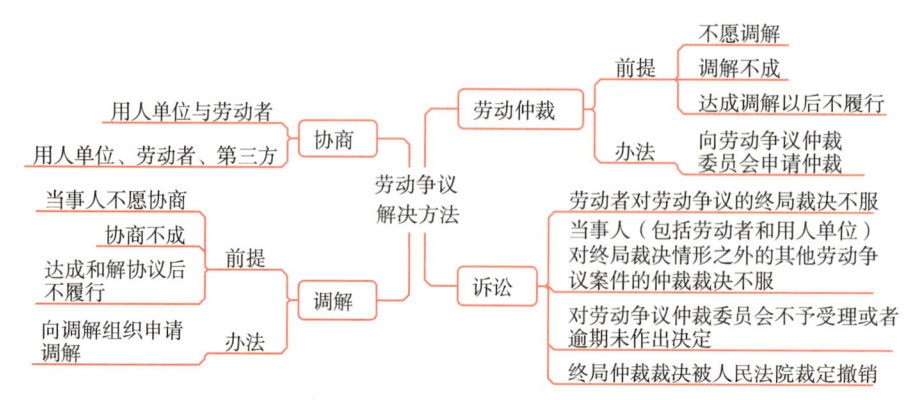

```
                          ┌─ 用人单位与劳动者
                   ┌─ 协商 ┤
                   │      └─ 用人单位、劳动者、第三方
                   │
                   │      ┌─ 前提 ┬─ 当事人不愿协商
                   │      │       ├─ 协商不成
                   │      │       └─ 达成和解协议后不履行
  劳动争议解决方法 ─┤─ 调解 ┤
                   │      └─ 办法 ── 向调解组织申请调解
                   │
                   │             ┌─ 前提 ┬─ 不愿调解
                   │             │       ├─ 调解不成
                   │─ 劳动仲裁 ──┤       └─ 达成调解以后不履行
                   │             └─ 办法 ── 向劳动争议仲裁委员会申请仲裁
                   │
                   │             ┌─ 劳动者对劳动争议的终局裁决不服
                   │             ├─ 当事人（包括劳动者和用人单位）对终局裁决情形之外的其他劳动争议案件的仲裁裁决不服
                   └─ 诉讼 ──────┤
                                 ├─ 对劳动争议仲裁委员会不予受理或者逾期未作出决定
                                 └─ 终局仲裁裁决被人民法院裁定撤销
```

图8-6 劳动争议解决方法

【知识卡片】当事人完全可以不经协商，直接向调解组织申请调解，或者不经协商、调解，直接申请劳动仲裁。

（二）劳动调解（见表8-18）

表8-18 劳动调解

内容	具体规定
申请形式	可以**书面**申请，也可以**口头**申请
调解生效	经调解达成协议的，应当制作**调解协议书**，调解协议书由双方当事人签名或者盖章，经调解员签名并加盖调解组织印章后生效
申请劳动仲裁	①达成调解协议后，一方当事人在协议**约定期限内不履行**调解协议的，另一方当事人可以依法申请劳动仲裁。 ②自劳动争议调解组织收到调解申请之日起**15日内未达成**调解协议的，当事人可以依法申请劳动仲裁

（三）劳动仲裁

1. 劳动仲裁机构（见表8-19）

表8-19 劳动仲裁机构

当事人	①一般情况：发生争议的劳动者和用人单位； ②劳务派遣：劳务派遣单位和用工单位为共同当事人
当事人代表	劳动者一方超过10人：3~5名代表
第三人	有利害关系的第三人

第八章 劳动合同与社会保险法律制度

代理人	①丧失或者部分丧失民事行为能力的劳动者，由其法定代理人代为参加仲裁活动； ②无法定代理人的，由劳动争议仲裁委员会为其指定代理人； ③劳动者死亡的，由其近亲属或者代理人参加

2. 劳动仲裁案件的管辖

①劳动争议由**劳动合同履行地**或者**用人单位所在地**的劳动争议仲裁委员会管辖。

②双方当事人分别向两地申请仲裁的，由**劳动合同履行地**的劳动争议仲裁委员会管辖。

③有多个劳动合同履行地的，由**最先受理的仲裁委员会**管辖。

④劳动合同履行地不明确的，由**用人单位所在地**的仲裁委员会管辖。

3. 申请和受理（见表 8-20）

表 8-20　　　　　　　　　　　　　申请和受理

	形式	书面/口头申请	
申请	申请时效	①劳动争议申请仲裁的时效期间为**1 年**，从当事人**知道或者应当知道**其权利被侵害之日起计算。 ②劳动关系存续期间因**拖欠劳动报酬**发生争议的，劳动者申请仲裁不受 1 年仲裁时效期间的限制；但是，劳动关系终止的，应当**自劳动关系终止之日起** 1 年内提出	
	时效中断	①当事人一方向对方主张权利； ②当事人一方向有关部门请求权利救济； ③对方当事人同意履行义务	从中断事由消除时起，仲裁时效**重新计算**
	时效中止	①不可抗力； ②其他正当理由（无民事行为能力或者限制民事行为能力劳动者的法定代理人未确定等）	从中止时效的原因消除之日起，仲裁时效期间**继续计算**
受理	受理时间	收到仲裁申请之日起 5 日内	
开庭	公开仲裁	劳动争议仲裁公开进行，但当事人协议不公开进行或者涉及商业秘密和个人隐私的除外	
	仲裁庭	劳动争议仲裁的仲裁庭由 3 名仲裁员组成，设首席仲裁员；简单劳动争议案件可以由 1 名仲裁员独任仲裁	
	回避	①为本案当事人或者当事人、代理人的近亲属的； ②与本案有利害关系的； ③与本案当事人、代理人有其他关系，可能影响公正裁决的； ④私自会见当事人、代理人，或者接受当事人、代理人请客送礼的	
调解		①仲裁庭在作出裁决前，**应当**（而非"可以"）先行调解。 ②调解书经双方当事人**签收**后，发生法律效力	

4. 裁决和执行（见表8-21）

表8-21　　　　　　　　　　　裁决和执行

裁决	原则	①裁决应当按照**多数**仲裁员的意见作出，少数仲裁员的不同意见应当记入笔录；仲裁庭不能形成多数意见时，裁决应当按照**首席**仲裁员的意见作出。 ②裁决书由仲裁员签名，加盖劳动争议仲裁委员会印章；**对裁决持不同意见的仲裁员，可以签名，也可以不签名**
	一裁终局	①追索劳动报酬、工伤医疗费、经济补偿金或者赔偿金，不超过当地月最低工资标准12个月金额的争议。 ②因执行国家的劳动标准在工作时间、休息休假、社会保险等方面发生的争议
	其他规定	劳动者对终局裁决不服	可以自收到仲裁裁决书之日起15日内向人民法院提起诉讼
		用人单位对终局裁决不服的	自收到裁决书之日起30日内向仲裁委员会所在地中级人民法院"申请撤销"该裁决，而不能直接起诉
		当事人对非终局裁决不服的	可以自收到仲裁裁决书之日起"15日内"提起诉讼
执行		①仲裁庭对追索劳动报酬、工伤医疗费、经济补偿金或者赔偿金的案件，根据当事人的申请，可以裁决**先予执行，移送人民法院**执行，劳动者申请先予执行的，可以不提供担保。 ②当事人对发生法律效力的调解书、裁决书，应当依照规定的期限履行。一方当事人逾期不履行的，另一方当事人可以依照《民事诉讼法》的有关规定**向人民法院申请执行**

【知识卡片】当事人申请人民法院执行劳动争议仲裁机构作出的发生法律效力的裁决书、调解书，被申请人提出证据证明劳动争议仲裁裁决书、调解书有下列情形之一，并经审查核实的，人民法院可以裁定不予执行：
①裁决的事项不属于劳动争议仲裁范围，或者劳动争议仲裁机构无权仲裁的；
②适用法律、法规确有错误的；
③违反法定程序的；
④裁决所根据的证据是伪造的；
⑤对方当事人隐瞒了足以影响公正裁决的证据的；
⑥仲裁员在仲裁该案时有索贿受贿、徇私舞弊、枉法裁决行为的；
⑦人民法院认定执行该劳动争议仲裁裁决违背社会公共利益的。
人民法院在不予执行的裁定书中，应当告知当事人在收到裁定书之次日起30日内，可以就该劳动争议事项向人民法院提起诉讼。

第八章 劳动合同与社会保险法律制度

【例题8-28·单选题】 2016年7月10日,刘某到甲公司上班,公司自9月10日起一直拖欠其劳动报酬,直至2017年1月10日双方劳动关系终止。下列关于刘某就甲公司拖欠其劳动报酬申请劳动仲裁时效期间的表述中,正确的是( )。(2018年)

A. 应自2016年9月10日起3年内提出申请
B. 应自2016年7月10日起3年内提出申请
C. 应自2016年9月10日起1年内提出申请
D. 应自2017年1月10日起1年内提出申请

【答案】 D

【解析】 劳动关系存续期间因拖欠劳动报酬发生争议的,劳动者申请仲裁不受1年仲裁时效期间的限制;但是,劳动关系终止的,应当自劳动关系终止之日起1年内提出。

【例题8-29·单选题】 根据劳动争议调解仲裁法律制度的规定,下列关于劳动争议终局裁决效力的表述中,正确的是( )。(2018年)

A. 劳动者对终局裁决不服的,不得向人民法院提起诉讼
B. 一方当事人逾期不履行终局裁决的,另一方当事人可以向劳动仲裁委员会申请强制执行
C. 用人单位对终局裁决不服的,应向基层人民法院申请撤销
D. 终局裁决被人民法院裁定撤销的,当事人可以自收到裁定书之日起15日内向人民法院提起诉讼

【答案】 D

【解析】 选项A:劳动者对劳动争议的终局裁决不服的,可以自收到仲裁裁决书之日起15日内向人民法院提起诉讼;选项B:一方当事人逾期不履行的,另一方当事人可以依照《民事诉讼法》的有关规定向人民法院申请执行;选项C:用人单位有证据证明上述一裁终局的裁决有规定情形之一,可以自收到仲裁裁决书之日起30日内向仲裁委员会所在地的中级人民法院申请撤销裁决。

第 21 天

○ **复习旧内容**
第八章 劳动合同与社会保险法律制度 考点6~8

○ **学习新内容**
第八章 劳动合同与社会保险法律制度 考点9~14

○ **你今天可能有的心态**
终于坚持到最后一天了，本来繁多的知识，也觉得学起来轻松许多。

○ **简单解释今天学习的内容**
社会保险是指国家依法建立的，由国家、用人单位和个人共同筹集资金、建立基金，使个人在年老（退休）、患病、工伤（因工伤残或者患职业病）、失业、生育等情况下获得物质帮助和补偿的一种社会保障制度。

○ **学习方法**
基本医疗保险和工伤保险属于"重中之重"，尤其需要区分异同。这部分的学习结合直播课程，高效找准考点的关键性表述语句，再加以习题巩固，基础就很扎实了。

○ **建议学习时间**
3 小时

今日打卡

任务内容	预计时间	重点任务要求
早读	30分钟	□ 背诵昨日所学内容 □ 听微课
第八章 考点9~14	90分钟	□ 基本养老保险 □ 基本医疗保险 □ 工伤保险 □ 失业保险
做作业	40分钟	□ 做教材例题、精练习题 □ 整理消化昨日错题 □ 总结医疗保险和工伤保险的区别
回忆内容	20分钟	□ 认真阅读今日所学内容 □ 梳理四种社会保险相关内容的框架

社会保险法律制度

「考点9」基本养老保险（★）

（一）职工基本养老保险费的缴纳（见表8-22）

表8-22　　　　　　　　　　职工基本养老保险费的缴纳

缴纳主体		具体内容
单位缴费		按照单位职工工资总额的比例缴纳基本养老保险费，记入基本养老保险统筹基金
个人缴费	一般规定	职工个人按照**本人缴费工资的8%**缴费，记入**个人账户**。
	特殊规定	①个人账户不得提前支取，记账利率不得低于银行定期存款利率，免征利息税。 ②参加职工基本养老保险的个人死亡后，其个人账户中的余额可以全部依法继承。 ③个人跨统筹地区就业的，其基本养老保险关系随本人转移，缴费年限累计计算
	计算	个人养老账户月存储额＝本人月缴费工资×缴费比例
	缴费基数	①一般为职工本人上一年度月平均工资，包括工资、奖金、津贴、补贴等。 【知识卡片】不包括用人单位承担或者支付给员工的社会保险费、劳动保护费、福利费、劳动合同解除的经济补偿金、计划生育费用等。 ②月平均工资低于当地职工月平均工资60%的，按当地职工月平均工资的60%。 ③月平均工资高于当地职工月平均工资300%的，按当地职工月平均工资的300%

无雇工的个体工商户、未在用人单位参加基本养老保险的非全日制从业人员以及其他灵活就业人员可以参加基本养老保险，由个人缴纳基本养老保险费，分别记入基本养老保险统筹基金和个人账户。

【例题8-30·单选题】甲公司职工孙某已参加职工基本养老保险，月工资15 000元。已知甲公司所在地职工月平均工资为4 000元，月最低工资标准为2 000元。计算甲公司每月应从孙某工资中扣缴基本养老保险费的下列算式中，正确的是（　　）。（2017年）
　　A. 15 000 ×8% =1 200（元）
　　B. 4 000 ×3 ×8% =960（元）
　　C. 2 000 ×3 ×8% =480（元）
　　D. 4 000 ×8% =320（元）
【答案】B
【解析】选项B：孙某月工资高于当地职工月平均工资的300%，应以当地职工月平均工资的300%作为缴费基数。

（二）职工基本养老保险的享受条件

1. 年龄条件

职工基本养老保险的年龄条件见表 8-23。

表 8-23　　　　　　　职工基本养老保险的年龄条件

适用范围	性别	退休年龄
一般情况	男	60
	女	50
	女干部	55
从事"井下、高温、高空、特别繁重体力劳动或其他有害身体健康工作"的	男	55
	女	45
"因病或非因工致残"，由"医院证明并经劳动鉴定委员会确认完全丧失劳动能力"的	男	50
	女	45

2. 缴费年限条件

达到法定退休年龄时累计缴费满 15 年。

（三）职工基本养老保险待遇

1. 职工基本养老金
2. 丧葬补助金和遗属抚恤金

①参加基本养老保险的个人，因病或者非因工死亡的，其遗属可以领取丧葬补助金和抚恤金，所需资金从基本养老保险基金中支付。

②但如果个人死亡的同时符合领取基本养老保险丧葬补助金、工伤保险丧葬补助金和失业保险丧葬补助金条件的，其遗属只能选择领取其中的一项。

3. 病残津贴

「考点10」基本医疗保险（★★★）

基本医疗保险分为职工基本医疗保险和城乡居民基本医疗保险。

（一）职工基本医疗保险费的缴纳

基本医疗保险基金见图 8-7。

```
                单位缴费——职工工资总额的6%
                              ┌── 个人缴费——本人工资收入的2%
         个人账户资金来源 ──┤
                              └── 单位缴费划入——单位缴费的30%
```

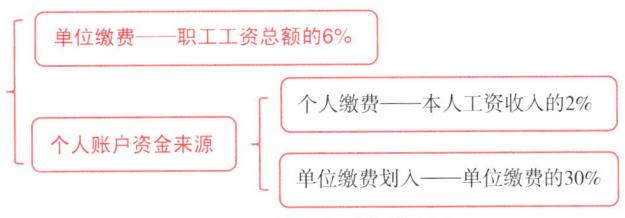

图8-7 基本医疗保险基金

1. 单位缴费

职工工资总额的6%。

2. 个人账户资金来源

①个人缴费——本人工资收入的2%。

②单位缴费划入——单位缴费的30%。

【例题8-31·单选题】甲公司职工周某的月工资为6 800元。已知当地职工基本医疗保险的单位缴费率为6%，职工个人缴费率为2%，用人单位所缴医疗保险费划入个人医疗账户的比例为30%。关于周某个人医疗保险账户每月存储额的下列算式中，正确的是（　　）。（2015年）

A. 6 800×2%=136（元）

B. 6 800×2%+6 800×6%×30%=258.4（元）

C. 6 800×2%+6 800×6%=544（元）

D. 6 800×6%×30%=122.4（元）

【答案】B

【解析】（1）周某每月从工资中扣除136元（6 800×2%）存入其医疗保险个人账户；（2）单位每月缴费转入周某个人账户金额=6 800×6%×30%=122.4（元）；（3）周某个人医疗保险账户每月储存额=136+122.4=258.4（元）。

（二）职工基本医疗保险费用的结算

1. 定点定围

参保人员必须到基本医疗保险的定点医疗机构就医、购药或定点零售药店购买药品；参保人员在看病就医过程中所发生的医疗费用必须符合基本医疗保险药品目录、诊疗项目、医疗服务设施标准的范围和给付标准。

2. 支付标准

①起付线：当地职工年平均工资10%。

②封顶线：当地职工年平均工资6倍。

③支付比例一般为90%（统筹基金起付线以上至封顶线以下的费用部分，个人承担10%的费用）。

3. 下列医疗费用不纳入基本医疗保险基金支付范围

①应当从工伤保险基金中支付的；

②应当由第三人负担的（第三人不支付或者无法确定第三人的，由基本医疗保险基金

先行支付，然后向第三人追偿）；
③应当由公共卫生负担的；
④在境外就医的。

> **【教材例题（非考试标准题型）】** 吴某在定点医院做外科手术，共发生医疗费用18万元，其中在规定医疗目录内的费用为15万元，目录以外费用为3万元。
> 已知：当地职工平均工资水平为2 000元／月，起付标准为当地职工年平均工资的10%，最高支付限额为当地职工年平均工资的6倍，报销比例为90%。
> 要求：
> 分析计算哪些费用可以从统筹账户中报销，哪些费用需由吴某自理。
> 【解析】
> （1）确定医疗报销起付线 = 2 000 × 12 × 10% = 2 400（元）
> （2）确定封顶线 = 2 000 × 12 × 6 = 144 000（元）
> （3）确定报销金额 = (144 000 - 2 400) × 90% = 127 440（元）
> （4）本人负担 = 180 000 - 127 440 = 52 560（元）

（三）医疗期

①医疗期是指企业职工**因患病或非因工负伤**停止工作，治病休息，但不得解除劳动合同的期限。

②医疗期期间。

a. 企业职工因患病或非因工负伤，需要停止工作，进行医疗时，根据本人实际参加工作年限和在本单位工作年限，给予3~24个月的医疗期。

b. 医疗期期间的计算（见表8-24）。

表8-24　　　　　　　　　　医疗期期间的计算

累计工作年限	在本单位工作年限	医疗期期间	计算期
<10年	<5年	3个月	6个月
	≥5年	6个月	12个月
≥10年	<5年	6个月	12个月
	5年≤Y<10年	9个月	15个月
	10年≤Y<15年	12个月	18个月
	15年≤Y<20年	18个月	24个月
	≥20年	24个月	30个月

c. 病休期间，公休、假日和法定节日包括在内。

③医疗期内的待遇。

a. 病假工资或疾病救济费**可以低于当地最低工资标准支付**，但**最低不能低于最低工**

资标准的 80%。

b. **医疗期内不得解除劳动合同**，除非满足用人单位"随时通知"解除的相关条件。

如医疗期内遇合同期满，则合同必须续延至医疗期满，职工在此期间仍然享受医疗期内待遇。

c. 对医疗期满尚未痊愈者，或者医疗期满后，不能从事原工作，也不能从事用人单位另行安排的工作，被解除劳动合同的，用人单位需按经济补偿金规定给予其经济补偿金。

【例题 8-32·单选题】甲公司职工赵某实际工作年限为 6 年，在甲公司工作年限为 2 年。赵某因患病住院治疗，其依法可享受的医疗期期限为（　　）个月。（2019 年）

A. 3　　　　B. 6　　　　C. 9　　　　D. 12

【答案】A

【解析】选项 A：实际工作年限 10 年以下的，在本单位工作年限 5 年以下的医疗期期间为 3 个月。

【例题 8-33·多选题】2008 年张某初次就业到甲公司工作。2015 年初，张某患重病向公司申请病休。关于张某享受医疗期待遇的下列表述中，正确的有（　　）。（2016 年）

A. 医疗期内，甲公司应按照张某病休前的工资待遇向其支付病假工资
B. 张某可享受不超过 6 个月的医疗期
C. 公休、假日和法定节日不包括在医疗期内
D. 医疗期内，甲公司不得单方面解除劳动合同

【答案】BD

【解析】选项 A：病假工资或疾病救济费可以低于当地最低工资标准支付，但最低不能低于最低工资标准的 80%（停工留薪期是原工资福利待遇不变）；选项 B：张某的实际工作年限小于 10 年，在甲公司的工作年限为 5 年以上，其医疗期为 6 个月，按 12 个月内累计病休时间计算；选项 C：公休、假日和法定节日包括在医疗期内；选项 D：职工患病或者非因工负伤，在规定的医疗期内的，用人单位既不得解除劳动合同，也不得终止劳动合同。因此选项 BD 正确。

「考点 11」工伤保险（★★）

（一）工伤保险费的缴纳

①职工应当参加工伤保险，由用人单位缴纳工伤保险费，**职工不缴纳工伤保险费**。

②企业、事业单位、社会团体、民办非企业单位、基金会、律师事务所、会计师事务所等组织的职工和个体工商户的雇工，均有依法享受工伤保险待遇的权利。

【例题8-34·多选题】下列社会保险中，应由用人单位和职工共同缴纳的有（　　）。（2019年）
A. 基本养老保险
B. 基本医疗保险
C. 工伤保险
D. 失业保险

【答案】ABD
【解析】选项C：职工应当参加工伤保险，由用人单位缴纳工伤保险费，职工不缴纳工伤保险费。

（二）工伤认定与劳动能力鉴定

1. 工伤认定（见表8-25）

表8-25　　　　　　　　　　　工伤认定标准

种类	情形
应当认定 （直接关系）	①在工作时间和工作场所内，因工作原因受到事故伤害的； ②工作时间前后在工作场所内，从事与工作有关的预备性或收尾性工作受到事故伤害的； ③在工作时间和工作场所内，因履行工作职责受到暴力等意外伤害的； ④患职业病的； ⑤因工外出期间，由于工作原因受到伤害或者发生事故下落不明的； ⑥在上下班途中，受到**非本人主要责任**的交通事故或者城市轨道交通、客运轮渡、火车事故伤害的； ⑦法律、行政法规规定应当认定为工伤的其他情形
视同工伤 （间接关系）	①在工作时间和工作岗位，**突发疾病死亡**或者在**48小时内**经抢救无效死亡的； ②在抢险救灾等维护国家利益、公共利益活动中受到伤害的； ③原在军队服役，因战、因公负伤致残，已取得革命伤残军人证，到用人单位后旧伤复发的
不认定为工伤 （自找麻烦）	①故意犯罪； ②醉酒或者吸毒； ③自残或者自杀

【例题8-35·多选题】劳动者发生伤亡的下列情形中，应当认定为工伤的有（　　）。（2018年）
A. 吴某在车间工作期间因醉酒导致自身受伤
B. 保安万某在工作期间因履行工作职责被打伤
C. 陈某在上班途中，受到非本人主要责任交通事故伤害的
D. 赵某在外地出差期间登山游玩时摔伤

【答案】BC
【解析】选项AD：属于不认定为工伤的情形。

第八章 劳动合同与社会保险法律制度

2. 劳动能力鉴定（见图 8-8）

劳动能力鉴定
- 劳动功能障碍：划分为10个等级，一级最重，十级最轻
- 生活自理障碍：
  - 生活完全不能自理
  - 生活大部分不能自理
  - 生活部分不能自理

图 8-8　劳动能力鉴定

自劳动能力鉴定结论作出之日起 1 年后，工伤职工或者其近亲属、所在单位或者经办机构认为伤残情况发生变化的，可以申请劳动能力复查鉴定。

（三）工伤保险待遇

①工伤医疗待遇（见表 8-26）。

表 8-26　　　　　　　　　　工伤医疗待遇

项目	具体内容
条件	职工因工作原因受到事故伤害或者患职业病，且经工伤认定的，享受工伤医疗待遇
内容	①治疗工伤的医疗费用（诊疗费、药费、住院费）； ②住院伙食补助费、交通食宿费； ③康复性治疗费； ④停工留薪期工资福利待遇
停工留薪期	①停工留薪期内，**原工资福利待遇不变**，由所在单位按月支付。 ②一般不超过 12 个月（伤情严重或情况特殊，经确认，延长不得超过 12 个月）。 ③工伤职工评定伤残等级后，停止享受停工留薪期待遇，按照规定享受伤残待遇。 ④工伤职工在停工留薪期满后仍需治疗的，继续享受工伤医疗待遇。 ⑤生活不能自理的工伤职工在停工留薪期需要护理的，由**所在单位**负责。 【知识卡片】工伤职工治疗非因工伤引发的疾病，按照**基本医疗保险**办法处理

②辅助器具装配费（例如假肢、矫形器、假眼、配置轮椅等）。
③伤残待遇。
伤残待遇见图 8-9。

伤残待遇
- 条件：经劳动能力鉴定委员会鉴定，评定伤残等级的工伤职工，享受伤残待遇
- 内容：
  - 生活护理费
  - 一次性伤残补助金
  - 伤残津贴
  - 一次性工伤医疗补助金和一次性伤残就业补助金

图 8-9　伤残待遇

323

伤残津贴、一次性工伤医疗补助金、伤残就业补助金见表8-27。

表8-27　　伤残津贴、一次性工伤医疗补助金、伤残就业补助金

伤残等级	单位能否解除劳动合同	领取内容
1~4级	×	伤残津贴（工伤保险基金负担）
5~6级	本人提出：√	①一次性工伤医疗补助金（工伤保险基金负担）； ②一次性伤残就业补助金（用人单位负担）
	本人未提出：×	①能适当工作：工资； ②难以安排工作：伤残津贴（用人单位负担）
7~10级	劳动合同期满：√ 本人提出：√	①一次性工伤医疗补助金（工伤保险基金负担）； ②一次性伤残就业补助金（用人单位负担）
	其他情形：×	正常工作、正常领取工资

【总结】因工伤发生的下列费用，按照国家规定由用人单位支付：
①治疗工伤期间的工资福利；
②五级、六级伤残职工按月领取的伤残津贴；
③终止或者解除劳动合同时，应当享受的一次性伤残就业补助金。

④工亡待遇。
工亡待遇见表8-28。

表8-28　　工亡待遇

项目	具体规定
条件	职工因工死亡，或者伤残职工在停工留薪期内因工伤导致死亡的，其近亲属享受从工伤保险基金领取丧葬补助金、供养亲属抚恤金和一次性工亡补助金的待遇
内容	1~4级伤残职工在停工留薪期满后死亡的，其近亲属可以领取丧葬补助金和供养亲属抚恤金，**不享受**一次性工亡补助金待遇
标准	①丧葬补助金，为 **6个月** 的统筹地区上年度职工月平均工资； ②供养亲属抚恤金，按照职工本人工资的一定比例发放给由因工死亡职工生前提供主要生活来源、无劳动能力的亲属； ③一次性工亡补助金，为 **上一年度全国城镇居民人均可支配收入的20倍**

⑤工伤职工有下列情形之一的，停止享受工伤保险待遇：
a. 丧失享受待遇条件的；
b. 拒不接受劳动能力鉴定的；
c. 拒绝治疗的。

第八章 劳动合同与社会保险法律制度

【例题8-36·单选题】根据社会保险法律制度的规定，一次性工亡补助金标准为上一年度全国城镇居民人均可支配收入的一定倍数，该倍数为（　　）。（2019年）

A. 10　　　B. 20　　　C. 15　　　D. 5

【答案】B

【解析】一次性工亡补助金标准为上一年度全国城镇居民人均可支配收入的20倍。

（四）其他特别规定

①享受伤残津贴的职工达到退休年龄并办理退休手续后，停发伤残津贴，享受**基本养老保险**待遇。基本养老保险低于伤残津贴的，由**工伤保险基金**补足差额。

②职工在两个或两个以上用人单位同时就业的，**各用人单位应当分别为职工缴纳工伤保险费**。职工发生工伤，由职工受到伤害时工作的单位依法承担工伤保险责任。

③工伤保险基金先行支付制度。

由于第三人的原因造成工伤，第三人不支付工伤医疗费用或者无法确定第三人的，由工伤保险基金先行支付；工伤保险基金先行支付后，有权向第三人追偿。

【例题8-37·判断题】职工发生工伤事故但所在用人单位未依法缴纳工伤保险费的，不享受工伤保险待遇。（　　）（2015年）

【答案】错误

【解析】由于第三人的原因造成工伤，第三人不支付工伤医疗费用或者无法确定第三人的，由工伤保险基金先行支付。工伤保险基金先行支付后，有权向第三人追偿。

［考点12］失业保险（★★）

（一）失业保险费的缴纳

职工应当参加失业保险，由用人单位和职工按照国家规定共同缴纳失业保险费。

（二）失业保险待遇（见表8-29）

表8-29　　　　　　　　　　　　失业保险待遇

项目	具体内容
条件	①失业前用人单位和本人已经缴纳失业保险费**满1年**的。 ②**非因本人意愿**中断就业，包括劳动合同终止，被用人单位解除劳动合同，被用人单位开除、除名和辞退，因用人单位过错与劳动者解除劳动合同，法律、行政法规另有规定的。 ③已经进行**失业登记**，并有求职要求的
标准	不得低于**城市居民最低生活保障标准**；一般也不高于当地最低工资标准

续表

项目	具体内容	
领取期限	累计缴费年限 1 年≤Y＜5 年	最长期限 12 个月
	累计缴费年限 5 年≤Y＜10 年	最长期限 18 个月
	累计缴费年限≥10 年	最长期限 24 个月
	【知识卡片】对领取失业保险金期满仍未就业且距法定退休年龄不足 1 年的失业人员，可继续发放失业保险金至法定退休年龄。	
待遇	①领取失业保险金期间享受**基本医疗保险待遇**。 失业人员在领取失业保险金期间，参加职工基本医疗保险，享受基本医疗保险待遇；失业人员应当缴纳的基本医疗保险费从失业保险基金中支付，**个人不缴纳基本医疗保险费**。 ②领取失业保险金期间的死亡补助。 失业人员在领取失业保险金期间死亡的，参照当地对在职职工死亡的规定，向其遗属发放**一次性丧葬补助金和抚恤金**。 ③职业介绍与职业培训补贴。 ④国务院规定或者批准的与失业保险有关的其他费用	

（三）停止享受失业保险待遇的情形

失业人员在领取失业保险金期间有下列情形之一的，停止领取失业保险金，并同时停止享受其他失业保险待遇：

a. 重新就业的；
b. 应征服兵役的；
c. 移居境外的；
d. 享受基本养老保险待遇的；
e. 无正当理由，拒不接受当地人民政府指定部门或者机构介绍的适当工作或者提供的培训的；
f. 被判刑收监执行的。
g. 其他情形。

【例题 8-38·单选题】吴某因劳动合同终止而失业。已知吴某工作年限已满 6 年，缴纳失业保险费的时间已满 4 年，且符合失业保险待遇享受条件。吴某领取失业保险金的最长期限为（　　）个月。（2016 年）
A. 12　　　　　　B. 24　　　　　　C. 6　　　　　　D. 18
【答案】A
【解析】失业人员失业前用人单位和本人累计缴费满 1 年不足 5 年的，领取失业保险金的期限最长为 12 个月；失业保险金的领取期限取决于"用人单位和本人的累计缴费年限"，与"本人工作年限"无关。

【例题8-39·多选题】 根据社会保险法律制度的规定，失业人员在领取失业保险金期间，出现法定情形时，应停止领取失业保险金，并同时停止享受其他失业保险待遇。下列各项中，属于该法定情形的有（　　）。（2019年）

A. 应征服兵役的
B. 移居境外的
C. 重新就业的
D. 享受基本养老保险待遇的

【答案】 ABCD

「考点13」社会保险费征缴与管理（★）

（一）社会保险登记

1. 用人单位的社会保险登记

①企业在办理登记注册时同步办理社会保险登记；

②企业以外的缴费单位应当自成立之日起30日内，向当地社会保险经办机构申请办理社会保险登记。

2. 个人的社会保险登记

①用人单位应当自用工之日起30日内为其职工向社会保险经办机构申请办理社会保险登记。

②自愿参加社会保险的无雇工的个体工商户、未在用人单位参加社会保险的非全日制从业人员以及其他灵活就业人员，应当向社会保险经办机构申请办理社会保险登记。

（二）社会保险基金管理

①除基本医疗保险基金与生育保险基金合并建账及核算外，其他各项社会保险基金按照社会保险险种分别建账，分账核算，执行国家统一的会计制度。

②社会保险基金专款专用，任何组织和个人不得侵占或者挪用。

③社会保险基金在保证安全的前提下，按照国务院规定投资运营实现保值增值。不得违规投资运营，不得用于平衡其他政府预算，不得用于兴建、改建办公场所和支付人员经费、运行费用、管理费用，或者违反法律、行政法规规定挪作其他用途。

「考点14」违反社会保险法律制度的法律责任（★）

①用人单位不办理社会保险登记的，由社会保险行政部门责令限期改正；逾期不改正的，对用人单位处应缴社会保险费数额1倍以上3倍以下的罚款，对其直接负责的主管人员和其他直接责任人员处500元以上3000元以下的罚款。

②用人单位未按时足额缴纳社会保险费的，由社会保险费征收机构责令限期缴纳或者补足，并自欠缴之日起，按日加收0.05%的滞纳金；逾期仍不缴纳的，由有关行政部门处欠缴数额1倍以上3倍以下的罚款。

躲坑作战

年休假（见表8-30）。

表8-30　　　　　　　　　　　年休假的相关规定

累计工作年限	年假天数	不能休假的情形
1≤Y＜10	5	请病假累计≥2个月
10≤Y＜20	10	请病假累计≥3个月
20≤Y	15	请病假累计≥4个月
—	—	①有寒暑假，且合计天数多于年休假。 ②一年中累计请事假20天以上，且未扣工资

**你已成功
完成第八章的学习！**

扫码领取全程课加入带学群

没有一条路是平坦的，没有一座山是毫无崎岖的，而大海更不会是风平浪静的。人生之路，荆棘遍地，坎坷泥泞不可计数，唯有坚强者才能披荆斩棘，扫平坎坷走到路的尽头。

21天突破 2022

初级会计资格
经济法基础

历年真题考点通

李叶琳等 编著 BT教育 组编

中国财经出版传媒集团
经济科学出版社

目录

第一部分　使用说明

第二部分　章节练习册

第一章　总论 1
　　考点1　法的分类和渊源 2
　　考点2　法律关系 2
　　考点3　法律事实 2
　　考点4　法律主体的分类与资格 2
　　考点5　法律责任 3

第二章　会计法律制度 4
　　考点1　会计核算 5
　　考点2　会计档案管理 5
　　考点3　会计监督 5
　　考点4　代理记账 5
　　考点5　会计岗位的设置 5
　　考点6　会计人员 6
　　考点7　会计法律责任 6

第三章　支付结算法律制度 7
　　考点1　支付结算概述 8
　　考点2　支付结算的要求 8
　　考点3　银行结算账户的开立、变更和撤销 8
　　考点4　各类银行结算账户的开立和使用 9
　　考点5　银行结算账户的管理 9
　　考点6　票据种类与当事人 10
　　考点7　票据权利与责任 10
　　考点8　票据行为 11
　　考点9　票据追索 11
　　考点10　汇兑 11
　　考点11　银行卡的分类 11
　　考点12　银行卡账户和交易 12
　　考点13　银行卡收单 12
　　考点14　预付卡 12
　　考点15　违反银行结算账户规定的法律责任 12

第四章 税法概述及货物和劳务税法律制度 — 15

- 考点1 税收与税收法律关系 — 16
- 考点2 税法要素 — 16
- 考点3 现行税种与征收机关 — 17
- 考点4 增值税征税范围 — 17
- 考点5 增值税税率和征收率 — 17
- 考点6 增值税应纳税额的计算 — 18
- 考点7 增值税税收优惠 — 20
- 考点8 增值税征收管理 — 20
- 考点9 增值税专用发票使用规定 — 20
- 考点10 消费税纳税人 — 21
- 考点11 消费税税目 — 21
- 考点12 消费税征税范围 — 21
- 考点13 消费税应纳税额的计算 — 22
- 考点14 消费税征收管理 — 23
- 考点15 城市维护建设税与教育费附加 — 23
- 考点16 车辆购置税 — 24
- 考点17 关税 — 24

第五章 所得税法律制度 — 31

- 考点1 企业所得税纳税人及征税对象 — 32
- 考点2 企业所得税应纳税所得额的计算 — 33
- 考点3 资产的税务处理 — 34
- 考点4 企业所得税应纳税额的计算 — 35
- 考点5 企业所得税税收优惠 — 35
- 考点6 企业所得税征收管理 — 36
- 考点7 个人所得税纳税人和所得来源的确定 — 36
- 考点8 个人所得税应税所得项目 — 36
- 考点9 个人所得税税率 — 37
- 考点10 个人所得税应纳税所得额的确定 — 37
- 考点11 个人所得税应纳税额的计算 — 37
- 考点12 个人所得税税收优惠 — 38
- 考点13 个人所得税征收管理 — 38

第六章　财产和行为税法律制度　43

　　考点1　房产税纳税人　45
　　考点2　房产税计税依据　45
　　考点3　房产税应纳税额的计算　45
　　考点4　房产税税收优惠　45
　　考点5　契税纳税人及征税范围　45
　　考点6　契税应纳税额的计算　45
　　考点7　契税税收优惠　45
　　考点8　契税征收管理　46
　　考点9　土地增值税纳税人及征税范围　46
　　考点10　土地增值税计税依据　46
　　考点11　土地增值税税率及应纳税额的计算　46
　　考点12　土地增值税税收优惠　46
　　考点13　土地增值税征收管理　47
　　考点14　城镇土地使用税的基本规定　47
　　考点15　城镇土地使用税税收优惠　47
　　考点16　城镇土地使用税征收管理　47
　　考点17　耕地占用税　48
　　考点18　车船税纳税人及征税范围　48
　　考点19　车船税应纳税额的计算　48
　　考点20　车船税征收管理　48
　　考点21　资源税纳税人及征税范围　49
　　考点22　资源税税率和应纳税额的计算　49
　　考点23　环境保护税　49
　　考点24　烟叶税　49
　　考点25　印花税的一般规定　49
　　考点26　印花税税收优惠　50

第七章　税收征管法律制度　51

　　考点1　征纳双方的权利和义务　51
　　考点2　账簿和凭证管理　52
　　考点3　发票管理　52
　　考点4　纳税申报管理　52
　　考点5　应纳税额的核定和调整　53

经济法基础

考点6 税款征收的保障措施 53
考点7 税务检查 53
考点8 税务行政复议范围 53
考点9 税务行政复议管辖 54
考点10 税务行政复议申请与受理 54
考点11 税务管理相对人实施税收违法行为的法律责任 54

第八章 劳动合同与社会保险法律制度 55
考点1 劳动关系与劳动合同 56
考点2 劳动合同的订立 56
考点3 劳动合同的效力 57
考点4 劳动合同主要内容 57
考点5 劳动合同的解除和终止 58
考点6 集体合同与劳务派遣 59
考点7 劳动争议的解决 59
考点8 基本养老保险 59
考点9 基本医疗保险 60
考点10 工伤保险 60
考点11 失业保险 61

答案

第一章 总论 65
考点1 法的分类和渊源 65
考点2 法律关系 65
考点3 法律事实 65
考点4 法律主体的分类与资格 65
考点5 法律责任 66

第二章 会计法律制度 67
考点1 会计核算 67
考点2 会计档案管理 67
考点3 会计监督 67
考点4 代理记账 67
考点5 会计岗位的设置 68
考点6 会计人员 68
考点7 会计法律责任 68

第三章 支付结算法律制度 …… 69
考点1 支付结算概述 …… 69
考点2 支付结算的要求 …… 69
考点3 银行结算账户的开立、变更和撤销 …… 69
考点4 各类银行结算账户的开立和使用 …… 69
考点5 银行结算账户的管理 …… 70
考点6 票据种类与当事人 …… 70
考点7 票据权利与责任 …… 71
考点8 票据行为 …… 71
考点9 票据追索 …… 72
考点10 汇兑 …… 73
考点11 银行卡的分类 …… 73
考点12 银行卡账户和交易 …… 73
考点13 银行卡收单 …… 73
考点14 预付卡 …… 74
考点15 违反银行结算账户规定的法律责任 …… 74

第四章 税法概述及货物和劳务税法律制度 …… 76
考点1 税收与税收法律关系 …… 76
考点2 税法要素 …… 76
考点3 现行税种与征收机关 …… 76
考点4 增值税征税范围 …… 76
考点5 增值税税率和征收率 …… 78
考点6 增值税应纳税额的计算 …… 78
考点7 增值税税收优惠 …… 81
考点8 增值税征收管理 …… 82
考点9 增值税专用发票使用规定 …… 82
考点10 消费税纳税人 …… 83
考点11 消费税税目 …… 83
考点12 消费税征税范围 …… 83
考点13 消费税应纳税额的计算 …… 84
考点14 消费税征收管理 …… 85
考点15 城市维护建设税与教育费附加 …… 86
考点16 车辆购置税 …… 86
考点17 关税 …… 87

第五章　所得税法律制度　92

- 考点1　企业所得税纳税人及征税对象　92
- 考点2　企业所得税应纳税所得额的计算　92
- 考点3　资产的税务处理　95
- 考点4　企业所得税应纳税额的计算　95
- 考点5　企业所得税税收优惠　96
- 考点6　企业所得税征收管理　97
- 考点7　个人所得税纳税人和所得来源的确定　97
- 考点8　个人所得税应税所得项目　97
- 考点9　个人所得税税率　99
- 考点10　个人所得税应纳税所得额的确定　99
- 考点11　个人所得税应纳税额的计算　100
- 考点12　个人所得税税收优惠　100
- 考点13　个人所得税征收管理　101

第六章　财产和行为税法律制度　105

- 考点1　房产税纳税人　105
- 考点2　房产税计税依据　105
- 考点3　房产税应纳税额的计算　105
- 考点4　房产税税收优惠　105
- 考点5　契税纳税人及征税范围　106
- 考点6　契税应纳税额的计算　106
- 考点7　契税税收优惠　106
- 考点8　契税征收管理　106
- 考点9　土地增值税纳税人及征税范围　107
- 考点10　土地增值税计税依据　107
- 考点11　土地增值税税率及应纳税额的计算　107
- 考点12　土地增值税税收优惠　107
- 考点13　土地增值税征收管理　108
- 考点14　城镇土地使用税的基本规定　108
- 考点15　城镇土地使用税税收优惠　108
- 考点16　城镇土地使用税征收管理　108
- 考点17　耕地占用税　109
- 考点18　车船税纳税人及征税范围　109

考点19　车船税应纳税额的计算　　　　　　　109
　　考点20　车船税征收管理　　　　　　　　　　110
　　考点21　资源税纳税人及征税范围　　　　　　110
　　考点22　资源税税率和应纳税额的计算　　　　110
　　考点23　环境保护税　　　　　　　　　　　　111
　　考点24　烟叶税　　　　　　　　　　　　　　111
　　考点25　印花税的一般规定　　　　　　　　　111
　　考点26　印花税税收优惠　　　　　　　　　　112

第七章　税收征管法律制度　　　　　　　　　　113
　　考点1　征纳双方的权利和义务　　　　　　　113
　　考点2　账簿和凭证管理　　　　　　　　　　113
　　考点3　发票管理　　　　　　　　　　　　　113
　　考点4　纳税申报管理　　　　　　　　　　　114
　　考点5　应纳税额的核定和调整　　　　　　　114
　　考点6　税款征收的保障措施　　　　　　　　114
　　考点7　税务检查　　　　　　　　　　　　　115
　　考点8　税务行政复议范围　　　　　　　　　115
　　考点9　税务行政复议管辖　　　　　　　　　115
　　考点10　税务行政复议申请与受理　　　　　　116
　　考点11　税务管理相对人实施税收违法行为的
　　　　　　法律责任　　　　　　　　　　　　　116

第八章　劳动合同与社会保险法律制度　　　　　117
　　考点1　劳动关系与劳动合同　　　　　　　　117
　　考点2　劳动合同的订立　　　　　　　　　　117
　　考点3　劳动合同的效力　　　　　　　　　　117
　　考点4　劳动合同主要内容　　　　　　　　　118
　　考点5　劳动合同的解除和终止　　　　　　　119
　　考点6　集体合同与劳务派遣　　　　　　　　121
　　考点7　劳动争议的解决　　　　　　　　　　121
　　考点8　基本养老保险　　　　　　　　　　　122
　　考点9　基本医疗保险　　　　　　　　　　　122
　　考点10　工伤保险　　　　　　　　　　　　　123
　　考点11　失业保险　　　　　　　　　　　　　124

第一部分 使用说明

①学习讲究方法。在有限的时间内，高效地通过考试是我和你共同的追求，因而抓住考点是关键。本书正是基于这样的目的而编写，共分为两个部分：第一部分为使用说明，第二部分为考点分布表和按章及考点整理的近年考试真题。

②第二部分包括根据近5年真题整理出来的《经济法基础》考点分布表，这些分布表像一张张地图，帮助大家找到考点，逐个击破。备考最忌眉毛胡子一把抓，不仅浪费精力，也容易生出挫败感，最后走向放弃。看清楚考点，明白我们的方向所在，才能据此高效备战！

第二部分还包括按章及考点整理的近年考试真题，其中，近些年没有考查过的知识点也保留了下来，是为了帮助大家高效掌握核心考点的同时，全面了解考点所在，以备不时之需。做题时，你可能会发现在学习过程中遗漏的细节，这时可以通过真题来熟悉掌握这些细节考点。考试不难，唯手熟尔。把历年真题反复做熟，达到举一反三的程度，是通过考试的必要保障。从历年考试情况来看，核心考点大概率反复出题。因此，对历年真题进行训练和总结是很有必要的！请各位读者利用好近年的真题，知己知彼，一战而胜！

【注意】①考点通的真题已按最新教材进行修改，需要计算的税率也已按新政策更新（题目直接给出税额的除外），特此说明；

②对于第二部分的真题，我们删除了和21天突破教材中重复的部分，大家可以将21天突破教材和本考点通一起来使用，从而对考点和背后的知识点进行全面掌握。

第二部分 章节练习册

01 第一章 总论

考点	BT教材页码	近5年考查频次	2017年	2018年	2019年	2020年	2021年
法的分类和渊源	P3	1					单选题：法的渊源

经济法基础

续表

考点	BT教材页码	近5年考查频次	2017年	2018年	2019年	2020年	2021年
法律关系	P6	0					
法律事实	P6	3	判断题：法律事实	判断题：法律事实		单选题：法律事实	
法律主体的分类与资格	P7	2		多选题：法律关系主体		多选题：法律关系主体	
法律责任	P10	2			单选题：行政责任	单选题：行政责任	

考点1　法的分类和渊源（★★）

1.【2021·单选题】下列规范性文件中，属于行政法规的是（　　）。
   A. 国务院发布的《企业财务会计报告条例》
   B. 全国人民代表大会通过的《香港特别行政区基本法》
   C. 全国人民代表大会常务委员会通过的《票据法》
   D. 财政部发布的《企业会计准则——基本准则》

2.【2014·单选题】下列法的形式中，效力最低的是（　　）。
   A. 法律　　　　B. 行政法规　　　　C. 地方性法规　　　　D. 宪法

考点2　法律关系（★★）

【2016·多选题】下列可成为法律关系的客体有（　　）。
   A. 土地　　　　B. 荣誉称号　　　　C. 人民币　　　　D. 天然气

考点3　法律事实（★★）

1.【2020·单选题】下列法律事实中，属于法律事件的是（　　）。
   A. 赠与房屋　　　　B. 书立遗嘱　　　　C. 火山喷发　　　　D. 登记结婚

2.【2018·判断题】法律事实是法律关系发生、变更或者消灭的原因。（　　）

考点4　法律主体的分类与资格（★★）

1.【2020·多选题】下列关于自然人民事行为能力的说法中，正确的有（　　）。
   A. 年满18周岁的自然人是完全民事行为能力人
   B. 不能辨认自己行为的成年人是限制民事行为能力人
   C. 8周岁以下的自然人是无民事行为能力人

D. 16周岁以上的未成年人但以自己的劳动收入为主要生活来源的自然人是完全民事行为能力人

2. 【2018·多选题】下列各项中,属于法律关系主体的有（   ）。
   A. 甲市财政局
   B. 乙农民专业合作社
   C. 智能机器人阿尔法
   D. 大学生张某

考点5 法律责任（★★）

1. 【2019·单选题】下列法律责任形式中,属于行政处罚的是（   ）。
   A. 记过
   B. 罚款
   C. 降级
   D. 开除

2. 【2014·单选题】下列刑罚中,属于附加刑的是（   ）。
   A. 管制
   B. 死刑
   C. 拘役
   D. 驱逐出境

3. 【2014·多选题】下列法律责任形式中,属于民事责任形式的有（   ）。
   A. 没收财产
   B. 消除危险
   C. 暂扣许可证
   D. 赔礼道歉

第二章 会计法律制度

考点	BT教材页码	近5年考查频次	2017年	2018年	2019年	2020年	2021年
会计核算	P15	5		判断题：记账文字	多选题：会计报表 判断题：会计账簿 判断题：会计年度		单选题：会计凭证
会计档案管理	P21	3			单选题：保管年限 多选题：保管年限 多选题：电子会计档案		
会计监督	P23	2			单选题：社会监督		多选题：会计工作监督
代理记账	P25	3		多选题：代理记账范围	2道判断题：代理记账范围		
会计岗位的设置	P27	4			单选题：总会计师	单选题：回避制度 判断题：总会计师 判断题：不相容职务	
会计人员	P30	2					单选题：会计人员继续教育 判断题：会计人员继续教育
会计法律责任	P32	3		2道单选题：违反相应法律制度后不得从事会计工作的年限 单选题：行政罚款			

考点1　会计核算（★★）

【2019·多选题】根据会计法律制度的规定，下列各项中，属于会计报表的有（　　）。
A. 现金流量表　　B. 利润表　　C. 资产负债表　　D. 审计报告

考点2　会计档案管理（★★）

1.【2019·多选题】根据会计法律制度的规定，下列会计档案中，应永久保管的有（　　）。
A. 年度财务报告　　　　　　　B. 纳税申报表
C. 半年度财务报告　　　　　　D. 会计档案销毁清册

2.【2019·多选题】单位档案管理机构在接收电子会计档案时，应当对电子档案进行检测，下列属于应检测的内容有（　　）。
A. 安全性　　B. 准确性　　C. 可用性　　D. 完整性

考点3　会计监督（★★）

【2021·多选题】根据会计法律制度的规定，对单位的会计资料有监督检查权的单位有（　　）。
A. 人民银行　　B. 税务部门　　C. 财政部门　　D. 审计部门

考点4　代理记账（★）

1.【2019·判断题】代理记账机构可以接受委托人的委托向税务机关提供税务资料。（　　）

2.【2019·判断题】代理记账机构可以接受委托人的委托对外提供财务会计报告。（　　）

考点5　会计岗位的设置（★★）

1.【2020·单选题】根据会计法律制度的规定，任用会计人员应当实行回避制度的是（　　）。
A. 国家机关、国有企业、事业单位
B. 国家机关、国有企业、企事业单位
C. 国有企业、企事业单位、外资企业
D. 国有企业、事业单位、外资企业

2.【2019·单选题】根据会计法律制度的规定，下列企业中，必须设置总会计师的是（　　）。
　　A. 国有大、中型企业　　　　　　B. 个人独资企业
　　C. 外商独资企业　　　　　　　　D. 普通合伙企业

3.【2020·判断题】业务经办人可以兼管稽核。（　　）

考点6　会计人员（★★）

【2021·单选题】根据会计法律制度的规定，下列关于会计专业技术人员继续教育的表述中，正确的是（　　）。
　　A. 具有会计专业技术资格的，应当自取得资格次年开始参加继续教育
　　B. 用人单位不得将参加继续教育情况作为会计专业技术人员岗位聘用的依据
　　C. 每年参加继续教育应取得不少于120学分
　　D. 参加继续教育当年度取得的学分可以结转以后年度

考点7　会计法律责任（★★）

【2018·单选题】会计人员编制虚假财务会计报告，尚不构成犯罪的，（　　）年不得从事会计工作。
　　A. 2　　　　　B. 3　　　　　C. 4　　　　　D. 5

03 第三章 支付结算法律制度

考点	BT教材页码	近5年考查频次	2017年	2018年	2019年	2020年	2021年
支付结算概述	P36	0					
支付结算的要求	P36	0					
银行结算账户的开立、变更和撤销	P40	2			多选题：账户开立		判断题：账户变更
各类银行结算账户的开立和使用	P41	4			单选题：零余额账户 判断题：个人结算账户	单选题：基本存款账户	单选题：一般存款账户
银行结算账户的管理	P45	1	单选题：银行结算账户管理				
票据种类与当事人	P46	0					
票据权利与责任	P49	5			单选题：票据权利时效 多选题：票据权利时效 多选题：票据责任	单选题：汇票权利时效 单选题：票据权利	
票据行为	P53	7	单选题：出票	多选题：银行承兑汇票 判断题：空头支票	判断题：承兑	判断题：票据背书	单选题：票据背书 单选题：票据的记载事项
票据追索	P66	1		判断题：追索权			
汇兑	P67	1			多选题：汇兑凭证		
银行卡的分类	P68	1			单选题：银行卡分类		

续表

考点	BT教材页码	近5年考查频次	2017年	2018年	2019年	2020年	2021年
银行卡账户和交易	P69	1	单选题：信用卡计息				
银行卡收单	P71	1	多选题：银行卡收款业务				
预付卡	P76	1				多选题：预付卡	
违反银行结算账户规定的法律责任	P78	1				多选题：信用卡诈骗活动	
不定项选择题		2	支票		支票、违反支付结算法律制度的法律责任		

考点1　支付结算概述（★）

考点2　支付结算的要求（★★）

【2015·多选题】根据支付结算法律制度的规定，下列关于填写票据的表述中，正确的有（　　）。
A. 金额以中文大写和阿拉伯数码同时记载，二者必须一致
B. 收款人名称不得记载规范化简称
C. 收款人名称填写错误时由原记载人更改，并在更改处签章证明
D. 出票日期必须使用中文大写

考点3　银行结算账户的开立、变更和撤销（★）

1.【2019·多选题】根据支付结算法律制度的规定，关于企业开立银行结算账户办理事项的下列表述中，正确的有（　　）。
A. 银行为企业开通非柜面转账业务，应当约定通过非柜面渠道向非本企业账户转账的日累计限额
B. 注册地和经营地均在异地的企业申请开户，法定代表人可授权他人代理签订银行结算账户管理协议
C. 企业预留银行的签章可以为其财务专用章加其法定代表人的签名

D. 银企双方应当签订银行结算账户管理协议，明确双方的权利与义务

2.【2016·多选题】根据支付结算法律制度的规定，下列情形中，存款人应向开户银行提出撤销银行结算账户申请的情形有（　　）。
A. 存款人被宣告破产的　　　　　　B. 存款人因迁址需要变更开户银行的
C. 存款人被吊销营业执照的　　　　D. 存款人被撤并的

3.【2021·判断题】甲单位的法定代表人发生变更时，应于5个工作日内书面通知开户银行并提供有关证明，办理变更手续。（　　）

考点4　各类银行结算账户的开立和使用（★★）

1.【2021·单选题】根据支付结算法律制度的规定，一般存款账户不可以是（　　）。
A. 借款转存　　　B. 现金支取　　　C. 现金存入　　　D. 借款缴存

2.【2020·单选题】根据支付结算法律制度的规定，关于存款人基本存款账户的下列表述中，不正确的是（　　）。
A. 撤销银行结算账户时应先撤销基本存款账户
B. 一个单位只能开立一个基本存款账户
C. 基本存款账户是存款人的主办账户
D. 存款人日常经营活动的资金收付应通过基本存款账户办理

3.【2019·单选题】未在银行开立账户的W市退役军人事务局经批准在P银行开立了预算单位零余额账户，该零余额账户应按其管理的是（　　）。
A. 基本存款账户　　　　　　　　　B. 一般存款账户
C. 临时存款账户　　　　　　　　　D. 专用存款账户

4.【2014·单选题】根据支付结算法律制度的规定，下列各项中，属于存款人对其特定用途资金进行专项管理和使用而开立的银行结算账户的是（　　）。
A. 一般存款账户　　　　　　　　　B. 专用存款账户
C. 基本存款账户　　　　　　　　　D. 临时存款账户

5.【2019·判断题】新入学大学生开立用于缴纳学费的个人银行结算账户，可由所在大学代理办理。（　　）

考点5　银行结算账户的管理（★）

【2017·单选题】根据支付结算法律制度的规定，关于银行结算账户管理的下列表述中，不正确的是（　　）。
A. 存款人可以出借银行结算账户
B. 存款人不得出租银行结算账户
C. 存款人应当以实名开立银行结算账户
D. 存款人不得利用银行结算账户洗钱

经济法基础

考点6 票据种类与当事人（★★）

1.【2015·单选题】根据票据法律制度的规定，下列票据的付款人不是银行的是（　　）。
   A. 支票　　　　B. 商业承兑汇票　　C. 本票　　　　D. 银行汇票

2.【2014·多选题】根据票据法律制度的规定，支票可以分为（　　）。
   A. 划线支票　　B. 现金支票　　C. 转账支票　　D. 普通支票

考点7 票据权利与责任（★★）

1.【2020·单选题】甲公司向乙公司签发了一张见票后3个月付款的银行承兑汇票。乙公司持该汇票向付款人提示承兑的期限是（　　）。
   A. 自出票日起10日内　　　　B. 自出票日起1个月内
   C. 自出票日起6个月内　　　　D. 自出票日起2个月内

2.【2019·单选题】根据支付结算法律制度的规定，下列关于票据权利时效的表述中，正确的是（　　）。
   A. 持票人对银行汇票出票人的权利自出票日起2年
   B. 持票人对前手的追索权自被拒绝承兑或拒绝付款之日起2年
   C. 持票人对商业汇票承兑人的权利自到期日起1年
   D. 持票人对支票出票人的权利，自出票日起1年

3.【2015·单选题】下列关于票据权利丧失救济的表述中，不正确的是（　　）。
   A. 可以申请挂失止付的票据包括已承兑的商业汇票、支票、填明"现金"字样和代理付款人的银行汇票以及填明"现金"字样的银行本票四种
   B. 付款人或者代理付款人自收到挂失止付通知之日起12日内没有收到人民法院的止付通知书的，自第13日起，不再承担止付责任，持票人提示付款即依法向持票人付款
   C. 失票人应当在通知挂失止付后的3日内依法向票据支付地的人民法院申请公示催告，不能不通知挂失止付而直接申请公示催告
   D. 在公示催告期间，转让票据权利的行为无效，以公示催告的票据质押、贴现而接受该票据的持票人主张票据权利的，人民法院不予支持，但公示催告期间届满以后人民法院作出除权判决以前取得该票据的除外

4.【2019·单选题】根据支付结算法律制度的规定，下列关于银行承兑汇票通过票据市场基础设施提示付款的表述中，不正确的是（　　）。
   A. 承兑人于到期前进行付款确认的，应于提示付款日划付资金给持票人
   B. 持票人在提示付款期限内提示付款的，承兑人应在提示付款日应答
   C. 承兑人存在合法抗辩事由拒绝付款的，须在提示付款日出具拒绝付款证明
   D. 承兑人在持票人提示付款后未在规定时间内应答的，视为同意付款

考点8 票据行为（★★★）

1.【2017·单选题】根据支付结算法律制度的规定，电子承兑汇票的付款期限自出票日至到期日不能超过（　　）。
　　A. 1年　　　　B. 3个月　　　　C. 2年　　　　D. 6个月

2.【2016·单选题】根据票据法律制度的规定，下列属于背书任意记载事项的是（　　）。
　　A. 不得转让　　B. 背书日期　　C. 被背书人名称　　D. 背书人签章

3.【2015·单选题】根据支付结算法律制度的规定，票据粘单上的第一记载人，应当在票据和粘单的粘接处签章。该记载人是（　　）。
　　A. 粘单上第一手背书的被背书人　　B. 粘单上最后一手背书的背书人
　　C. 粘单上第一手背书的背书人　　　D. 票据持票人

4.【2020·判断题】甲公司签发一张商业汇票给乙公司，乙公司将该汇票背书转让给丙公司，并在票据背面注明"不得转让"字样，此行为属于附条件的背书。（　　）

5.【2019·判断题】付款人承兑汇票可以附有条件。（　　）

6.【2018·判断题】单位或个人签发空头支票的，由其开户银行处以罚款。（　　）

7.【2014·判断题】委托收款背书的被背书人不得再以背书转让票据权利。（　　）

考点9 票据追索（★★★）

【2018·判断题】票据被拒绝付款的，持票人只能按票据债务人的顺序对直接前手行使追索权。（　　）

考点10 汇兑（★★）

1.【2019·多选题】根据支付结算法律制度的规定，下列事项中，签发汇兑凭证必须记载的事项有（　　）。
　　A. 委托日期　　B. 收款人名称　　C. 汇款人签章　　D. 确定的金额

2.【2016·判断题】在办理汇兑业务时，汇款人对汇出银行尚未汇出的款项可以申请撤销。（　　）

考点11 银行卡的分类（★）

【2016·单选题】下列各项中，按照是否具有透支功能对银行卡进行分类的是（　　）。
　　A. 磁条卡与芯片卡　　　　B. 人民币卡与外币卡
　　C. 信用卡与借记卡　　　　D. 单位卡与个人卡

经济法基础

考点 12　银行卡账户和交易（★★）

【2015·多选题】根据支付结算法律制度的规定，下列各项中，属于发卡银行追偿透支款项和诈骗款项的途径有（　　）。
　　A. 向保证人追索透支款项　　　　B. 依法处理抵押物和质物
　　C. 通过司法机关的诉讼程序进行追偿　　D. 冻结持卡人银行账户

考点 13　银行卡收单（★）

【2017·多选题】根据支付结算法律规定，下列关于银行卡收单业务的表述中，正确的有（　　）。
　　A. 特约商户为个体工商户或自然人的，可以使用其同名个人结算账户作为收单银行结算账户
　　B. 特约商户使用单位银行结算账户作为收单银行结算账户的，收单机构应当审核其合法拥有该账户的证明文件
　　C. 收单机构向特约商户收取服务费由收单机构与特约商户协商确定具体费率
　　D. 收单机构应当对实体特约商户收单业务进行本地化经营和管理，不得跨省域开展收单业务

考点 14　预付卡（★★）

【2020·多选题】根据支付结算法律制度的规定，关于预付卡的下列表述中，正确的有（　　）。
　　A. 单张记名预付卡资金限额不得超过 5 000 元
　　B. 个人购买记名预付卡可不使用实名
　　C. 预付卡以人民币计价，不具有透支功能
　　D. 单张不记名预付卡资金限额不得超过 1 000 元

考点 15　违反银行结算账户规定的法律责任（★★）

【2015·判断题】单位或个人签发空头支票或者签发与其预留的签章不符的支票，不以骗取财物为目的的，持票人有权要求出票人赔偿支票金额5%但不低于 1 000 元的赔偿金。（　　）

不定项选择题

1.【2017】甲公司的开户银行为 P 银行，2016 年 4 月 1 日，甲公司委派员工张某携带一张公司签发的出票日期为 2016 年 4 月 1 日，金额和收款人名称均空白的转账支票赴乙公司洽谈业务，为支付货款，张某在支票上填写金额 15 万元后交付乙公司。当日，为偿还所欠丙公

司劳务费,乙公司将支票背书转让给丙公司,在背书栏内记载了"不得转让",未记载背书日期。丙公司持票到 P 银行提示付款,被拒绝支付。丙公司拟行使追索权以实现票据权利。

要求:根据上述资料,不考虑其他因素,分别回答下列小题。

(1)关于乙公司将支票背书转让给丙公司行为效力的下列表述中,符合法律规定的是(   )。

 A. 丙公司再背书转让该支票,乙公司对丙公司的被背书人不承担保证责任
 B. 背书附不得转让的条件,背书无效
 C. 未记载背书日期,背书无效
 D. 未记载背书日期,视为在支票到期日前背书

(2)关于丙公司行使票据追索权的下列表述中,不符合法律规定的是(   )。
 A. 丙公司应按照先乙公司后甲公司的顺序行使追索权
 B. 丙公司只能对乙公司或甲公司其中之一行使追索权
 C. 丙公司不享有票据追索权
 D. 丙公司可以同时对甲公司和乙公司行使追索权

(3)关于甲公司签发支票行为的效力及票据当事人的下列表述中,符合法律规定的是(   )。

 A. 因出票时未记载收款人名称,支票无效　　B. P 银行是支票的付款人
 C. 因出票时未记载付款的金额,支票无效　　D. 甲公司是支票的保证人

(4)关于丙公司提示付款的下列表述中,符合法律规定的是(   )。
 A. 丙公司提示付款期限为 2016 年 4 月 2 日起 10 日
 B. 支票无效,丙公司无权提示付款
 C. 丙公司提示付款期限为 2016 年 4 月 1 日起 10 日
 D. 丙公司可以委托开户银行向 P 银行提示付款

2.【2016】2015 年 5 月 10 日,甲公司向乙公司签发一张金额为 50 万元,出票后 1 个月付款的银行承兑汇票,经其开户行 P 银行承兑后交付乙公司。5 月 15 日,乙公司将该票据背书转让给丙公司;5 月 20 日,丙公司将该票据背书转让给丁公司,并在票据上记载"不得转让"字样;5 月 25 日,丁公司在票据上记载"只有戊公司交货后,该背书转让方发生效力"的字样后,将该票据背书转让给戊公司。6 月 12 日,戊公司向 P 银行提示付款时,P 银行以甲公司存款不足为由拒绝付款。

要求:根据上述资料,不考虑其他因素。分析回答下列小题。

(1)关于丁公司条件背书在票据上效力的下列表述中,正确的是(   )。
 A. 所附条件无效,该票据无效　　　　B. 所附条件有效,该背书有效
 C. 所附条件无效,该背书有效　　　　D. 所附条件有效,该票据无效

(2)关于该汇票付款的下列表述中,正确的是(   )。
 A. P 银行应于 6 月 12 日足额付款
 B. P 银行对甲公司尚未支付的汇票金额按照日万分之五计收利息
 C. P 银行有权以甲公司存款不足为由拒绝付款
 D. 甲公司应于 6 月 10 日前将票款足额交存 P 银行

(3)关于该票据当事人的下列表述中,正确的是(   )。
 A. 甲公司为出票人

B. 乙公司为收款人
C. 戊公司为最后一手转让背书的被背书人
D. P 银行为付款人

（4）下列票据当事人中，丙公司应对其承担保证付款责任的是（　　）。
　A. 丁公司　　　　B. 甲公司　　　　C. P 公司　　　　D. 戊公司

3.【2014】甲公司 2010 年 1 月 1 日成立，王某为其法人代表。为了日常结算，甲公司在 P 银行申请开立基本存款账户；之后在 Q 银行申请开立一般存款账户。2013 年 10 月甲公司因被吊销营业执照，而需撤销基本存款账户。

要求：根据上述资料，回答下列小题。

（1）撤销基本存款账户需要办理的手续是（　　）。
　A. 应当将 Q 银行开立的一般存款账户先撤销
　B. 应当将 Q 银行开立的一般存款账户的账户资金转入基本存款账户
　C. 交回各种重要空白票据及结算凭证和开户许可证
　D. 必须与开户银行核对银行结算账户存款余额

（2）Q 银行开立的一般存款账户，可以使用的用途为（　　）。
　A. 借款转存　　　B. 借款归还　　　C. 其他结算　　　D. 现金支取

（3）开立基本存款账户需要提供的开户证明文件是（　　）。
　A. 税务登记证　　　　　　　　　　B. 政府主管部门的批文
　C. 企业法人营业执照　　　　　　　D. 政府财政部门批文

（4）开立基本存款账户需要预留的签章是（　　）。
　A. 甲公司公章和王某签章　　　　　B. 甲公司合同专用章和王某签章
　C. 甲公司财务专用章加王某签章　　D. 甲公司业务章加王某签章

第四章 税法概述及货物和劳务税法律制度

考点	BT教材页码	近5年考查频次	2017年	2018年	2019年	2020年	2021年
税收与税收法律关系	P88	0					
税法要素	P89	1				单选题：超率累进税率	
现行税种与征收机关	P89	5		2道单选题：海关征税	2道多选题：征税主体	单选题：海关征税	
增值税征税范围	P93	7	单选题：销售无形资产	判断题：交通运输服务	多选题：征税范围 判断题：征税范围	单选题：征税范围	2道多选题：征税范围
增值税税率和征收率	P100	1					多选题：增值税征收率
增值税应纳税额的计算	P106	13	多选题：进项税额抵扣 判断题：简易计税		4道单选题：应纳税额的计算	多选题：简易计税 多选题：进项税额抵扣	2道单选题：应纳税额的计算 2道多选题：不可抵扣的进项税额 多选题：包装物押金
增值税税收优惠	P116	5	单选题：免税项目	单选题：免税项目	多选题：税收优惠 2道判断题：税收优惠		
增值税征收管理	P119	4			单选题：纳税义务发生时间	单选题：纳税地点 判断题：征收管理	多选题：纳税义务发生时间
增值税专用发票使用规定	P121	0					
消费税纳税人	P122	0					
消费税税目	P123	3	判断题：税目		多选题：税目	单选题：税目	

续表

考点	BT教材页码	近5年考查频次	2017年	2018年	2019年	2020年	2021年
消费税征税范围	P127	6	单选题：征税范围 多选题：征税范围 判断题：征税环节	2道单选题：征税环节和范围			判断题：征税环节
消费税应纳税额的计算	P129	7	多选题：从量计征	多选题：换投抵	3道单选题：应纳税额计算		2道单选题：应纳税额计算
消费税征收管理	P137	1		单选题：纳税义务发生时间			
城市维护建设税与教育费附加	P139	2			单选题：教育费附加	单选题：城市维护建设税	
车辆购置税	P141	1			单选题：税收优惠		
关税	P143	2	多选题：复合计税			单选题：应纳税额	
不定项选择题		7	3道不定项选择题：增值税税率、销项税额计算、征税范围、纳税义务发生时间	增值税应纳税额计算、进项税额抵扣、纳税义务发生时间	增值税应纳税额计算、视同销售	2道不定项选择题：消费税应纳税额计算、纳税义务发生时间、组成计税价格	

考点1　税收与税收法律关系（★）

【2015·多选题】根据税收征收管理法律制度规定，以下属于税收法律关系主体的有（　　）。

A. 征税对象　　　B. 纳税人　　　C. 海关　　　D. 税务机关

考点2　税法要素（★）

【2020·单选题】根据税收法律制度的规定，下列各项中，实行超率累进税率的是（　　）。

A. 印花税　　　B. 车船税　　　C. 个人所得税　　　D. 土地增值税

考点3 现行税种与征收机关（★★）

【2020·单选题】下列税种中，由海关负责征收和管理的是（　　）。
A. 关税　　B. 车辆购置税　　C. 环境保护税　　D. 资源税

考点4 增值税征税范围（★★★）

1.【2020·单选题】根据增值税法律制度的规定，下列各项中，应征收增值税的是（　　）。
A. 物业管理单位代收的住宅专项维修资金
B. 商业银行提供直接收费金融服务收取的手续费
C. 存款人取得的存款利息
D. 被保险人获得的保险赔付

2.【2017·单选题】根据增值税法律制度的规定，不属于销售无形资产的是（　　）。
A. 转让专利权　　　　　　　　B. 转让房屋所有权
C. 转让网络虚拟道具　　　　　D. 转让采矿权

3.【2021·多选题】根据增值税法律制度的规定，单位或者个体工商户的下列行为中，应视同销售货物征收增值税的有（　　）。
A. 将自产的货物分配给股东　　　B. 将委托加工的货物用于个人消费
C. 将购进的货物用于集体福利　　D. 销售代销货物

4.【2014·多选题】根据增值税法律制度的规定，下列各项中，应缴纳增值税的有（　　）。
A. 物业服务　　B. 加工服务　　C. 餐饮服务　　D. 金融服务

5.【2019·判断题】以货币资金投资收取的固定利润或者保底利润，应按照"租赁服务"税目计缴增值税。（　　）

6.【2018·判断题】无运输工具承运业务，应按照"交通运输服务"税目计算缴纳增值税。（　　）

7.【2016·判断题】外购进口的原属于中国境内的货物，不征收进口环节增值税。（　　）

考点5 增值税税率和征收率（★★）

1.【2016·单选题】根据增值税法律制度规定，下列各项服务中，增值税税率为13%的是（　　）。
A. 邮政业服务　　　　　　　　B. 交通运输业服务
C. 有形动产租赁服务　　　　　D. 增值电信服务

2.【2021·多选题】根据增值税法律制度的规定，甲公司为一般纳税人，提供的下列服务中，可以选择适用简易计税方法计税的有（　　）。
A. 出租2016年4月30日前取得的闲置仓库
B. 向乙公司出租纳入营改增试点之日前取得的运输车辆
C. 提供装卸搬运服务
D. 提供仓储服务

3.【2016·多选题】根据增值税法律制度规定，销售下列货物应当按增值税税率9%征收的有（　　）。
A. 粮食　　　　B. 图书　　　　C. 暖气　　　　D. 电力

考点6　增值税应纳税额的计算（★★★）

1.【2021·单选题】甲公司为增值税一般纳税人，本月销售产品一批，取得不含税销售额100 000元，同时向对方收取1 000元包装费，增值税税率为13%，计算甲公司本月增值税销项税额的下列算式中，正确的是（　　）。
A. 100 000×13% +1 000÷（1+13%）×13% =13 115.04（元）
B. 100 000÷（1+13%）×13% =11 504.42（元）
C. 100 000×13% +1 000×13% =13 130（元）
D. 100 000×13% =13 000（元）

2.【2021·单选题】甲手机专卖店为增值税一般纳税人，2019年10月采取以旧换新方式销售某型号手机100部，该型号新手机的同期含税销售单价为3 164元，旧手机的收购单价为226元。已知增值税税率为13%，计算甲手机专卖店当月该增值税销项税额的下列算式中，正确的是（　　）。
A. （3 164 -226）×100×13% =38 194（元）
B. （3 164 -226）×100÷（1+13%）×13% =33 800（元）
C. 3 164×100×13% =41 132（元）
D. 3 164×100÷（1+13%）×13% =36 400（元）

3.【2019·单选题】甲公司为增值税一般纳税人，2019年9月进口货物一批，海关审定的关税完税价格为116万元。已知增值税税率为13%，关税税率为10%。计算甲公司当月该笔业务应缴纳增值税税额的下列算式中，正确的是（　　）。
A. 116÷（1+13%）×13%　　　　B. 116×（1+10%）÷（1+13%）×13%
C. 116×13%　　　　D. 116×（1+10%）×13%

4.【2019·单选题】根据增值税法律制度的规定，下列关于金融商品转让税务处理的表述中，正确的是（　　）。
A. 金融商品转让，可以开具增值税专用发票
B. 转让金融商品年末出现负差时，可以转入下一个会计年度
C. 金融商品转让，按照卖出价扣除买入价后的余额为销售额
D. 金融商品的买入价按照先进先出法进行核算

5.【2019·单选题】根据增值税法律制度的规定，下列各项中，应并入销售额计算销项税额的是（　　）。

A. 以委托方名义开具发票代委托方收取的款项

B. 销售货物向购买方收取的价款之外的手续费

C. 受托加工应征消费税的消费品代收代缴的消费税

D. 销售货物的同时代办保险而向购买方收取的保险费

6.【2016·单选题】甲公司为增值税一般纳税人,2020 年 10 月采取折扣方式销售货物一批,该批货物不含税销售额 90 000 元,折扣额 9 000 元,销售额和折扣额在同一张发票上分别注明。已知增值税税率为 13%。甲公司当月该笔业务增值税销项税额的下列算式中,正确的是（　　）。

A.（90 000 - 9 000）÷（1 + 13%）× 13%

B. 90 000 × 13%

C. 90 000 ÷（1 + 13%）× 13%

D.（90 000 - 9 000）× 13%

7.【2016·单选题】甲商店为增值税小规模纳税人,2020 年 8 月销售商品取得含税销售额 61 800 元,购入商品取得普通发票注明金额 10 000 元。已知增值税税率为 13%,征收率为 3%,当月应缴纳增值税税额的下列算式中,正确的是（　　）。

A. 61 800 ÷（1 + 3%）× 3% - 10 000 × 3%

B. 61 800 × 3%

C. 61 800 × 3% - 10 000 × 3%

D. 61 800 ÷（1 + 3%）× 3%

8.【2021·多选题】根据增值税法律制度的规定,下列各项中,不得从销项税额中抵扣进项税额的有（　　）。

A. 因管理不善被盗材料所支付的增值税税款

B. 购进用于集体福利所支付的增值税税款

C. 购进生产用电力所支付的增值税税款

D. 购进用于个人消费的材料所支付的增值税税款

9.【2021·多选题】根据增值税法律制度的规定,下列关于包装物押金和租金的表述中,正确的有（　　）。

A. 对销售啤酒而收取的 1 年以上的押金,无论是否退还均并入销售额征税

B. 包装物押金是含税收入,在并入销售额征税时,需要先将该押金换算为不含税收入,再计算应纳增值税税款

C. 包装物押金不同于包装物租金,包装物租金属于价外费用,在销售货物时随同货款一并计算增值税税款

D. 对销售除啤酒、黄酒以外的其他酒类产品而收取的包装物押金,无论是否返还以及会计上如何核算,均应并入当期销售额征收增值税

10.【2021·多选题】根据增值税法律制度的规定,一般纳税人购进的下列服务中,不得抵扣进项税额的有（　　）。

A. 贷款服务　　B. 餐饮服务　　C. 居民日常服务　　D. 娱乐服务

11.【2020·多选题】根据增值税法律制度的规定,一般纳税人提供的下列服务中,可以

选择适用简易计税方法的有（　　）。
　　A. 收派服务　　　B. 仓储服务　　　C. 电影放映服务　　D. 文化体育服务

12.【2017·判断题】纳税人提供的公共交通运输服务，可以选择适用简易计税方法计缴增值税。（　　）

13.【2015·判断题】一般纳税人销售货物向购买方收取的包装物租金，应并入销售额计算增值税销项税额。（　　）

考点7　增值税税收优惠（★★）

1.【2018·单选题】下列各项中，不属于增值税免税项目的是（　　）。
　　A. 养老机构提供的养老服务　　　　B. 装修公司提供的装饰服务
　　C. 婚介所提供的婚姻介绍服务　　　D. 托儿所提供的保育服务

2.【2019·多选题】根据增值税法律制度的规定，下列各项中，不征收增值税的有（　　）。
　　A. 物业管理单位代收的住宅专项维修资金
　　B. 被保险人获得的医疗保险赔付
　　C. 保险人取得的财产保险费收入
　　D. 物业管理单位收取的物业费

考点8　增值税征收管理（★★）

1.【2020·单选题】根据增值税法律制度的规定，下列关于增值税纳税地点的表述中，不正确的是（　　）。
　　A. 固定业户应当向其机构所在地的税务机关申报纳税
　　B. 非固定业户销售货物或者应税劳务应当向其机构所在地或者居住地的税务机关申报纳税
　　C. 进口货物应当向报关地海关申报纳税
　　D. 扣缴义务人应当向其机构所在地或者居住地的税务机关申报缴纳其扣缴的税款

2.【2021·多选题】根据增值税法律制度的规定，下列关于增值税纳税义务发生时间的表述中，正确的有（　　）。
　　A. 纳税人进口货物的，为报关进口的当天
　　B. 纳税人从事金融商品转让的，为收到销售款的当天
　　C. 纳税人提供租赁服务采取预收款方式的，为交付租赁物的当天
　　D. 纳税人采取委托银行收款方式销售货物的，为发出货物并办妥托收手续的当天

3.【2020·判断题】银行以1个季度为纳税期限申报缴纳增值税。（　　）

考点9　增值税专用发票使用规定（★）

【2014·判断题】商业企业一般纳税人零售的烟、酒、食品、服装、鞋帽（不包括劳保

专用部分）、化妆品等消费品可以开具专用发票。   （   ）

考点10 消费税纳税人（★）

【2014·单选题】根据消费税法律制度的规定，属于消费税纳税人的是（   ）。
A. 粮食批发企业　　　　　　　　B. 家电零售企业
C. 卷烟进口企业　　　　　　　　D. 服装企业

考点11 消费税税目（★★）

1.【2020·单选题】根据消费税法律制度的规定，下列车辆属于应税小汽车征税范围的是（   ）。
A. 电动汽车
B. 高尔夫车
C. 用中轻型商用客车底盘改装的中轻型商用客车
D. 雪地车

2.【2015·单选题】根据消费税法律制度的规定，下列各项中，不征收消费税的是（   ）。
A. 体育上用的发令纸　　　　　　B. 礼花
C. 烟花炮弹　　　　　　　　　　D. 鞭炮

考点12 消费税征税范围（★★★）

1.【2018·单选题】根据消费税法律制度的规定，下列行为中，不缴纳消费税的是（   ）。
A. 外贸公司进口高档手表
B. 首饰店零售金银首饰
C. 小汽车生产企业将自产小汽车奖励给优秀员工
D. 烟草批发企业将卷烟销售给其他烟草批发企业

2.【2017·单选题】根据消费税法律制度的规定，下列各项中，需要缴纳消费税的是（   ）。
A. 超市零售的白酒　　　　　　　B. 销售自产电动车
C. 百货商店销售高档化妆品　　　D. 销售自产实木地板

3.【2014·单选题】根据消费税法律制度的规定，下列各项中，应缴纳消费税的是（   ）。
A. 汽车厂销售雪地车　　　　　　B. 手表厂销售高档手表
C. 珠宝店销售珍珠项链　　　　　D. 商场销售木制一次性筷子

4.【2017·多选题】根据消费税法律制度的规定，2016年12月甲酒厂发生的下列业务中，应缴纳消费税的有（   ）。

A. 将自产高度白酒继续加工成低度白酒
B. 将自产低度白酒奖励职工
C. 将自产高度白酒馈赠客户
D. 将自产低度白酒用于市场推广

考点13 消费税应纳税额的计算（★★★）

1.【2021·单选题】 2019年8月甲酒厂将自产白酒1吨馈赠老客户，该批白酒生产成本42 500元，无同类白酒销售价格。已知消费税比例税率为20%，定额税率为0.5元/500克，成本利润率为5%。计算甲酒厂当月该笔业务应缴纳消费税税额的下列算式中，正确的是（　　）。

A. 42 500×(1+5%)÷(1-20%)×20%=11 156.25（元）
B. [42 500×(1+5%)+1×1 000×2×0.5]÷(1-20%)×20%+1×1 000×2×0.5=12 406.25（元）
C. 42 500×(1+5%)×20%+1×1 000×2×0.5=9 925（元）
D. [42 500×(1+5%)+1×1 000×2×0.5]÷(1-20%)×20%=11 406.25（元）

2.【2021·单选题】 根据消费税法律制度的规定，企业发生的下列行为中，外购应税消费品已纳消费税税额不得从应纳消费税税额中扣除的是（　　）。

A. 以外购已税实木地板为原料生产实木地板
B. 以外购已税高档化妆品为原料生产高档化妆品
C. 以外购已税烟丝生产卷烟
D. 以外购已税白酒生产白酒

3.【2019·单选题】 甲酒厂为增值税一般纳税人，2019年8月销售自产白酒10吨，取得含增值税销售额232 000元。已知白酒增值税税率为13%，消费税比例税率为20%，定额税率为0.5元/500克，计算甲酒厂当月应缴纳消费税税额的下列算式中，正确的是（　　）。

A. 232 000×20%
B. 232 000÷(1+13%)×20%
C. 232 000×20%+10×2 000×0.5
D. 232 000÷(1+13%)×20%+10×2 000×0.5

4.【2019·单选题】 甲公司为增值税小规模纳税人，2018年10月销售自产葡萄酒，取得含增值税销售额150 174元。已知增值税征收率为3%，葡萄酒消费税税率为10%。计算甲公司当月该笔业务应缴纳消费税税额的下列算式中，正确的是（　　）。

A. 150 174÷(1+3%)×10%
B. 150 174×(1-10%)×10%
C. 150 174×10%
D. 150 174÷(1-10%)×10%

5.【2016·单选题】 甲汽车厂将1辆生产成本5万元的自产小汽车用于抵偿债务，同型号小汽车不含增值税平均售价10万元/辆,不含增值税最高售价12万元/辆。已知小汽车消费税税率为5%。甲汽车厂该笔业务应缴纳消费税税额的下列算式中,正确的是( )。

A. 1×10×5%　　　　　　　　　B. 1×12×5%
C. 1×5×5%　　　　　　　　　D. 1×5×(1+5%)×5%

6.【2014·单选题】2013年10月,甲公司受托加工化妆品,收取不含增值税加工费14万元,委托方提供主要材料成本56万元。甲公司无同类化妆品销售价格。已知化妆品消费税税率为15%。甲公司当月受托加工业务应代收代缴消费税税额的下列算式中,正确的是( )。

A. (56+14)÷(1-15%)×15%　　B. 56÷(1-15%)×15%
C. (56+14)×15%　　　　　　　D. 56×15%

7.【2018·多选题】根据消费税法律制度的规定,下列各项中,纳税人应当以同类应税消费品的最高销售价格作为计税依据的有( )。

A. 将自产应税消费品用于换取生产资料
B. 将自产应税消费品用于换取消费资料
C. 将自产应税消费品用于对外捐赠
D. 将自产应税消费品用于投资入股

8.【2017·多选题】根据消费税法律制度,下列各项中,实行从量计征消费税的有( )。

A. 柴油　　　B. 黄酒　　　C. 涂料　　　D. 游艇

考点14　消费税征收管理(★★)

1.【2018·单选题】根据消费税法律制度的规定,下列关于消费税纳税义务发生时间的表述中,不正确的是( )。

A. 委托加工应税消费品的,为纳税人提货的当天
B. 采取托收承付方式销售应税消费品的,为收到货款的当天
C. 进口应税消费品的,为报关进口的当天
D. 自产自用应税消费品的,为移送使用的当天

2.【2016·多选题】根据消费税法律制度的规定,下列关于消费税纳税义务发生时间的表述中,正确的有( )。

A. 纳税人委托加工应税消费品的,为签订委托加工合同的当天
B. 纳税人进口应税消费品的,为报关进口的当天
C. 纳税人自产自用应税消费品的,为移送使用当天
D. 纳税人采用预收货款结算方式销售货物的,为发出应税消费品的当天

考点15　城市维护建设税与教育费附加(★)

1.【2015·判断题】根据城市维护建设税法律制度的规定,城市维护建设税的计税依据

是纳税人实际缴纳的增值税、消费税税额。在计算计税依据时,应当按照规定扣除期末留抵退税退还的增值税税额。( )

2.【2014·判断题】对出口产品退还增值税、消费税的,应同时退还已缴纳的城市维护建设税。( )

3.【2014·判断题】对由于减免增值税、消费税而发生退税的,不予退还已征收的城市维护建设税。( )

考点 16 车辆购置税(★)

【2016·单选题】根据车辆购置税法律制度的规定,下列各项中,不属于车辆购置税征税范围的是( )。
A. 有轨电车
B. 排气量超过 150 毫升摩托车
C. 汽车
D. 火车

考点 17 关税(★)

1.【2020·单选题】2019 年 9 月甲公司进口生产设备一台,海关审定的货价 45 万元,运抵我国海关境内输入地起卸前的运费 4 万元、保险费 2 万元。已知关税税率为 10%。计算甲公司该笔业务应纳关税税额的下列算式中,正确的是( )。
A.(45+4+2)×10%
B. 45÷(1-10%)×10%
C.(45-2)×10%
D.(45-4)×10%

2.【2017·多选题】根据关税法律制度的规定,下列各项进口货物中,实行从价加从量复合计税的有( )。
A. 啤酒
B. 放像机
C. 广播用录像机
D. 摄像机

不定项选择题

1.【2020】甲公司为增值税一般纳税人,主要从事小汽车的制造和销售业务。2019 年 7 月有关经营情况如下:

(1)销售一辆定制的自产小汽车,取得含增值税价款 226 000 元,另收取手续费 33 900 元。

(2)将 10 辆自产小汽车对外投资,小汽车生产成本 9 万元/辆,甲公司同类小汽车不含增值税最高销售价格 17 万元/辆、平均销售价格 15 万元/辆、最低销售价格 12 万元/辆。

(3)采取预收货款方式销售给 4S 店一批自产小汽车,6 日签订合同,11 日收到预收款,16 日发出小汽车,21 日开具发票。

(4)生产中轻型商用客车 180 辆,其中 171 辆用于销售、3 辆用于广告、2 辆用于本公司管理部门、4 辆用于赞助。

已知:销售小汽车增值税税率为 13%,消费税税率为 5%。

要求:根据上述资料,不考虑其他因素,分析回答下列小题。

（1）计算甲公司当月销售定制的自产小汽车应缴纳消费税税额的下列算式中，正确的是（　　）。
  A．（226 000 + 33 900）×5%
  B．226 000 ÷（1 + 13%）×5%
  C．（226 000 + 33 900）÷（1 + 13%）×5%
  D．226 000 ×5%
（2）计算甲公司当月以自产小汽车对外投资应缴纳消费税税额的下列算式中，正确的是（　　）。
  A．10 ×15 ×5%　　　　　　　　B．10 ×12 ×5%
  C．10 ×9 ×5%　　　　　　　　　D．10 ×17 ×5%
（3）甲公司当月采取预收货款方式销售自产小汽车，消费税的纳税义务发生时间是（　　）。
  A．7月6日　　B．7月11日　　C．7月16日　　D．7月21日
（4）甲公司的下列中轻型商用客车中，应缴纳消费税的是（　　）。
  A．用于赞助的4辆　　　　　　B．用于销售的171辆
  C．用于广告的3辆　　　　　　D．用于本公司管理部门的2辆

2．【2020】甲公司为增值税一般纳税人，主要从事化妆品生产和销售业务，2019年6月有关经营情况如下：
（1）销售自产高档美容化妆品，取得不含增值税销售额3 000 000元；
（2）将100套自产高档美容类化妆品无偿赠送给客户，当月同类化妆品不含增值税单价1 000元/套；
（3）将40套自产高档护肤类化妆品奖励给公司优秀员工，当月同类化妆品不含增值税单价500元/套；
（4）以银行存款5 000 000元投资乙商场；
（5）受托为丙公司加工一批高档修饰类化妆品，收取加工费开具增值税专用发票，注明金额250 000元，税额32 500元，丙公司提供材料成本600 000元，甲公司无同类化妆品销售价格；
（6）进口一批成套化妆品，海关审定完税关税价格935 000元，取得海关进口增值税专用缴款书。
已知：销售高档化妆品增值税税率为13%，消费税税率为15%，关税税率为5%，取得的扣税凭证均符合抵扣规定。
要求：根据上述资料，不考虑其他因素，分析回答下列小题。
（1）甲公司当月发生的下列业务中，应缴纳消费税的是（　　）。
  A．将自产高档护肤类化妆品奖励给公司优秀员工
  B．销售自产高档美容类化妆品
  C．将自产高档美容类化妆品无偿赠送给客户
  D．以银行存款投资乙商场
（2）计算甲公司当月受托加工高档修饰类化妆品应代收代缴消费税税额的下列算式中，正确的是（　　）。
  A．（600 000 + 250 000）×15%

B. （600 000 +250 000）÷（1 -15%）×15%

C. 600 000 ×15%

D. （600 000 +250 000 +32 500）×15%

（3）计算甲公司当月进口成套化妆品应缴纳消费税税额的下列算式中，正确的是（   ）。

A. 935 000 ×15%

B. 935 000 ÷（1 -15%）×15%

C. （935 000 +935 000 ×5%）÷（1 -15%）×15%

D. （935 000 +935 000 ×5%）×15%

（4）计算甲公司当月应向税务机关缴纳增值税税额的下列算式中，正确的是（   ）。

A. 3 000 000 ×13% +32 500

B. 3 000 000 ×13% -（935 000 +935 000 ×5%）×13%

C. （3 000 000 +1 000 ×100）×13% -（935 000 +935 000 ×5%）×13%

D. （3 000 000 +1 000 ×100 +500 ×40）×13% +32 500 -（935 000 +935 000 × 5%）÷（1 -15%）×13%

3.【2019】甲公司为增值税一般纳税人，主要从事彩电的生产与销售业务。2019年8月有关经营情况如下：

（1）销售M型彩电，取得含增值税价款6 960 000元，另收取包装物租金58 000元。

（2）采取以旧换新方式销售N型彩电500台，N型彩电同期含增值税销售单价4 640 元／台，旧彩电每台折价324.8元。

（3）购进生产用液晶面板，取得增值税专用发票注明税额480 000元。

（4）购进劳保用品，取得增值税普通发票注明税额300元。

（5）购进一辆销售部门和职工食堂混用的货车，取得税控机动车销售统一发票注明税额96 000元。

（6）组织职工夏季旅游，支付住宿费，取得增值税专用发票注明税额1 200元。

（7）将自产Z型彩电无偿赠送给某医院150台，委托某商场代销800台，作为投资提供给某培训机构400台；购进50台电脑奖励给业绩突出的职工。

已知：增值税税率为13%；取得的扣税凭证已通过税务机关认证。

要求：根据上述资料，不考虑其他因素，分析回答下列小题。

（1）计算甲公司当月销售M型彩电增值税销项税额的下列算式中，正确的是（   ）。

A.（6 960 000 +58 000）÷（1 +13%）×13%

B. 6 960 000 ÷（1 +13%）×13%

C. 6 960 000 ×13%

D.（6 960 000 +58 000）×13%

（2）计算甲公司当月采取以旧换新方式销售N型彩电增值税销项税额的下列算式中，正确的是（   ）。

A. 500 ×[4 640 ÷（1 +13%）-324.8]×13%

B. 500 ×（4 640 -324.8）÷（1 +13%）×13%

C. 500 ×4 640 ÷（1 +13%）×13%

D. 500 ×（4 640 -324.8）×13%

（3）甲公司的下列进项税额中，准予从销项税额中抵扣的是（   ）。
　　A. 支付住宿费的进项税额1 200元
　　B. 购进货车的进项税额96 000元
　　C. 购进劳保用品的进项税额300元
　　D. 购进生产用液晶面板的进项税额480 000元
（4）甲公司的下列业务中，属于增值税视同销售货物行为的是（   ）。
　　A. 将自产的800台Z型彩电委托某商场代销
　　B. 将自产的400台Z型彩电作为投资提供给某培训机构
　　C. 将购进的50台电脑奖励给业绩突出的职工
　　D. 将自产的150台Z型彩电无偿赠送给某医院

4.【2018】甲公司为增值税一般纳税人，主要从事空调生产和销售业务。2019年7月有关经营情况如下：

（1）采取预收货款方式向乙公司销售W型空调100台，每台含税售价为3 510元，甲公司给予每台351元折扣额的价格优惠。双方于7月2日签订销售合同。甲公司7月6日收到价款，7月20日发货并向对方开具发票，销售额和折扣额在同一张发票上分别注明，乙公司7月22日收到空调。

（2）销售Y型空调3 000台，每台含税售价为2 925元。公司业务部门领用10台Y型空调用于奖励优秀员工。公司食堂领用2台Y型空调用于防暑降温。

（3）购进原材料一批，取得增值税专用发票注明税额102 000元；向丙公司支付新产品设计费，取得增值税专用发票注明税额3 000元；支付销售空调运输费用，取得增值税专用发票注明税额550元，支付招待客户餐饮费用，取得增值税普通发票注明税额120元。

已知：销售货物增值税税率为13%，取得的增值税专用发票均已通过税务机关认证。

要求：根据上述资料，不考虑其他因素，分析回答下列小题。

（1）计算甲公司当月销售W型空调增值税销项税额的下列算式中，正确的是（   ）。
　　A. 100×（3 510－351）÷（1＋13%）×13%
　　B. 100×3 510×13%
　　C. 100×3 510÷（1＋13%）×13%
　　D. 100×（3 510－351）×13%

（2）计算甲公司当月销售及领用Y型空调增值税销项税额的下列算式中，正确的是（   ）。
　　A. （3 000＋2）×2 925÷（1＋13%）×13%
　　B. （3 000＋10＋2）×2 925÷（1＋13%）×13%
　　C. 3 000×2 925×13%
　　D. （3 000＋2）×2 925×13%

（3）甲公司的下列进项税中，准予从销项税额中抵扣的是（   ）。
　　A. 支付销售空调运输费用的进项税额550元
　　B. 支付招待客户餐饮费用的进项税额120元
　　C. 支付新产品设计费的进项税额3 000元
　　D. 购进原材料的进项税额102 000元

（4）甲公司销售W型空调，其增值税纳税义务发生时间是（   ）。

A. 7月22日　　B. 7月6日　　C. 7月2日　　D. 7月20日

5.【2017】 甲商业银行M支行为增值税一般纳税人，主要提供相关金融服务，乙公司为其星级客户。甲商业银行M支行2016年第四季度有关经营业务的收入如下：

（1）提供贷款服务，取得含增值税利息收入6 491.44万元。

（2）提供票据贴现服务，取得含增值税利息收入874.5万元。

（3）提供资金结算服务，取得含增值税服务费收入37.1万元。

（4）提供账户管理服务，取得含增值税服务费收入12.72万元。

已知：金融服务增值税税率为6%，乙公司为增值税一般纳税人。

要求：根据上述资料，不考虑其他因素，分析回答下列小题。

（1）甲商业银行M支行2016年第四季度取得的下列收入中，应按照"金融服务——直接收费金融服务"税目计缴增值税的是（　　）。

A. 账户管理服务费收入12.72万元

B. 票据贴现利息收入874.5万元

C. 资金结算服务费收入37.1万元

D. 贷款利息收入6 491.44万元

（2）计算甲商业银行M支行2016年第四季度贷款服务增值税销项税额的下列算式中，正确的是（　　）。

A. （6 491.44 +874.5）÷（1 +6%）×6%

B. 37.1 ×6% +12.72 ÷（1 +6%）×6%

C. 37.1 ÷（1 +6%）×6% +874.5 ×6%

D. （6 491.44 +37.1）×6%

（3）计算甲商业银行M支行2016年第四季度直接收费金融服务增值税销项税额的下列算式中，正确的是（　　）。

A. 37.1 ÷（1 +6%）×6% +12.72 ×6%

B. （37.1 +12.72）÷（1 +6%）×6%

C. （6 491.44 +37.1）÷（1 +6%）×6%

D. 874.5 ×6% +12.72 ÷（1 +6%）×6%

（4）乙公司向甲商业银行M支行购进的下列金融服务中，不得从销项税额中抵扣进项税额的是（　　）。

A. 票据贴现服务　　　　　　B. 账户管理服务

C. 贷款服务　　　　　　　　D. 资金结算服务

6.【2017】 甲航空公司为增值税一般纳税人，主要提供国内国际运输服务，2020年10月有关经营情况如下：

（1）提供国内旅客运输服务，取得含增值税票款收入9 990万元，特价机票改签、变更费499.5万元。

（2）代收转付航空意外保险费200万元，代收机场建设费（民航发展基金）266.4万元，代收转付其他航空公司客票款199.8万元。

（3）出租飞机广告位取得含增值税收入299.52万元，同时收取延期付款违约金4.68万元。

已知：交通运输服务增值税税率为9%，有形动产租赁服务增值税税率为13%。

要求：根据上述资料，不考虑其他因素，分析回答下列小题。
（1）甲航空公司提供的国际运输服务，适用的增值税税率是（　　）。
　　A. 13%　　　　B. 9%　　　　C. 6%　　　　D. 0
（2）计算甲航空公司当月提供国内旅客运输服务增值税销项税额的下列算式中，正确是（　　）。
　　A.（9 990 +499.5）÷（1 +9%）×9%
　　B.（9 990 +499.5 +200 +266.4）×9%
　　C.（9 990 +499.5 +266.4 +199.8）×9%
　　D.（9 990 +266.4 +199.8）÷（1 +9%）×9%
（3）计算甲航空公司当月提供飞机广告位出租服务的增值税销项税额的下列算式中，正确的是（　　）。
　　A.（299.52 +4.68）÷（1 +13%）×13%
　　B. 299.52÷（1 +13%）×13%
　　C. 299.52×13%
　　D.（299.52 +4.68）×13%
（4）甲航空公司当月取得下列款项中，应并入销售额计征增值税的是（　　）。
　　A. 代收转付航空意外保险费 200 万元
　　B. 代收机场建设费（民航发展基金）266.4 万元
　　C. 特价机票改签、变更费 499.5 万元
　　D. 代收转付其他航空公司客票款 199.8 万元

7.【2015】甲公司为增值税一般纳税人，主要生产和销售洗衣机。2020 年 7 月有关经济业务如下：
（1）购进一批原材料，取得增值税专用发票上注明的税额为 272 000 元；支付运输费，取得增值税专用发票上注明税额 2 750 元。
（2）购进低值易耗品，取得增值税普通发票上注明的税额为 8 500 元。
（3）销售 A 型洗衣机 1 000 台，含增值税销售单价 3 510 元/台；另收取优质费 526 500 元、包装物租金 175 500 元。
（4）采取以旧换新方式销售 A 型洗衣机 50 台，旧洗衣机作价 117 元/台。
（5）向优秀职工发放 A 型洗衣机 10 台，生产成本 2 106 元/台。
已知：增值税税率为 13%，上期留抵增值税税额 59 000 元，取得的增值税专用发票已通过税务机关认证。
要求：根据上述资料，分析回答下列小题。
（1）甲公司当月销售 A 型洗衣机增值税销项税额的下列计算中，正确的是（　　）。
　　A.［1 000×3 510 +526 500÷（1 +13%）］×13%
　　B.（1 000×3 510 +526 500 +175 500）×13%
　　C.（1 000×3 510 +526 500 +175 500）÷（1 +13%）×13%
　　D. 1 000×3 510×13%
（2）甲公司当月以旧换新方式销售 A 型洗衣机增值税销项税额的下列计算中，正确的是（　　）。
　　A. 50×3 510×13%

B. 50×(3 510－117)÷(1＋13%)×13%
C. 50×3 510÷(1＋13%)×13%
D. 50×(3 510－117)×13%

（3）甲公司当月向优秀职工发放A型洗衣机增值税销项税额的下列计算中，正确的是（　　）。

A. 10×2 106÷(1＋13%)×13%　　B. 10×3 510×13%
C. 10×2 160×13%　　D. 10×3 510÷(1＋13%)×13%

（4）甲公司下列增值税进项税额准予抵扣的是（　　）。

A. 购进低值易耗品的进项税额8 500元
B. 上期留抵的增值税税额59 000元
C. 购进原材料的进项税额272 000元
D. 支付运输费的进项税额2 750元

第五章 所得税法律制度

考点	BT教材页码	近5年考查频次	2017年	2018年	2019年	2020年	2021年
企业所得税纳税人及征税对象	P153	1					判断题：企业所得税纳税人
企业所得税应纳税所得额的计算	P155	12	多选题：视同销售		单选题：税前扣除 多选题：收入 多选题：税前扣除 判断题：税前扣除 判断题：收入	单选题：收入 单选题：税前扣除 多选题：税前扣除	单选题：税前扣除 多选题：收入 判断题：收入
资产的税务处理	P163	5	单选题：资产计税基础	单选题：计提折旧扣除	2道单选题：计提折旧扣除		单选题：计提折旧扣除
企业所得税应纳税额的计算	P167	3		单选题：非居民企业应纳税额计算		单选题：应纳税额计算	单选题：应纳税额计算
企业所得税税收优惠	P167	5	判断题：减半征收		单选题：减半征收 单选题：最低折旧年限 多选题：加计扣除	单选题：减半征收	
企业所得税征收管理	P172	0					
个人所得税纳税人和所得来源的确定	P173	2		单选题：非居民纳税人 判断题：合伙企业的自然人合伙人			

续表

考点	BT教材页码	近5年考查频次	2017年	2018年	2019年	2020年	2021年
个人所得税应税所得项目	P174	6	单选题：征税对象 2道判断题：税目	判断题：工资、薪金所得	单选题：工资、薪金所得 多选题：劳务报酬所得		
个人所得税税率	P181	1		单选题：超额累进税率			
个人所得税应纳税所得额的确定	P184	4		多选题：收入总额	单选题：收入总额 多选题：专项附加扣除		单选题：专项附加扣除
个人所得税应纳税额的计算	P190	3		单选题：财产租赁所得应纳税额	单选题：财产租赁所得应纳税额		单选题：稿酬所得应纳税额
个人所得税税收优惠	P196	1			单选题：免税项目		
个人所得税征收管理	P198	1			判断题：纳税申报		
不定项选择题		9	3道不定项选择题：个税税前扣除、应纳税额、企业所得税应纳税所得额、税前扣除	2道不定项选择题：个税税目、个税应纳税额、税收优惠、企业所得税应纳税所得额、税前扣除	增值税应纳税额、个税应纳税额、税收优惠	专项扣除、综合所得应纳税所得额、个税免税项目	2道不定项选择题：企业所得税税前扣除、应纳税所得额、个税应纳税额、应纳税所得额

考点1 企业所得税纳税人及征税对象（★★）

1.【2016·多选题】根据企业所得税法律制度的规定，下列依照中国法律、行政法规成立的企业中，属于企业所得税纳税人的有（　　）。
　　A. 国有独资公司　　　　　　　　B. 合伙企业
　　C. 个人独资企业　　　　　　　　D. 一人有限责任公司

2.【2015·多选题】根据企业所得税法律制度的规定，下列关于所得来源地的确定，正确的有（　　）。
　　A. 销售货物所得，按照交易活动发生地确定
　　B. 不动产转让所得，按照转让不动产的企业或者机构、场所所在地确定
　　C. 股息、红利等权益性投资所得，按照分配所得的企业所在地确定

D. 权益性投资资产转让所得，按照投资企业所在地确定

3. 【2016·判断题】企业接受捐赠所得不属于企业所得税的征税对象。　　　　（　　）

考点2　企业所得税应纳税所得额的计算（★★★）

1. 【2021·单选题】甲企业2018年计入成本、费用的实发工资总额为400万元，拨缴职工工会经费10万元，支出职工福利费55万元，职工教育经费20万元。该企业2018年计算应纳税所得额时准予在税前扣除的工资和三项经费合计金额，正确的是（　　）。
　　A. 400＋400×14%＋400×2%＋400×8%＝496（万元）
　　B. 400＋55＋400×2%＋20＝483（万元）
　　C. 400＋55＋10＋20＝485（万元）
　　D. 400＋400×14%＋10＋20＝486（万元）

2. 【2020·单选题】根据企业所得税法律制度的规定，关于在中国境内未设立机构、场所的非居民企业取得的来源于中国境内的所得，其应纳税所得额确定的下列表述中，不正确的是（　　）。
　　A. 租金所得以收入全额为应纳税所得额
　　B. 股息所得以收入全额为应纳税所得额
　　C. 特许权使用费所得以收入全额为应纳税所得额
　　D. 转让财产所得以收入全额为应纳税所得额

3. 【2020·单选题】根据企业所得税法律制度的规定，下列各企业发生的广告费和业务宣传费一律不得扣除的是（　　）。
　　A. 化妆品制造企业的化妆品广告费　　B. 医药制造企业的药品广告费
　　C. 饮料制造企业的饮料广告费　　　　D. 烟草企业的烟草广告费

4. 【2016·单选题】根据企业所得税法律制度的规定，下列关于企业所得税税前扣除的表述中，不正确的是（　　）。
　　A. 企业发生的合理的工资薪金的支出，准予扣除
　　B. 企业发生的职工福利费支出超过工资薪金总额的14%的部分，准予在以后纳税年度结转扣除
　　C. 企业发生的合理的劳动保护支出，准予扣除
　　D. 企业参加财产保险，按照规定缴纳的保险费，准予扣除

5. 【2016·单选题】根据企业所得税法律制度的规定，某企业利润总额为30万元，对外直接捐赠6万元，通过国家机构捐赠4万元，该企业公益性捐赠支出可以税前扣除的金额为（　　）万元。
　　A. 10　　　　B. 4　　　　C. 6　　　　D. 3.6

6. 【2014·单选题】2013年甲企业实现销售收入3 000万元，当年发生广告费400万元，上年度结转未扣除广告费60万元。已知广告费不超过当年销售收入15%的部分，准予扣除。甲企业在计算2013年度企业所得税纳税所得额时，准予扣除的广告费金额为（　　）万元。

A. 340　　　　　B. 510　　　　　C. 450　　　　　D. 460

7.【2021·多选题】根据企业所得税法律制度的规定，下列各项中，属于不征税收入的有（　　）。

A. 财政拨款　　B. 国债利息收入　　C. 接受捐赠收入　　D. 政府性基金

8.【2020·多选题】根据企业所得税法律制度的规定，企业所得税可以税前扣除的有（　　）。

A. 违约金　　B. 母公司管理费　　C. 诉讼费　　D. 罚款

9.【2019·多选题】根据企业所得税法律制度的规定，下列各项中，属于转让财产收入的有（　　）。

A. 销售原材料取得的收入　　　　B. 转让无形资产取得的收入
C. 转让股权取得的收入　　　　　D. 提供专利权的使用权取得的收入

10.【2017·多选题】根据企业所得税法律制度的规定，下列各项中，应视同销售货物的有（　　）。

A. 将货物用于捐赠　　　　B. 将货物用于偿债
C. 将货物用于广告　　　　D. 将货物用于赞助

11.【2015·多选题】根据企业所得税法律制度规定，在计算所得税时，准予扣除的有（　　）。

A. 向客户支付的合同违约金　　　　B. 向税务机关支付的税收滞纳金
C. 向银行支付的逾期利息　　　　　D. 向公安部门缴纳的交通违章罚款

12.【2019·判断题】企业职工因公出差乘坐交通工具发生的人身意外保险费支出，准予企业在计算企业所得税应纳税所得额时扣除。（　　）

13.【2019·判断题】在计算企业所得税应纳税所得额时，利息收入按照债务人实际支付利息的日期确认收入的实现。（　　）

14.【2015·判断题】企业为促进商品销售，给予购买方的商业折扣应按扣除商业折扣后的金额确定销售收入，计算企业所得税应纳税额。（　　）

考点3　资产的税务处理（★★）

1.【2021·单选题】根据企业所得税法律制度，下列固定资产可以计算折旧税前扣除的是（　　）。

A. 已足额提取折旧仍继续使用的固定资产
B. 以融资租赁方式租出的固定资产
C. 未投入使用的房屋
D. 单独估价作为固定资产入账的土地

2.【2019·单选题】根据企业所得税法律制度的规定，下列固定资产计提的折旧，允许在计算应纳税所得额时扣除的是（　　）。

A. 未投入使用的生产设备计提的折旧　　B. 经营租入设备计提的折旧

C. 融资租入资产计提的折旧   D. 已提足折旧但继续使用的生产设备

3.【2017·单选题】甲企业为增值税小规模纳税人，2016 年 11 月购入一台生产用机器设备，取得普通发票 60 万元，税额为 10.2 万元，支付安装费，取得普通发票价款 2 万元，税额 0.22 万元，计算甲企业所得税计税基础的下列算式中，正确的是（   ）。

A. 60 +2   B. 60 +10.2
C. 60 +10.2 +2 +0.22   D. 60 +10.2 +2

考点 4 企业所得税应纳税额的计算（★★★）

1.【2021·单选题】甲居民企业为小型微利企业，适用 20% 的企业所得税税率。2021 年实现年度会计利润 150 万元，假设不考虑其他纳税调整事项，下列计算甲企业 2021 年应缴纳企业所得税的算式中，正确的是（   ）。

A. 150 ×20% =30（万元）
B. 150 ×50%×20% =15（万元）
C. 100 ×50%×20% +（150 -100）×25%×20% =12.5（万元）
D. 100 ×12.5%×20% +（150 -100）×50%×20% =7.5（万元）

2.【2020·单选题】甲公司 2019 年度利润总额 300 万元，预缴企业所得税税额 60 万元，在"营业外支出"账户中列支了通过公益性社会组织向灾区的捐款 38 万元。已知企业所得税税率为 25%；公益性捐赠支出不超过年度利润总额 12% 的部分，准予在计算企业所得税应纳税所得额时扣除。计算甲公司当年应补缴企业所得税税额的下列算式中，正确的是（   ）。

A. 300 ×25% -60
B. （300 +300 ×12%）×25% -60
C. [300 +（38 -300 ×12%）] ×25% -60
D. （300 +38）×25% -60

考点 5 企业所得税税收优惠（★★）

1.【2020·单选题】企业从事下列项目取得的所得中，减半征收企业所得税的是（   ）。

A. 饲养家禽   B. 远洋捕捞   C. 海水养殖   D. 种植中药材

2.【2019·单选题】根据企业所得税法律制度的规定，符合条件的企业可以采取缩短折旧年限的方式计提固定资产折旧，但最低折旧年限不得低于税法规定折旧年限的一定比例，该比例为（   ）。

A. 30%   B. 40%   C. 50%   D. 60%

3.【2014·多选题】企业所得税的税收优惠形式有（   ）。

A. 加速折旧   B. 减计收入   C. 税额抵扣   D. 加计扣除

4.【2015·判断题】企业综合利用资源，生产符合国家产业政策规定的产品所取得的收入，免征企业所得税。   （   ）

考点6 企业所得税征收管理（★★）

1.【2015·判断题】企业在一个纳税年度中间开业或者终止营业活动，使该纳税年度的实际经营期不足12个月的，应当以实际经营期为1个纳税年度。（　　）

2.【2014·判断题】企业在年度中间终止经营活动的，应当自实际经营终止之日起60日内，向税务机关办理当期企业所得税汇算清缴。（　　）

考点7 个人所得税纳税人和所得来源的确定（★）

1.【2017·单选题】根据个人所得税法律制度的规定，下列在境内无住所的外籍个人中，不属于居民纳税人的是（　　）。
  A. 怀特2019年1月1日入境，9月30日离境，中间三次离境，每次20天
  B. 汤姆2019年2月1日入境，6月1日离境
  C. 海南维2019年1月1日入境，7月31日离境
  D. 麦克2019年5月1日入境，12月31日离境，中间离开25天

2.【2017·判断题】合伙企业的自然人合伙人为个人所得税纳税人。（　　）

考点8 个人所得税应税所得项目（★★）

1.【2019·单选题】出租汽车经营单位对出租车驾驶员采取单车承包经营或承租方式运营，出租车驾驶员从事客运取得的收入，适用的个人所得税应纳税所得项目是（　　）。
  A. 财产转让所得　　　　　　B. 工资、薪金所得
  C. 财产租赁所得　　　　　　D. 经营所得

2.【2016·单选题】根据个人所得税法律制度，下列应按"工资、薪金所得"税目征收个人所得税的是（　　）。
  A. 单位全勤奖　　　　　　　B. 参加商场活动中奖
  C. 出租闲置房屋取得的所得　D. 国债利息所得

3.【2015·单选题】根据个人所得税法律制度的规定，下列各项中，不属于工资、薪金性质的补贴、津贴是（　　）。
  A. 岗位津贴　　B. 加班补贴　　C. 差旅费津贴　　D. 工龄补贴

4.【2014·多选题】根据个人所得税法律制度的规定，下列收入中，按照"特许权使用费所得"税目缴纳个人所得税的有（　　）。
  A. 提供商标权收入　　　　　B. 转让土地使用权收入
  C. 转让著作权收入　　　　　D. 转让专利权收入

5.【2014·多选题】根据个人所得税法律制度的规定，下列属于财产转让所得的有（　　）。
  A. 转让剧本使用权　B. 转让设备　C. 转让股权　D. 转让非专利技术

6.【2014·多选题】根据个人所得税法律制度的规定，下列支出中，在计算个体工商户个人所得税应纳税所得额时，不得扣除的有（　　）。
    A. 从业人员合理工资　　　　　　B. 计提的各项准备金
    C. 业主本人工资　　　　　　　　D. 业主家庭生活费用

7.【2018·判断题】职工的误餐补助属于工资、薪金性质的补贴收入，应计算个人所得税。（　　）

8.【2017·判断题】作者去世后，其财产继承人的遗作稿酬免征个人所得税。（　　）

9.【2017·判断题】偶然所得按次计征个人所得税。（　　）

10.【2014·判断题】个人担任公司董事，且不在公司任职、受雇的，其担任董事职务所取得的董事费收入，按照"劳务报酬所得"税目缴纳个人所得税。（　　）

考点9　个人所得税税率（★）

【2018·单选题】根据个人所得税法律制度的规定，下列不适用超额累进税率的是（　　）。
    A. 工资、薪金所得　　　　　　　B. 劳务报酬所得
    C. 经营所得　　　　　　　　　　D. 财产转让所得

考点10　个人所得税应纳税所得额的确定（★★★）

1.【2021·单选题】根据个人所得税法律制度的规定，下列属于专项扣除内容的是（　　）。
    A. 子女教育　　　B. 大病医疗　　　C. 住房公积金　　　D. 住房贷款利息

2.【2019·单选题】根据个人所得税法律制度的规定，下列各项中，在计算个体工商户经营所得应纳税所得额时，可以从其收入总额中减除的是（　　）。
    A. 税收滞纳金　　　　　　　　　B. 非广告性质赞助支出
    C. 个人所得税税款　　　　　　　D. 允许弥补的以前年度亏损

3.【2019·多选题】根据个人所得税法律制度的规定，下列各项中，属于专项附加扣除的有（　　）。
    A. 继续教育　　　B. 子女抚养　　　C. 赡养老人　　　D. 子女教育

4.【2018·多选题】根据个人所得税法律制度的规定，下列以每次收入额为应纳税所得额的有（　　）。
    A. 股息　　　　　B. 红利　　　　　C. 利息　　　　　D. 偶然所得

考点11　个人所得税应纳税额的计算（★★★）

1.【2021·单选题】2019年9月李某出版小说取得稿酬40 000元。为创作该小说，李某发生资料购买费等各种费用5 000元。已知稿酬所得个人所得税预扣率为20%；每次收入

4 000元以上的，减除费用按20%计算，收入额减按70%计算。计算李某该笔稿酬所得应预扣预缴个人所得税税额的下列算式中，正确的是（　　）。

  A. 40 000×（1-20%）×70%×20% =4 480（元）
  B. 40 000×（1-20%）×20% =6 400（元）
  C. （40 000-5 000）×（1-20%）×70%×20% =3 920（元）
  D. （40 000-5 000）×（1-20%）×20% =5 600（元）

  2.【2019·单选题】2018年6月王某出租商铺取得当月租金收入8 000元，租赁过程中缴纳的税费968元，发生商铺修缮费用1 000元，已知财产租赁所得个人所得税税率为20%，财产租赁所得每次（月）收入在4 000元以上的，减除20%的费用。计算王某当月出租商铺应缴纳个人所得税税额的下列算式中，正确的是（　　）。

  A. （8 000-968-1 000）×（1-20%）×20%
  B. 8 000×（1-20%）×20%
  C. （8 000-968-800）×（1-20%）×20%
  D. （8 000-1 000）×（1-20%）×20%

考点12　个人所得税税收优惠（★★）

  1.【2019·单选题】根据个人所得税法律制度的规定，下列情形中，免征个人所得税的是（　　）。

  A. 陈某取得所在公司发放的销售业绩奖金
  B. 杨某获得县教育部门颁发的教育方面的奖金
  C. 王某获得省政府颁发的科学方面的奖金
  D. 李某取得所在单位发放的年终奖

  2.【2014·判断题】个人通过非营利性的社会团体和国家机关向红十字事业的捐赠，准予在税前的所得额中全额扣除。　　　　　　　　　　　　　　　　　　　　（　　）

考点13　个人所得税征收管理（★★）

  1.【2019·判断题】个体工商户享受减税、免税待遇的，在减税、免税期间应当按照规定办理纳税申报。　　　　　　　　　　　　　　　　　　　　　　　　　　（　　）

  2.【2016·多选题】居民纳税人发生的下列情形中，应当按照规定向主管税务机关办理个人所得税自行纳税申报的有（　　）。

  A. 王某从英国取得所得
  B. 林某从出版社取得稿酬所得1万元，出版社已扣缴税款
  C. 李某从境内两家公司取得工资、薪金所得，且工资、薪金年收入减去专项附加扣除的余额超过6万元
  D. 外国人詹姆斯在中国境内从两家公司取得工资、薪金所得

不定项选择题

1.【2021】甲公司为居民企业,主要从事服饰生产和销售业务。2019年度有关经营情况如下:
（1）取得销售收入5 000万元。
（2）发生与生产经营活动有关的业务招待费支出100万元;非广告性赞助支出40万元。
（3）通过市体育局向体育事业捐款50万元,通过市民政局向目标脱贫地区捐款30万元用于扶贫,通过卫生组织向卫生事业捐款8万元。
（4）当年实际缴纳的增值税195万元,缴纳城市维护建设税、教育费附加合计19.5万元。
（5）参加财产保险,按规定向保险公司缴纳财产保险费90万元。
（6）全年利润总额560万元。
已知:业务招待费支出,按照发生额的60%扣除,但最高不得超过当年销售（营业）收入的5‰;公益性捐赠支出,在年度利润总额12%以内,准予在计算企业所得税应纳税所得额时扣除。
要求:根据上述资料,不考虑其他因素,分析回答下列小题。
（1）在计算甲公司2019年度企业所得税应纳税所得额时,准予扣除的业务招待费支出是（　　）万元。
　　A. 60　　　　B. 100　　　　C. 25　　　　D. 35
（2）在计算甲公司2019年度企业所得税应纳税所得额时,准予扣除的公益性捐赠支出是（　　）万元。
　　A. 67.2　　　B. 80　　　　C. 58　　　　D. 88
（3）在计算甲公司2019年度企业所得税应纳税所得额时,下列各项中,不得扣除的是（　　）。
　　A. 非广告性赞助支出40万元
　　B. 财产保险费90万元
　　C. 增值税195万元
　　D. 城市维护建设税、教育费附加合计19.5万元
（4）计算甲公司2019年度企业所得税应纳税所得额的下列算式中,正确的是（　　）。
　　A. 560+（100-100×60%）+30-90=540（万元）
　　B. 560+（100×60%-5 000×5‰）+19.5=614.5（万元）
　　C. 560+（100-5 000×5‰）+40+（50+30+8-560×12%）+195=890.8（万元）
　　D. 560+（100-5 000×5‰）+40=675（万元）

2.【2020】中国公民王某是国内甲公司工程师。2020年全年有关收支情况如下:
（1）每月工资、薪金收入10 000元,公司代扣代缴社会保险费共840元,住房公积金960元。

（2）到乙公司连续开展技术培训取得报酬3 800元。
（3）出版技术专著取得稿酬收入15 000元，发生材料费支出4 000元。
（4）取得企业债券利息3 000元，取得机动车保险赔款4 000元，参加有奖竞赛活动取得奖金2 000元，电台抽奖获得价值5 000元免费旅游一次。

已知：王某正在偿还首套住房贷款及利息；王某为独生女，其独生子正在就读大学3年级；王某父母均已年过60岁。王某夫妻约定由王某扣除住房贷款利息和子女教育费。

要求：根据上述资料，不考虑其他因素，分析回答下列小题。

（1）在计算王某2020年综合所得应纳税所得额时，下列计算专项扣除合计额的算式中，正确的是（　　）。

    A.（840 +960）×12
    B. 60 000 +（840 +960）×12
    C. 60 000 +（840 +960）×12 +12 000
    D. 6 000 +840 +960 ×12 +12 000 +12 000 +24 000

（2）有关王某技术培训收入在计算当年综合所得应纳税所得额时的收入额，下列算式中，正确的是（　　）。

    A. 3 800 ×（1 -20%）
    B. 3 800 -800
    C. 3 800 ×（1 -20%）×70%
    D.（3 800 -800）×70%

（3）有关王某稿酬收入在计算当年综合所得应纳税所得额时的收入额，下列计算列式正确的是（　　）。

    A. 15 000 ×（1 -20%）
    B. 15 000 ×（1 -20%）×70%
    C.（15 000 -4 000）×（1 -20%）
    D.（15 000 -4 000）×（1 -20%）×70%

（4）王某的下列收入中，免予征收个人所得税的是（　　）。

    A. 企业债券利息3 000元
    B. 机动车保险赔款4 000元
    C. 参加有奖竞赛活动取得奖金2 000元
    D. 电台抽奖获得价值5 000元免费旅游一次

3.【2019】中国公民陈某为国内某大学教授。2019年1~4月有关收支情况如下：

（1）1月转让一套住房，取得含增值税销售收入945 000元，该套住房原值840 000元，系陈某2018年8月购入，本次转让过程中，发生合理费用5 000元。

（2）2月获得当地教育部门颁发的区（县）级教育方面的奖金10 000元。

（3）3月转让从公开发行市场购入的上市公司股票6 000股，取得股票转让所得120 000元。

（4）4月在甲电信公司购话费获赠价值390元的手机一部；获得乙保险公司给付的保险赔款30 000元。

假设陈某2019年其他收入及相关情况如下：

（1）工资、薪金所得190 000元，专项扣除40 000元。
（2）劳务报酬所得8 000元，稿酬所得5 000元。

已知：财产转让所得个人所得税税率为20%；个人将购买不足2年的住房对外销售的，

按照5%的征收率全额缴纳增值税。综合所得，每一纳税年度减除费用60 000元；劳务报酬所得、稿酬所得以收入减除20%的费用后的余额为收入额；稿酬所得的收入额减按70%计算。

个人所得税税率表（节选）

（综合所得适用）

级数	全年应纳税所得额	税率（%）	速算扣除数（元）
1	不超过36 000元的	3	0
2	超过36 000~144 000元的部分	10	2 520

要求：根据上述资料，不考虑其他因素，分析回答下列小题。

（1）计算陈某1月转让住房应缴纳个人所得税税额的下列算式中，正确的是（　　）。
　　A.（945 000 - 840 000）×20%
　　B.[945 000÷（1 + 5%）- 840 000 - 5 000]×20%
　　C.（945 000 - 840 000 - 5 000）×20%
　　D.[945 000÷（1 + 5%）- 840 000]×20%

（2）计算陈某1月转让住房应缴纳增值税税额的下列算式中，正确的是（　　）。
　　A. 945 000÷（1 + 5%）×5%
　　B. 945 000×5%
　　C.（945 000 - 840 000）÷（1 + 5%）×5%
　　D.（945 000 - 840 000）×5%

（3）陈某的下列所得中，不缴纳个人所得税的是（　　）。
　　A. 获得的保险赔款30 000元
　　B. 获赠价值390元的手机
　　C. 区（县）级教育方面的奖金10 000元
　　D. 股票转让所得120 000元

（4）计算陈某2019年综合所得应缴纳个人所得税税额的下列算式中，正确的是（　　）。
　　A.（190 000 - 60 000 - 40 000）×10% - 2 520 + 8 000×（1 - 20%）×3% + 5 000×70%×3%
　　B.（190 000 - 60 000 - 40 000）×10% - 2 520 + 8 000×（1 - 20%）×3% + 5 000×（1 - 20%）×70%×3%
　　C.[190 000 + 8 000×（1 - 20%）+ 5 000×（1 - 20%）×70% - 60 000 - 40 000]×10% - 2 520
　　D.（190 000 + 8 000 + 5 000×70% - 60 000 - 40 000）×10% - 2 520

4.【2015】甲公司为居民企业，2014年有关收支情况如下：
　　（1）取得产品销售收入5 000万元，转让机器设备收入40万元，国债利息收入20万元，客户合同违约金收入2万元。
　　（2）支付税收滞纳金3万元，银行加息10万元，向投资者支付股息30万元，向关联企业支付管理费 17 万元。

（3）发生业务招待费 50 万元，其他可在企业所得税税前扣除的成本、费用、税金合计 2 600 万元。

已知：在计算企业所得税应纳税所得额时，业务招待费支出按发生额的 60% 扣除，但最高不得超过当年销售（营业）收入的 5‰。

要求：根据上述资料，分析回答下列小题。

（1）甲公司下列收入中，应计入企业所得税应纳税所得额的是（　　）。

  A. 国债利息收入 20 万元　　B. 客户合同违约金收入 2 万元
  C. 产品销售收入 5 000 万元　　D. 转让机器设备收入 40 万元

（2）甲公司下列支出中，在计算 2014 年企业所得税应纳税所得额时，不得扣除的是（　　）。

  A. 银行加息 10 万元　　B. 向关联企业支付的管理费 17 万元
  C. 税收滞纳金 3 万元　　D. 向投资者支付的股息 30 万元

（3）甲公司在计算 2014 年企业所得税应纳税所得额时，允许扣除的业务招待费是（　　）万元。

  A. 30　　B. 25.2　　C. 50　　D. 25

（4）甲公司 2014 年度企业所得税应纳税所得额是（　　）万元。

  A. 2 407
  C. 2 406.8
  B. 2 387.69
  D. 2 352

第六章 财产和行为税法律制度

考点	BT教材页码	近5年考查频次	2017年	2018年	2019年	2020年	2021年
房产税纳税人	P210	1		判断题：纳税义务人			
房产税计税依据	P211	0					
房产税应纳税额的计算	P211	1				单选题：应纳税额计算	
房产税税收优惠	P213	2		单选题：免税项目	单选题：免税项目		
契税纳税人及征税范围	P217	2			单选题：纳税义务人	判断题：征税范围	
契税应纳税额的计算	P218	2		判断题：计税依据	单选题：计税依据及应纳税额		
契税税收优惠	P219	0					
契税征收管理	P221	0					
土地增值税纳税人及征税范围	P222	2			多选题：征税范围	判断题：征税范围	
土地增值税计税依据	P223	0					
土地增值税税率及应纳税额的计算	P225	2			单选题：扣除项目 多选题：开发成本		
土地增值税税收优惠	P227	1	判断题：税收优惠				
土地增值税征收管理	P227	0					

续表

考点	BT教材页码	近5年考查频次	2017年	2018年	2019年	2020年	2021年
城镇土地使用税的基本规定	P230	3	单选题：计税依据 多选题：征税范围			单选题：应纳税额计算	
城镇土地使用税税收优惠	P231	1		单选题：免税项目			
城镇土地使用税征收管理	P234	1			判断题：纳税义务发生时间		
耕地占用税	P234	0					
车船税纳税人及征税范围	P236	1			单选题：征税范围		
车船税应纳税额的计算	P237	3			单选题：计税依据		单选题：应纳税额 单选题：计税依据
车船税征收管理	P238	1	判断题：纳税地点				
资源税纳税人及征税范围	P239	1		多选题：征税范围			
资源税税率和应纳税额的计算	P241	1	判断题：原煤计税依据				
环境保护税	P245	2			多选题：计税依据		判断题：征收范围
烟叶税	P247	1		多选题：征收范围			
印花税的一般规定	P248	3	多选题：征税范围	多选题：征税范围	单选题：计税依据		
印花税税收优惠	P251	1	多选题：免税项目				

考点1 房产税纳税人（★）

【2018·判断题】产权未确定以及租典纠纷未解决的，暂不征收房产税。（　　）

考点2 房产税计税依据（★★）

【2015·判断题】房产税从价计征，是指以房产原值为计税依据。（　　）

考点3 房产税应纳税额的计算（★★）

【2015·单选题】2014年甲公司房产原值1 000 000元，已提取折旧350 000元。已知从价计征房产税税率为1.2%，当地规定的房产税扣除比例为30%。甲公司当年应缴纳房产税税额的下列计算中，正确的是（　　）。
A. （1 000 000－350 000）×1.2%
B. （1 000 000－350 000）×（1－30%）×1.2%
C. 1 000 000×（1－30%）×1.2%
D. 1 000 000×1.2%

考点4 房产税税收优惠（★★）

1.【2018·单选题】根据房产税法律制度的规定，下列征收房产税的是（　　）。
A. 幼儿园使用的房产　　　　B. 军队自用的房产
C. 公园自用的房产　　　　　D. 厂房

2.【2015·判断题】房地产开发企业建造的商品房在出售前已经使用或出租、出借的，不缴纳房产税。（　　）

考点5 契税纳税人及征税范围（★）

【2016·单选题】根据税收法律制度的规定，下列各项中，属于契税纳税人的是（　　）。
A. 向养老院捐赠房产的李某　　B. 承租住房的刘某
C. 购买商品房的张某　　　　　D. 出售商铺的林某

考点6 契税应纳税额的计算（★★）

【2018·判断题】计征契税的成交价格中应包含增值税。（　　）

考点7 契税税收优惠（★）

【2015·多选题】根据契税法律制度的规定，下列各项中，免征契税的有（　　）。

第六章　财产和行为税法律制度

A. 国家机关承受房屋用于办公 B. 纳税人承受荒山土地使用权用于农业生产
C. 军事单位承受土地用于军事设施 D. 城镇居民购买商品房用于居住

考点8 契税征收管理（★）

【2014·单选题】纳税人应当自纳税人签订土地、房屋权属转移合同的（　　），向土地、房屋所在地的税收征收机关办理纳税申报。

A. 5日　　　B. 当日　　　C. 7日　　　D. 15日

考点9 土地增值税纳税人及征税范围（★★）

【2015·单选题】根据土地增值税法律制度的规定，下列各项中，属于土地增值税征税范围的是（　　）。

A. 房地产的出租 B. 企业间房地产的交换
C. 房地产的代建 D. 房地产的抵押

考点10 土地增值税计税依据（★★）

【2016·多选题】计算土地增值税，旧房及建筑物可以扣除的金额有（　　）。

A. 转让环节的税金 B. 取得土地的地价款
C. 评估价格 D. 重置成本

考点11 土地增值税税率及应纳税额的计算（★★）

1.【2016·单选题】甲房地产公司2016年11月销售自行开发的商业房地产项目，取得不含增值税收入20 000万元，准予从房地产转让收入额减除的扣除项目金额12 000万元。已知土地增值税税率为40%，速算扣除系数为5%，甲房地产公司该笔业务应缴纳土地增值税税额的下列算式中，正确的是（　　）。

A.（20 000 - 12 000）×40% - 20 000 ×5% = 2 200（万元）
B.（20 000 - 12 000）×40% - 12 000 ×5% = 2 600（万元）
C. 20 000 ×40% - 12 000 ×5% = 7 400（万元）
D. 20 000 ×40% -（20 000 - 12 000）×5% = 7 600（万元）

2.【2015·单选题】2016年11月，某企业销售房产取得不含增值税售价5 000万元，扣除项目金额合计为3 000万元，已知适用的土地增值税税率为40%，速算扣除系数为5%。则该企业应缴纳土地增值税（　　）万元。

A. 650　　　B. 700　　　C. 1 850　　　D. 1 900

考点12 土地增值税税收优惠（★）

【2017·判断题】房地产开发项目中同时包含普通住宅和非普通住宅的，应分别计算土地增值税的税额。（　　）

考点 13 土地增值税征收管理（★）

【2014·多选题】 下列属于土地增值税的核定征收情形的有（   ）。
  A. 依照法律、行政法规的规定应当设置但未设置账簿的
  B. 擅自销毁账簿或者拒不提供纳税资料的
  C. 虽设置账簿，但账目混乱或者成本资料、收入凭证、费用凭证残缺不全，难以确定转让收入或扣除项目金额的
  D. 申报的计税依据明显偏低，又无正当理由的

考点 14 城镇土地使用税的基本规定（★）

1. **【2020·单选题】** 甲公司2019年实际占地面积15 000平方米，其中生产区占地10 000平方米，生活区占地3 000平方米，对外出租2 000平方米，已知城镇土地使用税适用税率每平方米年税额2元。计算甲公司当年应缴纳城镇土地使用税税额的下列算式中，正确的是（   ）。
  A. 15 000×2＝30 000（元）   B. （10 000＋3 000）×2＝26 000（元）
  C. 10 000×2＝20 000（元）   D. （10 000＋2 000）×2＝24 000（元）

2. **【2017·单选题】** 甲房地产开发企业开发一住宅项目，实际占地面积12 000平方米，建筑面积24 000平方米，城镇土地使用税税率为2元/平方米，甲房地产开发企业缴纳城镇土地使用税的计税依据为（   ）平方米。
  A. 18 000   B. 24 000
  C. 36 000   D. 12 000

3. **【2017·多选题】** 根据城镇土地使用税法律制度的相关规定，下列各项中属于城镇土地使用税的征收范围有（   ）。
  A. 集体所有的建制镇土地   B. 集体所有的城市土地
  C. 集体所有的农村土地   D. 国家所有的工矿区土地

考点 15 城镇土地使用税税收优惠（★）

【2018·单选题】 根据城镇土地使用税法律制度的规定，下列各项中，不属于免税项目的是（   ）。
  A. 水库管理部门的办公用地   B. 大坝用地
  C. 堤防用地   D. 水库库区用地

考点 16 城镇土地使用税征收管理（★）

【2015·多选题】 根据城镇土地使用税法律制度的规定，下列关于城镇土地使用税纳税义务发生时间的说法中，正确的有（   ）。
  A. 纳税人购置新建商品房，自房屋交付使用之次月起缴纳城镇土地使用税

B. 纳税人以出让方式有偿取得土地使用权，应从合同约定交付土地时间的次月起缴纳城镇土地使用税
C. 纳税人新征用的耕地，自批准征用之日起满 1 年时开始缴纳城镇土地使用税
D. 纳税人新征用的非耕地，自批准征用次月起缴纳城镇土地使用税

考点 17　耕地占用税（★）

【2014·多选题】下列项目免征耕地占用税的有（　　）。
A. 老年服务机构　　B. 铁路线路　　C. 医院　　D. 学校

考点 18　车船税纳税人及征税范围（★★）

1. 【2019·单选题】根据车船税法律制度的规定，下列各项中，属于车船税征税范围的是（　　）。
   A. 电动自行车　　　　　　　　B. 拖拉机
   C. 火车　　　　　　　　　　　D. 摩托车

2. 【2016·判断题】甲钢铁厂依法不需要在车船登记部门登记的在单位内部场所行驶的机动车辆，属于车船税的征税范围。（　　）

考点 19　车船税应纳税额的计算（★★）

1. 【2021·单选题】赵某于 2017 年 5 月购入奔驰 250 一辆，2018 年 4 月被盗，已按照规定办理退税。通过公安机关的侦查，2018 年 9 月份被盗车辆失而复得，并取得公安机关的相关证明。已知当地小轿车车船税年税额为 500 元/辆，赵某 2018 年实际应缴纳的车船税的下列计算中，正确的是（　　）。
   A. 0
   B. 500 ×3÷12＝125（元）
   C. 500 ×7÷12＝292（元）
   D. 500 元

2. 【2016·多选题】根据车船税法律制度的规定，下列有关车船税计税依据的表述中，正确的有（　　）。
   A. 商用客车以辆数为计税依据
   B. 机动船舶以整备质量吨位数为计税依据
   C. 游艇以艇身长度为计税依据
   D. 商用货车以净吨位数为计税依据

3. 【2015·判断题】购置的新车船，购置当年车船税的应纳税额自纳税义务发生的次月起按月计算。（　　）

考点 20　车船税征收管理（★）

【2017·判断题】扣缴义务人代收代缴车船税的，纳税地点为扣缴义务人所在地。（　　）

考点21 资源税纳税人及征税范围（★）

【2018·多选题】 根据资源税法律制度的规定，下列需要缴纳资源税的有（　　）。
A. 汽油　　　　B. 海盐　　　　C. 煤炭　　　　D. 铁矿

考点22 资源税税率和应纳税额的计算（★）

1. **【2014·判断题】** 纳税人开采或者生产不同税目应税产品的，未分别核算或者不能准确提供不同税目应税产品的销售额或者销售数量的，从高适用税率。（　　）

2. **【2017·判断题】** 纳税人将开采的原煤，自用于连续生产洗选煤的，在原煤移送使用环节缴纳资源税。（　　）

考点23 环境保护税（★）

1. **【2019·多选题】** 根据环境保护税法律制度的规定，关于应税污染物计税依据确定的下列表述中，正确的有（　　）。
A. 应税水污染物按照污染物排放量折合的污染当量数确定
B. 应税噪声按照超过国家规定标准的分贝数确定
C. 应税大气污染物按照污染物排放量折合的污染当量数确定
D. 应税固体废物按照固体废物的排放量确定

2. **【2021·判断题】** 造纸厂向依法设立的污水处理场所排放污水，应缴纳环境保护税。（　　）

考点24 烟叶税（★）

1. **【2018·多选题】** 根据烟叶税法律制度规定，下列各项中属于烟叶税征收范围的有（　　）。
A. 晾晒烟叶　　B. 烟丝　　　　C. 卷烟　　　　D. 烤烟叶

2. **【2015·判断题】** 烟叶税在烟叶收购环节征收。（　　）

考点25 印花税的一般规定（★★）

1. **【2019·单选题】** 根据印花税法律制度的规定，应税营业账簿的计税依据是（　　）。
A. 营业账簿记载的营业外收入金额
B. 营业账簿记载的营业收入金额
C. 营业账簿记载的银行存款金额
D. 营业账簿记载的实收资本（股本）、资本公积合计金额

2. 【2014·单选题】甲公司签订一份加工承揽合同,材料金额 30 万元,加工费 10 万元;签订一份财产保险合同,财产 1 000 万元,保险费 1 万元。承揽合同印花税税率 0.3‰,保险合同印花税税率 1‰。下列计算应缴纳印花税的算式中,正确的是( )。

  A. 30 ×0.3‰ +1 000 ×1‰　　　　B. 10 ×0.3‰ +1 000 ×1‰
  C. 30 ×0.3‰ +1 ×1‰　　　　　　D. 10 ×0.3‰ +1 ×1‰

3. 【2018·多选题】根据印花税法律制度的规定,下列应缴纳印花税的有( )。

  A. 货物运输合同　　B. 审计咨询合同　　C. 加工承揽合同　　D. 财产保险合同

4. 【2017·多选题】根据印花税法律制度的规定,下列合同中,应该缴纳印花税的有( )。

  A. 买卖合同　　　B. 技术合同　　　C. 货物运输合同　　D. 财产租赁合同

考点26 印花税税收优惠(★)

【2017·多选题】根据印花税法律制度的规定,下列合同和凭证中,免征印花税的有( )。

  A. 同业拆借合同
  B. 仓储保管合同
  C. 金融机构与小型微利企业订立的借款合同
  D. 财产租赁合同

07 第七章 税收征管法律制度

考点	BT教材页码	近5年考查频次	2017年	2018年	2019年	2020年	2021年
征纳双方的权利和义务	P256	0					
账簿和凭证管理	P258	1	单选题：设立账簿的期限				
发票管理	P259	2	多选题：发票管理				判断题：发票管理
纳税申报管理	P262	2			多选题：纳税申报方式	判断题：纳税申报日期	
应纳税额的核定和调整	P263	1	判断题：应纳税额的核定				
税款征收的保障措施	P264	5		单选题：税收保全 多选题：税收保全	单选题：税款征收措施 单选题：纳税担保	多选题：税收保全	
税务检查	P272	1	判断题：检查证件				
税务行政复议范围	P276	0					
税务行政复议管辖	P278	1			单选题：复议管辖		
税收行政复议申请与受理	P279	2	判断题：行政复议申请		单选题：行政复议申请		
税务管理相对人实施税收违法行为的法律责任	P281	0					

考点1 征纳双方的权利和义务（★）

1.【2016·单选题】根据税收征收管理法律制度的规定，属于纳税人享有的权利的是（   ）。

A. 税务管理权　　B. 税收立法权　　C. 委托代征权　　D. 税收监督权

2.【2015·多选题】根据税收征收管理法律制度的规定，下列各项中，属于税务机关权利的有（   ）。
  A. 税务管理权   B. 税务检查权   C. 税款征收权   D. 宣传税法

考点2 账簿和凭证管理（★）

1.【2017·单选题】根据税收征管法律制度的规定，代扣代缴义务人在履行代扣代缴义务设立账簿的期限为（   ）日。
  A. 10   B. 15   C. 20   D. 30

2.【2016·单选题】从事生产、经营的纳税人应当自领取营业执照或者纳税义务之日起（   ）日内，按照国家有关规定设置账簿。
  A. 10   B. 15   C. 20   D. 30

考点3 发票管理（★★）

1.【2017·多选题】根据税收征管法律制度的规定，下列各项财务资料中，除另有规定外，应至少保存10年的有（   ）。
  A. 账簿   B. 发票的存根联
  C. 完税凭证   D. 发票的登记簿

2.【2014·多选题】按照发票管理规定使用发票，不得有（   ）行为。
  A. 扩大发票使用范围   B. 拆本使用发票
  C. 转借、转让发票   D. 以其他凭证代替发票使用

3.【2014·多选题】根据发票管理法律制度的规定，下列关于发票开具和保管的表述中，符合法律规定的有（   ）。
  A. 不得为他人开具与实际经营业务不符的发票
  B. 已经开具的发票存根联和发票登记簿应当保存3年
  C. 取得发票时，不得要求变更品名和金额
  D. 开具发票的单位和个人应当建立发票使用登记制度，设置发票登记簿

考点4 纳税申报管理（★）

1.【2019·多选题】根据税收征收管理法律制度的规定，下列各项中，属于纳税申报方式的有（   ）。
  A. 邮寄申报   B. 数据电文申报
  C. 自行申报   D. 简易申报

2.【2020·判断题】以邮寄为纳税申报方式的，以收到的邮戳日期确认申报日期。（   ）

考点5 应纳税额的核定和调整

【2017·判断题】 纳税人发生纳税义务，未按照规定期限办理纳税申报，税务机关有权责令期限申报，逾期仍不申报，税务机关有权核定其应纳税款。（   ）

考点6 税款征收的保障措施（★★）

1.**【2019·单选题】** 根据税收征收管理法律制度的规定，下列各项中，属于税款征收的保障措施的是（   ）。（改编）

　　A. 税务行政复议　　B. 税收保全　　C. 自行申报　　D. 查账征收

2.**【2014·单选题】** 纳税人应在3月15日缴纳税款30万元，逾期未缴纳，税务机关责令在3月31日前缴纳，但直到4月24日才缴纳。则下列计算滞纳金的算式中，正确的是（   ）。

　　A. 30×0.5‰×15　　　　　　　　B. 30×0.5‰×16
　　C. 30×0.5‰×24　　　　　　　　D. 30×0.5‰×40

3.**【2020·多选题】** 税务机关拟对个体工商户业主王某采取税收保全措施，王某的下列财产中，可以采取税收保全措施的有（   ）。

　　A. 价值20万元的小汽车　　　　B. 价值10万元的金银首饰
　　C. 价值2 000元的电视机　　　　D. 维持自己生活必需的唯一普通住房

考点7 税务检查（★）

1.**【2015·多选题】** 根据税收征收管理法律制度的规定，下列各项中，属于税务机关税务检查职责范围的有（   ）。

　　A. 责成纳税人提供与纳税有关的资料
　　B. 可按规定的批准期限采取税收保全措施
　　C. 询问纳税人与纳税有关的问题和情况
　　D. 检查纳税人的账簿

2.**【2017·判断题】** 纳税人对税务检查人员未出示税务检查证和税务检查通知书的，有权拒绝检查。（   ）

考点8 税务行政复议范围（★）

【2015·单选题】 根据税收征收管理法律制度的规定，税务机关作出的下列行政行为中，不属于税务行政复议范围的是（   ）。

　　A. 调整税收优惠政策　　　　　　B. 不予颁发税务登记证
　　C. 不予出具完税凭证　　　　　　D. 确认纳税环节

第七章　税收征管法律制度

经济法基础

考点9 税务行政复议管辖（★★）

1.【2019·单选题】 甲公司对 M 省 N 市税务局稽查局作出的具体行政行为不服，拟申请行政复议。下列各项中，符合复议管辖规定的是（　　）。

A. 甲公司应向 N 市税务局稽查局申请行政复议
B. 甲公司应向 M 省税务局申请行政复议
C. 甲公司应向 M 省税务局稽查局申请行政复议
D. 甲公司应向 N 市税务局申请行政复议

2.【2016·单选题】 对国家税务总局的具体行政行为不服的，向（　　）申请行政复议。

A. 国务院
B. 国家税务总局
C. 人民法院
D. 向上一级税务机关

考点10 税务行政复议申请与受理（★）

1.【2019·单选题】 根据税收征收管理法律制度的规定，纳税人申请税务行政复议的法定期限是（　　）。

A. 在税务机关作出具体行政行为之日起 60 日内
B. 在知道税务机关作出具体行政行为之日起 60 日内
C. 在知道税务机关作出具体行政行为之日起 3 个月内
D. 在税务机关作出具体行政行为之日起 3 个月内

2.【2015、2017·判断题】 申请人对税务机关作出逾期不缴纳罚款加处罚款的决定不服的，应当先缴纳罚款和加处罚款，再申请行政复议。（　　）

考点11 税务管理相对人实施税收违法行为的法律责任（★）

【2016·多选题】 根据税收征收管理法律制度的规定，下列属于税法规定的偷税（逃税）手段的有（　　）。

A. 伪造、变造账簿、记账凭证
B. 以暴力拒不缴纳税款
C. 隐匿、擅自销毁账簿和记账凭证
D. 欠缴应纳税款，转移或者隐匿财产

第八章 劳动合同与社会保险法律制度

考点	BT教材页码	近5年考查频次	2017年	2018年	2019年	2020年	2021年
劳动关系与劳动合同	P287	0					
劳动合同的订立	P288	0					
劳动合同的效力	P291	1			多选题：无效劳动合同		
劳动合同主要内容	P291	7		多选题：试用期 判断题：支付工资日期	单选题：法定扣除比例 单选题：服务期限 单选题：可扣除的最高限额		单选题：试用期 单选题：劳动报酬
劳动合同的解除和终止	P303	6			单选题：经济补偿金 2道多选题：解除劳动合同	多选题：经济性裁员 判断题：裁员	单选题：经济补偿金
集体合同与劳务派遣	P309	3				2道单选题：劳务派遣	判断题：劳务派遣
劳动争议的解决	P311	2		判断题：劳动争议终局裁决		多选题：劳动争议终局裁决	
基本养老保险	P317	4			单选题：基本养老保险个人账户 判断题：领取病残津贴		单选题：基本养老保险费计算 判断题：基本养老保险
基本医疗保险	P318	3				单选题：基本医疗保险 单选题：医疗期	单选题：医疗期

续表

考点	BT教材页码	近5年考查频次	2017年	2018年	2019年	2020年	2021年
工伤保险	P321	3		单选题：一次性工亡补助金	多选题：视同工伤		多选题：视同工伤
失业保险	P325	4	多选题：停止失业保险待遇	多选题：停止领取失业保险金	多选题：停止领取失业保险法定情形		单选题：领取失业保险金
不定项选择题		3	劳动合同解除、基本医疗保险		试用期、劳动合同解除、劳动仲裁、劳动争议开庭和裁决		劳动合同的订立、劳动合同解除

考点1　劳动关系与劳动合同（★）

【2014·单选题】2014年4月，赵某应聘到甲公司工作，双方口头约定了一个月试用期，但未订立书面劳动合同。关于双方劳动关系建立的下列表述中，正确的是（　　）。
　　A. 甲公司应当与赵某补签劳动合同，双方之间的劳动关系自合同补签之日起建立
　　B. 赵某与甲公司未订立劳动合同，双方之间未建立劳动关系
　　C. 赵某与甲公司之间的劳动关系自赵某进入公司开始工作时建立
　　D. 赵某与甲公司之间的劳动关系自试用期满时建立

考点2　劳动合同的订立（★★）

1. 【2015·单选题】2013年3月12日，吴某应聘到甲公司工作，每月领取工资2 000元，直至2014年2月12日甲公司方与其订立书面劳动合同。未及时订立书面劳动合同的工资补偿为（　　）元。
　　A. 18 000　　　　B. 20 000　　　　C. 22 000　　　　D. 44 000

2. 【2015·单选题】根据劳动合同法律制度的规定，下列关于非全日制用工说法中，不正确的是（　　）。
　　A. 不得约定试用期
　　B. 劳务报酬的支付周期为30日
　　C. 可以不签订劳动合同
　　D. 劳动关系终止，用工单位不用支付经济补偿

3. 【2015·判断题】用人单位自用工之日起满1年不与劳动者订立书面劳动合同的，视为用人单位自用工之日起满1年的当日已经与劳动者订立无固定期限劳动合同。（　　）

考点3 劳动合同的效力（★）

【2019·多选题】根据劳动合同法律制度的规定，下列关于无效劳动合同的表述中，正确的有（ ）。

A. 无效劳动合同，从订立时起就没有法律约束力
B. 劳动合同部分无效，不影响其他部分效力的，其他部分仍然有效
C. 劳动合同被确认无效，劳动者已付出劳动的，用人单位应当向劳动者支付劳动报酬
D. 劳动合同被确认无效，给对方造成损害的，有过错的一方应当承担赔偿责任

考点4 劳动合同主要内容（★★★）

1.**【2021·单选题】**2020年10月份甲公司依法安排职工邹某于10月1日（国庆节）加班1天，于10月17日（周六）加班1天，之后未安排补休。已知甲公司实行标准工时制，邹某的日工资为300元。下列计算甲公司依法支付邹某10月份最低加班工资的算式中，正确的是（ ）。

A. 300×200%×1+300×150%×1=1 050（元）
B. 300×300%×1+300×200%×1=1 500（元）
C. 300×200%×1+300×200%×1=1 200（元）
D. 300×300%×1+300×150%×1=1 350（元）

2.**【2019·单选题】**根据劳动合同法律制度的规定，因劳动者本人原因给用人单位造成经济损失的，用人单位可按照劳动合同的约定要求劳动者赔偿损失并从其工资中扣除，但每月扣除部分不得超过劳动者当月工资的一定比例，且扣除后支付的工资不得低于当地月最低工资标准。该法定扣除比例为（ ）。

A. 20%　　　　B. 40%　　　　C. 10%　　　　D. 30%

3.**【2019·单选题】**甲公司通过签订服务期协议，提供10万元专项培训费用，将尚有4年劳动合同期限的职工刘某派出参加6个月的专业技术培训。双方约定，刘某培训结束后须在甲公司工作满5年，否则应向公司支付违约金，刘某培训结束工作2年时因个人原因向公司提出解除劳动合同。下列关于刘某服务期约定及劳动合同解除的表述中，正确的是（ ）。

A. 服务期约定因限制了刘某的自主择业权而无效
B. 双方不得在服务期协议中约定违约金
C. 刘某可以解除劳动合同，但甲公司有权要求其支付违约金
D. 5年服务期的约定因超过劳动合同剩余期限而无效

4.**【2016·单选题】**2013年7月2日（首次工作）新入职的职工，在2015年9月28日休年假，可休假（ ）天。

A. 5　　　　B. 10　　　　C. 15　　　　D. 0

5.**【2018·多选题】**根据劳动合同法律制度的规定，甲公司与其职工对试用期期限的下列约定中，符合规定的有（ ）。

A. 夏某的劳动合同期限 4 年，双方约定的试用期为 4 个月
B. 周某的劳动合同期限 1 年，双方约定的试用期为 1 个月
C. 刘某的劳动合同期限 2 年，双方约定的试用期为 3 个月
D. 林某的劳动合同期限 5 个月，双方约定的试用期为 5 日

6.【2016·多选题】根据劳动合同法律制度的规定，下列关于试用期约定的表述中，正确的有（　　）。
A. 非全日制用工，不得约定试用期
B. 劳动合同期限 1 年以上不满 3 年的，试用期不得超过 2 个月
C. 3 年以上固定期限的劳动合同，试用期不得超过 6 个月
D. 无固定期限的劳动合同，试用期不得超过 6 个月

7.【2018·判断题】用人单位与劳动者约定的支付工资日期，如遇节假日或休息日，则应该延迟至最近的工作日。（　　）

考点 5　劳动合同的解除和终止（★★★）

1.【2021·单选题】2015 年 3 月 1 日，甲公司招用周某并与其签订了劳动合同。2020 年 12 月 31 日，劳动合同到期，甲公司不再与周某续订。已知周某在劳动合同终止前 12 个月的平均工资为 5 000 元，甲公司所在地月最低工资标准为 2 000 元，当地上年度职工月平均工资为 5 500 元。计算劳动合同终止时甲公司依法应向周某支付经济补偿数额的下列算式中，正确的是（　　）。
A. 5 000×6＝30 000（元）　　B. 5 500×3×6＝99 000（元）
C. 2 000×3×5.5＝33 000（元）　　D. 5 000×5.5＝27 500（元）

2.【2019·单选题】王某在甲公司工作 2 年 8 个月，甲公司提出并与王某协商解除了劳动合同。已知王某在合同解除前 12 个月的平均工资为 13 000 元，当地上年度职工月平均工资为 4 000 元，当地月最低工资标准为 2 000 元。劳动合同解除时，甲公司依法应向王某支付的经济补偿数额为（　　）元。
A. 12 000　　B. 6 000　　C. 39 000　　D. 36 000

3.【2020·多选题】根据劳动合同法律制度的规定，企业按照法定情形需要经济性裁员的，下列各项人员中，会被优先考虑留用的有（　　）。
A. 签订无固定期限劳动合同的员工
B. 签订长期劳动合同的员工
C. 家庭无其他就业人员，有老人需要照顾的员工
D. 家庭无其他就业人员，有未成年人需要照顾的员工

4.【2019·多选题】根据劳动合同法律制度的规定，下列关于用人单位违法解除劳动合同法律后果的表述中，正确的有（　　）。
A. 用人单位支付了赔偿金的，不再支付经济补偿
B. 违法解除劳动合同赔偿金的计算年限自用工之日起计算
C. 劳动者要求继续履行且劳动合同可以继续履行的，用人单位应当继续履行
D. 劳动者不要求继续履行劳动合同的，用人单位应按经济补偿标准的 2 倍向劳动者支

付赔偿金

5.【2019·多选题】根据劳动合同法律制度的规定,劳动者出现的下列情形中,用人单位可随时通知劳动者解除劳动合同的有（　　）。

A. 被依法追究刑事责任的
B. 在试用期间被证明不符合录用条件的
C. 同时与其他用人单位建立劳动关系,经用人单位提出,拒不改正的
D. 严重违反用人单位规章制度的

6.【2015·多选题】根据劳动合同法律制度的规定,劳动者单方面解除劳动合同的下列情形中,不能获得经济补偿的有（　　）。

A. 劳动者因用人单位未按照劳动合同约定提供劳动保护解除劳动合同的
B. 劳动者提前30日以书面形式通知用人单位解除劳动合同的
C. 劳动者因用人单位未及时足额支付劳动报酬而解除劳动合同的
D. 劳动者在试用期间提前3日通知用人单位解除劳动合同的

考点6　集体合同与劳务派遣（★★）

1.【2020·单选题】根据劳动合同法律制度的规定,下列关于劳务派遣的表述中,正确的是（　　）。

A. 劳务派遣公司可以与劳动者签订1年期劳动合同
B. 被派遣劳动者无工作期间,用人单位无须支付工资
C. 劳动者与劳务派遣公司应当签订劳动合同
D. 劳务派遣公司可以向劳动者收取费用

2.【2014·多选题】根据劳动合同法律制度的规定,下列工作岗位中,企业可以采用劳务派遣用工形式的有（　　）。

A. 主营业务岗位　　B. 替代性岗位　　C. 临时性岗位　　D. 辅助性岗位

考点7　劳动争议的解决（★★）

1.【2020·多选题】根据劳动争议调解仲裁法律制度的规定,下列劳动争议中,劳动仲裁机构作出的仲裁裁决,除劳动者提起诉讼外,该裁决为终局裁决的有（　　）。

A. 因执行国家的劳动标准在工作时间方面发生的争议
B. 因确认劳动关系发生的争议
C. 因订立劳动合同发生的争议
D. 追索赔偿金,不超过当地月最低工资标准12个月金额的争议

2.【2018·判断题】用人单位对劳动争议终局裁决不服的,可以自收到仲裁裁决书之日起15日内向人民法院提起诉讼。（　　）

考点8　基本养老保险（★）

1.【2021·单选题】2018年甲公司职工赵某月平均工资为2 800元,甲公司所在地月最

低工资标准为 2 000 元,当地职工月平均工资为 5 000 元,已知 2019 年当地职工基本养老保险费中个人缴费比例为 8%。2019 年甲公司每月从赵某工资中代扣代缴的职工基本养老保险费为（　　）元。
  A. 240　　　　　B. 160　　　　　C. 224　　　　　D. 400

 2.【2019·单选题】根据社会保险法律制度的规定,下列关于职工基本养老保险个人账户的表述中,不正确的是（　　）。
  A. 个人账户记账利息计征利息税
  B. 参保职工死亡后,其个人账户中的余额可以全部依法继承
  C. 个人账户不得提前支取
  D. 职工按照国家规定缴纳的基本养老保险费记入个人账户

 3.【2021·判断题】如果个人死亡同时符合领取基本养老保险丧葬补助金、工伤保险丧葬补助金和失业保险丧葬补助金条件的,其遗属只能选择领取其中的一项。（　　）

 4.【2019·判断题】参加基本养老保险的个人,在未达到法定退休年龄时因病或非因工致残完全丧失劳动能力的,可以领取病残津贴。（　　）

考点 9　基本医疗保险（★★★）

 1.【2021·单选题】下列关于医疗期间的表述中,符合法律规定的是（　　）。
  A. 实际工作年限 10 年以下的,在本单位工作年限 5 年以下的,医疗期间为 3 个月
  B. 实际工作年限 10 年以上的,在本单位工作年限 5 年以上 10 年以下的,医疗期间为 6 个月
  C. 实际工作年限 10 年以上的,在本单位工作年限 10 年以上 15 年以下的,医疗期间为 9 个月
  D. 实际工作年限 10 年以上的,在本单位工作年限为 20 年以上的,医疗期为 20 个月

 2.【2020·单选题】某企业职工罗某的月工资为 6 000 元,已知当地职工基本医疗保险的单位缴费率为 6%,职工个人缴费率为 2%,用人单位所缴纳医疗费划入个人医疗账户的比例为 30%。下列关于罗某个人医疗保险账户每月储存额的计算中,正确的是（　　）。
  A. 6 000 × 2% = 120（元）
  B. 6 000 × 6% × 30% = 108（元）
  C. 6 000 × 2% + 6 000 × 6% × 30% = 228（元）
  D. 6 000 × 2% + 6 000 × 6% = 480（元）

 3.【2015·判断题】医疗期是指因工受伤的休假期。（　　）

考点 10　工伤保险（★★）

 1.【2018·单选题】根据社会保险法律制度的规定,一次性工亡补助金标准为上一年度（　　）的 20 倍。
  A. 当地最低工资标准　　　　　　　B. 城市居民最低生活保障标准
  C. 统筹地区职工平均工资　　　　　D. 全国城镇居民人均可支配收入

2. 【2015·多选题】根据社会保险法律制度的规定，下列行为视同工伤的有（　　）。
   A. 工作期间在岗位突发疾病死亡的
   B. 因工外出期间，由于工作原因受伤的
   C. 在上班途中，由于非本人责任受到的交通事故伤害
   D. 在抢险救灾等维护国家利益、公共利益活动中受伤的

3. 【2016·判断题】职工参加工伤保险，由用人单位和职工本人共同缴纳工伤保险费。
（　　）

考点11　失业保险（★★）

1. 【2015·单选题】李某在甲公司工作了12年，因劳动合同到期而劳动关系终止，符合领取失业保险待遇，李某最长可以领取失业保险的期限是（　　）个月。
   A. 24　　　　B. 12　　　　C. 18　　　　D. 6

2. 【2018·多选题】根据社会保险法律制度的规定，下列不得再继续领取失业保险金的情形有（　　）。
   A. 重新就业　　　　　　　　B. 依法享受基本养老保险待遇
   C. 服兵役　　　　　　　　　D. 移民国外

不定项选择题

1. 【2021】刘某经人介绍，于2018年6月1日到甲公司上班。双方口头约定了工资待遇及2个月试用期等事项。
   2018年11月1日双方签订了书面劳动合同，约定了2年期限劳动合同及刘某提前解除劳动合同应承担的违约金等内容。
   2019年8月因公司未及时足额支付劳动报酬，刘某解除了劳动合同，要求公司支付拖欠的劳动报酬及解除劳动合同的经济补偿金。
   甲公司则以劳动合同未到期以及提前解除劳动合同已给公司造成经济损失为由，要求刘某支付违约金并赔偿经济损失。双方因此发生劳动争议。
   已知：刘某在甲公司实行标准工时制。
   要求：根据上述资料，不考虑其他因素，分析回答下列小题。
   （1）甲公司与刘某之间劳动关系建立的时间为（　　）。
   A. 2019年8月1日　　　　　B. 2018年7月1日
   C. 2018年6月1日　　　　　D. 2018年11月1日
   （2）未订立书面劳动合同期间，甲公司支付刘某劳动报酬的下列表述中，正确的是（　　）。
   A. 2018年6月1日至10月31日期间另支付1倍工资补偿
   B. 甲公司可依约按月支付刘某劳动报酬而无须支付工资补偿
   C. 除支付约定工资外，甲公司应支付自2018年7月1日至10月31日期间的一倍工资补偿
   D. 除支付约定工资外，甲公司应支付自2018年6月1日至10月31日期间的2倍

工资补偿

（3）因公司未及时足额支付劳动报酬，刘某解除劳动合同采取的正确方式是（　　）。
　　A. 可随时通知甲公司而解除
　　B. 无须通知甲公司即可解除
　　C. 应提前30日书面通知甲公司而解除
　　D. 应提前3日通知甲公司而解除

（4）甲公司与刘某劳动争议的下列表述中，正确的是（　　）。
　　A. 刘某有权要求甲公司支付拖欠的劳动报酬
　　B. 刘某有权要求甲公司支付经济补偿
　　C. 甲公司有权要求刘某赔偿经济损失
　　D. 甲公司有权要求刘某支付提前解除劳动合同的违约金

2.【2019】 2017年7月31日，甲公司录用周某担任出纳，双方口头约定了2年期劳动合同，约定周某试用期2个月，月工资3 500元，公司在试用期期间可随时解除合同；试用期满考核合格，月工资提高至4 000元，如考核不合格，再延长试用期1个月。2017年9月15日，双方签订了书面劳动合同。2017年9月30日，因未通过公司考核，周某试用期延长1个月。

因甲公司连续2个月无故拖欠劳动报酬，2018年6月1日，周某单方面解除了劳动合同并向当地劳动争议仲裁机构申请仲裁，该机构作出终局裁决。

已知：甲公司实行标准工时制，当地月最低工资标准为2 000元。

要求：根据上述资料，不考虑其他因素，分析回答下列小题。

（1）甲公司与周某对试用期的下列约定中，符合法律规定的是（　　）。
　　A. 试用期2个月
　　B. 试用期满周某考核不合格，再延长1个月试用期
　　C. 试用期月工资3 500元
　　D. 试用期内甲公司可随时解除劳动合同

（2）因甲公司无故拖欠劳动报酬，周某单方面解除劳动合同采取的方式是（　　）。
　　A. 应提前30日书面通知甲公司而解除
　　B. 可随时通知甲公司而解除
　　C. 应提前3日通知甲公司而解除
　　D. 不需通知甲公司即可解除

（3）周某申请劳动仲裁要求甲公司支付的下列各项中，符合法律规定的是（　　）。
　　A. 未及时签订书面劳动合同的2倍工资
　　B. 拖欠的劳动报酬
　　C. 解除劳动合同的经济补偿
　　D. 试用期赔偿金

（4）对该劳动争议终局裁决的下列表述中，正确的是（　　）。
　　A. 对该终局裁决不服，甲公司和周某均不得提起诉讼
　　B. 该终局裁决自作出之日起生效
　　C. 对该终局裁决不服，甲公司有权提起诉讼
　　D. 对该终局裁决不服，周某有权提起诉讼

3.【2016】 2015年1月，甲公司与乙公司签订劳务派遣协议，派遣刘某到乙公司从事临时性工作。2015年5月，临时性工作结束，两公司未再给刘某安排工作，也未再向其支付任何报酬。2015年7月，刘某得知自2015年1月被派遣以来，两公司均未为其缴纳社会保险费，遂提出解除劳动合同。

要求：根据上述资料，不考虑其他因素，分析回答下列小题。

（1）刘某解除劳动合同应采取的方式是（　　）。
　A. 无须事先告知公司即可解除　　B. 应提前30日通知公司解除
　C. 可随时通知公司解除　　　　　D. 应提前3日通知公司解除

（2）该劳动合同解除时经济补偿金支付的下列表述中，说法正确的是（　　）。
　A. 甲、乙两个公司均无须向刘某支付经济补偿金
　B. 乙公司应向刘某支付经济补偿金
　C. 甲公司应向刘某支付经济补偿金
　D. 甲、乙两个公司应共同向刘某支付经济补偿金

（3）关于刘某建立劳动关系的下列表述中，正确的是（　　）。
　A. 刘某与乙公司建立劳动关系
　B. 刘某与甲公司建立劳动关系
　C. 刘某与甲公司、乙公司均未建立劳动关系
　D. 刘某与甲公司、乙公司均建立劳动关系

（4）刘某无工作期间报酬享受的下列表述中，正确的是（　　）。
　A. 刘某不享受报酬
　B. 乙公司应按月向其支付报酬
　C. 刘某享受报酬的标准为支付单位所在的最低工资标准
　D. 甲公司应按月向其支付报酬

4.【2014】 2011年6月30日，王某与乙公司为期2年的劳动合同期限届满。次日，王某应聘到甲公司工作。双方签订了书面劳动合同。合同约定，合同期限2年（试用期除外），王某每月工资2 500元；试用期3个月，每月工资1 800元；因生产经营需要，公司可不经王某同意直接安排其加班，但每月加班时间不超过30小时，王某在公司连续工作满1年后，每年可休年假3天。

2012年2月，甲公司提供培训费派王某参加了为期1个月的专业技术培训，双方约定了5年服务期及违约金。

2012年8月1日，因甲公司一直未给王某缴纳社会保险费，王某提出解除劳动合同并要求甲公司支付经济补偿。

已知：王某与乙公司已约定过试用期，甲公司所在地月最低工资标准为1 600元。

要求：根据上述资料，分析回答下列小题。

（1）对甲公司与王某约定的服务期及违约金的下列表述中，正确的是（　　）。
　A. 王某以公司未缴纳社会保险费为由解除劳动合同，无须向甲公司支付违约金
　B. 双方约定的5年服务期超过劳动合同期限，该约定无效
　C. 双方约定的违约金数额不得超过甲公司提供的培训费用
　D. 王某以公司未缴纳社会保险费为由解除劳动合同，甲公司有权要求王某支付违约金，但不得超过服务期内未履行部分所分摊的培训费用

（2）对试用期约定的下列表述中，正确的是（　　）。
　　A. 乙公司已经与王某约定过试用期，甲公司不得再与其约定试用期
　　B. 甲公司与王某可以约定王某的试用期月工资为1 800元
　　C. 甲公司与王某可以约定3个月的试用期
　　D. 甲公司与王某约定的试用期应包含在劳动合同期限内
（3）对王某提出解除合同并要求甲公司支付经济补偿的下列表述中，正确的是（　　）。
　　A. 王某应提前30日书面通知甲公司后解除劳动合同
　　B. 王某通知甲公司后即可解除劳动合同
　　C. 甲公司应向王某支付2个月工资标准的经济补偿
　　D. 王某有权要求甲公司支付经济补偿
（4）甲公司与王某对休息、休假的下列约定中，符合法律规定的是（　　）。
　　A. 因生产经营需要，公司可不经王某同意直接安排其加班
　　B. 王某须在甲公司连续工作满1年后方可享受年假
　　C. 每月加班时间不超过30小时
　　D. 王某每年休年假3天

答案

第一章 总 论

考点1 法的分类和渊源（★★）

1.【2021·单选题】【答案】A
【解析】选项A正确，《企业财务会计报告条例》是国务院颁布的，属于行政法规；
选项BC错误，《香港特别行政区基本法》属于特别行政区的法、《票据法》属于法律；
选项D错误，《企业会计准则——基本准则》是国务院部门财政部颁布的，属于部门规章。
【知识点】法的渊源

2.【2014·单选题】【答案】C
【解析】效力等级：宪法>法律>行政法规>地方性法规>同级和下级地方政府规章。选项C正确。
【知识点】法的渊源

考点2 法律关系（★★）

【2016·多选题】【答案】ABCD
【解析】选项ABCD正确，法律关系的客体主要包括物、人身、人格、智力成果、信息、数据、网络虚拟财产、行为等。
【知识点】法律关系客体

考点3 法律事实（★★）

1.【2020·单选题】【答案】C
【解析】选项ABD错误，属于法律行为，以法律关系主体意志为转移，即引起法律关系发生、变更和消灭的人们有意识的活动。
选项C正确，法律事件是指不以当事人的主观意志为转移的，能够引起法律关系发生、变更和消灭的法定情况或者现象，由自然现象引起的事实又称自然事件、绝对事件，由社会现象引起的事实又称社会事件、相对事件。

2.【2018·判断题】【答案】正确
【解析】法律事实是法律关系发生、变更和消灭的直接原因。

考点4 法律主体的分类与资格（★★）

1.【2020·多选题】【答案】AD

【解析】选项 AD 正确，16 周岁以上的未成年人，以自己的劳动收入为主要生活来源的视为完全民事行为能力人，18 周岁以上的自然人是成年人，具有完全民事行为能力；

选项 B 错误，不满 8 周岁的未成年人，8 周岁以上的未成年人不能辨认自己行为的，不能辨认自己行为的成年人为无民事行为能力人；

选项 C 错误，未满 8 周岁的自然人为无民事行为能力人。

【知识点】法律主体资格

2.【2018·多选题】【答案】ABD

【解析】选项 C 错误，机器人不能成为法律关系主体。

【知识点】法律关系主体

考点5　法律责任（★★）

1.【2019·单选题】【答案】B

【解析】选项 ACD 错误，警告、记过、记大过、降级、撤职、开除属于行政处分；

选项 B 正确，行政处罚包括"警告、通报批评；罚款；没收违法所得、没收非法财物；限制开展生产经营活动、责令停产停业、责令关闭、限制从业；吊销、暂扣许可证和执照；降低资质等级；行政拘留"等。

【知识点】行政责任

2.【2014·单选题】【答案】D

【解析】选项 ABC 错误，主刑是对犯罪分子适用的主要刑罚方法，包括管制、拘役、有期徒刑、无期徒刑和死刑；

选项 D 正确，附加刑包括罚金、剥夺政治权利、没收财产、驱逐出境，可以附加于主刑之后作为主刑的补充，同主刑一起适用，也可以独立适用。

3.【2014·多选题】【答案】BD

【解析】选项 A 错误，没收财产属于"刑事责任—附加刑"；

选项 BD 正确，民事责任主要包括"停止侵害；排除妨碍；消除危险；返还财产；恢复原状；修理、重作、更换；继续履行；赔偿损失；支付违约金；消除影响、恢复名誉；赔礼道歉"；

选项 C 错误，行政处罚包括"警告、通报批评；罚款；没收违法所得、没收非法财物；限制开展生产经营活动、责令停产停业、责令关闭、限制从业；吊销、暂扣许可证和执照；降低资质等级；行政拘留"等。

第二章 会计法律制度

考点 1 会计核算（★★）

【2019·多选题】【答案】ABC

【解析】选项 D 错误，会计报表应当包括资产负债表（选项 C）、利润表（选项 B）、现金流量表（选项 A）及相关附表。

【知识点】财务会计报告

考点 2 会计档案管理（★★）

1.【2019·多选题】【答案】AD

【解析】选项 AD 正确，年度财务报告、会计档案保管清册、会计档案销毁清册和会计档案鉴定意见书应永久保管；

选项 BC 错误，其他财务报告（月度、季度、半年度）、银行存款余额调节表、银行对账单、纳税申报表最低保管期限为 10 年。

【知识点】会计档案管理保管期限

2.【2019·多选题】【答案】ABCD

【解析】单位档案管理机构接收电子会计档案时，应当对电子会计档案的准确性（选项 B）、完整性（选项 D）、可用性（选项 C）、安全性（选项 A）进行检测，符合要求的才能接收。选项 ABCD 均正确。

【知识点】会计档案管理

考点 3 会计监督（★★）

【2021·多选题】【答案】ABCD

【解析】选项 C 正确，会计工作的政府监督主要是指财政部门代表国家对各单位和单位中相关人员的会计行为实施的监督检查，以及对发现的违法会计行为实施行政处罚；

选项 ABD 正确，除财政部门外，如审计、税务、人民银行、证券监管、保险监管等部门依照有关法律、行政法规规定的职责和权限，可以对有关单位的会计资料实施监督检查。

选项 ABCD 正确。

【知识点】会计工作监督

考点 4 代理记账（★）

1.【2019·判断题】【答案】正确

【解析】代理记账机构可以接受委托办理对外提供财务会计报告、向税务机关提供税务资料等。

【知识点】代理记账机构义务

2.【2019·判断题】【答案】正确
【解析】代理记账业务范围包括对外提供财务会计报告。
【知识点】代理记账机构义务

考点5　会计岗位的设置（★★）

1.【2020·单选题】【答案】A
【解析】选项A正确，国家机关、国有企业、事业单位任用会计人员应当实行回避制度。
【知识点】会计人员回避制度

2.【2019·单选题】【答案】A
【解析】选项A正确，国有的和国有资产占控股地位或者主导地位的大、中型企业必须设置总会计师；其他单位可以根据业务需要，自行决定是否设置总会计师。
【知识点】总会计师

3.【2020·判断题】【答案】错误
【解析】不相容职务主要包括授权批准与业务经办、业务经办与会计记录、会计记录与财产保管、业务经办与稽核检查、授权批准与监督检查等，因此业务经办人不可以兼管稽核。
【知识点】不相容职务

考点6　会计人员（★★）

【2021·单选题】【答案】A
【解析】选项A正确，国家机关、企业、事业单位以及社会团体等组织具有会计专业技术资格的人员，或不具有会计专业技术资格但从事会计工作的人员享有参加继续教育的权利和接受继续教育的义务，具有会计专业技术资格的人员应当自取得会计专业技术资格的次年开始参加继续教育，并在规定时间内取得规定学分；

选项B错误，用人单位应当建立本单位会计专业技术人员继续教育与使用、晋升相衔接的激励机制，将参加继续教育情况作为会计专业技术人员审核评价、岗位聘用的重要依据；

选项C错误，每年参加继续教育取得的学分不少于90学分；

选项D错误，会计专业技术人员参加继续教育取得的学分年度有效，不得结转以后年度。

【知识点】会计人员继续教育

考点7　会计法律责任（★★）

【2018·单选题】【答案】D
【解析】选项D正确，因伪造、变造会计凭证、会计账簿，编制虚假财务会计报告，隐匿或者故意销毁依法应当保存的会计凭证、会计账簿、财务会计报告，尚不构成犯罪的，5年内不得从事会计工作。
【知识点】会计法律责任

第三章 支付结算法律制度

考点1 支付结算概述（★）

考点2 支付结算的要求（★★）

【2015·多选题】【答案】AD
【解析】选项 A 正确，票据和结算凭证金额以中文大写和阿拉伯数码同时记载，二者必须一致，二者不一致的票据无效；
选项 B 错误，单位和银行（收款人）的名称应当记载全称或者规范化简称；
选项 C 错误，"出票金额、出票日期、收款人名称"不得更改，更改的票据无效；
选项 D 正确，票据的出票日期必须使用中文大写。
【知识点】支付结算的要求

考点3 银行结算账户的开立、变更和撤销（★）

1.**【2019·多选题】【答案】**ACD
【解析】选项 B 错误，对存在法定代表人或者负责人对单位经营规模及业务背景等情况不清楚、注册地和经营地均在异地等异常情况的单位，银行应当与其法定代表人或者负责人面签银行结算账户管理协议，并留存视频、音频资料等，开户初期原则上不开通非柜面业务，待后续了解后再审慎开通。
【知识点】银行结算账户的开立

2.**【2016·多选题】【答案】**ABCD
【解析】有下列情形之一的，存款人应向开户银行提出撤销银行结算账户申请：被撤并、解散、宣告破产或关闭的；注销、被吊销营业执照的；因迁址需要变更开户银行的。选项 ABCD 均正确。
【知识点】银行结算账户的撤销

3.**【2021·判断题】【答案】**正确
【解析】单位的法定代表人或主要负责人、住址及其他开户资料变更时，应于 5 个工作日内书面通知开户银行并提供有关证明。
【知识点】银行结算账户的变更

考点4 各类银行结算账户的开立和使用（★★）

1.**【2021·单选题】【答案】**B
【解析】选项 AD 错误，一般存款账户用于办理存款人借款转存、借款归还和其他结算的资金收付；
选项 B 正确、选项 C 错误，一般存款账户可以办理现金缴存，但不得办理现金支取。

【知识点】银行结算账户的使用

2.【2020·单选题】【答案】A
【解析】选项A，撤销银行结算账户时，应先撤销一般存款账户、专用存款账户、临时存款账户，将账户资金转入基本存款账户后，方可办理基本存款账户的撤销。
【知识点】基本存款账户

3.【2019·单选题】【答案】A
【解析】预算单位未开立基本存款账户，或者原基本存款账户在国库集中支付改革后已按照财政部门的要求撤销的，经同级财政部门批准，预算单位零余额账户作为"基本存款账户"管理；除上述情况外，预算单位零余额账户作为"专用存款账户"。本题中，未在银行开立账户，即零余额账户作为"基本存款账户"管理。选项A正确。
【知识点】预算单位零余额账户

4.【2014·单选题】【答案】B
【解析】选项A错误，一般存款账户是存款人因借款或其他结算需要，在基本存款账户开户银行以外的银行营业机构开立的银行结算账户；
选项C错误，基本存款账户是存款人因办理日常转账结算和现金收付需要开立的银行结算账户；
选项D错误，临时存款账户是指存款人因临时需要并在规定期限内使用而开立的银行结算账户。
【知识点】专用存款账户

5.【2019·判断题】【答案】正确
【解析】存款人开立代发工资、教育、社会保障（如社保、医保、军保）、公共管理（如公共事业、拆迁、捐助、助农、扶农）等特殊用途个人银行账户时，可由所在单位代理办理。单位代理个人开立银行账户的，应提供单位证明材料、被代理人有效身份证件的复印件或影印件。单位代理开立的个人银行账户，在被代理人持本人有效身份证件到开户银行办理身份确认、密码设（重）置等激活手续前，该银行账户只收不付。
【知识点】个人银行结算账户的开户

考点5 银行结算账户的管理（★）

【2017·单选题】【答案】A
【解析】选项A，存款人应以实名开立银行结算账户，按照账户管理规定使用银行结算账户办理结算业务，不得出租、出借银行结算账户，不得利用银行结算账户套取银行信用或进行洗钱活动。
【知识点】银行结算账户的管理

考点6 票据种类与当事人（★★）

1.【2015·单选题】【答案】B
【解析】选项A错误，支票的付款人是出票人的开户银行；

选项 C 错误，银行本票是银行出票、银行付款；

选项 D 错误，出票银行为银行汇票的付款人。

【知识点】票据当事人

2.【2014·多选题】【答案】BCD

【解析】选项 A 错误，支票分为现金支票、转账支票和普通支票三大类：

（1）现金支票只能用于支取现金；

（2）转账支票只能用于转账；

（3）普通支票分为一般普通支票和划线支票，普通支票可以用于支取现金，也可以用于转账，划线支票只能用于转账，不得支取现金。

选项 BCD 正确。

【知识点】支票的种类

考点7　票据权利与责任（★★）

1.【2020·单选题】【答案】B

【解析】定日付款或者出票后定期付款的汇票，持票人应当在汇票到期日前向付款人提示承兑；见票后定期付款的汇票，持票人应当自出票日起 1 个月内向付款人提示承兑。选项 B 正确。

【知识点】票据责任

2.【2019·单选题】【答案】A

【解析】选项 B 错误，持票人对前手的追索权，自被拒绝承兑或者被拒绝付款之日起"6个月"；

选项 C 错误，持票人对票据承兑人的权利自票据"到期日起 2 年"；

选项 D 错误，持票人对支票出票人的权利，自出票日起"6 个月"。

【知识点】票据权利

3.【2015·单选题】【答案】C

【解析】挂失止付并不是票据丧失后采取的必经措施，而只是一种暂时的预防措施，最终要通过申请公示催告或提起普通诉讼来补救票据权利。选项 C 符合题意。

4.【2019·单选题】【答案】D

【解析】承兑人或者承兑人开户行在提示付款当日未作出应答的，视为"拒绝付款"（并非同意付款），票据市场基础设施提供拒绝付款证明并通知持票人。选项 D 错误。

【知识点】票据责任

考点8　票据行为（★★★）

1.【2017·单选题】【答案】A

【解析】纸质商业汇票的付款期限，最长不得超过 6 个月；电子承兑汇票期限自出票日至到期日不超过 1 年。选项 A 正确。

【知识点】出票

2.【2016·单选题】【答案】A

【解析】选项 A 正确，任意记载事项不记载时不影响票据行为的效力，记载时则产生票据效力；

选项 BD 错误，背书由背书人签章，应记载背书日期；未记载日期的，视为在票据到期日前背书；

选项 C 错误，背书时必须记载被背书人名称，背书人未记载被背书人名称即将票据交付给他人的，持票人在票据被背书栏内记载自己的名称与背书人记载具有同等法律效力。

【知识点】背书

3.【2015·单选题】【答案】C

【解析】票据凭证不能满足背书人记载事项的需要，可以加附粘单，粘附于票据凭证上。粘单上的第一记载人，为粘单上第一手背书的背书人，应当在票据和粘单的粘接处签章。 选项 C 正确。

【知识点】背书

4.【2020·判断题】【答案】错误

【解析】记载"不得转让"字样，不属于附条件背书，属于禁转背书。

【知识点】背书

5.【2019·判断题】【答案】错误

【解析】付款人承兑汇票，不能附有条件；承兑附有条件的，视为拒绝承兑。

【知识点】承兑

6.【2018·判断题】【答案】错误

【解析】单位或个人签发空头支票或者签发与其预留的签章不符、使用支付密码但支付密码错误的支票，不以骗取财物为目的的，由"中国人民银行"处以票面金额 5% 但不低于 1 000 元的罚款；持票人有权要求出票人赔偿支票金额 2% 的赔偿金。 屡次签发空头支票的，银行有权停止为其办理支票或全部支付结算业务。

【知识点】支票

7.【2014·判断题】【答案】正确

【解析】委托收款背书是背书人委托被背书人行使票据权利的背书，委托收款背书的被背书人有权代背书人行使被委托的票据权利，但被背书人不得再以背书转让票据权利。

【知识点】背书

考点9 票据追索（★★★）

【2018·判断题】【答案】错误

【解析】持票人可以不按照票据债务人的先后顺序，对其中任何一人、数人或者全体行使追索权；持票人对票据债务人中的一人或者数人已经进行追索的，对其他票据债务人仍可以行使追索权。

【知识点】票据追索

考点 10　汇兑（★★）

1.【2019·多选题】【答案】ABCD
【解析】签发汇兑凭证必须记载下列事项：（1）表明"信汇"或"电汇"的字样；（2）无条件支付的委托；（3）确定的金额（选项D）；（4）收款人名称（选项B）；（5）汇款人名称；（6）汇入地点、汇入行名称；（7）汇出地点、汇出行名称；（8）委托日期（选项A）；（9）汇款人签章（选项C）。选项ABCD均正确。
【知识点】汇兑

2.【2016·判断题】【答案】正确
【解析】汇款人对汇出银行尚未汇出的款项可以申请撤销；申请撤销时，应出具正式函件或本人身份证件及原信、电汇回单。
【知识点】汇兑

考点 11　银行卡的分类（★）

【2016·单选题】【答案】C
【解析】选项A错误，按信息载体不同分为磁条卡、芯片（IC）卡；
选项B错误，按币种不同分为人民币卡、外币卡；
选项D错误，按发行对象不同分为单位卡、个人卡。

考点 12　银行卡账户和交易（★★）

【2015·多选题】【答案】ABC
【解析】发卡银行通过下列途径追偿透支款项和诈骗款项：（1）扣减持卡人保证金、依法处理抵押物和质物；（2）向保证人追索透支款项；（3）通过司法机关的诉讼程序进行追偿。选项ABC正确。

考点 13　银行卡收单（★）

【2017·多选题】【答案】ABCD
【解析】选项A正确，特约商户为个体工商户或自然人的，可使用其同名个人银行结算账户作为收单银行结算账户；
选项B正确，特约商户使用单位银行结算账户作为收单银行结算账户的，收单机构还应当审核其合法拥有该账户的证明文件；
选项C正确，收单机构向商户收取的收单服务费由收单机构与商户协商确定具体费率；
选项D正确，收单机构应当对实体特约商户收单业务进行本地化经营和管理，通过在特约商户及其分支机构所在省（自治区、直辖市）域内的收单机构或其分支机构提供收单服务，不得跨省（自治区、直辖市）域开展收单业务。
选项ABCD均正确。

考点14 预付卡（★★）

【2020·多选题】【答案】ACD

【解析】选项B错误，个人或单位购买记名预付卡或一次性购买不记名预付卡1万元以上的，应当使用实名并向发卡机构提供有效身份证件。

考点15 违反银行结算账户规定的法律责任（★★）

【2015·判断题】【答案】错误

【解析】单位或个人签发空头支票或者签发与其预留的签章不符的支票，不以骗取财物为目的的，由中国人民银行处以票面金额5%但不低于1 000元的罚款；持票人有权要求出票人赔偿支票金额2%的赔偿金。

不定项选择题

1.【2017】（1）【答案】AD

【解析】选项A正确，背书人在票据上记载"不得转让"字样，其后手再背书转让的，原背书人对后手的被背书人不承担保证责任；

选项B错误，背书附有条件的，所附条件不具有票据上的效力，但背书依然有效；

选项C错误、选项D正确，未记载背书日期，视为在票据到期日前背书。

（2）【答案】ABC

【解析】持票人对票据的出票人、背书人享有追索权；持票人行使票据的追索权时，不分票据债务人的先后顺序，可对一名或多名前手进行追索。 选项ABC符合题意。

（3）【答案】B

【解析】选项AC错误，支票的金额、收款人名称，可由出票人授权补记，未补记前不得背书转让和提示付款；

选项B正确，支票的付款人是出票人的开户银行；

选项D错误，甲公司是支票的出票人。

（4）【答案】CD

【解析】选项A错误、选项C正确，支票的提示付款期限自出票日起10日；

选项B错误，支票的金额、收款人名称，可由出票人授权补记；

选项D正确，持票人可以委托开户行收款或直接向付款人提示付款。

2.【2016】（1）【答案】C

【解析】选项C正确，票据背书时附有条件的，所附条件不具有票据上的效力，即条件无效，但背书依然有效。

（2）【答案】ABD

【解析】选项C错误，银行承兑汇票的出票人应于汇票到期前将票款足额缴存其开户行，承兑银行应在汇票到期日或到期日后的见票日当日支付票款，银行承兑汇票的出票人于汇票到期日未能足额交存票款时，承兑银行除凭票向持票人无条件付款外，对出票人尚未支付的汇票金额按每天万分之五计收利息。选项 ABD 正确。

（3）【答案】ABCD

【解析】选项 A 正确，出票人指依法定方式签发票据并将票据交付给收款人的人，甲公司为出票人；

选项 B 正确，收款人指票据正面记载的到期后有权收取票据所载金额的人，乙公司为收款人；

选项 C 正确，被背书人指被记名受让票据或接受票据转让的人，背书时附有条件的，所附条件不具有票据效力，但背书依然有效，因此戊公司为最后一手转让背书的被背书人；

选项 D 正确，付款人指出票人委托付款或自行承担付款责任的人，银行承兑汇票的付款人是承兑银行，P 银行为付款人。

选项 ABCD 均正确。

（4）【答案】A

【解析】选项 A 正确，背书人在票据上记载了"不得转让"字样的，其后手再背书转让该票据，原背书人对后手的被背书人不承担保证责任，因此丙公司仅对其直接后手丁公司承担保证付款责任。

3.【2014】（1）【答案】ABCD

【解析】选项 AB 正确，撤销银行结算账户时，应先撤销一般存款账户、专用存款账户、临时存款账户，将账户资金转入基本存款账户后，方可办理基本存款账户的撤销；

选项 CD 正确，存款人撤销银行结算账户，必须与开户银行核对银行结算账户存款余额，交回各种重要空白票据及结算凭证和开户登记证，银行核对无误后方可办理销户手续。

（2）【答案】ABC

【解析】选项 ABC 正确，一般存款账户用于办理存款人借款转存、借款归还和其他结算的资金收付；

选项 D 错误，一般存款账户可以办理现金缴存，但不得办理现金支取。

（3）【答案】C

【解析】选项 C 正确，企业法人开立基本存款账户的，应出具企业法人营业执照；开户时应出具法定代表人或单位负责人有效身份证件；法定代表人或单位负责人授权他人办理的，还应出具法定代表人或单位负责人的授权书以及被授权人的有效身份证件。

（4）【答案】AC

【解析】选项 BD 错误，留签章为该单位的公章或财务专用章加其法定代表人（单位负责人）或其授权的代理人的签名或者盖章。选项 AC 正确。

第四章 税法概述及货物和劳务税法律制度

考点1 税收与税收法律关系（★）

【2015·多选题】【答案】BCD

【解析】在我国税收法律关系中，主体一方是代表国家行使征税职责的国家税务机关，包括国家各级税务机关和海关；另一方是履行纳税义务的人，包括法人、自然人和其他组织。选项BCD正确。

【知识点】税收法律关系主体

考点2 税法要素（★）

【2020·单选题】【答案】D

【解析】选项A错误，印花税的税率有比例税率和定额税率两种形式；

选项B错误，车船税采用定额税率；

选项C错误，综合所得和经营所得适用超额累进税率，利息、股息、红利所得，财产租赁所得，财产转让所得和偶然所得适用比例税率。

考点3 现行税种与征收机关（★★）

【2020·单选题】【答案】A

【解析】选项BCD错误，由税务机关负责征收和管理。海关主要负责征收和管理的税种包括"关税、船舶吨税、委托代征的进口增值税和消费税"。

考点4 增值税征税范围（★★★）

1.**【2020·单选题】【答案】**B

【解析】下列项目属于不征收增值税的项目：（1）根据国家指令无偿提供的铁路运输服务、航空运输服务，属于《营业税改征增值税试点实施办法》规定的用于公益事业的服务；（2）存款利息（选项C）；（3）被保险人获得的保险赔付（选项D）；（4）房地产主管部门或者其指定机构、公积金管理中心、开发企业以及物业管理单位代收的住宅专项维修资金（选项A）；（5）在资产重组过程中，通过合并、分立、出售、置换等方式，将全部或者部分实物资产以及与其相关联的债权、负债和劳动力一并转让给其他单位和个人，其中涉及的不动产、土地使用权转让行为；（6）纳税人在资产重组过程中，通过合并、分立、出售、置换等方式，将全部或者部分实物资产以及与其相关联的债权、负债和劳动力一并转让给其他单位和个人，不属于增值税的征税范围，其中涉及的货物转让行为。

商业银行提供直接收费金融服务收取的手续费应按照"金融服务—直接收费金融服务"缴纳增值税，选项B正确。

2.**【2017·单选题】【答案】**B

【解析】选项 ACD 错误，销售无形资产包括技术（专利技术和非专利技术）、商标、著作权、商誉、自然资源使用权（土地使用权、海域使用权、探矿权、采矿权、取水权和其他自然资源使用权）和其他权益性无形资产（基础设施资产经营权、公共事业特许权、配额、经营权、经销权、分销权、代理权、会员权、席位权、网络游戏虚拟道具、域名、名称权、肖像权、冠名权、转会费等）；

选项 B 正确，转让建筑物有限产权或者永久使用权的，按照"销售不动产"缴纳增值税。

【知识点】增值税的征税范围

3.【2021·多选题】【答案】ABD

【解析】选项 ABD 正确，单位或个体工商户的下列行为，视同销售货物，征收增值税：

（1）将货物交付其他单位或者个人代销；

（2）销售代销货物（选项 D 正确）；

（3）设有两个以上机构并实行统一核算的纳税人，将货物从一个机构移送至其他机构用于销售，但相关机构设在同一县（市）的除外；

（4）将自产、委托加工的货物用于非增值税应税项目；

（5）将自产、委托加工的货物用于集体福利、个人消费（选项 B 正确）；

（6）将自产、委托加工或者购进货物用于投资、分配、赠送的（选项 A 正确）。

选项 C 错误，将购进的货物用于集体福利属于进项税额不得抵扣。

【知识点】增值税的征税范围

4.【2014·多选题】【答案】ABCD

【解析】选项 A 正确，物业服务属于"销售服务——现代服务——商务辅助服务"；

选项 B 正确，加工服务属于"销售劳务"；

选项 C 正确，餐饮服务属于"销售服务——生活服务"；

选项 D 正确，金融服务属于"销售服务"。

增值税的征税范围包括在境内销售货物或者劳务，销售服务、无形资产、不动产以及进口货物，选项 ABCD 均正确。

5.【2019·判断题】【答案】错误

【解析】以货币资金投资收取的固定利润或者保底利润，按照"贷款服务"缴纳增值税。

【知识点】增值税征税范围

6.【2018·判断题】【答案】正确

【解析】无运输工具承运业务，是指经营者以承运人身份与托运人签订运输服务合同，收取运费并承担承运人责任，然后委托实际承运人完成运输服务的经营活动。无运输工具承运业务按照"交通运输服务"缴纳增值税。

【知识点】增值税征税范围

7.【2016·判断题】【答案】错误

【解析】只要是报关进口的应税货物，均属于增值税的征税范围，除享受免税政策外，在进口环节缴纳增值税。

【知识点】增值税征税范围

考点5 增值税税率和征收率（★★）

1.【2016·单选题】【答案】C
【解析】选项AB错误，邮政服务、交通运输业服务增值税税率9%；
选项D错误，增值电信服务增值税税率6%。

2.【2021·多选题】【答案】ABCD
【解析】选项A正确，一般纳税人出租其2016年4月30日前取得的不动产，可以选择适用简易计税方法，按照5%的征收率计算应纳税额；
选项BCD正确，一般纳税人发生下列应税行为可选择适用简易计税方法计税，不允许抵扣进项税额：
（1）公共交通运输服务，包括轮客渡、公交客运、地铁、城市轻轨、出租车、长途客运、班车；
（2）经认定的动漫企业为开发动漫产品提供的动漫脚本编撰、形象设计、背景设计、动画设计、分镜、动画制作、摄制、描线、上色、画面合成、配音、配乐、音效合成、剪辑、字幕制作、压缩转码（面向网络动漫、手机动漫格式适配）服务，以及在境内转让动漫版权（包括动漫品牌、形象或者内容的授权及再授权）；
（3）电影放映服务、仓储服务、装卸搬运服务、收派服务和文化体育服务（选项CD）；
（4）以纳入"营改增"试点之日前取得的有形动产为标的物提供的经营租赁服务（选项B）；
（5）在纳入"营改增"试点之日前签订的尚未执行完毕的有形动产租赁合同。
【知识点】增值税征收率

3.【2016·多选题】【答案】ABC
【解析】选项ABC正确，粮食、食用植物油、自来水、暖气、冷气、热水、煤气、图书、报纸、杂志等适用9%增值税税率；
选项D错误，电力、热力、气体等属于销售货物，增值税税率为13%。

考点6 增值税应纳税额的计算（★★★）

1.【2021·单选题】【答案】A
【解析】选项A正确，包装费属于价外费用，价外费用为含税销售额须进行价税分离，则甲公司本月增值税销项税额=100 000×13%+1 000÷（1+13%）×13%=13 115.04（元）；
选项B错误，题干中100 000元是不含税销售额，不用进行价税分离；
选项C错误，包装费属于价外费用，需要价税分离；
选项D错误，向购买方收取的包装费也属于价外费用，包装费中包含了增值税，应计入销项税额。
【知识点】增值税应纳税额的计算

2. 【2021·单选题】【答案】D

【解析】选项 AB 错误，纳税人采取以旧换新方式销售"手机"的，应当按新货物的同期销售价格确定销售额，不得扣减旧货物的收购价格；

选项 C 错误、选项 D 正确，题目中"3 164 元"为含增值税税价（一般零售价格为含税价），应价税分离。

【知识点】增值税应纳税额的计算

3. 【2019·单选题】【答案】D

【解析】甲公司当月该笔业务应缴纳增值税税额 = 关税完税价格 × （1 + 关税税率）× 增值税税率 = 116 × （1 + 10%）× 13%。

【知识点】进口货物应纳增值税的计算

4. 【2019·单选题】【答案】C

【解析】选项 A 错误，金融商品转让，不得开具增值税专用发票；

选项 B 错误，转让金融商品出现的正负差，按盈亏相抵后的余额为销售额；若相抵后出现负差，可结转下一纳税期与下期转让金融商品销售额相抵，但年末时仍出现负差的，不得转入下一个会计年度；

选项 D 错误，金融商品的买入价，可以选择按照加权平均法或者移动加权平均法进行核算。

【知识点】增值税销售额的确定

5. 【2019·单选题】【答案】B

【解析】下列项目不包括在销售额内：

（1）受托加工应征消费税的消费品所代收代缴的消费税（选项 C）。

（2）同时符合以下条件代为收取的政府性基金或者行政事业性收费：

①由国务院或者财政部批准设立的政府性基金，由国务院或者省级人民政府及其财政、价格主管部门批准设立的行政事业性收费；

②收取时开具省级以上财政部门印制的财政票据；

③所收款项全额上缴财政。

（3）销售货物的同时代办保险等而向购买方收取的保险费（选项 D），以及向购买方收取的代购买方缴纳的车辆购置税、车辆牌照费；

（4）以委托方名义开具发票代委托方收取的款项（选项 A）。

选项 B 正确。

【知识点】增值税销售额的确定

6. 【2016·单选题】【答案】D

【解析】选项 D 正确，纳税人采取折扣方式销售货物，如将销售额和折扣额在同一张发票上的"金额"栏分别注明，可按折扣后的销售额征收增值税；甲公司当月该笔业务增值税销项税额 = （90 000 - 9 000） × 13%。

【知识点】增值税应纳税额的计算

7. 【2016·单选题】【答案】D

【解析】（1）小规模纳税人以及一般纳税人选择简易办法计税的，征收率为 3%；

（2）小规模纳税人发生应税销售行为采用简易计税方法计税，应按照销售额和征收率计

算应纳增值税税额,不得抵扣进项税额;

(3)应纳税额=含税销售额÷(1+征收率)×征收率。

甲商店当月应缴纳增值税=61 800÷(1+3%)×3%,选项D正确。

【知识点】增值税应纳税额的计算

8.【2021·多选题】【答案】ABD

【解析】不可抵扣的进项税包括:

(1)用于免征增值税项目、集体福利或者个人消费的购进货物或者应税劳务,其进项税额不得抵扣(选项BD正确);

(2)非正常损失的购进货物及相关的应税劳务,其进项税额不得抵扣。非正常损失,是指因管理不善造成被盗、丢失、霉烂变质的损失,以及被执法部门依法没收或者强令自行销毁的货物(选项A正确)。

选项C,购进生产用电力所支付的增值税款是企业维持正常生产经营的支出,可以从销项税额中抵扣。

因此,选项ABD正确。

【知识点】不可抵扣的进项税额

9.【2021·多选题】【答案】ABCD

【解析】选项A正确,销售啤酒、黄酒时,取得时不计入,逾期时计入;

选项B正确,包装物押金是含税收入;

选项C正确,包装物租金属于价外费用,在销售货物时随同货款一并计算增值税税款;

选项D正确,对于除啤酒、黄酒之外的酒类,包装物押金在收取的当时就要计征增值税和消费税,逾期时不再征增值税及消费税。

	包装物押金属于含增值税收入,作销售处理时,应当先换算为不含税价格,再并入销售额征税		
一般规定	单独核算	1年以内	①未过期(合同约定的期限)的,不并入销售额
			②过期的,纳入销售额
		超过1年	纳入销售额
	未单独核算	纳入销售额	
特殊规定	啤酒、黄酒	按照一般规定	
	啤酒、黄酒以外的其他酒	均应在收取当期并入销售额中征税	

【知识点】包装物的押金

10.【2021·多选题】【答案】ABCD

【解析】不得从销项税额中抵扣的进项税额的情形如下:

(1)用于简易计税方法计税项目、免征增值税项目、集体福利或者个人消费的购进货物、劳务、服务、无形资产和不动产;

(2)非正常损失的购进货物,以及相关的劳务和交通运输服务;

(3)非正常损失的在产品、产成品所耗用的购进货物(不包括固定资产)、劳务和交通运输服务;

（4）非正常损失的不动产，以及该不动产所耗用的购进货物、设计服务和建筑服务；

（5）非正常损失的不动产在建工程所耗用的购进货物、设计服务和建筑服务；纳税人新建、改建、扩建、修缮、装饰不动产，均属于不动产在建工程；

（6）购进的贷款服务、餐饮服务、居民日常服务和娱乐服务（选项ABCD）；

（7）纳税人接受贷款服务向贷款方支付的与该笔贷款直接相关的投融资顾问费、手续费、咨询费等费用；

（8）财政部和国家税务总局规定的其他情形。

因此，选项ABCD均正确。

【知识点】不可抵扣的进项税额

11.【2020·多选题】【答案】ABCD

【解析】选项ABCD均正确。

12.【2017·判断题】【答案】正确

【解析】一般纳税人发生下列应税行为可以选择适用简易计税方法计税：（1）公共交通运输服务；（2）经认定的动漫企业为开发动漫产品提供的动漫服务，以及在境内转让动漫版权；（3）电影放映服务、仓储服务、装卸搬运服务、收派服务和文化体育服务；（4）以纳入"营改增"试点之日前取得的有形动产为标的物提供的经营租赁服务；（5）在纳入"营改增"试点之日前签订的尚未执行完毕的有形动产租赁合同。

【知识点】增值税应纳税额的计算

13.【2015·判断题】【答案】正确

【解析】销售额是指纳税人发生应税销售行为向购买方收取的全部价款和价外费用，但是不包括收取的销项税额。价外费用包括价外向购买方收取的手续费、补贴、基金、集资费、返还利润、奖励费、违约金、滞纳金、延期付款利息、赔偿金、代收款项、代垫款项、包装费、包装物租金、储备费、优质费、运输装卸费以及其他各种性质的价外收费。

【知识点】增值税应纳税额的计算

考点7 增值税税收优惠（★★）

1.【2018·单选题】【答案】B

【解析】增值税的免税项目有：

（1）托儿所、幼儿园提供的保育和教育服务（选项D）；

（2）养老机构提供的养老服务（选项A）；

（3）残疾人福利机构提供的育养服务；

（4）婚姻介绍服务（选项C）；

（5）殡葬服务；

（6）残疾人员本人为社会提供的服务；

（7）医疗机构提供的医疗服务；

（8）从事学历教育的学校（不包括职业培训机构）提供的教育服务；

（9）学生勤工俭学提供的服务。

装饰服务属于增值税应税服务，选项B正确。

【知识点】增值税的税收优惠

2.【2019·多选题】【答案】AB
【解析】选项 AB 正确，存款利息、被保险人获得的保险赔付和房地产主管部门或者其指定机构、公积金管理中心、开发企业以及物业管理单位代收的住宅专项维修资金等，不征收增值税；

选项 C 错误，按照"金融服务——保险服务"缴纳增值税；
选项 D 错误，按照"现代服务——商务辅助服务"缴纳增值税。
【知识点】不征收增值税项目

考点 8　增值税征收管理（★★）

1.【2020·单选题】【答案】B
【解析】（1）固定业户应当向其机构所在地的税务机关申报纳税（选项 A）；
（2）非固定业户销售货物或者劳务，应当向销售地或者劳务发生地的税务机关申报纳税；未向销售地或者劳务发生地的税务机关申报纳税的，由其机构所在地或者居住地的税务机关补征税款（选项 B 错误）；
（3）进口货物，应当向报关地海关申报纳税（选项 C）；
（4）其他个人提供建筑服务，销售或者租赁不动产，转让自然资源使用权，应向建筑服务发生地、不动产所在地、自然资源所在地税务机关申报纳税；
（5）扣缴义务人应当向其机构所在地或者居住地的税务机关申报缴纳其扣缴的税款（选项 D）。

选项 B 正确。

2.【2021·多选题】【答案】AD
【解析】选项 B 错误，纳税人从事金融商品转让的，增值税纳税义务发生时间为金融商品所有权转移的当天；选项 C 错误，纳税人提供租赁服务采取预收款方式，增值税纳税义务发生时间为收到预收款的当天。
【知识点】增值税纳税义务发生时间

3.【2020·判断题】【答案】正确
【解析】以 1 个季度为纳税期限的规定适用于小规模纳税人、银行、财务公司、信托投资公司、信用社以及财政部和国家税务总局规定的其他纳税人。

考点 9　增值税专用发票使用规定（★）

【2014·判断题】【答案】错误
【解析】一般纳税人发生应税销售行为，应当向索取增值税专用发票的购买方开具专用发票。属于下列情形之一的，不得开具增值税专用发票：
（1）商业企业一般纳税人零售烟、酒、食品、服装、鞋帽（不包括劳保专用部分）、化妆品等消费品的；
（2）应税销售行为的购买方为消费者个人的；

（3）发生应税销售行为适用免税规定的。
【知识点】增值税专用发票使用规定

考点 10　消费税纳税人（★）

【2014·单选题】【答案】C
【解析】选项 ABD 错误，粮食、家电、服装不属于消费税征税范围；
选项 C 正确，在境内生产、委托加工和进口应税消费品的单位和个人，以及国务院确定的销售应税消费品的其他单位和个人，为消费税的纳税人。
【知识点】消费税纳税人

考点 11　消费税税目（★★）

1.【2020·单选题】【答案】C
【解析】选项 ABD 错误，沙滩车、雪地车、卡丁车、高尔夫车、电动汽车不征收消费税；
选项 C 正确，对于企业购进货车或厢式货车改装生产的商务车、卫星通信车等专用汽车不属于消费税征收范围，不征收消费税，但对于购进乘用车和中轻型商用客车整车改装生产的汽车，应按规定征收消费税。

2.【2015·单选题】【答案】A
【解析】选项 A 正确，体育上用的发令纸、鞭炮药引线，不征收消费税；
选项 BCD，消费税征税税目包括"烟；酒；高档化妆品；贵重首饰及珠宝玉石；鞭炮、焰火；成品油；摩托车；小汽车；高尔夫球及球具；高档手表；游艇；木制一次性筷子；实木地板；电池；涂料"。
【知识点】消费税税目

考点 12　消费税征税范围（★★★）

1.【2018·单选题】【答案】D
【解析】选项 A，高档手表在生产、委托加工、进口环节征收消费税；
选项 B，金银首饰在零售环节征收消费税；
选项 C，纳税人自产的应税消费品，用于连续生产应税消费品以外的其他方面，于移送使用时缴纳消费税；
选项 D 符合题意，烟草批发企业将卷烟销售给其他烟草批发企业的，"不缴纳消费税"。
【知识点】消费税征税环节和范围

2.【2017·单选题】【答案】D
【解析】选项 AC 错误，"金银首饰和超级豪华小轿车"在零售环节缴纳消费税；
选项 B 错误，电动车不属于消费税税目，不缴纳消费税；
【知识点】消费税征税环节和范围

3.【2014·单选题】【答案】B

【解析】选项 A 错误,沙滩车、雪地车、卡丁车、高尔夫车不属于消费税征收范围,不征收消费税(消费税征税范围包括"烟;酒;高档化妆品;贵重首饰及珠宝玉石;鞭炮、焰火;成品油;小汽车;摩托车;高尔夫球及球具;高档手表;游艇;木制一次性筷子;实木地板;电池;涂料");

选项 B 正确,手表厂生产销售高档手表,在生产销售环节缴纳消费税;

选项 CD 错误,珍珠项链、木制一次性筷子在生产环节缴纳消费税,珠宝店销售、商场销售属于零售环节,不缴纳消费税。

【知识点】消费税征税环节和范围

4.【2017·多选题】【答案】BCD

【解析】选项 A 错误,纳税人自产自用的应税消费品,用于连续生产应税消费品的,移送时不征收消费税,终端应税消费品出厂销售时按规定征收消费税;

选项 BCD 正确,自产应税消费品用于其他方面,如在建工程、管理部门、非生产机构、提供劳务、馈赠、赞助、集资、广告、样品、职工福利、奖励等方面的,移送时征收消费税。

【知识点】消费税征税环节和范围

考点 13 消费税应纳税额的计算(★★★)

1.【2021·单选题】【答案】B

【解析】将自产的白酒赠送客户,属于视同销售应税消费品,应缴纳消费税,视同销售中消费税的计税依据确定依次按照以下顺序:

(1)纳税人生产的同类消费品的销售价格;

(2)组成计税价格。

由于甲酒厂无同类白酒销售价格,应按组成计税价格计算,白酒采用复合计征方式计缴消费税:组成计税价格=[成本×(1+成本利润率)+自产自用数量×消费税定额税率]÷(1-消费税比例税率),应纳消费税=组成计税价格×消费税比例税率+自产自用数量×消费税定额税率,甲酒厂当月该笔业务应缴纳消费税税额=[42 500×(1+5%)+1×1 000×2×0.5]÷(1-20%)×20%+1×1 000×2×0.5=12 406.25(元);选项 B 正确。

【知识点】消费税应纳税额的计算

2.【2021·单选题】【答案】D

【解析】选项 D 正确,白酒不涉及已缴纳消费税抵扣问题,不得抵扣已纳消费税。

【知识点】已纳消费税的扣除

3.【2019·单选题】【答案】D

【解析】(1)白酒实行从价定率和从量定额复合方法计征消费税;

(2)1 吨=1 000 千克,1 千克=1 000 克=2×500 克;即 1 吨=2 000×500 克;

(3)应纳消费税税额=不含税销售额×比例税率+销售数量×定额税=232 000÷(1+13%)×20%+10×2 000×0.5=51 061.95(元)。

选项 D 正确。

【知识点】消费税应纳税额的计算

4.【2019·单选题】【答案】A
【解析】选项 BCD 错误，"150 174 万元"为含增值税的销售额，需要价税分离，同时甲公司为增值税小规模纳税人，所以价税分离时适用 3% 的征收率；甲公司当月该笔业务应缴纳消费税税额 =150 174÷（1+3%）×10%。选项 A 正确。
【知识点】生产销售应纳消费税的计算

5.【2016·单选题】【答案】B
【解析】选项 B 正确，纳税人用于换取生产资料和消费资料、投资入股和抵偿债务等方面的应税消费品，应当以纳税人同类应税消费品的最高销售价格作为计税依据计算消费税。
【知识点】消费税销售额的确定

6.【2014·单选题】【答案】A
【解析】（1）委托加工的应税消费品，是指由委托方提供原料和主要材料，受托方只收取加工费和代垫部分辅助材料加工的应税消费品；
（2）委托加工的应税消费品，按照受托方的同类消费品的销售价格计算纳税，没有同类消费品销售价格的，按照组成计税价格计算纳税；
（3）组成计税价格 =（材料成本 + 加工费）÷（1 - 比例税率），应纳税额 = 组成计税价格×比例税率；
（4）委托加工环节的应纳消费税税额，即受托方应代收代缴的消费税税额 =（56+14）÷（1-15%）×15%。
选项 A 正确。
【知识点】消费税应纳税额的计算

7.【2018·多选题】【答案】ABD
【解析】选项 ABD 正确，纳税人用于换取生产资料和消费资料、投资入股和抵偿债务等方面（"换投抵"）的应税消费品，应当以纳税人同类应税消费品的最高销售价格作为计税依据计算消费税。
【知识点】消费税销售额的确定

8.【2017·多选题】【答案】AB
【解析】（1）消费税有复合计税、从量定额、从价定率三种形式；
（2）复合计税适用卷烟、白酒；
（3）从量计征适用啤酒、黄酒、成品油（汽油、柴油、石脑油、溶剂油、航空煤油、润滑油、燃料油）；
（4）从价计征适用除从量计税、复合计税以外的其他项目（选项 CD）。
选项 AB 正确。
【知识点】消费税税率

考点 14 消费税征收管理（★★）

1.【2018·单选题】【答案】B
【解析】纳税人采取托收承付和委托银行收款方式销售的应税消费品，纳税义务发生时间为"发出应税消费品并办妥托收手续的当天"。选项 B 符合题意。

【知识点】消费税纳税义务发生时间

2.【2016·多选题】【答案】BCD
【解析】消费税纳税义务发生时间如下：
（1）纳税人销售应税消费品的，按不同的销售结算方式确定，分别为：
①采取赊销和分期收款结算方式的，为书面合同约定的收款日期的当天，书面合同没有约定收款日期或者无书面合同的，为发出应税消费品的当天。
②采取预收货款结算方式的，为发出应税消费品的当天（选项D）。
③采取托收承付和委托银行收款方式的，为发出应税消费品并办妥托收手续的当天。
④采取其他结算方式的，为收讫销售款或者取得索取销售款凭据的当天。
（2）纳税人自产自用应税消费品的，为移送使用的当天（选项C）。
（3）纳税人委托加工应税消费品的，为纳税人提货的当天（选项A错误）。
（4）纳税人进口应税消费品的，为报关进口的当天（选项B）。
选项BCD正确。
【知识点】消费税纳税义务发生时间

考点15 城市维护建设税与教育费附加（★）

1.【2015·判断题】【答案】正确
【解析】城市维护建设税的计税依据为纳税人实际缴纳的增值税、消费税税额。在计算计税依据时，应当按照规定扣除期末留抵退税退还的增值税税额。
【知识点】城市维护建设税与教育费附加

2.【2014·判断题】【答案】错误
【解析】对进口货物或者境外单位和个人向境内销售劳务、服务、无形资产缴纳的增值税、消费税税额，不征收城市维护建设税；对出口货物、劳务和跨境销售服务、无形资产以及因优惠政策退还增值税、消费税的，不退还已缴纳的城市维护建设税。
【知识点】城市维护建设税与教育费附加

3.【2014·判断题】【答案】错误
【解析】城市维护建设税属于增值税、消费税的一种附加税，原则上不单独规定税收减免条款。如果税法规定减免增值税、消费税，也就相应地减免了城市维护建设税；对增值税、消费税实行先征后返、先征后退、即征即退办法的，除另有规定外，对随增值税、消费税附征的城市维护建设税，一律不予退（返）还。
【知识点】城市维护建设税与教育费附加

考点16 车辆购置税（★）

【2016·单选题】【答案】D
【解析】车辆购置税的征收范围包括汽车（选项C）、有轨电车（选项A）、汽车挂车、排气量超过150毫升的摩托车（选项B）；因此选项D符合题意。
【知识点】车辆购置税征税范围

考点 17 关税（★）

1.【2020·单选题】【答案】A

【解析】选项 BCD 错误，一般贸易项下进口的货物以海关审定的成交价格为基础的到岸价格作为完税价格，到岸价格是指包括货价以及货物运抵我国关境内输入地点起卸前的包装费、运费、保险费和其他劳务费等费用构成的一种价格；应纳税额＝关税完税价格×关税税率＝（45＋4＋2）×10%。

2.【2017·多选题】【答案】BCD

【解析】选项 A 错误，进口关税一般采用比例税率，实行从价计征的办法，但对啤酒、原油等少数货物则实行从量计征。

选项 BCD 正确，对广播用录像机、放像机、摄像机等实行从价加从量的复合税率。

【知识点】关税应纳税额

不定项选择题

1.【2020】（1）【答案】C

【解析】选项 AD 错误，消费税的销售额是指纳税人销售应税消费品向购买方收取的全部价款和价外费用，不包括应向购买方收取的增值税税款；

选项 B 错误，手续费属于价外费用，应计入销售额计征消费税；

选项 C 正确，本题中价款和手续费均为含税价格需要进行价税分离；应纳消费税税额＝含税销售额÷（1＋增值税税率）×消费税税率＝（226 000＋33 900）÷（1＋13%）×5%。

（2）【答案】D

【解析】选项 D 正确，纳税人用于换取生产资料和消费资料、投资入股和抵偿债务等方面（"换投抵"）的应税消费品，应当以纳税人同类应税消费品的最高销售价格作为计税依据计算消费税。

（3）【答案】C

【答案】选项 C 正确，纳税人销售应税消费品采取预收货款方式的，消费税纳税义务发生时间为发出应税消费品的当天。

（4）【答案】ABCD

【解析】选项 ACD 正确，纳税人将自产自用的应税消费品用于连续生产非应税消费品、在建工程、管理部门、非生产机构、提供劳务、馈赠、赞助、集资、广告、样品、职工福利、奖励等方面，移送使用时缴纳消费税；

选项 B 正确，中轻型商用客车在生产销售时缴纳消费税。

2.【2020】（1）【答案】ABC

【解析】选项 AC 正确，纳税人将自产自用的应税消费品用于连续生产非应税消费品、在建工程、管理部门、非生产机构、提供劳务、馈赠、赞助、集资、广告、样品、职工福利、奖励等方面，移送使用时缴纳消费税；

选项 B 正确，纳税人生产的应税消费品高档美容类化妆品，销售时缴纳消费税。

选项 D 错误，不属于消费税的征税范围。

第四章 税法概述及货物和劳务税法律制度

(2)【答案】B

【解析】选项B正确，委托加工的应税消费品，按照受托方的同类消费品的销售价格计算纳税，没有同类消费品销售价格的，按照组成计税价格计算纳税；组成计税价格＝（材料成本＋加工费）÷（1－消费税比例税率）；应纳消费税税额＝组成计税价格×消费税比例税率。

(3)【答案】C

【解析】选项C正确，纳税人进口应税消费品，按照组成计税价格和规定的税率计算应纳税额；组成计税价格＝（关税完税价格＋关税）÷（1－消费税比例税率）；应纳消费税税额＝组成计税价格×消费税比例税率＝（935 000＋935 000×5%）÷（1－15%）×15%。

(4)【答案】D

【解析】①将自产货物用于集体福利、无偿赠送给其他单位或个人，视同销售货物，需要缴纳增值税；

②进口化妆品允许抵扣的增值税进项税额＝（关税完税价格＋关税）÷（1－消费税比例税率）×增值税税率＝（935 000＋935 000×5%）÷（1－15%）×13%；

③甲公司当月应缴纳增值税税额＝（3 000 000＋1 000×100＋500×40）×13%＋32 500－（935 000＋935 000×5%）÷（1－15%）×13%。

3.【2019】(1)【答案】A

【解析】选项A正确，甲公司取得的包装物租金应作为价外费用处理，与含增值税的价款一并价税分离后计算销项税额；销项税额＝含税销售额÷（1＋增值税税率）×增值税税率。

【知识点】一般计税方法应纳税额的计算

(2)【答案】C

【解析】选项C正确，除金银首饰以旧换新业务外，纳税人采取以旧换新方式销售货物的，应按新货物的同期销售价格确定销售额，不得扣减旧货物的收购价格，"4 640元"为含增值税单价，应价税分离。

【知识点】一般计税方法应纳税额的计算

(3)【答案】BD

【解析】选项A错误，购进住宿服务用于集体福利不得抵扣进项税额；

选项C错误，购进劳保用品未取得合法的扣税凭证（取得的是增值税普通发票），不得抵扣进项税额。

选项BD正确。

【知识点】一般计税方法应纳税额的计算

(4)【答案】ABD

【解析】选项ABD正确，将自产的货物用于集体福利或者个人消费，作为投资提供给其他单位或者个体工商户，分配给股东或者投资者，无偿赠送其他单位或者个人视同销售；

选项C错误，用于简易计税方法计税项目、免征增值税项目、集体福利或者个人消费的购进货物不得从销项税额中抵扣的进项税额，不视同销售货物。

【知识点】视同销售货物行为

4.【2018】(1)【答案】A

【解析】①纳税人采取折扣方式销售货物，如果销售额和折扣额在同一张发票上分别注明，可以按折扣后的销售额征收增值税；如果将折扣额另开发票，不论其在财务上如何处理，

均不得从销售额中减除折扣额;

②题目中,销售额和折扣额在同一张发票上分别注明,并且需价税分离,则甲公司当月销售 W 型空调增值税销项税额 =100 × (3 510 -351) ÷ (1 +13%) ×13% 。

选项 A 正确。

【知识点】增值税销项税额的计算

(2)【答案】B

【解析】①将自产、委托加工的货物用于集体福利或者个人消费视同销售;②视同销售货物按纳税人最近时期同类货物的平均销售价格确定;③题目中价格为含税价格,需价税分离,甲公司当月销售及领用 Y 型空调增值税销项税额 = (3 000 +10 +2) ×2 925 ÷ (1 +13%) × 13% 。

选项 B 正确。

【知识点】增值税销项税额计算

(3)【答案】ACD

【解析】选项 ACD 正确,可用于认证抵扣增值税进项税额的凭证包括增值税专用发票、农产品收购发票、农产品普通发票、增值税完税凭证、海关进口增值税专用缴款书;

选项 B 错误,增值税普通发票不得抵扣进项税额。

【知识点】增值税进项税额扣除

(4)【答案】D

【解析】选项 D 正确,采用预收货款方式销售货物,增值税的纳税义务发生时间为货物发出的当天。

【知识点】增值税纳税义务发生时间

5.【2017】(1)【答案】AC

【解析】选项 AC 正确,直接收费金融服务是指为货币资金融通及其他金融业务提供相关服务并且收取费用的业务活动,包括货币兑换、账户管理、电子银行、信用卡、信用证、财务担保、资产管理、信托管理、基金管理、金融交易场所管理、资金结算、资金清算、金融支付等服务;

选项 BD 错误,各种占用、拆借资金取得的收入,包括金融商品持有期间利息收入、信用卡透支利息收入、买入返售金融商品利息收入、融资融券收取的利息收入、融资性售后回租、押汇、罚息、票据贴现、转贷等业务取得的利息及利息性质的收入,按照"贷款服务"缴纳增值税。

【知识点】增值税征税范围

(2)【答案】A

【解析】①贷款服务、票据贴现为贷款服务,资金结算、账户管理为直接收费金融服务;
②题目中为含税收入,需要作价税分离;第四季度贷款服务增值税销项税额 = (6 491.44 +874.5) ÷ (1 +6%) ×6% 。 选项 A 正确。

【知识点】增值税销项税额计算

(3)【答案】B

【解析】①资金结算、账户管理为直接收费金融服务;
②题目中为含税收入,需要作价税分离;第四季度直接收费金融服务增值税销项税额 = (37.1 +12.72) ÷ (1 +6%) ×6% 。 选项 B 正确。

【知识点】增值税销项税额计算

（4）【答案】AC

【解析】①下列项目的进项税额不得从销项税额中抵扣：购进的贷款服务、餐饮服务、居民日常服务和娱乐服务；纳税人接受贷款服务向贷款方支付的与该笔贷款直接相关的投融资顾问费、手续费、咨询费等费用，其进项税不得从销项税额中抵扣；

②各种占用、拆借资金取得的收入，包括金融商品持有期间利息收入、信用卡透支利息收入、买入返售金融商品利息收入、融资融券收取的利息收入、融资性售后回租、押汇、罚息、票据贴现、转贷等业务取得的利息及利息性质的收入，按照贷款服务缴纳增值税。

选项 AC 正确。

【知识点】增值税进项税额抵扣

6.【2017】（1）【答案】D

【解析】境内单位和个人跨境销售国务院规定范围内的服务、无形资产，税率为零。包括：

①国际运输服务；

②航天运输服务；

③向境外单位提供的完全在境外消费的服务：a. 研发服务；b. 合同能源管理服务；c. 设计服务；d. 广播影视节目（作品）的制作和发行服务；e. 软件服务；f. 电路设计及测试服务；g. 信息系统服务；h. 业务流程管理服务；i. 离岸服务外包业务；j. 转让技术。

【知识点】增值税税率

（2）【答案】A

【解析】①国内旅客运输服务的销售额是向购买方收取的全部价款和价外费用，包括含增值税票款收入 9 990 万元和特价机票改签费、变更费 499.5 万元，题目中为含税收入，需要作价税分离；

②交通运输服务增值税税率 9%；

③甲航空公司当月提供国内旅客运输服务增值税销项税额 =（9 990 + 499.5）÷（1 + 9%）×9%。选项 A 正确。

【知识点】增值税销项税额计算

（3）【答案】A

【解析】①将建筑物、构筑物等不动产或者飞机、车辆等有形动产的广告位出租给其他单位或者个人用于发布广告，按照经营租赁服务缴纳增值税，适用 13% 增值税税率；

②取得的含税收入和价外费用一并计入销售额，进行价税分离后计算销项税额；

③增值税销项税额 =（299.52 + 4.68）÷（1 + 13%）×13%。选项 A 正确。

【知识点】增值税销项税额计算

（4）【答案】C

【解析】选项 ABD 错误，航空运输企业的销售额不包括代收的机场建设费和代售其他航空运输企业客票而代收转付的价款。选项 C 正确。

【知识点】增值税销项税额计算

7.【2015】（1）【答案】C

【解析】①收取优质费 526 500 元、包装物租金 175 500 元，属于价外费用，要一并计入销售额征税；

②题目中给出的是含税价，要作价税分离，不含税销售额＝含税销售额÷（1＋增值税税率）；

③甲公司当月销售A型洗衣机增值税销项税额＝（1 000×3 510＋526 500＋175 500）÷（1＋13%）×13%。选项C正确。

【知识点】增值税销项税额计算

（2）【答案】C

【解析】①对金银首饰以外的货物以旧换新销售的，按新货物的同期销售价格确定销售额，不得扣减旧货物的收购价格；

②按照含税单价3 510元/台计算当月以旧换新方式销售A型洗衣机销售额；

③增值税销项税额＝50×3 510÷（1＋13%）×13%。选项C正确。

【知识点】增值税销项税额计算

（3）【答案】D

【解析】①将自产货物用于集体消费或个人福利，视同销售计算增值税销项税额，按同类货物的同期销售价格计算销售额；

②含税价格要进行价税分离；

③甲公司当月向优秀职工发放A型洗衣机增值税销项税额＝10×3 510÷（1＋13%）×13%。选项D正确。

【知识点】增值税销项税额计算

（4）【答案】BCD

【解析】选项A错误，增值税普通发票不能抵扣进项税，购进低值易耗品取得增值税普通发票。选项BCD正确。

【知识点】增值税进项税额抵扣

第五章 所得税法律制度

考点1 企业所得税纳税人及征税对象（★★）

1.【2016·多选题】【答案】AD
【解析】选项BC错误，个人独资企业、合伙企业，不属于企业所得税纳税义务人，不缴纳企业所得税。
【知识点】企业所得税纳税人

2.【2015·多选题】【答案】AC
【解析】选项BD错误，转让财产所得，不动产转让所得按照不动产所在地确定，动产转让所得按照转让动产的企业或者机构、场所所在地确定，权益性投资资产转让所得按照被投资企业所在地确定。
【知识点】企业所得税征税对象

3.【2016·判断题】【答案】错误
【解析】企业所得税的征税对象是纳税人所取得的生产经营所得、其他所得和清算所得，包括销售货物所得、提供劳务所得、转让财产所得、股息红利等权益性投资所得、利息所得、租金所得、特许权使用费所得、接受捐赠所得和其他所得。接受捐赠所得属于企业所得税征税对象。
【知识点】企业所得税征税对象

考点2 企业所得税应纳税所得额的计算（★★★）

1.【2021·单选题】【答案】B
【解析】（1）职工福利费税前扣除限额=400×14%=56（万元）>55（万元），税前只能扣除55万元；
（2）职工教育经费税前扣除限额=400×8%=32（万元）>20（万元），准予税前全额扣除；
（3）工会经费税前扣除限额=400×2%=8（万元）<10（万元），税前准予扣除8万元；
（4）企业发生的合理的工资、薪金支出，准予扣除，税前可扣除400万元。
该企业2018年计算应纳税所得额时准予在税前扣除的工资和三项经费合计金额=400+55+400×2%+20=483（万元）。
因此，选项B正确。
【知识点】企业所得税扣除标准

2.【2020·单选题】【答案】D
【解析】在中国境内未设立机构、场所的，或者虽设立机构、场所但取得的所得与其所设机构、场所没有实际联系的非居民企业，其取得的来源于中国境内的所得，按照下列方法计算其应纳税所得额：

（1）股息、红利等权益性投资收益和利息、租金、特许权使用费所得，以收入全额为应纳税所得额（选项 ABC）；

（2）转让财产所得，以"收入全额减除财产净值后的余额"为应纳税所得额。

选项 D 正确。

3.【2020·单选题】【答案】D

【解析】选项 ABC 错误，对化妆品制造或销售、医药制造和饮料制造（不含酒类）企业发生的广告费和业务宣传费支出，不超过当年销售收入的 30% 准予扣除，超过部分，准予以后年度结转扣除。

4.【2016·单选题】【答案】B

【解析】（1）企业发生的职工教育经费支出，不超过工资薪金总额 8% 的部分，准予在计算企业所得税应纳税所得额时扣除；超过部分，准予在以后纳税年度结转扣除；

（2）企业发生的职工福利费支出超过工资薪金总额的 14% 的部分，不得在以后纳税年度结转扣除。选项 B 符合题意。

【知识点】企业所得税扣除标准

5.【2016·单选题】【答案】D

【解析】（1）企业实际发生的公益性捐赠支出，不超过年度利润总额 12% 的部分，准予在计算应纳税所得额时扣除；

（2）公益性捐赠，指企业通过公益性团体或者县级以上人民政府及其部门，用于公益事业的捐赠；

（3）该企业捐赠支出可以税前扣除的金额 =30×12%=3.6（万元）。选项 D 正确。

【知识点】企业所得税扣除标准

6.【2014·单选题】【答案】C

【解析】（1）企业发生的符合条件的广告费和业务宣传费支出，除国务院财政、税务主管部门另有规定外，不超过当年销售（营业）收入 15% 的部分，准予扣除；超过部分，准予在以后纳税年度结转扣除。企业在筹建期间，发生的广告费和业务宣传费，可按实际发生额计入企业筹办费，并按有关规定在税前扣除。

（2）广告费扣除限额 =3 000×15%=450（万元）；本年实际发生 400 万元和上年度结转未扣除的广告费 60 万元，合计 460 万元，超过扣除限额，故只能扣除 450 万元。

选项 C 正确。

【知识点】企业所得税扣除标准

7.【2021·多选题】【答案】AD

【解析】选项 AD 正确，下列收入为不征税收入：

（1）财政拨款；

（2）依法收取并纳入财政管理的行政事业性收费、政府性基金；

（3）国务院规定的其他不征税收入。

选项 B 错误，国债利息收入属于免税收入；

选项 C 错误，接受捐赠收入属于应税收入。

【知识点】企业所得税不征税收入

第五章　所得税法律制度

8.【2020·多选题】【答案】AC
【解析】企业所得税不得扣除的项目有：
（1）向投资者支付的股息、红利等权益性投资收益款项；
（2）企业所得税税款；
（3）税收滞纳金；
（4）罚金、罚款和被没收财物的损失（选项D）；
（5）超过规定标准的捐赠支出；
（6）赞助支出；
（7）未经核定的准备金支出；
（8）企业之间支付的管理费、企业内营业机构之间支付的租金和特许权使用费，以及非银行企业内营业机构之间支付的利息（选项B）；
（9）与取得收入无关的其他支出。
选项AC正确。

9.【2019·多选题】【答案】BC
【解析】选项A错误，销售货物收入是指企业销售商品、产品、原材料、包装物、低值易耗品以及其他存货取得的收入；
选项D错误，特许权使用费收入是指企业提供专利权、非专利技术、商标权、著作权以及其他特许权的使用权取得的收入。
【知识点】企业所得税收入

10.【2017·多选题】【答案】ABCD
【解析】企业发生非货币性资产交换以及将货物、财产、劳务用于捐赠、偿债、赞助、集资、广告、样品、职工福利或者利润分配等用途的，应当视同销售货物、转让财产或者提供劳务。选项ABCD均正确。
【知识点】视同销售

11.【2015·多选题】【答案】AC
【解析】在计算应纳税所得额时，下列支出不得扣除：向投资者支付的股息、红利等权益性投资收益款项；企业所得税税款；税收滞纳金（选项B）；罚金、罚款（选项D）和被没收财物的损失；超过规定标准的捐赠支出；赞助支出；未经核定的准备金支出；企业之间支付的管理费、企业内营业机构之间支付的租金和特许权使用费，以及非银行企业内营业机构之间支付的利息；与取得收入无关的其他支出。
选项AC正确。
【知识点】企业所得税扣除项目

12.【2019·判断题】【答案】正确
【解析】企业职工因公出差乘坐交通工具发生的人身意外保险费支出，准予扣除。
【知识点】企业所得税税前扣除标准

13.【2019·判断题】【答案】错误
【解析】利息收入，按照合同约定的债务人应付利息的日期确认收入的实现。
【知识点】企业所得税收入总额

14.【2015·判断题】【答案】正确

【解析】商品销售涉及商业折扣的，应当按照扣除商业折扣后的金额确定销售商品收入金额。

考点3 资产的税务处理（★★）

1.【2021·单选题】【答案】C

【解析】下列固定资产不得计算折旧扣除：

（1）房屋、建筑物以外未投入使用的固定资产（选项 C 正确，未投入使用的房屋也应该计提折旧税前扣除）；

（2）以经营租赁方式租入的固定资产；

（3）以融资租赁方式租出的固定资产（选项 B 错误）；

（4）已足额提取折旧仍继续使用的固定资产（选项 A 错误）；

（5）与经营活动无关的固定资产；

（6）单独估价作为固定资产入账的土地（选项 D 错误）；

（7）其他不得计算折旧扣除的固定资产。

【知识点】资产的税务处理

2.【2019·单选题】【答案】C

【解析】在计算应纳税所得额时，企业按照规定计算的固定资产折旧，准予扣除；但下列固定资产不得计算折旧扣除：

（1）房屋、建筑物以外未投入使用的固定资产（选项 A）；

（2）以经营租赁方式租入的固定资产（选项 B）；

（3）以融资租赁方式"租出"的固定资产；

（4）已足额提取折旧仍继续使用的固定资产（选项 D）；

（5）与经营活动无关的固定资产；

（6）单独估价作为固定资产入账的土地；

（7）其他不得计提折旧扣除的固定资产。

选项 C 正确。

【知识点】资产的税务处理——固定资产

3.【2017·单选题】【答案】C

【解析】小规模纳税人购买固定资产的增值税要计入资产成本，所得税资产计税基础就是资产的初始成本减去累计折旧，因此甲企业所得税计税基础 = 60 + 10.2 + 2 + 0.22。选项 C 正确。

【知识点】资产的税务处理

考点4 企业所得税应纳税额的计算（★★★）

1.【2021·单选题】【答案】D

【解析】2021 年 1 月 1 日~2022 年 12 月 31 日，对小型微利企业年应纳税所得额不超过 100 万元的部分，减按 12.5% 计入应纳税所得额；对年应纳税所得额超过 100 万元但不超过300万元的部分，减按50%计入应纳税所得额。甲企业应缴纳企业所得税=100×12.5%×20%+（150－100）×50%×20%=7.5（万元）。选项D正确。

【知识点】企业所得税应纳税额计算

2.【2020·单选题】【答案】C
【解析】公益性捐赠的扣除限额=300×12%=36万元＜实际捐赠额38万元，因此应纳税调增=38－36=2（万元），应补缴企业所得税税额=（300＋2）×25%－60。选项C正确。

考点5　企业所得税税收优惠（★★）

1.【2020·单选题】【答案】C
【解析】（1）企业从事下列项目的所得，免征企业所得税：
①蔬菜、谷物、薯类、油料、豆类、棉花、麻类、糖料、水果、坚果的种植；
②农作物新品种的选育；
③中药材的种植（选项D）；
④林木的培育和种植；
⑤牲畜、家禽的饲养（选项A）；
⑥林产品的采集；
⑦灌溉、农产品初加工、兽医、农技推广、农机作业和维修等农、林、牧、渔服务业项目；
⑧远洋捕捞（选项B）。
（2）企业从事下列项目的所得，减半征收企业所得税：
①花卉、茶以及其他饮料作物和香料作物的种植；
②海水养殖、内陆养殖。
选项C正确。

2.【2019·单选题】【答案】D
【解析】选项D正确，采取缩短折旧年限方法计提固定资产折旧的，最低折旧年限不得低于税法规定折旧年限的60%。

【知识点】企业所得税税收优惠

3.【2014·多选题】【答案】ABCD
【解析】选项ABCD均正确，我国企业所得税的税收优惠包括免税收入、可以减免税的所得、优惠税率、民族自治地方的减免税、加计扣除、抵扣应纳税所得额、加速折旧、减计收入、抵免应纳税额和其他专项优惠政策。

【知识点】企业所得税税收优惠

4.【2015·判断题】【答案】错误
【解析】企业以《资源综合利用企业所得税优惠目录》规定的资源作为主要原材料，生产国家非限制和禁止并符合国家和行业相关标准的产品取得的收入，减按90%计入收入总额。原材料占生产产品材料的比例不得低于优惠目录规定的标准。

【知识点】企业所得税税收优惠

考点 6　企业所得税征收管理（★★）

1.【2015·判断题】【答案】正确
【解析】企业在一个纳税年度中间开业，或者终止经营活动，使该纳税年度的实际经营期不足 12 个月的，应当以其实际经营期为 1 个纳税年度。企业依法清算时，应当以清算期间作为 1 个纳税年度。
【知识点】企业所得税征收管理

2.【2014·判断题】【答案】正确
【解析】企业在年度中间终止经营活动的，应当自实际经营终止之日起 60 日内，向税务机关办理当期企业所得税汇算清缴。
【知识点】企业所得税征收管理

考点 7　个人所得税纳税人和所得来源的确定（★）

1.【2017·单选题】【答案】B
【解析】（1）居民个人是指在中国境内有住所，或者无住所而在一个纳税年度内（1 月 1 日～12 月 31 日）在中国境内累计居住满 183 天的个人。
（2）选项 ACD 错误，一个纳税年度内，累计居住天数超过 183 天，属于居民个人；
（3）选项 B 正确，在中国境内无住所又不居住，或者无住所而一个纳税年度内在中国境内居住累计不满 183 天的个人，为非居民个人。
【知识点】个人所得税纳税人

2.【2017·判断题】【答案】正确
【解析】个人独资企业和合伙企业不缴纳企业所得税，只对投资者个人或自然人合伙人取得的生产经营所得征收个人所得税。
【知识点】个人所得税纳税人

考点 8　个人所得税应税所得项目（★★）

1.【2019·单选题】【答案】B
【解析】选项 B 正确，出租汽车经营单位对出租车驾驶员采取单车承包或承租方式运营，出租车驾驶员从事客货营运取得的收入，按"工资、薪金所得"项目征税。
【知识点】个人所得税征税对象和税目

2.【2016·单选题】【答案】A
【解析】选项 A 正确，工资、薪金所得包括个人因任职或受雇而取得的工资、薪金、奖金、年终加薪、劳动分红、津贴、补贴以及与任职或者受雇有关的其他所得；
选项 B 错误，按偶然所得项目计征个税，偶然所得是指个人得奖、中奖、中彩以及其他偶然性质的所得。
选项 C 错误，财产租赁所得是指个人出租不动产、机器设备、车船以及其他财产取得的所得；对个人出租住房取得的所得暂减按10%的税率征收个人所得税；

选项D错误，国债和国家发行的金融债券利息免税。

【知识点】个人所得税征税对象和税目

3.【2015·单选题】【答案】C

【解析】选项ABD错误，工资、薪金所得包括个人因任职或者受雇而取得的工资、薪金、奖金、年终加薪、劳动分红、津贴、补贴以及与任职或者受雇有关的其他所得。

【知识点】个人所得税征税对象和税目

4.【2014·多选题】【答案】ACD

【解析】选项ACD正确，特许权使用费所得，是指个人提供专利权、商标权、著作权、非专利技术以及其他特许权的使用权取得的所得；提供著作权的使用权取得的所得，不包括稿酬所得；

选项B错误，转让财产收入是指企业转让固定资产、生物资产、无形资产、股权、债权等财产取得的收入，转让土地使用权收入按照财产转让所得税目缴纳个人所得税。

【知识点】个人所得税征税对象和税目

5.【2014·多选题】【答案】BC

【解析】选项A错误，对于剧本作者从电影、电视剧的制作单位取得的剧本使用费，不再区分剧本的使用方是否为其任职单位，统一按"特许权使用费所得"项目计征个人所得税。

选项D错误，特许权使用费所得是指个人提供专利权、商标权、著作权、非专利技术以及其他特许权的使用权取得的所得；提供著作权的使用权取得的所得，不包括稿酬所得。

选项BC正确。

【知识点】个人所得税征税对象和税目

6.【2014·多选题】【答案】BCD

【解析】（1）个体工商户下列支出不得扣除：个人所得税税款；税收滞纳金；罚金、罚款和被没收财物的损失；不符合扣除规定的捐赠支出；赞助支出；用于个人和家庭的支出（选项D）；与取得生产经营收入无关的其他支出；个体工商户代其从业人员或他人负担的税款；国家税务总局规定不准扣除的支出（计提的各种准备金不得扣除）。

（2）个体工商户支付给从业人员的，合理的工资薪金支出准予扣除（选项A），但业主的工资薪金支出不得税前扣除（选项C）；

（3）计提的各项准备金不得扣除（选项B）。

选项BCD正确。

【知识点】个人所得税征税对象和税目

7.【2018·判断题】【答案】错误

【解析】误餐补助不属于工资、薪金性质的补贴、津贴，不予征收个人所得税。

【知识点】个人所得税征税对象和税目

8.【2017·判断题】【答案】错误

【解析】作者去世后，财产继承人取得的遗作稿酬，仍按稿酬所得征收个人所得税。

【知识点】个人所得税征税对象和税目

9.【2017·判断题】【答案】正确

【解析】偶然所得，以每次收入为一次，以每次收入额为应纳税所得额。
【知识点】个人所得税征税对象和税目

10.【2014·判断题】【答案】正确
【解析】劳务报酬所得是指个人独立从事非雇佣的各种劳务所取得的所得。
【知识点】个人所得税征税对象和税目

考点9 个人所得税税率（★）

【2018·单选题】【答案】D
【解析】选项AB错误，工资、薪金所得，劳务报酬所得，特许权使用费所得和稿酬所得按"综合所得"计征个税，适用7级超额累进税率；

选项C错误，经营所得适用5级超额累进税率；

选项D正确，利息、股息、红利所得，财产租赁所得，财产转让所得和偶然所得适用比例税率，税率为20%。
【知识点】个人所得税的税率

考点10 个人所得税应纳税所得额的确定（★★★）

1.【2021·单选题】【答案】C
【解析】选项ABD错误，专项附加扣除包括子女教育，继续教育，大病医疗，住房贷款利息或者住房租金，赡养老人支出；

选项C正确，专项扣除包括基本养老保险、基本医疗保险、失业保险等社会保险和住房公积金。
【知识点】应纳税所得额的确定

2.【2019·单选题】【答案】D
【解析】个体工商户下列支出不得扣除：
（1）个人所得税税款（选项C）；
（2）税收滞纳金（选项A）；
（3）罚金、罚款和被没收财物的损失；
（4）不符合扣除规定的捐赠支出；
（5）赞助支出（选项B）；
（6）用于个人和家庭的支出；
（7）与取得生产经营收入无关的其他支出；
（8）个体工商户代其从业人员或他人负担的税款；
（9）国家税务总局规定不准扣除的支出（计提的各种准备金不得扣除）。

选项D正确。
【知识点】应纳税所得额确定方式

3.【2019·多选题】【答案】ACD
【解析】（1）"专项扣除"包括居民个人按照国家规定的范围和标准缴纳的基本养老保

险、基本医疗保险、失业保险等社会保险费和住房公积金等；

（2）"专项附加扣除"包括子女教育（选项B错误）、继续教育、大病医疗、住房贷款利息或者住房租金、赡养老人等支出。选项ACD正确。

【知识点】应纳税所得额确定方式

4.【2018·多选题】【答案】ABCD
【解析】选项ABCD均正确。
【知识点】应纳税所得额的确定

考点11 个人所得税应纳税额的计算（★★★）

1.【2021·单选题】【答案】A
【解析】选项A正确、选项B错误，稿酬所得收入额减按70%计算；

选项CD错误，稿酬所得每次收入不超过4 000元的，减除费用按800元计算；每次收入4 000元以上的，减除费用按20%计算；不能减除其他费用。
【知识点】稿酬所得应预扣预缴个人所得税税额的计算

2.【2019·单选题】【答案】C
【解析】（1）每次（月）收入在4 000元以上的，应纳税额 = [每次（月）收入额 − 财产租赁过程中缴纳的税费 − 由纳税人负担的租赁财产实际开支的修缮费用（800元为限）] ×（1 − 20%）× 20%；

（2）题目中8 000 − 968 − 800 = 6 232（元）> 4 000（元），计算应纳税所得额时减除20%的费用。

选项C正确。
【知识点】财产租赁所得应纳税额的计算

考点12 个人所得税税收优惠（★★）

1.【2019·单选题】【答案】C
【解析】选项AD错误，按照"工资、薪金所得"缴纳个人所得税；

选项B错误、选项C正确，个人取得省级人民政府、国务院部委和中国人民解放军军以上单位，以及外国组织、国际组织颁发的科学、教育、技术、文化、卫生、体育、环境保护等方面的奖金，免征个人所得税。
【知识点】个人所得税税收优惠

2.【2014·判断题】【答案】正确
【解析】个人通过非营利性的社会团体和国家机关向红十字事业的捐赠，在计算缴纳个人所得税时，准予在税前的所得额中全额扣除。对个人将其所得通过中国境内非营利的社会团体、国家机关向教育、公益事业和遭受严重自然灾害地区、贫困地区的捐赠，捐赠额不超过应纳税所得额的30%的部分，可以从其应纳税所得额中扣除。个人通过非营利的社会团体和国家机关向农村义务教育的捐赠，在计算缴纳个人所得税时，准予在税前的所得额中全额扣除。
【知识点】个人所得税税收优惠

考点 13　个人所得税征收管理（★★）

1.【2019·判断题】【答案】正确
【解析】纳税人享受减税、免税待遇的，在减税、免税期间应当按照规定办理纳税申报。
【知识点】个人所得税征收管理

2.【2016·多选题】【答案】ACD
【解析】纳税人应当依法办理纳税申报的情形有：
（1）取得综合所得需要办理汇算清缴；
①在两处或者两处以上取得综合所得，且综合所得年收入额减去专项扣除的余额超过6万元；②取得劳务报酬所得、稿酬所得、特许权使用费所得中一项或者多项所得，且综合所得年收入额减去专项扣除的余额超过6万元；③纳税年度内预缴税额低于应纳税额的；④纳税人申请退税。
（2）取得应税所得没有扣缴义务人；
（3）取得应税所得，扣缴义务人未扣缴税款；
（4）取得境外所得；
（5）因移居境外注销中国户籍；
（6）非居民个人在中国境内从两处以上取得工资、薪金所得；
（7）国务院规定的其他情形。
选项ACD正确。
【知识点】个人所得税征收管理

不定项选择题

1.【2021】（1）【答案】C
【解析】①企业发生的与生产经营活动有关的业务招待费支出，按照发生额的60%扣除，但最高不得超过当年销售（营业）收入的5‰；
②限额1＝当年销售（营业）收入的5‰＝5 000×5‰＝25（万元），限额2＝实际发生额的60%＝100×60%＝60（万元），两者取低值，准予扣除的业务招待费支出是25万元。
选项C正确。
【知识点】企业所得税税前扣除

（2）**【答案】**D
【解析】①企业当年发生以及以前年度结转的公益性捐赠支出（通过公益性社会组织或县级以上人民政府及其部门），不超过年度利润总额12%的部分，在计算应纳税所得额时准予扣除；
②企业通过公益性社会组织或者县级（含县级）以上人民政府及其组成部门和直属机构，用于目标脱贫地区的扶贫捐赠支出，准予在计算企业所得税应纳税所得额时据实扣除；
③公益性捐赠支出扣除限额＝560×12%＝67.2（万元），67.2万元＞（50＋8）万元，允许扣除58万元，而目标脱贫地区的扶贫捐赠支出30万元允许据实扣除；
④准予扣除的公益性捐赠支出金额＝30＋58＝88（万元），选项D正确。

【知识点】企业所得税税前扣除
（3）【答案】AC
【解析】选项A正确，在计算应纳税所得额时，下列支出不得扣除：
①向投资者支付的股息、红利等权益性投资收益款项；
②企业所得税税款；
③税收滞纳金；
④罚金、罚款和被没收财物的损失；
⑤超过规定标准的捐赠支出；
⑥赞助支出（选项A）；
⑦未经核定的准备金支出；
⑧企业之间支付的管理费、企业内营业机构之间支付的租金和特许权使用费，以及非银行企业内营业机构之间支付的利息；
⑨与取得收入无关的其他支出。
选项C正确，增值税是价外税，除不得抵扣的情形外，企业实际缴纳的准予扣除的增值税不得在企业所得税税前扣除；
选项BD错误，财产保险费、城市维护建设税、教育费附加属于企业所得税税前扣除范围。
【知识点】企业所得税税前不得扣除项目
（4）【答案】D
【解析】全年会计利润总额为560万元，由于税会差异，需要对纳税额进行调整的有：
①准予扣除的业务招待费支出25万元，实际发生的业务招待费100万元，需做纳税调增75万元；
②非广告性质赞助支出40万元，不得在税前扣除，需做纳税调增40万元。
选项D正确。
【知识点】企业所得税应纳税所得额的计算

2.【2020】（1）【答案】A
【解析】选项A正确，专项扣除包括居民个人按照国家规定的范围和标准缴纳的基本养老保险、基本医疗保险、失业保险等社会保险费和住房公积金等。
（2）【答案】A
【解析】选项A正确，劳务报酬所得以收入减除20%的费用后的余额为收入额。
（3）【答案】B
【解析】选项B正确，稿酬所得以收入减除20%的费用后的余额为收入额；稿酬所得收入额减按70%计算。
（4）【答案】B
【解析】选项A错误，国债和国家发行的金融债券利息免征个人所得税；
选项B正确，保险赔款免予征收个人所得税；
选项C错误，省级人民政府、国务院部委和中国人民解放军军以上单位，以及外国组织、国际组织颁发的科学、教育、技术、文化、卫生、体育、环境保护等方面的奖金免税；参加各种有奖竞赛活动的获奖所得，按照"偶然所得"项目缴纳个人所得税；
选项D错误，企业对累积消费达到一定额度的顾客，给予额外抽奖机会，个人的获奖所得，按照"偶然所得"项目，全额缴纳个人所得税。

3.【2019】（1）【答案】B

【解析】选项AC错误，个人将购买不足2年的住房对外销售的，按5%征收率全额缴纳增值税，即不含增值税销售收入=945 000÷（1+5%）；

选项B正确、D错误，个人转让住房属于财产转让所得，陈某1月转让住房应缴纳个人所得税=（收入总额-财产原值-合理费用）×20%=[945 000÷（1+5%）-840 000-5 000]×20%。

【知识点】个人所得税应纳税额的计算

（2）【答案】A

【解析】选项A正确，个人将购买不足2年的住房对外销售的，按5%征收率全额缴纳增值税，陈某1月转让住房应缴纳增值税=945 000÷（1+5%）×5%。

【知识点】增值税应纳税额的计算

（3）【答案】ABD

【解析】选项A正确，个人取得的保险赔款，免征个人所得税。

选项B正确，企业在向个人销售商品（产品）和提供服务的同时给予赠品（如通信企业对个人购买手机赠送话费、入网费，或者购话费赠手机等），不征收个人所得税。

选项C错误，个人取得省级人民政府、国务院部委和中国人民解放军军以上单位，以及外国组织、国际组织颁发的科学、教育、技术、文化、卫生、体育、环境保护等方面的奖金，免征个人所得税；取得区（县）级教育方面的奖金，照章缴纳个人所得税；

选项D正确，个人转让境内上市公司股票，暂不征收个人所得税。

选项ABD正确。

【知识点】个人所得税税收优惠

（4）【答案】C

【解析】①综合所得包括工资、薪金所得，劳务报酬所得，稿酬所得，特许权使用费所得四项；

②劳务报酬所得、稿酬所得以收入减除20%的费用后的余额为收入额；稿酬所得的收入减按70%计算；

③综合所得，每一纳税年度减除费用60 000元；

④因应纳税所得额介于税率表第二档，故适用税率10%，速算扣除系数2 520；

⑤应纳税额=（每一纳税年度收入额-费用6万元-专项扣除-专项附加扣除-依法确定的其他扣除）×适用税率-速算扣除数=[190 000+8 000×（1-20%）+5 000×（1-20%）×70%-60 000-40 000]×10%-2 520。

选项C正确。

【知识点】个人所得税应纳税额的计算

4.【2015】（1）【答案】BCD

【解析】选项A错误，国债利息收入免税（企业的免税收入包括国债利息收入；符合条件的居民企业之间的股息、红利等权益性投资收益；在中国境内设立机构、场所的非居民企业从居民企业取得与该机构、场所有实际联系的股息、红利等权益性投资收益）；

选项BCD正确，取得产品销售收入5 000万元，转让机器设备收入40万元，客户合同违约金收入2万元均属于应税收入，所以计入企业所得税应纳税所得额。

第五章 所得税法律制度

【知识点】企业所得税应纳税所得额

（2）【答案】BCD

【解析】选项 A 错误，银行加息、合同违约金、诉讼费等属于准予扣除项目；

在计算应纳税所得额时，下列支出不得扣除：向投资者支付的股息、红利等权益性投资收益款项（选项 D 正确）；企业所得税税款；税收滞纳金（选项 C 正确）；罚金、罚款和被没收财物的损失；超过规定标准的捐赠支出；赞助支出；未经核定的准备金支出；企业之间支付的管理费（选项 B 正确）、企业内营业机构之间支付的租金和特许权使用费，以及非银行企业内营业机构之间支付的利息，不得扣除；与取得收入无关的其他支出。

选项 BCD 正确。

【知识点】企业所得税税前扣除

（3）【答案】D

【解析】①企业发生的与生产经营有关的业务招待费支出，按照发生额的 60% 扣除，但最高不得超过当年销售（营业）收入的 5‰；

②扣除标准 = 50 × 60% = 30（万元）；扣除标准 = 5 000 × 5‰ = 25（万元），两者取小，准予扣除金额为 25 万元。

选项 D 正确。

【知识点】企业所得税税前扣除

（4）【答案】A

【解析】①应纳税所得额 = 收入总额 - 不征税收入 - 免税收入 - 各项扣除 - 以前年度亏损；

②国债利息收入属于免税收入，支付税收滞纳金、向投资者支付股息、向关联方支付管理费不得税前扣除，业务招待费扣除计算为 25 万元；

③应纳税所得额 = 5 000 + 40 + 2 - 10 - 25 - 2 600 = 2 407（万元）。选项 A 正确。

【知识点】企业所得税应纳税所得额

第六章 财产和行为税法律制度

考点1 房产税纳税人（★）

【2018·判断题】【答案】错误
【解析】产权未确定以及租典纠纷未解决的，房产代管人或者使用人为纳税人缴纳房产税。
【知识点】房产税纳税义务人

考点2 房产税计税依据（★★）

【2015·判断题】【答案】错误
【解析】从价计征的房产税，以房产余值为计税依据，房产余值是房产的原值减除规定比例后的剩余价值，不得扣除折旧。
【知识点】房产税计税依据

考点3 房产税应纳税额的计算（★★）

【2015·单选题】【答案】C
【解析】选项AB错误，从价计征的房产税，以房产余值为计税依据，房产余值是房产的原值减除规定比例后的剩余价值，不得扣除折旧；
选项C正确，甲公司应缴纳房产税税额＝1 000 000×（1－30%）×1.2%；
选项D错误，应纳税额＝应税房产原值×（1－扣除比例）×1.2%。
【知识点】房产税应纳税额的计算

考点4 房产税税收优惠（★★）

1.【2018·单选题】【答案】D
【解析】下列房产免征房产税的情形（包括但不限于）：
（1）国家机关、人民团体、军队自用的房产，军队空余房产租赁收入暂免征收房产税（选项B）；
（2）由国家财政部门拨付事业经费（全额或差额）的单位（学校、医疗卫生单位、托儿所、幼儿园、敬老院以及文化、体育、艺术类单位）所有的、本身业务范围内使用的房产免征房产税（选项A）；
（3）宗教寺庙、公园、名胜古迹自用的房产（选项C）；
（4）个人拥有的非营业用的房产；
（5）对高校学生公寓免征房产税。
选项D正确。
【知识点】房产税税收优惠

2.【2015·判断题】【答案】错误

【解析】房地产开发企业建造的商品房，在出售前，不征收房产税，但对出售前房地产开发企业已使用或出租、出借的商品房应按规定征收房产税。

【知识点】房产税税收优惠

考点5　契税纳税人及征税范围（★）

【2016·单选题】【答案】C

【解析】选项AB错误，C正确，契税的纳税人是指在我国境内承受土地、房屋权属转移的单位和个人；

选项D错误，不属于产权的承受人。

【知识点】契税纳税人

考点6　契税应纳税额的计算（★★）

【2018·判断题】【答案】错误

【解析】土地使用权出让、出售，房屋买卖，以成交价格作为计税依据，成交价格是指土地、房屋权属转移合同确定的价格，包括承受者应交付的货币、实物、无形资产或其他经济利益对应的价款；计征契税的成交价格不含增值税。

【知识点】契税的计税依据及应纳税额计算

考点7　契税税收优惠（★）

1.【2015·多选题】【答案】ABC

【解析】有下列情形之一的，免征契税：

（1）国家机关、事业单位、社会团体、军事单位承受土地、房屋权属用于办公、教学、医疗、科研、军事设施（选项AC）；

（2）非营利性的学校、医疗机构、社会福利机构承受土地、房屋权属用于办公、教学、医疗、科研、养老、救助；

（3）承受荒山、荒地、荒滩土地使用权用于农、林、牧、渔业生产（选项B）；

（4）婚姻关系存续期间夫妻之间变更土地、房屋权属；

（5）法定继承人通过继承承受土地、房屋权属；

（6）依照法律规定应当予以免税的外国驻华使馆、领事馆和国际组织驻华代表机构承受土地、房屋权属。

选项D错误，城镇居民购买商品房用于居住，需要依法缴纳契税。

【知识点】契税的税收优惠

考点8　契税征收管理（★）

【2014·单选题】【答案】B

【解析】选项 B 正确,契税的纳税义务发生时间是纳税人签订土地、房屋权属转移合同的当日,或者纳税人取得其他具有土地、房屋权属转移合同性质凭证的当日;纳税人发生契税纳税义务时,应向土地、房屋所在地的税务征收机关申报纳税。

【知识点】契税的征收管理

考点 9　土地增值税纳税人及征税范围（★★）

【2015·单选题】【答案】B
【解析】选项 ACD 错误,房地产的出租、代建、抵押均没有发生产权的变更或转让,不属于土地增值税征税范围;

【知识点】土地增值税的征税范围

考点 10　土地增值税计税依据（★★）

【2016·多选题】【答案】ABC
【解析】选项 ABC 正确,转让旧房的应按房屋及建筑物的评估价格、取得土地使用权所支付的地价款或出让金、按国家统一规定缴纳的有关费用和转让环节缴纳的税金作为扣除项目金额计征土地增值税。

【知识点】土地增值税的计税依据

考点 11　土地增值税税率及应纳税额的计算（★★）

1.【2016·单选题】【答案】B
【解析】选项 B 正确,土地增值税应纳税额 = 增值额 × 适用税率 − 扣除项目金额 × 速算扣除系数。

【知识点】土地增值税应纳税额计算

2.【2015·单选题】【答案】A
【解析】选项 A 正确,土地增值税应纳税额 = 增值额 × 适用税率 − 扣除项目金额 × 速算扣除系数 =（5 000 − 3 000）× 40% − 3 000 × 5% = 650（万元）。

【知识点】土地增值税应纳税额计算

考点 12　土地增值税税收优惠（★）

【2017·判断题】【答案】正确
【解析】纳税人建造普通标准住宅出售,增值额未超过扣除项目金额 20% 的,予以免税;超过 20% 的,应按全部增值额缴纳土地增值税;对于纳税人既建普通标准住宅又涉及其他房地产开发的,应分别核算增值额。

【知识点】土地增值税的税收优惠

考点 13　土地增值税征收管理（★）

【2014·多选题】【答案】ABCD

【解析】房地产开发企业有下列情形之一的，税务机关可以实行核定征收土地增值税：

（1）依照法律、行政法规的规定应当设置但未设置账簿的（选项A）；

（2）擅自销毁账簿或者拒不提供纳税资料的（选项B）；

（3）虽设置账簿，但账目混乱或者成本资料、收入凭证、费用凭证残缺不全，难以确定转让收入或扣除项目金额的（选项C）；

（4）符合土地增值税清算条件，未按照规定的期限办理清算手续，经税务机关责令限期清算，逾期仍不清算的；

（5）申报的计税依据明显偏低，又无正当理由的（选项D）。

选项ABCD均正确。

【知识点】土地增值税的清算

考点 14　城镇土地使用税的基本规定（★）

1.【2020·单选题】【答案】A

【解析】选项A正确，甲公司生产区、生活区以及对外出租的场地均属于城镇土地使用税的征收范围。因此甲公司2019年应缴纳的城镇土地使用税税额＝实际占用应税土地面积×适用税额＝15 000×2＝30 000（元）。

2.【2017·单选题】【答案】D

【解析】选项D正确，城镇土地使用税以纳税人实际占用的土地面积为计税依据。

【知识点】城镇土地使用税计税依据

3.【2017·多选题】【答案】ABD

【解析】选项ABD正确、C错误，凡在城市、县城、建制镇、工矿区范围内的土地，不论是属于国家所有的土地，还是集体所有的土地，都属于城镇土地使用税的征税范围，农村不属于该范围。

【知识点】城镇土地使用税征税范围

考点 15　城镇土地使用税税收优惠（★）

【2018·单选题】【答案】A

【解析】选项A正确，水利设施及其管护用地（如水库库区、大坝、堤防、灌溉、泵站等用地）免征城镇土地使用税，其他用地，如生产、办公、生活用地，应照章征税。

【知识点】城镇土地使用税税收优惠

考点 16　城镇土地使用税征收管理（★）

【2015·多选题】【答案】ABCD

【解析】城镇土地使用税纳税义务发生时间如下：

（1）纳税人购置新建商品房，自房屋交付使用之次月起，缴纳城镇土地使用税（选项A）；

（2）纳税人购置存量房，自办理房屋权属转移、变更登记手续，房地产权属登记机关签发房屋权属证书之次月起，缴纳城镇土地使用税。

（3）纳税人出租、出借房产，自交付出租、出借房产之次月起，缴纳城镇土地使用税。

（4）以出让或转让方式有偿取得土地使用权的，应由受让方从合同约定交付土地时间之次月起缴纳城镇土地使用税；合同未约定交付土地时间的，由受让方从合同签订之次月起缴纳城镇土地使用税（选项B）；

（5）纳税人新征用的耕地，自批准征用之日起满1年时开始缴纳城镇土地使用税（选项C）；

（6）纳税人新征用的非耕地，自批准征用次月起缴纳城镇土地使用税（选项D）。

选项ABCD均正确。

【知识点】城镇土地使用税征收管理

考点17　耕地占用税（★）

【2014·多选题】【答案】ACD

【解析】选项ACD正确，军事设施、学校、幼儿园、社会福利机构（具体范围限于依法登记的养老服务机构、残疾人服务机构、儿童福利机构、救助管理机构、未成年人救助保护机构内专门为老年人、残疾人、未成年人、生活无着落的流浪乞讨人员提供养护、康复、托管等服务的场所）、医疗机构占用耕地，免征耕地占用税；

选项B错误，铁路线路、公路线路、飞机场跑道、停机坪、港口、航道、水利工程占用耕地，减按每平方米2元的税额征收耕地占用税。

【知识点】耕地占用税税收优惠

考点18　车船税纳税人及征税范围（★★）

1.【2019·单选题】【答案】D

【解析】选项D正确，车船税的税目分为6大类，包括乘用车、商用车（客车和货车）、挂车、其他车辆、摩托车和船舶。

【知识点】车船税税目

2.【2016·判断题】【答案】正确

【解析】车船税的征税范围包括依法应当在车船登记管理部门登记的机动车辆和船舶，还包括依法不需要在车船登记管理部门登记的在单位内部场所行驶或者作业的机动车辆和船舶。

【知识点】车船税税目

考点19　车船税应纳税额的计算（★★）

1.【2021·单选题】【答案】C

【解析】（1）在一个纳税年度内，已完税的车船被盗抢、报废、灭失的，纳税人可以凭有关管理机关出具的证明和完税凭证,向纳税所在地的主管税务机关申请退还自被盗抢、报废、灭失月份起至该纳税年度终了期间的税款;

(2)已办理退税的被盗抢车船失而复得的,纳税人应当从公安机关出具相关证明的当月起计算缴纳车船税;

(3)丢失车辆自丢失月份起可凭证明申报退还已纳车船税,其后又失而复得的,自公安机关出具相关证明的当月起计算缴纳车船税。赵某于4月丢失车辆9月找回,可申报退还4、5、6、7、8月共计5个月的税款,则其实际应纳税款=500×7÷12=292(元)。

选项C正确。

【知识点】车船税应纳税额

2.【2016·多选题】【答案】AC
【解析】选项B错误,机动船舶以净吨位数为计税依据;
选项D错误,商用货车以整备质量吨位数为计税依据。
【知识点】车船税计税依据

3.【2015·判断题】【答案】错误
【解析】购置的新车船,购置当年的应纳税额自纳税义务发生的当月起按月计算。
【知识点】车船税应纳税额

考点20 车船税征收管理(★)

【2017·判断题】【答案】正确
【解析】扣缴义务人代收代缴车船税的,纳税地点为扣缴义务人所在地;纳税人自行申报缴纳车船税的,纳税地点为车船登记地的主管税务机关所在地;依法不需要办理登记的车船,其车船税的纳税地点为车船的所有人或者管理人所在地。
【知识点】车船税征收管理

考点21 资源税纳税人及征税范围(★)

【2018·多选题】【答案】BCD
【解析】资源税征税范围包括:(1)能源矿产(包括原油、天然气、煤等);(2)金属矿产(包括黑色金属和有色金属);(3)非金属矿产(包括矿物类、岩石类、宝玉石类);(4)水气矿产(包括二氧化碳气、硫化氢气、矿泉水等);(5)盐类(包括钠盐、天然卤水、海盐等)。

选项BCD均正确。

【知识点】资源税征税范围

考点22 资源税税率和应纳税额的计算(★)

1.【2014·判断题】【答案】正确
【解析】纳税人开采或者生产不同税目应税产品的,应当分别核算不同税目应税产品的销售额或者销售数量;未分别核算或者不能准确提供不同税目应税产品的销售额或者销售数量的，从高适用税率。

【知识点】资源税征税范围

2.【2017·判断题】【答案】错误
【解析】纳税人将其开采的原煤，自用于连续生产洗选煤的，在原煤移送使用环节不缴纳资源税。

【知识点】资源税计税依据

考点 23　环境保护税（★）

1.【2019·多选题】【答案】ABCD
【解析】应税污染物的计税依据，按照下列方法确定：
（1）应税大气污染物按照污染物排放量折合的污染当量数确定（选项C）；
（2）应税水污染物按照污染物排放量折合的污染当量数确定（选项A）；
（3）应税固体废物按照固体废物的排放量确定（选项D）；
（4）应税噪声按照超过国家规定标准的分贝数确定（选项B）。
选项 ABCD 均正确。

【知识点】环境保护税计税依据

2.【2021·判断题】【答案】错误
【解析】不属于直接向环境排放污染物，不缴纳相应污染物的环境保护税的情形：
（1）企事业单位和其他生产经营者向依法设立的污水集中处理、生活垃圾集中处理场所排放应税污染物的；
（2）企事业单位和其他生产经营者在符合国家和地方环境保护标准的设施、场所储存或者处置固体废物的。

【知识点】环境保护税征收范围

考点 24　烟叶税（★）

1.【2018·多选题】【答案】AD
【解析】选项 BC 错误，烟丝和卷烟不属于烟叶税的征税范围。

【知识点】烟叶税征税范围

2.【2015·判断题】【答案】正确
【解析】烟叶税的纳税义务发生时间为纳税人收购烟叶的当天，烟叶税在烟叶收购环节征收。

【知识点】烟叶税征收管理

考点 25　印花税的一般规定（★★）

1.【2019·单选题】【答案】D
【解析】选项 D 正确，应税营业账簿的计税依据为营业账簿记载的实收资本（股本）和资本公积的合计金额。

【知识点】印花税计税依据

2.【2014·单选题】【答案】D
【解析】选项 D 正确，加工承揽合同的计税依据是加工或承揽收入的金额，财产保险合同的计税依据为支付的保险费，不包括所保财产的金额，因此应缴纳的印花税 = 10 × 0.3‰ + 1 × 1‰。

【知识点】印花税计税依据

3.【2018·多选题】【答案】ACD
【解析】选项 ACD 正确，印花税税目中的合同按照《合同法》的规定进行分类，在税目税率表中列举了买卖合同，借款合同，融资租赁合同，租赁合同，承揽合同，建设工程合同，运输合同，技术合同，保管合同，财产保险合同，仓储合同（11 大类合同）；

选项 B 错误，会计、审计、法律等方面的咨询不属于技术咨询，此类合同无须贴花。

【知识点】印花税征税范围

4.【2017·多选题】【答案】ABCD
【解析】印花税税目中的合同按照《合同法》的规定进行分类，在税目税率表中列举了如下 11 大类合同：买卖合同，借款合同，融资租赁合同，租赁合同，承揽合同，建设工程合同，运输合同，技术合同，保管合同，财产保险合同，仓储合同。选项 ABCD 均正确。

【知识点】印花税征税范围

考点 26 印花税税收优惠（★）

【2017·多选题】【答案】AC
【解析】（1）选项 A 正确，同业拆借合同、借款展期合同、日拆性贷款合同免税；

（2）选项 C 正确，无息或者贴息借款合同、国际金融组织向我国提供优惠贷款订立的借款合同、金融机构与小型微利企业订立的借款合同，免征印花税；

（3）选项 BD 错误，属于应税合同。

【知识点】印花税税收优惠

第七章 税收征管法律制度

考点1 征纳双方的权利和义务（★）

1.【2016·单选题】【答案】D
【解析】选项ABC错误，属于征税主体的权利；
选项D正确，税收监督权属于纳税主体的权利。
【知识点】征纳双方的权利和义务

2.【2015·多选题】【答案】ABC
【解析】选项D错误，宣传税收法律、行政法规，普及纳税知识，无偿为纳税人提供纳税咨询服务属于征税主体的义务。选项ABC正确。
【知识点】征纳双方的权利和义务

考点2 账簿和凭证管理（★）

1.【2017·单选题】【答案】A
【解析】选项A正确，扣缴义务人应当自税收法律、行政法规规定的扣缴义务发生之日起10日内，按照所代扣、代收的税种，分别设置代扣代缴、代收代缴税款账簿。
【知识点】账簿和凭证管理

2.【2016·单选题】【答案】B
【解析】选项B正确，从事生产、经营的纳税人应当自领取营业执照或者纳税义务之日起15日内，按照国家有关规定设置账簿。
【知识点】账簿和凭证管理

考点3 发票管理（★★）

1.【2017·多选题】【答案】AC
【解析】选项AC正确，除另有规定外，账簿、记账凭证、报表、完税凭证、发票、出口凭证以及其他有关涉税资料应当保存10年；
选项BD错误，已经开具的发票存根联和发票登记簿，应当保存5年。
【知识点】发票管理

2.【2014·多选题】【答案】ABCD
【解析】任何单位和个人应当按照发票管理规定使用发票，不得有下列行为：
（1）转借、转让、介绍他人转让发票、发票监制章和发票防伪专用品（选项C）；
（2）知道或者应当知道是私自印制、伪造、变造、非法取得或者废止的发票而受让、开具、存放、携带、邮寄、运输；
（3）拆本使用发票（选项B）；
（4）扩大发票使用范围（选项A）；

(5)以其他凭证代替发票使用(选项D)。
选项ABCD均正确。
【知识点】发票管理

3.【2014·多选题】【答案】ACD
【解析】选项B错误,已经开具的发票存根联和发票登记簿应当保存5年。
【知识点】发票管理

考点4 纳税申报管理(★)

1.【2019·多选题】【答案】ABCD
【解析】选项ABCD均正确。
【知识点】纳税申报的方式

2.【2020·判断题】【答案】错误
【解析】邮寄申报以寄出的邮戳日期作为实际申报日期。
【知识点】纳税申报日期

考点5 应纳税额的核定和调整

【2017·判断题】【答案】正确
【解析】纳税人有下列情形之一的,税务机关有权核定其应纳税额:
(1)依照法律、行政法规的规定可以不设置账簿的;
(2)依照法律、行政法规的规定应当设置但未设置账簿的;
(3)擅自销毁账簿或者拒不提供纳税资料的;
(4)虽设置账簿,但账目混乱或者成本资料、收入凭证、费用凭证残缺不全,难以查账的;
(5)发生纳税义务,未按照规定的期限办理纳税申报,经税务机关责令限期申报,逾期仍不申报的;
(6)纳税人申报的计税依据明显偏低,又无正当理由的。
【知识点】应纳税额的核定

考点6 税款征收的保障措施(★★)

1.【2019·单选题】【答案】B
【解析】税款征收措施的种类有:(1)责令缴纳;(2)责令提供纳税担保;(3)采取税收保全措施和强制执行措施(选项B正确);(4)欠税清缴;(5)税收优先权;(6)阻止出境。
【知识点】税款征收措施

2.【2014·单选题】【答案】D
【解析】(1)纳税人未按照规定期限缴纳税款的,扣缴义务人未按照规定期限解缴税款的，税务机关可责令限期缴纳，并从滞纳税款之日起，按日加收滞纳税款万分之五的滞纳金。逾期仍未缴纳的，税务机关可以采取税收强制执行措施；

（2）本题中，加收滞纳金的起止时间自3月16日起至4月24日止，一共是40日，因此滞纳金为30×0.5‰×40，选项D正确。

【知识点】滞纳金

3.【2020·多选题】【答案】AB
【解析】不适用税收保全措施的财产：

（1）个人及其所扶养家属维持生活必需的住房和用品（不包括机动车辆、金银饰品、古玩字画、豪华住宅或者一处以外的住房），不在税收保全措施的范围之内（选项D错误）；

（2）税务机关对单价5 000元以下的其他生活用品，不采取税收保全措施（选项C错误）。

考点7 税务检查（★）

1.【2015·多选题】【答案】ACD
【解析】选项B错误，税款征收措施包括责令缴纳，责令提供纳税担保，采取税收保全措施，采取强制执行措施和阻止出境。

【知识点】税务检查

2.【2017·判断题】【答案】正确
【解析】税务机关派出的人员进行税务检查时，应当出示税务检查证和税务检查通知书，并有责任为被检查人保守秘密；未出示税务检查证和税务检查通知书的，被检查人有权拒绝检查。

【知识点】税务检查

考点8 税务行政复议范围（★）

【2015·单选题】【答案】A
【解析】纳税人对税务机关的具体行政行为不服的，可依法申请行政复议，调整税收优惠政策不是具体行政行为，不属于行政复议的受理范围。选项A正确。

【知识点】行政复议范围

考点9 税务行政复议管辖（★★）

1.【2019·单选题】【答案】D
【解析】对税务所（分局）、各级税务局的稽查局作出的具体行政行为不服的，向其所属税务局申请行政复议。选项D正确。

【知识点】税务行政复议管辖

2.【2016·单选题】【答案】B
【解析】选项B正确，对国家税务总局的具体行政行为不服的，向作出该具体行政行为的国务院部门申请行政复议，因此对国家税务总局的具体行政行为不服的，向国家税务总局申请行政复议。

【知识点】税务行政复议管辖

考点10　税务行政复议申请与受理（★）

1.【2019·单选题】【答案】B

【解析】选项B正确，申请人可以在知道税务机关作出具体行政行为之日起60日内提出行政复议申请。

【知识点】税务行政复议申请与受理

2.【2015、2017·判断题】【答案】正确

【解析】申请人对税务机关作出逾期不缴纳罚款加处罚款的决定不服的，应当先缴纳罚款和加处罚款，再申请行政复议。

【知识点】税务行政复议申请与受理

考点11　税务管理相对人实施税收违法行为的法律责任（★）

【2016·多选题】【答案】AC

【解析】选项AC正确，偷税（逃税）是指纳税人采取伪造、变造、隐匿、擅自销毁账簿、记账凭证，在账簿上多列支出或者不列、少列收入，或者进行虚假纳税申报的手段，不缴或者少缴应纳税款的行为；

选项B错误，抗税行为是指纳税人、扣缴义务人以暴力、威胁方法拒不缴纳税款的行为；

选项D错误，欠税行为是指纳税人欠缴应纳税款，采取转移或者隐匿财产的手段，妨碍税务机关追缴欠缴的税款的行为。

【知识点】逃税行为

第八章 劳动合同与社会保险法律制度

考点1 劳动关系与劳动合同（★）

【2014·单选题】【答案】C
【解析】选项C正确，劳动关系自用工之日起建立。
【知识点】劳动关系

考点2 劳动合同的订立（★★）

1.【2015·单选题】【答案】B
【解析】（1）用人单位自用工之日起超过1个月不满1年未与劳动者订立书面合同的，应当向劳动者每月支付2倍工资，并与劳动者补签书面合同，起算时间为用工之日起满1个月的次日，截止时间为补签书面合同的前1日；
（2）未及时订立书面劳动合同的工资补偿应该自2013年4月13日开始计算，截止到2014年2月11日，共计10个月，除正常工资外需支付20 000元（10×2 000）工资补偿。
选项B正确。
【知识点】劳动合同的订立

2.【2015·单选题】【答案】B
【解析】（1）非全日制用工双方当事人不得约定试用期（选项A）；
（2）非全日制用工双方当事人可以订立口头协议，不签订劳动合同（选项C）；
（3）非全日制用工双方当事人任何一方都可以随时通知对方终止用工，用人单位不向劳动者支付经济补偿（选项D）；
（4）非全日制用工小时计酬标准不得低于用人单位所在地人民政府规定的最低小时工资标准，用人单位可以按小时、日或周为单位结算工资，但非全日制用工劳动报酬结算支付周期"最长不得超过15日"。
选项B符合题意。
【知识点】劳动合同的订立

3.【2015·判断题】【答案】正确
【解析】用人单位自用工之日起满1年未与劳动者订立书面劳动合同的，自用工之日起满1个月的次日至满1年的前一日应当向劳动者每月支付2倍的工资，并视为自用工之日起满1年的当日已经与劳动者订立无固定期限劳动合同，应当立即与劳动者补签书面劳动合同。
【知识点】劳动合同的订立

考点3 劳动合同的效力（★）

【2019·多选题】【答案】ABCD
【解析】选项A正确，无效劳动合同，从订立时起就没有法律约束力；
选项B正确，劳动合同部分无效，不影响其他部分效力的，其他部分仍然有效；

选项 C 正确，劳动合同被确认无效，劳动者已付出劳动的，用人单位应当向劳动者支付劳动报酬；

选项 D 正确，劳动合同被确认无效，给对方造成损害的，有过错的一方应当承担赔偿责任。

选项 ABCD 正确。

【知识点】劳动合同的效力

考点4　劳动合同主要内容（★★★）

1. 【2021·单选题】【答案】B

【解析】用人单位在劳动者完成劳动定额或规定的工作任务后，根据实际需要安排劳动者在法定标准工作时间以外工作的，应当按照下列标准支付高于劳动者正常工作时间的工资报酬：

（1）用人单位依法安排劳动者在日标准工作时间以外延长工作时间的，按照不低于劳动合同规定的劳动者本人小时工资标准的150%支付劳动者工资；

（2）用人单位依法安排劳动者在休息日工作，而又不能安排补休的，按照不低于劳动合同规定的劳动者本人日或小时工资标准的200%支付劳动者工资；

（3）用人单位依法安排劳动者在法定休假节日工作的，按照不低于劳动合同规定的劳动者本人日或小时工资标准的300%支付劳动者工资。

邹某10月1日加班，属于第③种情形在法定休假日加班，应按不低于劳动合同规定的劳动者本人日或小时工资标准的300%支付劳动者工资；

10月17日（周六）加班，属于第②种情形在休息日加班，由于甲公司未安排补休，应按不低于劳动合同规定的劳动者本人日或小时工资标准的200%支付劳动者工资。

应支付给邹某的最低加班工资 = 300 × 300% × 1 + 300 × 200% × 1 = 1 500（元），选项B正确。

【知识点】劳动报酬

2. 【2019·单选题】【答案】A

【解析】选项A正确，因劳动者本人原因给用人单位造成经济损失的，用人单位可以按照劳动合同的约定要求其赔偿经济损失。经济损失的赔偿，可从劳动者本人的工资中扣除，但每月扣除的部分不得超过劳动者当月工资的20%；若扣除后的剩余工资部分低于当地月最低工资标准，则按最低工资标准支付。

【知识点】劳动合同必备条款

3. 【2019·单选题】【答案】C

【解析】选项A错误，用人单位为劳动者提供专项教育费用，对其进行专业技术教育的，可以与该劳动者订立协议，约定服务期；

选项B错误，劳动者违反服务期约定的，应当按照约定向用人单位支付违约金；

选项D错误，劳动合同期满，但是用人单位与劳动者约定的服务期尚未到期的，劳动合同应当续延至服务期满；双方另有约定的，从其约定。

【知识点】服务期的适用范围

4.【2016·单选题】【答案】A
【解析】（1）机关、团体、企业、事业单位、民办非企业单位、有雇工的个体工商户等单位的职工连续工作1年以上的，享受带薪年休假；
（2）职工累计工作已满1年不满10年的，年休假5天；已满10年不满20年的，年休假10天；已满20年的，年休假15天；
（3）题目中该职工累计工作已满1年不满10年的，年休假为5天。
选项A正确。
【知识点】年假

5.【2018·多选题】【答案】ABD
【解析】选项A正确，3年以上固定期限和无固定期限的劳动合同，试用期不得超过6个月；
选项B正确、C错误，劳动合同期限1年以上不满3年的，试用期不得超过2个月；
选项D正确，劳动合同期限3个月以上不满1年的，试用期不得超过1个月。
选项ABD正确。
【知识点】试用期

6.【2016·多选题】【答案】ABCD
【解析】选项A正确，非全日制用工双方当事人不得约定试用期；
选项BCD正确，劳动合同期限3个月以上不满1年的，试用期不得超过1个月；劳动合同期限1年以上不满3年的，试用期不得超过2个月；3年以上固定期限和无固定期限的劳动合同，试用期不得超过6个月。
【知识点】试用期

7.【2018·判断题】【答案】错误
【解析】工资必须在用人单位与劳动者约定的日期支付；如遇节假日或休息日，则应"提前"在最近的工作日支付，并非延迟。
【知识点】劳动报酬支付

考点5　劳动合同的解除和终止（★★★）

1.【2021·单选题】【答案】A
【解析】（1）经济补偿按劳动者在本单位工作的年限，每满1年支付1个月工资的标准向劳动者支付。6个月以上不满1年的，按1年计算；不满6个月的，向劳动者支付半个月工资的经济补偿；
（2）周某的工作年限为5年零10个月，工作年限6个月以上不满1年的按1年计算，甲公司应支付6个月标准的经济补偿金；
（3）周某本人月工资"5 000元"，高于当地月最低工资标准2 000元，未高于当地上年度平均工资3倍，应以周某本人月工资"5 000元"为计算依据。
选项A正确。
【知识点】劳动合同的解除和终止

2.【2019·单选题】【答案】D

【解析】（1）由用人单位提出解除劳动合同而与劳动者协商一致的，必须依法向劳动者支付经济补偿；由劳动者主动辞职而与用人单位协商一致解除劳动合同的，用人单位不需向劳动者支付经济补偿；

（2）平均工资低于当地最低工资标准的，按照当地最低工资标准计算，经济补偿金＝工作年限×月最低工资标准；平均工资高于本地区上年度平均工资3倍的，按照当地平均工资3倍计算，经济补偿金＝工作年限(最高不超过12年)×当地上年度职工月平均工资3倍；

（3）工作年限6个月以上不满1年的，按1年计算；不满6个月的，向劳动者支付半个月工资标准的经济补偿金；王某工作2年8个月，应按3个月的标准支付经济补偿；即经济补偿数额＝4 000×3×3＝36 000（元）。

选项D正确。

【知识点】劳动合同的解除和终止

3.【2020·多选题】【答案】ABCD
【解析】经济性裁员时，应当优先留用下列人员：
（1）与本单位订立较长期限的固定期限劳动合同的（选项B）；
（2）与本单位订立无固定期限劳动合同的（选项A）；
（3）家庭无其他就业人员，有需要抚养的老人或者未成年人的（选项CD）。
选项ABCD正确。

4.【2019·多选题】【答案】ABCD
【解析】选项AB正确，用人单位支付了赔偿金的，不再支付经济补偿；赔偿金的计算年限自用工之日起计算；

选项CD正确，用人单位违反规定解除或者终止劳动合同，劳动者要求继续履行劳动合同的，用人单位应当继续履行，劳动者不要求继续履行劳动合同或者劳动合同已经不能继续履行的，用人单位应当依照《劳动合同法》规定的经济补偿标准的2倍向劳动者支付赔偿金。

【知识点】劳动合同的解除和终止

5.【2019·多选题】【答案】ABCD
【解析】用人单位可以随时通知劳动者解除合同的情形包括：
（1）劳动者在试用期间被证明不符合录用条件的（选项B）；
（2）劳动者严重违反用人单位的规章制度的（选项D）；
（3）劳动者严重失职，营私舞弊，给用人单位造成重大损害的；
（4）劳动者同时与其他用人单位建立劳动关系，对完成本单位的工作任务造成严重影响，或者经用人单位提出，拒不改正的（选项C）；
（5）劳动者以欺诈、胁迫的手段或者乘人之危，使用人单位在违背真实意思的情况下，订立或者变更劳动合同的；
（6）劳动者被依法追究刑事责任的（选项A）。
选项ABCD正确。

【知识点】劳动合同的解除和终止

6.【2015·多选题】【答案】BD
【解析】（1）劳动者提前通知解除劳动合同的情形（劳动者不能获得经济补偿）：
①劳动者提前30日以书面形式通知用人单位解除劳动合同（选项B）；

②劳动者在试用期内提前 3 日通知用人单位解除劳动合同（选项 D）。
（2）用人单位应当向劳动者支付经济补偿的情形：
①劳动者符合随时通知解除和不需事先通知即可解除劳动合同规定情形而解除劳动合同的；
②由用人单位提出解除劳动合同并与劳动者协商一致而解除劳动合同的；
③用人单位符合提前 30 日以书面形式通知劳动者本人或者额外支付劳动者 1 个月工资后，可以解除劳动合同的规定情形而解除劳动合同的；
④用人单位符合可裁减人员规定而解除劳动合同的；
⑤除用人单位维持或者提高劳动合同约定条件续订劳动合同，劳动者不同意续订的情形外，劳动合同期满终止固定期限劳动合同的；
⑥用人单位被依法宣告破产或者被吊销营业执照、责令关闭、撤销或者用人单位决定提前解散而终止劳动合同的；
⑦以完成一定工作任务为期限的劳动合同因任务完成而终止的。
选项 BD 正确。
【知识点】劳动合同的解除和终止

考点 6　集体合同与劳务派遣（★★）

1.【2020·单选题】【答案】C
【解析】选项 A 错误，劳务派遣单位应当与被派遣劳动者订立 2 年以上固定期限劳动合同；
选项 B 错误，被派遣劳动者在无工作期间，劳务派遣单位应当按照所在地人民政府规定的月最低工资标准，向其按月支付报酬；
选项 D 错误，劳务派遣单位不得向被派遣劳动者收取费用。
选项 C 正确。

2.【2014·多选题】【答案】BCD
【解析】选项 BCD 正确，劳务派遣用工是劳动合同用工的补充形式，只能在临时性、辅助性或者替代性的工作岗位上实施。
【知识点】劳务派遣

考点 7　劳动争议的解决（★★）

1.【2020·多选题】【答案】AD
【解析】下列劳动争议的仲裁裁决为终局裁决，裁决书自作出之日起发生法律效力：
（1）追索劳动报酬、工伤医疗费、经济补偿或者赔偿金，不超过当地月最低工资标准 12 个月金额的争议（选项 D 正确）；
（2）因执行国家的劳动标准在工作时间、休息休假、社会保险等方面发生的争议（选项 A 正确）。

2.【2018·判断题】【答案】错误
【解析】"劳动者"对劳动争议的终局裁决不服的，可以自收到仲裁裁决书之日起 15 日内向人民法院提起诉讼。用人单位有证据证明一裁终局的裁决有法定情形的，可以自收到仲裁裁决书之日起30日内向仲裁委员会所在地的中级人民法院申请撤销裁决。

【知识点】劳动争议的解决

考点8 基本养老保险（★）

1.【2021·单选题】【答案】A

【解析】选项A正确，职工个人按照本人月缴费工资的8%缴费，记入个人账户；缴费工资一般为职工本人上一年度月平均工资；本人月平均工资低于当地职工月平均工资60%的，按当地职工月平均工资的60%作为缴费基数；本题中，甲公司每月从赵某工资中代扣代缴的基本养老保险费数额=5 000×60%×8%=240（元）。

【知识点】基本养老保险

2.【2019·单选题】【答案】A

【解析】个人账户不得提前支取，记账利率不得低于银行定期存款利率，免征利息税；参加职工基本养老保险的个人死亡后，其个人账户中的余额可以全部依法继承。选项A符合题意。

【知识点】基本养老保险

3.【2021·判断题】【答案】正确

【解析】个人死亡同时符合领取基本养老保险丧葬补助金、工伤保险丧葬补助金和失业保险丧葬补助金条件的，其遗属只能选择领取其中的一项。

【知识点】基本养老保险

4.【2019·判断题】【答案】正确

【解析】参加基本养老保险的个人，在未达到法定退休年龄时因病或者非因工致残完全丧失劳动能力的，可以领取病残津贴，所需资金从基本养老保险基金中支付。

【知识点】基本养老保险

考点9 基本医疗保险（★★★）

1.【2021·单选题】【答案】A

【解析】企业职工因患病或非因工负伤，需要停止工作，进行医疗时，根据本人实际参加工作年限和在本单位工作年限，给予3个月到24个月的医疗期。具体如下：

实际工作年限情况	在本单位工作年限	医疗期
10年以下	5年以下	3个月
	5年以上	6个月
10年以上	5年以下	6个月
	5年以上10年以下	9个月
	10年以上15年以下	12个月
	15年以上20年以下	18个月
	20年以上	24个月

由上表可知，选项 A 正确，选项 BCD 错误。
【知识点】基本医疗保险

2.【2020·单选题】【答案】C
【解析】职工基本医疗保险基金由统筹金和个人账户构成：
（1）用人单位缴纳的基本医疗保险费分为两部分，一部分用于建立统筹基金，另一部分划入个人账户，单位缴费部分计入罗某个人医疗账户：6 000 ×6% ×30% =108（元）；
（2）个人缴费部分划入个人医疗账户：6 000 ×2% =120（元）。则记入罗某个人医疗保险账户每月的储存额 =6 000 ×2% +6 000 ×6% ×30% =228（元）。
选项 C 正确。

3.【2015·判断题】【答案】错误
【解析】（1）医疗期是指企业职工因患病或非因工负伤停止工作，治病休息，但不得解除劳动合同的期限；（2）职工因工作遭受事故伤害或者患职业病需要暂停工作接受工伤医疗的，享受停工留薪期待遇。
【知识点】基本养老保险

考点 10　工伤保险（★★）

1.【2018·单选题】【答案】D
【解析】选项 D 正确，一次性工亡补助金标准为上一年度全国城镇居民人均可支配收入的 20 倍。
【知识点】工伤保险

2.【2015·多选题】【答案】AD
【解析】（1）应当认定为工伤的情形（选项 BC）：
①在工作时间和工作场所内，因工作原因受到事故伤害的；
②工作时间前后在工作场所内，从事与工作有关的预备性或收尾性工作受到事故伤害的；
③在工作时间和工作场所内，因履行工作职责受到暴力等意外伤害的；
④患职业病的；
⑤因工外出期间，由于工作原因受到伤害或者发生事故下落不明的；
⑥在上下班途中，受到非本人主要责任的交通事故或者城市轨道交通、客运轮渡、火车事故伤害的；
⑦法律、行政法规规定应当认定为工伤的其他情形。
（2）视同工伤的情形（选项 AD）：
①在工作时间和工作岗位，突发疾病死亡或者在 48 小时内经抢救无效死亡的；
②在抢险救灾等维护国家利益、公共利益活动中受到伤害的；
③原在军队服役，因战、因公负伤致残，已取得革命伤残军人证，到用人单位后旧伤复发的。
选项 AD 正确。
【知识点】工伤保险

3.【2016·判断题】【答案】错误
【解析】职工个人不缴纳工伤保险费和生育保险费。
【知识点】工伤保险

考点11 失业保险（★★）

1.【2015·单选题】【答案】A
【解析】（1）失业人员失业前用人单位和本人累计缴费满1年不足5年的，领取失业保险金的期限最长为12个月；累计缴费满5年不足10年的，领取失业保险金的期限最长为18个月；累计缴费10年以上的，领取失业保险金的期限最长为24个月；
（2）李某工作了12年（属于"10年以上"），领取失业保险金的期限最长为24个月。选项A正确。
【知识点】失业保险

2.【2018·多选题】【答案】ABCD
【解析】失业人员在领取失业保险金期间有下列情形之一的，停止领取失业保险金，并同时停止享受其他失业保险待遇：
（1）重新就业的（选项A）；
（2）应征服兵役的（选项C）；
（3）移居境外的（选项D）；
（4）享受基本养老保险待遇的（选项B）；
（5）被判刑收监执行的；
（6）无正当理由，拒不接受当地人民政府指定部门或者机构介绍的适当工作或者提供的培训的；
（7）有法律、行政法规规定的其他情形的。
选项ABCD正确。
【知识点】停止领取失业保险金及其他失业保险待遇的情形

不定项选择题

1.【2021】（1）【答案】C
【解析】选项C正确，用人单位自用工之日起即与劳动者建立劳动关系（不是订立合同之日，也不是试用期满之日，更非发工资之日）；刘某2018年6月1日到甲公司上班，在当日即与甲公司建立了劳动关系。
【知识点】劳动合同的订立
（2）【答案】C
【解析】选项ABD错误、C正确，用人单位自用工之日起不满1年未与劳动者订立书面劳动合同的，应当向劳动者每月支付2倍的工资，并与劳动者补订书面劳动合同；用人单位向劳动者每月支付2倍工资的起算时间为用工之日起满一个月的次日（2018年7月1日，而非2018年6月1日），截止时间为补订劳动合同的前一日（2018年10月31日）。
【知识点】劳动合同的订立

（3）【答案】A

【解析】劳动者可随时通知解除劳动合同的情形如下：

①用人单位未按照劳动合同约定提供劳动保护或者劳动条件的；

②用人单位未及时足额支付劳动报酬的（选项A正确）；

③用人单位未依法为劳动者缴纳社会保险费的；

④用人单位的规章制度违反法律、法规的规定，损害劳动者权益的；

⑤用人单位以欺诈、胁迫的手段或者乘人之危，使劳动者在违背真实意思的情况下订立或者变更劳动合同致使劳动合同无效的；

⑥用人单位在劳动合同中免除自己的法定责任、排除劳动者权利的；

⑦用人单位违反法律、行政法规强制性规定的；

⑧法律、行政法规规定劳动者可以解除劳动合同的其他情形。

【知识点】劳动合同解除

（4）【答案】AB

【解析】选项A正确，用人单位拖欠或者未足额支付劳动报酬的，劳动者可以依法向当地人民法院申请支付令，人民法院应当依法发出支付令；

选项B正确，用人单位应当向劳动者支付经济补偿的情形包括：

①劳动者符合随时通知解除和不需事先通知即可解除劳动合同规定情形而解除劳动合同的（因公司未及时足额支付劳动报酬，刘某可以随时解除合同）；

②由用人单位提出解除劳动合同并与劳动者协商一致而解除劳动合同的；

③用人单位符合提前30日以书面形式通知劳动者本人或者额外支付劳动者1个月工资后，可以解除劳动合同的规定情形而解除劳动合同的；

④用人单位符合可裁减人员规定而解除劳动合同的；

⑤除用人单位维持或者提高劳动合同约定条件续订劳动合同，劳动者不同意续订的情形外，劳动合同期满终止固定期限劳动合同的；

⑥用人单位被依法宣告破产或者被吊销营业执照、责令关闭、撤销或者用人单位决定提前解散而终止劳动合同的；

⑦以完成一定工作任务为期限的劳动合同因任务完成而终止的；

⑧法律、行政法规规定的其他情形。

选项CD错误，甲公司未足额支付报酬，刘某符合随时解除合同的条件，刘某与甲公司解除合同符合要求，甲公司无权要求刘某赔偿经济损失和提前解除劳动合同的违约金。

【知识点】劳动合同解除

2.【2019】（1）【答案】AC

【解析】选项A正确、B错误，同一用人单位与同一劳动者只能约定一次试用期，劳动合同期限1年以上不满3年的，试用期不得超过2个月（≤2个月）；

选项C正确，劳动者在试用期的工资不得低于本单位相同岗位最低档工资的80%或者劳动合同约定工资的80%，并不得低于用人单位所在地的最低工资标准；

选项D错误，劳动者在试用期间"被证明不符合录用条件的"，用人单位才可以随时通知解除劳动合同。

选项AC正确。

【知识点】试用期、劳动合同的解除和终止

（2）【答案】B

【解析】选项B正确，用人单位未及时足额支付劳动报酬的，劳动者可"随时通知"解除劳动合同。

【知识点】劳动合同的解除和终止

（3）【答案】ABCD

【解析】选项ABC正确，用人单位自用工之日起超过1个月不满1年未与劳动者订立书面劳动合同的，应当向劳动者每月支付2倍的工资（1倍正常工资+1倍工资补偿），并与劳动者补订书面劳动合同；

选项D正确，用人单位违反规定与劳动者约定试用期的，由劳动行政部门责令改正；违法约定的试用期已经履行的，由用人单位以劳动者试用期满月工资为标准，按已经履行的超过法定试用期的期间向劳动者支付赔偿金。本题中，2017年7月31日周某入职，2018年6月1日周某才提出解除劳动合同，显然延长的试用期周某已经履行。

选项ABCD正确。

【知识点】劳动合同的订立、试用期

（4）【答案】BD

【解析】选项BD正确，"劳动者"对劳动争议的终局裁决不服的，可以自收到仲裁裁决书之日起15日内向人民法院提起诉讼。

【知识点】劳动争议开庭和裁决

3.【2016】（1）【答案】C

【解析】①劳动者可随时通知解除劳动合同的情形：a. 用人单位未按照劳动合同约定提供劳动保护或者劳动条件的；b. 用人单位未及时足额支付劳动报酬的；c. 用人单位未依法为劳动者缴纳社会保险费的（选项C）；d. 用人单位的规章制度违反法律、法规的规定，损害劳动者权益的；e. 用人单位以欺诈、胁迫的手段或者乘人之危，使劳动者在违背真实意思的情况下订立或者变更劳动合同致使劳动合同无效的；f. 用人单位在劳动合同中免除自己的法定责任、排除劳动者权利的；g. 用人单位违反法律、行政法规强制性规定的；h. 法律、行政法规规定劳动者可以解除劳动合同的其他情形。

②用人单位有上述情形的，劳动者可随时通知用人单位解除劳动合同，用人单位需向劳动者支付经济补偿。

选项C正确。

【知识点】劳动合同解除

（2）【答案】C

【解析】选项C正确，用人单位未依法为劳动者缴纳社会保险费的，劳动者随时通知解除劳动合同后，用人单位需向劳动者支付经济补偿，甲公司为用人单位。

【知识点】经济补偿金

（3）【答案】B

【解析】选项B正确，劳务派遣单位是用人单位（甲公司），应当履行用人单位对劳动者的义务。劳务派遣单位与被派遣劳动者订立的劳动合同，除应当载明劳动合同必备的条款外，还应当载明被派遣劳动者的用工单位以及派遣期限、工作岗位等情况。

【知识点】劳动关系

（4）【答案】CD

【解析】选项 AB 错误，劳务派遣单位（甲公司）应当与被派遣劳动者订立 2 年以上的固定期限劳动合同，按月支付劳动报酬；被派遣劳动者在无工作期间，劳务派遣单位应当按照所在地人民政府规定的月最低工资标准，向其按月支付报酬。选项 CD 正确。

【知识点】劳务派遣

4．【2014】（1）【答案】AC

【解析】选项 A 正确、D 错误，用人单位未依法为劳动者缴纳社会保险费的，不属于违反服务期的约定，用人单位不得要求劳动者支付违约金；

选项 B 错误，劳动合同期满，但是用人单位与劳动者约定的服务期尚未到期的，劳动合同应当续延至服务期满；双方另有约定的，从其约定；

选项 C 正确，违约金的数额不得超过用人单位提供的培训费用。

【知识点】劳动合同可备条款

（2）【答案】D

【解析】选项 A 错误，同一用人单位与同一劳动者只能约定一次试用期，甲公司与乙公司不是同一用人单位，所以甲公司可以与王某约定试用期；

选项 B 错误，劳动者在试用期的工资不得低于本单位相同岗位最低档工资或者劳动者合同约定工资的 80%，并不得低于用人单位所在地的最低工资标准，王某试用期工资 1 800 元＜2 000 元（其月工资 2 500 元×80%）；

选项 C 错误，劳动合同期限 3 个月以上不满 1 年的，试用期不得超过 1 个月；劳动合同期限 1 年以上不满 3 年的，试用期不得超过 2 个月；3 年以上固定期限和无固定期限的劳动合同，试用期不得超过 6 个月；

选项 D 正确，试用期应包含在劳动合同期限内。

【知识点】劳动合同可备条款

（3）【答案】BD

【解析】选项 A 错误、BD 正确，用人单位未依法为劳动者缴纳社会保险费的，劳动者可随时通知解除劳动合同，用人单位需支付经济补偿金；

选项 C 错误，经济补偿按劳动者在本单位工作的年限，每满 1 年支付 1 个月工资的标准向劳动者支付，6 个月以上不满 1 年的，按 1 年计算；不满 6 个月的，向劳动者支付半个月工资的经济补偿；王某工作年限 2011 年 7 月 1 日至 2012 年 8 月 1 日，为 1.5 个月。

【知识点】劳动合同解除

（4）【答案】C

【解析】选项 A 错误，用人单位由于生产经营需要，经与工会和劳动者协商后可以延长工作时间，一般每日不得超过 1 小时；

选项 B 错误，机关、团体、企业、事业单位、民办非企业单位、有雇工的个体工商户等单位的职工连续工作 1 年以上的，享受带薪年休假（与本公司的工作年限无关）；

选项 C 正确，因特殊原因需要延长工作时间的，在保障劳动者身体健康的条件下延长工作时间，每日不得超过 3 小时，每月不得超过 36 小时；

选项 D 错误，职工累计工作已满 1 年不满 10 年的，年休假 5 天；已满 10 年不满 20 年的，年休假 10 天；已满 20 年的，年休假 15 天。

【知识点】劳动合同必备条款

BT 教育——陪伴奋斗年华

致敬这个时代最有梦想的人

有时候会觉得自己很孤单,哪怕并不缺少亲人朋友关切的眼神。因为没有处在相同的境地,没有面临等同的压力,没有殊途同归的共同目标,所以有口难言,情绪都烂在心里。想要与志同道合的朋友喝酒聊天,想要在他们眼里找回激情和梦想,想要与保持着同一份初心的人一路前行。

陪伴,是最温暖的情怀,是最长情的告白,而 BT 教育就想要送你这一份温暖,陪伴奋斗年华。

学习知识固然重要,可是陪伴或许才是教育的本质。有"效率"的陪伴,应该是"双向沟通",就像高效的学习不应当只是"单向传输"一样。老师懂你的困惑,你也能跟上老师的节奏,及时的互通和反馈才是陪伴的真谛!信息时代里,我们缺少的绝对不是那堆冷冰冰的知识,而是能有良师在授业解惑之余不断引导你培养终身受益的学习方法,也是益友持续鼓励你不渝前行,这或许就是教育的本质。这样的经历在我们学生时代也许并不陌生,只是多年之后再回首,那些坚定又充实的学习时光竟然是那般遥远。在 BT 教育里,我们想要给你陪伴,带你再回那段时光。

纵然无线 Wi-Fi 不能传递热能,可是陪伴却可以带来无限温情。直播间里,老师说"懂得了就扣1",一连串的1111让我们透过屏幕感受到你们的欣喜和雀跃;班级群里,助教说"复习完了要打卡",同学们较着劲儿地报进度,互相鼓励着去坚持,真切地觉得在奋斗的不只是自己。

纵使我们来自全国各地,可是有着相同的奋斗心情。我们在一群素未谋面的陌生人中嗅到了至真至纯的人情味儿,让早读成为了习惯,拼搏至凌晨成为了常态。助教的督促,老师的答疑,同学的鼓励,让汗水终将换来理想成绩的感动。正是对这份温暖的向往,对目标的矢志不渝,让你在最美的年华,选择了奋斗在 BT 教育。一个人走得很快,一群人相伴可以走得更远。

熹微晨光中,鸟鸣和 BT 教育陪你,静谧的夜里,咖啡和 BT 教育陪你;没有休息的周六日,没有旅行的假期,BT 教育一直陪你,陪你!陪你遥望真理无穷,陪你感受每进一寸的欢喜,陪你平缓坎坷心情,陪你度过奋斗年华!

BT 教育—陪伴奋斗年华。BestTime,最美的年华,奋斗在 BT 教育!

目 录
CONTENTS

第1章 总 论 1
第2章 会计法律制度 3
第3章 支付结算法律制度 6
第4-1章 税收法律制度概述 13
第4-2章 增值税 14
第4-3章 消费税 21
第4-4章 城市维护建设税与教育费附加 24
第4-5章 车辆购置税 25
第4-6章 关 税 26
第5-1章 企业所得税 27
第5-2章 个人所得税 33
第6-1章 房产税 37
第6-2章 契 税 39
第6-3章 土地增值税 40
第6-4章 城镇土地使用税 42
第6-5章 耕地占用税 43
第6-6章 车船税 44
第6-7章 资源税 45
第6-8章 环境保护税 47
第6-9-1章 烟叶税 48
第6-9-2章 船舶吨税 49
第6-10章 印花税 50
第7章 税收征管法律制度 52
第8-1章 劳动合同 56
第8-2章 社会保险 60

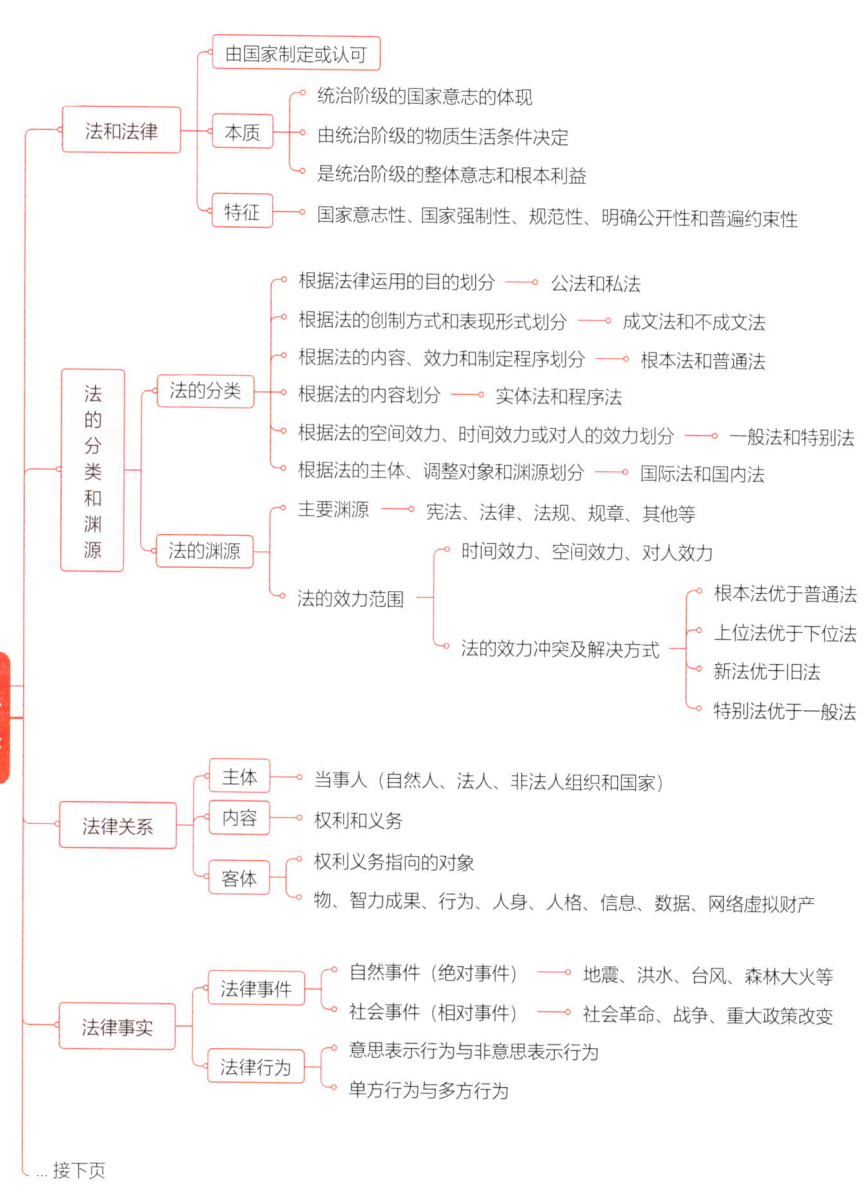

经济法基础·框架

第1章 总论

- 总论
  - 法和法律
    - 由国家制定或认可
    - 本质
      - 统治阶级的国家意志的体现
      - 由统治阶级的物质生活条件决定
      - 是统治阶级的整体意志和根本利益
    - 特征：国家意志性、国家强制性、规范性、明确公开性和普遍约束性
  - 法的分类和渊源
    - 法的分类
      - 根据法律运用的目的划分 —— 公法和私法
      - 根据法的创制方式和表现形式划分 —— 成文法和不成文法
      - 根据法的内容、效力和制定程序划分 —— 根本法和普通法
      - 根据法的内容划分 —— 实体法和程序法
      - 根据法的空间效力、时间效力或对人的效力划分 —— 一般法和特别法
      - 根据法的主体、调整对象和渊源划分 —— 国际法和国内法
    - 法的渊源
      - 主要渊源 —— 宪法、法律、法规、规章、其他等
      - 法的效力范围
        - 时间效力、空间效力、对人效力
        - 法的效力冲突及解决方式
          - 根本法优于普通法
          - 上位法优于下位法
          - 新法优于旧法
          - 特别法优于一般法
  - 法律关系
    - 主体 —— 当事人（自然人、法人、非法人组织和国家）
    - 内容 —— 权利和义务
    - 客体
      - 权利义务指向的对象
      - 物、智力成果、行为、人身、人格、信息、数据、网络虚拟财产
  - 法律事实
    - 法律事件
      - 自然事件（绝对事件）—— 地震、洪水、台风、森林大火等
      - 社会事件（相对事件）—— 社会革命、战争、重大政策改变
    - 法律行为
      - 意思表示行为与非意思表示行为
      - 单方行为与多方行为
  - ...接下页

总论

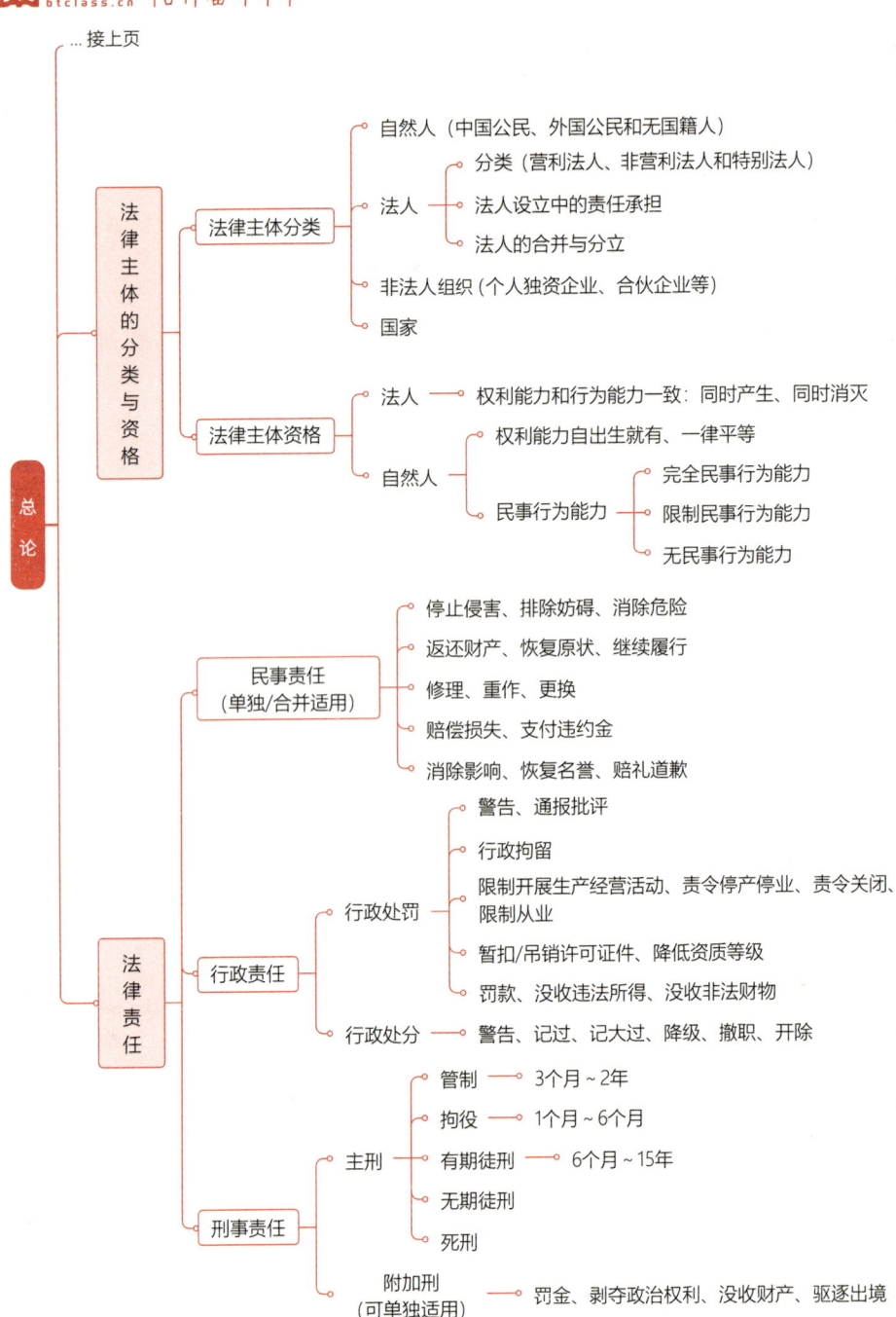

法律主体的分类与资格

法律主体分类
- 自然人（中国公民、外国公民和无国籍人）
- 法人
  - 分类（营利法人、非营利法人和特别法人）
  - 法人设立中的责任承担
  - 法人的合并与分立
- 非法人组织（个人独资企业、合伙企业等）
- 国家

法律主体资格
- 法人 —— 权利能力和行为能力一致：同时产生、同时消灭
- 自然人
  - 权利能力自出生就有、一律平等
  - 民事行为能力
    - 完全民事行为能力
    - 限制民事行为能力
    - 无民事行为能力

法律责任

民事责任（单独/合并适用）
- 停止侵害、排除妨碍、消除危险
- 返还财产、恢复原状、继续履行
- 修理、重作、更换
- 赔偿损失、支付违约金
- 消除影响、恢复名誉、赔礼道歉

行政责任
- 行政处罚
  - 警告、通报批评
  - 行政拘留
  - 限制开展生产经营活动、责令停产停业、责令关闭、限制从业
  - 暂扣/吊销许可证件、降低资质等级
  - 罚款、没收违法所得、没收非法财物
- 行政处分 —— 警告、记过、记大过、降级、撤职、开除

刑事责任
- 主刑
  - 管制 —— 3个月~2年
  - 拘役 —— 1个月~6个月
  - 有期徒刑 —— 6个月~15年
  - 无期徒刑
  - 死刑
- 附加刑（可单独适用）—— 罚金、剥夺政治权利、没收财产、驱逐出境

第 2 章 会计法律制度

会计法律制度

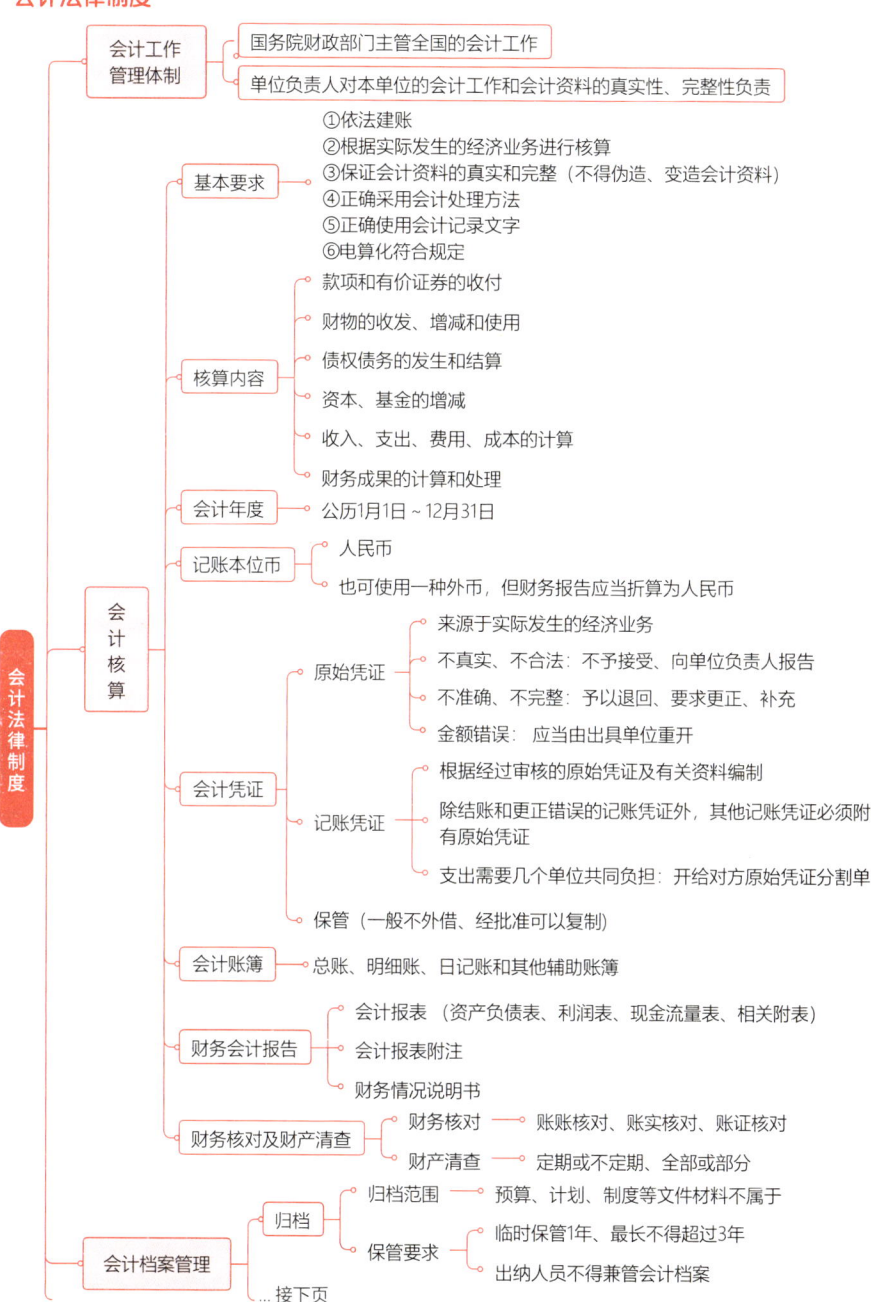

- **会计工作管理体制**
  - 国务院财政部门主管全国的会计工作
  - 单位负责人对本单位的会计工作和会计资料的真实性、完整性负责

- **会计核算**
  - **基本要求**
    - ①依法建账
    - ②根据实际发生的经济业务进行核算
    - ③保证会计资料的真实和完整（不得伪造、变造会计资料）
    - ④正确采用会计处理方法
    - ⑤正确使用会计记录文字
    - ⑥电算化符合规定
  - **核算内容**
    - 款项和有价证券的收付
    - 财物的收发、增减和使用
    - 债权债务的发生和结算
    - 资本、基金的增减
    - 收入、支出、费用、成本的计算
    - 财务成果的计算和处理
  - **会计年度**：公历1月1日~12月31日
  - **记账本位币**
    - 人民币
    - 也可使用一种外币，但财务报告应当折算为人民币
  - **会计凭证**
    - **原始凭证**
      - 来源于实际发生的经济业务
      - 不真实、不合法：不予接受、向单位负责人报告
      - 不准确、不完整：予以退回、要求更正、补充
      - 金额错误：应当由出具单位重开
    - **记账凭证**
      - 根据经过审核的原始凭证及有关资料编制
      - 除结账和更正错误的记账凭证外，其他记账凭证必须附有原始凭证
      - 支出需要几个单位共同负担：开给对方原始凭证分割单
    - 保管（一般不外借、经批准可以复制）
  - **会计账簿**：总账、明细账、日记账和其他辅助账簿
  - **财务会计报告**
    - 会计报表（资产负债表、利润表、现金流量表、相关附表）
    - 会计报表附注
    - 财务情况说明书
  - **财务核对及财产清查**
    - 财务核对——账账核对、账实核对、账证核对
    - 财产清查——定期或不定期、全部或部分

- **会计档案管理**
  - **归档**
    - 归档范围——预算、计划、制度等文件材料不属于
    - 保管要求——临时保管1年、最长不得超过3年
    - 出纳人员不得兼管会计档案
  - ...接下页

会计法律制度

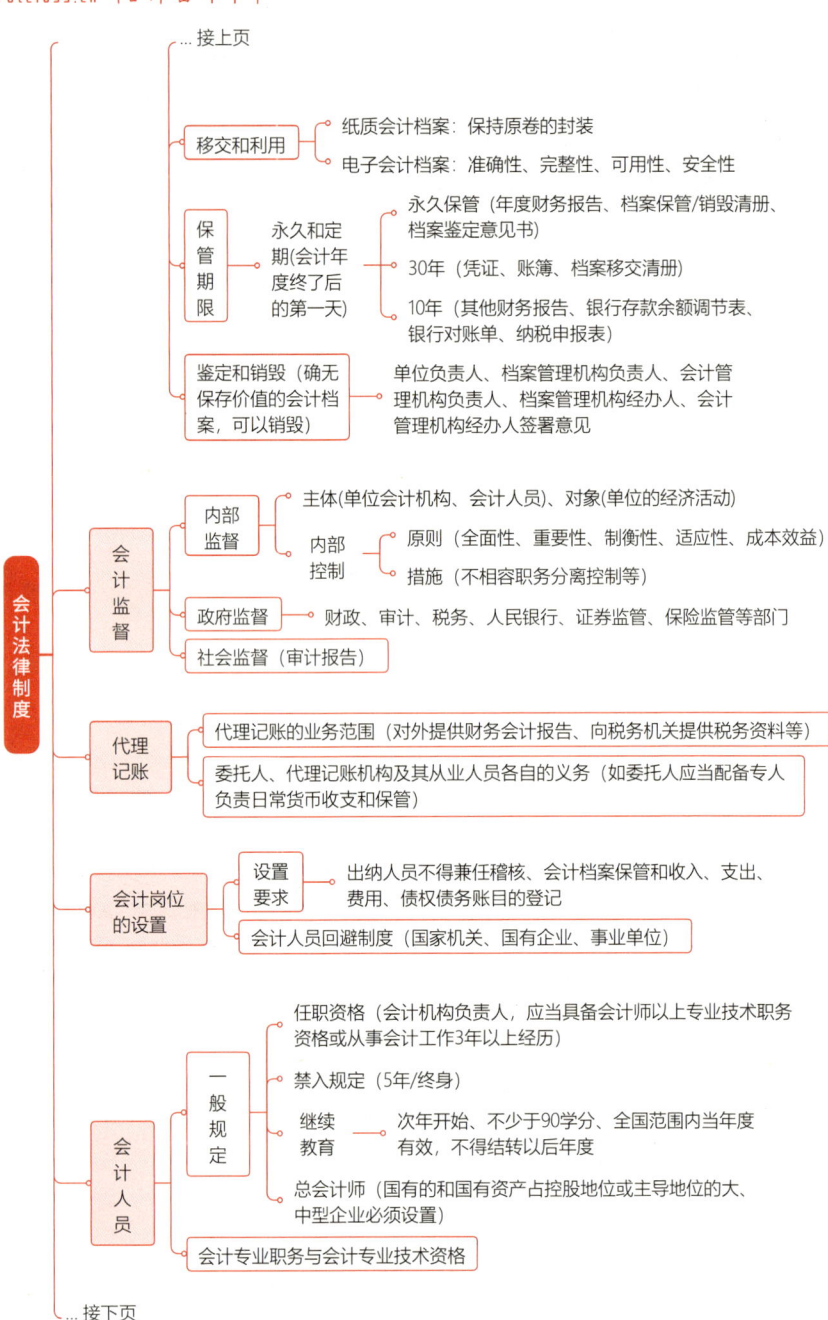

...接上页

移交和利用
- 纸质会计档案：保持原卷的封装
- 电子会计档案：准确性、完整性、可用性、安全性

保管期限
永久和定期(会计年度终了后的第一天)
- 永久保管（年度财务报告、档案保管/销毁清册、档案鉴定意见书）
- 30年（凭证、账簿、档案移交清册）
- 10年（其他财务报告、银行存款余额调节表、银行对账单、纳税申报表）

鉴定和销毁（确无保存价值的会计档案，可以销毁）
单位负责人、档案管理机构负责人、会计管理机构负责人、档案管理机构经办人、会计管理机构经办人签署意见

会计监督

内部监督
- 主体(单位会计机构、会计人员)、对象(单位的经济活动)
- 内部控制
  - 原则（全面性、重要性、制衡性、适应性、成本效益）
  - 措施（不相容职务分离控制等）

政府监督
财政、审计、税务、人民银行、证券监管、保险监管等部门

社会监督（审计报告）

代理记账
- 代理记账的业务范围（对外提供财务会计报告、向税务机关提供税务资料等）
- 委托人、代理记账机构及其从业人员各自的义务（如委托人应当配备专人负责日常货币收支和保管）

会计岗位的设置

设置要求
出纳人员不得兼任稽核、会计档案保管和收入、支出、费用、债权债务账目的登记

会计人员回避制度（国家机关、国有企业、事业单位）

会计人员

一般规定
- 任职资格（会计机构负责人，应当具备会计师以上专业技术职务资格或从事会计工作3年以上经历）
- 禁入规定（5年/终身）
- 继续教育：次年开始、不少于90学分、全国范围内当年度有效，不得结转以后年度
- 总会计师（国有的和国有资产占控股地位或主导地位的大、中型企业必须设置）

会计专业职务与会计专业技术资格

...接下页

经济法基础·框架

会计法律制度

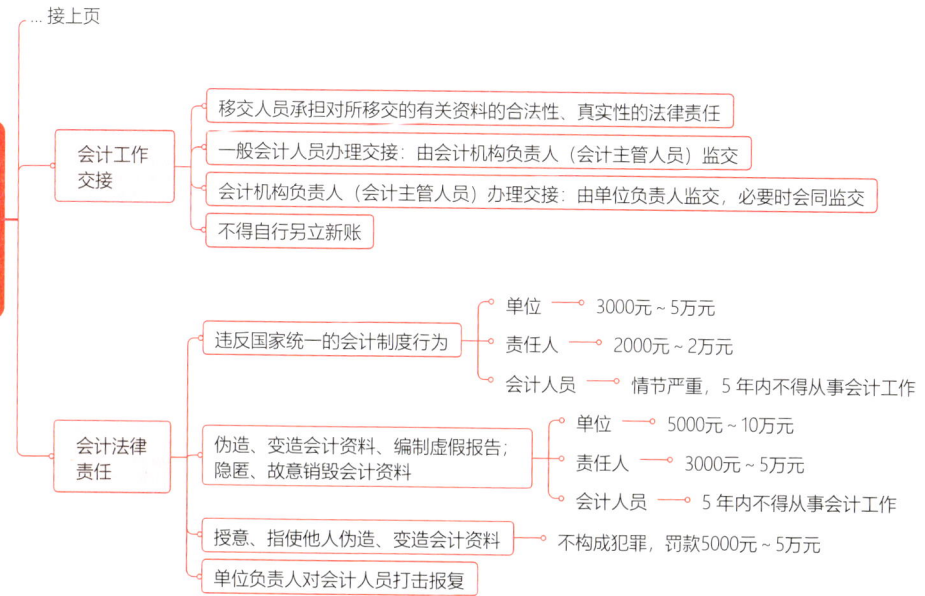

会计工作交接
- 移交人员承担对所移交的有关资料的合法性、真实性的法律责任
- 一般会计人员办理交接：由会计机构负责人（会计主管人员）监交
- 会计机构负责人（会计主管人员）办理交接：由单位负责人监交，必要时会同监交
- 不得自行另立新账

会计法律责任

- 违反国家统一的会计制度行为
  - 单位 —— 3000元～5万元
  - 责任人 —— 2000元～2万元
  - 会计人员 —— 情节严重，5年内不得从事会计工作

- 伪造、变造会计资料、编制虚假报告；隐匿、故意销毁会计资料
  - 单位 —— 5000元～10万元
  - 责任人 —— 3000元～5万元
  - 会计人员 —— 5年内不得从事会计工作

- 授意、指使他人伪造、变造会计资料 —— 不构成犯罪，罚款5000元～5万元

- 单位负责人对会计人员打击报复

第 3 章 支付结算法律制度

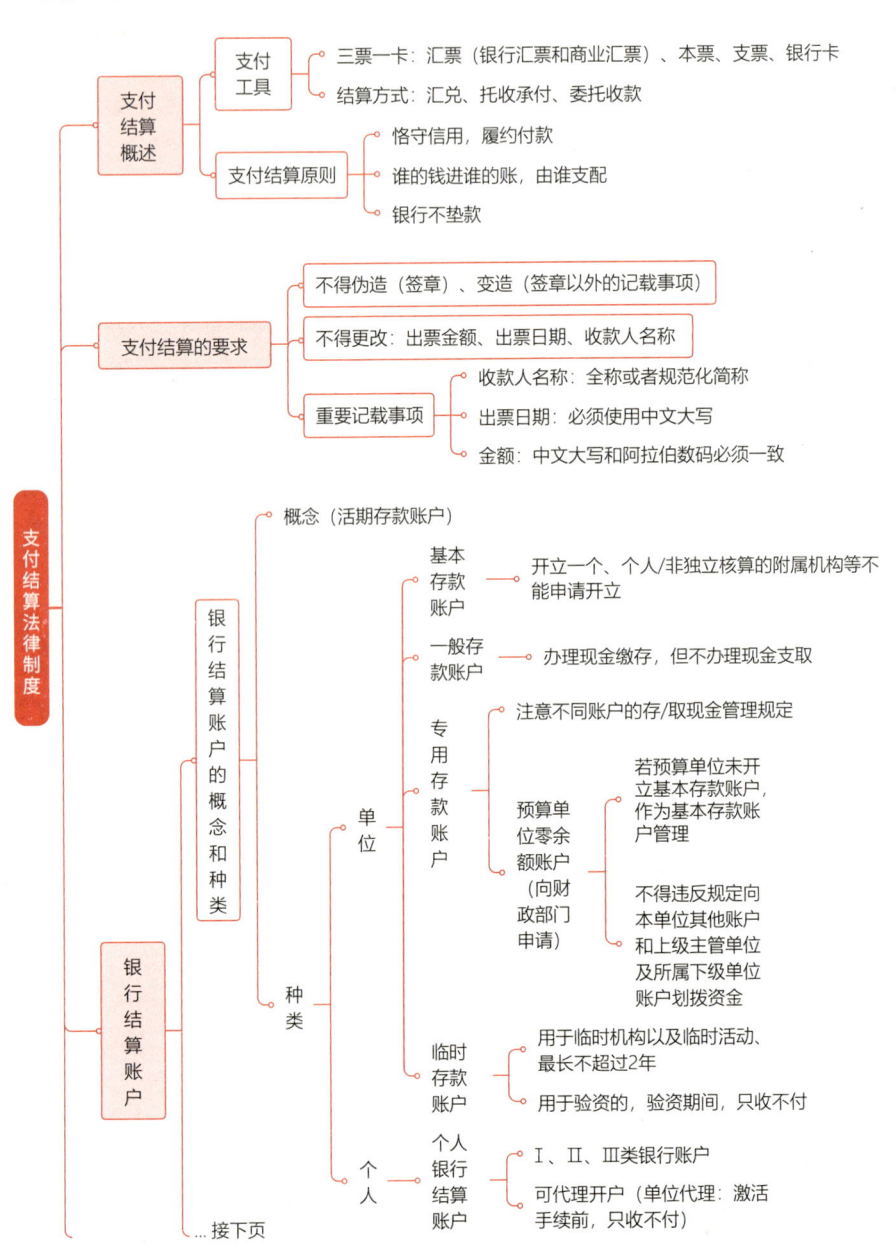

- 支付结算法律制度
  - 支付结算概述
    - 支付工具
      - 三票一卡：汇票（银行汇票和商业汇票）、本票、支票、银行卡
      - 结算方式：汇兑、托收承付、委托收款
    - 支付结算原则
      - 恪守信用，履约付款
      - 谁的钱进谁的账，由谁支配
      - 银行不垫款
  - 支付结算的要求
    - 不得伪造（签章）、变造（签章以外的记载事项）
    - 不得更改：出票金额、出票日期、收款人名称
    - 重要记载事项
      - 收款人名称：全称或者规范化简称
      - 出票日期：必须使用中文大写
      - 金额：中文大写和阿拉伯数码必须一致
  - 银行结算账户
    - 银行结算账户的概念和种类
      - 概念（活期存款账户）
      - 种类
        - 单位
          - 基本存款账户 — 开立一个、个人/非独立核算的附属机构等不能申请开立
          - 一般存款账户 — 办理现金缴存，但不办理现金支取
          - 专用存款账户
            - 注意不同账户的存/取现金管理规定
            - 预算单位零余额账户（向财政部门申请）
              - 若预算单位未开立基本存款账户，作为基本存款账户管理
              - 不得违反规定向本单位其他账户和上级主管单位及所属下级单位账户划拨资金
          - 临时存款账户
            - 用于临时机构以及临时活动，最长不超过2年
            - 用于验资的，验资期间，只收不付
        - 个人
          - 个人银行结算账户
            - Ⅰ、Ⅱ、Ⅲ类银行账户
            - 可代理开户（单位代理：激活手续前，只收不付）
  - ...接下页

经济法基础·框架

支付结算法律制度

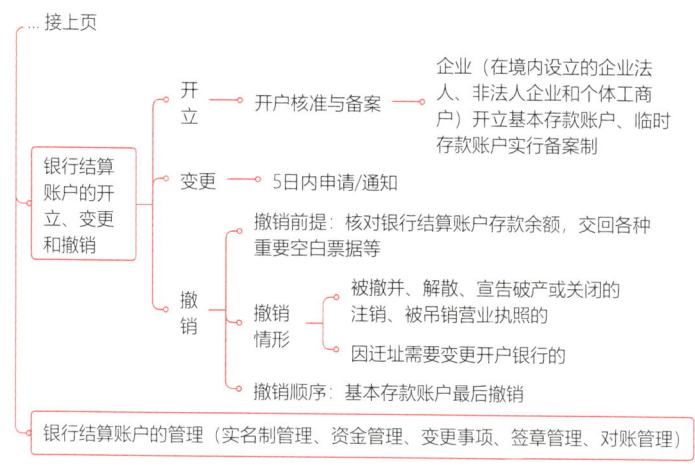

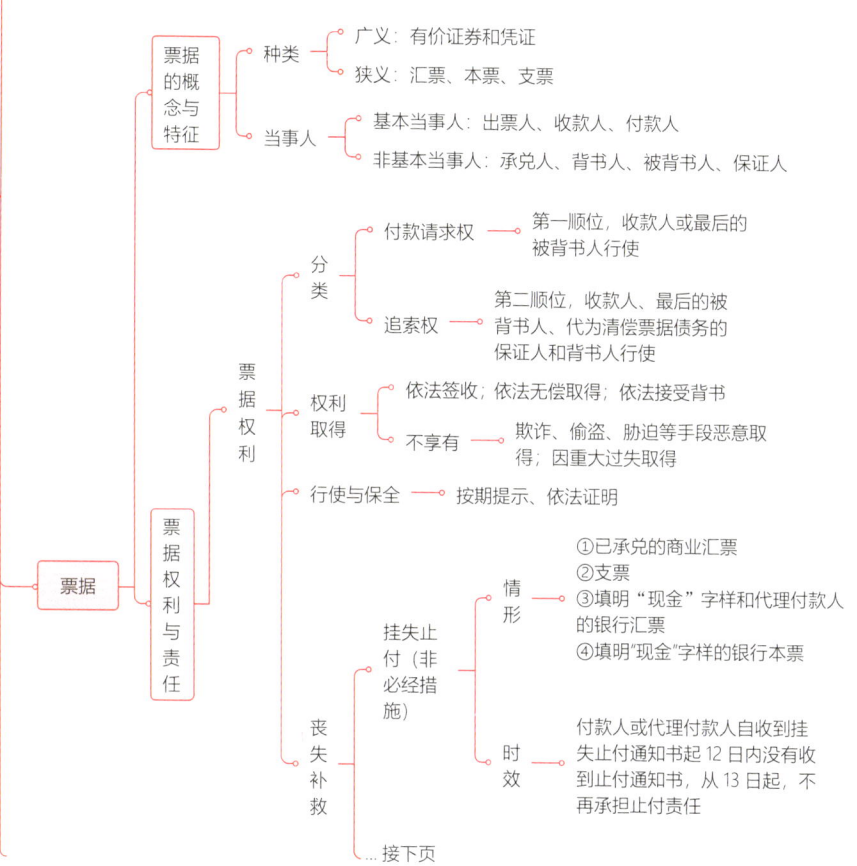

- 接上页
  - **银行结算账户的开立、变更和撤销**
    - 开立 → 开户核准与备案 → 企业（在境内设立的企业法人、非法人企业和个体工商户）开立基本存款账户、临时存款账户实行备案制
    - 变更 → 5日内申请/通知
    - 撤销
      - 撤销前提：核对银行结算账户存款余额，交回各种重要空白票据等
      - 撤销情形
        - 被撤并、解散、宣告破产或关闭的注销、被吊销营业执照的
        - 因迁址需要变更开户银行的
      - 撤销顺序：基本存款账户最后撤销
  - 银行结算账户的管理（实名制管理、资金管理、变更事项、签章管理、对账管理）

- **票据**
  - **票据的概念与特征**
    - 种类
      - 广义：有价证券和凭证
      - 狭义：汇票、本票、支票
    - 当事人
      - 基本当事人：出票人、收款人、付款人
      - 非基本当事人：承兑人、背书人、被背书人、保证人
  - **票据权利**
    - 分类
      - 付款请求权 → 第一顺位，收款人或最后的被背书人行使
      - 追索权 → 第二顺位，收款人、最后的被背书人、代为清偿票据债务的保证人和背书人行使
    - 权利取得
      - 依法签收；依法无偿取得；依法接受背书
      - 不享有：欺诈、偷盗、胁迫等手段恶意取得；因重大过失取得
    - 行使与保全 → 按期提示、依法证明
  - **票据权利与责任**
    - 丧失补救
      - 挂失止付（非必经措施）
        - 情形
          - ①已承兑的商业汇票
          - ②支票
          - ③填明"现金"字样和代理付款人的银行汇票
          - ④填明"现金"字样的银行本票
        - 时效：付款人或代理付款人自收到挂失止付通知书起12日内没有收到止付通知书，从13日起，不再承担止付责任
      - ...接下页

7

支付结算法律制度

票据

票据权利与责任

票据权利

丧失补救
- ...接上页
- 公示催告
  - 申请人 → 最后持票人
  - 管辖法院 → 票据支付地人民法院
  - 公告期间 → 不少于60日，且公示催告期间届满日不得早于票据付款日后15日

权利时效
- 出票人或承兑人
  - 商业汇票——到期日起2年
  - 见票即付的汇票、本票——出票日起2年
  - 支票——出票日起6个月
- 一般前手
  - （首次）追索权 → 自被拒绝承兑或被拒绝付款日起6个月
  - 再追索权 → 自清偿日或被提起诉讼日起3个月

票据责任

票据行为

出票

作成票据并交付
- 票据必须记载事项
  - 银行汇票——7个（票据字样、无条件支付、金额、收付款人名称、出票人签章、出票日期）
  - 商业汇票——7个
  - 本票——6个（无付款人名称）
  - 支票——6个（无收款人名称）

其他注意事项
- 商业汇票
  - 种类：商业承兑汇票/银行承兑汇票
  - 期限：电子汇票：最长1年；纸质汇票：最长6个月
- 支票
  - 禁止签发空头支票
    - 中国人民银行处以票面金额5%但不低于1000元的罚款
    - 持票人要求支票金额2%的赔偿金
  - 出票人可以在支票上记载自己为收款人

背书

种类
- 转让背书
- 非转让背书：委托收款背书、质押背书

要求
- 持票人在被背书人栏内记载自己的名称与背书人记载具有同等法律效力
- 背书未记载日期的，视为在票据到期日前背书
- 背书应当连续
- 粘单上的第一记载人，应当在票据和粘单的粘接处签章

...接下页

支付结算法律制度

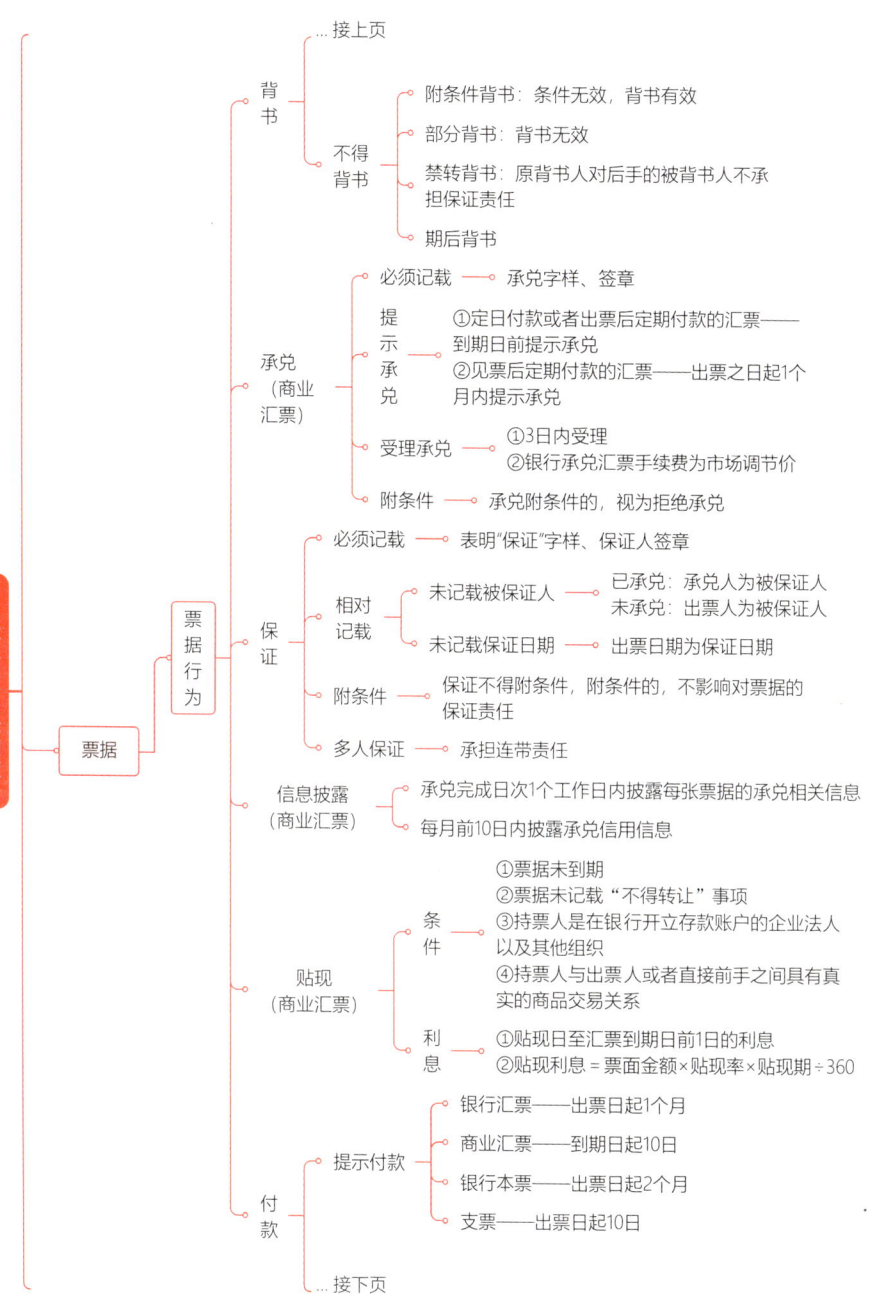

票据

票据行为

背书
- 接上页
- 不得背书
  - 附条件背书：条件无效，背书有效
  - 部分背书：背书无效
  - 禁转背书：原背书人对后手的被背书人不承担保证责任
  - 期后背书

承兑（商业汇票）
- 必须记载 —— 承兑字样、签章
- 提示承兑
  - ①定日付款或者出票后定期付款的汇票——到期日前提示承兑
  - ②见票后定期付款的汇票——出票之日起1个月内提示承兑
- 受理承兑
  - ①3日内受理
  - ②银行承兑汇票手续费为市场调节价
- 附条件 —— 承兑附条件的，视为拒绝承兑

保证
- 必须记载 —— 表明"保证"字样、保证人签章
- 相对记载
  - 未记载被保证人
    - 已承兑：承兑人为被保证人
    - 未承兑：出票人为被保证人
  - 未记载保证日期 —— 出票日期为保证日期
- 附条件 —— 保证不得附条件，附条件的，不影响对票据的保证责任
- 多人保证 —— 承担连带责任

信息披露（商业汇票）
- 承兑完成日次1个工作日内披露每张票据的承兑相关信息
- 每月前10日内披露承兑信用信息

贴现（商业汇票）
- 条件
  - ①票据未到期
  - ②票据未记载"不得转让"事项
  - ③持票人是在银行开立存款账户的企业法人以及其他组织
  - ④持票人与出票人或者直接前手之间具有真实的商品交易关系
- 利息
  - ①贴现日至汇票到期日前1日的利息
  - ②贴现利息 = 票面金额×贴现率×贴现期÷360

付款
- 提示付款
  - 银行汇票——出票日起1个月
  - 商业汇票——到期日起10日
  - 银行本票——出票日起2个月
  - 支票——出票日起10日
- 接下页

支付结算法律制度

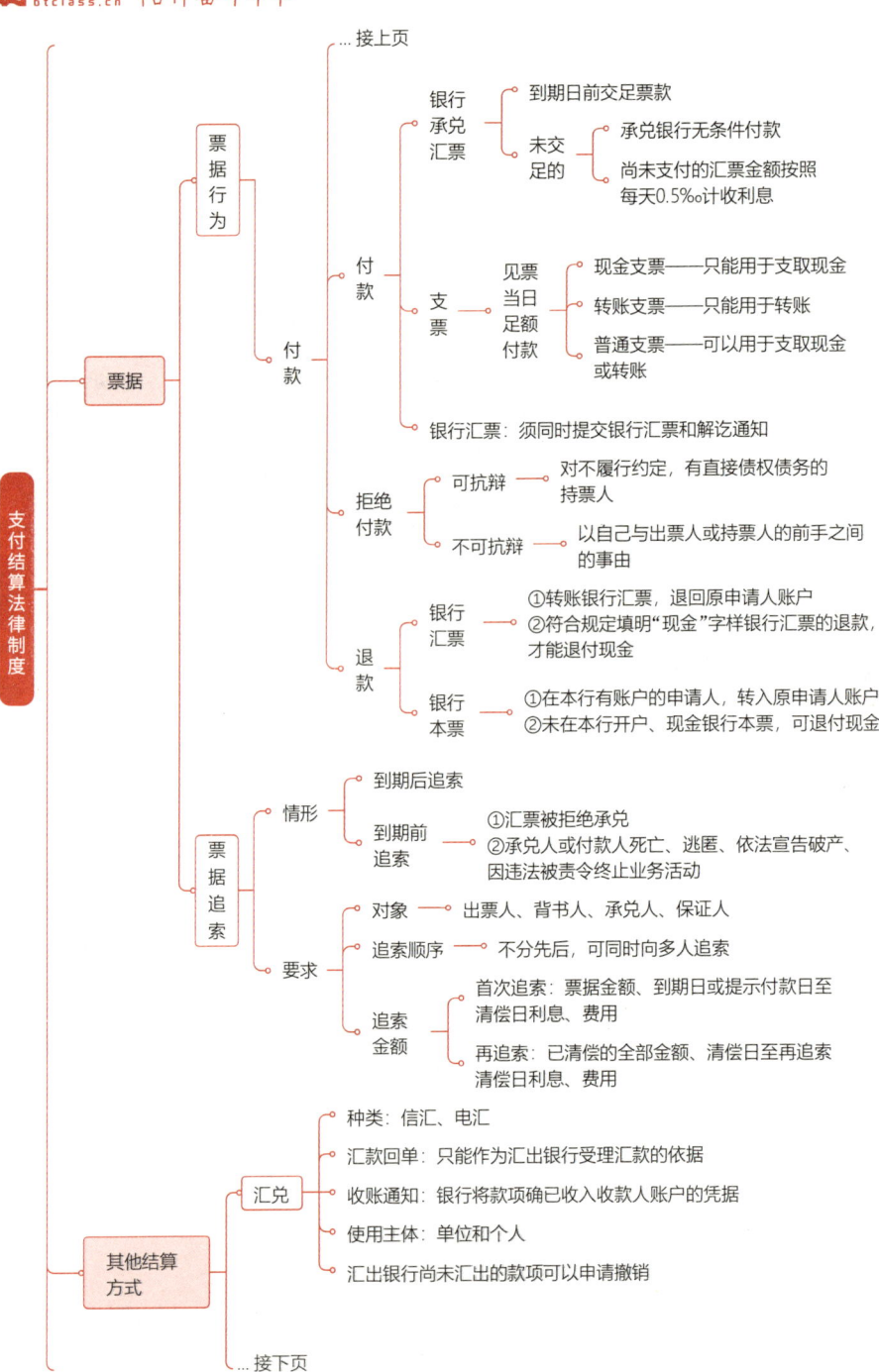

票据

票据行为

...接上页

付款

- **银行承兑汇票**
  - 到期日前交足票款
  - 未交足的
    - 承兑银行无条件付款
    - 尚未支付的汇票金额按照每天0.5‰计收利息

- **支票**（见票当日足额付款）
  - 现金支票——只能用于支取现金
  - 转账支票——只能用于转账
  - 普通支票——可以用于支取现金或转账

- **银行汇票**：须同时提交银行汇票和解讫通知

拒绝付款

- 可抗辩：对不履行约定，有直接债权债务的持票人
- 不可抗辩：以自己与出票人或持票人的前手之间的事由

退款

- **银行汇票**
  - ①转账银行汇票，退回原申请人账户
  - ②符合规定填明"现金"字样银行汇票的退款，才能退付现金
- **银行本票**
  - ①在本行有账户的申请人，转入原申请人账户
  - ②未在本行开户、现金银行本票，可退付现金

票据追索

情形

- 到期后追索
- 到期前追索
  - ①汇票被拒绝承兑
  - ②承兑人或付款人死亡、逃匿、依法宣告破产、因违法被责令终止业务活动

要求

- 对象：出票人、背书人、承兑人、保证人
- 追索顺序：不分先后，可同时向多人追索
- 追索金额
  - 首次追索：票据金额、到期日或提示付款日至清偿日利息、费用
  - 再追索：已清偿的全部金额、清偿日至再追索清偿日利息、费用

其他结算方式

汇兑

- 种类：信汇、电汇
- 汇款回单：只能作为汇出银行受理汇款的依据
- 收账通知：银行将款项确已收入收款人账户的凭证
- 使用主体：单位和个人
- 汇出银行尚未汇出的款项可以申请撤销

...接下页

经济法基础·框架

支付结算法律制度

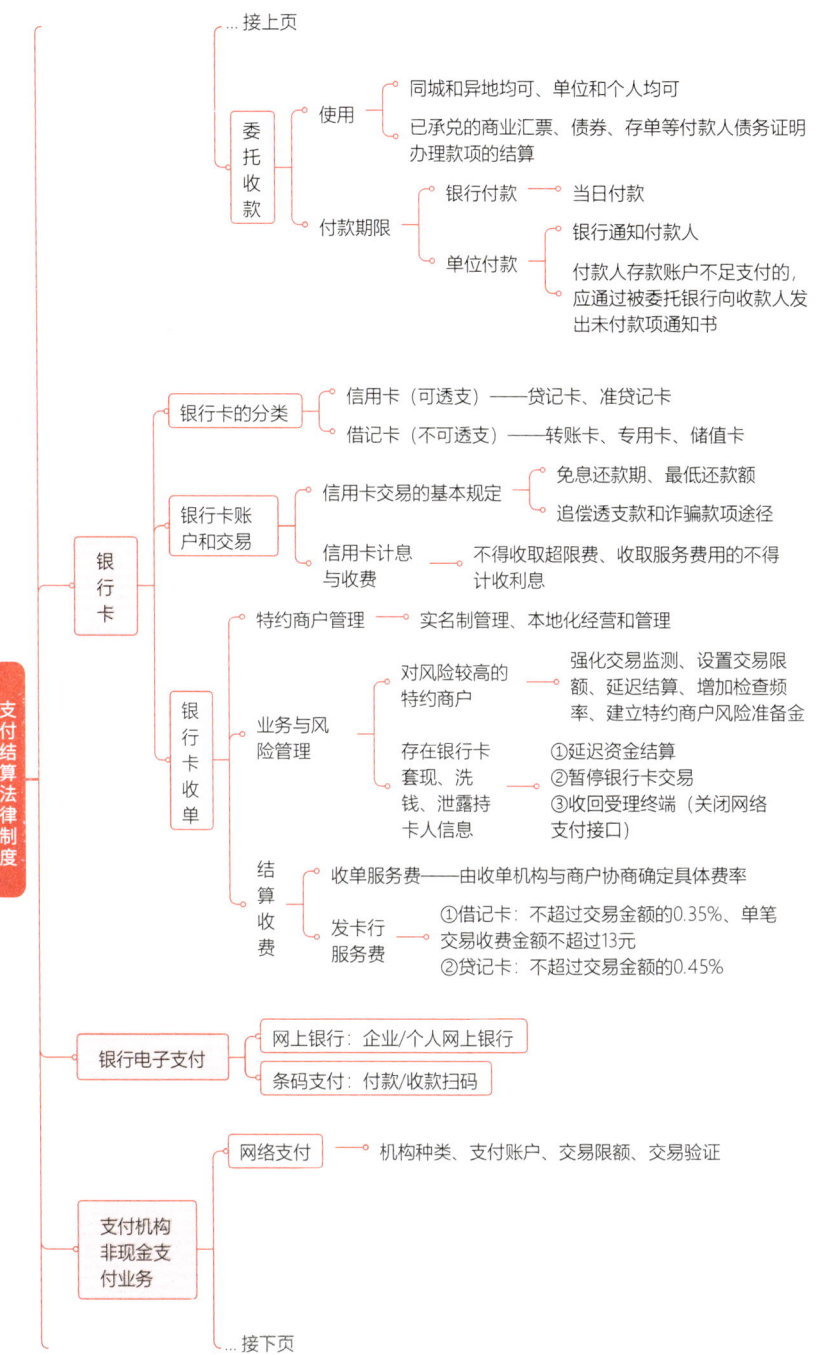

- …接上页
- 委托收款
  - 使用
    - 同城和异地均可、单位和个人均可
    - 已承兑的商业汇票、债券、存单等付款人债务证明办理款项的结算
  - 付款期限
    - 银行付款 → 当日付款
    - 单位付款
      - 银行通知付款人
      - 付款人存款账户不足支付的，应通过被委托银行向收款人发出未付款项通知书
- 银行卡
  - 银行卡的分类
    - 信用卡（可透支）——贷记卡、准贷记卡
    - 借记卡（不可透支）——转账卡、专用卡、储值卡
  - 银行卡账户和交易
    - 信用卡交易的基本规定
      - 免息还款期、最低还款额
      - 追偿透支款和诈骗款项途径
    - 信用卡计息与收费 → 不得收取超限费、收取服务费用的不得计收利息
  - 银行卡收单
    - 特约商户管理 —— 实名制管理、本地化经营和管理
    - 业务与风险管理
      - 对风险较高的特约商户 → 强化交易监测、设置交易限额、延迟结算、增加检查频率、建立特约商户风险准备金
      - 存在银行卡套现、洗钱、泄露持卡人信息
        - ①延迟资金结算
        - ②暂停银行卡交易
        - ③收回受理终端（关闭网络支付接口）
    - 结算收费
      - 收单服务费——由收单机构与商户协商确定具体费率
      - 发卡行服务费
        - ①借记卡：不超过交易金额的0.35%、单笔交易收费金额不超过13元
        - ②贷记卡：不超过交易金额的0.45%
- 银行电子支付
  - 网上银行：企业/个人网上银行
  - 条码支付：付款/收款扫码
- 支付机构非现金支付业务
  - 网络支付 → 机构种类、支付账户、交易限额、交易验证
  - …接下页

支付结算法律制度

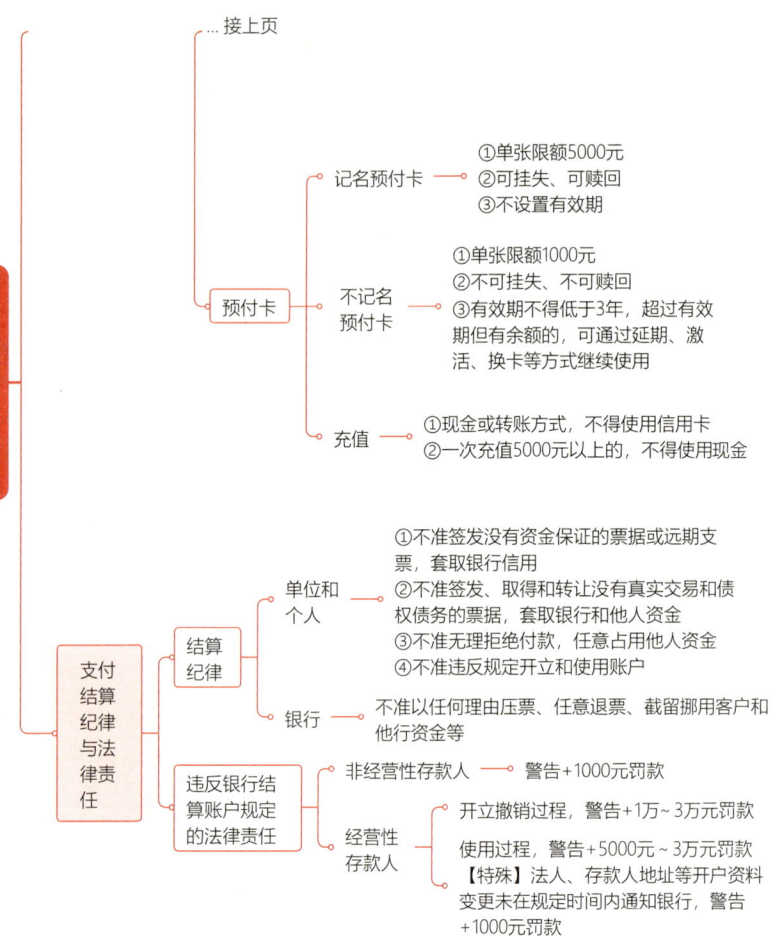

...接上页

预付卡

记名预付卡
① 单张限额5000元
② 可挂失、可赎回
③ 不设置有效期

不记名预付卡
① 单张限额1000元
② 不可挂失、不可赎回
③ 有效期不得低于3年，超过有效期但有余额的，可通过延期、激活、换卡等方式继续使用

充值
① 现金或转账方式，不得使用信用卡
② 一次充值5000元以上的，不得使用现金

支付结算纪律与法律责任

结算纪律

单位和个人
① 不准签发没有资金保证的票据或远期支票，套取银行信用
② 不准签发、取得和转让没有真实交易和债权债务的票据，套取银行和他人资金
③ 不准无理拒绝付款，任意占用他人资金
④ 不准违反规定开立和使用账户

银行
不准以任何理由压票、任意退票、截留挪用客户和他行资金等

违反银行结算账户规定的法律责任

非经营性存款人：警告+1000元罚款

经营性存款人：
- 开立撤销过程，警告+1万~3万元罚款
- 使用过程，警告+5000元~3万元罚款
- 【特殊】法人、存款人地址等开户资料变更未在规定时间内通知银行，警告+1000元罚款

第 4-1 章 税收法律制度概述

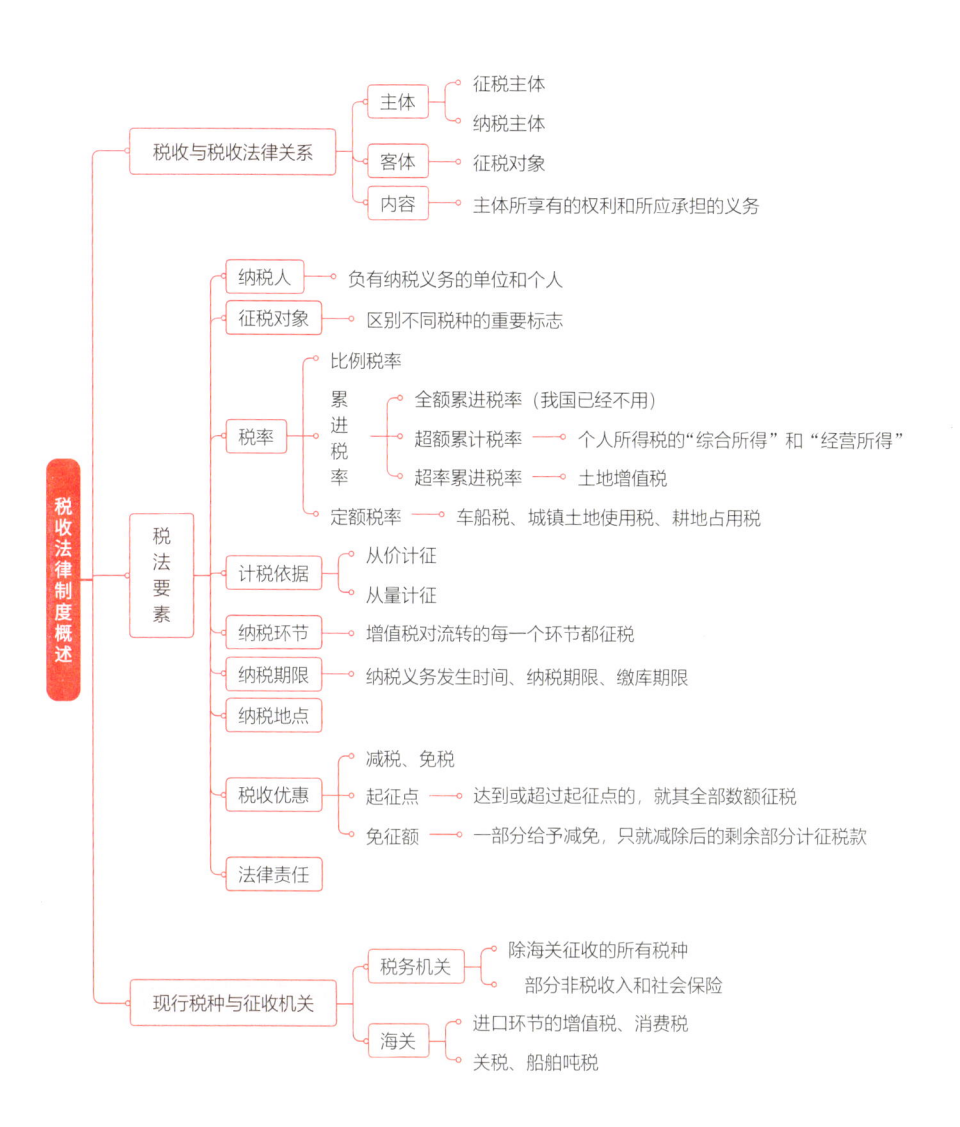

税收法律制度概述

税收与税收法律关系
- 主体
  - 征税主体
  - 纳税主体
- 客体 —— 征税对象
- 内容 —— 主体所享有的权利和所应承担的义务

税法要素
- 纳税人 —— 负有纳税义务的单位和个人
- 征税对象 —— 区别不同税种的重要标志
- 税率
  - 比例税率
  - 累进税率
    - 全额累进税率（我国已经不用）
    - 超额累进税率 —— 个人所得税的"综合所得"和"经营所得"
    - 超率累进税率 —— 土地增值税
  - 定额税率 —— 车船税、城镇土地使用税、耕地占用税
- 计税依据
  - 从价计征
  - 从量计征
- 纳税环节 —— 增值税对流转的每一个环节都征税
- 纳税期限 —— 纳税义务发生时间、纳税期限、缴库期限
- 纳税地点
- 税收优惠
  - 减税、免税
  - 起征点 —— 达到或超过起征点的，就其全部数额征税
  - 免征额 —— 一部分给予减免，只就减除后的剩余部分计征税款
- 法律责任

现行税种与征收机关
- 税务机关
  - 除海关征收的所有税种
  - 部分非税收入和社会保险
- 海关
  - 进口环节的增值税、消费税
  - 关税、船舶吨税

第4-2章 增值税

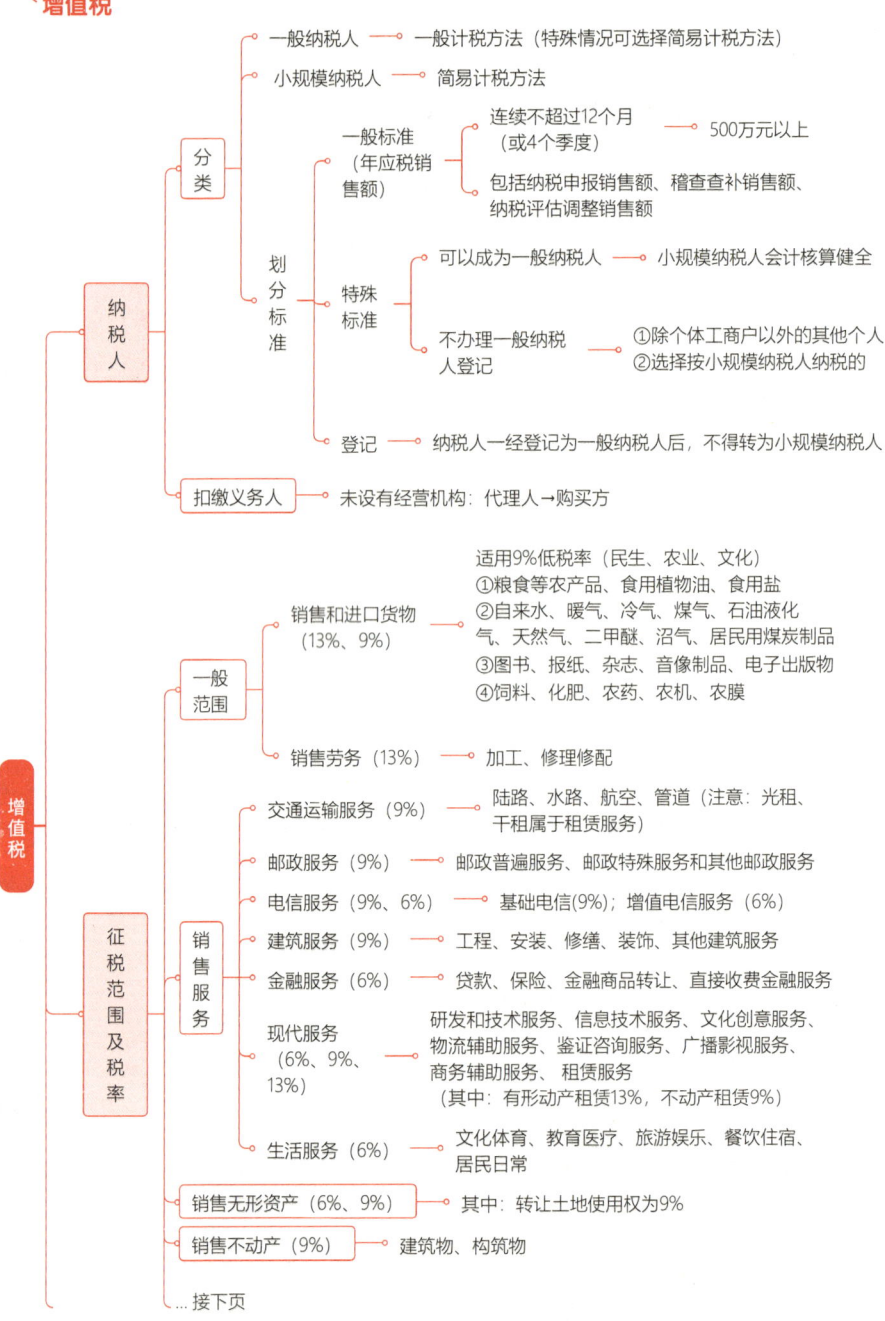

增值税

纳税人

- **分类**
  - 一般纳税人 → 一般计税方法（特殊情况可选择简易计税方法）
  - 小规模纳税人 → 简易计税方法

- **划分标准**
  - 一般标准（年应税销售额）
    - 连续不超过12个月（或4个季度）→ 500万元以上
    - 包括纳税申报销售额、稽查查补销售额、纳税评估调整销售额
  - 特殊标准
    - 可以成为一般纳税人 → 小规模纳税人会计核算健全
    - 不办理一般纳税人登记 → ①除个体工商户以外的其他个人 ②选择按小规模纳税人纳税的

- **登记** → 纳税人一经登记为一般纳税人后，不得转为小规模纳税人

- **扣缴义务人** → 未设有经营机构：代理人→购买方

征税范围及税率

- **一般范围**
  - 销售和进口货物（13%、9%）
    - 适用9%低税率（民生、农业、文化）
      - ①粮食等农产品、食用植物油、食用盐
      - ②自来水、暖气、冷气、煤气、石油液化气、天然气、二甲醚、沼气、居民用煤炭制品
      - ③图书、报纸、杂志、音像制品、电子出版物
      - ④饲料、化肥、农药、农机、农膜
  - 销售劳务（13%）→ 加工、修理修配

- **销售服务**
  - 交通运输服务（9%）→ 陆路、水路、航空、管道（注意：光租、干租属于租赁服务）
  - 邮政服务（9%）→ 邮政普遍服务、邮政特殊服务和其他邮政服务
  - 电信服务（9%、6%）→ 基础电信(9%)；增值电信服务(6%)
  - 建筑服务（9%）→ 工程、安装、修缮、装饰、其他建筑服务
  - 金融服务（6%）→ 贷款、保险、金融商品转让、直接收费金融服务
  - 现代服务（6%、9%、13%）→ 研发和技术服务、信息技术服务、文化创意服务、物流辅助服务、鉴证咨询服务、广播视听服务、商务辅助服务、租赁服务（其中：有形动产租赁13%，不动产租赁9%）
  - 生活服务（6%）→ 文化体育、教育医疗、旅游娱乐、餐饮住宿、居民日常

- 销售无形资产（6%、9%）→ 其中：转让土地使用权为9%
- 销售不动产（9%）→ 建筑物、构筑物

...接下页

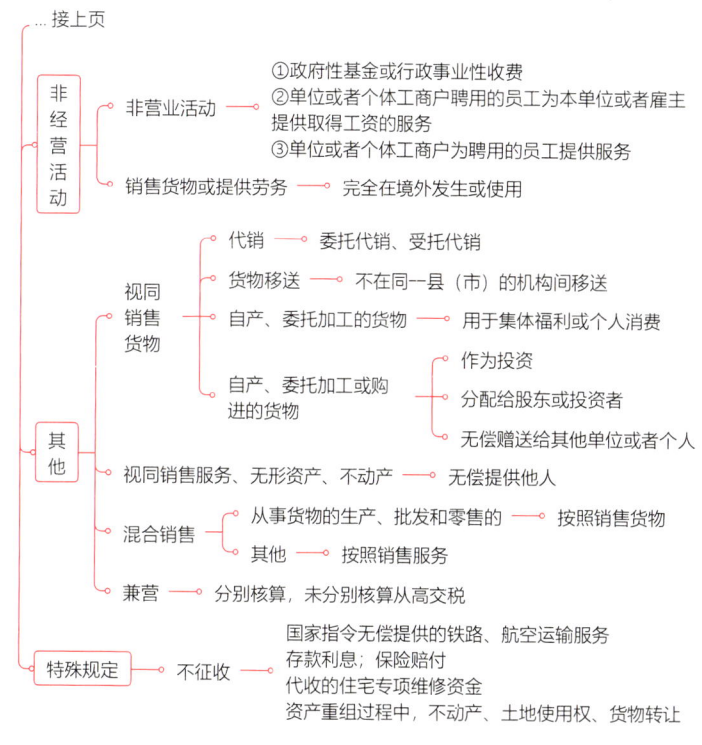

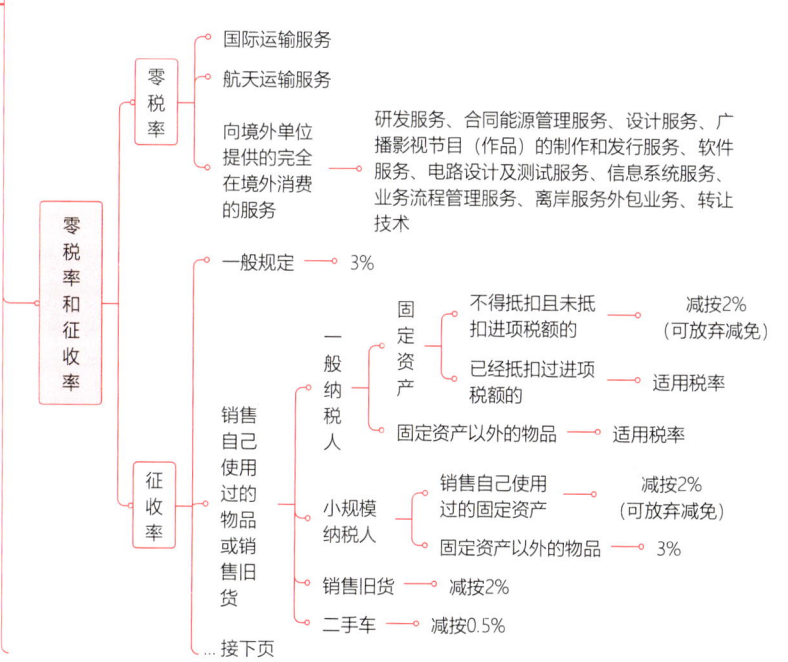

经济法基础·框架

增值税

其他

- **非经营活动**
  - 非营业活动
    - ①政府性基金或行政事业性收费
    - ②单位或者个体工商户聘用的员工为本单位或者雇主提供取得工资的服务
    - ③单位或者个体工商户为聘用的员工提供服务
  - 销售货物或提供劳务 —— 完全在境外发生或使用

- **其他**
  - 视同销售货物
    - 代销 —— 委托代销、受托代销
    - 货物移送 —— 不在同一县（市）的机构间移送
    - 自产、委托加工的货物 —— 用于集体福利或个人消费
    - 自产、委托加工或购进的货物
      - 作为投资
      - 分配给股东或投资者
      - 无偿赠送给其他单位或者个人
  - 视同销售服务、无形资产、不动产 —— 无偿提供他人
  - 混合销售
    - 从事货物的生产、批发和零售的 —— 按照销售货物
    - 其他 —— 按照销售服务
  - 兼营 —— 分别核算，未分别核算从高交税

- **特殊规定**
  - 不征收
    - 国家指令无偿提供的铁路、航空运输服务
    - 存款利息；保险赔付
    - 代收的住宅专项维修资金
    - 资产重组过程中，不动产、土地使用权、货物转让

零税率和征收率

- **零税率**
  - 国际运输服务
  - 航天运输服务
  - 向境外单位提供的完全在境外消费的服务 —— 研发服务、合同能源管理服务、设计服务、广播影视节目（作品）的制作和发行服务、软件服务、电路设计及测试服务、信息系统服务、业务流程管理服务、离岸服务外包业务、转让技术

- **征收率**
  - 一般规定 —— 3%
  - 销售自己使用过的物品或销售旧货
    - 一般纳税人
      - 固定资产
        - 不得抵扣且未抵扣进项税额的 —— 减按2%（可放弃减免）
        - 已经抵扣过进项税额的 —— 适用税率
      - 固定资产以外的物品 —— 适用税率
    - 小规模纳税人
      - 销售自己使用过的固定资产 —— 减按2%（可放弃减免）
      - 固定资产以外的物品 —— 3%
  - 销售旧货 —— 减按2%
  - 二手车 —— 减按0.5%

...接下页

增值税

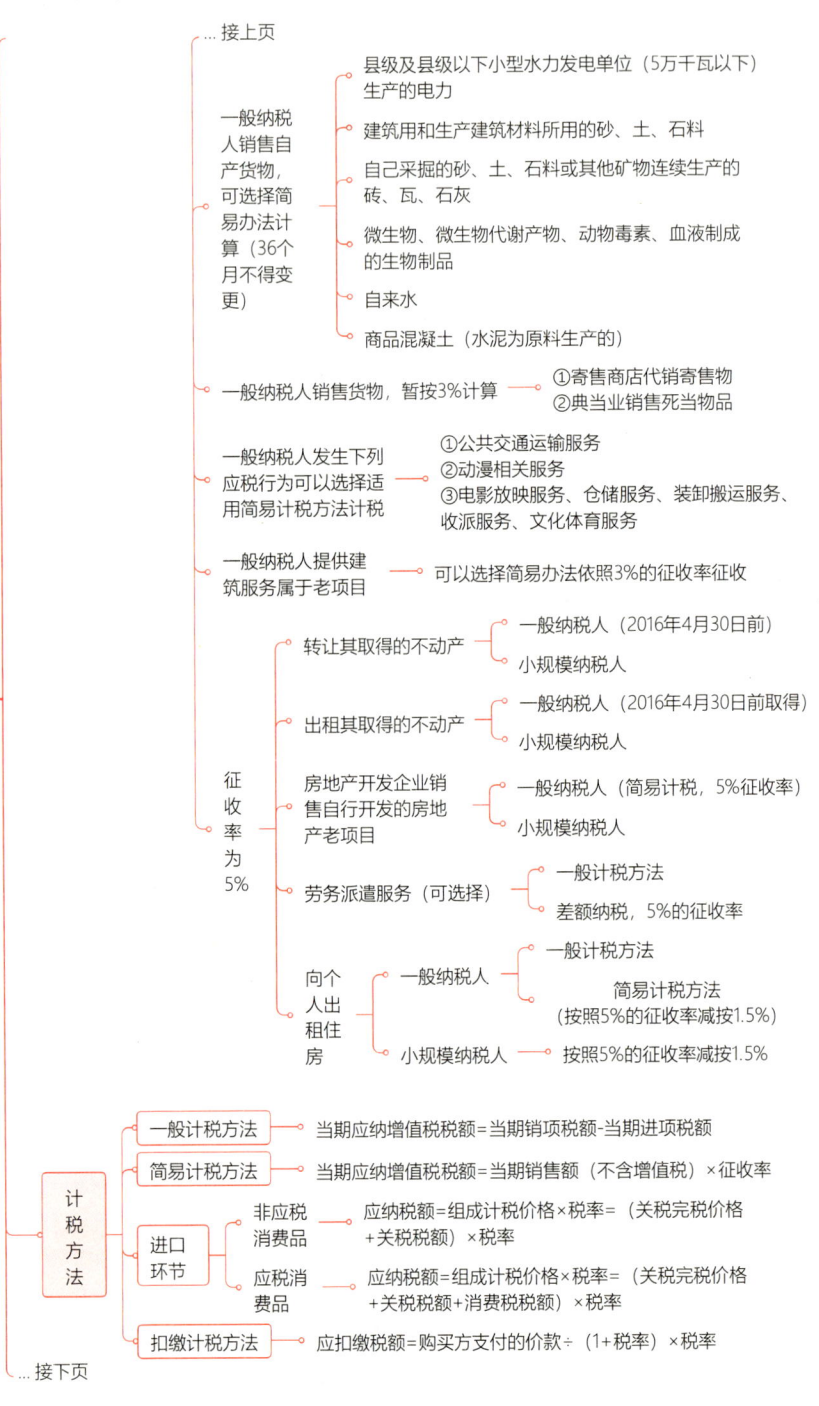

...接上页

一般纳税人销售自产货物，可选择简易办法计算（36个月不得变更）
- 县级及县级以下小型水力发电单位（5万千瓦以下）生产的电力
- 建筑用和生产建筑材料所用的砂、土、石料
- 自己采掘的砂、土、石料或其他矿物连续生产的砖、瓦、石灰
- 微生物、微生物代谢产物、动物毒素、血液成的生物制品
- 自来水
- 商品混凝土（水泥为原料生产的）

一般纳税人销售货物，暂按3%计算
- ①寄售商店代销寄售物
- ②典当业销售死当物品

一般纳税人发生下列应税行为可以选择适用简易计税方法计税
- ①公共交通运输服务
- ②动漫相关服务
- ③电影放映服务、仓储服务、装卸搬运服务、收派服务、文化体育服务

一般纳税人提供建筑服务属于老项目 → 可以选择简易办法依照3%的征收率征收

征收率为5%

- 转让其取得的不动产
  - 一般纳税人（2016年4月30日前）
  - 小规模纳税人
- 出租其取得的不动产
  - 一般纳税人（2016年4月30日前取得）
  - 小规模纳税人
- 房地产开发企业销售自行开发的房地产老项目
  - 一般纳税人（简易计税，5%征收率）
  - 小规模纳税人
- 劳务派遣服务（可选择）
  - 一般计税方法
  - 差额纳税，5%的征收率
- 向个人出租住房
  - 一般纳税人
    - 一般计税方法
    - 简易计税方法（按照5%的征收率减按1.5%）
  - 小规模纳税人 → 按照5%的征收率减按1.5%

计税方法

- **一般计税方法**：当期应纳增值税税额=当期销项税额-当期进项税额
- **简易计税方法**：当期应纳增值税税额=当期销售额（不含增值税）×征收率
- **进口环节**：
  - 非应税消费品：应纳税额=组成计税价格×税率=（关税完税价格+关税税额）×税率
  - 应税消费品：应纳税额=组成计税价格×税率=（关税完税价格+关税税额+消费税税额）×税率
- **扣缴计税方法**：应扣缴税额=购买方支付的价款÷（1+税率）×税率

...接下页

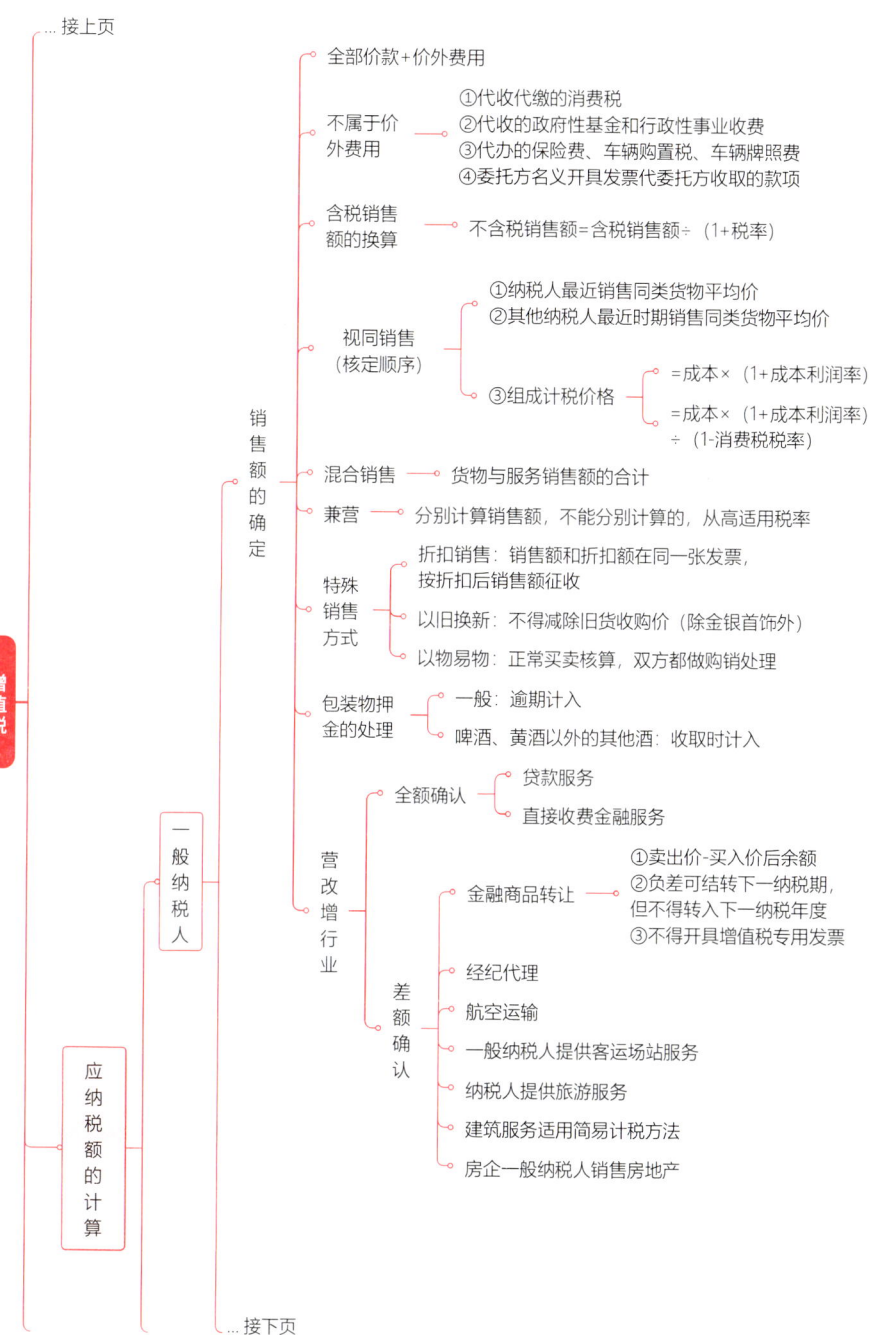

经济法基础·框架

增值税

…接上页

一般纳税人

销售额的确定

- 全部价款+价外费用
- 不属于价外费用
  - ①代收代缴的消费税
  - ②代收的政府性基金和行政事业收费
  - ③代办的保险费、车辆购置税、车辆牌照费
  - ④委托方名义开具发票代委托方收取的款项
- 含税销售额的换算 → 不含税销售额=含税销售额÷（1+税率）
- 视同销售（核定顺序）
  - ①纳税人最近销售同类货物平均价
  - ②其他纳税人最近时期销售同类货物平均价
  - ③组成计税价格
    - =成本×（1+成本利润率）
    - =成本×（1+成本利润率）÷（1-消费税税率）
- 混合销售 → 货物与服务销售额的合计
- 兼营 → 分别计算销售额，不能分别计算的，从高适用税率
- 特殊销售方式
  - 折扣销售：销售额和折扣额在同一张发票，按折扣后销售额征收
  - 以旧换新：不得减除旧货收购价（除金银首饰外）
  - 以物易物：正常买卖核算，双方都做购销处理
- 包装物押金的处理
  - 一般 → 逾期计入
  - 啤酒、黄酒以外的其他酒：收取时计入

营改增行业

- 全额确认
  - 贷款服务
  - 直接收费金融服务
- 差额确认
  - 金融商品转让
    - ①卖出价-买入价后余额
    - ②负差可结转下一纳税期，但不得转入下一纳税年度
    - ③不得开具增值税专用发票
  - 经纪代理
  - 航空运输
  - 一般纳税人提供客运场站服务
  - 纳税人提供旅游服务
  - 建筑服务适用简易计税方法
  - 房企一般纳税人销售房地产

应纳税额的计算

…接下页

增值税

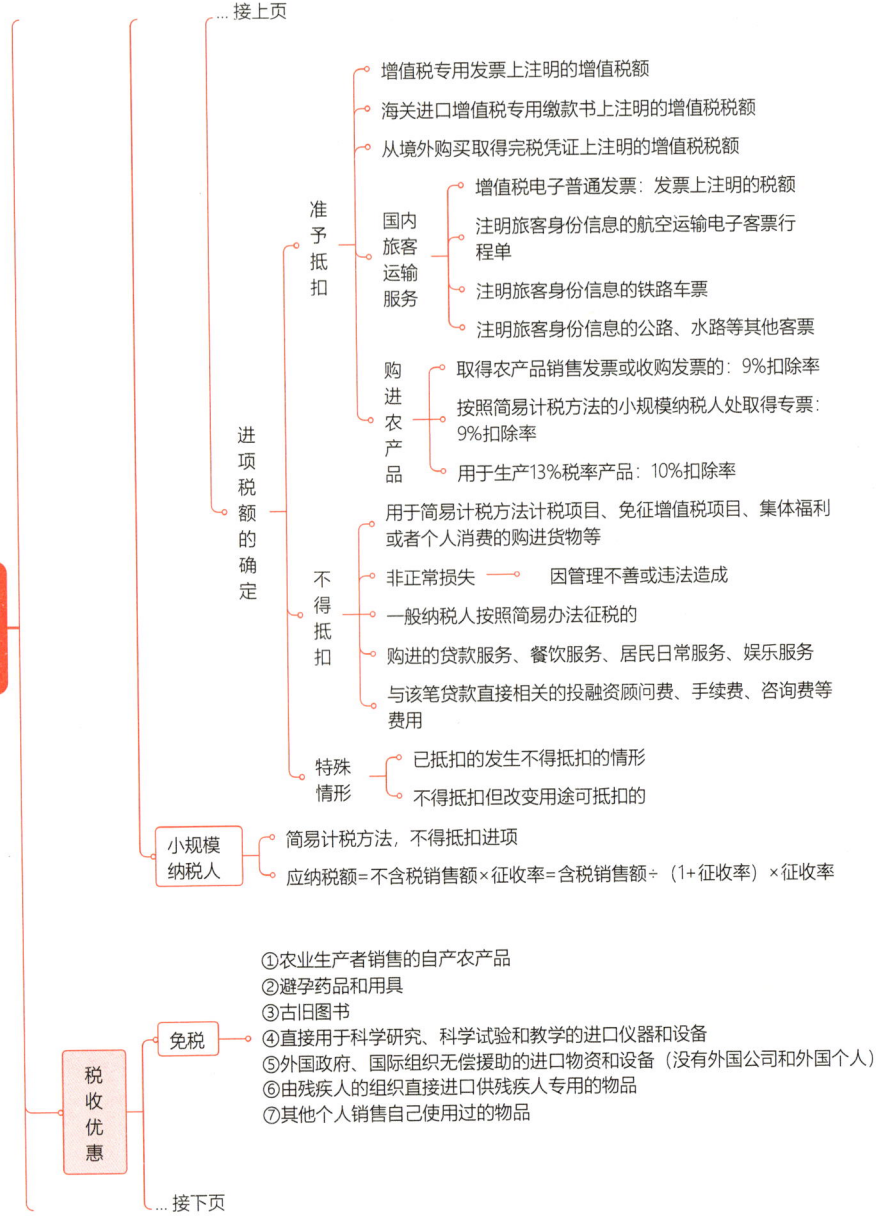

...接上页

进项税额的确定

准予抵扣

- 增值税专用发票上注明的增值税额
- 海关进口增值税专用缴款书上注明的增值税税额
- 从境外购买取得完税凭证上注明的增值税税额
- 国内旅客运输服务
  - 增值税电子普通发票：发票上注明的税额
  - 注明旅客身份信息的航空运输电子客票行程单
  - 注明旅客身份信息的铁路车票
  - 注明旅客身份信息的公路、水路等其他客票
- 购进农产品
  - 取得农产品销售发票或收购发票的：9%扣除率
  - 按照简易计税方法的小规模纳税人处取得专票：9%扣除率
  - 用于生产13%税率产品：10%扣除率

不得抵扣

- 用于简易计税方法计税项目、免征增值税项目、集体福利或者个人消费的购进货物等
- 非正常损失 —— 因管理不善或违法造成
- 一般纳税人按照简易办法征税的
- 购进的贷款服务、餐饮服务、居民日常服务、娱乐服务
- 与该笔贷款直接相关的投融资顾问费、手续费、咨询费等费用

特殊情形

- 已抵扣的发生不得抵扣的情形
- 不得抵扣但改变用途可抵扣的

小规模纳税人

- 简易计税方法，不得抵扣进项
- 应纳税额=不含税销售额×征收率=含税销售额÷（1+征收率）×征收率

税收优惠

免税

①农业生产者销售的自产农产品
②避孕药品和用具
③古旧图书
④直接用于科学研究、科学试验和教学的进口仪器和设备
⑤外国政府、国际组织无偿援助的进口物资和设备（没有外国公司和外国个人）
⑥由残疾人的组织直接进口供残疾人专用的物品
⑦其他个人销售自己使用过的物品

...接下页

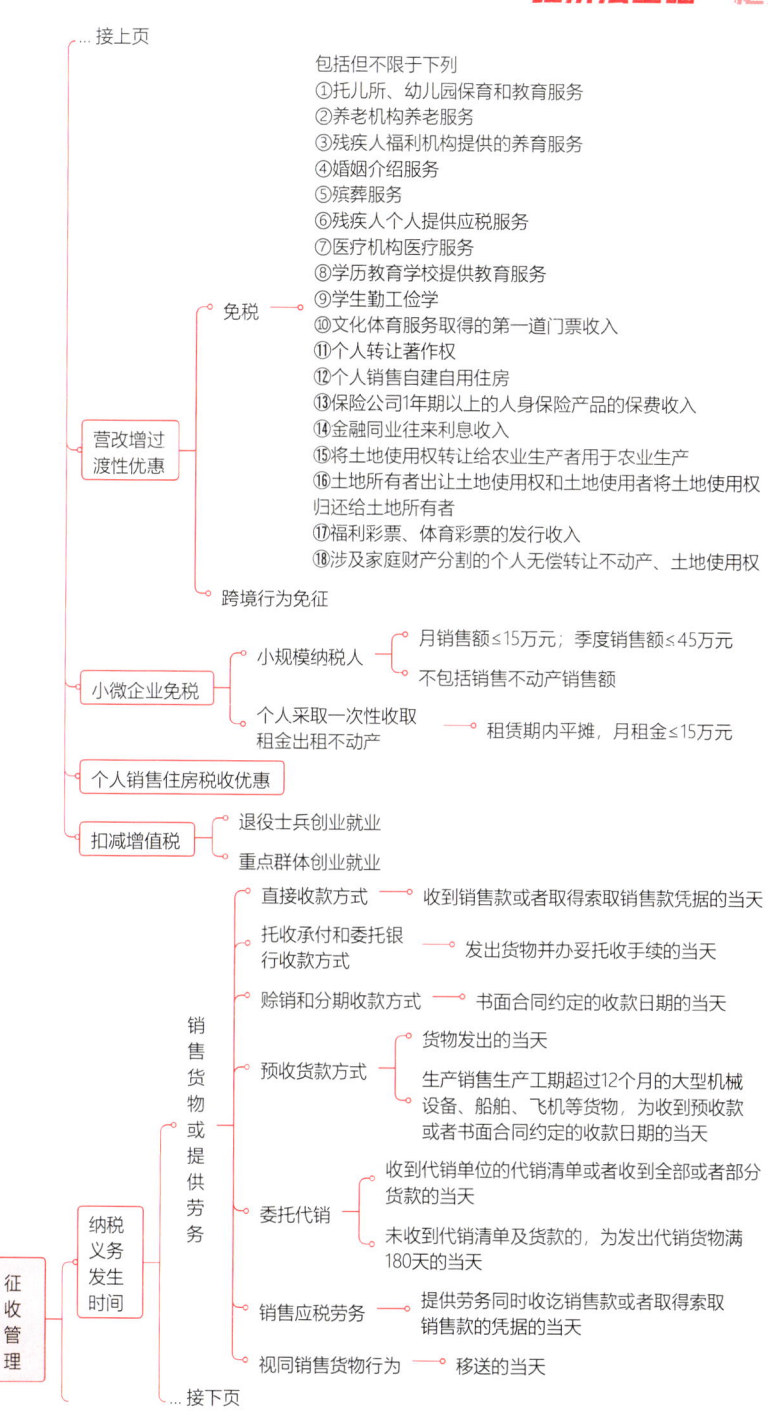

经济法基础·框架

增值税

- ...接上页
- 征收管理
  - 营改增过渡性优惠
    - 免税
      - 包括但不限于下列
        - ①托儿所、幼儿园保育和教育服务
        - ②养老机构养老服务
        - ③残疾人福利机构提供的养育服务
        - ④婚姻介绍服务
        - ⑤殡葬服务
        - ⑥残疾人个人提供应税服务
        - ⑦医疗机构医疗服务
        - ⑧学历教育学校提供教育服务
        - ⑨学生勤工俭学
        - ⑩文化体育服务取得的第一道门票收入
        - ⑪个人转让著作权
        - ⑫个人销售自建自用住房
        - ⑬保险公司1年期以上的人身保险产品的保费收入
        - ⑭金融同业往来利息收入
        - ⑮将土地使用权转让给农业生产者用于农业生产
        - ⑯土地所有者出让土地使用权和土地使用者将土地使用权归还给土地所有者
        - ⑰福利彩票、体育彩票的发行收入
        - ⑱涉及家庭财产分割的个人无偿转让不动产、土地使用权
    - 跨境行为免征
  - 小微企业免税
    - 小规模纳税人
      - 月销售额≤15万元；季度销售额≤45万元
      - 不包括销售不动产销售额
    - 个人采取一次性收取租金出租不动产 —— 租赁期内平摊，月租金≤15万元
  - 个人销售住房税收优惠
  - 扣减增值税
    - 退役士兵创业就业
    - 重点群体创业就业
  - 纳税义务发生时间
    - 销售货物或提供劳务
      - 直接收款方式 —— 收到销售款或者取得索取销售款凭据的当天
      - 托收承付和委托银行收款方式 —— 发出货物并办妥托收手续的当天
      - 赊销和分期收款方式 —— 书面合同约定的收款日期的当天
      - 预收货款方式
        - 货物发出的当天
        - 生产销售生产工期超过12个月的大型机械设备、船舶、飞机等货物，为收到预收款或者书面合同约定的收款日期的当天
      - 委托代销
        - 收到代销单位的代销清单或者收到全部或者部分货款的当天
        - 未收到代销清单及货款的，为发出代销货物满180天的当天
      - 销售应税劳务 —— 提供劳务同时收讫销售款或者取得索取销售款的凭据的当天
      - 视同销售货物行为 —— 移送的当天
- ...接下页

增值税

（接上页）

- **进口货物** → 报关进口当天
- **应税行为**
  - 发生应税行为并收讫销售款或取得销售凭证当天；先开票的，为开票当天
  - 提供租赁服务采取预收款 → 收到预收款当天
  - 金融商品转让 → 所有权转移当天
  - 视同销售 → 转让完成当天或不动产权变更当天
- **扣缴义务** → 纳税义务发生当天

纳税地点

- 固定业户 → 机构所在地
- 非固定业户 → 销售地或者劳务发生地
- 进口货物 → 报关地海关
- 扣缴义务人 → 机构所在地或居住地税务机关

纳税期限

- 1日、3日、5日、10日、15日为1个纳税期
- 1个月或1个季度为1个纳税期 → 小规模纳税人、银行、财务公司、信托投资公司、信用社

专用发票使用规定

- **基本联次** → 发票联、抵扣联、记账联
- **开具范围** → 不能开
  - 商业企业一般纳税人零售的烟、酒、食品、服装、鞋帽（不包括劳保专用部分）、化妆品等消费品
  - 销售免税货物
  - 向消费者个人销售服务、无形资产或者不动产
- **新办纳税人实行增值税电子专用发票** → 开具发票时，既可以开具电子专票，也可以开具纸质专票

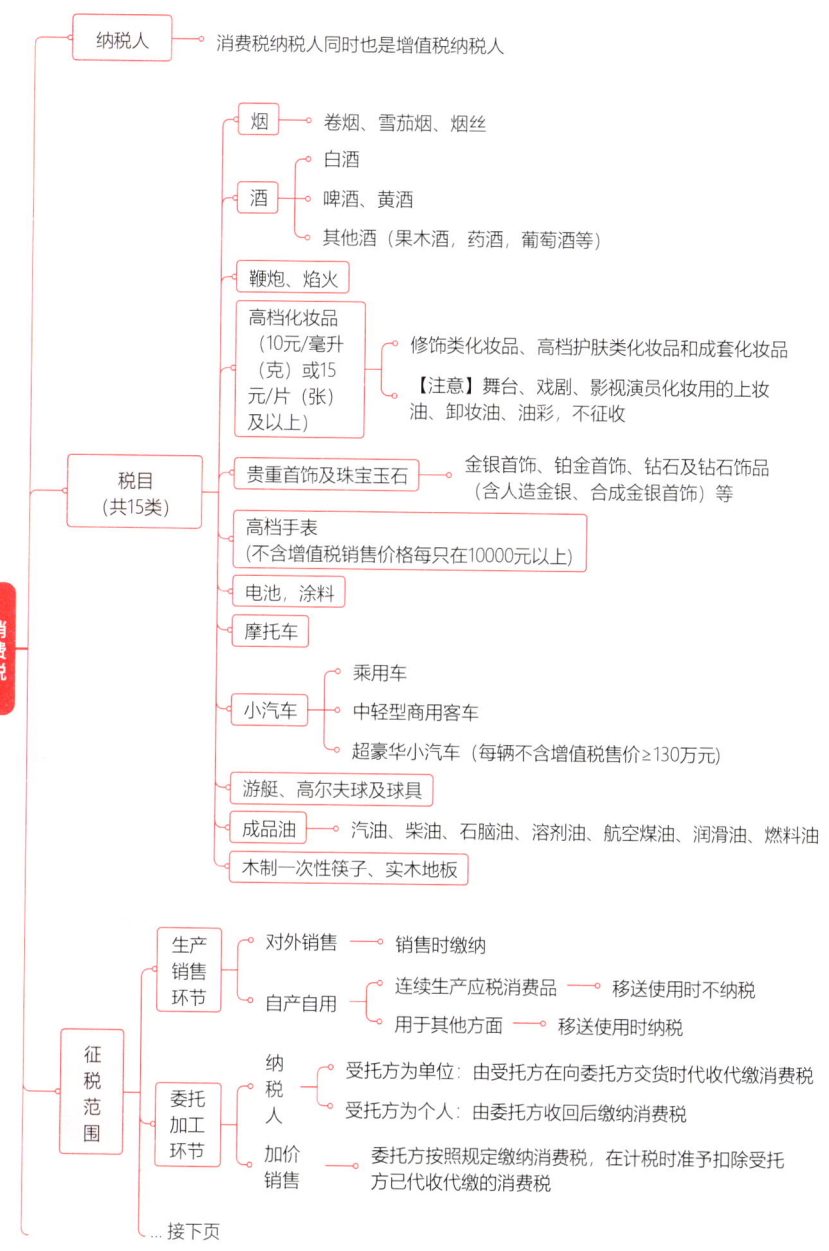

第4-3章 消费税

消费税

- **纳税人**：消费税纳税人同时也是增值税纳税人

- **税目（共15类）**：
  - 烟：卷烟、雪茄烟、烟丝
  - 酒：
    - 白酒
    - 啤酒、黄酒
    - 其他酒（果木酒，药酒，葡萄酒等）
  - 鞭炮、焰火
  - 高档化妆品（10元/毫升（克）或15元/片（张）及以上）
    - 修饰类化妆品、高档护肤类化妆品和成套化妆品
    - 【注意】舞台、戏剧、影视演员化妆用的上妆油、卸妆油、油彩，不征收
  - 贵重首饰及珠宝玉石：金银首饰、铂金首饰、钻石及钻石饰品（含人造金银、合成金银首饰）等
  - 高档手表（不含增值税销售价格每只在10000元以上）
  - 电池，涂料
  - 摩托车
  - 小汽车：
    - 乘用车
    - 中轻型商用客车
    - 超豪华小汽车（每辆不含增值税售价≥130万元）
  - 游艇、高尔夫球及球具
  - 成品油：汽油、柴油、石脑油、溶剂油、航空煤油、润滑油、燃料油
  - 木制一次性筷子、实木地板

- **征税范围**：
  - 生产销售环节：
    - 对外销售 → 销售时缴纳
    - 自产自用：
      - 连续生产应税消费品 → 移送使用时不纳税
      - 用于其他方面 → 移送使用时纳税
  - 委托加工环节：
    - 纳税人：
      - 受托方为单位：由受托方在向委托方交货时代收代缴消费税
      - 受托方为个人：由委托方收回后缴纳消费税
    - 加价销售：委托方按照规定缴纳消费税，在计税时准予扣除受托方已代收代缴的消费税

...接下页

消费税

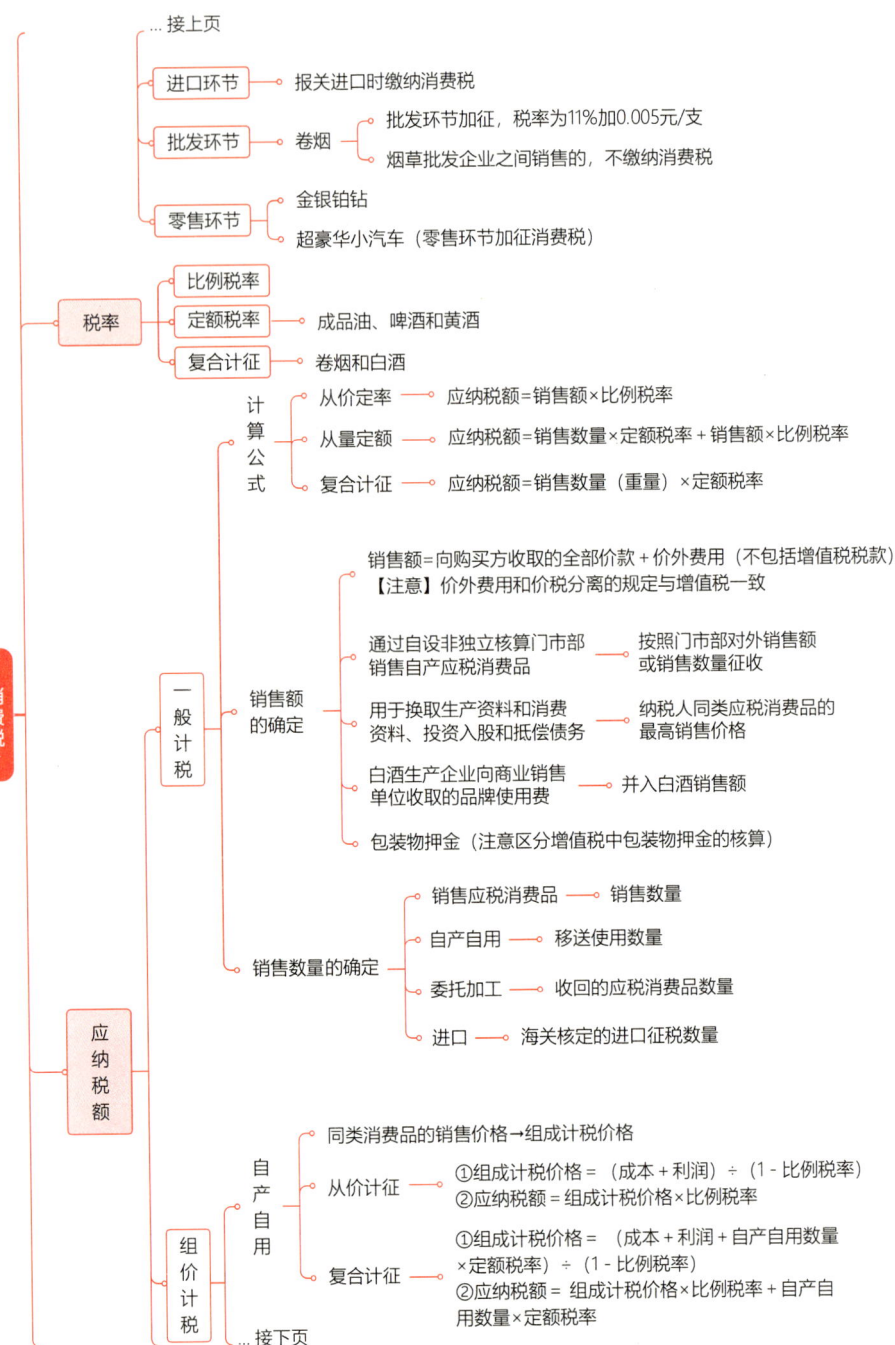

税率（接上页）

- **进口环节** → 报关进口时缴纳消费税
- **批发环节** → 卷烟
  - 批发环节加征，税率为11%加0.005元/支
  - 烟草批发企业之间销售的，不缴纳消费税
- **零售环节**
  - 金银铂钻
  - 超豪华小汽车（零售环节加征消费税）

税率

- **比例税率**
- **定额税率** → 成品油、啤酒和黄酒
- **复合计征** → 卷烟和白酒

应纳税额

计算公式
- 从价定率 → 应纳税额=销售额×比例税率
- 从量定额 → 应纳税额=销售数量×定额税率 + 销售额×比例税率
- 复合计征 → 应纳税额=销售数量（重量）×定额税率

一般计税

销售额的确定

- 销售额=向购买方收取的全部价款 + 价外费用（不包括增值税税款）
  【注意】价外费用和价税分离的规定与增值税一致
- 通过自设非独立核算门市部销售自产应税消费品 → 按照门市部对外销售额或销售数量征收
- 用于换取生产资料和消费资料、投资入股和抵偿债务 → 纳税人同类应税消费品的最高销售价格
- 白酒生产企业向商业销售单位收取的品牌使用费 → 并入白酒销售额
- 包装物押金（注意区分增值税中包装物押金的核算）

销售数量的确定

- 销售应税消费品 → 销售数量
- 自产自用 → 移送使用数量
- 委托加工 → 收回的应税消费品数量
- 进口 → 海关核定的进口征税数量

组价计税

自产自用

- 同类消费品的销售价格 → 组成计税价格
- 从价计征
  - ①组成计税价格 =（成本+利润）÷（1-比例税率）
  - ②应纳税额 = 组成计税价格×比例税率
- 复合计征
  - ①组成计税价格 =（成本+利润+自产自用数量×定额税率）÷（1-比例税率）
  - ②应纳税额 = 组成计税价格×比例税率 + 自产自用数量×定额税率

...接下页

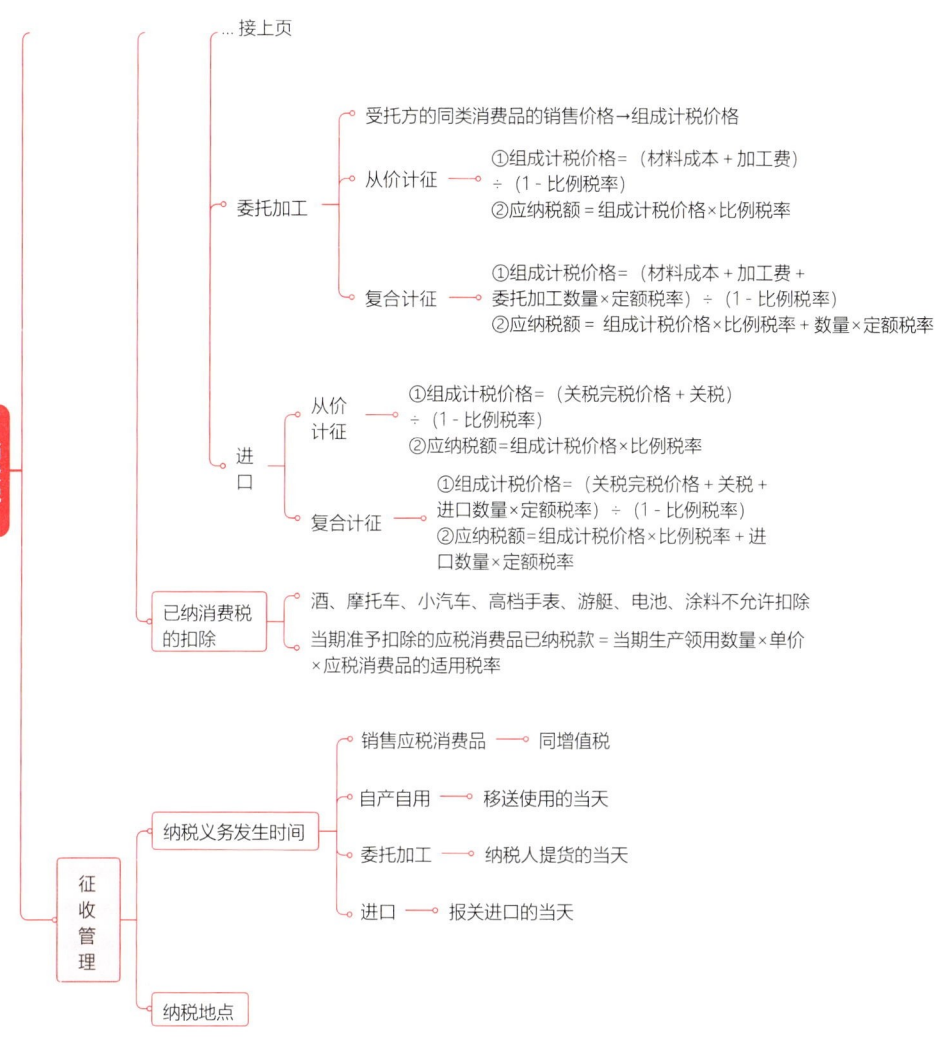

经济法基础·框架

消费税

- ...接上页
  - 委托加工
    - 受托方的同类消费品的销售价格→组成计税价格
    - 从价计征
      - ①组成计税价格=（材料成本＋加工费）÷（1－比例税率）
      - ②应纳税额＝组成计税价格×比例税率
    - 复合计征
      - ①组成计税价格=（材料成本＋加工费＋委托加工数量×定额税率）÷（1－比例税率）
      - ②应纳税额＝组成计税价格×比例税率＋数量×定额税率
  - 进口
    - 从价计征
      - ①组成计税价格=（关税完税价格＋关税）÷（1－比例税率）
      - ②应纳税额=组成计税价格×比例税率
    - 复合计征
      - ①组成计税价格=（关税完税价格＋关税＋进口数量×定额税率）÷（1－比例税率）
      - ②应纳税额=组成计税价格×比例税率＋进口数量×定额税率
  - 已纳消费税的扣除
    - 酒、摩托车、小汽车、高档手表、游艇、电池、涂料不允许扣除
    - 当期准予扣除的应税消费品已纳税款＝当期生产领用数量×单价×应税消费品的适用税率

- 征收管理
  - 纳税义务发生时间
    - 销售应税消费品 —— 同增值税
    - 自产自用 —— 移送使用的当天
    - 委托加工 —— 纳税人提货的当天
    - 进口 —— 报关进口的当天
  - 纳税地点

第 4-4 章 城市维护建设税与教育费附加

城市维护建设税与教育费附加

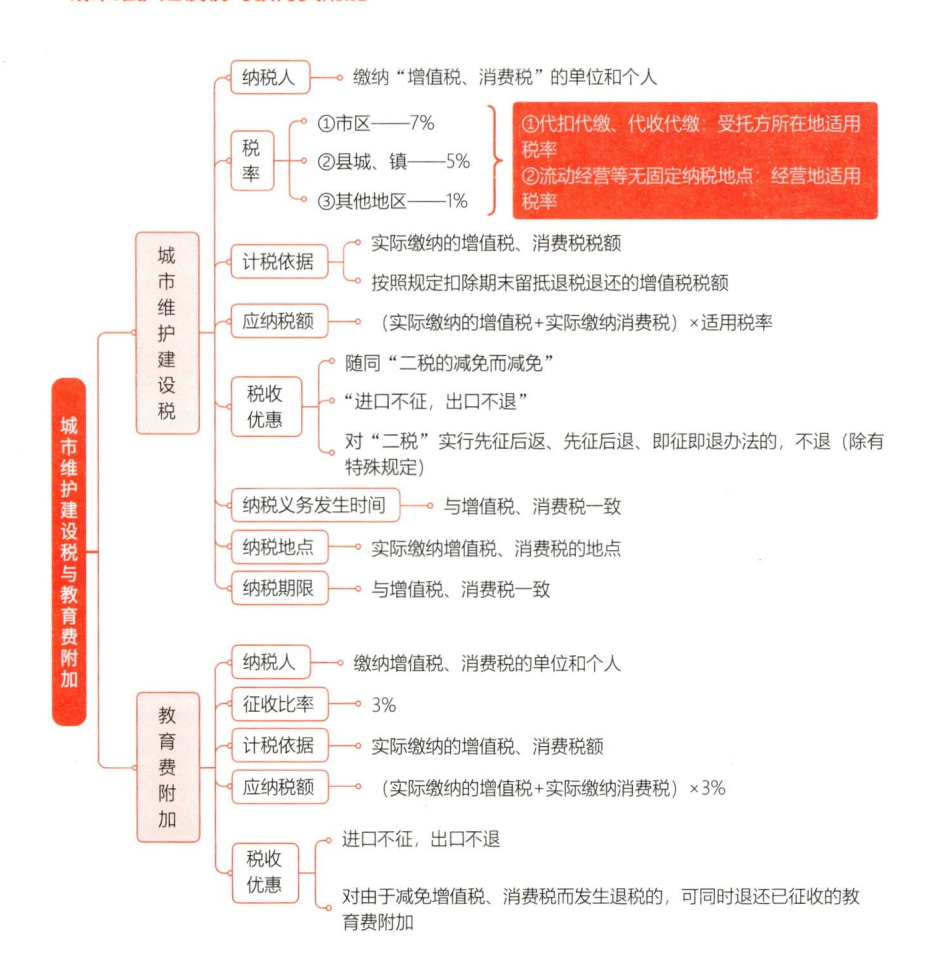

城市维护建设税

- **纳税人**：缴纳"增值税、消费税"的单位和个人
- **税率**：
  - ①市区——7%
  - ②县城、镇——5%
  - ③其他地区——1%
  - ①代扣代缴、代收代缴：受托方所在地适用税率
  - ②流动经营等无固定纳税地点：经营地适用税率
- **计税依据**：
  - 实际缴纳的增值税、消费税税额
  - 按照规定扣除期末留抵退税退还的增值税税额
- **应纳税额**：（实际缴纳的增值税+实际缴纳消费税）×适用税率
- **税收优惠**：
  - 随同"二税的减免而减免"
  - "进口不征，出口不退"
  - 对"二税"实行先征后返、先征后退、即征即退办法的，不退（除有特殊规定）
- **纳税义务发生时间**：与增值税、消费税一致
- **纳税地点**：实际缴纳增值税、消费税的地点
- **纳税期限**：与增值税、消费税一致

教育费附加

- **纳税人**：缴纳增值税、消费税的单位和个人
- **征收比率**：3%
- **计税依据**：实际缴纳的增值税、消费税额
- **应纳税额**：（实际缴纳的增值税+实际缴纳消费税）×3%
- **税收优惠**：
  - 进口不征，出口不退
  - 对由于减免增值税、消费税而发生退税的，可同时退还已征收的教育费附加

第4-5章 车辆购置税

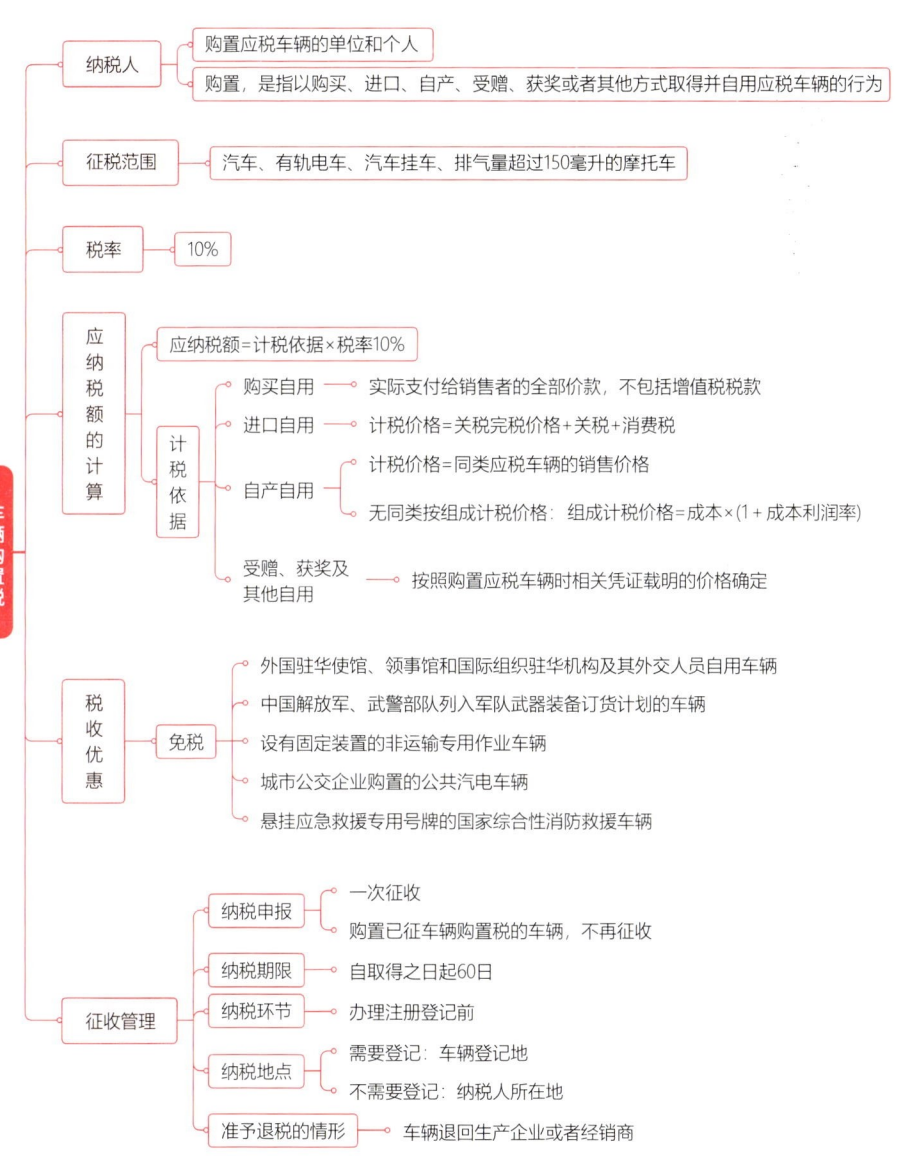

车辆购置税

纳税人
- 购置应税车辆的单位和个人
- 购置，是指以购买、进口、自产、受赠、获奖或者其他方式取得并自用应税车辆的行为

征税范围
- 汽车、有轨电车、汽车挂车、排气量超过150毫升的摩托车

税率
- 10%

应纳税额的计算
- 应纳税额＝计税依据×税率10%
- 计税依据
  - 购买自用：实际支付给销售者的全部价款，不包括增值税税款
  - 进口自用：计税价格＝关税完税价格＋关税＋消费税
  - 自产自用：
    - 计税价格＝同类应税车辆的销售价格
    - 无同类按组成计税价格：组成计税价格＝成本×(1＋成本利润率)
  - 受赠、获奖及其他自用：按照购置应税车辆时相关凭证载明的价格确定

税收优惠
- 免税
  - 外国驻华使馆、领事馆和国际组织驻华机构及其外交人员自用车辆
  - 中国解放军、武警部队列入军队武器装备订货计划的车辆
  - 设有固定装置的非运输专用作业车辆
  - 城市公交企业购置的公共汽电车辆
  - 悬挂应急救援专用号牌的国家综合性消防救援车辆

征收管理
- 纳税申报
  - 一次征收
  - 购置已征车辆购置税的车辆，不再征收
- 纳税期限：自取得之日起60日
- 纳税环节：办理注册登记前
- 纳税地点
  - 需要登记：车辆登记地
  - 不需要登记：纳税人所在地
- 准予退税的情形：车辆退回生产企业或者经销商

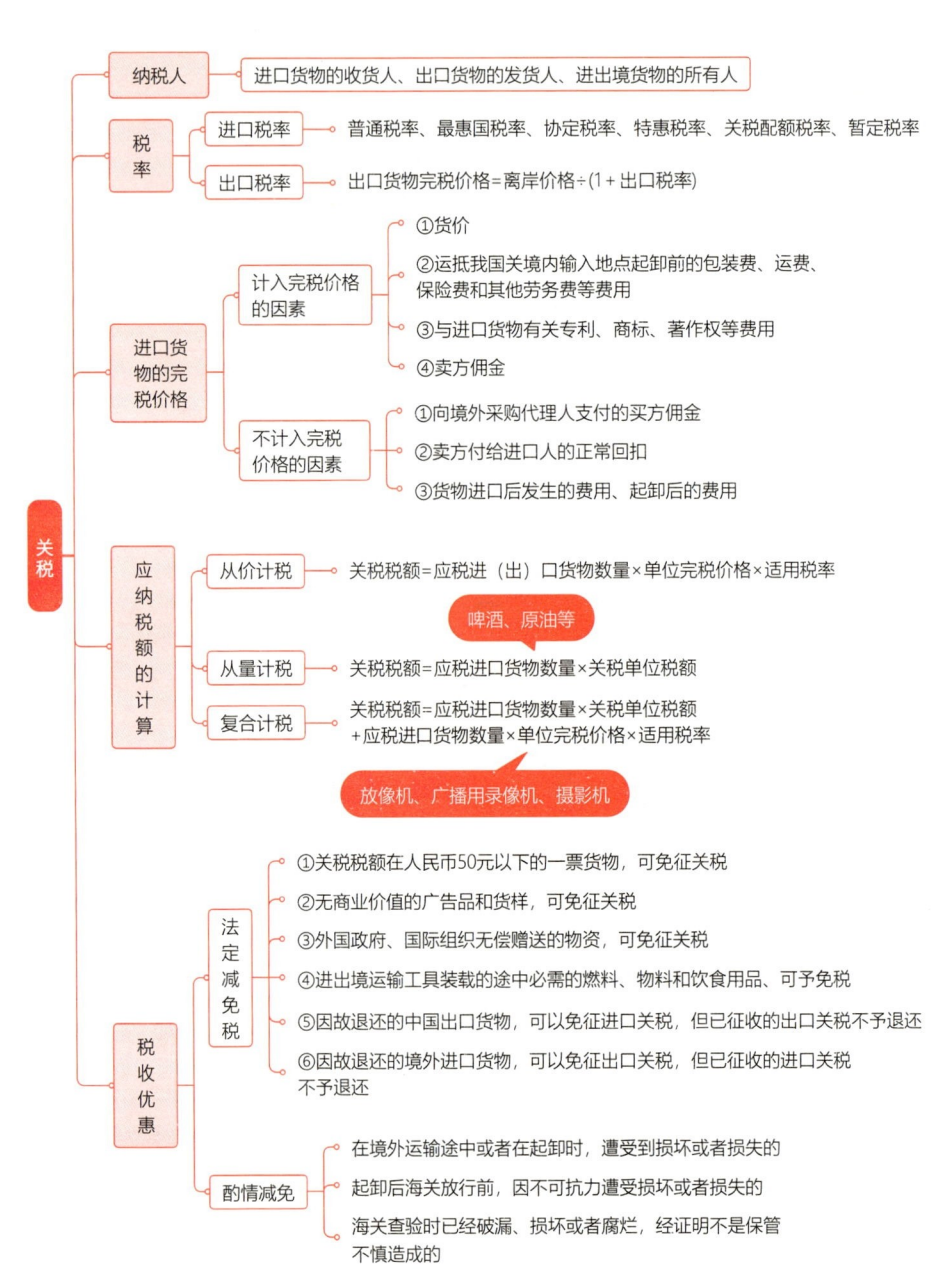

第4-6章 关税

- **关税**
  - 纳税人 —— 进口货物的收货人、出口货物的发货人、进出境货物的所有人
  - 税率
    - 进口税率 —— 普通税率、最惠国税率、协定税率、特惠税率、关税配额税率、暂定税率
    - 出口税率 —— 出口货物完税价格=离岸价格÷(1+出口税率)
  - 进口货物的完税价格
    - 计入完税价格的因素
      - ①货价
      - ②运抵我国关境内输入地点起卸前的包装费、运费、保险费和其他劳务费等费用
      - ③与进口货物有关专利、商标、著作权等费用
      - ④卖方佣金
    - 不计入完税价格的因素
      - ①向境外采购代理人支付的买方佣金
      - ②卖方付给进口人的正常回扣
      - ③货物进口后发生的费用、起卸后的费用
  - 应纳税额的计算
    - 从价计税 —— 关税税额=应税进(出)口货物数量×单位完税价格×适用税率
    - 从量计税（啤酒、原油等）—— 关税税额=应税进口货物数量×关税单位税额
    - 复合计税 —— 关税税额=应税进口货物数量×关税单位税额 + 应税进口货物数量×单位完税价格×适用税率（放像机、广播用录像机、摄影机）
  - 税收优惠
    - 法定减免税
      - ①关税税额在人民币50元以下的一票货物，可免征关税
      - ②无商业价值的广告品和货样，可免征关税
      - ③外国政府、国际组织无偿赠送的物资，可免征关税
      - ④进出境运输工具装载的途中必需的燃料、物料和饮食用品，可予免税
      - ⑤因故退还的中国出口货物，可以免征进口关税，但已征收的出口关税不予退还
      - ⑥因故退还的境外进口货物，可以免征出口关税，但已征收的进口关税不予退还
    - 酌情减免
      - 在境外运输途中或者在起卸时，遭受到损坏或者损失的
      - 起卸后海关放行前，因不可抗力遭受损坏或者损失的
      - 海关查验时已经破漏、损坏或者腐烂，经证明不是保管不慎造成的

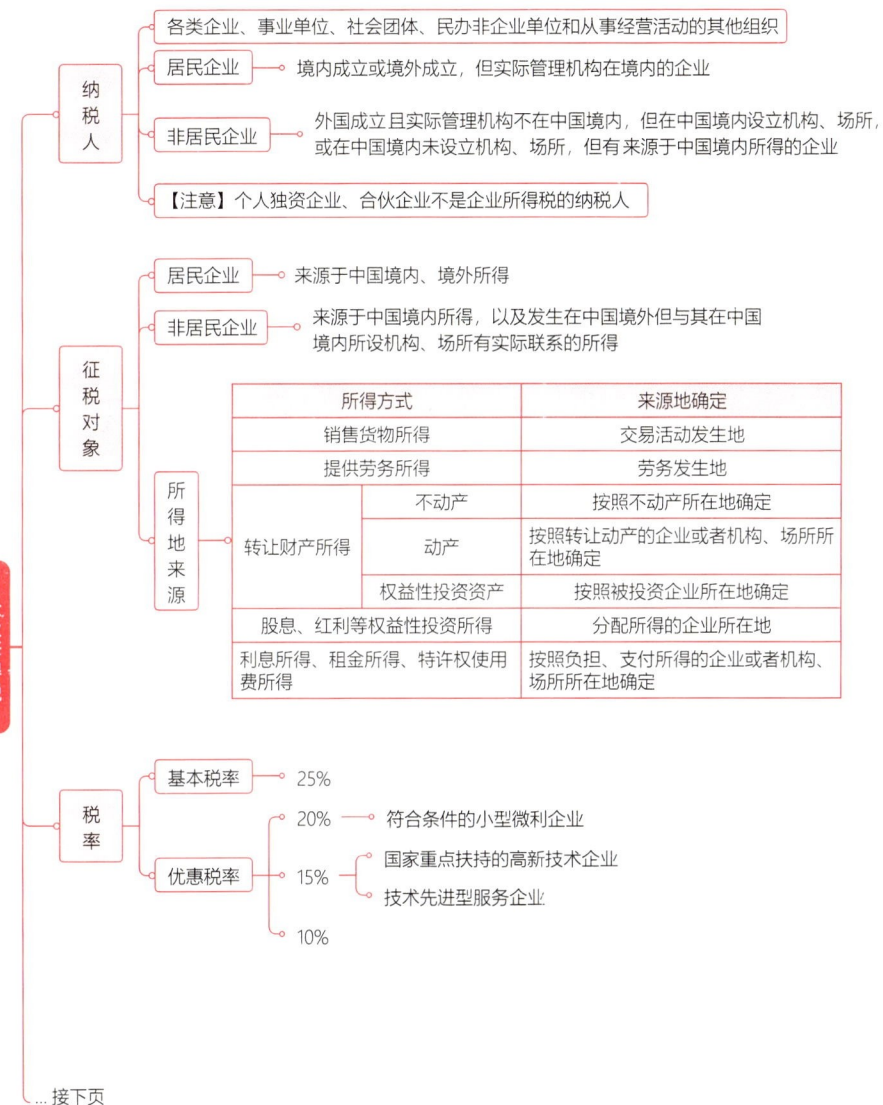

第 5-1 章 企业所得税

企业所得税

纳税人
- 各类企业、事业单位、社会团体、民办非企业单位和从事经营活动的其他组织
- 居民企业：境内成立或境外成立，但实际管理机构在境内的企业
- 非居民企业：外国成立且实际管理机构不在中国境内，但在中国境内设立机构、场所，或在中国境内未设立机构、场所，但有来源于中国境内所得的企业
- 【注意】个人独资企业、合伙企业不是企业所得税的纳税人

征税对象
- 居民企业：来源于中国境内、境外所得
- 非居民企业：来源于中国境内所得，以及发生在中国境外但与其在中国境内所设机构、场所有实际联系的所得
- 所得地来源：

所得方式	来源地确定
销售货物所得	交易活动发生地
提供劳务所得	劳务发生地
转让财产所得 - 不动产	按照不动产所在地确定
转让财产所得 - 动产	按照转让动产的企业或者机构、场所所在地确定
转让财产所得 - 权益性投资资产	按照被投资企业所在地确定
股息、红利等权益性投资所得	分配所得的企业所在地
利息所得、租金所得、特许权使用费所得	按照负担、支付所得的企业或者机构、场所所在地确定

税率
- 基本税率：25%
- 优惠税率：
  - 20% — 符合条件的小型微利企业
  - 15% — 国家重点扶持的高新技术企业；技术先进型服务企业
  - 10%

…接下页

企业所得税

...接上页

应纳税所得额的计算

应纳税所得额 = 收入总额 - 不征税收入 - 免税收入 - 各项扣除 - 以前年度亏损

收入总额

- **销售货物收入**
  - 商业折扣：折扣后的金额确定
  - 现金折扣：折扣前的金额确定
- **提供劳务收入** —— 完工百分比法确认
- **转让财产收入** —— 从财产受让方已收或应收的合同或协议价款确认
- **股息、红利** —— 被投资方作出利润分配决定的日期
- **利息收入** —— 合同约定应付利息日期
- **租金收入** —— 合同约定日期
- **特许权使用费收入** —— 合同约定日期
- **接受捐赠收入** —— 实际收到捐赠财产的日期
- **产品分成** —— 以企业分得产品的日期
- **"买一赠一"** —— 按各项商品的公允价值的比例来分摊确认各项的销售收入
- **视同销售** —— 非货币性资产交换，以及将货物用于捐赠、偿债、赞助、集资、广告、职工福利等

不征税收入

- 财政拨款
- 依法收取并纳入财政管理的行政事业性收费、政府性基金
- 国务院规定的其他不征税收入

免税收入

- 国债利息收入
- **股息、红利等权益性投资收益**
  - 居民企业之间直接投资
  - 在中国境内设立机构、场所的非居民企业从居民企业取得的且与该机构、场所有实际联系
  - 持有上市公司股票不足12个月获得的投资收益不免税
- 非营利组织的非营利收入

扣除项目

- **工资、薪金支出** —— 据实扣除
- **职工福利费、工会经费、职工教育经费** —— 不超过工资薪金总额的14%、2%、8%（职工教育经费超过部分可以结转扣除）
- **社会保险费**
  - ①基本社会保险和住房公积金
  - ②补充养老保险费、补充医疗保险费，分别在不超过职工工资总额5%标准内的部分
  - ③企业特殊工种职工的人身安全保险费
  - ④企业职工因公出差乘坐交通工具发生的人身意外保险费
  - ⑤企业财产保险、雇主责任险、公众责任险

...接下页

经济法基础 · 框架

企业所得税

- …接上页
- 应纳税所得额的计算
  - 扣除项目
    - 业务招待费
      - 实际发生额的60% VS 当年销售（营业）收入的5‰，取小
      - 销售（营业）收入=主营业务收入+其他业务收入+视同销售收入
    - 广告费和业务宣传费
      - 不超过销售（营业）收入的15%，超过部分可以结转扣除
      - 烟草企业：一律不得扣除
      - 化妆品制造或销售、医药制造和饮料制造（不含酒类）企业：不超过销售收入的30%准予扣除
    - 公益性捐赠支出
      - 直接捐赠不予扣除
      - 不超过"年度利润总额"的12%部分可扣除，超过部分可以结转三年内扣除
    - 利息费用 —— 不超过银行同类贷款利息的部分可扣除
    - 借款费用 —— 资本化的利息不可直接扣除
    - 租赁费 —— 经营租赁可以如实扣除，融资租赁以折旧方式扣除
    - 手续费和佣金支出
      - 一般企业按合同收入5%计算限额
      - 保险企业按保费收入减退保金后余额的18%，超过部分可以结转扣除
    - 党组织工作经费 —— 不超过职工年度工资薪金总额1%
    - 资产损失
    - 其余准予扣除的项目
      - 环境保护专项资金
      - 劳动保护费
      - 固定资产折旧费、无形资产和递延资产的摊销费
      - 会员费、合理的会议费、差旅费、违约金、诉讼费用等
  - 不得扣除的项目
    - 向投资者支付的股息、红利等权益性投资收益款项
    - 企业所得税税款
    - 税收滞纳金
    - 罚金、罚款和被没收财物的损失
    - 不符合税法规定的捐赠支出
    - 非广告性质的赞助支出
    - 未经核定的准备金支出
    - 企业之间支付的管理费、企业内营业机构之间支付的租金和特许权使用费，以及非银行企业内营业机构之间支付的利息
    - 与取得收入无关的其他支出
- …接下页

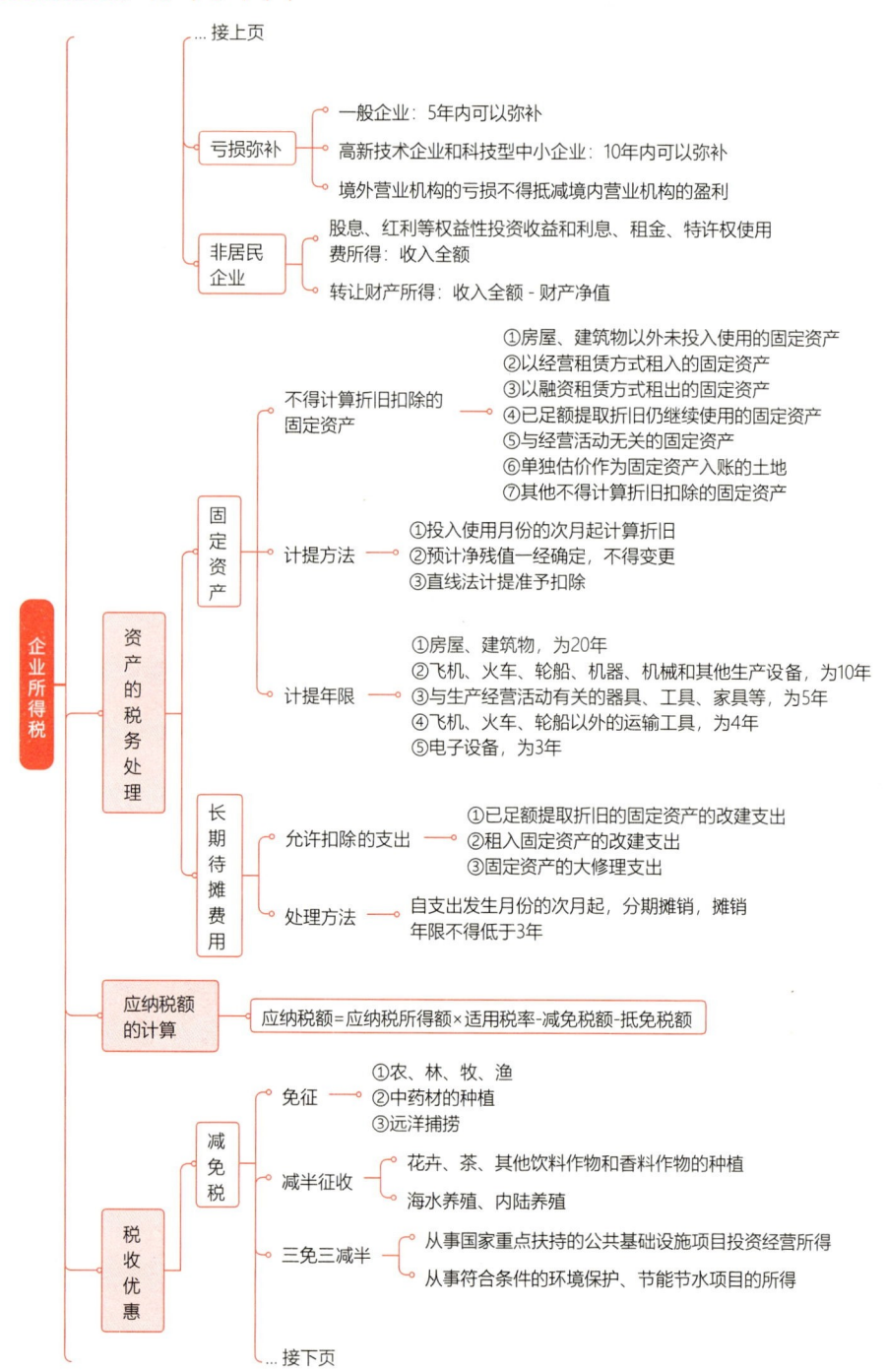

企业所得税

资产的税务处理

亏损弥补
- 一般企业：5年内可以弥补
- 高新技术企业和科技型中小企业：10年内可以弥补
- 境外营业机构的亏损不得抵减境内营业机构的盈利

非居民企业
- 股息、红利等权益性投资收益和利息、租金、特许权使用费所得：收入全额
- 转让财产所得：收入全额 - 财产净值

固定资产

不得计算折旧扣除的固定资产
1. 房屋、建筑物以外未投入使用的固定资产
2. 以经营租赁方式租入的固定资产
3. 以融资租赁方式租出的固定资产
4. 已足额提取折旧仍继续使用的固定资产
5. 与经营活动无关的固定资产
6. 单独估价作为固定资产入账的土地
7. 其他不得计算折旧扣除的固定资产

计提方法
1. 投入使用月份的次月起计算折旧
2. 预计净残值一经确定，不得变更
3. 直线法计提准予扣除

计提年限
1. 房屋、建筑物，为20年
2. 飞机、火车、轮船、机器、机械和其他生产设备，为10年
3. 与生产经营活动有关的器具、工具、家具等，为5年
4. 飞机、火车、轮船以外的运输工具，为4年
5. 电子设备，为3年

长期待摊费用

允许扣除的支出
1. 已足额提取折旧的固定资产的改建支出
2. 租入固定资产的改建支出
3. 固定资产的大修理支出

处理方法：自支出发生月份的次月起，分期摊销，摊销年限不得低于3年

应纳税额的计算

应纳税额 = 应纳税所得额 × 适用税率 - 减免税额 - 抵免税额

税收优惠

减免税

免征
1. 农、林、牧、渔
2. 中药材的种植
3. 远洋捕捞

减半征收
- 花卉、茶、其他饮料作物和香料作物的种植
- 海水养殖、内陆养殖

三免三减半
- 从事国家重点扶持的公共基础设施项目投资经营所得
- 从事符合条件的环境保护、节能节水项目的所得

...接下页

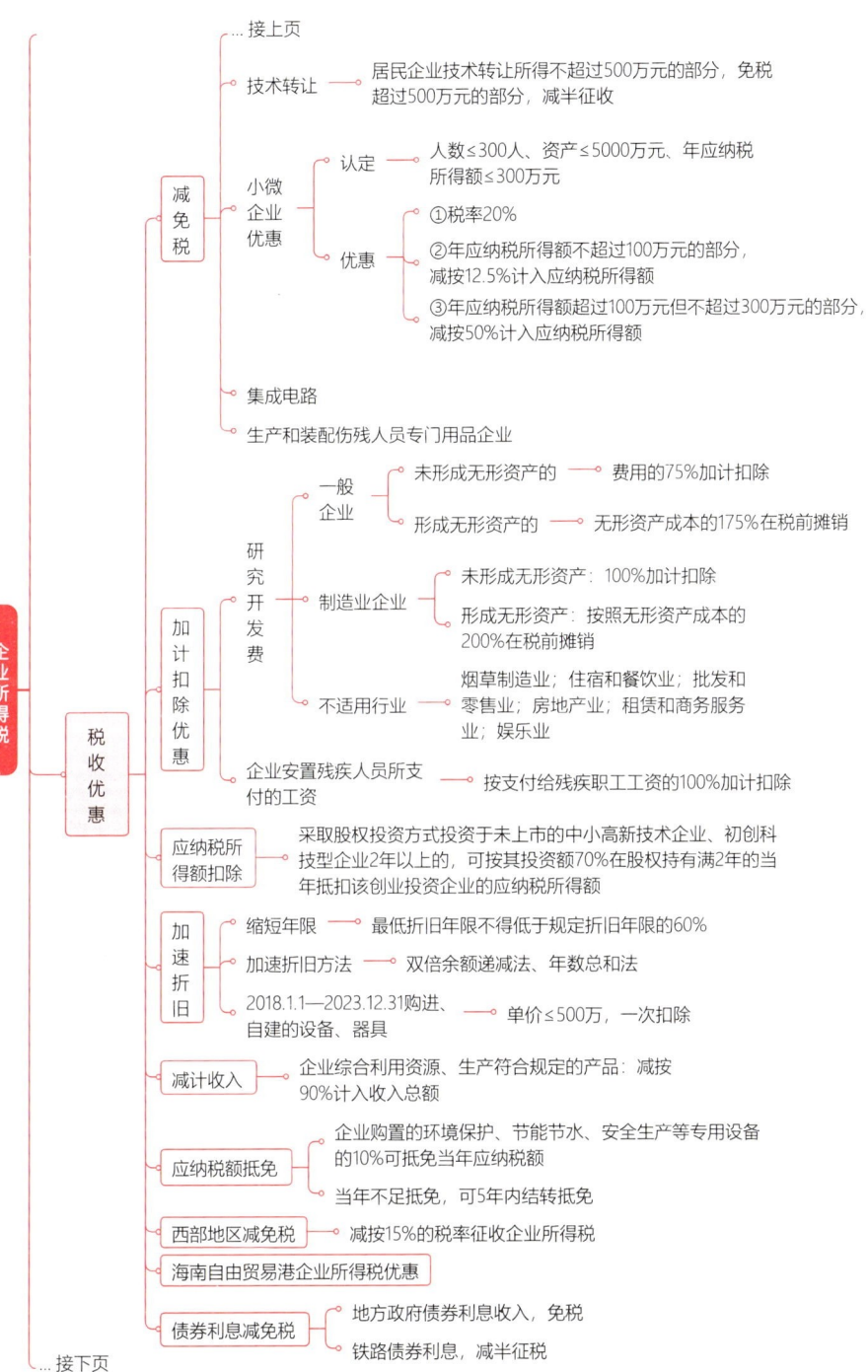

企业所得税 - 税收优惠

减免税

- ...接上页
- **技术转让**：居民企业技术转让所得不超过500万元的部分，免税；超过500万元的部分，减半征收
- **小微企业优惠**：
  - 认定：人数≤300人、资产≤5000万元、年应纳税所得额≤300万元
  - 优惠：
    - ①税率20%
    - ②年应纳税所得额不超过100万元的部分，减按12.5%计入应纳税所得额
    - ③年应纳税所得额超过100万元但不超过300万元的部分，减按50%计入应纳税所得额
- 集成电路
- 生产和装配伤残人员专门用品企业

加计扣除优惠

- **研究开发费**：
  - 一般企业：
    - 未形成无形资产的 —— 费用的75%加计扣除
    - 形成无形资产的 —— 无形资产成本的175%在税前摊销
  - 制造业企业：
    - 未形成无形资产：100%加计扣除
    - 形成无形资产：按照无形资产成本的200%在税前摊销
  - 不适用行业：烟草制造业；住宿和餐饮业；批发和零售业；房地产业；租赁和商务服务业；娱乐业
- **企业安置残疾人员所支付的工资**：按支付给残疾职工工资的100%加计扣除

应纳税所得额扣除

采取股权投资方式投资于未上市的中小高新技术企业、初创科技型企业2年以上的，可按其投资额70%在股权持有满2年的当年抵扣该创业投资企业的应纳税所得额

加速折旧

- 缩短年限 —— 最低折旧年限不得低于规定折旧年限的60%
- 加速折旧方法 —— 双倍余额递减法、年数总和法
- 2018.1.1—2023.12.31购进、自建的设备、器具 —— 单价≤500万，一次扣除

减计收入

企业综合利用资源、生产符合规定的产品：减按90%计入收入总额

应纳税额抵免

- 企业购置的环境保护、节能节水、安全生产等专用设备的10%可抵免当年应纳税额
- 当年不足抵免，可5年内结转抵免

西部地区减免税

减按15%的税率征收企业所得税

海南自由贸易港企业所得税优惠

债券利息减免税

- 地方政府债券利息收入，免税
- 铁路债券利息，减半征税

...接下页

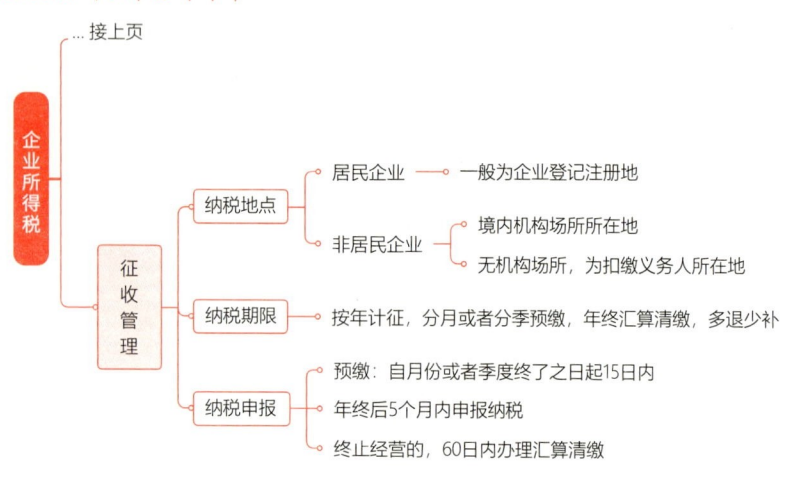

企业所得税 — 征收管理（接上页）

- **纳税地点**
  - 居民企业 → 一般为企业登记注册地
  - 非居民企业
    - 境内机构场所所在地
    - 无机构场所，为扣缴义务人所在地
- **纳税期限**：按年计征，分月或者分季预缴，年终汇算清缴，多退少补
- **纳税申报**
  - 预缴：自月份或者季度终了之日起15日内
  - 年终后5个月内申报纳税
  - 终止经营的，60日内办理汇算清缴

第5-2章 个人所得税

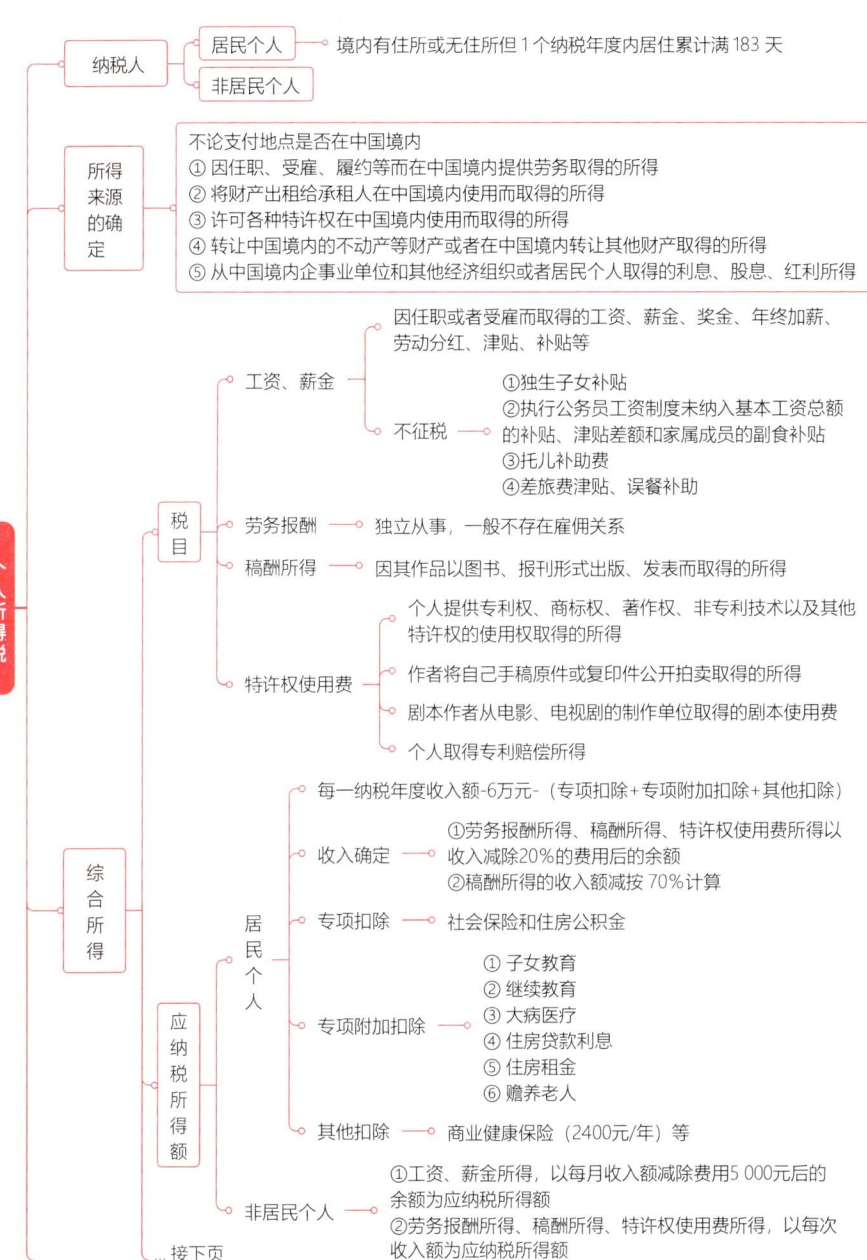

纳税人
- 居民个人 —— 境内有住所或无住所但1个纳税年度内居住累计满183天
- 非居民个人

所得来源的确定
不论支付地点是否在中国境内
① 因任职、受雇、履约等而在中国境内提供劳务取得的所得
② 将财产出租给承租人在中国境内使用而取得的所得
③ 许可各种特许权在中国境内使用而取得的所得
④ 转让中国境内的不动产等财产或者在中国境内转让其他财产取得的所得
⑤ 从中国境内企事业单位和其他经济组织或者居民个人取得的利息、股息、红利所得

税目

工资、薪金
- 因任职或者受雇而得的工资、薪金、奖金、年终加薪、劳动分红、津贴、补贴等
- 不征税：
  ① 独生子女补贴
  ② 执行公务员工资制度未纳入基本工资总额的补贴、津贴差额和家属成员的副食补贴
  ③ 托儿补助费
  ④ 差旅费津贴、误餐补助

劳务报酬
独立从事，一般不存在雇佣关系

稿酬所得
因其作品以图书、报刊形式出版、发表而取得的所得

特许权使用费
- 个人提供专利权、商标权、著作权、非专利技术以及其他特许权的使用权取得的所得
- 作者将自己手稿原件或复印件公开拍卖取得的所得
- 剧本作者从电影、电视剧的制作单位取得的剧本使用费
- 个人取得专利赔偿所得

应纳税所得额

综合所得

居民个人
- 每一纳税年度收入额-6万元-（专项扣除+专项附加扣除+其他扣除）
- 收入确定：
  ① 劳务报酬所得、稿酬所得、特许权使用费所得以收入减除20%的费用后的余额
  ② 稿酬所得的收入额减按70%计算
- 专项扣除 —— 社会保险和住房公积金
- 专项附加扣除：
  ① 子女教育
  ② 继续教育
  ③ 大病医疗
  ④ 住房贷款利息
  ⑤ 住房租金
  ⑥ 赡养老人
- 其他扣除 —— 商业健康保险（2400元/年）等

非居民个人
① 工资、薪金所得，以每月收入额减除费用5 000元后的余额为应纳税所得额
② 劳务报酬所得、稿酬所得、特许权使用费所得，以每次收入额为应纳税所得额

...接下页

33

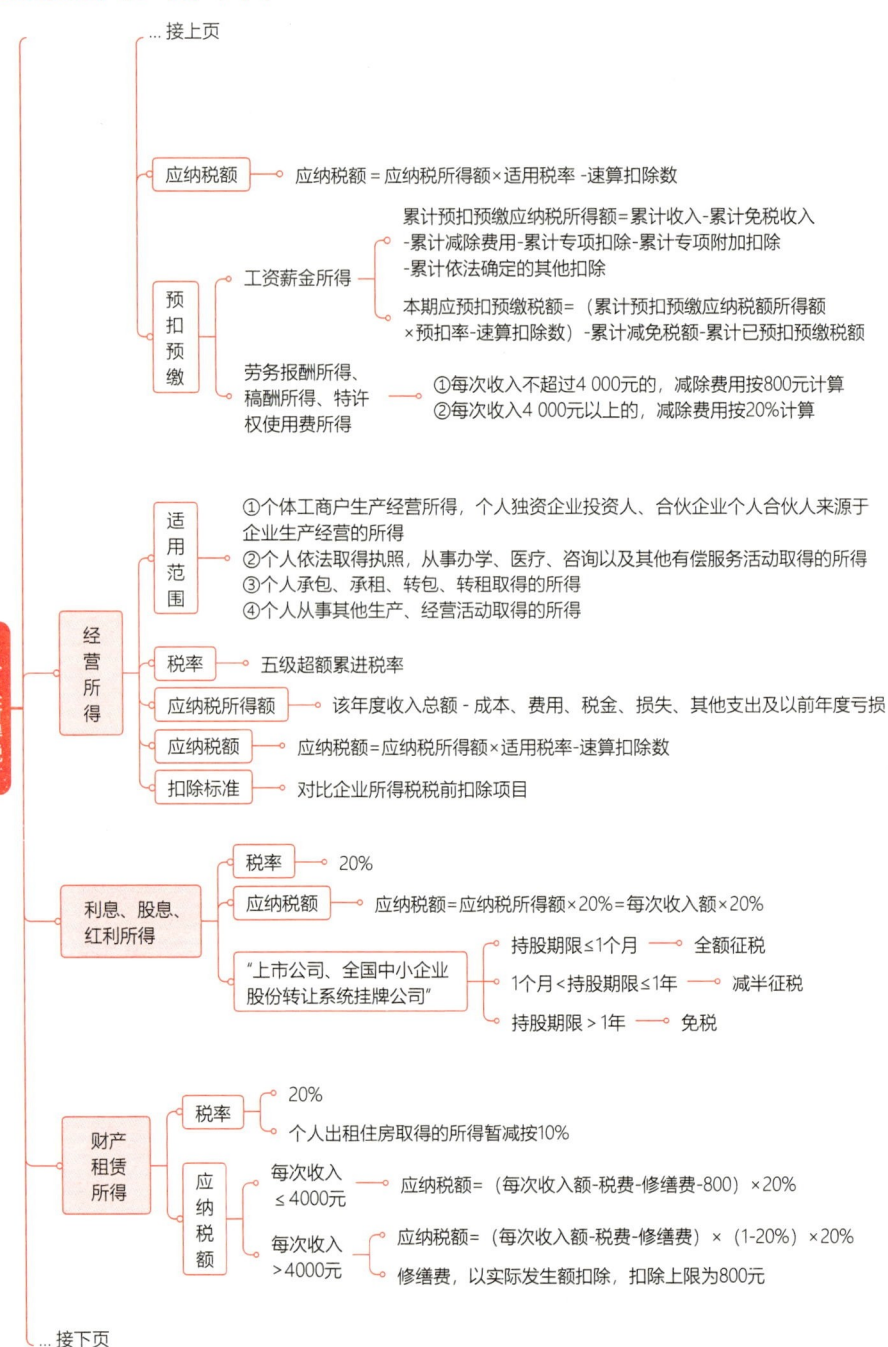

个人所得税（接上页）

预扣预缴

应纳税额
应纳税额 = 应纳税所得额×适用税率 - 速算扣除数

工资薪金所得
累计预扣预缴应纳税所得额 = 累计收入 - 累计免税收入 - 累计减除费用 - 累计专项扣除 - 累计专项附加扣除 - 累计依法确定的其他扣除

本期应预扣预缴税额 = （累计预扣预缴应纳税所得额×预扣率 - 速算扣除数） - 累计减免税额 - 累计已预扣预缴税额

劳务报酬所得、稿酬所得、特许权使用费所得
① 每次收入不超过4 000元的，减除费用按800元计算
② 每次收入4 000元以上的，减除费用按20%计算

经营所得

适用范围
① 个体工商户生产经营所得，个人独资企业投资人、合伙企业个人合伙人来源于企业生产经营的所得
② 个人依法取得执照，从事办学、医疗、咨询以及其他有偿服务活动取得的所得
③ 个人承包、承租、转包、转租取得的所得
④ 个人从事其他生产、经营活动取得的所得

税率
五级超额累进税率

应纳税所得额
该年度收入总额 - 成本、费用、税金、损失、其他支出及以前年度亏损

应纳税额
应纳税额 = 应纳税所得额×适用税率 - 速算扣除数

扣除标准
对比企业所得税税前扣除项目

利息、股息、红利所得

税率
20%

应纳税额
应纳税额 = 应纳税所得额×20% = 每次收入额×20%

"上市公司、全国中小企业股份转让系统挂牌公司"
- 持股期限≤1个月 —— 全额征税
- 1个月<持股期限≤1年 —— 减半征税
- 持股期限>1年 —— 免税

财产租赁所得

税率
20%
个人出租住房取得的所得暂减按10%

应纳税额
- 每次收入≤4000元：应纳税额 =（每次收入额 - 税费 - 修缮费 - 800）×20%
- 每次收入>4000元：应纳税额 =（每次收入额 - 税费 - 修缮费）×（1-20%）×20%

修缮费，以实际发生额扣除，扣除上限为800元

...接下页

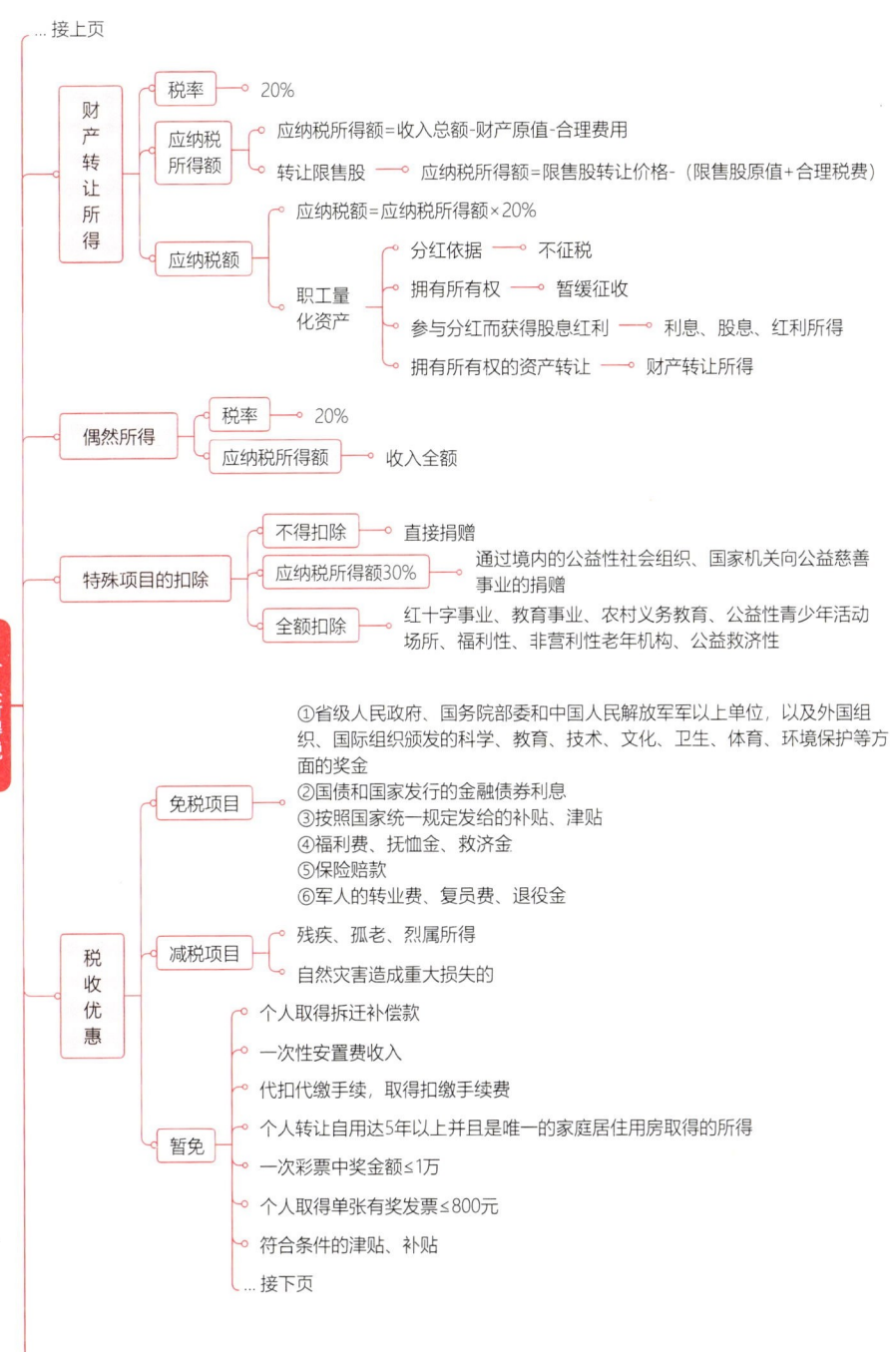

个人所得税

财产转让所得

- **税率**: 20%
- **应纳税所得额**
  - 应纳税所得额=收入总额-财产原值-合理费用
  - 转让限售股 → 应纳税所得额=限售股转让价格-（限售股原值+合理税费）
- **应纳税额**
  - 应纳税额=应纳税所得额×20%
  - 职工量化资产
    - 分红依据 → 不征税
    - 拥有所有权 → 暂缓征收
    - 参与分红而获得股息红利 → 利息、股息、红利所得
    - 拥有所有权的资产转让 → 财产转让所得

偶然所得

- **税率**: 20%
- **应纳税所得额**: 收入全额

特殊项目的扣除

- **不得扣除**: 直接捐赠
- **应纳税所得额30%**: 通过境内的公益性社会组织、国家机关向公益慈善事业的捐赠
- **全额扣除**: 红十字事业、教育事业、农村义务教育、公益性青少年活动场所、福利性、非营利性老年机构、公益救济性

税收优惠

免税项目

① 省级人民政府、国务院部委和中国人民解放军军以上单位，以及外国组织、国际组织颁发的科学、教育、技术、文化、卫生、体育、环境保护等方面的奖金
② 国债和国家发行的金融债券利息
③ 按照国家统一规定发给的补贴、津贴
④ 福利费、抚恤金、救济金
⑤ 保险赔款
⑥ 军人的转业费、复员费、退役金

减税项目

- 残疾、孤老、烈属所得
- 自然灾害造成重大损失的

暂免

- 个人取得拆迁补偿款
- 一次性安置费收入
- 代扣代缴手续，取得扣缴手续费
- 个人转让自用达5年以上并且是唯一的家庭居住用房取得的所得
- 一次彩票中奖金额≤1万
- 个人取得单张有奖发票≤800元
- 符合条件的津贴、补贴
- …接下页

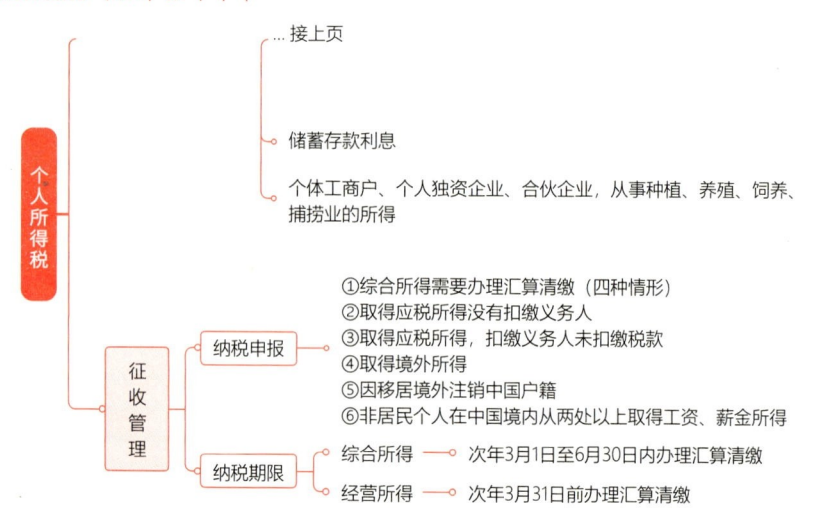

个人所得税

- ...接上页
- 储蓄存款利息
- 个体工商户、个人独资企业、合伙企业，从事种植、养殖、饲养、捕捞业的所得

征收管理

纳税申报
①综合所得需要办理汇算清缴（四种情形）
②取得应税所得没有扣缴义务人
③取得应税所得，扣缴义务人未扣缴税款
④取得境外所得
⑤因移居境外注销中国户籍
⑥非居民个人在中国境内从两处以上取得工资、薪金所得

纳税期限
- 综合所得 —— 次年3月1日至6月30日内办理汇算清缴
- 经营所得 —— 次年3月31日前办理汇算清缴

第6-1章 房产税

房产税

纳税人
- 产权属于国家 → 经营管理单位缴纳
- 产权属于集体和个人 → 集体单位和个人纳税
- 产权出典 → 承典人缴纳
- 产权所有人、承典人不在房产所在地 → 房产代管人或者使用人纳税
- 产权未确定及租典纠纷未解决的 → 房产代管人或者使用人纳税
- 无租使用其它单位房产的 → 使用人代缴

征税范围
- 房产的规定 → 房屋及不可分割的、不可随意移动的附属设备和配套设施等
- 地域的规定 → 不包括农村

计税依据
- 从价计征（1.2%）
  - 按照房产原值一次减除10%-30%后的余值计征
  - 应纳税额=应税房产原值×（1-扣除比例）×1.2%
- 从租计征（12%、个人4%）
  - 个人出租住房，不区分用途，按4%的税率征收房产税
  - 应纳税额=租金收入×12%或4%

应纳税额的计算
- 从价计征
  - 房产原值包含附属设备或配套设施
  - 改扩建房屋要相应增加房屋原值
  - 以房屋进行投资联营
    - 共担风险的 → 从价计征
    - 本质为出租的 → 从租计征
  - 融资租赁房屋 → 自下月起按余值纳税（承租方交）
- 从租计征 → 不含增值税租金收入

税收优惠
- 非营利机构自用房产免税
  - 国家机关、人民团体、军队（军队空余房产租赁收入暂免征收房产税）
  - 财政拨款的事业单位
  - 宗教寺庙、公园、名胜古迹
  - 非营利医疗机构、疾病控制中心、妇幼保健院等卫生机构
  - 老年服务机构
- 个人非营业用房，免征
- 毁损不堪居住/危险的房屋，经鉴定停用后，免征
- 纳税人因房屋大修导致连续停用半年以上的，在房屋大修期间免征
- 基建工地为基建工地服务的各种临时性房屋
  - 施工期间，免征
  - 施工结束，交由别人使用的，征税
- ...接下页

房产税

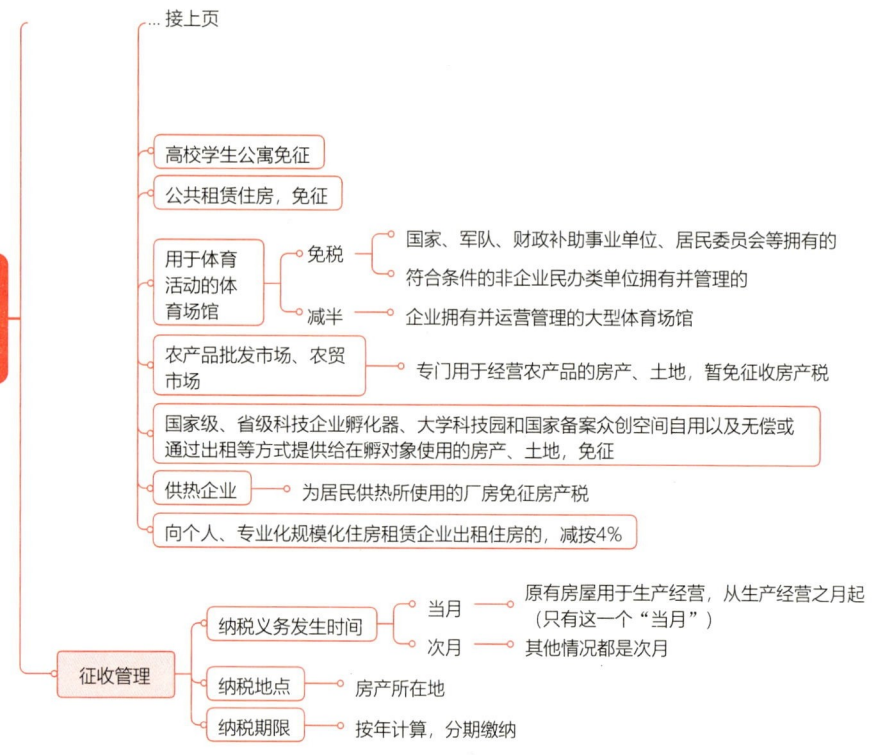

- …接上页
- 高校学生公寓免征
- 公共租赁住房，免征
- 用于体育活动的体育场馆
  - 免税
    - 国家、军队、财政补助事业单位、居民委员会等拥有的
    - 符合条件的非企业民办类单位拥有并管理的
  - 减半
    - 企业拥有并运营管理的大型体育场馆
- 农产品批发市场、农贸市场 —— 专门用于经营农产品的房产、土地，暂免征收房产税
- 国家级、省级科技企业孵化器、大学科技园和国家备案众创空间自用以及无偿或通过出租等方式提供给在孵对象使用的房产、土地，免征
- 供热企业 —— 为居民供热所使用的厂房免征房产税
- 向个人、专业化规模化住房租赁企业出租住房的，减按4%

征收管理

- 纳税义务发生时间
  - 当月 —— 原有房屋用于生产经营，从生产经营之月起（只有这一个"当月"）
  - 次月 —— 其他情况都是次月
- 纳税地点 —— 房产所在地
- 纳税期限 —— 按年计算，分期缴纳

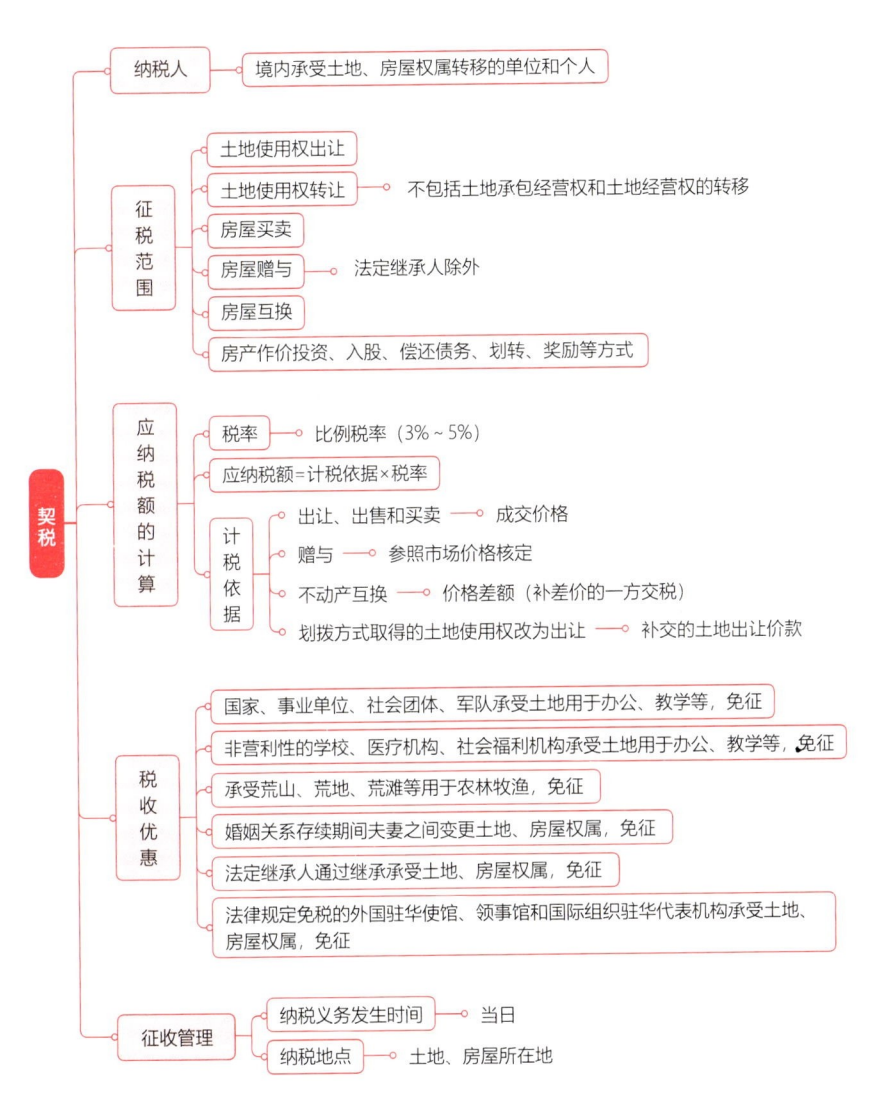

第6-2章 契税

契税

纳税人
- 境内承受土地、房屋权属转移的单位和个人

征税范围
- 土地使用权出让
- 土地使用权转让 → 不包括土地承包经营权和土地经营权的转移
- 房屋买卖
- 房屋赠与 → 法定继承人除外
- 房屋互换
- 房产作价投资、入股、偿还债务、划转、奖励等方式

应纳税额的计算
- 税率 → 比例税率（3%～5%）
- 应纳税额=计税依据×税率
- 计税依据
  - 出让、出售和买卖 —— 成交价格
  - 赠与 —— 参照市场价格核定
  - 不动产互换 —— 价格差额（补差价的一方交税）
  - 划拨方式取得的土地使用权改为出让 —— 补交的土地出让价款

税收优惠
- 国家、事业单位、社会团体、军队承受土地用于办公、教学等，免征
- 非营利性的学校、医疗机构、社会福利机构承受土地用于办公、教学等，免征
- 承受荒山、荒地、荒滩等用于农林牧渔，免征
- 婚姻关系存续期间夫妻之间变更土地、房屋权属，免征
- 法定继承人通过继承承受土地、房屋权属，免征
- 法律规定免税的外国驻华使馆、领事馆和国际组织驻华代表机构承受土地、房屋权属，免征

征收管理
- 纳税义务发生时间 → 当日
- 纳税地点 → 土地、房屋所在地

第6-3章 土地增值税

土地增值税

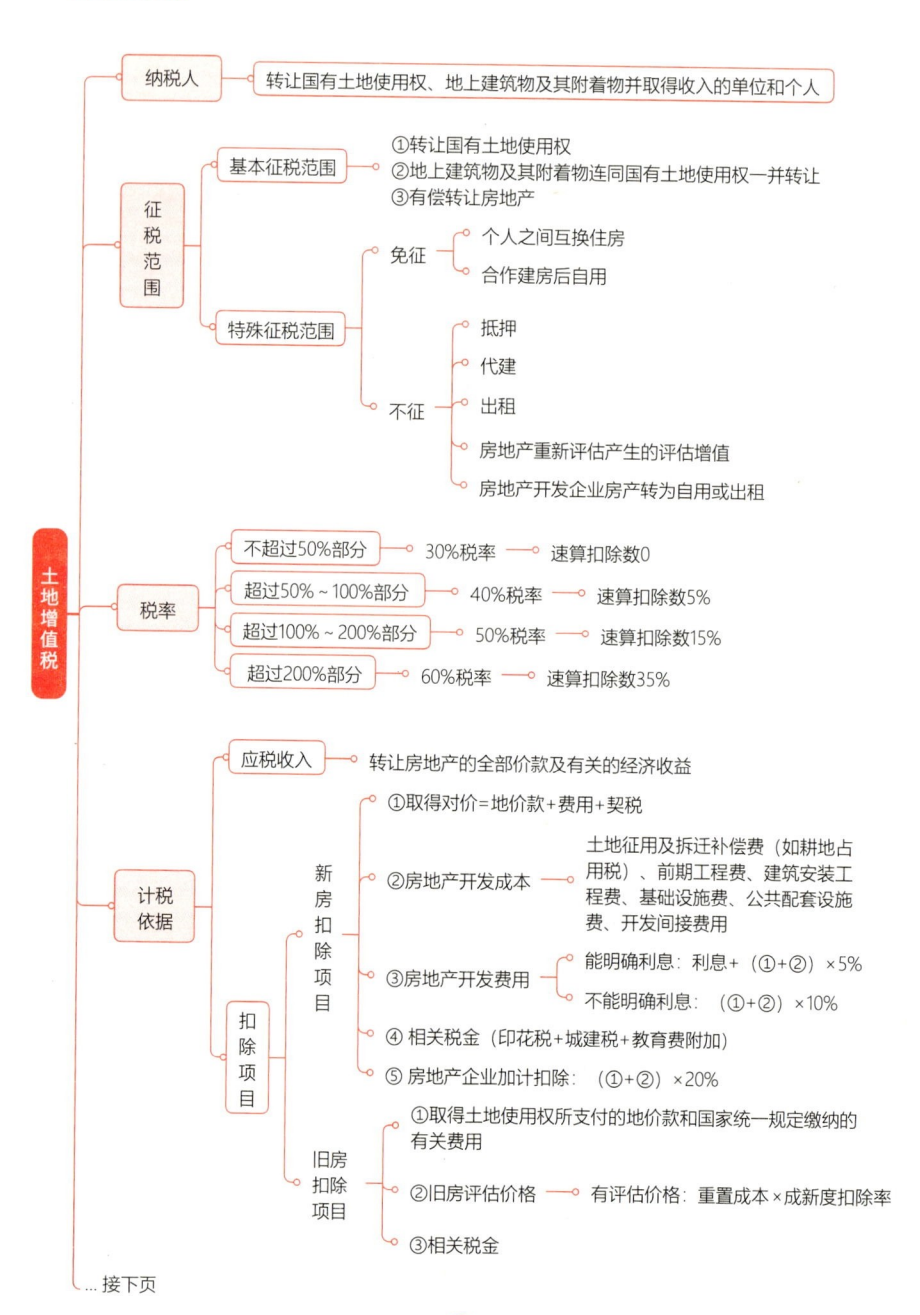

纳税人
转让国有土地使用权、地上建筑物及其附着物并取得收入的单位和个人

征税范围

基本征税范围
① 转让国有土地使用权
② 地上建筑物及其附着物连同国有土地使用权一并转让
③ 有偿转让房地产

特殊征税范围
- 免征
  - 个人之间互换住房
  - 合作建房后自用
- 不征
  - 抵押
  - 代建
  - 出租
  - 房地产重新评估产生的评估增值
  - 房地产开发企业房产转为自用或出租

税率
- 不超过50%部分 —— 30%税率 —— 速算扣除数0
- 超过50%~100%部分 —— 40%税率 —— 速算扣除数5%
- 超过100%~200%部分 —— 50%税率 —— 速算扣除数15%
- 超过200%部分 —— 60%税率 —— 速算扣除数35%

计税依据

应税收入：转让房地产的全部价款及有关的经济收益

扣除项目

新房扣除项目：
① 取得对价 = 地价款 + 费用 + 契税
② 房地产开发成本：土地征用及拆迁补偿费（如耕地占用税）、前期工程费、建筑安装工程费、基础设施费、公共配套设施费、开发间接费用
③ 房地产开发费用
  - 能明确利息：利息 + (①+②) × 5%
  - 不能明确利息：(①+②) × 10%
④ 相关税金（印花税 + 城建税 + 教育费附加）
⑤ 房地产企业加计扣除：(①+②) × 20%

旧房扣除项目：
① 取得土地使用权所支付的地价款和国家统一规定缴纳的有关费用
② 旧房评估价格 —— 有评估价格：重置成本 × 成新度扣除率
③ 相关税金

...接下页

- 土地增值税
  - ...接上页
  - 应纳税额的计算
    - 计算公式 —— 应纳税额 = 增值额 × 适用税率 - 扣除项目金额 × 速算扣除系数
    - 五步法
      - 求总收入
      - 求总扣除
      - 求增值额 —— 增值额 = 房地产转让收入 - 扣除项目金额
      - 确定税率和速算扣除系数
      - 求应纳税额

第6-4章 城镇土地使用税

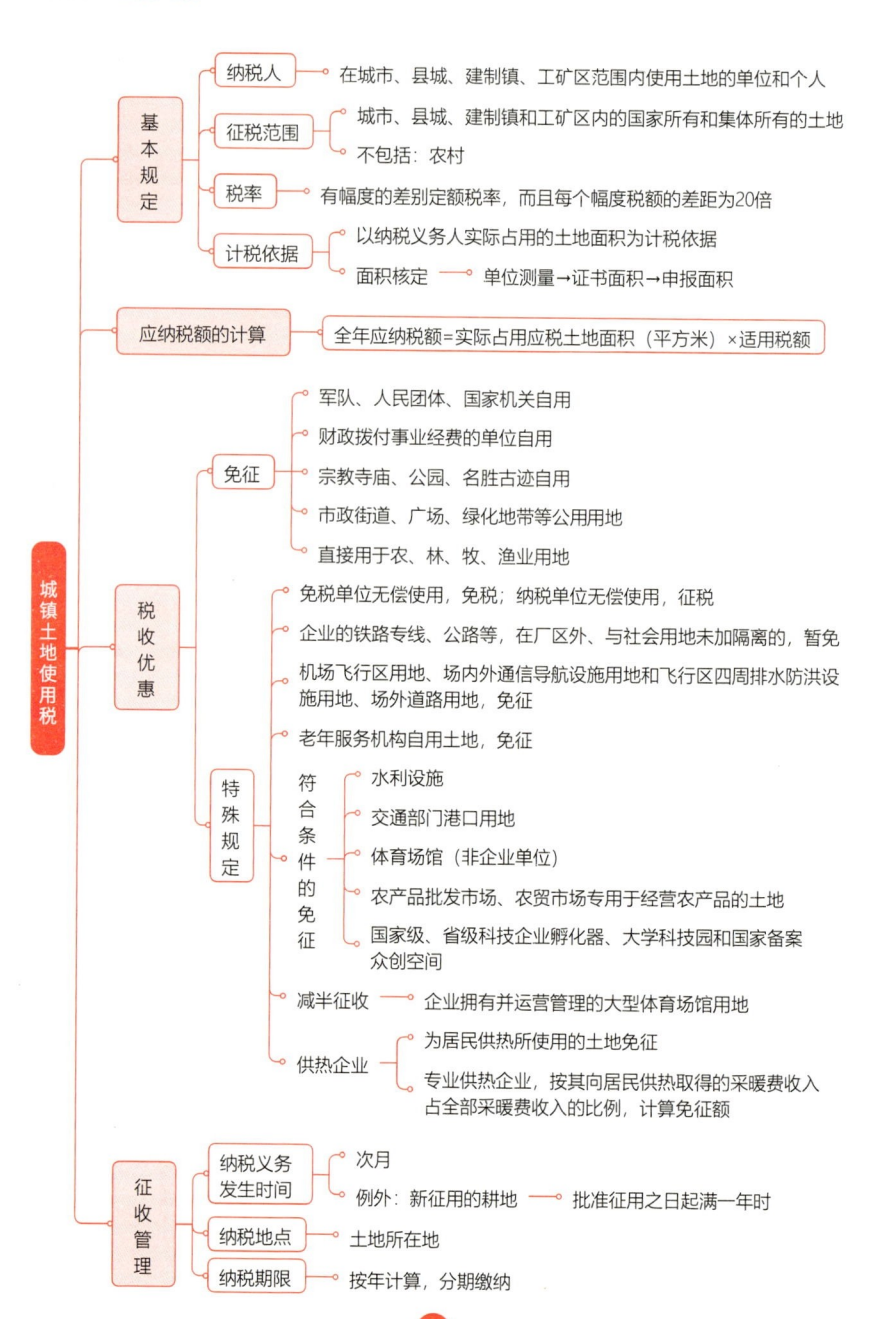

- **城镇土地使用税**
  - 基本规定
    - 纳税人 —— 在城市、县城、建制镇、工矿区范围内使用土地的单位和个人
    - 征税范围
      - 城市、县城、建制镇和工矿区内的国家所有和集体所有的土地
      - 不包括：农村
    - 税率 —— 有幅度的差别定额税率，而且每个幅度税额的差距为20倍
    - 计税依据
      - 以纳税义务人实际占用的土地面积为计税依据
    - 面积核定 —— 单位测量→证书面积→申报面积
  - 应纳税额的计算 —— 全年应纳税额=实际占用应税土地面积（平方米）×适用税额
  - 税收优惠
    - 免征
      - 军队、人民团体、国家机关自用
      - 财政拨付事业经费的单位自用
      - 宗教寺庙、公园、名胜古迹自用
      - 市政街道、广场、绿化地带等公用用地
      - 直接用于农、林、牧、渔业用地
    - 特殊规定
      - 免税单位无偿使用，免税；纳税单位无偿使用，征税
      - 企业的铁路专线、公路等，在厂区外、与社会用地未加隔离的，暂免
      - 机场飞行区用地、场内外通信导航设施用地和飞行区四周排水防洪设施用地、场外道路用地，免征
      - 老年服务机构自用土地，免征
      - 符合条件的免征
        - 水利设施
        - 交通部门港口用地
        - 体育场馆（非企业单位）
        - 农产品批发市场、农贸市场专用于经营农产品的土地
        - 国家级、省级科技企业孵化器、大学科技园和国家备案众创空间
      - 减半征收 —— 企业拥有并运营管理的大型体育场馆用地
      - 供热企业
        - 为居民供热所使用的土地免征
        - 专业供热企业，按其向居民供热取得的采暖费收入占全部采暖费收入的比例，计算免征额
  - 征收管理
    - 纳税义务发生时间
      - 次月
      - 例外：新征用的耕地 —— 批准征用之日起满一年时
    - 纳税地点 —— 土地所在地
    - 纳税期限 —— 按年计算，分期缴纳

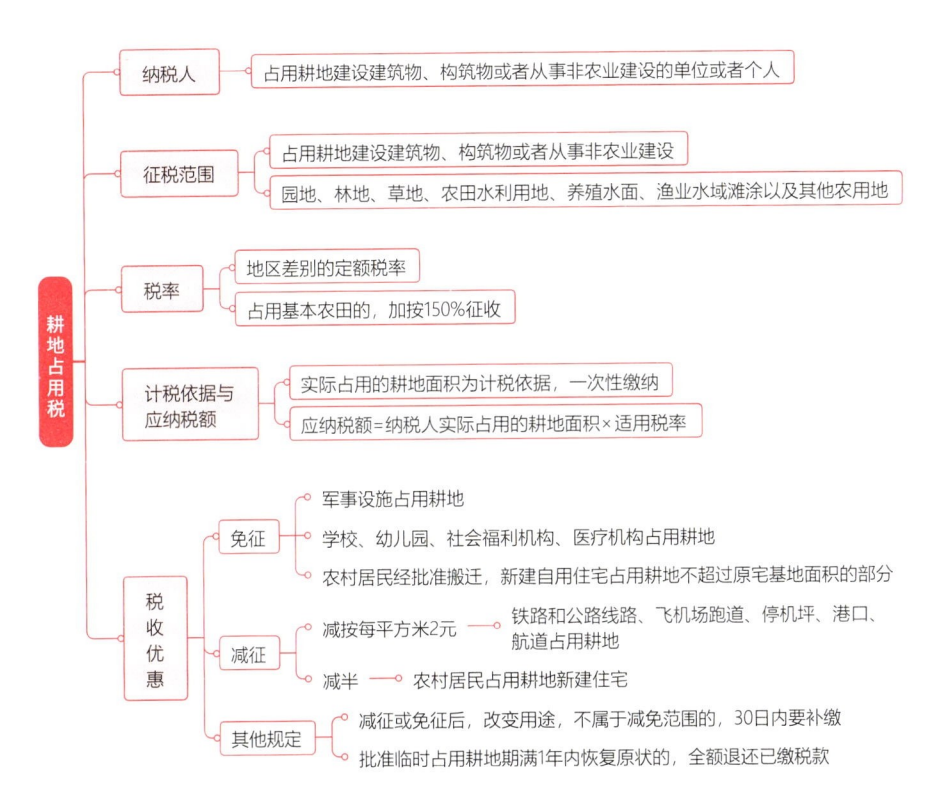

第6-5章 耕地占用税

耕地占用税

纳税人
- 占用耕地建设建筑物、构筑物或者从事非农业建设的单位或者个人

征税范围
- 占用耕地建设建筑物、构筑物或者从事非农业建设
- 园地、林地、草地、农田水利用地、养殖水面、渔业水域滩涂以及其他农用地

税率
- 地区差别的定额税率
- 占用基本农田的，加按150%征收

计税依据与应纳税额
- 实际占用的耕地面积为计税依据，一次性缴纳
- 应纳税额=纳税人实际占用的耕地面积×适用税率

税收优惠

免征
- 军事设施占用耕地
- 学校、幼儿园、社会福利机构、医疗机构占用耕地
- 农村居民经批准搬迁，新建自用住宅占用耕地不超过原宅基地面积的部分

减征
- 减按每平方米2元 —— 铁路和公路线路、飞机场跑道、停机坪、港口、航道占用耕地
- 减半 —— 农村居民占用耕地新建住宅

其他规定
- 减征或免征后，改变用途，不属于减免范围的，30日内要补缴
- 批准临时占用耕地期满1年内恢复原状的，全额退还已缴税款

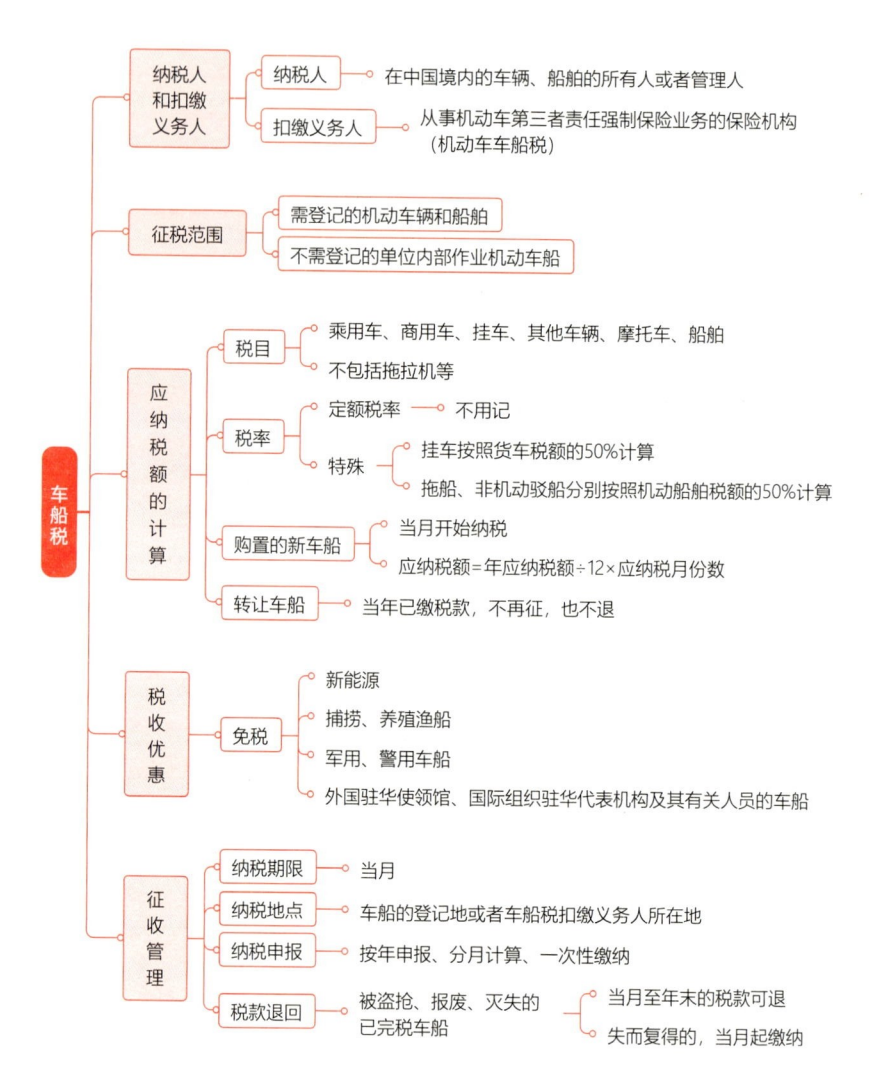

第6-6章 车船税

车船税

纳税人和扣缴义务人
- 纳税人：在中国境内的车辆、船舶的所有人或者管理人
- 扣缴义务人：从事机动车第三者责任强制保险业务的保险机构（机动车车船税）

征税范围
- 需登记的机动车辆和船舶
- 不需登记的单位内部作业机动车船

应纳税额的计算
- 税目：乘用车、商用车、挂车、其他车辆、摩托车、船舶；不包括拖拉机等
- 税率：
  - 定额税率 → 不用记
  - 特殊：
    - 挂车按照货车税额的50%计算
    - 拖船、非机动驳船分别按照机动船舶税额的50%计算
- 购置的新车船：当月开始纳税；应纳税额＝年应纳税额÷12×应纳税月份数
- 转让车船：当年已缴税款，不再征，也不退

税收优惠
- 免税：
  - 新能源
  - 捕捞、养殖渔船
  - 军用、警用车船
  - 外国驻华使领馆、国际组织驻华代表机构及其有关人员的车船

征收管理
- 纳税期限：当月
- 纳税地点：车船的登记地或者车船税扣缴义务人所在地
- 纳税申报：按年申报、分月计算、一次性缴纳
- 税款退回：被盗抢、报废、灭失的已完税车船
  - 当月至年末的税款可退
  - 失而复得的，当月起缴纳

第6-7章 资源税

资源税

纳税人
在中国领域及管辖海域开发应税资源的单位和个人

征税范围

- **能源矿产**
  - 原油 —— 不含人造石油
  - 天然气 —— 不含与煤矿同时开采的天然气
  - 煤、煤成（层）气、天然沥青、石煤、地热等
- **金属矿产**
- **非金属矿产**
  - 矿物类（石墨、石灰岩、云母、石膏等）
  - 岩石类（大理岩、花岗岩、泥炭、砂石等）
  - 宝玉石类（宝石、玉石、玛瑙等）
- **盐类** —— 钠盐、钾盐、镁盐、锂盐、天然卤水、海盐
- **水气矿产** —— 二氧化碳气、硫化氢气、矿泉水等

税率
- 比例税率或者定额税率
- 不同税目应税产品，应当分别核算；未分别核算，从高适用税率

应纳税额的计算

- **从价定率**
  - 应纳税额=销售额×适用比例税率
  - 销售额
    - 全部价款，不含增值税和运杂费用
    - 核定销售额：
      - ①按纳税人最近时期同类产品的平均销售价格确定
      - ②按其他纳税人最近时期同类产品的平均销售价格确定
      - ③按后续加工非应税产品销售价格，减去后续加工环节的成本利润后确定
      - ④按应税产品组成计税价格确定，组成计税价格=成本×(1+成本利润率)÷(1-资源税税率)
      - ⑤按其他合理方法确定

- **从量定额**
  - 应纳税额=销售数量×适用定额税率
  - 销售数量
    - 销售 —— 以实际销售数量
    - 自用 —— 移送数量

- **视同销售**
  - 用于连续生产应税产品 —— 不缴纳
  - 用于其他方面的应税产品 —— 缴纳

...接下页

...接上页

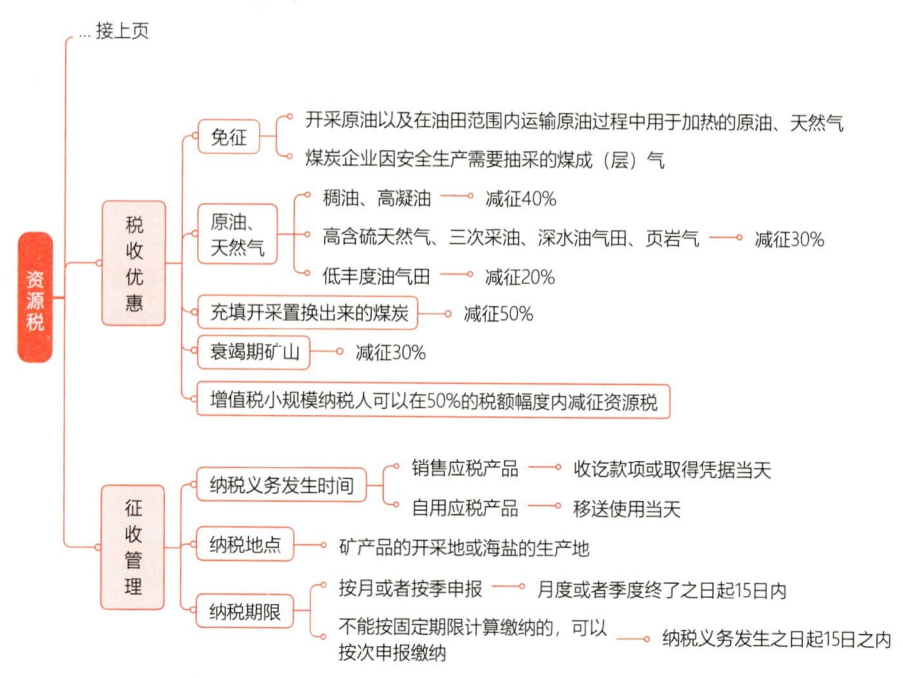

资源税

税收优惠

- **免征**
  - 开采原油以及在油田范围内运输原油过程中用于加热的原油、天然气
  - 煤炭企业因安全生产需要抽采的煤成（层）气
- **原油、天然气**
  - 稠油、高凝油 → 减征40%
  - 高含硫天然气、三次采油、深水油气田、页岩气 → 减征30%
  - 低丰度油气田 → 减征20%
- 充填开采置换出来的煤炭 → 减征50%
- 衰竭期矿山 → 减征30%
- 增值税小规模纳税人可以在50%的税额幅度内减征资源税

征收管理

- **纳税义务发生时间**
  - 销售应税产品 → 收讫款项或取得凭据当天
  - 自用应税产品 → 移送使用当天
- **纳税地点**：矿产品的开采地或海盐的生产地
- **纳税期限**
  - 按月或者按季申报 → 月度或者季度终了之日起15日内
  - 不能按固定期限计算缴纳的，可以按次申报缴纳 → 纳税义务发生之日起15日之内

第6-8章 环境保护税

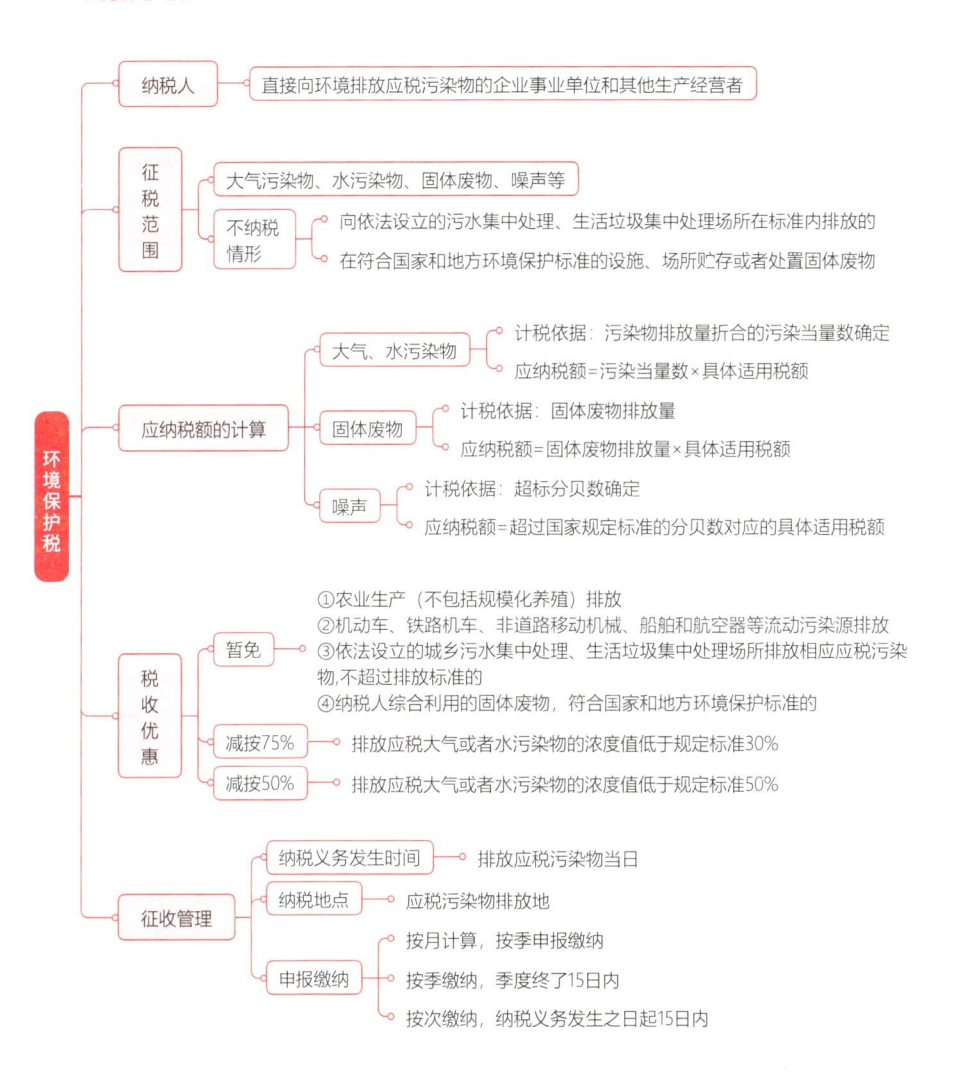

环境保护税

- **纳税人**：直接向环境排放应税污染物的企业事业单位和其他生产经营者

- **征税范围**
  - 大气污染物、水污染物、固体废物、噪声等
  - 不纳税情形
    - 向依法设立的污水集中处理、生活垃圾集中处理场所在标准内排放的
    - 在符合国家和地方环境保护标准的设施、场所贮存或者处置固体废物

- **应纳税额的计算**
  - 大气、水污染物
    - 计税依据：污染物排放量折合的污染当量数确定
    - 应纳税额=污染当量数×具体适用税额
  - 固体废物
    - 计税依据：固体废物排放量
    - 应纳税额=固体废物排放量×具体适用税额
  - 噪声
    - 计税依据：超标分贝数确定
    - 应纳税额=超过国家规定标准的分贝数对应的具体适用税额

- **税收优惠**
  - 暂免
    - ①农业生产（不包括规模化养殖）排放
    - ②机动车、铁路机车、非道路移动机械、船舶和航空器等流动污染源排放
    - ③依法设立的城乡污水集中处理、生活垃圾集中处理场所排放相应应税污染物，不超过排放标准的
    - ④纳税人综合利用的固体废物，符合国家和地方环境保护标准的
  - 减按75%：排放应税大气或者水污染物的浓度值低于规定标准30%
  - 减按50%：排放应税大气或者水污染物的浓度值低于规定标准50%

- **征收管理**
  - 纳税义务发生时间 → 排放应税污染物当日
  - 纳税地点 → 应税污染物排放地
  - 申报缴纳
    - 按月计算，按季申报缴纳
    - 按季缴纳，季度终了15日内
    - 按次缴纳，纳税义务发生之日起15日内

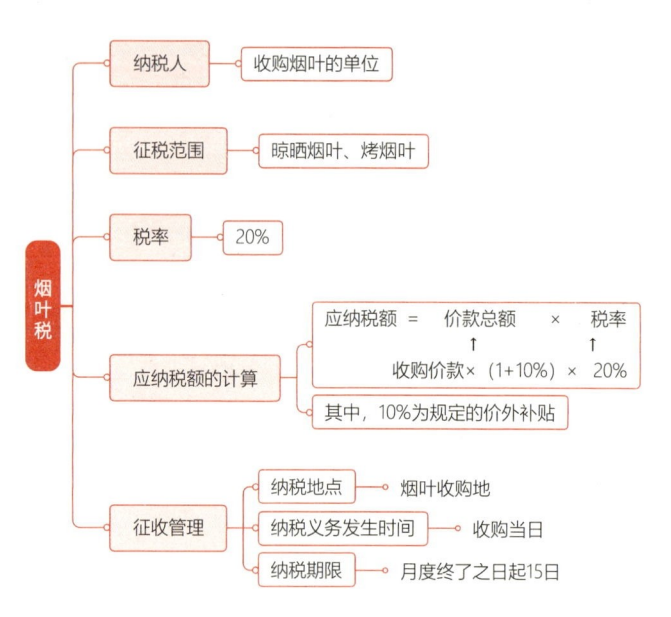

第6-9-1章 烟叶税

- **烟叶税**
  - 纳税人 —— 收购烟叶的单位
  - 征税范围 —— 晾晒烟叶、烤烟叶
  - 税率 —— 20%
  - 应纳税额的计算
    - 应纳税额 = 价款总额 × 税率
    - 收购价款 × (1+10%) × 20%
    - 其中,10%为规定的价外补贴
  - 征收管理
    - 纳税地点 —— 烟叶收购地
    - 纳税义务发生时间 —— 收购当日
    - 纳税期限 —— 月度终了之日起15日

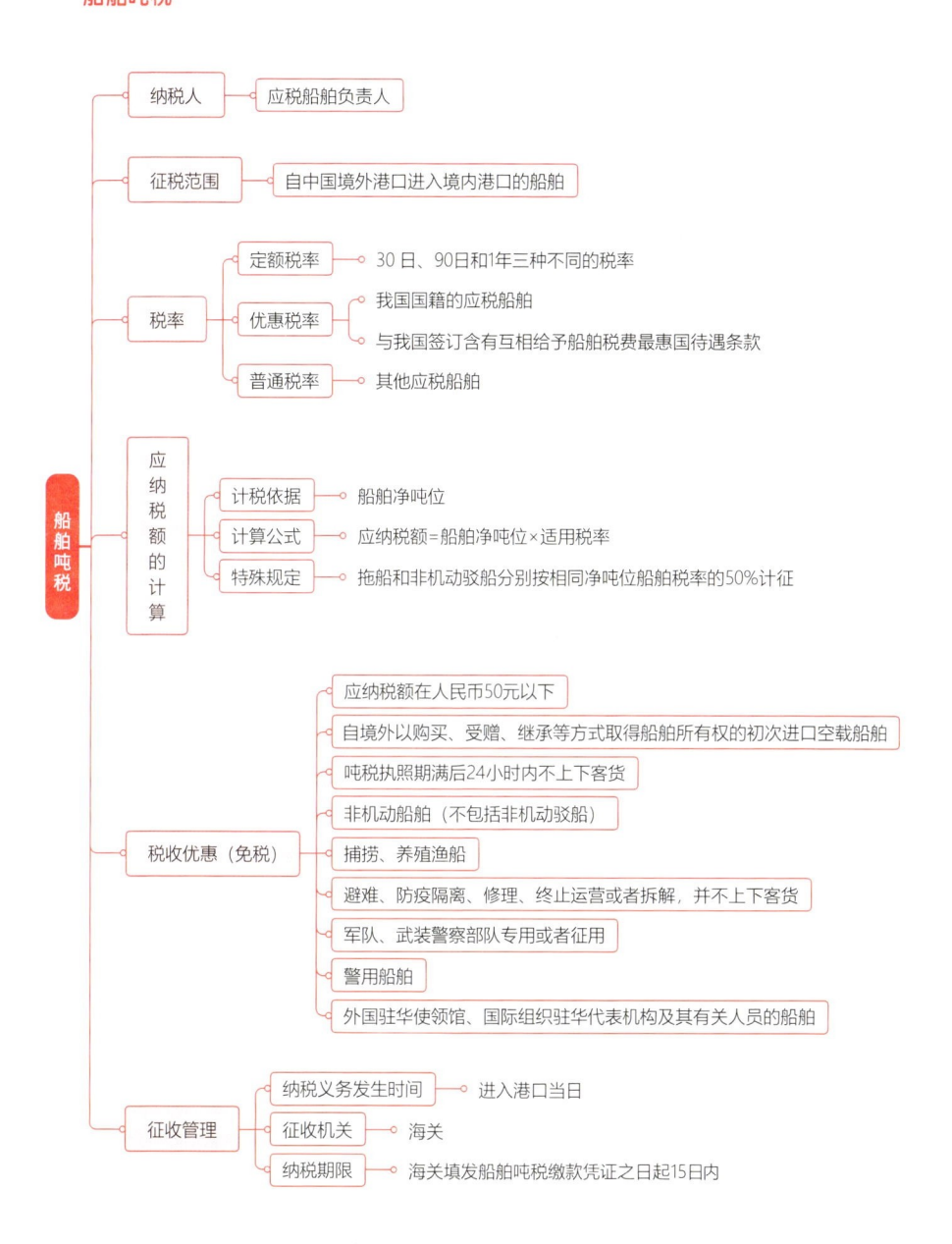

第6-9-2章 船舶吨税

船舶吨税

- **纳税人** — 应税船舶负责人
- **征税范围** — 自中国境外港口进入境内港口的船舶
- **税率**
  - 定额税率 — 30日、90日和1年三种不同的税率
  - 优惠税率
    - 我国国籍的应税船舶
    - 与我国签订含有互相给予船舶税费最惠国待遇条款
  - 普通税率 — 其他应税船舶
- **应纳税额的计算**
  - 计税依据 — 船舶净吨位
  - 计算公式 — 应纳税额=船舶净吨位×适用税率
  - 特殊规定 — 拖船和非机动驳船分别按相同净吨位船舶税率的50%计征
- **税收优惠（免税）**
  - 应纳税额在人民币50元以下
  - 自境外以购买、受赠、继承等方式取得船舶所有权的初次进口空载船舶
  - 吨税执照期满后24小时内不上下客货
  - 非机动船舶（不包括非机动驳船）
  - 捕捞、养殖渔船
  - 避难、防疫隔离、修理、终止运营或者拆解，并不上下客货
  - 军队、武装警察部队专用或者征用
  - 警用船舶
  - 外国驻华使领馆、国际组织驻华代表机构及其有关人员的船舶
- **征收管理**
  - 纳税义务发生时间 — 进入港口当日
  - 征收机关 — 海关
  - 纳税期限 — 海关填发船舶吨税缴款凭证之日起15日内

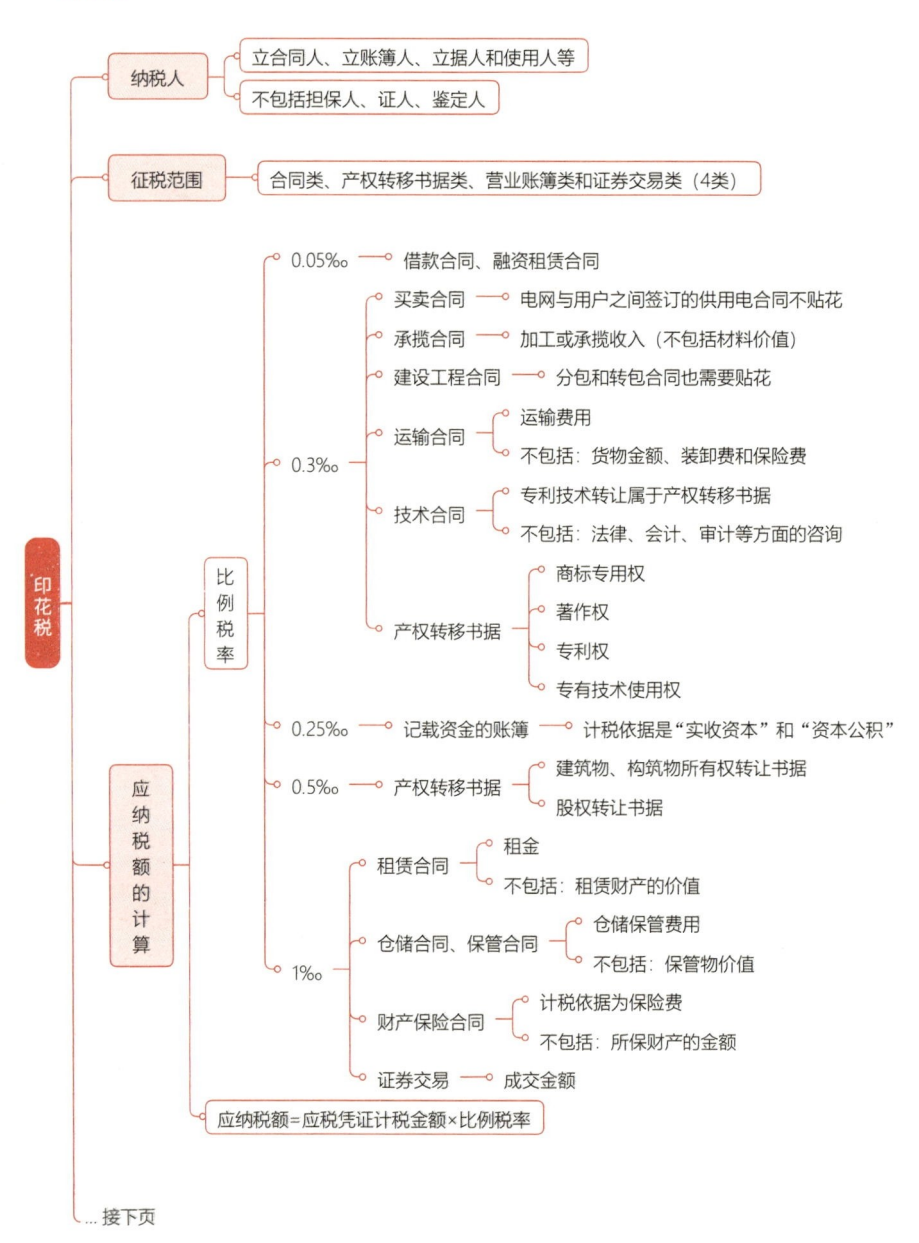

第6-10章 印花税

- **印花税**
  - **纳税人**
    - 立合同人、立账簿人、立据人和使用人等
    - 不包括担保人、证人、鉴定人
  - **征税范围**：合同类、产权转移书据类、营业账簿类和证券交易类（4类）
  - **应纳税额的计算**
    - **比例税率**
      - 0.05‰ — 借款合同、融资租赁合同
      - 0.3‰
        - 买卖合同 — 电网与用户之间签订的供用电合同不贴花
        - 承揽合同 — 加工或承揽收入（不包括材料价值）
        - 建设工程合同 — 分包和转包合同也需要贴花
        - 运输合同
          - 运输费用
          - 不包括：货物金额、装卸费和保险费
        - 技术合同
          - 专利技术转让属于产权转移书据
          - 不包括：法律、会计、审计等方面的咨询
        - 产权转移书据
          - 商标专用权
          - 著作权
          - 专利权
          - 专有技术使用权
      - 0.25‰ — 记载资金的账簿 — 计税依据是"实收资本"和"资本公积"
      - 0.5‰ — 产权转移书据
        - 建筑物、构筑物所有权转让书据
        - 股权转让书据
      - 1‰
        - 租赁合同
          - 租金
          - 不包括：租赁财产的价值
        - 仓储合同、保管合同
          - 仓储保管费用
          - 不包括：保管物价值
        - 财产保险合同
          - 计税依据为保险费
          - 不包括：所保财产的金额
        - 证券交易 — 成交金额
    - 应纳税额=应税凭证计税金额×比例税率
  - ...接下页

... 接上页

印花税

税收优惠

① 应纳税额不足1角的，免征

② 无息、贴息借款合同免税

③ 同业拆借合同、借款展期合同、日拆性贷款合同免税

④ 国际金融组织向我国提供优惠贷款订立的借款合同、金融机构与小型微利企业订立的借款合同，免税

⑤ 农民、农民专业合作社、农村集体经济组织、村民委员会购买农业生产资料或者销售自产农产品订立的买卖合同和农业保险合同，免税

⑥ 租赁承包经营合同免税

⑦ 对商店、门市部的零星加工修理业务开具的修理单，不贴印花

⑧ 书、报、刊发行单位之间，发行单位与订阅单位或个人之间书立的凭证，免征印花税

⑨ 将财产赠给政府、社会福利单位、学校，所立的书据，免征

⑩ 个人与电子商务经营者订立的电子订单，免税

征收管理

- 纳税义务发生时间 → 当日
- 纳税期限
  - 按季、按年、按次
  - 证券交易印花税按周解缴

第 7 章 税收征管法律制度

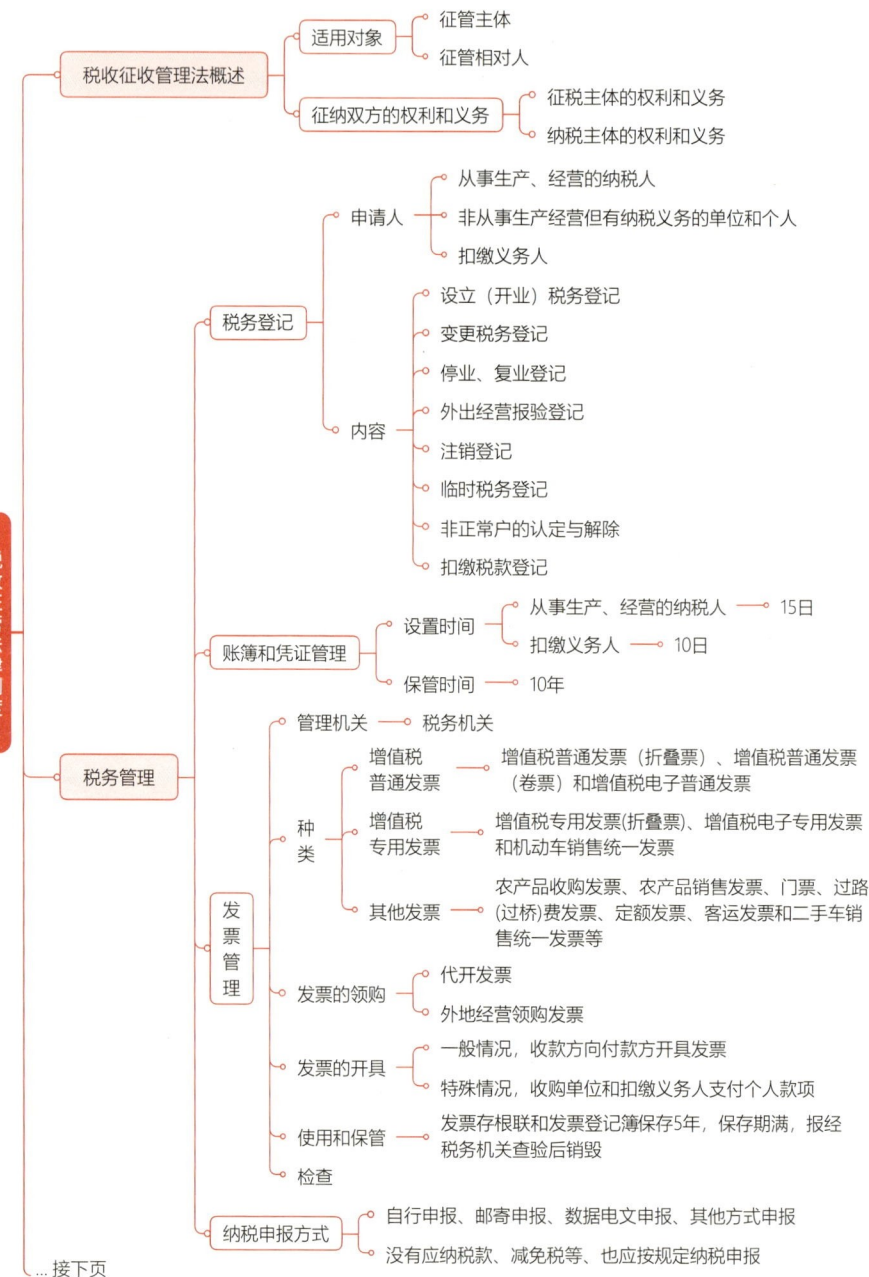

- 税收征管法律制度
  - 税收征收管理法概述
    - 适用对象
      - 征管主体
      - 征管相对人
    - 征纳双方的权利和义务
      - 征税主体的权利和义务
      - 纳税主体的权利和义务
  - 税务管理
    - 税务登记
      - 申请人
        - 从事生产、经营的纳税人
        - 非从事生产经营但有纳税义务的单位和个人
        - 扣缴义务人
      - 内容
        - 设立（开业）税务登记
        - 变更税务登记
        - 停业、复业登记
        - 外出经营报验登记
        - 注销登记
        - 临时税务登记
        - 非正常户的认定与解除
        - 扣缴税款登记
    - 账簿和凭证管理
      - 设置时间
        - 从事生产、经营的纳税人 —— 15日
        - 扣缴义务人 —— 10日
      - 保管时间 —— 10年
    - 发票管理
      - 管理机关 —— 税务机关
      - 种类
        - 增值税普通发票：增值税普通发票（折叠票）、增值税普通发票（卷票）和增值税电子普通发票
        - 增值税专用发票：增值税专用发票(折叠票)、增值税电子专用发票和机动车销售统一发票
        - 其他发票：农产品收购发票、农产品销售发票、门票、过路（过桥）费发票、定额发票、客运发票和二手车销售统一发票等
      - 发票的领购
        - 代开发票
        - 外地经营领购发票
      - 发票的开具
        - 一般情况，收款方向付款方开具发票
        - 特殊情况，收购单位和扣缴义务人支付个人款项
      - 使用和保管：发票存根联和发票登记簿保存5年，保存期满，报经税务机关查验后销毁
      - 检查
    - 纳税申报方式
      - 自行申报、邮寄申报、数据电文申报、其他方式申报
      - 没有应纳税款、减免税等、也应按规定纳税申报
  - ...接下页

经济法基础 · 框架

...接上页

税收征管法律制度

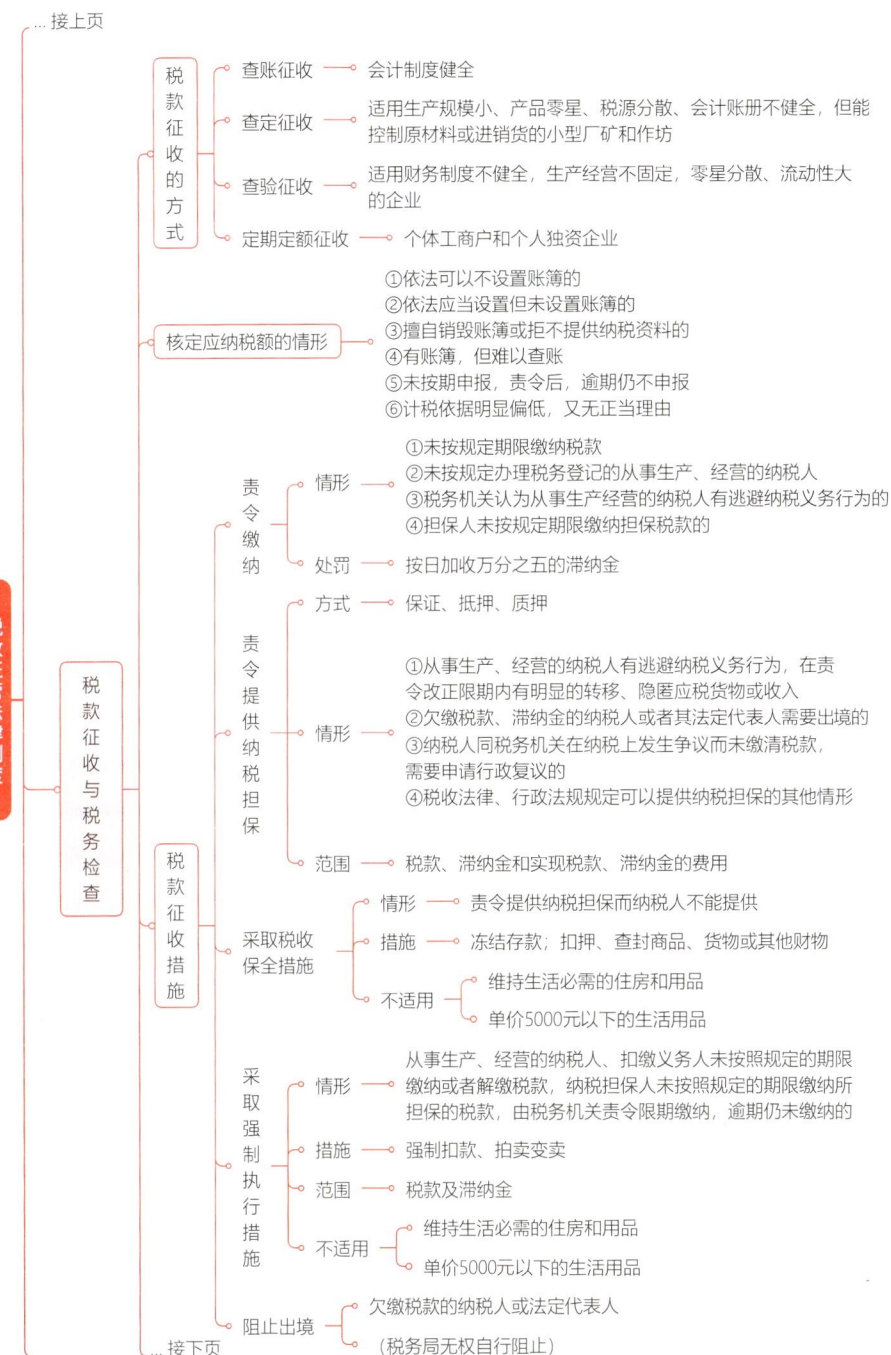

税款征收与税务检查

税款征收的方式
- 查账征收 —— 会计制度健全
- 查定征收 —— 适用生产规模小、产品零星、税源分散、会计账册不健全，但能控制原材料或进销货的小型厂矿和作坊
- 查验征收 —— 适用财务制度不健全，生产经营不固定，零星分散、流动性大的企业
- 定期定额征收 —— 个体工商户和个人独资企业

核定应纳税额的情形
① 依法可以不设置账簿的
② 依法应当设置但未设置账簿的
③ 擅自销毁账簿或拒不提供纳税资料的
④ 有账簿，但难以查账
⑤ 未按期申报，责令后，逾期仍不申报
⑥ 计税依据明显偏低，又无正当理由

责令缴纳
- 情形
  ① 未按规定期限缴纳税款
  ② 未按规定办理税务登记的从事生产、经营的纳税人
  ③ 税务机关认为从事生产经营的纳税人有逃避纳税义务行为的
  ④ 担保人未按规定期限缴纳担保税款的
- 处罚 —— 按日加收万分之五的滞纳金

责令提供纳税担保
- 方式 —— 保证、抵押、质押
- 情形
  ① 从事生产、经营的纳税人有逃避纳税义务行为，在责令改正限期内有明显的转移、隐匿应纳税货物或收入
  ② 欠缴税款、滞纳金的纳税人或者其法定代表人需要出境的
  ③ 纳税人同税务机关在纳税上发生争议而未缴清税款，需要申请行政复议的
  ④ 税收法律、行政法规规定可以提供纳税担保的其他情形
- 范围 —— 税款、滞纳金和实现税款、滞纳金的费用

采取税收保全措施
- 情形 —— 责令提供纳税担保而纳税人不能提供
- 措施 —— 冻结存款；扣押、查封商品、货物或其他财物
- 不适用
  - 维持生活必需的住房和用品
  - 单价5000元以下的生活用品

采取强制执行措施
- 情形 —— 从事生产、经营的纳税人、扣缴义务人未按照规定的期限缴纳或者解缴税款，纳税担保人未按照规定的期限缴纳所担保的税款，由税务机关责令限期缴纳，逾期仍未缴纳的
- 措施 —— 强制扣款、拍卖变卖
- 范围 —— 税款及滞纳金
- 不适用
  - 维持生活必需的住房和用品
  - 单价5000元以下的生活用品

阻止出境
欠缴税款的纳税人或法定代表人
（税务局无权自行阻止）

...接下页

税收征管法律制度

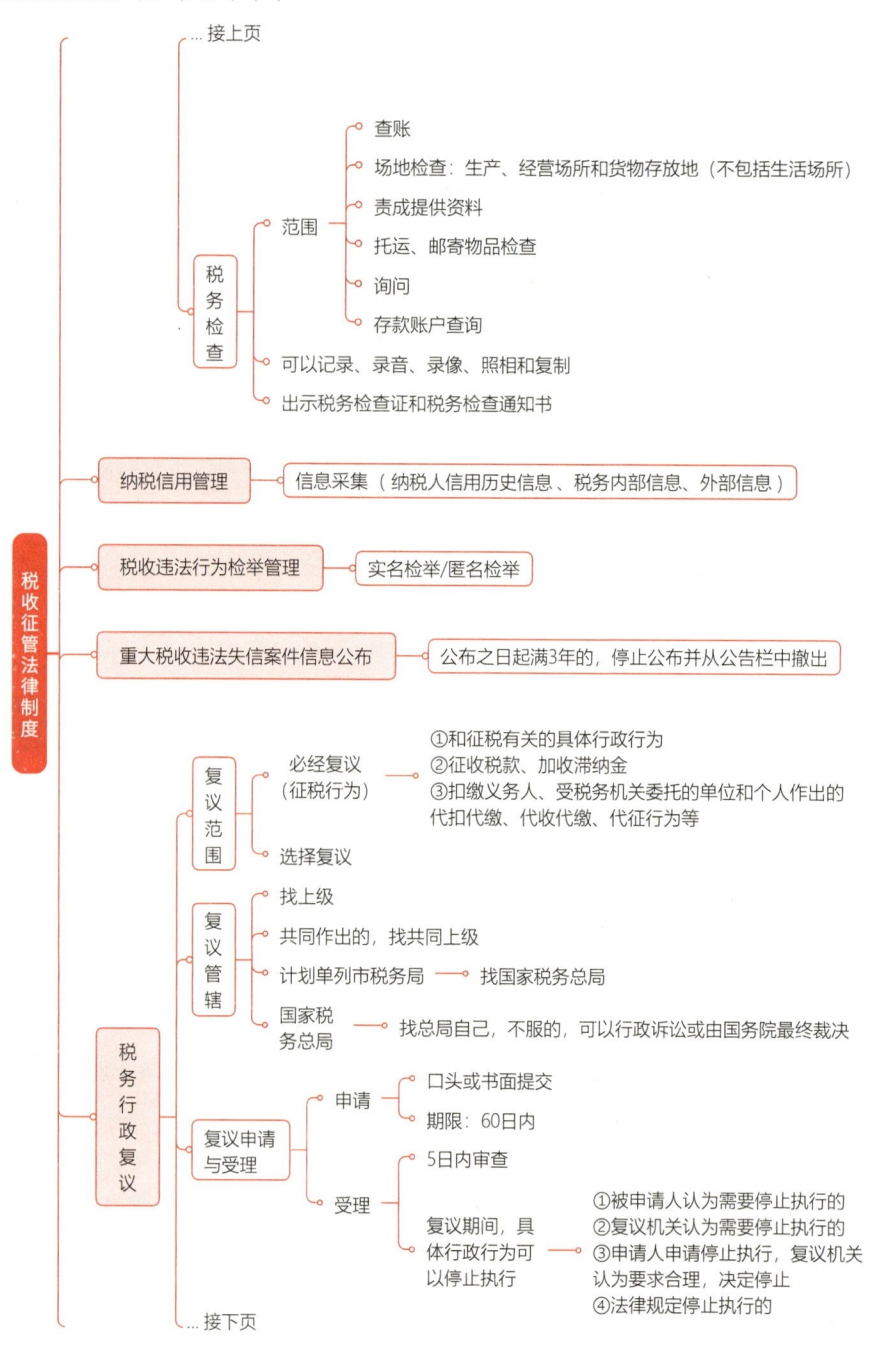

...接上页

税务检查
- **范围**
  - 查账
  - 场地检查：生产、经营场所和货物存放地（不包括生活场所）
  - 责成提供资料
  - 托运、邮寄物品检查
  - 询问
  - 存款账户查询
- 可以记录、录音、录像、照相和复制
- 出示税务检查证和税务检查通知书

纳税信用管理
- 信息采集（纳税人信用历史信息、税务内部信息、外部信息）

税收违法行为检举管理
- 实名检举/匿名检举

重大税收违法失信案件信息公布
- 公布之日起满3年的，停止公布并从公告栏中撤出

税务行政复议

- **复议范围**
  - 必经复议（征税行为）
    - ①和征税有关的具体行政行为
    - ②征收税款、加收滞纳金
    - ③扣缴义务人、受税务机关委托的单位和个人作出的代扣代缴、代收代缴、代征行为等
  - 选择复议

- **复议管辖**
  - 找上级
  - 共同作出的，找共同上级
  - 计划单列市税务局 → 找国家税务总局
  - 国家税务总局 → 找总局自己，不服的，可以行政诉讼或由国务院最终裁决

- **复议申请与受理**
  - 申请
    - 口头或书面提交
    - 期限：60日内
  - 受理
    - 5日内审查
    - 复议期间，具体行政行为可以停止执行
      - ①被申请人认为需要停止执行的
      - ②复议机关认为需要停止执行的
      - ③申请人申请停止执行，复议机关认为要求合理，决定停止
      - ④法律规定停止执行的

...接下页

税收征管法律制度

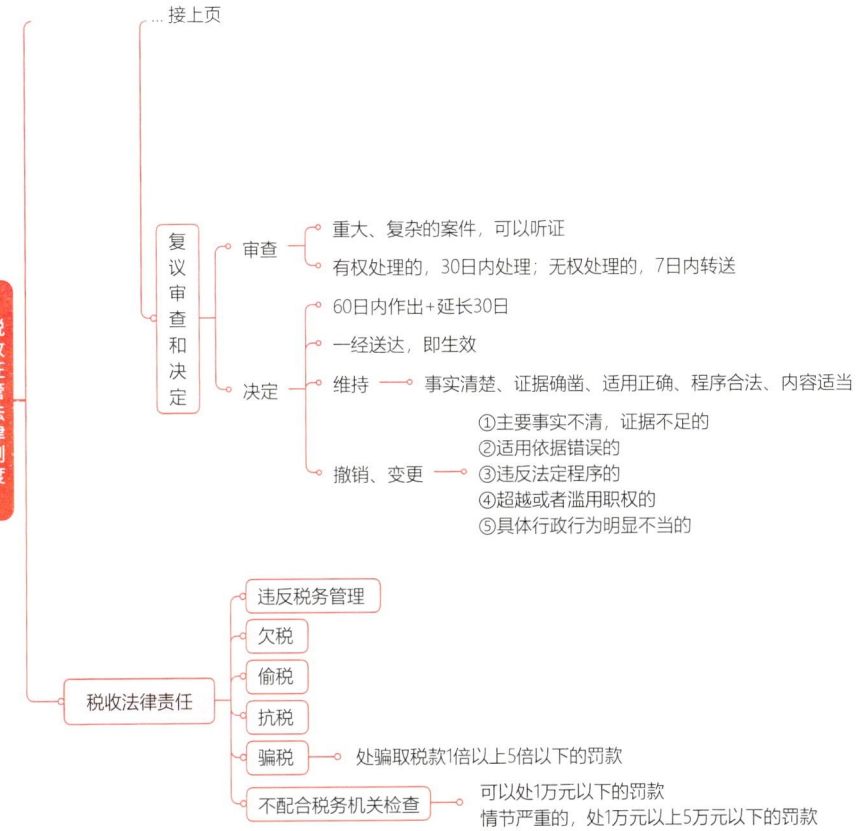

复议审查和决定

审查
- 重大、复杂的案件，可以听证
- 有权处理的，30日内处理；无权处理的，7日内转送

决定
- 60日内作出+延长30日
- 一经送达，即生效
- 维持 —— 事实清楚、证据确凿、适用正确、程序合法、内容适当
- 撤销、变更
  - ①主要事实不清，证据不足的
  - ②适用依据错误的
  - ③违反法定程序的
  - ④超越或者滥用职权的
  - ⑤具体行政行为明显不当的

税收法律责任
- 违反税务管理
- 欠税
- 偷税
- 抗税
- 骗税 —— 处骗取税款1倍以上5倍以下的罚款
- 不配合税务机关检查 —— 可以处1万元以下的罚款；情节严重的，处1万元以上5万元以下的罚款

第 8-1 章 劳动合同

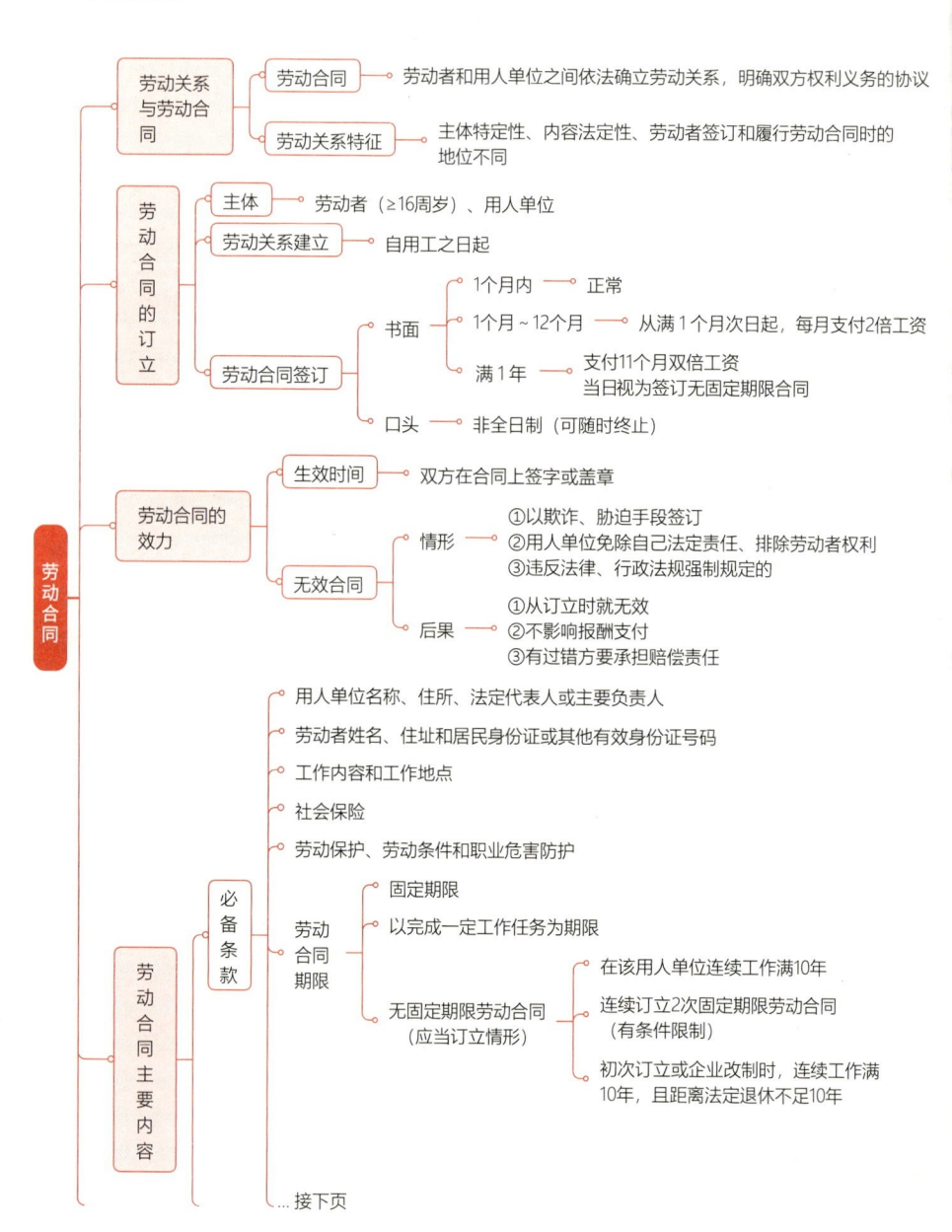

- **劳动合同**
  - **劳动关系与劳动合同**
    - 劳动合同 → 劳动者和用人单位之间依法确立劳动关系，明确双方权利义务的协议
    - 劳动关系特征 → 主体特定性、内容法定性、劳动者签订和履行劳动合同时的地位不同
  - **劳动合同的订立**
    - 主体 → 劳动者（≥16周岁）、用人单位
    - 劳动关系建立 → 自用工之日起
    - 劳动合同签订
      - 书面
        - 1个月内 → 正常
        - 1个月~12个月 → 从满1个月次日起，每月支付2倍工资
        - 满1年 → 支付11个月双倍工资；当日视为签订无固定期限合同
      - 口头 → 非全日制（可随时终止）
  - **劳动合同的效力**
    - 生效时间 → 双方在合同上签字或盖章
    - 无效合同
      - 情形
        - ①以欺诈、胁迫手段签订
        - ②用人单位免除自己法定责任、排除劳动者权利
        - ③违反法律、行政法规强制规定的
      - 后果
        - ①从订立时就无效
        - ②不影响报酬支付
        - ③有过错方要承担赔偿责任
  - **劳动合同主要内容**
    - 必备条款
      - 用人单位名称、住所、法定代表人或主要负责人
      - 劳动者姓名、住址和居民身份证或其他有效身份证号码
      - 工作内容和工作地点
      - 社会保险
      - 劳动保护、劳动条件和职业危害防护
      - 劳动合同期限
        - 固定期限
        - 以完成一定工作任务为期限
        - 无固定期限劳动合同（应当订立情形）
          - 在该用人单位连续工作满10年
          - 连续订立2次固定期限劳动合同（有条件限制）
          - 初次订立或企业改制时，连续工作满10年，且距离法定退休不足10年
    - ...接下页

经济法基础·框架

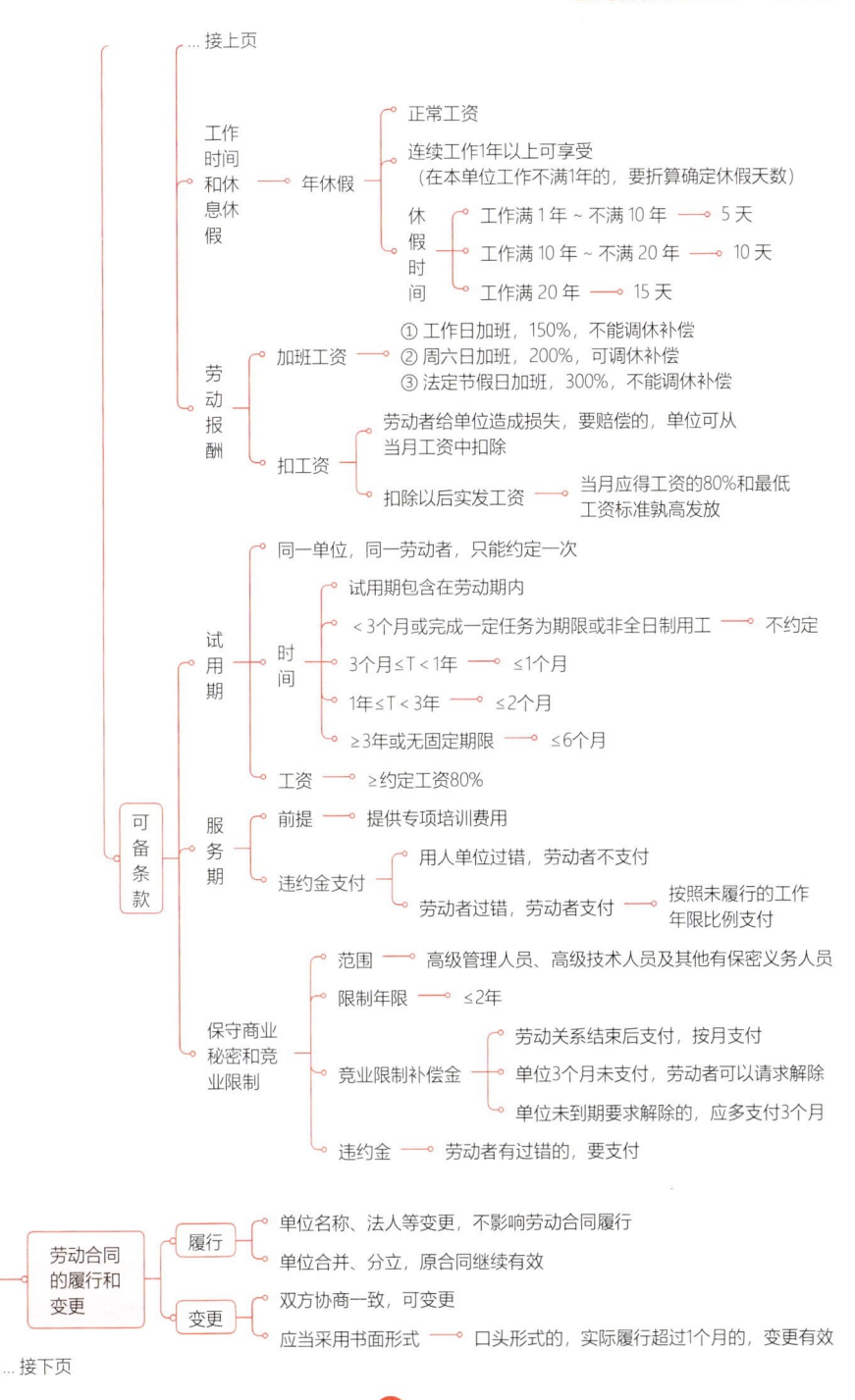

劳动合同

…接上页

可备条款

- **工作时间和休息休假**
  - **年休假**
    - 正常工资
    - 连续工作1年以上可享受（在本单位工作不满1年的，要折算确定休假天数）
    - 休假时间
      - 工作满 1 年 ~ 不满 10 年 —— 5 天
      - 工作满 10 年 ~ 不满 20 年 —— 10 天
      - 工作满 20 年 —— 15 天

- **劳动报酬**
  - 加班工资
    - ① 工作日加班，150%，不能调休补偿
    - ② 周六日加班，200%，可调休补偿
    - ③ 法定节假日加班，300%，不能调休补偿
  - 扣工资
    - 劳动者给单位造成损失，要赔偿的，单位可从当月工资中扣除
    - 扣除以后实发工资 —— 当月应得工资的80%和最低工资标准孰高发放

- **试用期**
  - 同一单位，同一劳动者，只能约定一次
  - 时间
    - 试用期包含在劳动期内
    - < 3个月或完成一定任务为期限或非全日制用工 —— 不约定
    - 3个月≤T < 1年 —— ≤1个月
    - 1年≤T < 3年 —— ≤2个月
    - ≥3年或无固定期限 —— ≤6个月
  - 工资 —— ≥约定工资80%

- **服务期**
  - 前提 —— 提供专项培训费用
  - 违约金支付
    - 用人单位过错，劳动者不支付
    - 劳动者过错，劳动者支付 —— 按照未履行的工作年限比例支付

- **保守商业秘密和竞业限制**
  - 范围 —— 高级管理人员、高级技术人员及其他有保密义务人员
  - 限制年限 —— ≤2年
  - 竞业限制补偿金
    - 劳动关系结束后支付，按月支付
    - 单位3个月未支付，劳动者可以请求解除
    - 单位未到期要求解除的，应多支付3个月
  - 违约金 —— 劳动者有过错的，要支付

劳动合同的履行和变更

- **履行**
  - 单位名称、法人等变更，不影响劳动合同履行
  - 单位合并、分立，原合同继续有效
- **变更**
  - 双方协商一致，可变更
  - 应当采用书面形式 —— 口头形式的，实际履行超过1个月的，变更有效

…接下页

劳动合同

...接上页

劳动合同的解除和终止

- **协商解除** → 双方自愿协商一致
  - 员工提出 → 单位不补偿
  - 单位提出 → 单位补偿

- **法定解除**
  - 劳动者
    - （自己问题）不想干 → 提前通知（30日/3日、书面）解除 → 单位不补偿
    - （单位违约、违法）没法干 → 随时通知解除 → 单位补偿
    - （人身危险）没命干 → 不需要事先告知解除 → 单位补偿
  - 用人单位
    - （无过失性辞退）没法用 → 提前通知（30日，书面）解除 → 单位补偿
    - （劳动者过错）不能用 → 随时通知解除 → 单位不补偿
    - （经济性裁员）没办法 → 单位补偿

- **终止**
  - ①期满，不继续留用
  - ②单位破产
  - ③单位被吊销营业执照、责令关闭、决定解散

  → 单位支付经济补偿金

  - ①期满，继续留用，而劳动者拒绝
  - ②劳动者达法定退休年龄
  - ③劳动者死亡、失踪
  - ④劳动者开始享受基本养老保险待遇

  → 单位不支付经济补偿金

集体合同与劳务派遣

- **集体合同**
- **劳务派遣合同**
  - 不得以非全日制用工形式招用
  - 2年以上固定期限合同
  - 无工作期间，按月支付报酬
  - 不得向劳动者收取费用
  - 同工同酬

劳动争议的解决

- 协商
- 调解
- 仲裁
  - 仲裁机构 → 劳动争议仲裁委员会
  - 费用 → 不收费
  - 管辖 → 劳动合同履行地或用人单位所在地
  - 申请
    - 形式 → 应当书面，口头也可以
    - 时效
      - 1年
      - 时效中断、时效中止
  - 受理时间 → 5日内
  - 开庭
    - 公开仲裁
    - 仲裁庭由3名或1名仲裁员组成

...接下页

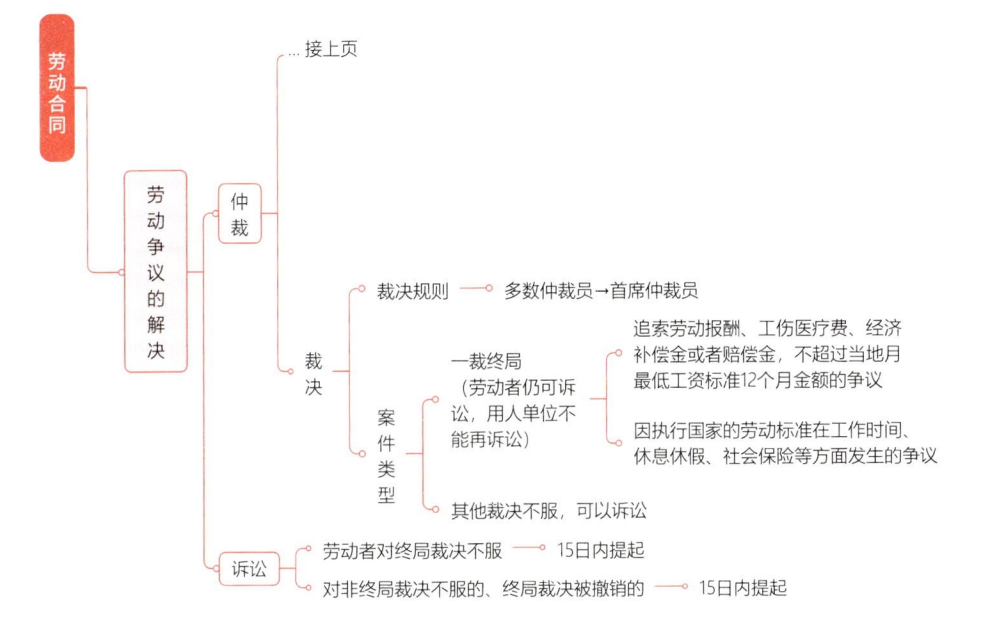

经济法基础·框架

劳动合同 — 劳动争议的解决

- 仲裁 …接上页
- 裁决
  - 裁决规则 → 多数仲裁员 → 首席仲裁员
  - 案件类型
    - 一裁终局（劳动者仍可诉讼，用人单位不能再诉讼）
      - 追索劳动报酬、工伤医疗费、经济补偿金或者赔偿金，不超过当地月最低工资标准12个月金额的争议
      - 因执行国家的劳动标准在工作时间、休息休假、社会保险等方面发生的争议
    - 其他裁决不服，可以诉讼
- 诉讼
  - 劳动者对终局裁决不服 → 15日内提起
  - 对非终局裁决不服的、终局裁决被撤销的 → 15日内提起

第 8-2 章 社会保险

社会保险

基本养老保险

- **缴纳**
  - 单位缴纳 —— 本单位职工工资总额×缴费比例
  - 个人缴纳
    - 职工本人缴费工资×8%
    - 低于当地职工月平均工资60%的,按当地职工月平均工资的60%作为缴费基数;
    - 高于当地职工月平均工资300%的,按当地职工月平均工资的300%作为缴费基数
- **享受条件**
  - ①达到法定退休年龄(一般情形:男60岁,女工50岁,女干部55岁)
  - ②累计缴费满15年
- **待遇**
  - 领取职工基本养老金
  - 丧葬补助金和遗属抚恤金
  - 病残津贴

基本医疗保险

- **缴纳**
  - 单位缴纳 —— 职工工资总额×6%
  - 个人缴纳
    - 职工工资总额×2%
    - 一般个人账户资金来源=职工工资总额×2%+职工工资总额×6%×30%
- **医疗保险费用结算**
  - 定点定围
    - 起付线:职工年平均工资×10%
    - 封顶线:职工年平均工资×6
    - 支付比例:90%
  - 不包括
    - ①应当从工伤保险基金中支付的
    - ②应当由第三人负担的(第三人不支付或者无法确定第三人的,由基本医疗保险基金先行支付,然后向第三人追偿)
    - ③应当由公共卫生负担的
    - ④在境外就医的
- **医疗期**
  - 计算

累计工作年限	在本单位工作年限	医疗期期间	计算期
< 10 年	< 5 年	3 个月	6 个月
	≥ 5 年	6 个月	12 个月
≥ 10 年	< 5 年		
	5 年 ≤ Y < 10 年	9 个月	15 个月
	10 年 ≤ Y < 15 年	12 个月	18 个月
	15 年 ≤ Y < 20 年	18 个月	24 个月
	≥ 20 年	24 个月	30 个月

  - 病休期间,公休、假日和法定节日包括在内
- **待遇**
  - 不得解除劳动合同(劳动者有过错的6种情形可以解除);病假工资不得低于当地最低工资标准的80%

...接下页

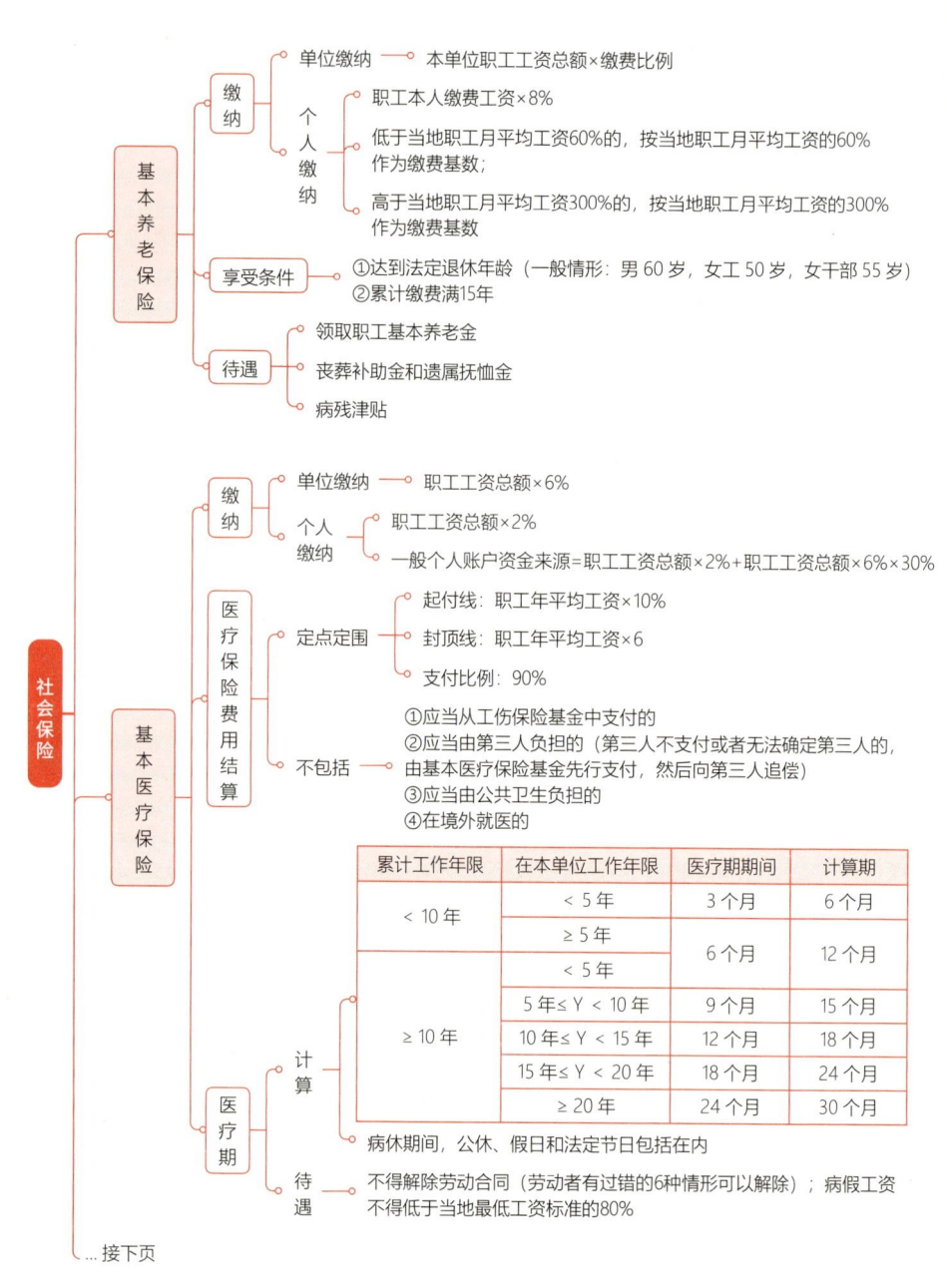

经济法基础 · 框架

社会保险 — 工伤保险（接上页）

- **缴纳** → 单位缴纳

- **工伤认定**
  - 应当认定 → 有直接关系的
  - 视同工伤 → 有间接关系的
  - 不认定工伤 → 自找麻烦受到伤害的

- **劳动能力鉴定**
  - 劳动功能障碍 → 划分为10个等级，一级最重，十级最轻
  - 生活自理障碍
    - ①生活完全不能自理
    - ②生活大部分不能自理
    - ③生活部分不能自理

- **保险待遇**
  - **工伤医疗待遇**
    - 内容
      - ①治疗工伤的医疗费用（诊疗费、药费、住院费）
      - ②住院伙食补助费、交通食宿费
      - ③康复性治疗费
      - ④停工留薪期工资福利待遇
    - 停工留薪期
      - 原工资福利待遇不变，由单位按月支付
      - 时间，不超过12个月；严重的可延长，延长不超过12个月
      - 评定伤残等级后，停止享受停工留薪待遇，享受伤残待遇
      - 停工留薪期满，仍需治疗的，继续享受工伤医疗待遇
    - 辅助器具装配费，例如假肢、矫形器、假眼、配置轮椅等
  - **伤残待遇**
    - 条件：经劳动能力鉴定委员会鉴定，评定伤残等级的工伤职工，享受伤残待遇
    - 内容：
      - 生活护理费
      - 一次性伤残补助金
      - 伤残津贴
      - 一次性工伤医疗补助金和一次性伤残就业补助金
  - **工亡待遇**
    - 内容：1～4级伤残职工在停工留薪期满后死亡的，其近亲属可以领取丧葬补助金和供养亲属抚恤金，不享受一次性工亡补助金待遇
    - 标准：
      - ①丧葬补助金，为6个月的统筹地区上年度职工月平均工资
      - ②供养亲属抚恤金
      - ③一次性工亡补助金，为上一年度全国城镇居民人均可支配收入的20倍
  - **停止享受工伤保险待遇**
    - ①丧失享受待遇条件的
    - ②拒不接受劳动能力鉴定的
    - ③拒绝治疗的

- **工伤保险费用支付**
  - 工伤保险基金支付 → 大部分费用
  - 单位支付
    - ①治疗工伤期间的工资福利待遇
    - ②5～6级伤残职工按月领取的伤残津贴
    - ③终止或解除劳动合同时，应当享受的一次性伤残就业补助金

- **停止享受工伤保险待遇**
  - ①丧失享受待遇条件的
  - ②拒不接受劳动能力鉴定的
  - ③拒绝治疗的

...接下页

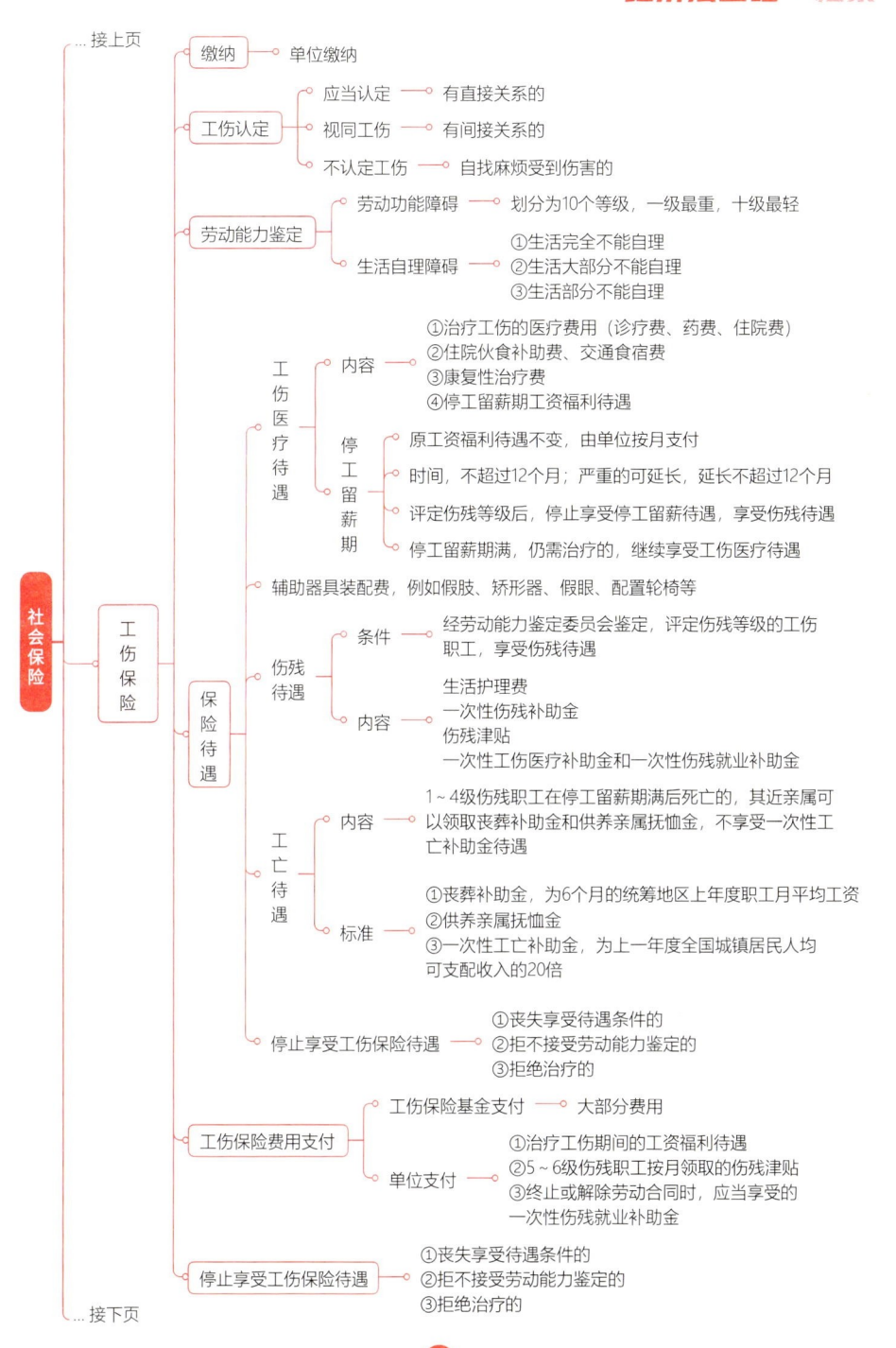

社会保险

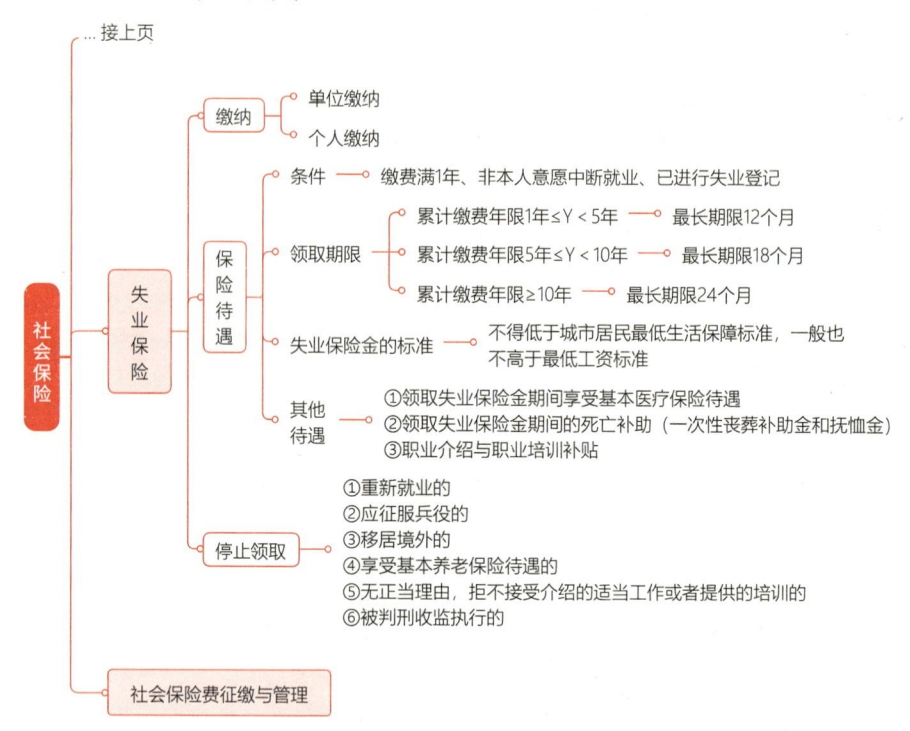

...接上页

失业保险

缴纳
- 单位缴纳
- 个人缴纳

保险待遇

- **条件** —— 缴费满1年、非本人意愿中断就业、已进行失业登记

- **领取期限**
  - 累计缴费年限1年≤Y<5年 —— 最长期限12个月
  - 累计缴费年限5年≤Y<10年 —— 最长期限18个月
  - 累计缴费年限≥10年 —— 最长期限24个月

- **失业保险金的标准**：不得低于城市居民最低生活保障标准,一般也不高于最低工资标准

- **其他待遇**：
  ①领取失业保险金期间享受基本医疗保险待遇
  ②领取失业保险金期间的死亡补助（一次性丧葬补助金和抚恤金）
  ③职业介绍与职业培训补贴

停止领取
①重新就业的
②应征服兵役的
③移居境外的
④享受基本养老保险待遇的
⑤无正当理由,拒不接受介绍的适当工作或者提供的培训的
⑥被判刑收监执行的

社会保险费征缴与管理